Margarete Schneider

Paul Schneider

Der Prediger von Buchenwald

Paul Schneider vor dem Pfarrhaus in Dickenschied im Frühjahr 1934
anlässlich seines Vorstellungsgottesdienstes in seiner
zukünftigen Gemeinde.

Margarete Schneider

PAUL SCHNEIDER

Der Prediger von Buchenwald

stark erweitert, ergänzt und kommentiert
im Auftrag der Pfarrer-Paul-Schneider-Gesellschaft e.V.
herausgegeben von
Elsa-Ulrike Ross und Paul Dieterich

SCM

Stiftung Christliche Medien

SCM ist ein Imprint der SCM Verlagsgruppe, die zur Stiftung Christliche Medien gehört, einer gemeinnützigen Stiftung, die sich für die Förderung und Verbreitung christlicher Bücher, Zeitschriften, Filme und Musik einsetzt.

MIX
Papier aus verantwortungsvollen Quellen
FSC® C014496
FSC
www.fsc.org

1. aktualisierte und ergänzte Ausgabe 2021 (12. Gesamtauflage)

Max-Eyth-Straße 41 · 71088 Holzgerlingen
Internet: www.scm-verlag.de · E-Mail: info@scm-verlag.de

Zuvor erschienene Ausgaben: ISBN 978-3-7751-2274-0 (5 Auflagen) von Margarete Schneider und ISBN 978-3-7751-4996-9 (3 Auflagen), erweiterte Ausgabe herausgegeben von Elsa-Ulrike Ross und Paul Dieterich ISBN 978-3-7751-5550-2 (3 Auflagen zum 75. Todestag von Paul Schneider, 2014)

Umschlaggestaltung: Kathrin Spiegelberg, Weil im Schönbuch
Titelbild: Paul Schneider / Bildausschnitt aus dem Verlobungsfoto
vom 22.10.1922 (Vgl. Abb. 5)
Satz: typoscript GmbH, Walddorfhäslach
Druck und Bindung: GGP Media GmbH, Pößneck
Gedruckt in Deutschland
ISBN: 978-3-7751-6125-1
Bestell-Nr: 396.125

Inhalt

Vorwort

Paul Schneider war einer der »frühen« Märtyrer des Dritten Reiches; er starb noch vor dem Beginn des Zweiten Weltkrieges. Wenn von den evangelischen Märtyrern im Dritten Reich die Rede ist, so wird neben Dietrich Bonhoeffer und Hermann Stöhr nahezu immer auch sein Name genannt. Daher wird sein Leben und Leiden in dem Märtyrer-Buch der Evangelischen Kirche in Deutschland (EKD) »Ihr Ende schaut an …«* ausführlich dargestellt.

Die Geschichte der evangelischen Märtyrer im vergangenen Jahrhundert ist kein abgeschlossenes Thema. Auch der Begriff des »Märtyrers« hat im evangelischen Verständnis manche Wandlungen erlebt und trägt deshalb einen offenen Charakter. Aber gewiss wird man Harald Schultze in seiner Minimalbestimmung zustimmen können: »Als Märtyrer sind diejenigen zu bezeichnen, die wegen ihres christlichen Glaubenszeugnisses, wegen ihrer kirchlichen Funktion oder wegen ihres christlich motivierten Widerstandes gegen politisches Unrecht den Tod erlitten haben«. Jemanden in diesem Sinn als Märtyrer anzuerkennen, heißt deshalb nicht, ihm in allen Entscheidungen, Äußerungen und Taten zu folgen. Zum Exemplarischen und Vorbildhaften, das wir in vielen Martyrien des 20. Jahrhunderts anerkennen, gehört auch, dass kein Mensch von Irrtümern frei ist – so sehr wir das Zeichenhafte ihres Handelns und ihr Glaubenszeugnis respektieren. Deshalb erzählen wir davon.

Diese Überzeugungen zum evangelischen Verständnis des Märtyrers treffen auf Paul Schneider zu. Das Glaubenszeugnis, das Pfarrer Schneider im Konzentrationslager mit seinem Handeln und Reden unablässig ablegte, hat zweifellos zu seinem Tod geführt. Das nationalsozialistische Unrechtsregime und

---

* Harald Schultze; Andreas Kurschat (Hg.); »Ihr Ende schaut an …« Evangelische Märtyrer des 20. Jahrhunderts, Leipzig: Evangelische Verlagsanstalt, ^{2}2008.

das verbrecherische System der Konzentrationslager mögen erst nach 1942 ihre volle Dynamik entfaltet und völlig unverstellt ihr unmenschliches Gesicht gezeigt haben. Doch auch vorher schon waren sie ein unübersehbares Faktum und ein erkennbarer Teil eines unmenschlichen Systems; und sie wirkten von Anfang an mit tödlicher Konsequenz. Paul Schneider war ein Prediger des Evangeliums, er war »der Prediger von Buchenwald«, und er wurde deshalb zu einem Opfer des Nationalsozialismus.

Die Würdigung seiner Lebensgeschichte in dem im Jahr 2000 im Auftrag der Deutschen Bischofskonferenz herausgegebenen Band »Zeugen einer besseren Welt. Christliche Märtyrer des 20. Jahrhunderts« belegt, dass Paul Schneider auch von der römisch-katholischen Kirche als Märtyrer der Christenheit anerkannt und hoch geschätzt wird. So wurde am 12. Oktober 2002 eine von Renata Sciachi und künstlerischen Mitarbeitern der Gemeinschaft Sant' Egidio gestaltete Ikone in der römischen Basilika San Bartolomeo eingeweiht. Sie zeigt in der Bildmitte, unmittelbar unter der Osterkerze, Paul Schneider in seiner Arrestzelle und bezieht sich damit auf eine Predigt Papst Johannes Pauls II. aus dem Jahr 2000, in der dieser auf Schneiders Zeugnis der Auferstehung hingewiesen hatte.

Schneiders Zeugnis für die Auferweckung des gekreuzigten Christus von den Toten aus seiner Zelle heraus, an einer Stätte des Todes und einem Ort des Grauens, bleibt tief bewegend. An diesem Ort predigte er vom Leben und von der Liebe, die in Jesus Christus erschienen sind. Manche seiner Worte mögen aus heutiger Perspektive hilflos oder naiv, sogar unbelehrbar anmuten; damals und heute macht sein Handeln mitunter ratlos. Sein Lebenszeugnis und sein klares Bekenntnis machten Menschen Mut und schenkten in einer ausweglos erscheinenden Lage Trost und Hoffnung. Nicht nur inhaftierte Christen, auch durch und durch atheistisch gesinnte Kommunisten würdigen sein Wirken und bekunden ihm Respekt. Paul Schneider hat Zeichen gesetzt, die über sein eigenes Leben hinausweisen, indem sie unzweideutig auf Jesus Christus hinweisen, der das Fundament des christlichen Glaubens bildet. Deshalb unterstreiche ich die Einschätzung des damaligen Lordbischofs von Chichester, George Bell (1883–1958), der in einem in der »Times« abgedruckten Leserbrief nur wenige Tage nach Schneiders Tod diesen als »martyr« bezeichnete. Dass das vorliegende Buch an das Leben und Wirken Paul Schneiders erinnert, macht seinen bleibenden Wert für die Gegenwart aus.

Professor Dr. Dr. h.c. Wolfgang Huber
ehemaliger Vorsitzender des Rates der Evangelischen Kirche in Deutschland (2003–2009)

Geleitwort der Herausgeber zur erweiterten Neuauflage

»Den Mut hätte ich nicht«, sagte ein gestandener Mann nach der Lektüre des Buches von Margarete Schneider über den Lebensweg ihres Mannes. Unzählige empfinden ebenso: »Hätten wir doch damals viel mehr solcher mutiger Christen gehabt.« »Gerade weil er ein kleiner Landpfarrer war und kein großer Theologe oder Kirchenmann, ist er mir viel näher bei meiner eigenen Suche nach richtigen Entscheidungen.« »Der müsste doch mehr bekannt gemacht werden; den kennen viel zu wenige.« Andere äußern ihre Gedanken etwa so: »Warum hat er nicht geschwiegen und sein Leben dadurch gerettet? Warum hat er die Ausweisung aus dem Rheinland und damit das Verlassenmüssen seiner Gemeinde nicht akzeptiert wie andere Pfarrer?« »Hat er denn gar nicht an seine Frau und seine sechs Kinder gedacht?« »Musste er denn selbst im KZ noch die Wahrheit hinausschreien?« »Er ist doch selbst schuld an seinem Tod; er war doch nur ein engherziger, kompromissloser Fanatiker und verdient nicht, dass man sich mit ihm beschäftigt.«

Dazu wollen wir gerade anregen. Nicht, um Paul Schneider zu idealisieren oder zu einem Heiligen zu machen. Vielmehr wollen wir durch dieses dokumentierende Buch ermutigen, sich mit seinem Leben genauer auseinanderzusetzen. Es gilt, seiner Entwicklung nachzuspüren und ihn besser kennenzulernen: Warum nur konnte er nicht schweigen und, wie sonst so viele andere, durch ein »stilles Leben« versuchen, den Nationalsozialismus möglichst ungeschoren zu überstehen? Was drängte ihn, selbst im KZ und noch von der Arrestzelle aus seine Stimme zur Verkündigung des Evangeliums und zur Anklage gegen die SS laut werden zu lassen?

Als Margarete Schneider nach dem Krieg ihren Bericht schrieb, stand das unmittelbare eigene Erleben dahinter; auch das der meisten Leser, die diese Zeit des Nationalsozialismus auf ihre Weise selbst miterlebt hatten. Vieles brauchte sie nicht, und anderes konnte sie noch nicht erklären. Diese Originalfassung »Der Prediger von Buchenwald« erschien ab 1953 jahrzehntelang als Taschenbuch und wurde auch in der damaligen DDR gedruckt.

Inzwischen sind neue Generationen herangewachsen, die von der Zeit des Nationalsozialismus keine persönlichen Kenntnisse mehr haben. Seit Paul Schneiders Tod sind bereits über achtzig Jahre vergangen; wir leben schon zwei Jahrzehnte in einem neuen Jahrtausend. Margarete Schneider, geb. Dieterich, ist kurz vor ihrem neunundneunzigsten Geburtstag Ende 2002 verstorben. Die Zeiten und die Menschen haben sich verändert; neue Fragen und Aufgaben stellen sich. Deshalb war es vorrangig nötig, das Originalbuch von Margarete Schneider zu ergänzen, weitere Dokumente hineinzubringen und so den Verlauf des Lebens von Paul Schneider einer nachwachsenden Generation verstehbarer zu machen.

Der Nationalsozialismus, der Kirchenkampf der Bekennenden Kirche, der damalige Terror, die nationalsozialistischen Konzentrationslager und die Massenvernichtung von Menschen jüdischen Glaubens sind Geschichte. Es ist die Frage, was wir aus dieser Geschichte für unser persönliches Leben gelernt haben. Auch ist es deutlich, dass gerade dieser Teil der Geschichte Deutschlands mit seinen Folgen unsere Gegenwart wie kein anderer prägt. Das nationalsozialistische Gedankengut erstarkt wieder in erschreckender Weise. Erneut wird zu viel geschwiegen.

Nach dem Ersterscheinen von »Der Prediger von Buchenwald« hatte sich mit mehreren wesentlichen Publikationen Pfarrer Rudolf Wentorf verdienstvoll mit Paul Schneider befasst. Besonders in seinen Büchern »Trotz der Hölle Toben« und »Der Fall des Pfarrers Paul Schneider« konnte er erstmals wichtige Dokumente der Gestapo und des damaligen Evangelischen Konsistoriums der Rheinprovinz veröffentlichen. Die Doktorarbeit von Albrecht Aichelin zu Paul Schneider bringt viele Details gerade auch aus der Bekennenden Kirche. Der amerikanische Historiker Claude Foster hat auf seine schriftstellerische Art das Leben Pfarrer Schneiders auf dem Hintergrund der deutschen Geschichte erzählt und dadurch vielen Lesern in Amerika und, durch Brigitte Otterpohls Übersetzung, auch in Deutschland »Seine Lebensgeschichte« leicht lesbar nahegebracht. Alle diese Bücher sind heute nur noch antiquarisch erhältlich.

Das Original von Margarete Schneider wurde von uns zwischenzeitlich schon einmal stark erweitert, ergänzt, dokumentiert und erläutert. Dabei haben wir das Original nicht im Geringsten verändert. Dokumente, die Frau Schneider nicht zur Verfügung standen, andere, die sie nicht verwandt hat, und seitdem bekannt gewordene Vorgänge sind den Kapiteln zugefügt worden. Diese sind durch einen anderen Schrifttyp vom ursprünglichen Text des »Predigers von Buchenwald« abgesetzt, der im Buch durch Einrückung gekennzeichnet ist. Bereits der Originaltext hat zwei Schriftarten, da Margarete Schneider alle Zitate aus Briefen und Tagebuchaufzeichnungen ihres Mannes kursiv hervorgehoben hatte.

Die Ergänzungstexte erläutern auch die oft schwer errungenen Entscheidungen, die Paul Schneider in seinem Leben getroffen hat, und sein daraus folgendes Handeln sowie politische, kirchenpolitische und gesellschaftliche Hintergründe. Zusätzlich sind einige geschilderte Familienereignisse aus den »Rundbüchern« entnommen, durch die sich die acht damals noch lebenden von ursprünglich zehn Geschwistern der Familie Dieterich und ihre Mutter untereinander informierten und die sie einander weiterschickten. Überschneidungen ließen sich nicht immer vermeiden.

Zahlreiche Fußnoten geben zusätzlich vielfältige Sachinformationen, Quellenhinweise und Auskunft über zitierte und angedeutete Bibelworte. Bereichert wird das Buch auch durch etliche Fotos sowie durch eine vorangestellte Landkarte und Übersicht zu den Lebensstationen Paul Schneiders, die ausführlich in Teil II mit den geschichtlichen und kirchengeschichtlichen Ereignissen parallel gesetzt werden. Hier finden sich auch weitere Ergänzungen mit Dokumenten und Informationen zum Konzentrationslager Buchenwald allgemein und speziell detailliert zu Paul Schneider im KZ. Ferner, wie es mit der Familie Schneider seit 1939 weiterging.

Als Besonderheit konnten wir dieser neuen Ausgabe einige ganz neu aufgetauchte persönliche Briefe aus dem freundschaftlichen Dialog zwischen dem Ehepaar Schneider und dem Ehepaar Girolstein beifügen. Alle Briefe stammen aus dem privaten Archiv der Familie Schneider und finden hier erstmals eine Veröffentlichung. Karl Adolf Schneider leitet in diese Briefe, die wertvolle Zeitzeugnisse sind, ein.

Das umfangreiche Personenverzeichnis hilft bei der Zuordnung von Persönlichkeiten und Namen, soweit Angaben gefunden werden konnten. Dieses und etliche biblische Grundbegriffe sind im Anhang kurz erläutert, damit der Zugang zu den Geschehnissen von damals erleichtert wird.

Alle Ergänzungen zum Originalbuch sind Angebote an die Leser, sich differenzierter mit Paul Schneiders Biografie zu beschäftigen. Die Ergänzungen und die Fußnotenauswahl sind von 15- bis 18-jährigen Jugendlichen mitbestimmt worden. Es beteiligten sich daran Schülerinnen und Schüler von zwei Realschulen in Dresden und Weißwasser (Sachsen) sowie aus Gymnasien in Altenburg (Thüringen), Meisenheim (Rheinland) und Weimar. Diesen Schülerinnen und Schülern sei an dieser Stelle für ihre wichtige Zuarbeit gedankt.

Mit großem Engagement brachte sich Frau Sybille Hesse aus Weimar durch ihre Mitarbeit bei der Auswertung der Schülervoten, der Formulierung der Fußnoten und anderer Zusätze mit ein. Anerkennung gilt auch denjenigen, die durch ihre punktuelle Mitwirkung kleine Bausteine zum Ganzen beigetragen haben, und den jeweiligen Archivmitarbeitern der Gedenkstätte Buchenwald, Weimar, und den »Arolsen Archives« (ehem. ITS) in Bad Arolsen (Hessen), auch dem »Landesarchiv Thüringen – Hauptstaatsarchiv Weimar« für die Bereitstellung von Fotos, Dokumenten und das zeitaufwendige Heraussuchen von Archivmaterialien; dabei besonderer Dank an Frau Sabine

Stein im Archiv Buchenwald. Wertvolle Anregungen zur Zeittafel hat uns Pfarrer Wilhelm Gröne gegeben.

Den Kindern von Paul Schneider, namentlich Karl Adolf Schneider, danken wir für ihre zustimmende Begleitung bzw. Mitwirkung bei der Entstehung dieser Neuherausgabe. Dank auch der Calwer Verlagsstiftung für ihren hilfreichen Zuschuss und verschiedenen Personen für Einzelspenden.

Wir danken dem SCM Hänssler Verlag für die langjährige Begleitung bei der Veröffentlichung und Verbreitung dieser Biografie. Besonders der damaligen Lektorin Uta Müller und ab dieser Auflage Annalena Pabst und Heike Hütter. Für die Förderung der Botschaft dieses Buches gilt unser Dank besonders Herrn Friedrich Hänssler, der im Mai 2019 verstorben ist.

Wir hoffen, dass auch diese neue Ausgabe, in der der Inhalt der letzten Auflagen in zwei statt in drei Teilen gebracht und neue Dokumente dazugefügt werden, dazu beiträgt, die Lebenslinie und Bestimmung des Pfarrers Paul Schneider weiterhin wahrzunehmen. Es bleibt unsere Aufgabe, in jeder Generation wieder neu zu erkennen, welche Fragen er an uns und unser eigenes Reden, Schweigen, Handeln und Glauben stellt und was er uns in mutiger Konsequenz zu leben aufgibt.

Elsa-Ulrike Ross, Weimar
und Paul Dieterich, Weilheim-Teck

Frühjahr 2021

Lebensdaten und -stationen Paul Schneiders

29.8.1897	Geburt von Paul Robert Schneider in Pferdsfeld/ Bad Kreuznach
1910	Umzug nach Hochelheim (heute Hüttenberg bei Wetzlar/Gießen)
12.9.1914	Tod der Mutter
1915	Kriegsreifeprüfung (Notabitur) in Gießen
1915–1918	Kriegsfreiwilliger Soldat in Russland und Frankreich
1919–1922	Theologiestudium in Gießen, Marburg und Tübingen
1922	Arbeit am Hochofen in Dortmund-Hörde
1922–1923	Predigerseminar in Soest
1923–1924	Tätigkeit bei der Stadtmission in Berlin
1925	Hilfsprediger in Essen-Altstadt
12.1.1926	Tod des Vaters; Paul Schneider wird zu seinem Nachfolger gewählt
1926	Hilfsprediger in Rotthausen bei Essen
12.8.1926	Hochzeit mit Margarete Dieterich in Weilheim; in den Jahren 1927 bis 1937 werden sechs Kinder geboren
4.9.1926	Amtseinführung in die erste Pfarrstelle Hochelheim und Dornholzhausen
8.10.1933	Öffentliche Erklärung Schneiders gegen einen Zeitungsartikel; erste Anzeige gegen Pfarrer Schneider
25.4.1934	Umzug nach Dickenschied infolge der Versetzung; Amtseinführung in Womrath
12.6.1934	Zusammenstoß mit der NSDAP bei der Beerdigung eines Hitlerjungen

13.6.1934–20.6.1934	**Erste Verhaftung** als Folge dieser Beerdigung; Haft in Simmern
16.3.1935–19.3.1935	**Zweite Verhaftung;** Haft in Kirchberg
31.5.1937–24.7.1937	**Dritte Verhaftung;** »Schutzhaft« im Gestapo-Gefängnis in Koblenz
24.7.1937	Ausweisung aus dem Rheinland
25.7.1937	Trotz Verbot Rückkehr in seine Gemeinden, Feier von Gottesdiensten
27.7.1937–28.8.1937	Erholungszeit in Baden-Baden
28.8.1937–1.10.1937	Urlaubsvertretung für befreundeten Pfarrer in Eschbach/Usingen
2.10.1937	Pfarrer Schneider kehrt auf Bitten des Presbyteriums in seine Gemeinden zurück
3.10.1937	Erntedank-Gottesdienst in Dickenschied; **Vierte Verhaftung** auf dem Weg zum Abendgottesdienst nach Womrath; Haft im Polizei-Gefängnis in Koblenz
26./27.11.1937	**Überführung in das Konzentrationslager Buchenwald bei Weimar;** Paul Schneider als »Schutzhäftling« Nr. 2491 in Block 22
20.4.1938	**Weigerung, beim Fahnenappell zu Hitlers Geburtstag die Mütze abzunehmen; dies ist Anlass für seine Einzelhaft im Arrestbau (sog. »Bunker«)**
28.8.1938	**Erstes dokumentiertes »Predigen« aus dem Zellenfenster heraus**
18.7.1939	**Tötung durch den Lagerarzt** mit einer Überdosis Strophanthin
21.7.1939	Beerdigung auf dem Friedhof in Dickenschied

Landkarte mit Lebensstationen Paul Schneiders

Deutsches Reich in den Grenzen von 1937

Ostsee
Berlin
POLEN
KZ Buchenwald
bei Weimar
TSCHECHOSLOWAKEI
ÖSTERREICH
UNGARN

Teil I

Teil I beginnt mit dem Text des Originals von Margarete Schneider. Dieser ist jeweils eingerückt. Die ergänzenden Teile sind in anderem Schrifttyp und breitem Format gesetzt.

Heimat und Kindheit

»Der ist in tiefster Seele treu, der die Heimat liebt wie du.«

Theodor Fontane

Paul Schneider nannte sich einen *»einfachen, bäuerlichen Pfarrerssohn«*, er war seinem Wesen nach dem Bauerntum verbunden. Seine Kindheit im Pfarrdorf seines Vaters, in Pferdsfeld, Kreis Kreuznach, hat die Liebe zur Natur, zu Tieren und bäuerlichen Menschen tief in seine empfindsame Seele eingedrückt. Hier war sein »Kindheitsparadies«. In einem Gemeindebrief »aus dem Urlaub« schreibt er 1931: *»Wie wohl wir daran tun, die Heimaterinnerungen, die Heimatkunde und die Heimatliebe zu pflegen, merke ich in diesen Tagen sonderlich, da ich in dem Lande weile, wo meine Wiege gestanden hat und das mir die Eindrücke der Kindheit vermittelt hat. Das Dörflein, hoch im Wiesengrund des beginnenden Hoxtbachtales gebettet, der machtvoll aufgebaute Soonwald im nahen Blickfeld, die alten, niedrigen Häuschen, die Winkel und Ecken des Dorfes, die Leute, zum Teil noch die alten Gestalten der Kindheit, der plätschernde Röhrenbrunnen jetzt wie einst: wie nimmt das alles die Seele in einer guten und starken Liebe gefangen, wie ruht da Leib und Seele so gern aus im Schoße der Heimat.«* 1925 schreibt er in sein Tagebuch: *»Heimatluft ist halt Heimatluft, und diese Naturgebundenheit können wir wohl überwinden, aber nie verlieren.«*

Pauls Vater, der Pfarrer Gustav Adolf Schneider, geboren am 13. Januar 1858, stammte aus Kaufmannsfamilien, die zur Elberfelder Kirchengemeinde gehörten. Früh verlor Gustav Adolf seine Mutter; deshalb wuchs er im großelterlichen Haus auf, wo seine Tante, die Lehrerin an der Höheren Mädchenschule war, ihm Erzieherin und geistliche Führerin wurde. Durch sie kam er unter den Einfluss Kohlbrügges, doch wurde er von Pastor D. Krummacher[1] in der reformierten Gemeinde

1 Superintendent D. Karl Krummacher (1831–1899).

konfirmiert. – Während des Theologiestudiums hatte er den größten Gewinn von Prof. Tobias Beck in Tübingen. Aber trotz guter wissenschaftlicher und theologischer Bildung war er durch seine Schwerfälligkeit oft in seinem Amt gehemmt. Der Tod seiner Frau im Jahre 1914 machte ihn vollends zum in sich gekehrten Einsamen. Die Erschütterung über den nationalen Zusammenbruch im Jahre 1918 verwand er nie. Nur selten konnten wir einen Blick in seinen inneren Reichtum und seine verhaltene Güte tun. Ich staunte als junges Mädchen über seine praktische Textauslegung. Predigte er aber nicht mehr Gesetz als Evangelium? Das mag auf sich beruhen. Ich hörte Paul stets mit Ehrerbietung und verständnisvoller Nachsicht über seinen Vater reden. Es war ihm wichtig, ein gehorsamer Sohn zu sein; umso mehr hat ihm ein Ereignis im Pferdsfelder Pfarrgarten innerlich zu schaffen gemacht.[2] In einer Zeit tiefster Angefochtenheit – in Glaubens- und Berufsnot – kam er im Jahre 1925 in seinem Tagebuch darauf zurück, sodass wir in sein empfindsames Gemüt hineinsehen können.

Da Paul Schneider selbst – das wird in einem seiner beiden Tagebücher deutlich – sich während seiner Studienzeit darum bemüht hat, etwas über seine familiäre Herkunft herauszufinden, bringe ich, Paul Dieterich, hier, ergänzend zu dem im obigen Text Berichteten, einige zusätzliche Informationen. Ich erfuhr sie von Margarete Schneider, genannt Gretel,[3] im Oktober 1979 in von mir damals protokollierten Gesprächen. Die Schneiders stammen aus dem Westerwald. Ein Vorfahre war in der Ortschaft Hachenburg bei Altenkirchen Landwirt und Pferdehändler. Sein Sohn, Johann Peter Schneider, geb. 1754 – der Ururgroßvater von Paul Schneider – war

2 Paul Schneider naschte als Kind verbotene Beeren im Garten und belog danach seinen Vater.

3 Im Folgenden kürzen wir teilweise ab: Paul Schneider: P.S.; Margarete Schneider: M.S.

zuerst Hauslehrer bei den Düsseldorfer Freiherren von Bodelschwingh, dann Lehrer in Ratingen bei Düsseldorf. Er heiratete Anna Gertraud, die Tochter der Gutsbesitzer Reinhard und Anna Maria vom Bovert. Das Anwesen derer vom Bovert brannte in einer Nacht im April 1783 ab, die Eltern der Anna Gertraud Schneider erlitten dabei so schwere Verletzungen, dass sie kurz darauf starben. Johann Peter Schneider wurde 1796 Lehrer, Organist und Küster an der Marienkirche in Duisburg. Seine große Liebe zur Musik hat ihm über manche schlaflose Nachtstunde hinweggeholfen. Fünf Kinder hatten Johann Peter und Anna Gertraud Schneider. Das zweite von ihnen, Friedrich Carl Gottlob Schneider, P. S.s Urgroßvater, hat die Befreiungskriege gegen Napoleon 1813/14 als freiwilliger Jäger mitgemacht; er war später Regierungskanzlist in Duisburg. Der erste Sohn aus seiner Ehe mit Catharina Simon aus Duisburg, Johann Ludwig Friedrich Wilhelm Schneider, geb. 1818 – P. S.s Großvater – verlebte eine glückliche Jugend in Duisburg, Cleve und Düsseldorf und widmete sich nach einjährigem Militärdienst dem Kaufmannsberuf. Er war dann Buchhalter in einem Barmer Bankgeschäft. Seine erste Frau starb, sechs Jahre nach der Hochzeit, im Dezember 1855 in Elberfeld an der Schwindsucht. Seiner zweiten Ehe, die er mit Hulda Greiff, der Tochter eines Bankhauskassierers in Elberfeld, einging, war eine noch kürzere Dauer beschieden. Hulda starb nach einem Jahr Ehe, kurz nach der Geburt ihres Sohnes Gustav Adolf.

Gustav Adolf Schneider, geb. am 13. Januar 1858 in Elberfeld, der Vater Paul Schneiders, wurde, da sein Vater bald nach dem Tode seiner zweiten Frau noch einmal geheiratet hatte, bei den Großeltern Greiff und seiner Tante, Maria Greiff, erzogen. Sie war Lehrerin an der Höheren Töchterschule in Elberfeld. Die Großeltern Greiff samt ihrer Tochter Maria lebten gottesfürchtig und reformiert. Besonders gern gingen sie mit Gustav Adolf zu den Predigten des bedeutenden reformierten Theologen Hermann Friedrich Kohlbrügge (1803–1875), der in

Elberfeld und weit darüber hinaus eine rastlose Predigttätigkeit entfaltete.[4]

Der oben genannte D. Krummacher, Gustav Adolfs Konfirmator in Elberfeld, dürfte der reformierte Superintendent Karl Krummacher (1831–1899) gewesen sein, der Enkel des legendären Friedrich Adolf Krummacher, von dem das bekannte Lied »Stern, auf den ich schaue« stammt. Karl Krummacher war besonders im Aufbau von Jünglingsvereinen führend.

Wir können davon ausgehen, dass Gustav Adolf Schneider in seiner Kindheit und Jugend von einem lebhaften reformierten Christentum geprägt wurde und dass die Einflüsse Kohlbrügges und Krummachers dazu beitrugen, dass er evangelische Theologie studiert hat.

Leipzig, Bonn und Tübingen waren seine Studienorte. Dass er von Johann Tobias Beck in Tübingen die nachhaltigsten Eindrücke empfangen hat, das verband ihn später mit dem Schwiegervater seines Sohnes Paul, Karl Dieterich. Johann Tobias Beck (1804–1878) lehrte seit 1843 Systematische Theologie in Tübingen. Stark hat J.T. Beck das Sittliche am Christentum betont. Nach Becks Auffassung wird der Mensch durch Gottes Gnade nicht nur »gerechtfertigt« sondern er wird durch den Geist Gottes wirksam verwandelt. Es ist denkbar, dass G.A. Schneiders Betonung des Sittlichen in seinem Pfarrdienst eine Wirkung J.T. Becks ist. Und man kann auch vermuten, dass sein Sohn Paul in seiner Jugend dadurch mitgeprägt wurde.

Zwischen G.A. Schneider und den Pietisten im Ort habe eine latente Spannung bestanden, so Gretel Schneider. Dass

---

4 Der Grundtenor der Predigten Kohlbrügges war, dass auch bekehrte und gläubige Christen menschlich-allzumenschlich seien, weshalb der menschgewordene Heiland Jesus Christus ihre einzige Hoffnung sei. In ihm sei alles, was ein Mensch zum Heil braucht, zu finden. Kohlbrügge betonte so sehr die Rechtfertigung des Sünders allein aus Gnaden, dass Kritiker an ihm gelegentlich monierten, das Bemühen um ein Gott wohlgefälliges Leben komme bei ihm zu kurz. Als umso befreiender wurden von sehr vielen Leuten seine Predigten empfunden.

seine Verlobung mit der Tochter eines Liebenzeller Gemeinschaftspredigers kurz vor der Hochzeit geplatzt sei, habe dazu beigetragen. »Die Pietisten sind zwar meine besten Kirchgänger«, habe er gelegentlich gesagt, »aber die Organisation!« Von ihr hat er offenbar nichts Gutes erwartet. Er habe wohl gefürchtet, die Pietisten kämen mehr aus Achtung vor der kirchlichen Sitte zu ihm in den Gottesdienst. Ihre »Seelenspeise« jedoch würden sie sich bei ihrem pietistischen Prediger holen. Die Predigten ihres Schwiegervaters seien aber ebenso biblisch wie inhaltsreich gewesen, sagte Gretel Schneider. Nur eben nicht sonderlich ansprechend.

Von Gustav Adolf Schneider wurde gelegentlich ein Bild gezeichnet, das M.S. so nicht richtig fand. Aus der Szene im Pfarrgarten von Pferdsfeld, in der Paul sich dem nachfragenden Vater durch eine Lüge entzog, wird bisweilen gefolgert, Gustav Adolf Schneider sei seinen Söhnen gegenüber besonders streng gewesen. Durch Berichte über seine Art, Kirchenzucht zu üben, wird diese Auffassung für viele bestätigt. Manche Story wurde über ihn erzählt: Wie er auf einem vom Pony oder Esel gezogenen Wagen seine körperbehinderte Frau durch die Landschaft führte. Dass er, der Lebensreformer, allmorgendlich in einer Zinkbadewanne mit kaltem Wasser gebadet habe. Solche Geschichten sind dazu angetan, in ihm einen Sonderling zu sehen. Das Klischee, seine Söhne hätten unter ihm zu leiden gehabt, hat M.S., wenn sie die Berichte ihres Mannes wiedergegeben hat, zu zerstreuen versucht. Der ruhebedürftige Mann sei weder skurril noch furchterregend gewesen. Paul habe unter seinem »père« – so nannten ihn die Söhne – nicht sonderlich gelitten. Dieser habe seinen Söhnen durchaus Freiheit gelassen. Mit Vergnügen habe Paul von seinem Kindheitsparadies erzählt. Auch hätten die Gemeinden ihren Pfarrer durchaus geschätzt.

Dass Pauls Mutter ihren Kindern zu einer glücklichen Kindheit verhalf, ist nicht ganz selbstverständlich: Paul kannte sie nur als Leidende. Elisabeth, geb. Schnorr, wurde in Düsseldorf am 8. August 1863 geboren. Sie hatte keinen leichten Weg hinter sich, ehe sie im Jahre 1888 Pfarrfrau in Pferdsfeld wurde. Ihre Eltern waren in der Gründerzeit[5] aus einem hessischen Dorf ausgewandert. Sie besaßen in Düsseldorf ein Hotel, sind aber beide früh gestorben. So kamen ihre beiden kleinen Töchter ins Waisenhaus nach Mülheim/Ruhr. Elisabeth, die ältere von beiden, war dann bis zu ihrer Heirat Erzieherin. Nach der Totgeburt ihrer ersten beiden Kinder begann ihr unheilbares Gichtleiden[6]. Die Tapfere schenkte dann noch drei Söhnen das Leben: Adolf im Jahre 1891, Paul am 29. August 1897 und Hans im Jahre 1901. Paul schrieb einmal über seine Mutter: *»Sie blieb die fröhliche Seele unseres Hauses, solange sie immer unter uns sitzen konnte.«* Offenbar war sie darauf bedacht, ihre Jungen selbstständig und unbeschwert aufwachsen zu lassen: Da durfte man Raben zähmen, Eichhörnchen fangen, Frösche halten, kurz – an allem erreichbaren Getier sich erfreuen. Mutters Weihnachtsabend war für Paul zeitlebens der Inbegriff alles Schönen.

Bald wurde die Tatkräftige ganz an den Stuhl gefesselt. Um ihr noch den Genuss der Waldlandschaft zu verschaffen, kaufte Vater Schneider ein Eselsgefährt. Der kräftige Paul hebt die Mutter in die Kutsche, der Vater setzt sich auf den Bock, die Buben traben nebenher – das ist sicher ein köstlicher Anblick für die Dorfbewohner gewesen! – Pauls Sangesfreudigkeit und seine gute Stimme ist ein Erbteil seiner Mutter. Unvergessen in ihren Gemeinden ist die gelähmte Pfarrfrau, am Fenster sitzend, mit dem freundlichen Gruß und dem frohen, getrosten Gesang.

Im Sommer 1914 erlag Pauls Mutter ihrem Leiden. Auf dem Grabstein ist zu lesen: »Seid fröhlich in Hoffnung, geduldig in Trübsal, haltet an am Gebet«[7].

---

5 1871 Gründung des »Deutschen Kaiserreiches«, verbunden mit sprunghaftem industriellem Aufschwung und reger Bautätigkeit aufgrund von Kriegsentschädigung durch die Franzosen nach dem von ihnen verlorenen Deutsch-Französischen Krieg 1870/71.

6 Sehr schmerzhafte Gelenkerkrankung.

7 Römer 12,12.

Der 1918 aus dem Krieg heimgekehrte Paul empfindet ihren Verlust noch schwer: *»Seit 1914 wieder die erste Weihnacht, die zweite ohne Mutter zu Hause. Es ist einfacher geworden, stiller, nicht schöner, das warme Gefühl, das sonst die Mutter, die Frau mit dem liebenden Herzen, hereingebracht hat, fehlt.«*

Von seiner Frau Elisabeth, geb. Schnorr, Pauls Mutter, konnte G.A. Schneider gelegentlich sagen, sie sei »flott« gewesen. Er meinte damit wohl: Sie war aufgeschlossen und vorwiegend fröhlich. Vielleicht meinte er mit dieser Bezeichnung auch ihren für die damalige Zeit ungewöhnlich kurzen Haarschnitt. Diesen hatte sich Elisabeth zugelegt, da sie wegen ihrer Gicht sich nicht selbst kämmen konnte und diese Mühe nicht anderen Leuten zumuten wollte. Die trotz ihrer zunehmenden Körperbehinderung fromm-fröhliche Frau, die gern die geistlichen Volkslieder aus dem 19. Jahrhundert sang, die sie im Waisenhaus gelernt hatte, muss auf die Gemeinde eine bleibende wohltuende Ausstrahlung gehabt haben. Noch in den Siebzigerjahren des 20. Jahrhunderts traf ich (P.D.) in Hochelheim alte Leute, die mir sagten, sie hätten als Kinder ihre Wege gern so eingerichtet, dass sie an dem Wohnstubenfenster des Pfarrhauses vorbeikamen. Es sei so schön gewesen, mit der Frau Pfarrer zu reden. Sie hätte ihnen gutgetan.

Aber da war ja noch das gute Sophiechen, dem Paul so sehr zugetan war! Sophie Helmes aus Pferdsfeld war seit den ersten Ehejahren der Eltern die vorbildlich treue Pfarrmagd. Nach Kräften versorgte sie ihre Pfarrfamilie auch später im frauenlosen Haushalt. In der Kriegs- und der Nachkriegszeit bewirtschaftete sie umsichtig Garten und Pfarrland, Hühner-, Schweine- und Kuhstall mit eingeschlossen! Oft und gern half Paul ihr dabei. – Noch als Rentnerin hatte Sophie ihren Platz am Tisch unserer jungen Familie. Dieser Bindung und Verpflichtung setzte die Zerstörung unseres Elberfelder Hauses im Zweiten Weltkrieg 1943 ein Ende. Von da ab wohnte sie wieder in ihrem Heimatdorf; dort starb sie 92-jährig.

Schule, Krieg und Studium

»Geh deinen unmerklichen Schritt, ewige Vorsehung!
Nur lass mich dieser Unmerklichkeit wegen an dir nicht verzweifeln!
Lass mich an dir nicht verzweifeln, wenn selbst deine Schritte
mir scheinen sollten, zurückzugehen!«

Gotthold Ephraim Lessing:
Die Erziehung des Menschengeschlechtes, 1780
Zitat aus Paul Schneiders Tagebuch

Von seinem Vater wurde Paul auf den Besuch des humanistischen Gymnasiums in Bad Kreuznach vorbereitet. In einer Pension mit anderen Jungen untergebracht, lebte man zum Samstag hin, der einen wieder in die dörfliche Freiheit und Geborgenheit des Elternhauses zurückbrachte. Um der Mutter in einem milderen Klima Linderung zu verschaffen, ließ Vater Schneider sich im Jahre 1910 nach Hochelheim, Kreis Wetzlar, versetzen. Nun war das humanistische Gymnasium[8] in Gießen Pauls Bildungsstätte. Der Schulweg dorthin, teils mit dem Rad, teils mit der Bahn, entbehrte nicht der Spannungen und Abenteuer. Des Dorfes Norm war: »Wenn Pärners (Pfarrers) Paul fortfährt, reicht's sonst niemand mehr.« Wie sehr der ihm vom Vater zur Konfirmation gegebene Denkspruch ein Leitwort fürs Leben war, erkannten wir erschüttert nach Pauls Sterben: *»Christus spricht: Ich bin dazu geboren und in die Welt gekommen, dass ich für die Wahrheit zeugen soll. Wer aus der Wahrheit ist, der hört meine Stimme«* (Johannes 18,37).

Ja, in der Tat, der König der Wahrheit allein hat den Träumer und nach Selbsterlösung Suchenden, den um das soziale Problem Ringenden, nach der rechten Stellung zur Körperkultur und Lebensreform Fragenden in das Licht des Wortes Gottes und in die Freiheit der Kinder Gottes geführt. Es war ein langer, oft banger Weg für ihn und die, die ihn liebten, aber er führte dahin, dass ein Amtsbruder 1937 von ihm sagte:

8 Altsprachliches Gymnasium, Fremdsprachen Latein und Griechisch.

»Paul Schneider hat ein selten feines und waches Gewissen. Sein unbestechlicher Wahrhaftigkeitssinn ließ auch nicht die kleinste Krummheit und Schiefheit des Weges zu«, er führte dahin, dass er mitten in der Bedrängnis des Kirchenkampfes fröhlich ausrufen konnte: *»Es ist eine Lust zu leben!«*, dass er strahlend vom Predigtdienst heimkehrte: »Diese Predigt durfte ich noch einmal halten«, und dass er gewürdigt wurde, der »Prediger von Buchenwald« zu werden.

Um sich als Kriegsfreiwilliger melden zu können, machte Paul schon 1915 als Unterprimaner[9] sein Notabitur[10].

Von diesem Notabitur des »Großherzoglichen Gymnasiums zu Gießen« haben wir aus dem Schularchiv – dank der Recherche der Abiturientin Jana Braun – sein Abiturzeugnis vom 29. Juni 1915. P. S. wird bestätigt, dass er die Anstalt seit Ostern 1910 von der Klasse Untertertia an besucht und ein halbes Jahr in der Oberprima verbracht habe. Er beabsichtige, sich dem Studium der »Heilkunde« zu widmen. Folgende Noten wurden ihm erteilt: Betragen: gut; Aufmerksamkeit: im Ganzen gut; Deutsch und Englisch: gut; Griechisch, Geschichte, Geografie, Mathematik und Naturkunde: im Ganzen gut; Latein: Genügend. Ebenso auch im Fach Religion: Genügend(!). Am 2. Mai 1919, also nach dem Krieg, wurde auf dem Abiturzeugnis noch nachgetragen, dass er die Ergänzungsprüfung im Hebräischen mit der Note »gut« abgelegt habe. Offenbar hat es allen Beteiligten mit dem Notabitur pressiert. Schriftliche Klausuren fanden nicht statt. Bei P. S. verzichtete die Prüfungskommission sogar auf eine mündliche Prüfung. Aus P. S.s Noten kann man folgern: Er war ein ordentlicher Schüler, oberer Durchschnitt.

---

9 M. S. irrt sich hier; P. S. machte in der Oberprima, also der Abiturklasse, sein Abitur.

10 Vorzeitiges Abitur, um als freiwilliger Soldat in den Ersten Weltkrieg zu ziehen.

Paul wurde Dragoner[11] in Hofgeismar. Als Berufsziel gab er damals Medizin an. Sich fürs Vaterland tapfer einzusetzen war ihm gemäß. An der Ostfront verwundet (Bauchsteckschuß), mit dem Eisernen Kreuz[12] ausgezeichnet, kam er 1916 zur Fußartillerie[13], und von da ab bis 1918 machte er die Kämpfe vor Verdun, in der Champagne und in Flandern mit. Als Leutnant[14] ritt er ein Pferd, seine Liesel, mit dem er sich besonders verbunden fühlte. Aus den Gefahren der Etappe wurde er wie träumend herausgeführt: *»Eine blonde Frau und gesunde Kinder standen vor mir, die wollte ich doch gesund erhalten.«*

Auf dem Rückmarsch hatte er eine Begegnung mit einem niederrheinischen Mädchen, dessen reines und schlichtes Wesen es ihm angetan hatte. Dieses Erlebnis ließ ihn so schnell nicht los. Es ist kennzeichnend für ihn, wie es ihn umtrieb und belastete, ob er dem Mädchen nicht doch Hoffnungen gemacht hätte, und er nicht ruhte, bis er ihr Verständnis fand und das gute, klare Verhältnis von einst sich auf unsere jeweiligen Familien übertrug. Diese Arbeiterfrau trauerte mit mir um den »allzeit hochverehrten und geliebten Paul«.

Man wüsste gern mehr darüber, wie Paul Schneider den Weltkrieg erlebt, was er dabei durchgemacht, empfunden und gedacht hat. Aber es existieren darüber keine schriftlichen Aufzeichnungen. In dem ersten der beiden Tagebücher, die uns erhalten sind, finden wir nur eine kommentarlose Auflistung der Kriegseinsätze, die er, zuerst an der Ostfront, dann vor allem in Frankreich und Flandern, bis zuletzt mitgemacht hat. In der Eintragung vom 19. Dezember 1918 deutet er ledig-

11 Berittener Soldat.

12 Seit 1813 Kriegsauszeichnung für alle Dienstgrade bei besonderer Tapferkeit an der Front.

13 Mit Geschützen ausgerüstete Truppe.

14 Unterster Offiziersrang.

lich an, wie er die Demobilisierung[15] erlebt hat. *»Wie gegrüßt wurde…, was alles gesprochen wurde, man mag's nicht aufschreiben.«* Er reibt sich daran, wie einige Soldaten mitten in der Niederlage sich *»mit ihren Maitressen«* ein luxuriöses Leben machten. *»Froh war ich, als ich den Entlassungsschein in der Tasche hatte.«* Zu Weihnachten 1918 kehrte P. S. nach Hochelheim zum vereinsamten und vom Kriegsausgang tief bekümmerten Vater zurück.

Hier eine kurze Erinnerung an historische Vorgänge im Zusammenhang mit dem Ende des Ersten Weltkriegs:

Die Entscheidung in Richtung Niederlage fiel für Deutschland und Österreich, als am 6. April 1917 die USA Deutschland und kurz darauf Österreich den Krieg erklärten. Zugleich wurde immer deutlicher, dass eine deutsche Niederlage die Regierung der Hohenzollern in Deutschland stürzen und revolutionären Einflüssen aus Russland Tür und Tor öffnen würde. General Erich Ludendorff setzte in dieser Situation auf eine letzte Großoffensive im Frühjahr 1918. Von ihr erhoffte er den Sieg der deutschen Waffen und die Rettung Deutschlands aus höchster Gefahr. Zugleich setzten die alliierte Kriegspropaganda, Missernten und Hunger (Steckrübenwinter 1917!), Mangel an Kleidung, auch an Verbandszeug im Heer, Seuchen, Typhus, Ruhr, Tuberkulose dem deutschen Volk bedrohlich zu.

Die große Offensive gegen die alliierten Gegner Deutschlands, die am 21. März 1918 losbrach, scheiterte an starken französischen und englischen Gegenangriffen, die von amerikanischen Truppen unterstützt wurden. Dazu kam die erschreckende Wirkung englischer Panzer, der sogenannten Tanks, auf deren Abwehr das deutsche Heer nicht vorbereitet war. Die deutschen Truppen wurden weit zurückgeworfen. Die Heeresleitung musste alle weiteren Offensivpläne aufgeben. Ein Kompromissfriede war nun nicht mehr denkbar. Österreich,

15 Demobilisierung: die Zurückführung der Streitkräfte, der Wirtschaft und der Verwaltung eines Landes aus dem Kriegs- in den Friedenszustand.

das als Deutschlands Verbündeter den Weltkrieg mit durchgestanden hatte, kündigte, unter dem Eindruck der unumgänglichen Niederlage, am 27. Oktober 1918 die Waffenbrüderschaft mit Deutschland, um einen sofortigen Waffenstillstand und Separatfrieden zu suchen.

Erst jetzt, aber nun ganz plötzlich und fast panisch, drängten General Ludendorff und Paul von Hindenburg auf einen schnellen Waffenstillstand, der freilich, in dieser Eile geschlossen, einer Kapitulation gleichkam. »Unter diesen Umständen ist es geboten, den Kampf abzubrechen, um dem deutschen Volk und seinen Verbündeten nutzlose Opfer zu ersparen. Jeder versäumte Tag kostet Tausenden von braven Soldaten das Leben«, schrieben sie mit Hindenburgs Unterschrift an die deutsche Regierung. Diese konnte nun nur noch um Waffenstillstand bitten. »Wir sind dem Diktat des Gegners preisgegeben«, sagte Hindenburg in einem letzten Kriegsrat am 9. November 1918. Deutschland müsse den Waffenstillstand annehmen, wie immer er ausfalle.

Die deutsche Waffenstillstandsdelegation unter der Leitung des Zentrumsabgeordneten Matthias Erzberger, der am 8. November 1918 im Wald von Compiègne von dem französischen Marschall Foch die Bedingungen des Waffenstillstands[16] aufdiktiert wurden, fügte sich, starr vor Entsetzen, in das Unvermeidliche. Zugleich fand in Deutschland im November eine weitgehende Revolution statt. Die Unabhängige Sozialdemokratische Partei Deutschlands, USPD (radikal-linke SPD), rief am 9. November in Berlin den Generalstreik aus. Der letzte kaiserliche Reichskanzler, Prinz Max von Baden, verkünde-

---

16 Inhalt der Waffenstillstandsbedingungen war u. a.: Räumung des gesamten linksrheinischen Gebietes, Bildung einer fünfzig Kilometer breiten sogenannten »neutralen Zone« auf der rechten Seite des Rheins; Auslieferung fast des gesamten Bestandes von Kriegsmaterial zur See (U-Boote, Kriegsschiffe) und zu Land; dazu von Lokomotiven, Eisenbahnwagen, Lastkraftwagen, die zur zivilen Personenbeförderung unentbehrlich sind, etc. Mit solchen Bedingungen war das Deutsche Reich der Willkür der Sieger ausgeliefert.

te – ohne dass der Kaiser sie bestätigt hätte – die Abdankung der Hohenzollern und übergab sein Amt an den Vorsitzenden der Sozialdemokratischen Partei Deutschlands, SPD, Friedrich Ebert. Philipp Scheidemann, der sozialdemokratische Staatssekretär, rief die Republik aus. Kaiser Wilhelm II verzichtete daraufhin auf seinen Thron, entband Offiziere und Beamte von ihrem Eid und ging in die Emigration nach Holland. Derweilen drohte mit Kriegsende und akuter Hungersnot immer aggressiver der Einfluss des Bolschewismus aus dem Osten. In dieser Situation blieb der deutschen Delegation keine andere Wahl: In der Nacht vom 10. auf den 11. November unterzeichnete sie den Waffenstillstandsvertrag.

Die Verluste an Menschen waren auf beiden Seiten der kriegführenden Parteien unvorstellbar hoch. Etwa drei Millionen Soldaten waren auf deutscher und österreichischer Seite gefallen, dazu kamen von der verbündeten Türkei etwa vierhunderttausend Tote. Russland beklagte mindestens zwei Millionen Kriegstote, Frankreich fast anderthalb Millionen, England eine Million, die USA hunderttausend Tote. Auch waren durch Luftangriffe im Lauf der Kriegsjahre immer mehr Zivilpersonen betroffen. Der Krieg war zuletzt »total« geworden.

Wie hat Paul Schneider diese Niederlage emotional erlebt? Wir müssen davon ausgehen, dass es ihm ging wie fast allen Personen, die aus evangelischen Pfarrhäusern kamen. Sie hatten den Krieg als von Franzosen, Engländern, Russen aufgezwungen verstanden, hatten sich »für König, Volk und Vaterland!« freiwillig zu den Waffen gemeldet – oft mit der Motivation »Niemand hat größere Liebe als die, dass er sein Leben lässt für seine Freunde« (Johannes 15,13). Sie hatten die Worte »Gott mit uns« auf dem Koppelschloss des deutschen Soldaten ernst genommen. Nun, in der Niederlage, nach so vielen Verlusten und unter derart schmählichen Bedingungen, bedrückten sie Zorn und Trauer. Sie hatten größte Mühe, die Niederlage in ihrem Glauben an den gerechten Gott unterzubringen und zu verarbeiten.

Dazu kam das Ende der Monarchie in allen Teilen Deutschlands samt dem Abschied vom Kaiserreich. Die Monarchien waren – bei allen gelegentlichen Konflikten zwischen Hofprediger und Monarch – nach dem Modell des »landesherrlichen Kirchenregiments« durch Jahrhunderte wesentliche Stützen und Schutzmächte der Kirchen gewesen. In mehreren Teilen Deutschlands versuchten jetzt – freilich mit kurzfristigem Erfolg – Kommunisten, die Regierungsgewalt an sich zu reißen. Sozialdemokratie und Zentrum gingen weithin aus den harten und zum Teil blutigen Konflikten als politische Sieger hervor. Beide Kräfte standen den im evangelischen Pfarrhaus Aufgewachsenen fern. Dazu kamen der Versailler Friedensvertrag, der am 28. Juni 1919 unterzeichnet werden musste, die maßlosen Reparationsforderungen der Siegermächte, die Deutschland fast bis zum Ende des Jahrhunderts in eine Art Schuldknechtschaft versetzen sollten und durch die an einen Neuaufbau deutscher Wirtschaft nicht zu denken war; die Abtretung von Elsaß-Lothringen, des oberschlesischen Industriegebiets, der Provinzen Posen und Westpreußen, des Memellandes, des Saargebiets und der deutschen Kolonien sowie die Beschränkung des deutschen Heeres auf hunderttausend Mann. All das hat den national eingestellten Deutschen tief deprimiert.

Noch heftiger waren der Schmerz und die Empörung über den Artikel 231 des Versailler Vertrages, die These von der alleinigen Schuld Deutschlands am Weltkrieg, mit der begründet wurde, dass allein Deutschland und seine Verbündeten als Urheber für alle entstandenen Verluste und Schäden verantwortlich seien. Vor allem dieser »Kriegsschuldparagraf« demütigte die Deutschen und gab bald alten und neuen nationalistischen Bewegungen Auftrieb. Auch in kirchlichen Kreisen wurde »die Kriegsschuldlüge« als Schmach empfunden. Sie vor allem bewirkte es, dass Nationalisten in völliger Verdrehung der Tatsachen die »Dolchstoßlegende« aufbrachten. Dieser zufolge ist die »Heimat«, besonders kommunistische und sozialdemokratische Politiker, der heldenhaft kämpfenden deutschen Armee mit einer Art »Dolchstoß« in den Rücken gefallen. Dadurch hätten sie ihren endgültigen Sieg verhindert. Hauptsächlich die Dolchstoßlegende trug dazu bei, dass Politiker, die im November 1918 den Waffenstillstand geschlossen hatten, bald als »Novemberverbrecher« bezeichnet wurden.

Nach dem Kriegsende war es aus mit Pauls Neigung zur Medizin, mit »reinem Willen zum Pfarrerberuf« wollte er beitragen zur Gesundung des Volkes. Aber wie stand er zur Theologie? *»In der Schule hatte mir ein liberaler Religionsunterricht das Mysteriöse, priesterlich Geheimnisvolle, mich immer wie Aberglauben Anmutende an der Religion bzw. dem Inhalt der neutestamentlichen Geschichten genommen, sodass mir das theologische Studium je und dann in freundlichen Farben erschien«* (Tagebuch). So fing denn Paul in Gießen bewusst mit dem Studium der liberalen Theologie[17] an. Ein Freund[18] berichtet darüber: »Wir hatten vom Gymnasium her eine innige Freundschaft, die in den Gießener Semestern fast zu zerbrechen drohte infolge des radikalen Liberalismus, dem Paul sich völlig verschrieben hatte. Es verging kein Tag ohne heftige theologische Auseinandersetzung auf dem Weg zur und besonders von der Universität zum Bahnhof und im Zug. Paul konnte darüber das Aussteigen vergessen, und oft musste ich ihn dazu ermahnen. Er führte das Gespräch dann vom Trittbrett weiter und sprang vom fahrenden Zug ab. Pauls Eifer für die ›Wahrheit‹ ging bis zum Äußersten, er hätte ihm sogar die Freundschaft geopfert, wenn er es für nötig gehalten hätte. Ich glaube aber heute, dass unsere Kämpfe die Vorbereitungen seines späteren Wandels waren, der dann ebenso klar und stark zutage trat.«

17 Theologie der Toleranz, die sich nicht auf eine bestimmte christliche Lehrauffassung festlegt, wobei sie sich gegen strenge kirchlich-dogmatische Bindung wehrt.

18 Emil Weber, den P. S. im September 1937 als Pfarrer in Eschbach-Usingen vertreten hat.

In Gießen lernte der Student Schneider vor allem von den Professoren Hermann Gunkel und Wilhelm Bousset, die beide anerkannte Religionswissenschaftler und Häupter liberaler Theologie waren. Hermann Gunkel[19] erforschte vor allem Formen und Gattungen der alttestamentlichen Texte. Professor Wilhelm Bousset[20] war ein bedeutender Kenner der Religionsgeschichte, vor allem des Urchristentums und der frühen Kirche.

Vater Schneider war Wingolfit[21]; Paul trat in Gießen und Marburg in diese Studentenverbindung ein. *»Ist die Verbindung die Opfer an Zeit und Geld wert? Entspricht dem auch der Gewinn? Diese Frage und Hang zur Einsamkeit, Scheu vor der Gesellschaft lassen mich beinahe zurückschrecken. Aber ein innerstes Pflichtgefühl, das mich heißt, die angeborene Neigung zum Träumen und zur Bequemlichkeit zu überwinden, hält mich doch der Farbe schwarz-weiß-gold treu. – Wenn du unentschlossen bist zwischen zwei Dingen, so wähle das dir weniger Bequeme«* (Tagebuch). – In Gießen wurde er in den ersten Semestern dann auch tüchtig in das Verbindungsleben mit hineingezogen. Daneben trieb ihn der Niederbruch Deutschlands 1919 dazu, sich immer wieder mit Kommunismus und Sozialismus[22] zu beschäftigen. *»Der Bolschewismus[23], ein Widerspruch in sich selbst, da ein Zustand, der nur durch die Liebe des Einzelnen zur Allgemeinheit*

---

19 Hermann Gunkel (1862–1932), 1894 bis 1907 außerordentlicher Professor in Berlin, dann bis 1920 Professor für Altes Testament in Gießen und bis 1927 in Halle.

20 Wilhelm Bousset (1865–1920) lehrte zuerst in Göttingen, ab 1916 in Gießen Neues Testament.

21 Siehe später zum Thema »P. S. und die Studentenverbindung Wingolf«.

22 Kommunismus: politisches Ideal eines staatlich-gemeinschaftlichen Lebens mit einer Wirtschaftsform ohne Privatbesitz; Vorstufe ist der Sozialismus: Gesellschafts- und Wirtschaftsform, die das Ziel hat, die Interessen der Armen gegen Ausbeutung durch Wohlhabende durchzusetzen.

23 Weiterentwicklung der marxistischen Lehre durch Lenin; ab 1912 Partei der Bolschewiki, die in der Oktoberrevolution 1917 die Macht in Russland eroberte.

und seinen guten Willen bedingt sein kann, mit Gewalt eingeführt werden soll. Und dieses gewaltsame Einführenwollen kann letztlich nicht dafür zeugen, dass die Vertreter dieser gewaltsamen Einführung, der Putsche und Streiks, diese Vorbedingung des sozialen Staats erfüllen. Das Proletariat[24] *soll herrschen, bis alles sozialisiert ist. Aber allein durch die äußere Sozialisierung tritt doch nicht ein Umschwung der Gesinnung ein, und so müsste die Sozialisierung zu einer dauernden Diktatur des Proletariats*[25] *werden, womit nichts erreicht wäre, weil bei diesem noch weniger als bei den Bürgern die Vorbedingung sozialer Zustände, sittlicher sozialer Gesinnung gegeben ist. Versittlicht das Volk, macht die Menschen besser, dann nähern wir uns ganz von selbst dem sozialen Staate!«* (Tagebuch). – Im Wintersemester 1920 war Paul in Marburg. Hier herrschte im Wingolf ein strammer Korporationsgeist[26]; Pauls Reformpläne, die auf Beseitigung des Frühschoppens hinzielten und dem Turnen mehr Raum geben wollten, fanden keinen Anklang. Er belegt einen Turnlehrerkursus und legt 1921 das staatliche Turnlehrerxamen ab. Er übt Orgel und gibt Nachhilfestunden.

Der Frühling 1920 führt Paul nach Tübingen. Die Wohnungsnot ist groß, er bittet im Weilheimer Pfarrhaus um Aufnahme. Er erlebt nun zum ersten Mal einen großen Familienkreis und ist in die Familiengemeinschaft aufgenommen. Sein bescheidenes, ruhiges, dann wieder jungenhaft übermütiges Wesen erinnert an den gefallenen Theologensohn[27].

In einer unveröffentlichten, reich bebilderten »Chronik der Familie Dieterich«[28] beschreibt Marie Luise Dieterich, die ältere

24 Marxistischer Begriff für einfache Arbeiter.

25 Idee des Marxismus, dass die Arbeiterschaft die Macht übernimmt.

26 D.h. man pflegte entschieden den Zusammenhalt in der Verbindung und stellte ihn über vieles andere.

27 Gemeint ist Ernst Dieterich (1892–1916), an der Somme gefallen am 15. September 1916; auch fiel am 17. Juni 1916 Wilhelm (1893–1916).

28 Chronik der Familie Dieterich, S. 113. Original in der Sammlung von P. Dieterich.

Schwester von Margarete, der späteren Frau Paul Schneiders, dessen Auftreten und Verhalten im Weilheimer Pfarrhaus: »Der letzte Student, der um Quartier bat, war Paul Schneider, ein Pfarrersohn aus Hochelheim, Rheinhessen. Er hatte sich mit einem Studienfreund auf den Weg nach Tübingen gemacht. Beide gewannen in den benachbarten Pfarrhäusern Kilchberg und Weilheim einen behaglichen Unterschlupf und verloren dabei ihr Herz. Einen froheren Menschen wie Paul Schneider gab es auf der ganzen Welt nicht, und das ganze Haus und seine Bewohner nahmen ihn so gern auf, als wäre er ihr Eigener. Selbstverständlich begleitete er unsere Jüngste morgens nach der Stadt, sie in die Arbeitsschule, er ins Kolleg; selbstverständlich saß er abends am Esstisch, wo ihm alles schmeckte, Aufgewärmtes vom Mittag oder frisch gekochte Pilze. Dafür half er beim Gießen im Garten, schüttelte die ersten Zwetschgen vom Baum. Er holte auch auf Bitte die Elsternnester von der hohen Tanne herunter und sang und sang, dass es durch's weite Tal schallte. Sonntagmorgens setzte er sich gern ans Klavier, um einen Choral zu spielen, und war gern Zuhörer in der Kirche, um hintendrein mit Vater die Predigt zu diskutieren. Schade, dass das Sommersemester so kurz war, aber das zarte Band hielt und riss nicht ab.«

> Zwei junge Menschen gehen täglich den Weg zur Stadt, er zur Uni, sie, gerade der Schule entwachsen, in die Frauenarbeitsschule, treffen sich über Mittag im Kahn auf dem Neckar – und sind versonnen und versponnen in ein unausgesprochenes Glück. Beim Abschied meint er sprechen zu müssen – es ist noch zu früh. Zwei Jahre gehen ins Land, bis sie sich ganz finden und von da an Hand in Hand durch vier Jahre Brautzeit wandern; der »eine Stab des andern und süße Last zugleich«! Immer mehr bietet eins dem andern Heimat, kann eins das andere seelsorgerlich tragen.

Das Weilheimer Pfarrhaus, aus dem Margarete, gen. Gretel, Schneider, geb. Dieterich, kommt: Ihr Vater, Karl Dieterich

(1856–1927), stammt aus einer württembergischen Familie, in der seit seinem siebenten Vorfahren, dem Ulmer Münsterprediger und Professor Chunrad Dieterich (1575–1639), von dem heute noch ein in Stein gehauenes Denkmal im Ulmer Münster steht, viele Glieder Pfarrer waren, besonders unter den direkten Vorfahren des Karl Dieterich.

Das hat ihn keineswegs dazu bewogen, ein angepasster »gehorsamer Sohn« seiner württembergischen Landeskirche zu sein. Er, der bei J.T. Beck in Tübingen biblische Theologie studiert hatte, kümmerte sich während seiner Vikarszeit so hingebungsvoll um die zahlreichen Armen seiner Umgebung, dass das Württembergisch Königliche Konsistorium von seiner einseitigen Parteiname für die Unterlegenen durchaus nicht erbaut war. Nachdem er bei der Predigt über das Wort Johannes des Täufers »Wer zwei Röcke hat, der gebe dem, der keinen hat« (Lukas 3,11) demonstrativ seinen Talar ausgezogen und einer armen Frau gegeben hatte mit der Empfehlung, sie möge sich aus dem Stoff ein Kleid nähen, griff das Konsistorium ein, verbot ihm vorerst das Predigen und ließ vorsichtshalber die Kirche versiegeln. Was den feurigen Theologen dazu bewog, zwischen den Dörfern in Feldscheunen zu predigen.

Seine Mutter besuchte den konfliktbereiten Sohn, wollte ihn zum Einlenken bewegen. Ohne Erfolg. Als sie dann an diesem heißen Tag zu einem entfernten Bahnhof eilen musste, brach sie aus leiblich-seelischer Überanstrengung zusammen und starb in den Armen des Sohnes.

Karl Dieterich verließ daraufhin Württemberg und wurde Hauslehrer bei einem Adeligen in Ungarn. Nach längerer Zeit kehrte er nach Württemberg zurück, wurde von der Landeskirche wieder gütig in den Pfarrdienst aufgenommen und heiratete als Pfarrverweser von Gomadingen die Tochter des Nachbarpfarrers, Marie Rüdiger (1864–1943), Paul Schneiders spätere Schwiegermutter. Sie gebar ihrem Mann zehn Kinder, deren jüngstes Margarete, Gretel, 1904 zur Welt kam. Er war dann Pfarrer in Auenstein bei Heilbronn, später in Wildberg im Schwarzwald, schließlich in Weilheim bei Tübingen.

Von Karl Dieterich hat sein Sohn Karl Dieterich, geb. 1900, gelegentlich gesagt, er sei in seiner Jugend theologisch konservativ und politisch progressiv gewesen; im Alter jedoch eher theologisch liberal und politisch nationalkonservativ. Das zeigen auch seine zahlreichen Gelegenheitsgedichte, in denen er, besonders während des Ersten Weltkriegs, eine streitbare nationale Gesinnung offenbarte. Sein Leben lang half er den Armen, wo er nur konnte. Der leidenschaftliche Prediger ließ sich auch mit siebzig Jahren nicht pensionieren. Sein Tod im Februar 1927 erfolgte nach einem Zusammenbruch vor dem Altar, nachdem er mit seinem bescheidenen Kirchenchor noch ein Weihnachtsoratorium aufgeführt hatte. Zweieinhalb Jahre vorher, im Juli 1924, hatte ihm sein Schwiegersohn P. S. zur Frage, ob er sich pensionieren lassen solle, geschrieben: *»O bitte, Vater, tu noch ein Weilchen mit, es ist doch so schön, für Gottes Sache zu streiten... Ich habe immer so die Idee, als sollte es für Pastoren und Streiter unseres Gottes gar keine Pensionierung geben, als sei das nur etwas für Weltmenschen, als müssten die Streiter Gottes in den Sielen sterben. Ein Christ und Glaubensmensch wird ja geistlich immer jünger und frischer und geläuterter und bewährter für den Dienst seines Herrn«.*[29] Karl Dieterich war als künftiger Schwiegervater für Paul Schneider ein interessanter, anspruchsvoller und gewichtiger Gesprächspartner. Im Übrigen war er ein musisch vielseitig tätiger Mann, besonders was das Dichten und das Dirigieren des Chores betrifft; auch der Ahnenforschung gab er sich hin.[30]

Noch wichtiger als Gegenüber wurde für P. S. Karl Dieterichs Frau Marie, Gretels Mutter. Sie zog ihre zehn Kinder auf und betreute ihren epileptischen Sohn Konrad bis zu dessen Tod im Jahr 1940. Sie war von lebenserfahrener Güte und wurde für P. S., der seine eigene Mutter so früh verloren hatte,

29 Brief in Sammlung von P. Dieterich.

30 Die einfachen Weilheimer Gemeindeglieder tolerierten diese Vielseitigkeit ihres Pfarrers mit der freundlichen Devise: »Ha, mr muoß em Pfarr sei Freid lau«, auf hochdeutsch: »Man muss dem Pfarrer seine Freude lassen«.

bald eine Art Ersatzmutter, was seine zahlreichen Briefe an sie zeigen, in denen er sie auch zur Mitwisserin seiner kirchenpolitischen und politischen Konflikte machte. Immer wieder drückt er in seinen Briefen dieser zweiten Mutter seine große Dankbarkeit aus.

So schreibt er besonders eindrücklich im Blick auf beide Schwiegereltern am 18. Februar 1927, fünf Tage nach dem Tod des Schwiegervaters, an Marie Dieterich: *»Wie bist Du eine so starke, liebe und tapfere Mutter!... Wie müssen wir Kinder alle Dir dankbar sein, dass Du, die Nächstbetroffene, so aufrecht und gottvertrauend uns vorangehst! So bist Du doch noch bei uns, nachdem der liebe Vater von uns gegangen ist. Darf auch ich mich ja zu seinen Kindern zählen? So viel Vertrauen und Liebe habe ich ihm ja zu danken. Vielleicht ist unter dem, was mir von Menschen geschenkt wurde, Vaters Vertrauen das Größte und Beste geworden nebst Gretels herzinniglicher und Deiner mütterlichen Liebe und nebst der doch wieder so andersartigen Liebe meiner Eltern... Ich darf es Dir vielleicht hier sagen, was ich mit Worten Dir nicht hätte sagen können, weil ich meine, es tröste Dich: dass ich Vater lieb gehabt habe; Ihr seid mir ja beide wahrhafte Eltern geworden.«*[31]

Was Gretel, die Jüngste, betrifft, so zeigen frühe Fotografien, dass sie einen natürlichen Charme hatte. Wie schön sie war, sehen wir auch auf einem bemerkenswerten Holzschnitt des Künstlers Fritz Franck, der sie als »Eva mit dem Apfel« beim Oberufener Paradeisspiel darstellt, das in den frühen Zwanzigerjahren in verschiedenen Stadtkirchen durch das Studentenwerk aufgeführt wurde. Jeder, der sie kannte, erinnert sich gern ihrer frischen, direkten Herzlichkeit. Es fällt nicht schwer, sich zwischen ihr und dem Studenten Paul im schönen Tübingen eine Liebesgeschichte vorzustellen.

Gretel und Paul haben, da sie sangeslustig waren und beide gute Stimmen hatten, unterwegs gern miteinander gesungen. Etwa ihr Lieblingslied »Ännchen von Tharau« und andere. Gre-

31 Brief in der Sammlung von P. Dieterich.

tel lebte, so sagte sie im Gespräch, in ihren jungen Jahren gern nach dem Vers von Ludwig Uhland:

Singst du nicht dein ganzes Leben,
sing doch in der Jugend Drang,
nur im Blütenmond erheben
Nachtigallen ihren Sang.

Von Heims[32] »Ethik« ist Paul tief erfasst, sein bisheriges Leben in seiner »Eitelkeit« liegt vor ihm, die innere Unruhe und Sehnsucht nach der Ruhe in Gott nimmt zu. Im Wintersemester 1921 ist er wieder in Marburg. An einem Vorweihnachtstage dringt ein Strahl des ewigen Lichts[33] in seine Seele, es hebt ein großes Freuen an, und er zehrt lange von diesen *»seelischen Erregungen und Bewegungen«;* das Wissen davon, dass Gott Licht werden lassen kann, bleibt in ihm.

Innerhalb des Wingolf kam es immer wieder zu Konflikten, bis die Verbindung im Sommer 1921 *»diesmal aus eigener Initiative das Band zwischen sich und mir zerschnitt, da ich Kommentformen und Institutionsformen, ›die Grundlagen des Verbindungslebens‹, als reformbedürftig angegriffen habe. In der Hauptsache war es der Trinkkomment*[34]. *Ich von mir aus hätte drum ruhig in der Verbindung bleiben können, bin nun aber doch froh, Zeit und Kraft für andere Dinge frei zu haben«* (Tagebuch). Aus dem Gießener Win-

---

32 Karl Heim (1874–1958), Professor der Systematischen Theologie, seit 1920 in Tübingen, wollte das Erbe des schwäbischen Pietismus für die Gegenwart fruchtbar machen. Seine Theologie wird gelegentlich als Evangelisationspredigt auf wissenschaftlich-philosophischer Ebene verstanden. Das moderne naturwissenschaftliche Verständnis der Natur versuchte er mit der Weltanschauung der Bibel und ihrer Heilsgeschichte in Einklang zu bringen. Heim hat durch seine Ethik wie durch seine erwecklichen Predigten großen Einfluss ausgeübt. Vor allem seine Ethik hat den jungen P. S. sehr beschäftigt.

33 Bild für eine tiefe, freudige Gotteserfahrung, die P. S. im Dezember 1921 erlebt.

34 Gewisse Regeln, nach denen bei Verbindungsabenden (nicht selten zu viel) getrunken wird.

golf trat Paul 1933 aus. Er verweigerte in Ablehnung des Arierparagrafen[35] – in einer »christlichen« Verbindung – den arischen Nachweis.

Die Frage, wie Paul Schneider zur Studentenverbindung Wingolf stand, und besonders die Frage, ob er aus ihr ausgetreten ist, wurden in den letzten Jahren mehrfach von Wingolfiten bearbeitet. Deutlich ist, dass P. S. in Marburg nach erheblichem Zögern in die Verbindung eingetreten ist.[36] Im Tagebuch finden wir am 4. Oktober 1919 die Information, er habe sich im Wingolf aktiv gemeldet und er trage nun *»das grün-weiß-goldene Band und Mütze. War's recht für mich? Ich weiß es heute noch nicht. Allzu reges geistiges Leben ist, glaube ich, in der Verbindung nicht drin. ... Es wäre das Turnen in den Vordergrund zu rücken, Frühschoppen wäre zu beseitigen, Fernbummels in Wanderungen umzuführen und endlich den Bierkomment abzuschaffen.«* Er stellt dann fest: *»Merkwürdigerweise sind es Leute, die einen weniger straffen Korporationsstandpunkt vertreten, an die ich mich anschließe.«*

Offenbar hat im Gießener Wingolf in den Jahren 1919 bis 1921 eine verstärkt christliche und soziale Richtung vermehrt Zulauf bekommen. Das hat dort zu einer zunehmenden Innerlichkeit geführt. Einen anderen Eindruck macht der Marburger Wingolf in diesen Jahren. Die Trinksitten sind in Marburg intensiver gepflegt worden, als sie in Gießen überhaupt erlaubt waren. Bierspiele, d.h. Wetttrinken, waren beim Wingolf in

35 Gesetze gegen die Juden mit schrittweisen Verschärfungen ab April 1933; nur Arier durften öffentliche Ämter bekleiden oder als Künstler tätig sein; Juden (auch getaufte) waren ausgeschlossen.

36 Am 1. Oktober 1919 – er studierte damals in Marburg – finden wir im Tagebuch wieder die Frage: *»Geht man in den Wingolf? Da bin ich entschlussunfähig.«* Aber dann doch: *»Schließlich werde ich doch eintreten, weil es für mich jetzt doch das Nächstliegende ist, ich sehr unbekannt bin in Marburg und Anschluss und Freundeskreis unentbehrlich sind.«*

Gießen verboten, nicht aber in Marburg.[37] Mit Blick auf seine Erfahrungen mit dem Marburger Wingolf schreibt P. S. am 4. Juni 1920 an den Wingolf Gießen, er bitte um Verständnis dafür, dass er aus dem Wingolf austreten müsse. Es sei ihm klar geworden, wie fremd er dem Korporationsgedanken sei. Sie wüssten ja, dass er von Anfang an ein Mitläufer, wenn nicht gar ein Hemmschuh gewesen sei. Schließlich lässt er durchblicken, er werde sich in Marburg der »Sozialen Arbeitsgemeinschaft« anschließen.

Im Dezember 1920 finden wir in P. S.s Tagebuch *»Gedanken für Gießener Kneipe«*. Offenbar war er trotz seines Austritts doch bei der »Weihnachtskneipe« des Wingolf dabei. Er wollte dabei folgende Gedanken vortragen: Er habe den Marburger Wingolf verlassen müssen, weil dort die Korporation *»Alleinherr und Tyrann«* und das Christliche zur Farce geworden sei. Das sei wohl nicht nur in Marburg so. *»Was gilt uns höher? Christentum oder Korporation? Ist das Christentum uns nur das Kleid, um unserer Korporation Form damit zu umfangen?«* Erst wenn sie durch den Heiligen Geist zu lebendiger Gemeinschaft gelangen wollten, hätten sie das Recht, sich *»christliche Verbindung Wingolf«* zu nennen. P. S. bot dem Wingolf seinen Wiedereintritt an. Er fügte hinzu: *»Je mehr wir zu einer Bruderschaft von Christen zusammenwachsen, umso unwesentlicher wird uns das Korporationskleid.«*

Am 16. Januar 1921 teilt P. S. dem Wingolf-Konvent in Gießen mit, dass er wieder in Marburg aktiver Wingolfit sei. Ausführlich begründet er, was ihn damals zum Austritt veranlasst habe: Er habe die strenge korporative Zucht als zu freiheitsverkürzend empfunden und habe in ihr *»das menschliche und das christliche Moment«* vermisst. Auch habe er darin das *»Züchten von Klassengeist* und *ein Hemmnis unserer sozialen Entwicklung«* gesehen.

37 Vgl. Brief von Dr. med. Christian Schüttler vom 25. März 2002 an Karl Adolf Schneider, Sammlung von P. Dieterich.

Er sehe jetzt aber in der korporativen Freiheitsbeschränkung eine Erziehung zur Selbstüberwindung und zu gemeinschaftlicher Arbeit. Er stehe durchaus auf dem Boden der Korporation. Dass ihm *»eine persönliche Vorliebe für gewisse freideutsche und Wandervogelgepflogenheiten«* bleibe, für die er sich auch künftig – natürlich ganz im korporativen Rahmen – *»aus Gründen der Vernunft und der Gesundheit einsetzen werde«*, das stehe auf einem anderen Blatt. Solange die Korporation sich keine Übergriffe in ihr fremde Gebiete wie z.B. *»in allgemeinmenschliche, auch allgemeinstudentische Fragen, und vollends auf das religiöse Gebiet«* leiste (P.S. meint wohl: solange sie das Gewissen des Einzelnen achte), bejahe er durchaus die Unterordnung. Er fügt hinzu: *»Gesundheit und gesunde Grenzen der Korporation scheinen mir überall da gewährleistet zu sein, wo der Religion, bei dem christlichen Wingolf dem Christentum, der erste Platz eingeräumt wird.«*

Den Gießenern teilt er mit, auf ungefähr die gleiche Erklärung hin habe ihn der Marburger Wingolf wieder aktiviert. Offenbar wurden aber in Marburg P.S.s kritische Auffassungen über das Verbindungsleben bald nicht mehr akzeptiert. Am 14. Juni 1921 schreibt er an seine Mutterverbindung in Gießen: *»Liebe Brüder! Herzlichen Gruß zuvor! Ich teile Euch hierdurch mit, dass der Marburger Wingolf mir den Rat zum Austritt erteilt hat mit der Begründung, dass er andere Ansichten habe als ich. Es handelt sich um meine Stellungnahme gegen den Trinkkomment und Bierkonsum des Marburger Wingolf. ... Ich bemerke noch, dass ich selbst mein Bleiben im M. W.*[38] *durchaus für möglich gehalten habe. Ich hoffe, dass durch den Zwischenfall mein Verhältnis zu meiner Mutterverbindung keine Beeinträchtigung erleidet. Mit Brudergruß, Euer Paul Schneider.«*

Gretel Schneider hat 1979 diesen freundlichen »Hinauswurf« ihres späteren Mannes aus dem Marburger Wingolf so erklärt:

---

38 Marburger Wingolf.

»Die Wingolfiten hatten sich in einem Dorf, in welchem ein Wingolfit Pfarrer war, unmöglich aufgeführt, sodass der Pfarrer selbst sie aufgesucht und sie um anständiges Benehmen gebeten hatte. P. S. hat dieses Benehmen später bei einer Wingolf-Sitzung kritisiert. Er kritisierte auch den Trinkzwang, der ihm teils wegen seiner freiheitsberaubenden, teils wegen seiner krankmachenden Wirkung zuwider war. Darauf hat ihn der Marburger Wingolf – höflich, aber bestimmt – vor die Tür gesetzt.«

P. S.s Geschichte mit dem Wingolf zeigt, wie schwer er sich mit einer christlichen Gemeinschaft tat, in der – nach seinem Empfinden – das Leben im Geist Jesu Christi nicht den Vorrang hatte. Auch, dass er als Christ keine freiheitsberaubenden Zwänge und kein Herren-Gehabe ertragen wollte.[39]

Wie sehr Paul, im Idealismus und Liberalismus[40] steckend, von Glaubens- und Lebensnot umgetrieben war, können wir nur ahnen. Er war dem Abgrund nahe genug, das erzählte er. *»Das*

---

39 Ist nun P. S. tatsächlich, wie M. S. sich erinnerte, 1933 auch aus dem Gießener Wingolf ausgetreten, weil er in Ablehnung des Arierparagrafen seinen Ariernachweis verweigert hat? Die Wingolfiten Dieter Ohnemus und Dr. Christian Schüttler kommen zur Auffassung, er könne aus dem Gießener Wingolf nicht ausgetreten sein, denn (so Ohnemus) er werde noch im Vademecum 1937, dem Mitgliederverzeichnis der Wingolfiten, als Gießener Wingolfphilister (so nannte man die »Alten Herren« der Wingolfverbindung) erwähnt. Dr. Schüttler weist auch darauf hin, dass P. S. 1939 bei den Todesmeldungen der Wingolfiten geführt wurde. Und 1934 sei auch eine ordnungsgemäße Beitragszahlung von »Schneider, Dickenschied« aufgeführt. Im Übrigen habe der Gießener Philisterverein der Wingolfiten keinen Beschluss zur Durchführung des Arierparagrafen gefasst, so sehr der Reichsstudentenführer sie unter Androhung der Suspendierung und Beschlagnahme des Eigentums gefordert habe. Die Durchführung des Arierparagrafen sei überörtlich gefasst worden. Man wird wohl die Frage, ob P. S. wirklich aus dem Gießener Wingolf ausgetreten ist, am besten offenlassen.

40 »Idealismus« meint in diesem Zusammenhang eine Lebenshaltung, bei der ein Mensch danach strebt, ethischen Idealen gerecht zu werden. »Liberalismus« meint hier: eine Einstellung, bei der ein Mensch vor allem die Freiheit des Einzelnen betont.

unbegreifliche, unfassbare Leben ist größer als wir, und aller Trotz und alle Kraft hilft nicht dagegen. Es ruht nicht eher, als bis es uns niedergeworfen und zusammengebrochen hat. Das Leben sagt: Nicht wie du, sondern wie ich will. Und so bekommt der Mensch mit der Zeit eine ganz andere Orientierung. Durch Zusammenbruch und Tod und Leere muss es hindurchgehen, durch Verzweiflung und bittern Schmerz ... Aber das Neubauen, das macht den Menschen dann selig und froh, und erst allmählich muss er sich an diese Freude gewöhnen ... Auch zu dieser Freude muss man stark sein, um sie nicht zu verlieren im Überschwang.« So wollen *»seine Flügel immer wieder wachsen«*. Das eine oder andere Stück seiner Kräfte taucht aus dem *»Strudel«* wieder hervor, und er hofft zu Gott, *»dass er mich noch einmal zusammenleimt zu einem ganzen Kerl«*. (Brief an den künftigen Schwiegervater, Juli 1921.)

Nun begann die »Paukarbeit« für das erste Examen. *»Die Kunst des Lebens will täglich neu erlernt sein. Hier gibt es nie ein Fertigsein, ein ›über dem Berg‹. Unser Leben muss sein ein ständiger Kriegsdienst, ein ›Immer-auf-dem-Posten‹. Ohne diese ständige Bereitschaft werden die Anfechtungen Herr über uns, wir verlieren die Orientierung, und unversehens sind wir der Depression erlegen. Wenn du glaubst, du ständest, siehe wohl zu, dass du nicht schon tief gefallen bist.*[41] *– Ich habe vielleicht zu kleingläubig, einseitig die Notwendigkeit der Körperpflege betont. Ich habe Askese*[42] *getrieben und wurde doch nicht Herr über mich und mein Wohlbefinden. Du hast die Gesundheit des Leibes und der Seele noch zu sehr an der Oberfläche gesucht und nicht zuerst im Gebet an der tiefsten, an der Urquelle!«* (Tagebuch Februar 1922). Er müht sich um das vernünftige Maß zwischen körperlicher und geistiger Arbeit. *»Noch bin ich ein Suchender, noch frage ich, wie viel Zeit darf ich dem Turnen, der Arbeit mit dem Spaten, der Hacke widmen. Eben glaubte ich ein gesundes Maß zu haben, ... und schon habe ich dieses Maß*

41 Bezug auf 1. Korinther 10,12.

42 Selbstauferlegte Enthaltsamkeit, Verzicht auf Genuss.

wieder verloren. Kann mir Gott nicht Kraft geben, so viel er will, so viel ich bedarf, und jedes vernünftige Maß über den Haufen werfen? So bleibt mir also nur, mein Leben ganz auf Gott, den Übervernünftigen und Wunderbaren, Allmächtigen und Grundgütigen zu legen. Von ihm will ich mir sagen lassen, was ich zu tun, wie ich zu leben habe, und auf alle eigenen Maßstäbe verzichten. Herr Gott, zeige du mir mein Ziel, das Ziel meines Lebens und meiner Arbeit! Für dieses Ziel gilt es dann alle Kräfte einzusetzen, ihm dienstbar zu machen, und so manches jetzt so Dunkle muss dann licht werden. Diese befreiende Ausschau schenke mir, mein Gott und Vater!« (Tagebuch).

Nach der bestandenen Prüfung lautet die Eintragung: *»Ich glaube, ich muss immer treu, fleißig und auch mühevoll arbeiten, aber dann lässt es mir Gott auch gelingen«* (Tagebuch).

P. S. hat – nach Auskunft seiner Frau – mit sogenannten Zwischensemestern acht Semester Theologie studiert. Er hatte also während des Studiums keine Semesterferien. Denn während dieser fanden die »Zwischensemester« statt. Solche hatte man eingeführt, um Weltkriegsteilnehmern ein rasches Studium zu ermöglichen.

Durch das Erlebnis und den erfreulichen Ausgang des Examens, das Anfang April 1922 in Koblenz stattfand, fühlte sich der nun knapp 25-jährige P. S., wie er an seine künftige Schwiegermutter schrieb, *»doch wesentlich erleichtert und auch gestützt.«*[43] Er fügt hinzu: *»Das ist gewiss die Reaktion*

43 Wie P. S. seine Erste Theologische Dienstprüfung erlebt hat, zeigt ein Brief vom 10. April 1922 an *»die verehrte, liebe Frau Pfarrer«* Marie Dieterich in Weilheim, seine spätere Schwiegermutter. Er schreibt: *»Mit dem Ausfall der Prüfungen bin ich zufrieden und fühle mich durchaus gerecht beurteilt. Ich habe ein glattes ›Bestanden‹ davongetragen. Meine mündlichen Leistungen wurden zwar meist als gut bewertet – namentlich in Predigt- und Katechesenprobe schnitt ich gut ab –, dagegen haben sich meine schriftlichen Arbeiten nicht über ein ›Bestanden‹ erhoben und waren für den Gesamtausfall entscheidend. Von dem Verlauf der Prüfung habe ich die besten Eindrücke mitgenommen. ... Die Prüfungsmethode war sehr fein, auf das*

auf meine frühere Skepsis und Unterschätzung von Kirchenregiment, Amt und Examen als bloß äußerlicher Formen. Ohne diese kritische Verachtung ist mir jetzt wohler. Nun steht man doch nicht mehr ganz so allein, sondern fühlt sich getragen und gehoben von der geschichtlich gewordenen Größe seiner Kirche, auf deren Zeugnis und Befähigung man nun nächst der göttlichen Stimme in der eigenen Brust seinen Dienst am Wort und Reich Gottes aufbauen darf.«

Verständnis dringend, und wer auf irgendeinem Gebiet ernstlich gearbeitet hatte, konnte anbringen, was er wusste. Dazu waren die Herren liebenswürdig und herzlich zu jedem Einzelnen von uns.« Ja, die Prüfungssitzungen seien für ihn – nach der ersten Aufregung – geradezu ein Genuss gewesen. Sie, die Prüflinge, hätten bei diesem Anlass ihre Kirchenführer *»achten und lieben«* gelernt. Auch hätten sich die Prüflinge, die während der Prüfungstage im Christlichen Hospiz wohnten, bald *»aneinandergeschweißt auf Du und Du«* empfunden.

Lehr- und Wanderjahre

»Gott, mein Gott! Hältst du mich denn fest?«

Tagebuch

Ehe wir weiterlesen, wie Margarete Schneider die »Lehr- und Wanderjahre« ihres Mannes beschreibt, hier eine kurze Erinnerung an die Entstehung der Weimarer Republik und ihre Geschichte in den Jahren 1919 bis 1925:

Von Anfang an war die Republik, die Philipp Scheidemann am 9. November 1918 ausgerufen hatte und deren Reichspräsident vom 11. Februar 1919 bis zu seinem Tod im Jahr 1925 Friedrich Ebert wurde, schweren Krisen ausgesetzt. Von Osten drängten Bolschewisten und Kommunisten dazu, die Macht zu ergreifen. Auf der anderen Seite wurden die Freikorps, die sich aus heimgekehrten Soldaten des Weltkriegs rekrutierten, eine Macht, die dem Staatswesen immer gefährlicher wurde. Kommunistische Aufstände in Sachsen, Thüringen, im Rheinland und im Ruhrgebiet, auch in München, wurden niedergeschlagen.

Dann brach die Inflation über Deutschland herein. In den letzten Novemberwochen von 1923 lag der Wert von einer Billion Papiermark bei dem einer Goldmark. Zugleich war Deutschland infolge des Versailler Vertrages durch einschneidende Gebiets-, Industrie- und Materialverluste geschwächt. Das totale Chaos drohte im wirtschaftlichen Bereich. Sparer verloren, was ihre Familien über Generationen erworben hatten. Großgrundbesitzer und Spekulanten konnten enorme Gewinne einheimsen. Wer nicht durchblickte, stempelte die »Weimarer Republik« zur Schuldigen. Am 13. März 1920 versuchte der Generallandschaftsdirektor Wolfgang Kapp mit ehemaligen Frontoffizieren im sogenannten Kapp-Putsch, den Sozialdemokraten die Regierungsgewalt zu entreißen. Sie aber zwangen Kapp durch einen Generalstreik zur Aufgabe. Er floh nach Schweden. Adolf Hitler beabsichtigte mit den Nationalsozialisten und General Ludendorff am 9. November 1923 in München durch den sogenannten »Marsch auf die Feldherrnhalle« den Beginn einer »Nationalen Erhebung«. Sie erstickte in Polizeikugeln. Hitler erhielt fünf Jahre Festungshaft, von denen er in Landsberg nur fünf Monate absitzen musste. Er schrieb dort sein politisches Programm »Mein Kampf«.

Während Ebert Reichspräsident blieb, wechselte die Regierung zwischen 1919 und Januar 1926 zwölf Mal. Das ständige »Wahlkarussell« vermittelte den Eindruck politischer Unsicherheit. Sozialdemokraten, Zentrum, Deutsche Volkspartei und wieder das Zentrum stellten nacheinander den Kanzler. Politische Morde erschütterten das deutsche Volk: Am 15. Januar 1919 wurden Karl Liebknecht (1871–1919) und Rosa Luxemburg (1871–1919), die beiden Mitbegründer der Kommunistischen Partei Deutschlands (KPD), ermordet. Es folgte ein Generalstreik im Ruhrgebiet. Am 26. August 1921 wurde Vizekanzler Matthias Erzberger im Schwarzwald umgebracht. Am 24. Juni 1922 wurde Außenminister Walter von Rathenau von nationalistischen Attentätern ermordet. Auch hierauf folgte ein Generalstreik. Besonders die Politiker, welche die Verständigung mit den Siegermächten Frankreich und England suchten und so an einem bleibenden Frieden arbeiteten, wurden als »Erfüllungspolitiker« beschimpft und ihr Leben war ständig bedroht.

Am 11. Januar 1923 besetzten die Franzosen das Ruhrgebiet. Die deutsche Regierung rief den »Passiven Widerstand« aus, die Gewerkschaften den Generalstreik. Als sich in Essen Arbeiter den französischen Beschlagnahmen widersetzten, erschossen französische Truppen vierzehn von ihnen. Am 11. August 1923 stellte die deutsche Regierung die Reparationsleistungen an Frankreich ein. Darauf wurde das Ruhrgebiet in eine Art Belagerungszustand versetzt.

Erst als am 13. August 1923 Dr. Gustav Stresemann Reichskanzler und Außenminister[44] wurde, begannen für Deutsch-

---

44 Das Amt des Reichskanzlers gab Stresemann bald wieder in andere Hände, Außenminister blieb er bis zu seinem Tod 1929.

land bessere Jahre. Durch eine kluge Verständigungspolitik mit Frankreich – eine Zusammenarbeit mit dem französischen Außenminister Briand – gelang es ihm, Deutschland in den Kreis der anderen Völker zurückzuführen. Auf der Konferenz von Locarno im Jahr 1925 erreichte er es, dass vereinbart wurde, Deutschland als gleichberechtigtes Mitglied in den Völkerbund aufzunehmen. Auch die Räumung des Ruhrgebietes durch die Franzosen und die Freigabe der ersten Besatzungszonen im Rheinland wurden zugesagt. Von 1925 bis 1929 erlebte Deutschland darum auch wieder einen spürbaren wirtschaftlichen Aufstieg.

Freilich bewirkte der ständige Regierungswechsel – man wusste im Volk kaum mehr, wer gerade Kanzler war –, dass in weiten Teilen der Gesellschaft die »Weimarer Republik« als Beweis dafür gesehen wurde, dass die Demokratie in Deutschland keine gelingende Regierungsform sein könne. Auch in den evangelischen Pfarrhäusern fanden nur wenige zu diesem Versuch, eine demokratische Kultur zu schaffen, ein positives Verhältnis. Die meisten Theologen hingen an Hindenburg, der zum protestantischen Idol wurde, und hatten ein distanziertes Verhältnis zur Weimarer Demokratie. Nur dass Hindenburg nach Eberts Tod im Jahr 1925 Reichspräsident wurde, hielt sie bei dieser ungeliebten und ständig gefährdeten Republik.

Bei P. S. fällt auf, dass er trotz seiner bürgerlich-konservativen Einstellung sehr bald darauf aus war, die Arbeiter dadurch kennenzulernen, dass er ihr Leben teilte. Von einer Klassengesellschaft hielt er nichts.[45] P. S. suchte die Gemeinschaft mit denen, die um ihre Existenz hart zu ringen hatten. Dahinter stand nicht nur das Bewusstsein, zu einer unlösbaren deutschen Volksgemeinschaft zu gehören, sondern noch mehr das Wissen darum, dass Jesus Christus Menschen verschiedener

45 Dazu kam seine Hochschätzung körperlicher Arbeit. In diesen Zusammenhang gehört auch seine Kritik an den Verhaltensweisen des Marburger Wingolf, dem er vorwarf, man kapsele sich ab von den ärmeren Leuten.

»Stände« und Erfahrungswelten zusammenruft und zusammenhält.

> *»Was meine nächste Zukunft anbetrifft, so will ich zunächst in ein Bergwerk bei Dortmund, um an Ort und Stelle bei ihrer Arbeit, die mir mein Körper auch ermöglicht, die Arbeiter kennenzulernen in ihren Vorzügen und Mängeln, um womöglich zu erkennen, in welchen Winkel ihres Herzens sich die Religion verkrochen hat und um sie hoffentlich immer mehr lieben zu lernen.«* (Brief vom 10. April 1922 an die künftigen Schwiegereltern.)
>
> Das Industriegebiet sieht Paul zum ersten Male: eine andere Welt! Ein grandioses Landschaftsbild; ihm scheint, auch den Menschen sei ein ganz bestimmter Stempel aufgedrückt. – Er wird mitten in die Auseinandersetzung Kapitalismus[46]-Sozialismus hineingezogen und ist zum Teil ungeheuer bedrückt davon. Sein Herz zieht ihn zur Arbeiterschaft, der Herkunft nach ist er konservativ. Paul hat in Aplerbeck einen Onkel, der kaufmännischer Direktor einer Hütte ist. Dieser führt ihn in seine gesellschaftlichen Kreise ein und verschafft ihm eine gut bezahlte Stelle.

Was hat P.S. veranlasst, den Onkel Robert Schneider zu brüskieren und die von ihm angebotene, ordentlich bezahlte Stelle als Hauer im letzten Augenblick auszuschlagen? In seinem Tagebuch beschreibt er zwei Essen mit dem Onkel und seinen Kollegen. *»Ein einziger katholischer Diplomingenieur zeigt einiges Verständnis für religiöse Fragen. Die meisten sind völlig gleichgültig, beteiligen sich nicht am Thema. Nur Herr R. und der Doktor, der ein radikaler Rationalist ist. Dann kommt der folgende Abend, Herr und Frau und Frl. T. Die Gesell-*

---

46 Wirtschafts- und Gesellschaftsform, die auf *privates* Gewinnstreben und freie Marktwirtschaft ausgerichtet ist; Konflikt zwischen Kapitalisten (Unternehmern) und Sozialisten (aus der Arbeiterschaft oder mit ihr Verbündete) mit ihren Parteien.

schaft mit Alkohol traktiert. Ein gekaufter Gesangverein singt Lieder, die Damen rauchen Zigaretten, und man erzählt sich sehr anzügliche Witze. Die Form wird gewahrt.« Diese beiden Abende in einer Gesellschaft, wegen der er nicht ins Ruhrgebiet gekommen war, haben ihn irritiert. *»Ich kam her, um Arbeiter unter Arbeitern zu sein«*, schreibt er am 8. Mai 1922 in sein Tagebuch. *»Ich geriet durch Onkel Robert naturgemäß sofort in die Gesellschaft der Herren. Ich hörte Rote-feindliche Äußerungen*[47] *und ich glaubte, die Unbefangenheit verloren zu haben. Ich sah den Gegensatz zwischen Kapital und Arbeitern zu scharf und wurde kopfscheu…, wandte mich an Phönix in Hörde. Ich lief alle Instanzen durch, bis ich Arbeit zugesichert [bekommen] hatte.*

Um einmal ganz unbefangen Arbeiter unter Arbeitern sein zu können, zog ich es vor, in einem großen Hüttenwerk in Hörde bei Dortmund, in der Hermannshütte, mir Arbeit zu suchen«, schreibt P.S. am 14. Mai 1922 an den *»lieben Herrn Pfarrer«*, der bald sein Schwiegervater werden wird. *»Ich wohne in der Werksküche oder auch ›Ledigenheim‹, dicht bei der Arbeitsstelle und lerne dabei die verschiedensten Arbeitertypen kennen. Das äußere Leben ist hier ganz ähnlich wie in der Kaserne. … Alle Lebensbedürfnisse sind erschreckend teuer… Hauptsächlich bin ich hierher gegangen, um einmal mit Arbeitern zu leben, ihre Freuden und Leiden, ihr Gutes und Böses kennenzulernen, und ich sehe dies auch als eine Art Berufsvorbereitung an, da wir bald in der Rheinprovinz kaum noch rein ländliche Gemeinden haben werden. Sie schrieben mir einmal, dass Gott Sie bis nach Ungarn hinein Ihre eigenen Wege habe gehen lassen, und Sie sehen vielleicht auch meine Wege jetzt als solche eigenen Wege an. Ich weiß es selbst manchmal nicht so recht, ob es solche sind. Zu Hause wollte man mich mit Gewalt abhalten. Aber weil mir in glücklicher Stunde dieser ›Arbeiter‹plan gekommen war, glaubte ich dieser inneren Stimme, dass es die rechte sei.«*

47 Verächtliche, auch feindselige Reden gegen Sozialdemokraten und Sozialisten.

»Donnerstag, nach Kenntnis von meiner Bevorzugung mit Hauerarbeit, kann ich es nicht über mich gewinnen, dem Einfahrtbefehl Folge zu leisten. Ich melde dem Betriebsführer, dass meine Zwecke hier schlecht gewahrt seien und ich anderswo arbeiten wolle.« – »Auf einem langen Instanzenweg vom städtischen Arbeitsnachweis bis zum untersuchenden Arzt gelang mir dies nach acht Tagen, und nun arbeite ich als ›dritter Mann‹ an einem großen Schmelzofen in Hörde« (Tagebuch). Paul wohnt in einem Ledigenheim und lernt die verschiedensten Arbeitertypen kennen. Alle Lebensbedürfnisse sind schrecklich teuer, und er will doch gerne Geld sparen, denn der Vater rückt ungern Geld heraus und ist der Inflation nicht gewachsen. *»Die Organisation ist groß, die Industrie ist überwältigend. Und die Menschen sind klein. Hier ist die Feuerprobe, ob du dich, Mensch, behauptest. Der Mensch, der die Industrie meistert, muß riesenstark sein« (Tagebuch).* Dies war der erste Eindruck. Nun war er Arbeiter unter Arbeitern. *»Habe ich mir manchmal wohl eingebildet, ein Opfer gebracht zu haben, als ich unter die Arbeiter ging, so erleide ich tagtäglich mit meiner Selbstsucht wieder Niederlagen, gegen die Liebe verstoßend. Und immer wenn der Teufel der Selbstsucht mich beherrscht, dann bin ich krank und unentschlossen. Dann sagen die andern wohl: ›Komischer Mensch!‹ Es ist gerade, als ob ich besonders hässlich und eklig sein könnte im persönlichen täglichen Leben, nachdem ich versucht, mir die großen Richtlinien des Lebens nach großen Idealen zu gestalten. Hier gilt es jetzt, den alltäglichen Kleinkampf, um immer mehr ein Leben aus der Liebe heraus, zu führen. Dazu helfe mir Gott!«* (Tagebuch).

Pauls Körper wird immer mehr gestählt unter der schweren Arbeit. *»Wie schmeckt auf Schicht ein Schluck kalten Wassers so gut! Was für ein Genuss ist in dem Brausebad nach Staub und Dreck der Arbeit enthalten! O kehr' zurück zu dem göttlichen Gebot: Im Schweiße deines Angesichts sollst du dein Brot essen!«* (Tagebuch). Fröhliche Ausflüge mit den Kameraden unterbrechen den Alltag. Aber dann wieder der Schrei. *»Obwohl mir's allmählich graut, so einsam zu wandern, treibt* *mich's doch immer wieder dazu, denn keiner mag meine Interessen teilen. Mich ekelt die Einsamkeit, und mich ekelt die Gesellschaft der Menschen. Ich habe nichts mehr, alles ist mir Problem. Kapitalismus und Sozialismus, Religion und Leben. Ich stehe vor dem Nichts, vor dem völligen Ausgehöhltsein und Leersein. Meine Arbeitszeit ist bald zu Ende. Ich soll wieder predigen. Was soll ich predigen? Kraft von oben tut mir not, darum will ich beten!«* (Tagebuch).

Er kommt wieder heim. *»Mit gemischten Gefühlen verließ ich Mitte August meine Arbeitsstätte. Auf unserer Stube hatten wir bei der Abschiedsfeier so etwas wie ein Gemeinschaftserlebnis. Und noch bis 4 Uhr morgens konnten wir vor den letzten Gedanken, die wir miteinander auszutauschen hatten, den Schlaf nicht finden. Um 6 Uhr brachten mich dann zwei von der Stube an den Zug. Ich glaube sicher, dass die innere Verbindung mit einigen unsere äußere Trennung lang überdauern wird. All die Liebe, die mir dort entgegengebracht wurde und die man in der rauhen Industrie- und Arbeiterwelt doppelt dankbar empfindet, kann ich gar nicht in geschriebene Worte bannen. Aber sie hat mir den Glauben an unser Volk und vor allem den Glauben an unsere Arbeiter gestärkt. So möchte ich dieses Vierteljahr im Ledigenheim um keinen Preis missen«* (Brief vom 7. September 1922). Lange lässt ihn das Abschiedswort in Hörde »Du bist einer der Unsern, du solltest dableiben« nicht los. – Nun hilft er in Hochelheim dem niedergedrückten und zitterigen Vater treulich im Amt, hilft dem guten Sophiechen bei der größer gewordenen Landwirtschaft; das Pfarrland wird selbst bewirtschaftet, eine Kuh steht im Stall. Im Oktober 1922 reist Paul nach Weilheim bei Tübingen zu unserer Verlobung. – Dann kommt ein Jahr des geistigen Schaffens im Predigerseminar in Soest, seine eigentliche theologische Schule!

Schon in seinem Bericht vom Ersten Theologischen Examen an die künftige Schwiegermutter schreibt P. S.: *»Für November jedenfalls war Herr Generalsuperintendent so gütig, mir eine der fünf frei werdenden Stellen im Predigerseminar zu Soest* *zu versprechen. Ich bin sehr froh darüber, denn dieses Seminar soll im Unterschied zu vielen anderen auch wissenschaftlich auf der Höhe sein. Ein Jährlein dort und dann noch ein halbes in der Vorbereitung auf das 2. Examen, zu dem mir die Koblenzer Herren gute Hoffnung machten, wird meiner vorläufigen Ausbildung dann wohl ein Ziel setzen.«*

Soest liegt nicht im Rheinland, sondern in Westfalen. Die Rheinische Kirche hatte kein eigenes Predigerseminar. Sie hatte mit der Westfälischen Kirche eine Vereinbarung, nach der jeweils fünf Vikare aus der Rheinischen Kirche in das Predigerseminar in Soest aufgenommen wurden. Dort konnten Vikare mit qualifizierten Theologen ihre ersten Erfahrungen im Gottesdienst, im Religions- und Konfirmandenunterricht, bei Hausbesuchen und am Sterbebett durchdenken.

»Die Ordnung, Ruhe und geistige Arbeit des ›Kloster‹-Aufenthalts empfinde ich als sehr wohltuend, wenn« – und das ist nun noch ein Nachklang von Hörde – *»ich sie nur so recht mit ganz reinem Gewissen genießen könnte.*[48] *Auf Schritt und Tritt atmen wir hier die schwere Luft längst vergangener Zeiten« (Tagebuch November 1922).* Offenen Sinnes nimmt Paul die Schönheit der ehrwürdigen Stadt in sich auf. *»Ich stehe hier dauernd in geistig-wissenschaftlicher Verbindung mit Tübingen, da wir Schlatters Dogmatik in der Systematischen Theologie*[49] *behandeln ... Von den Kollegs*[50] *hat mir am meisten das Systematische über Schlatters Dogmatik gegeben. In Tübingen hatte ich Schlatter nicht verstanden*[51] *und war an seinen Kollegs vorübergegangen, und als in Soest nun Schlatter behandelt*

48 Der physische Hunger in Deutschland war groß. Er war auch im Predigerseminar in Soest zu spüren. Die Kandidaten waren darauf angewiesen, aus ihren Familien Lebensmittelpakete zu empfangen.

49 Systematik/Dogmatik; theologisches Fach: wissenschaftliches Durchdenken der Glaubenslehre.

50 Vorlesungen an einer Hochschule.

51 Nicht zuletzt auch wegen seiner Schweizer Aussprache, die P.S. fremd war.

werden sollte, war ich zuerst enttäuscht, um ihn dann während des Semesters immer mehr und mehr schätzen zu lernen. Hand in Hand geht damit eine Wandlung meiner eigenen theologischen Ansichten. Ich glaube, ein bisschen verstanden zu haben, was die Positiven zu sagen haben, und möchte mich selber meiner Grundstruktur nach auch eher positiv als liberal nennen. Im eigenen Sündenbewusstsein erschließt sich uns mit absoluter Geltung die Gottheit und Erlöserkraft Jesu Christi« (Brief vom 8. April 1923).

Adolf Schlatter[52], dessen biblische Theologie für P. S. erst in Soest fruchtbar wurde, ist aufgrund seiner auffallenden Eigenständigkeit in die gängigen Muster theologischer Forschung schwer einzuordnen. Da er immer »aufs Ganze ging«, die gesamte Wirklichkeit in Natur und Geschichte als Werk Gottes verstand, bezog er in seine Arbeit auch die Dogmatik, d.h. die systematische Glaubenslehre, die Ethik und die Philosophie mit ein. Seine eigentliche Bedeutung liegt aber auf dem Gebiet neutestamentlicher Wissenschaft und der Geschichte des antiken Judentums. Seine Auslegungen bezogen sich ganz auf die »Geschichte des Christus«, der Menschen zum Glauben bewegt. Da Schlatter auch für interessierte Laien alle Bücher des Neuen Testaments auslegte – diese Bände erlebten viele Auflagen und wurden auch in neuerer Zeit mehrfach nachgedruckt –, war und ist der Einfluss dieses originellen Außenseiters der wissenschaftlichen Theologie auf Pfarrer und interessierte »Laientheologen« groß.

Was Schlatters Werk »Das christliche Dogma« betrifft, so schreibt sein Biograf Werner Neuer[53], Schlatter habe immer die Auffassung vertreten, »dass der Verzicht auf die Dogmatik

52 Adolf Schlatter (1852–1938) stammte aus St. Gallen und war ab 1888 in Greifswald Professor für Neues Testament, ab 1898 in Tübingen, wo er 1938 starb.

53 Werner Neuer: Adolf Schlatter. Ein Leben für Theologie und Kirche, Stuttgart: Calwer Verlag, 1996, S. 480ff.

die religiöse Gemeinschaft zerstört. Es gibt keine Gemeinde ohne Dogma, ohne zur gemeinsamen Anerkennung gelangte Überzeugungen.« Je schwankender, je bewegter die Frömmigkeit in der Gemeinde sei, desto wichtiger werde für das Leben der Kirche die Dogmatik. Dabei gehe es vor allem darum, was die Bibel uns heute sage. Schlatter verstand sich selbst immer auch als Lehrer der Kirche.

Ende 1910 hat Schlatter seine Dogmatik vollendet. Sie sollte nicht abstrakte Lehren darbieten, sondern auch »wegweisende Normen« formulieren, die das Glaubensleben des Christen und der Kirche tragen könnten. Es geht ihm also auch um die Gestaltung des christlichen Lebens. In einer Art »Theologie der Tatsachen« bezieht Schlatter, wo es geht, die erfahrbare Realität von Natur, Mensch und Geschichte in seine Darstellung des Glaubens mit ein. Offenbar haben auf den Vikar Schneider besonders die Kapitel 61 bis 64 Eindruck gemacht, in denen Schlatter eindrücklich, aber durchaus nicht bedrückend, die Sünde und Schuld des Menschen beschreibt. Schlatter behält dabei immer Jesus Christus im Blick, der »der Welt Sünde trägt«.

Seine Dogmatik ist auch »missionarisch«. Sie soll alle Menschen ansprechen, nicht nur bei Kirchenleuten und frommen Christen Glauben wecken. »Wir haben zu erkennen, um zu glauben, und zu glauben, um zu erkennen.«

Aber auch in Soest geht es für Paul durch viel Dunkelheit und Not, die den Starken, oft Übermütigen und fröhlich in der Arbeit Stehenden ganz verwandeln. *»Das Allerschwerste für das Menschenherz ist die Demut. Demut hat nur der, der ganz von sich selber loskommt. Wir müssen uns hassen lernen. Die dunkelsten Stunden unseres Lebens führen uns auch am nächsten zu Gott, und wir schulden Gott für sie den größten Dank«* (Tagebuch). *»... Gott sei Dank, der meine Tage wieder füllt und ihnen die Öde und Leere nimmt. Gott aber ist getreu, der euch nicht lässt versucht werden über euer Vermögen, sondern schafft, dass die Versuchung so ein Ende gewinne, dass ihr's* *könnet ertragen«*[54] (Tagebuch). Dieses Wort leuchtet in den nächsten drei Jahren immer wieder auf und gibt dem an sich und am Amt Zweifelnden Halt.

Als sei sie unwichtig, fehlt in M. S.s Beschreibung ganz die Geschichte von ihrer Verlobung. Da sie mir wesentlich dünkt, berichte ich darüber, was in P. S.s Tagebuch steht, und vor allem, was mir M. S. im Oktober 1979 davon erzählt hat. Im Tagebuch steht lediglich: *»Von hier [Hochelheim] aus fuhr ich am 17. Oktober [1922] nach Weilheim auf den Brief von ›Gretels Tante‹ und habe mich verlobt, Sonntag, den 22. Oktober. Termin anfangs schwankend. Samstag d. 28. fuhr ich nach Hause zurück.«*

Hinter diesen knappen Angaben verbirgt sich Folgendes: Eine in Tübingen lebende und ihrer Nichte Gretel sehr zugetane Tante glaubte zu bemerken, dass sich ein anderer junger Theologe, der übrigens aus einer prominenten Familie württembergisch-kirchlicher Altehrbarkeit stammte, um das anziehende Mädchen Gretel bemühe. Dieser Gefahr wollte die geistesgegenwärtige Tante unter allen Umständen rechtzeitig begegnen. So schrieb sie couragiert an den ihr kaum bekannten Vikar Schneider die kurze Nachricht: »Herr Schneider, wenn Ihnen an Gretel noch etwas liegt, dann kommen Sie bitte sofort. Es grüßt Sie Gretels Tante.« Der so Angeschriebene ließ alles stehen und liegen und begab sich schleunigst auf den Weg nach Weilheim.

Was dort geschah, hat mir M. S. so erzählt: Sie und Paul seien am Sonntag mit der Familie spazieren gegangen. Sie seien unterwegs etwas hinter der Familie zurückgeblieben. Schließlich seien sie sich in die Arme gefallen. Abends habe Paul gesagt, er werde es jetzt dem Vater sagen. Paul ging zu ihrem Vater Karl Dieterich und hielt in aller Form um Gretels Hand an. Die Eltern Dieterich haben sich darüber herzlich gefreut. Am nächsten Tag gingen Gretel und Paul nach Tübingen zum Fotografen und ließen jenes bildschöne Foto machen, das man

54 1. Korinther 10,13.

inzwischen in mehreren Büchern findet.[55] Gretel war damals fast neunzehn Jahre alt. Das Bild sei lange im Schaufenster des Fotogeschäfts ausgestellt gewesen. Gretels Freundinnen, die es sahen, hätten gedacht, es zeige sie mit einem ihrer Brüder. Sie hätten sich an diesem Tag silberne Ringe gekauft. Goldene seien zu teuer gewesen. Es war ja die Inflationszeit. Erst zur Hochzeit konnten sie sich goldene Ringe leisten. Das Verlobungsfoto habe Paul seinem Vater in Hochelheim gezeigt. Der sei davon freudig bewegt gewesen. Von da an hätten sie öffentlich als verlobt gegolten. Leider habe Paul bald danach ins Predigerseminar nach Soest abreisen müssen.

Der Ruhrkampf bewegt Paul sehr. *»Wir Kandidaten[56] stehen scheinbar abseits von dem großen Geschehnis; wir sind frei, uns zwingt keine äußere Gewalt oder Macht zur Mehrarbeit, und der Staat sorgt noch nach wie vor für uns und mit dem Staate also diese arbeitende Volksgemeinschaft. Es ist einzig das Gewissen, das uns den Kampf in seiner lastenden Schwere empfinden lassen kann. Da, wo es wach ist oder sich wecken lassen will. Was sich daraus für jeden Einzelnen für Aufgaben ergeben, hat dieser selbst zu sagen«* (Tagebuch).

Was den »Ruhrkampf«, d.h. den gewaltlosen Widerstand gegen die französischen Besatzer an der Ruhr, betrifft, so schreibt P.S. von Soest aus am 19. Februar 1923 an *»Du meine liebe Mutter«* in Weilheim Folgendes. Er äußert die Hoffnung, dass *»wir den Wirtschaftskrieg gegen Frankreich gewinnen«*. Ferner: *»Du möchtest etwas hören von unserer Stimmung über die neuesten Begebenheiten an der Ruhr. Die Westfalen hier sind ein trutziges Volk, reden nicht viel, aber denken umso mehr. Ihr zäher Kampfesmut hat sich schon seit Kriegsende in einer Sage von der ›letzten Schlacht am Birkenbaum‹ niedergeschla-*

55 Siehe Foto Nr. 5.
56 Pfarramtskandidaten oder »Hilfsprediger«, die sich bald um ein Pfarramt bewerben können.

gen. Es gibt hier eine Gegend in der Nähe, Heide, Moor und Birkenbäume in der Nähe des »Hellweges«, einer uralten Straße von Dortmund über Soest nach Osten führend; in dieser Gegend sehen die Bauern hell, und da sehen sie nun schon seit Jahren in einem Talgrund auf- und abziehende Marschkolonnen und Reiter, und aus diesen Gesichten der Bauern und Schäfer hat sich die Sage der letzten Schlacht am Birkenbaum als eine Lieblingssage des Westfalenlandes gesponnen. Das Volk meint auch, sie werde buchstäblich so eintreffen; aber vielleicht ist das, was an der Ruhr vorgeht, schon die letzte Schlacht am Birkenbaum, und die Sage ist nur Ausdruck des Kampftrutzes, der auch dem Feind im eigenen Land die Stirn bietet und Not und Entbehrung dieses Krieges im eigenen Land stellvertretend für die anderen auf sich nimmt. Sicherlich wird auch zur endgültigen Durchfechtung dieses wirtschaftlichen Riesenkampfes die Opferkraft unseres ganzen Volkes noch auf eine furchtbar harte Probe gestellt werden ... Was jetzt schon im Einbruchsgebiet geduldet wird und wie man sich wehrt, das lest Ihr ja im Schwabenland genauso wie wir. Es ist doch so eine Art Neugeburt, die sich in weiten Teilen unseres Volkes vollzieht, ein mächtiges Brausen geht durch die Lande.«

Paul hofft auf einen sozialen Staat als Frucht der Leiden des Ruhrkampfes: *»Dieses Leiden legt sich bei der starken Solidarität unserer Arbeiter über die ganze deutsche Arbeiterschaft, schmilzt sie nur umso fester zusammen und wird Deutschland zu einem Arbeitsstaate, und das ist dann der soziale Staat, umschaffen. Wer die Kräfte zu diesem Arbeitswillen allein geben kann, ist klar, und so wird dieser soziale Staat viel mehr von den Kräften des Christentums durchdrungen sein müssen, als es bisher eine Volksgemeinschaft gewesen ist«* (Brief vom Februar 1923 an die Schwiegermutter Marie Dieterich). – *»Ein dunkler Schatten liegt ja wie über unser aller Leben, so ganz besonders über Deinem Lebensabend, lieber Vater*[57]*: die Not*

57 Gemeint ist der Schwiegervater, Karl Dieterich.

des Vaterlandes; seine seelische Not, die es in dem Stürmen und Brechen der Tage den haltenden Anker noch nicht hat finden lassen. Darum muss die Not vorläufig noch immer höher steigen. Und ob nicht das Deutsche Reich darüber zerbricht? Es berührt einen heute ganz eigen, wenn man sieht, wie die großen Propheten des Alten Testaments der fast völligen Vernichtung ihres Volkes so kalt und entschlossen ins Auge sehen. Gottes Reich über alles. Auch das deutsche Volk nur sein Werkzeug, das er sich für seine Zwecke zubereitet, wie er immer will, das auch nur ein zeitliches, vergängliches, bedingtes Zwischenglied sein kann auf dem Wege zu dem Ziele ›Da er sein Reich groß machen wird und des Friedens auf dem Throne Davids kein Ende und in seinem Königreich‹[58]*. Nein, die tiefste Freude, die Freude in Gott soll auch kein noch so schweres Geschick des Vaterlandes uns rauben dürfen und können, uns, die wir nicht sehen auf das, was sichtbar, sondern was unsichtbar ist. Denn was sichtbar ist, das ist zeitlich, was aber unsichtbar ist, das ist ewig.*[59] *Und wenn es schon den alten Propheten nicht bange wurde, die doch nur auf Hoffnung lebten, die das Heil noch nicht gesehen hatten, wenn sie die Heilshoffnung schon höher achteten als Ruhm und Ehre und Glück ihres Volkes, wie sollte uns bangen, denen das Heil gegeben und versiegelt ist und die wir wissen, dass alles, was nun noch kommt, nur der vollendete Ablauf der Heilsgeschichte ist? Gewiss, wir leben noch in dieser Welt und mit diesem unserem leidenden Volke und teilen auch seine Leiden. Aber wir haben Auftrag und Beruf aus einer anderen Welt, und dort ist unser Bürgerrecht*[60]*. Und wir wissen, diese Welt wird trotz allem einmal siegen, deshalb sind wir fröhlich in Trübsal«*[61] (Brief vom 11. Juli 1923 an den Schwiegervater Karl Dieterich).

58 Jesaja 9,6.

59 2. Korinther 4,18.

60 Bezug auf Philipper 3,20.

61 Römer 12,12.

Die Briefe an die Eltern Dieterich hatten keineswegs nur politischen oder theologischen Inhalt. Der künftige Schwiegersohn hatte offenbar auch Grund, Gretel vor dem pastoralpädagogischen Eifer ihrer Eltern zu bewahren. Diese fühlten die Verpflichtung, ihrer unverbildet natürlich-vitalen Tochter, damit sie eine rechte Pfarrfrau werde, noch allerhand vorbereitende Erziehungsmaßnahmen angedeihen zu lassen. Ihre Mutter, so berichtete M. S., pflegte damals zu ihr zu sagen: »Du unkultiviertes Frauenzimmer«. Dagegen verteidigte sie aus der Ferne ihr Liebster: *»Wollt ihr denn wirklich Gretel noch ›dressieren‹? Ich meine, sie passt so gut schon, nicht zu mir – da ist sie schon viel zu gut –, sondern auch zur Pfarrfrau. Fremdes Wesen, was nicht zu ihr passt, wird und soll sie sich doch niemals aneignen. So kann sie doch höchstens in der Weiterbildung des ihr Eigentümlichen ohne Mache und Zwang noch wachsen, und dann muss ihr Herz freudig zu allem Ja sagen dürfen, was noch zu tun bleibt ... Will sie noch lernen, so lasst sie doch dahin gehen, wo sie kranke Menschen gesund pflegen darf. Die Diakonissenhäuser rufen ja nach Hilfe ... Aber vorläufig ist ja die arme kranke Tante da, und was wäre nächstliegender, als dass Gretel hier so lang hilft, als ihr irgend möglich.«*[62]

Gretel war dann vier Monate als freiwillige Schwesternhelferin im Krankenhaus in Calw, wo man ihr auch schwere Aufgaben wie Assistenz bei der Operation oder Sterbebegleitung anvertraut hat. Daraufhin hat sie in verschiedenen Familien als Haushaltshilfe gedient.

---

62 Brief vom 1. Juli 1923 an die Schwiegermutter Marie Dieterich in Weilheim. Die *»arme kranke Tante«*, von der P. S. schreibt, war in Wirklichkeit Gretels Großmutter Marie Rüdiger, geb. Schickhardt. Von ihr berichtet Gretel: »Sie war der Überzeugung, sie sei längst tot. Von diesen oder jenen Speisen, die sie nicht mochte, konnte sie sagen: ›Das hat mir schon nicht geschmeckt, als ich noch gelebt hab.‹ Man konnte sie durch nichts von der Überzeugung abbringen, sie sei längst gestorben. Das hinderte sie nicht daran, bei den Lebenden ihren Willen kräftig geltend zu machen.« Ihre Pflege dürfte auch für die humorbegabte Gretel nicht ganz einfach gewesen sein.

Ende Oktober 1923 legte Paul in Koblenz das zweite theologische Examen ab. *»Meine wissenschaftliche Hausarbeit: ›Was ist von dem Begriff der Heilstatsachen zu halten?‹ hatte mich diese Frage ganz im positiven Sinn beantworten lassen ... Die Arbeit half mir sehr zur theologischen Klärung des eigenen Standpunktes. Du weißt, ich musste mich von dem liberalen Standpunkt dahin durchfinden«* (Brief).

In seiner Hausarbeit zum Thema »Was ist von dem Begriff der Heilstatsachen zu halten?«, die der Kandidat Schneider im Sommer 1923 geschrieben hat, setzt er sich mit dem Theologen Friedrich Daniel Ernst Schleiermacher (1768–1834) auseinander, den er als Begründer jener liberalen Theologie versteht, die *»alles Gewicht auf die Erforschung des menschlichen Lebens Jesu«* lege. *»Die absoluten Heilstatsachen, Kreuz und Auferstehung als Krönung der Heilsgeschichte«*, würden dabei wenig in den Mittelpunkt gestellt. *»Sein [Schleiermachers] Ausgangspunkt bleibt das menschliche Selbstbewusstsein. Sein Gottesglaube bleibt in einem Gottesbewusstsein stecken. Ein Erlösungswerk Gottes im eigentlichen Sinn kennt Schleiermacher nicht, er braucht es auch nicht, da sich ihm die Sünde ebenfalls in menschliche Bewusstseinsvorgänge auflöst.«* Ganz anders sieht P. S. die »positive« oder »kirchliche« Theologie, die er nun, in Soest, bevorzugt. Er nimmt – im Sinn dieser »positiven« Theologie – die Sünde des Menschen ernst. Von daher wird ihm neu der Glaube an den Gott, der sich in seinen Heilstaten, im Kreuzestod Jesu und in seiner Auferweckung offenbart hat, wesentlich. Diese *»Theologie der Heilstatsachen«* findet er besonders bei dem Theologen Friedrich August Gottreu Tholuck (1799–1877), dem bedeutenden Professor und Studentenseelsorger in Halle. Deutlich ist im Blick auf die Entwicklung P. S.s, dass er sich in Soest, unter dem Einfluss Schlatters und Tholucks, von einem eher liberalen Theologen mehr zum Anhänger einer »positiven« oder, wie er es nennt, »kirchlichen« Theologie gewandelt hat.

»Die praktisch-wissenschaftliche Arbeit hieß: ›Religions- und Moralunterricht‹. Da war ich in meinem Element. Ich stellte zwei Leitthesen auf! Religionsunterricht kein Moralunterricht und kein Religionsunterricht ohne Gesetzesunterweisung« (Brief).

Zum Abschluss der Soester Zeit[63] möchte ich das Wort eines der Soester Freunde bringen. Er schrieb nach Pauls Tod: »Paul war in unserem Kreis ein Eigenartiger. Wir haben uns alle von ihm hie und da gefallen lassen, was wir uns wohl von keinem andern hätten gefallen lassen. Bei ihm war das anders, weil die Lauterkeit seiner Gesinnung uns über allem Zweifel stand. Wir haben ihm nicht immer alle folgen können, er war einer von denen, die nicht anders können als eigene, auch einsame Wege gehen, aber er hat sicher uns alle in einer heilsamen Unruhe gehalten.«

Aus Soest »flüchtete« Paul mit der letzten billigen Fahrgelegenheit in den *»Berliner Osten«*, um in der Stadtmission mitzuarbeiten. *»Von Soest schrieb ich noch meinem Vater, dass ich unsere Kirche liebhabe, und fühlte doch zugleich die innere Notwendigkeit, außerhalb ihrer schützenden und stützenden Mauern das Wachsen und Werden des Reiches Gottes kennenzulernen und draußen in freiem Arbeiten für den Herrn innerlich zu erstarken und freier zu werden von jeder fleischlichen Liebe zur Kirche und zur Arbeit in derselben. Du kannst diesen meinen Wunsch begreifen.« – »So bin ich nicht von ungefähr gerade in den Schnepelschen Kreis geraten, der einst in Notzeit, um die Stadtmission zu entlasten, sich finanziell von ihr freigemacht hatte und seit der Zeit auch in äußerer Beziehung, in Sachen des täglichen Brotes, alles nicht mehr auf den Mittelsweg einer Organisation, sondern unmittelbar von dem lebendigen Herrn erwartet, ohne dass sich der Einzelne an ein bestimmtes Gehalt bindet.« »Dass die Auseinandersetzung mit einer Frömmigkeit, deren Ansprüche über die der hergebrachten kirchlichen Lehre hinausgehen, mir nicht so ganz leicht ist und mich wieder einmal die Rolle eines Bankrotteurs spielen lässt, ist letztlich*

---

63 Siehe Foto Nr. 6.

doch auch als gutes Ergehen zu buchen. Wenn ich auch aus diesem merkwürdigen Berlin mit seinen noch merkwürdigeren Menschen schon mal habe ausrücken wollen, so hat Gott mir doch den Mut, wie Ihr mir wünscht, wieder gefrischt, und ich will nun gewiss nicht eher hier weg, als bis ich mit dieser Auseinandersetzung zurande gekommen bin. – Hier gibt es nämlich Menschen, die behaupten, Jesus nicht nur zu kennen und seiner Lehre zu folgen suchen, sondern ihn als die lebendige Kraft ihres Lebens zu besitzen, der sie frei gemacht hat von der Sünde, dass diese nun keine Gewalt mehr über sie hat. Sie behaupten das aber nicht nur, sondern machen ganz den Eindruck, als hätten sie ihr Leben wirklich vollkommen an Jesus ausgeliefert, liebten nur ihn allein und als seien sie wirklich allem Eigenen in Wunsch, Gedanke oder Gefühl abgestorben. Sie machen den Eindruck von wirklich Erlösten. Sie bewähren ihr Christentum in großer Opferkraft und Freudigkeit. Ganz kindlich verkehren sie mit dem Heiland wie mit dem nahen und wirklich lebendigen Freund, der gewiss all ihr Anliegen erhört. Da muss ich mir sagen, so ein Gotteskind bist du noch nicht. Ich fühle es, wie ein Bann trennt mich noch so viel unausgesprochene Sünde, soviel Hängen an eigenen Wünschen, soviel Trotzen auf eigene Gedanken von ihm. So kommt es, dass ich aus einem Subjekt der Mission erst mal ihr Objekt geworden bin« (Brief vom 25. März 1924).

»Bei dem wahren Hexensabbath[64] *von religiösen Strömungen, den Berlin darstellt, ist die Seelsorge ungemein schwierig, und es heißt dabei sehr: Prüfet die Geister. Fromm sein wollen sehr viele, aber lehrreich ist darum auch, hier einmal unterzutauchen.« – »Mit der ›Werkheiligkeit‹*[65] *berührst du einen wunden Punkt bei mir. Dafür bin ich dir dankbar. Und das Ende der Werkheiligen wäre schließlich, dass sie die Welt räumen müssten, und*

64 Tumultartige Versammlung.

65 Besondere Betonung der guten Taten (guter »Werke«) als wesentlicher Bestandteil religiösen Lebens; Auffassung, dass der Mensch durch seine guten Werke sein Dasein rechtfertigt oder gar heilig wird. Dagegen wendet sich M. Luther, der erkennt, dass der Mensch allein durch Gottes Gnade, die er im Glauben ergreift, selig wird.

ihre Schuld ist, dass sie innerlich noch nicht recht ausgegangen sind von der Welt und nicht ihr Bürgerrecht im Himmel haben. Wo der Geist des Herrn ist, da ist Freiheit.[66] *– Auch mein Dienst geht durch viel Not und Schwachheit und Irrtum, aber auch Hilfe von oben. Die ›flatternden Fahnen‹ gibt uns der weise Meister dann, wenn wir sie vertragen können.«* (Aus einem Brief an den Schwager Karl Dieterich vom 31. Juli 1924.) – Beide Väter sorgen sich um Paul, dass er ein Kirchenstürmer werde. *»Man hat's nicht leicht, wenn sich zwei Väter gegen einen verschwören.« – »Ich habe viel Schönes hier schon erleben dürfen. Mit zum Schönsten aber gehört doch die Begegnung mit einem alten Mütterlein, meiner Wirtin, das selbst in einer durch Fallen und Knochenbruch ihr auferlegten Geduldsprobe die rührendste Dankbarkeit gegen ihren lieben Heiland nicht verliert.«* Mit diesem »Muttchen« war er bis zu ihrem Ende über Jahre hinaus eng verbunden. Ebenso bleibt er Seelsorger eines Trinkers, dessen verworrene Lebensverhältnisse er immer wieder zu ordnen sucht.

Über den von ihm geleiteten Teil der Berliner Stadtmission in den frühen Zwanzigerjahren berichtet Erich Schnepel (gest. 1965) in seiner Autobiografie[67], die Motivation der hier Aktiven sei nicht zuletzt aus ihren Erfahrungen im Weltkrieg entsprungen. »Sie hatten in die Tiefen des menschlichen Lebens und in seine Dämonie hineingesehen. Sie hatten aber auch erfahren, dass Jesus größer ist als alle die dämonischen Gewalten, die sich in dem furchtbaren Geschehen des Krieges ausgetobt hatten.« Es sei damals landauf, landab leicht gewesen zu evangelisieren. »Die Menschen waren offen, verzweifelt, unsicher, hungrig nach wirklichem Leben.« Besonders im Berliner Osten, in dem die Arbeitermassen die Schwere dieser Jahre hart durchlitten hätten. Das Stadtmissionshaus in der Großen Frankfurter Straße, genannt das »Rote Haus«, sei in der Regel

66 2. Korinther 3,17.

67 Erich Schnepel: Ein Leben im 20. Jahrhundert, Wuppertal: SCM R.Brockhaus, 1971, S. 99ff.

übervoll gewesen, auch von Leuten, die sie gar nicht eingeladen hätten. Auch sozialistische Jugendgruppen hätten hier den Ort gefunden, an dem sie ihre brennenden Fragen hätten diskutieren können. Leidenschaftlich sei gefragt worden: »Wer ist Jesus? Was kann er uns heute noch sein?«

Was die Mitarbeitenden antrieb, bezeichnet Schnepel so: »Wenn Jesus für alle Menschen in den Tod gegangen ist, dann gibt es keinen Menschen, dem unsere Liebe nicht gehört und dem wir nicht den Weg zu Jesus bahnen möchten.« Eine große Rolle spielte die missionarische Seelsorge an Trinkern. Die innere Verbindung mit Jesus befreite zahlreiche Alkoholiker von ihrer Trunksucht.

Im Bibelhaus »Malche« in Freiwaldau/Oder fand Schnepels Stadtmission geistliche Zurüstung. Schnepel hatte bald erkannt, dass missionarische Hyperaktivität nur Leerlauf bewirke und dass die eigentliche Mission von Christen in ihrer christlichen und geschwisterlichen Existenz bestehe. Die Bruderschaft wurde besonders gepflegt. Abendmahlsfeiern als Lob- und Dankfeiern am festlich geschmückten Tisch waren Höhepunkte des gemeinschaftlichen Lebens.

Erstaunlich, wie wenig an äußerlich erkennbarer Organisation dieser Kreis um Schnepel hatte: keine Mitgliedschaft, keine Mitgliedsbeiträge, keine Statuten, keine Übernahme von Verpflichtungen, die man hätte einfordern können, nur die Zugehörigkeit zu Jesus! »Geistliche Organisation« nennt Schnepel das. Lediglich anmelden musste sich, wer mitarbeiten wollte. Und da infolge der Inflation die Berliner Stadtmission, deren Teil der Schnepel-Kreis blieb, in akuten Geldnöten war, verzichteten die Mitarbeitenden auf jedes feste Gehalt und lebten von den Gaben, die sie da und dort bekamen.

Auch in die Dörfer der Mark Brandenburg scherten Schnepels Missionstrupps aus, um auf Landstraßen, Plätzen und in Gasthäusern zu missionieren. Nicht immer zur puren Freude der Ortspfarrer, die für ihre Gemeinden Unruhe befürchteten.

Schnepel schreibt, es sei auch mancher Vikar zu ihnen gekommen. »Auch Paul Schneider, der spätere Märtyrer im

Konzentrationslager Buchenwald im Dritten Reich, war in jenen Jahren in unserer Mitte. Er kam zusammen mit einem anderen westfälischen Kandidaten, um praktische Missionsarbeit kennenzulernen. Sie ... waren uns liebe Mitarbeiter und Freunde. Paul Schneider war ein so stiller, liebenswerter Mensch, dass ich mir später gar nicht vorstellen konnte, wie es ihm möglich war, in dem KZ Buchenwald in einer so unerhörten Weise seine Kameraden zu stärken.«[68]

Das deckt sich mit dem, was mir Schnepel im Jahr 1960 berichtet hat: In keiner Weise habe P. S. erkennen lassen, dass er das Zeug zum Prediger habe. In den Berliner Hinterhöfen habe er mit den Leuten geredet, zu den Veranstaltungen eingeladen. Den Suchtkranken habe er beigestanden. Still und bescheiden habe er geholfen, wo es am nötigsten war.

Liest man P. S.s Briefe aus Berlin an die Schwiegermutter genau, so spürt man, dass die erweckliche Art des Schnepel-Kreises ihn zunächst in Schwierigkeiten gestürzt hat. Etwa, wenn er am 9. Februar 1924 schreibt, dass er *»lange wie unter einem Bann gelegen und die Freudigkeit zum Zeugen fast verloren«* habe. Später seien ihm dann wieder *»Mut und Freudigkeit von oben«* geschenkt worden.

Bald hatte er Anlass, die Berliner Arbeit gegenüber dem kritischen Schwiegervater Karl Dieterich – und gewiss auch seinem eigenen Vater – zu verteidigen: *»Lieber Vater, Du nennst unsere Arbeit etwas boshaft ›kirchliche Heilsarmee‹, die ist aber, wie ich immer mehr habe einsehen lernen, die einzig mögliche Art, wie sich wirkliches Leben aus Christo ausbreiten und entfalten kann, und zwar, das ist offen auszusprechen, im Gegensatz zur bestehenden Kirchlichkeit und Namenschristentum; und dies nicht nur in der Stadt. Deshalb ist Pastor Schnepel frech genug mit seinem Missions- und Erweckungstrupp auch hin und her in die Dörfer der Mark eingebrochen, wo freilich vielfach von Kirchlichkeit nicht mehr viel einzureißen ist. Ich freue mich von Herzen, dem Zug*

68 Erich Schnepel, Ein Leben ..., S. 95.

meines Herzens nach Berlin gefolgt zu sein; wie der Herr mir hier noch sehr viel zu sagen hatte, so weiß ich, dass auch vorläufig weiterhin mein Platz hier sein wird, im Lernen und in der Arbeit.«

Gegen den Vorwurf der Enge nimmt er Schnepels Stadtmission in Schutz: *»Diese unsere Arbeit ist aber gar nicht eng und einseitig, sondern so beweglich und vielgestaltig und der Individualität Raum lassend, dass alle Gaben in der Ausbreitung des Reiches Gottes zu ihrem Recht kommen, viel mehr als unter den gebundenen, ordnungsgemäßen Formen der Kirche. Wir haben keine andere Form und keine andere Organisation als Jesus selbst, auch nicht die Gemeinschaft, auch nicht die Stadtmission, und freuen uns über diese köstliche Freiheit, die uns in unserer Arbeit umso enger an den Meister selbst bindet.«*

Auch Gretel war über Pauls Berichte aus Berlin irritiert. Vor allem darüber, dass er sie dazu bewegen wollte, in die »fromme« Bibelschule »Malche« zu gehen. Von einem *»leisen Schatten, der sich zwischen uns zu stellen scheint«*, schreibt P.S. im Brief an die Mutter Dieterich am 25. März 1924. Ihr gegenüber erklärt er auch die »Sonderstellung«, in die der Schnepel-Kreis durch die Finanznot der Stadtmission hineingeraten sei. Sie finde *»in einer unbefangeneren und freieren Einstellung zur Kirche ihren Ausdruck«*. Christus baue das Gottesreich ja ebenfalls außerhalb der Kirchenmauern. *»Ich glaube, dass dieser Bau weitergehen würde, auch wenn die Volks- und Landeskirche einmal versagte.«*

P.S. verschweigt auch nicht, dass sie in ihrer Missionsarbeit gar keine Beziehungen zu den Kirchen suchen würden. Solche würden nur *»unnötige Erschwerung und Hindernis«* sein. Auch berichtet er im Blick auf die »Dorfmission« von *»Auseinandersetzungen mit Pastoren, die die Evangelisation als Einbruch in ihre Parochie*[69] *ansehen«*. Er meint aber, auf-

69 Amtsbezirk eines Pfarrers/einer Pfarrerin: in Städten innerhalb einer Großgemeinde mit mehreren Pfarrbezirken; auf dem Land evtl. aus mehreren Orten/Kirchengemeinden bestehend.

grund der Entchristlichung der Dörfer, die über kurz oder lang auch das *»liebe Schwabenländle«* erreichen werde, könnten die organisierten Landeskirchen die Herausforderung, die durch die veränderte Lage gegeben sei, nicht bestehen. Er sucht das innere Einverständnis mit dem Weilheimer Pfarrhaus: *»Nicht wahr, Mutter, darüber sind wir uns gewiss einig, dass die Kirche uns nicht das Erste sein darf, sondern das Reich Gottes, und dass beide nicht identisch sind. Und letzten Endes ist doch nicht die Kirche unsere Mutter, wie die Katholiken lehren, sondern die Gemeinde Jesu. Liebe Mutter, ich bin Dir in der Liebe zur Kirche vielleicht ähnlicher, als Du denkst, darum machen mir diese Fragen Not, und Deine Mahnung legte sich mir schwer auf die Seele. Aber das kann ich nicht, für die Kirche als das Bleibende eintreten, denn der Gang des Reiches Gottes und das Wachstum der Gemeinde Jesu sprengt die Fesseln der Kirche und ihre Grenzen.«*

Im Weilheimer Pfarrhaus scheint man sich Sorgen gemacht zu haben, ob der Verlobte Gretels jetzt, da er so umwerfende Erfahrungen mache, noch an Gretel festhalten werde. P. S. schreibt dazu: *»Ja, Mutter, für Gretel ist noch Raum in meinem Herzen. Ich bleibe ihr treu als der, die mir Gott … zugeführt hat. Dass sie den Herrn Jesus sucht und lieb hat, weiß ich. Wir sind uns innerlich nicht ferner, sondern näher gerückt … Ich weiß, dass ich keine liebere Frau finden konnte. Alles andere lege ich nun in Gottes Hand und warte auf die Stunde, die er uns bestimmt hat.«* Er bittet die Schwiegereltern *»weiterhin um das Vertrauen, das Ihr mir bisher so unverdient geschenkt habt, nicht um meinetwillen, sondern um des lebendigen Gottes willen, ich bitte auch dann darum, wann meine Wege Euch streckenweise dunkel und unverständlich sind.«* Gretel ihrerseits blieb fest entschlossen, Paul zu heiraten. Wenn er in Berlin bleiben, nicht Pfarrer einer Kirche werden und kein festes Gehalt beziehen würde, dann wollte sie dort mit Nähen das nötige Geld für die Familie verdienen.

Im Sommer 1924 kommt P. S. in Briefen an den *»lieben Vater«* Karl Dieterich wieder ausführlich auf sein Verhältnis zur Kirche zu sprechen. Verständlich, dass den Pfarrer von Weilheim, der in seiner Jugend selbst seine harte Krise mit der Landeskirche durchgemacht hatte, die Frage umtrieb, ob und wann aus dem Schwiegersohn ein landeskirchlicher Pfarrer werden würde. Paul Schneider schreibt ihm am 6. Juni 1924, am liebsten würde er mit ihm all sein persönliches Erleben und die Berliner Arbeit durchsprechen, um das nüchterne Urteil des Schwiegervaters über alles zu erfahren. Er sagt ihm aber deutlich: *»So bald will mir der Herr nicht die Freudigkeit geben, Berlin zu verlassen und den Rückzug ins kirchliche Amt anzutreten.«* Und: *»Es mag ja sein, dass ich besonders schwer zu belehren bin oder einen besonderen Dickkopf habe. Jedenfalls spüre ich, dass die Berliner Luft mir sehr gut tut, dass ich auch mit all dem Neuen noch lange nicht fertig bin und noch manches lernen darf. Darüber hinaus fühle ich mich aber auch meiner Arbeit verpflichtet, die ich nun nicht mehr ohne Weiteres, ohne deutliche Weisung von oben, ohne innere Lösung von hier verlassen kann«.* Er berichtet dem Schwiegervater, wie gut ihm die Unterstützung der Brüder tue: *»Eins, was mich hier besonders freut, ist die Einmütigkeit im Geist. ... oft empfand ich den Mangel an Geistesmacht drückend, wenn ich reden sollte, und freute mich dann herzlich der Mitarbeit von schlichten, unbegabten Brüdern. Aber manchmal schenkte mir Gott auch Freudigkeit, und kleine Lichtblicke bei Trinkern hat er mich auch schon sehen lassen, sodass ich im Ganzen doch den Eindruck, die Gewissheit habe, dass Gott sich zu meinem Dienst, der in aller Schwachheit getan wird, bekennt.«*

Offenbar hat der Vater Dieterich dem Schwiegersohn in seinem nächsten Brief besonderen Einblick gegeben in sein eigenes Verhältnis zur Kirche und in die Innenseite seines Dienstes als Dorfpfarrer. Dafür dankt ihm Paul Schneider im Brief vom 10. Juli 1924: *»Ich verstehe auch deine Liebe zur Kirche, die ja doppelt so stark ist, wenn sie durch die Kritik hindurchgegangen ist und sie überdauert hat. Ich hab sie ja auch lieb, die Kirche, dieses Gerüst am heiligen Tempel des*

Leibes Christi[70]*, und bin gewiss kein Kirchenstürmer. Ich weiß auch, wie schwer Ihr Pastoren auf dem satten, harten Boden des Bauerntums es habt, wenn es gewiss auch dort hungernde und dürstende Seelen gibt.«*

Am 6. Juni 1924 schreibt P.S. an den Schwiegervater, am ersten Pfingsttag sei bei ihnen in Berlin *»Hofmission. Es wäre wohl lockender, in die Kirche zu gehen, wie ich es auch tue, wenn ich irgend frei bin – aber da, wo man den Herrn Jesus nicht kennt, und in der Gottesfeindschaft für ihn zu zeugen und zu singen, ist doch schöner.«*

Bald klang es dann ziemlich anders. Was er zu Hause in Hochelheim antraf, hat ihm zu neuen Erkenntnissen verholfen, durch welche die Weichen seines Lebensweges in eine andere Richtung gestellt wurden.

Als er im Sommer 1924[71] im Urlaub daheim ist, sieht Paul, dass der Vater der Hilfe bedarf, und bleibt nun als dessen persönlicher Vikar vier Monate in Hochelheim. *»Ich bin also nicht mehr nach Berlin gekommen, wie ich zuerst vorhatte. Es kam eine Bewerbung um Pferdsfeld und meine Probepredigt dort dazwischen, und da ich zum kirchlichen Dienst entschlossen war, hätte ich Vater nur unnötige Kopfschmerzen verursacht, wie ich es ohnedies schon genug getan hatte. Hier kann ich nun die Kunst der Kanzelpredigt üben und habe das fast sonntäglich getan und gewinne dabei allmählich die Zucht über mein Denken wieder. Auf meine Predigt am letzten Sonntag habe ich mich eigentlich seit Langem wieder recht gefreut. Es ist mir klar geworden, wie nötig gründliches Durchdenken und Studieren der Texte ist und dass die Bekehrung allein keinen Prediger macht. Ich wundere mich jetzt selbst, wie ich mich in*

---

70 Es fällt auf, dass er hier in der Kirche nicht den Leib Christi oder den Tempel Christi sieht, sondern (nur) das Gerüst am heiligen Tempel des Leibes Christi. Er gebraucht hier ein Bild, das sich so im Neuen Testament nicht findet.

71 Ab 15. September in Hochelheim.

das Bekehrungsdogma[72] *und die Evangelisationsmethode so hatte verrennen können«* (Brief vom November 1924 an die Schwiegereltern).

Ende Januar 1925 wird Paul, ehe er eine Hilfspredigerstelle in Essen-Altstadt antritt, in Hochelheim durch den Superintendenten ordiniert. Der Text ist Römer 1,16: »Ich schäme mich des Evangeliums von Christo nicht; denn es ist eine Kraft Gottes, die da selig macht alle, die daran glauben.« Nachbarliche Pfarrleute helfen Sophie, dem Tag einen guten festlichen Rahmen zu geben. Die »Schwaben« waren leider zur Reise zu schwerfällig und haben Paul alleingelassen.

Es ist Paul nicht leicht geworden, sich in Essen in den kirchlichen Großstadtbetrieb einzufügen. Das Amt bedrückt ihn, seelische und körperliche Hemmungen bringen ihn oft zur Überlegung der Flucht aus dem Amt. Er meint sogar, in dieser Konsequenz auch seine Verlobung zum Opfer bringen zu müssen: *»Ich habe das allerliebste Mädchen, das sich denken lässt, und kann es nicht heimführen. Gott, das ist deine gerechte*

72 Die Auffassung, dass man nur dann Christ ist, wenn man seine »Bekehrung zu Jesus« als eindeutige Entscheidung nachweisen kann. Nach wie vor warb P. S. dafür, zu Jesus Christus bewusst umzukehren und im Gegenüber zu ihm zu leben. Aber er hielt nicht viel von einem gewaltsamen Drängen zur Bekehrung. Und noch weniger davon, dass Menschen meinen, sie könnten und dürften andere in »Bekehrte« oder »Unbekehrte« einteilen. Bezeichnend für P. S.s Haltung ist folgendes spätere Geschehen, das M. S. im Oktober 1979 berichtet hat: Auf Wunsch der Hochelheimer Pietisten hat P. S. zu einer Evangelisation in deren Gemeinschaftshaus eingeladen. Der Evangelist »bekniete« am letzten Abend förmlich die Zuhörenden, sie sollten sich bekehren. Er bat diejenigen, die sich an diesem Abend bekehrt hätten, nach vorn zu kommen. Da stand P. S. auf und sagte, er habe sie eingeladen, aber sie könnten nun auch wieder nach Hause gehen. Dieses Verhalten ihres Pfarrers hat die Hochelheimer Pietisten, die sonst treu zu ihrem Pfarrer hielten, ziemlich beschäftigt (Sammlung von P. Dieterich). P. S. blieb den Brüdern der Berliner Stadtmission auch später dankbar und freundschaftlich verbunden. Ein gewaltsames Drängen auf Bekehrung jedoch erkannte er immer mehr als einen Irrweg. Hier ist nach der Zeit in der Berliner Stadtmission eine gewisse Wandlung bei P. S. festzustellen.

Strafe. Ich stehe in dem höchsten Beruf und kann ihn schlecht, schlecht, fast nicht ausüben. Habe ich meine Zeit benutzt, oder war ich ein ungetreuer Haushalter? Mir scheint alles heute wie in einer großen Täuschung und Lüge gelebt. Ist dieser mein jetziger Zustand die endliche Auswirkung der Lüge von 1910 im Pfarrgarten in Pferdsfeld? Nun kommt das große Nichtaufgenommenwerden, das große Sitzenbleiben, vor dem ich damals Bange hatte. O hätte ich dem Vater damals gesagt: Vater, ich habe dich belogen. Vielleicht wäre alles anders gekommen. Mit der Lüge vor dem irdischen Vater begann auch die Lüge vor dem himmlischen, den ich nun nicht finden kann. Gott, du verbirgst dein Antlitz vor mir, vor meiner großen Lüge. Was war mein Dichten und Trachten bisher anderes, als dieses Leben zu gewinnen? Mein Lebensglück aufzubauen band ich Gretel an mich. Nun willst du mir in deiner Gnade ein ›Halt‹ zurufen. Ich erwäge, ob du mich zum Bauernknecht machen willst. Du, mein Gott, hast mich ganz zerschlagen. An deine Gnade und Barmherzigkeit wende ich mich, verwirf mich nicht von deinem Angesicht und zeige mir den Weg, den ich gehen soll. Wo dein Geist mich nicht immer wieder aufgerichtet hätte, wäre ich lange vergangen. Oder war es nicht dein Geist, war es ein Lügengeist, der mich täuschte über meine Kraft? – Aber nun, was anfangen?! Es zieht mich in die Landwirtschaft und Siedlung, unserem armen Volk möchte ich Wege weisen helfen, an Leib und Seele zu gesunden. Dafür gelte es zuerst, am eigenen Leibe die neue Lebensweise auszuprobieren. Vergesse ich nun nicht, nach dem Reiche Gottes zu trachten, wenn ich Gesundung und Freiheit suche? Erhebe ich nicht neue Götzen auf den Thron? Gott, sieh', wie ich allein auf deine Gnade geworfen und gewiesen bin. Erbarm dich meiner!« (aus dem Tagebuch 1925).

Damit deutlich wird, durch welche inneren Nöte und Krisen der später so glaubensstarke P.S. in seiner geistlichen Entwicklung hindurch musste, hier noch ein paar Eindrücke aus Paul Schneiders schwieriger Zeit 1925/26 in Essen. Als Hilfsprediger war er einem Pfarrer zur Seite gestellt, der neben seinem Pfarramt Orgelpfleger der Rheinischen Kirche und deshalb sehr viel unterwegs war. P. S. lebte zunächst im Pfarrhaus. Als jedoch sein Pfarrer ihn, der ja auch Orgel spielen konnte, dazu benutzen wollte, für ihn Noten abzuschreiben, suchte sich Paul Schneider ein Zimmer in der Stadt und zog aus dem Pfarrhaus aus.

Beim Predigtvorbereiten und Predigen machte er bedrückende Erfahrungen, die ihm nachgingen. *»Während der letzten Predigt sah ich mehrere junge Männer gleich im Anfang die Kirche verlassen«*, schreibt er am 5. September 1925 in sein Tagebuch. Er sucht die Schuld bei sich und betet schreibend: *»Gott, mein Gott. Wache und bete, rufst du mir zu, und ich schlafe immer mehr den Todesschlaf. Mein Leben gleicht immer mehr dem eines Traumwandlers.«*

Er weicht aus, indem er bei lebensreformerischen Gedanken Hilfe und Halt sucht. Bei dieser Suche liest er ein Buch von Werner Zimmermann, der die Devise »rein durch reines Blut!« vertritt. Auf diesem Wege wird er bekannt mit der Mazdaznan-Bewegung, die der Schriftsetzer Otto Hanisch (1844–1936) begründet hatte und die im deutschen Sprachraum nach 1918 von sich reden machte. W. Eilers[73] nennt sie eine Verbindung von Naturheilkunde, religiösem Sektierertum und Halbbildung, die mit Berufung auf Zarathustra mit indoiranischen Wortelementen spiele und in Zeugungs- und Geburtshygiene, Atemschulung und Vegetarismus die Reinigung und Höherentwicklung des Menschen suche.

Bald erkennt P. S. selbst, dass sein Weg in Richtung Mazdaznan ein verzweifelter Irrweg war. *»Mein Kopf ist sehr schwach und mein Gewissen, mein Wille ist so schwankend... Ich habe das reine Blut wie ein Evangelium gepredigt und verliere darüber meinen Glauben an Gott und an Christus«*, schreibt er am 13. März 1926 in sein Tagebuch. *»Morgen soll ich predigen. Werner Zimmermann kann ich nicht predigen. Er will die*

73 Religion in Geschichte und Gegenwart III, Bd. 4, S. 817.

Höherzüchtung der Menschen.« P. S. kommt sich unwahrhaftig vor, als einer, der nicht hinter dem steht, was er als Pfarrer sagen sollte. *»Das Glaubensgut der Kirche ist nicht mein Glaubensgut. Die Freudigkeit beim Predigtmachen und -halten ist mir nach und nach verloren gegangen. Mein Gebetsleben war von je her sehr kümmerlich und ist nun ganz versiegt.«* Der Eindruck quält ihn, die Christenheit habe aus Jesus einen Götzen gemacht. *»Ich komme mir schon lang vor wie ein Heuchler als Verkündiger ›biblischer‹ Wahrheiten... Die heiligen Handlungen der Sakramente haben mir nichts zu sagen. Was ich sage, sind Phrasen, angelernt, hundertfach wiederholt... Schon fühle ich mich von Gemeindegliedern, mit denen ich zu tun habe, in meiner Unwahrhaftigkeit durchschaut. Diesen inneren Druck kann und will ich nicht länger tragen.«*

Offenbar hat Paul seine schweren Zweifel an sich und an der biblischen Botschaft, auch seinen Entschluss, nicht Pfarrer zu werden, Gretel anvertraut. Sie hat Verständnis gezeigt. *»Gretel lässt mir vollkommen freie Hand. Jetzt ist unser Verhältnis so stark und innig geworden, dass es diese durch die Quittierung des Pfarrberufs erwachsende Erschütterung aushalten wird, auch bei den Schwiegereltern. Ihr Nichtverstehen, ihre Bitterkeit gilt es zu tragen.«*[74]

Paul will zu Menschen gehen, die ähnlich denken wie er, will mit ihnen zusammen mit seiner Hände Arbeit sein Brot verdienen; vielleicht zusammen mit seinem Bruder, in Amerika, in Brasilien oder Argentinien. Vor allem: *»Ich will nicht gezwungen sein, geistige und geistliche Wahrheiten zu verkündigen.«*[75]

---

74 Tagebuch, 19. März 1926. Dazu M. S. im Gespräch: Sie habe ihren Eltern von allen diesen Nöten nichts gesagt. »Die Eltern wussten nichts davon.«

75 M. S. hat nie überspielt, was ihr Mann, auch nach der Zeit der inneren Stärkung in Soest und nach der Begegnung mit Schnepels Jesus-Unmittelbarkeit, in seiner selbstkritischen, um Wahrhaftigkeit ringenden Seele durchzukämpfen hatte. Von dem Klischee, ihr Mann sei von Anfang an ein felsenfest Glaubender gewesen, wollte

Diese Tagebucheinträge zeigen: Gerade weil P. S. in äußerster Selbstkritik wahrhaftig sein wollte, litt er in seinen Glaubenskrisen zwischen Schreibtisch und Kanzel ungeheuer. Dass er in Berlin im Umkreis Erich Schnepels eine neue Jesus-Unmittelbarkeit kennengelernt hatte, das ersparte ihm solche Verzweiflungsphasen nicht.

Aber auch Freudigkeit zum Amt ist da: *»Es ist mir doch seither so gewesen, als ob Gott mich im Pfarramt bestätigen wolle. Er ließ mir meine beiden letzten Predigten ganz leidlich gelingen. – Wenn man Kraft zur Arbeit hat, ist es doch eine Genugtuung besonderer Art, in das Großstadtelend das Wort des Lebens tragen zu dürfen« (Tagebuch). – »Es wird Euch und besonders Vater freuen, wenn ich bekennen darf, dass ich mit Freuden Pastor bin, auch in der Großstadt. Gott gibt mir mit den wachsenden Aufgaben wachsende Kraft. Am Sonntag hatte ich fünf Amtshandlungen. Das soll mir mein Trost und meine Zuversicht sein, wie Wichern[76] es einmal ausspricht: ›Du, Gott, lässt nichts unvollendet und hast in mir das Wollen geweckt; du wirst auch des Vollbringens Kraft mir schenken nach deiner Gnade und Liebe um Jesu willen‹« (Brief).* – Der letzte Eintrag im Tagebuch der Lehrjahre ist vom 8. Juli 1926: *»Der Wurm des Todes ist die Sünde, aber Gott sei Dank, der dem Tode die Macht genommen hat.[77] Wie sind die vorigen Zeilen wieder ein Dokument meines Unglaubens! Aus wie mancher und wie großer Not hat nicht mein Gott mir schon geholfen, und immer wieder weiß ich so schlecht, dass seine Hand zu helfen hat kein Ziel, wie groß auch*

---

sie nichts wissen. Sie kannte die »Seelenarbeit« (vgl. Jesaja 53,11) ihres Mannes. Er musste erfahren, was nach Luthers Übersetzung in Jesaja 28,19 steht: »Anfechtung lehrt aufs Wort merken.«

76 Johann Hinrich Wichern (1808–1881), Theologe, gründete 1833 in Hamburg das »Rauhe Haus« für gefährdete Jugendliche; er schuf neu den Diakonenberuf und setzte sich für eine Gefängnisreform ein; Gründer der »Inneren Mission«, einer volksmissionarischen Bewegung mit diakonischer Ausrichtung.

77 Vgl. 1. Korinther 15,55f; 2. Timotheus 1,10.

sei der Schade.[78] *Ich darf meinem Gott nun wieder Loblieder singen. Es ist der Geist von oben stärker, viel stärker als alle naturhaften Mächte. Nun sind wir auch nicht mehr Knechte der Natur. Gott, zu dir zieht alles Leben, und was nicht zu dir gegangen kommt, wird krank.«*

78 »Aus tiefer Not schrei ich zu dir« (Martin Luther), Evangelisches Gesangbuch (EG) 299,5.

Hochelheim

»Anfechtung lehrt auf das Wort merken.«

Jesaja 28,19

Um eine Probepredigt im Kreise Wetzlar zu halten, kommt Paul im Januar 1926 heim und findet einen sterbenden Vater. Ein Schlaganfall hat ihn beim Gottesdienst im Filial getroffen, und nach drei Tagen ist sein Ende da. Paul wird einstimmig in Hochelheim als Nachfolger gewählt; er nimmt an, wohl wissend, dass er kein leichtes Erbe antritt und dass die Gründe seiner Wahl nicht ganz geistlicher Natur sind. Viele Häuser sind dem »Paul«, der nun der »Herr Pfarrer« wird, herzlich zugetan, vielerlei Erwartungen knüpfen sich daher auch an sein Pfarramt. Die einen wollen »alles beim Alten« haben, wie es beim alten Pfarrer war, d.h., sie wollen außerhalb der Predigt in Ruhe gelassen sein; die andern denken an die Zeit, als Paul im Turnverein einen liberalen Vortrag hielt und zuzeiten aktiv dort mitmachte; die »Stillen im Land« hoffen auf ein volles Mitgehen in ihrem Gemeinschaftsleben, kurz, jeder möchte gern seinen Stempel auf ihn drücken. Was Wunder, dass es von den ersten Tagen an Spannungen gab? – Im Pfarrhaus wird aber nun zuerst geräumt und geordnet, gestrichen und tapeziert, und darüber wird es Sommer. Paul ist in der Zwischenzeit Hilfsprediger in Rotthausen bei Essen. Das Weilheimer Pfarrhaus richtet seiner Jüngsten die Hochzeit. Der Vater ruft seinen Kindern nach Rut 1,16[79] zu: »Seid einig, einig, einig – in Glaube, Liebe, Hoffnung.«

Vor dem Einzug ins neue-alte Heim – es ist eine ganz glückliche Mischung – wandern die beiden, wie sie es in Brautzeiten so gerne getan, und dieses Mal erschließt sich ihnen ein Stück schönstes Neuland: Bodensee und Oberstdorf. Brauche ich zu sagen, dass es Wochen fröhlicher, erfüllter

79 »Wo du hingehst, da will ich auch hingehen; wo du bleibst, da bleibe ich auch. Dein Volk ist mein Volk, und dein Gott ist mein Gott.«

Zweisamkeit waren, wie sie uns in ihrer Unbeschwertheit und äußeren Freiheit nie mehr geschenkt waren? – Im Hochelheimer Pfarrhaus erwarten sie der jüngere Bruder[80] cand. ing.[81] und Sophie, die nun auch der jungen Frau die Treue hält über alle Jahre hin. Superintendent Wieber führt Paul sehr feierlich und väterlich am 4. September 1926 ein. Er hat 1. Chronik 28,20 zum Text gewählt: »Und David sprach zu seinem Sohn Salomo: Sei getrost und unverzagt und mache es; fürchte dich nicht und zage nicht! Gott der Herr, mein Gott, wird mit dir sein und wird die Hand nicht abziehen noch dich verlassen, bis du alle Werke zum Amt im Hause des Herrn vollendest.« Pauls Predigttext ist 1. Timotheus 3,1 und 2. Timotheus 3,14-17.[82] Wie sehr Paul ein »Herz« für seine Gemeinde hatte, geht aus einem Gemeindebrief, den er im Urlaub in Pferdsfeld 1931 schrieb, hervor: *»Nun sollt Ihr aber nicht denken, meine lieben Gemeinden, dass ich Euch jetzt nicht als meine Heimat betrachte, zumal Ihr mich durch Eure Wahl ja in meinem Elternhause in Hochelheim und an der Stätte meiner Jugendjahre habt bleiben heißen. Ihr seid nun die Heimat meiner Arbeit, meine Mannesheimat und meine Pfarrerheimat, die ich als Pfarrer mit der ganzen Kraft und Liebe, die mir gegeben sind, zu einer rechten, wohligen, warmen, kirchlichen Heimat für Euch alle ausgestalten helfen möchte. Aber gerade darum, weil Ihr wisst, dass ich als Pfarrer gerne bei Euch bin und bleiben will, werdet Ihr es mir gerne gönnen, dass ich mich nun*

80 Hans Walter Schneider, geb. am 3. Dezember 1901 in Pferdsfeld.

81 Kandidat = Student vor dem Abschlussexamen; hier: zum Ingenieur.

82 1. Timotheus 3,1: »Das ist gewisslich wahr: Wenn jemand ein Bischofsamt begehrt, der begehrt eine hohe Aufgabe.« 2. Timotheus 3,14-17: »Du aber bleibe bei dem, was du gelernt hast und was dir anvertraut ist, du weißt ja, von wem du gelernt hast und dass du von Kind auf die Heilige Schrift kennst, die dich unterweisen kann zur Seligkeit durch den Glauben an Christus Jesus. Denn alle Schrift, von Gott eingegeben, ist nütze zur Lehre, zur Zurechtweisung, zur Besserung, zur Erziehung in der Gerechtigkeit, dass der Mensch Gottes vollkommen sei, zu allem guten Werk geschickt.«

auch in der Arbeitspause der Heimat meiner Kindheit freue und hier neue Kräfte für die Arbeit sammle.«

Wie sah nun diese Gemeinde Hochelheim aus? Zwei stattliche Dörfer[83] mit tausend und fünfhundert Einwohnern, von denen nur das Filial rein bäuerlich ist. In Hochelheim ist fast jeder neben seiner kleinen Landwirtschaft erwerbstätig.

Auch der Pfarrer hatte für seine und seiner Familie Versorgung Acker- bzw. Wiesenland und eine Kuh. So schreibt P. S. am 23. Juni 1926, also kurz vor der Hochzeit, an den Schwiegervater: *»Sophie hat ein junges, schönes Kühchen, das eine milch- und butterweiche Zukunft verspricht, gegen die alte eingetauscht und verwaltet auch sonst aufs Beste Haus und Wirtschaft.«* Am 6. September 1926 freilich schreibt P. S. bezüglich der Kuh: *»Wir sind schon am Überlegen, ob wir die Kuh behalten sollen oder nicht.«* Am 22. September 1926 meldet er, die Landwirtschaft betreffend, vier Morgen Land würden sie zurückgeben, aber die vier Morgen *»Pfarrland«* wollten sie weiterbehalten *»zur Bewirtschaftung, hauptsächlich wegen der Kuh, die wir einstweilen noch nicht abschaffen mögen.«*[84]

Der Mainzer Käse wird hier hergestellt, zuerst im häuslichen Betrieb, später entstehen maschinelle Käsereien. Sie nehmen zu unserer Zeit einen großen Aufschwung. Die Frauen des Dorfes reisen mit dem Käse auf die Märkte der Großstädte Hessens und des Rheinlandes, und ihre bäuerliche Tracht, die schöne Hüttenberger Tracht, kommt ihnen dabei sehr zustatten. Was früher mühselig im Schubkarren gefahren wurde, kann nun bald mit dem Auto befördert werden! Das Dorf verändert sich dadurch sehr. Der Jugend gefällt die Bauerntracht nicht mehr, sie wird »vornehm«, d. h. städtisch. Großer Fleiß und große

83 Hochelheim und Dornholzhausen.

84 M. S. hat viel später im Rückblick aber doch berichtet: »Die Kuh habe ich dann abgeschafft.« Offenbar wurde es ihr im Lauf der Zeit zu viel, neben der anwachsenden Kinderschar und ihrem umtriebigen Mann noch eine Kuh zu versorgen.

Geschäftigkeit herrschen im Dorf. Durch ihren Handel sind sie den Umgang mit Menschen gewöhnt, und das Wort sitzt lose auf der Zunge. Sie haben einen großen Familiensinn, und es ist bezeichnend, dass sie, die so viel unterwegs sind, bei ihren Familienfesten als Lieblingslied singen: »Ich bin so gern, so gern daheim – das ist mein Himmel auf der Erden!«

Die erste Strophe dieses Liedes, das heute noch vom Hochelheimer Frauenkreis mit Wonne auswendig gesungen wird, lautet: »Ich wär so gern, so gern daheim, / daheim in meiner stillen Klause. / Wie klingt es doch dem Herzen wohl, / das liebe, traute Wort: zu Hause! / Doch nirgends auf der weiten Welt / fühl ich so frei mich von Beschwerden. / Ein braves Weib, ein herzig Kind, / das ist mein Himmel auf der Erden.« Die dritte Strophe: »Des Abends, wenn ich geh zur Ruh / und ich mich leg zum Schlummer nieder, / dann falt ich meine Hände fromm, / es schließen sich die Augenlider. / Dann bete ich zum Herrn der Welt, / zu dem, der einstens sprach: Es werde!: / O großer Gott, erhalte du / mir meinen Himmel auf der Erde.«

Mehr und mehr wächst Paul in sein Hirtenamt hinein.[85] Nur noch einmal, im November 1927, vertraut er sich seinem Tagebüchlein wieder an, aber er weiß nun, wer Herr wird über seiner *»Anfechtung«*, seinem *»Schmerz«*. *»Ehemann, Vater und Pfarrer bin ich geworden. Wie viele wandeln in solcher Würde doch auf verkehrtem Wege! Kommt doch auch zu mir noch heutigentages die große Unruhe, dass mein Herz nicht alles verlassen, um Jesus zu dienen.*[86] *Sind mir denn auch die weichen Arme, von*

85 Offenbar ist auch Gretel recht bald in die Rolle einer Pfarrfrau von Hochelheim hineingewachsen. So schreibt P. S. Ende 1926 an den Schwiegervater: *»Übrigens trotz ihres unverwüstlichen Schwabulierens ist Gretel nun schon meine unersetzliche Pfarrerin im Preußenland, und als ich heute in Dornholzhausen meine Konfirmandenelternbesuche allein machte, war mir gar nicht recht wohl.«*

86 Lukas 5,11: »Und sie brachten die Boote ans Land und verließen alles und folgten ihm nach«; vgl. Matthäus 19,27.29.

denen Kierkegaard[87] *schreibt, verhängnisvoll geworden? Habe ich in entscheidungsschweren Augenblicken meines Lebens den rechten Entschluss der Entsagung, des Verzichtes nicht gefunden? Darf ich morgen vor die Gemeinde treten mit der Adventsfreude und Adventsbotschaft? Möchte sie doch heller in meinem Herzen brennen! Möchte Gott mich seine Gnadenfülle wieder reichlich erfahren lassen! O. C.*[88] *tröstete mich, ich habe seit Berlin einen großen Schritt vorwärts gemacht. Sein Hiersein bedeutete, wie ich mir erbeten, Stärkung und Segen. O Gott im Himmel, lass mir nicht alles wieder geraubt werden! Schenk mir Glauben und Frieden. In der Spannung stehend, muss ich hinter all mein Tun und Sagen ein Fragezeichen setzen. Du, Gott, kannst deinen Geist der Liebe über mich ausschütten, dass aus dem Fragezeichen ein freudiges Ja werde. Amen.«*

Paul wird ein Beter, einer, den es im Kämmerlein[89] auf die Knie zwingt. Ich darf hier ein Wort aus einer Predigt, die er über Daniel 6 am 27. September 1936 hielt, für ihn persönlich geltend machen: *»Das Gebet macht aus Menschen Männer, die sich beugen allein vor Gott und die Gott bekennen vor der Welt. Das Gebet ist die Kraft Gottes für den Lebens- und Glaubenskampf.«*

Pauls Liebe und Fürsorge galt in erster Linie seinen Kranken; er merkte oft, dass bei ihnen die seelische Not weit größer war als ihre leiblichen Nöte. Er mühte sich, ihre Gewissen

---

87 Søren Kierkegaard (1813–1855), dänischer Theologe und Philosoph in Kopenhagen, hat in seinen zahlreichen Schriften – u. a. »Entweder – Oder«, »Die Krankheit zum Tode«, »Einübung im Christentum« – scharfsinnig und schonungslos die »Lüge der bestehenden Christenheit«, ihre Verquickung mit Staat und Gesellschaft, angeprangert. Er vertritt gegen alles angepasste Wesen den Weg konsequenter Christus-Nachfolge. Seine Anfragen haben P. S. besonders in den ersten Jahren des Pfarramtes umgetrieben.

88 »O. C.« (Otto Carstens) war ein Mitarbeiter von Erich Schnepels Stadtmission, den P. S. in Berlin kennengelernt hatte.

89 Vgl. Jesu Wort in Matthäus 6,6: »Wenn du aber betest, so geh in dein Kämmerlein und schließ die Tür zu und bete zu deinem Vater, der im Verborgenen ist«.

wachzurufen und ihnen zum Sterben zu helfen. Eine sterbende junge Frau soll gesagt haben: »Eines muss ich euch noch sagen: Eine selige Sterbestunde wiegt's ganze Leben auf! Das hat mich Pfarrer Schneider gelehrt, den könnt ihr darum fragen.«

Unsere Gemeindeschwester berichtet: »Ich denke an einen jungen Epileptiker, der von einem schweren Anfall gepackt wurde, der drei Tage und drei Nächte andauerte. Der Körper wurde hin und her gezerrt, so furchtbar, dass wir alle – eingeschlossen der Arzt – machtlos an seinem Bett standen und trotz schwerster Betäubungsmittel ihn nicht zur Ruhe bringen konnten. Der Teufel grinste uns an in diesem gequälten Menschen. Da trat Pfarrer Schneider an sein Bett, und wir lagen lange mit ihm auf den Knien und flehten zu Gott um Erbarmen. Dann nahm Pfarrer Schneider den Kranken in die Arme, redete ihm gut zu. Was keiner von den Pflegenden fertiggebracht hatte, das wurde Pfarrer Schneider geschenkt: Der Kranke wurde unter seiner Hand ruhiger und schlief ein. Wenn ich nachts an diesem Krankenbette stand und selber fast verzweifelte bei dieser schweren Pflege, dann hörte ich plötzlich das Motorrad von Pfarrer Schneider, und er kam in die Krankenstube und sagte: ›Ich wusste, dass ich hier nötig war‹, und er war es im wahrsten Sinn des Wortes. Nicht selten kam mir in diesen Tagen der Gedanke an Pfarrer Blumhardt[90]. Alle, die dies Lager umstanden, erlebten die Kraft des Gebetes. Der junge Arzt sagte zu mir: ›Es ist doch etwas Seltsames um Pfarrer Schneider!‹ Als es mit dem jungen Mann zum Sterben

---

90 Johann Christoph Blumhardt (1805–1880), Pfarrer in Möttlingen bei Calw (1838–1852), danach am Kurhaus in Bad Boll, überaus gesuchter Seelsorger, in dessen Nähe zahlreiche Heilungen für Seele und Leib geschahen, seit durch seinen Dienst in Möttlingen eine psychisch und körperlich schwerkranke Frau – der entscheidende Ruf war *Jesus ist Sieger!* – von ihren grauenerregenden zwanghaften Zuständen völlig befreit worden war. Blumhardt erbat und erhoffte *eine Ausgießung des Geistes Gottes auf alle Kreatur*. Zugleich war er, der einstige Lehrer der Basler Mission, ein vielgelesener Missionsschriftsteller und Dichter hoffnungsstarker Lieder.

ging, wurden plötzlich seine Sinne noch einmal ganz klar. Er setzte sich in seinem Bette hoch auf und sagte: ›Ich danke euch allen, dass ich aber selig sterben kann und keine Angst habe vor dem dunklen Grab, das danke ich Ihnen, Herr Pfarrer! Nun bin ich mit meinem Gott im Reinen, und der Teufel hat keine Gewalt mehr über mich!‹ Er legte sich um und starb in Pfarrer Schneiders Armen ruhig und friedlich.

Die gefährdeten Familien ließ er nicht aus dem Auge, und er redete oft sehr eindeutig, und bei aller Liebe und Güte konnte er grob werden, sodass er zum Beispiel zu einem Trinker, bei dessen Familie er bis spät in die Nacht hinein saß, sagte: *›Sie sind ein Lump!‹* Als dieser aufbrauste, da sagte er es nochmals: *›Es wird erst dann mit Ihnen besser, wenn Sie zu mir sagen: Herr Pfarrer, ich bin wirklich ein Lump!‹*

Eines Tages brachte Pfarrer Schneider einen Schützling aus der Berliner Stadtmission zu einem Urlaub in unser Haus. Als er mir aus seinem Leben erzählte und ich in Abgründe hineinschaute, da sagte ich zu Pfarrer Schneider: ›Aber Herr Pfarrer, was haben Sie mir denn da für einen Menschen gebracht?‹ Da sah er mich ganz traurig an: *›Was soll denn der Herr Christus mit uns machen, wenn wir so von unserem Bruder denken? Ich hatte gedacht, Sie könnten mir beten helfen.‹* Ich schämte mich und war entwaffnet.

Am 30. Januar 1934 schreibt mir Pfarrer Schneider: *›Wir wollen es immer besser lernen, dass das meiste, was uns zu schaffen machen soll, worüber wir uns zu bekümmern haben, unsere Sünde sein soll, um so auch besser die Sünden anderer priesterlich tragen zu lernen.‹* – Und im April 1937: *›Nur im Geiste rechter Buße können wir mit Vollmacht beten um Gottes Segen für unsere jungen Paare, um Gottes Hilfe gegen die Geister der Krankheit und der Seelennot. Wir wollen bei uns selber anfangen, uns gewiss nicht besser halten als andere. Dass alle menschliche Gerechtigkeit und aller menschlicher Ruhm zunichte werde und ganz allein übrig bleibe Christi Gerechtigkeit, die er uns am Kreuz erworben. Darin allein findet unsere Blöße und Fluchwürdigkeit ihre Deckung. Solange wir noch* *fromme und tüchtige und gerechte Leute sein wollen, geht uns Christi Gerechtigkeit nichts an.‹«*

Auffallend wenig berichtet Margarete Schneider über ihre Kinder, von denen vier in Hochelheim geboren wurden: Dieterich, genannt Dieter, am 20. April 1927; Eva-Maria, genannt Evmarie, am 1. September 1929; Paul Hermann, genannt Hermann, am 6. Dezember 1930; Gerhard am 8. Februar 1933. Das rührt daher, dass M. S. gern sich und ihr eigenes Erleben in den Hintergrund rückt. Sie will ja ein Buch über den Weg ihres Mannes schreiben. Doch zeigen alle Berichte über das Aufwachsen der Kinder – etwa in den »Rundbüchern« an die Geschwister[91] –, dass nicht nur sie, sondern auch ihr Mann Paul mit großer Freude an den Kindern hingen. Wir bringen, um diesen Aspekt nicht untergehen zu lassen, einiges über die Kinder, das in den »Rundbüchern« zu finden ist.

Über das erste Kind Dieter schreibt M. S. am 3. Januar 1928, wie er es nicht lang im »Stühlchen« aushält und ständig auf ihren Schoß will; wie sie ihn vor der Kälte im Pfarrhaus schützen muss; wie er zahnt und dabei einen »feuerroten Backen« hat. Oder am 6. April 1928, wie er kein höheres Vergnügen kennt, als ständig Schranktüren auf- und zuzuschlagen. Er werde allmählich ein rechter Bub, an dem seine Mutter zärtliche Regungen noch vermisse. »Ich muss auf der Hut sein, dass er nicht zu eigenwillig wird, die Gefahr ist groß, dass ihn die Kindsmagd zu sehr verwöhnt!«

Von Evmarie berichtet ihre Mutter am 21. Oktober 1930, sie sei »ein liebes, sehr lebhaftes Dingle, und ist in der letzten Zeit auch recht kräftig geworden. Ich hoffe, dass sie doch noch, bis ihr ›Schwesterle‹[92] anrückt, das Laufen lernt, so ganz zag-

91 »Rundbücher«: Die Geschwister Dieterich schrieben einander Briefe in Büchern, die sie dann einander weiterschickten. Wer das Rundbuch erhielt, las die letzten Briefe der Geschwister, schrieb selbst einen hinein und sandte es an die nächste Geschwisteradresse weiter (Sammlung von P. Dieterich).

92 Das »Schwesterle« war dann ein Junge, Hermann.

haft probiert sie es manchmal ... Es ist gelungen, wenn Dieter Evmarie das Laufen beibringen will, dann zerrt er sie an beiden Händen in der Stube herum, bis sie alle beide auf der Nase liegen. Besser geht es schon, wenn er mit dem Schwesterle um die Wette krabbelt, aber das tut den Strümpfen so weh ... ich muss jeden Tag Löcher in die Knie stopfen!« Und am 21. Juni 1932 wieder über Evmarie: »... ich habe manchen Verdruss mit ihrem erheblichen Eigensinn auszufechten, sie gibt nicht klein bei, wenn richtig ernst gemacht wird. Der Vater ist sehr entzückt von seinem Töchterchen. Es ist ja auch wahr, es gibt nichts Herzigeres als so ein kleines Mädle.«

Bezogen auf ihr Kind Hermann schreibt M. S. am 21. Juni 1932: »Das Hermännle ist ein so liebes Büble geworden, krabbelt schon ein bissle und wird allmählich auch flinker auf den Beinen; er kann ein so liebes schelmisches Gesichtle machen, dass man seine weniger schönen Seiten eben auch gern in Kauf nimmt.«

Über ihr viertes Kind Gerhard schreibt M. S. Jahre später an ihren gefangenen Mann: »Unser Gerhard interessiert sich nun für vieles ... Er sieht Dir so ähnlich, dass man sich hüten muss, ihn deshalb extra liebzuhaben!«[93]

Was beschäftigte die Kinder im oder beim Hochelheimer Pfarrhaus? »Unsere Kinder vertreiben sich meist die Zeit am Sandhaufen im Hof, nachmittags ist aber dann gewöhnlich der Ausgang mit dem Leiterwägele in den Garten vor dem Dorf, wo ich bis jetzt immer auch allerhand Arbeit habe und nun auch das Ernten allmählich anfängt« (Rundbuch 21. Juni 1932).

Man kann sich unschwer vorstellen, dass M. S. mit ihren Kindern alle Hände voll zu tun hatte. Denoch fand sie Zeit, als »Pfarrfrau« sich voll einzusetzen bei Besuchen in der Gemeinde, auch bei Schwerstkranken. Sie berichtet im Rundbuch am 21. Juni 1932 erschüttert vom Todeskampf eines schwer epileptischen jungen Mannes, der unter tagelangen Krämpfen sterben

93 Brief von M. S. an P. S. am 17. Februar 1939 (Sammlung von P. Dieterich).

musste; ebenso von dem jungen Nachbarn, der »nach zu starkem Luminalgenuss auf dem Sterbelager lag«. Man stehe vor dem Rätsel, ob der junge Mann absichtlich oder im Dämmerzustand vor oder nach einem Anfall die tödliche Dosis genommen habe. Es ist deutlich, dass die junge Pfarrfrau sich bald auch als »Mutter der Gemeinde« fühlte und sich gelegentlich im Zwiespalt zwischen ihrer Sorge für die Kinder und der Rolle der fürsorglichen Pfarrfrau wiederfand, weshalb sie im Blick auf ihre noch kinderlose Schwägerin Luise Dieterich[94], die Frau ihres Bruders Karl, schreiben konnte: »Die liebe Luise in Rötenberg hat eines vor uns anderen Pfarrfrauenschwestern voraus: Wenn sie auch das Glück mit eigenen Kindern bis jetzt entbehren muss,[95] sie kann doch eine rechte Pfarrfrau ihrer Gemeinde sein und läuft nicht mit dem beständigen Stachel im Gewissen herum, dass man zu wenig zu Gemeindebesuchen kommt und zu sehr sich selbst und seinem eigenen Reich lebt!«

Auf die kirchliche *Sitte* wird gehalten. Jede Altersgruppe geht zweimal im Jahr an ihrem bestimmten Sonntag zum *Abendmahl.* Die feierliche Abendmahlstracht der Frauen gibt diesen Sonntagen ein besonderes Gepräge. Jeder Neuling ist beeindruckt von der Ehrwürdigkeit dieser kirchlichen Sitte. Paul aber weiß, dass sie im Gegensatz steht zu der zunehmenden Verweltlichung und Entkirchlichung, die besonders bei der Jugend eingesetzt hat. Zwar wird am Abendmahlsgang festgehalten, aber wo kann da noch Ehrfurcht sein, wo Sündenerkenntnis, wo Buße, wo Bereitschaft, sich von Christus beschenken zu lassen, wenn man sonst selten oder nie unters Wort kommt?[96] Lässt man sich nicht nur vom Rhythmus des Althergebrachten

---

94 Luise Dieterich, geb. Than (1903–1989), aufgewachsen in Breslau, nach ihrer Verheiratung 1930 in Rötenberg/Schwarzwald, ab 1934 in Edelfingen bei Bad Mergentheim.

95 Sie bekam aber in den nächsten Jahren dann doch vier Kinder.

96 »Unters Wort kommen«, d. h. eine Predigt im Gottesdienst hören; gepredigt wurde meistens von der Kanzel in einer Kirche, also von »oben« nach »unten«.

bestimmen? Paul wurden die Abendmahlsfeiern der jüngeren Gruppen mehr und mehr zur Last. Ältere Amtsbrüder rieten Paul, diese Sonntage als missionarische Gelegenheiten zu werten, aber er, der volksmissionarisch Begabte, war gerade an diesen Sonntagen gehemmt. Trug er als Seelsorger nicht mit die Verantwortung, wenn viele mit gleichgültigem Herzen zum Herrenmahl kamen? In der Beichtansprache bat er die Jugend – wohl nicht nur in dem einen mir bekannten Fall –, doch den Mut zu haben und in den Bänken zu bleiben, er achte sie darum – wenn sie doch nicht von ihrem alten Treiben lassen wollten. Sie taten's nicht. Am Abend aber besuchte sie der Pfarrer im Tanzlokal. Paul wies immer wieder hin auf die Notwendigkeit des selbstständigen Beichtgottesdienstes und die persönliche Anmeldung zum Abendmahl, wie es ja auch in früheren Zeiten gute Sitte war.

Der selbstständige Beichtgottesdienst mit Beichtansprache, Sündenbekenntnis und Zuspruch der Vergebung, der in der Regel etwa drei Tage vor dem Abendmahl gefeiert wurde, sollte dem Abendmahlsgast die Gelegenheit geben, seine Lebenspraxis vor Gott selbstkritisch zu bedenken, eventuell auch mit Verfeindeten Frieden zu schließen, nach dem Wort Jesu: »... wenn du deine Gabe auf dem Altar opferst und dort kommt dir in den Sinn, dass dein Bruder etwas gegen dich hat, so lass dort vor dem Altar deine Gabe und geh zuerst hin und versöhne dich mit deinem Bruder, und dann komm und opfere deine Gabe« (Matthäus 5,23f). Die persönliche Anmeldung zum Abendmahl – sie geschah in vielen Gemeinden an einem bestimmten Abend in der Sakristei der Kirche – sollte dem Pfarrer Gelegenheit geben, dem sich Anmeldenden unter Umständen ein seelsorgerliches, etwa auch ein vermittelndes Gespräch anzubieten. P. S. vertrat die Auffassung, die Dietrich Bonhoeffer[97] 1937 in seinem Buch »Nachfolge« ausgeführt hat:

97 Dietrich Bonhoeffer (geb. 1906 in Breslau, hingerichtet 1945 im KZ Flossenbürg), Pfarrer, Leiter des Predigerseminars der Bekennen-

»Billige«, d.h. folgenlose Gnade, Gnade als Schleuderware, Vergebung für Sünden, die man weder bereut noch künftig lassen will, ist »der Todfeind der Kirche«. »Teure« Gnade, die Jesus das Leben gekostet hat, verändert, wenn sie als kostbares Geschenk empfangen wird, das Leben dessen, der aus ihr lebt. P.S. mühte sich, der drohenden »Banalisierung« des Abendmahls entgegenzutreten.

Paul erstrebte eine Abendmahlsfeier inmitten der mitsingenden und betenden Gemeinde, die in kürzeren Abständen jeden rief und jeden anging, der sich rufen und dienen lassen wollte. Mit seinem Presbyterium[98] kam er darüber nicht überein. Weihnachten 1933 schien ihm das Jugendabendmahl in der alten Form unmöglich zu sein; er setzte dafür ohne Beschluss des Presbyteriums[99] beim letzten Adventswochengottesdienst ein Gemeindeabendmahl an. *»An Weihnachten konnte ich nun nicht mehr wie nun 7 Jahre lang das Jugendabendmahl nach alter Sitte abkündigen und abhalten. Es war nachgerade ein Unfug, dass bei dem im Übrigen recht spärlichen Gottesdienstbesuch der Jugend – Sport und Hitlerdienst haben einer Gottesdienstsitte der Jugend den Rest gegeben – sich zu diesem Fest-Abendmahl alles drängte und so seine Verpflichtung gegen Kirche und Gott ablöste. Nun habe ich also den Zwang der Sitte zerbrochen. Ich rief zu einer Bekenntnisfeier mit anschließendem freiwilligen Abendmahl auf«* (Brief vom 29. Januar 1934). – Die Gemeinde wird »nicht entlassen«, eine

---

den Kirche in Finkenwalde, später Gewissenberater und Mitarbeiter der Verschwörer gegen Hitler. Verfasser der Bücher »Sanctorum Communio«, »Schöpfung und Fall«, »Gemeinsames Leben«, »Nachfolge«. »Ethik« sowie der unter dem Titel »Widerstand und Ergebung« herausgegebenen Briefe und Aufzeichnungen.

98 Kirchengemeinderat, Leitungsgremium der Kirchengemeinde.

99 Fritz Langensiepen dazu: »Es tritt hier eine der Nöte zutage, die beständig unser Amt begleiten, dass wir vor der Gewissensfrage stehen, wie lange wir auf das Erwachen des geistlichen Verständnisses in unseren Gemeinden zu warten haben« (Unveröffentlichte Erinnerungen, S. 233).

kleine Schar – Junge und Alte – lässt sich rufen. Wer etwas weiß von Dorfgemeinschaft, Gebundenheit an Dorfsitte bis hin zur feierlichen Kleidung, der mag ermessen, wie schwer es jedem Einzelnen geworden ist. Auch einer der sechs Presbyter erhob sich und trat ruhig und feierlich heraus. Dies ist Pauls letztes Abendmahl in Hochelheim gewesen. Der Bruch mit seinem Presbyterium wurde darüber endgültig. Sein »eigenmächtiges Handeln« wurde dem Konsistorium[100] angezeigt. Paul wusste, dass er gegen die presbyteriale Ordnung[101] verstoßen hatte, er hoffte aber, dass er sich um der Sache willen mit seinen Presbytern wieder zusammenfände, aber diesem Ringen wurde vom Konsistorium und von der NSDAP bald ein Ende gesetzt. (Siehe den Bericht am Ende dieses Abschnittes über Hochelheim.)

Da der Konflikt um das Abendmahl, den P. S. vor allem Ende 1933/Anfang 1934 durchzustehen hatte, P. S.s Anspruch an die Wahrhaftigkeit kirchlichen, besonders gottesdienstlichen Lebens eindrücklich zeigt, auch weil dieser Streit wesentlich dazu beigetragen hat, dass sich P. S. in Hochelheim als Pfarrer nicht mehr halten konnte, hier noch einige Einzelheiten:

Wenn wir die Gewissensnöte des Pfarrers P. S. im Blick auf die traditionellen Jahrgangsabendmahle – sie haben sich in Jahren verdichtet – verstehen wollen, müssen wir uns vor Augen führen, wie M. S. sie im Gespräch mit P. Dieterich beschrieben hat: Zirka hundertfünfzig bis zweihundert hauptsächlich jugendliche Abendmahlsgäste – es werden meist vier Jahrgänge zusammengefasst – kommen nacheinander gruppenweise vor den Altar, stehen da, zum Teil die Hände in den Hosentaschen, signalisieren einander mit eindeutigen Gesten ihr bares Unverständnis, ja ihre Verachtung dessen, was hier abläuft. Sie verhalten sich wie Leute, die sich durch die

100 Kirchenleitung.

101 Diese sieht vor, dass Veränderungen der kirchlichen Sitte vom Presbyterium beschlossen werden.

allmächtige Sitte, durch Elterndruck und Dorfsitte, zu einer Handlung, die sie im Innersten ablehnen, genötigt fühlen. Der Pfarrer denkt derweilen an 1. Korinther 11,27-29: »Wer nun unwürdig von dem Brot isst oder aus dem Kelch des Herrn trinkt, der wird schuldig sein am Leib und Blut des Herrn. Der Mensch prüfe aber sich selbst, und so esse er von diesem Brot und trinke aus diesem Kelch. Denn wer so isst und trinkt, dass er den Leib des Herrn nicht achtet (oder: nicht unterscheidet), der isst und trinkt sich selber zum Gericht.« P. S.s Anspruch an die Wahrhaftigkeit seines Tuns wird von Jahr zu Jahr tiefer verletzt. Er fühlt sich schuldig, der Zeremonienmeister eines die jungen Leute verderbenden religiösen Theaters zu sein. Immer wieder hat er versucht, den Presbytern seine Bedenken verständlich zu machen. Ohne Erfolg. Ihnen ist die kirchliche Sitte wichtiger als die Gewissensnot des Pfarrers, die sie nicht verstehen.

In dieser seiner Not ändert er kurz vor Weihnachten 1933 die Abendmahlssitte. Das heißt – so sein Bericht an den Superintendenten:[102] *»Am 3. Advent forderte ich die Gemeinde auf, den 3. Adventsgottesdienst der Woche am Mittwoch als solchen Bekenntnisgottesdienst zugleich zu beachten, und lud zu einer anschließenden freiwilligen Abendmahlsfeier, die adventlichen und bekenntnismäßigen Charakter tragen sollte, ein. Zugleich setzte ich ... das seitherige Weihnachtsabendmahl der Jugend aus und lud die Jugendlichen, die das Bedürfnis nach weihnachtlichem Abendmahlsgang hätten, auf Mittwochabend ein. Weil ich mir vom Presbyterium nur Hemmung und keine Förderung versprechen konnte, tat ich es allein auf meine Verantwortung. Hinterher bat ich das Presbyterium um sein Einverständnis. Das bekam ich nicht, sondern das Presbyterium ... erhob Einspruch ...«* Er habe zu einer Gemeindeversammlung mit Aussprache über die örtliche Abendmahlssitte ein-

102 Zitiert nach Rudolf Wentorf: Der Fall des Pfarrers Paul Schneider. Eine biographische Dokumentation, Neukirchen-Vluyn: Neukirchener Verlag, 1989, S. 81ff.

geladen. Viele Männer und Jugendliche seien gekommen. *»Ich fand Widerspruch und Zustimmung... Als mir dann in einer eindringlichen Mahnung zum Bekenntnisgottesdienst im Vergleich mit den Massenabendmahlen das Wort ›Hammelherde‹ entfiel, benutzten es die Böswilligen zum Protest zum Weggehen. Der größte Teil blieb im Saal, und wir hatten hin und her noch eine fruchtbare Aussprache...«*

Warum diese Änderung? Dem Superintendenten gegenüber erinnert P. S. daran, *»dass in den sieben Jahren, die ich hier bin, die Abendmahlsgottesdienste mit ihrer starren Sitte, mit den vor dem Tisch des Herrn zahlreich auftauchenden Gesichtern derer, die sonst die Kirche und Gottes Wort nicht brauchen, die größte Last gewesen sind und ich dann meinen Dienst immer mit einem Anstoß meines Gewissens verrichtet habe, weil die Sitte allzu sehr die Wahrhaftigkeit und die Ehrlichkeit erstickte, ich auch keines Segens dieser Abendmahlsfeier froh werden konnte. Dem unwürdigen und unbußfertigen Besuch des Abendmahls musste ein Halt zugerufen werden, beziehungsweise die Gemeindeglieder mussten vom Zwang der Sitte befreit werden.«* Nicht umsonst habe ein früherer Pfarrer von Hochelheim in der Kirche gesagt, es gäbe kein verlogeneres Wort als das »Ja« der Beichte beim heiligen Abendmahl.

Nach dem Mahl in neuer Form sei er froh gewesen, *»dass wir den Abendmahlsgottesdienst und das Abendmahl so zu einem Bekenntnis geformt haben. Ich war froh, dass hier der Durchbruch durch die starre und zur Unsitte gewordene Abendmahlssitte erfolgt war, die den Sinn und die Bedeutung des Abendmahlsganges nicht mehr deutlich werden ließ.«* Er versichert: *»Ich konnte nicht anders. Der Anfang ist nun gemacht. Zurück kann ich nicht mehr. Ich bitte Herrn Superintendenten um freundliches Verständnis oder gar Billigung meines Handelns. Wir möchten Gemeinde werden in dieser entscheidungsschweren Zeit, in der uns vielleicht schwere Stürme bevorstehen.«*

Vier Presbyter aus Hochelheim beschwerten sich wegen des Vorgehens ihres Pfarrers in der Frage der Abendmahlssitte beim Konsistorium in Koblenz.[103] Sie schilderten die Sitzung des Presbyteriums, die eine Stunde vor der Gemeindeversammlung stattgefunden habe. Der Pfarrer habe sie mit seinen Argumenten nicht überzeugt. Er sei plötzlich von ihnen weggeeilt. Er achte seine neuen Presbyter nicht, habe einen eigensinnigen Charakter. »Wir, die Unterzeichneten, erklären, dass unter solchen Umständen unsere Mitarbeit unmöglich erscheint, und bitten um schleunigste Abhilfe.«

Hier einige Sätze aus der Stellungnahme, die P. S. auf dem Dienstweg dem Konsistorium zukommen ließ:[104] Er schreibt, die Vorschriften der Kirchenordnung seien ihm wohl bewusst gewesen, es müssten doch aber auch nach der Meinung der Kirchenordnung Herkommen und Sitte nicht unabänderliches Recht sein. *»Es muss in einer evangelischen Gemeinde das Recht bestehen, eine offenbar zur Unsitte gewordene Sitte, die Gottes Anspruch und Forderung nicht mehr deutlich werden lässt, nach dem höheren Recht eines in Gott gebundenen Gewissens und an die Schrift gebundenen Handelns zu brechen.«* Er habe *»der Heiligkeit der Abendmahlsfeier, der Möglichkeit ernster Selbstprüfung für alle Abendmahlsgäste, zu der uns die Schrift ermahnt, und dem Abendmahl als einem freiwilligen Bekenntnisakt zu unserem Herrn … Geltung verschaffen wollen. Das christliche Gemeinwesen und die rechte Auffassung vom heiligen Abendmahl muss zerstört werden, wenn unversöhnliche Nachbarn und solche Gemeindeglieder, die in argen Gerichtshändeln liegen, wenn diejenigen, die sich grober Unsittlichkeit schuldig gemacht haben und dafür bekannt sind, ohne Einspruch des Presbyteriums und ohne Kirchenbuße zum heiligen Abendmahl zugelassen werden.«* Die Dorfsitte ersticke den Ernst der Verantwortung und die Freiwilligkeit, die doch jedes Bekenntnis bei sich haben müsse, vollkommen. Dass Jesus sein Mahl auch mit Judas gefeiert habe, das überzeuge ihn nicht als Rechtfertigung der Jahrgangsabendmahle.

103 Vgl. Wentorf: Der Fall, S. 79f.

104 Vgl. Wentorf: Der Fall, S. 81–84.

Denn Jesus habe beim Mahl ja doch den Verräter bezeichnet. *»Höchstens könnten wir uns schuldig machen, dass wir durch diese der Sitte folgende, aber schriftwidrige Art der Abendmahlsfeier noch Judasse großziehen, und das will unser Heiland sicher nicht.«*

Da er wohl weiß, dass dieser Konflikt die Frage aufrollen wird, ob er in der Gemeinde als Pfarrer noch tragbar sei, weist er zum Schluss darauf hin, *»dass das gottesdienstliche und kirchliche Leben der Gemeinde durchaus nicht gestört erscheint, Gottesdienste und Frauenhilfe sind besser besucht als früher, ein Mütterschulungskurs in der kommenden Woche wird voll besetzt sein und eine Volksmissionswoche Mitte Februar erwarten wir mit Freuden. Ich habe die Überzeugung, dass ohne Eingriffe von außen unser Gemeindeleben sich aufs Beste ordnen wird.«*

Die rechte Stellung zu den Sakramenten nicht ohne Kirchenzucht!

Während des Kampfes der Bekennenden Kirche (BK) im Dritten Reich bekam die Kirchenzucht, besonders als »Lehrzucht«, bei den Auseinandersetzungen mit den Irrlehren der Deutschen Christen (DC) neue Bedeutung. Aber auch die Frage, ob bei mutwilliger Zerstörung der Bekennenden Gemeinden oder bei brutalem, menschenverachtendem Lebenswandel von Kirchenmitgliedern nicht Kirchenzucht geübt werden müsse, hat da und dort bekennende Christen beschäftigt. Oft unterblieb die Diskussion aber auch, weil Pfarrer und Gemeindeälteste den Konflikt mit den Parteigewaltigen scheuten.

In P.S.s pfarramtlicher Praxis spielte die Kirchenzucht durchaus eine Rolle. Seine Ausübung der Kirchenzucht hat sowohl in Hochelheim als auch besonders später in Dickenschied und Womrath die Konflikte verschärft, die seinen ferneren Lebensweg bestimmen sollten. Umso wichtiger ist es, dass der Leser sich mit der Frage befasst, was Kirchenzucht in den evangelischen Kirchen bedeutet und wie P.S. sie verstanden hat.[105]

Vater Schneider hielt in seiner Amtszeit streng gesetzlich darauf, dass der Rest von Kirchenzucht, der sich durch die Jahrhunderte erhalten hatte, geübt wurde. Es handelte sich dabei um Verstöße gegen das sechste Gebot. Brautpaare, die ein Kind erwarteten, wurden ohne Brautschmuck und ohne jede Feierlichkeit in der Studierstube getraut. Eine große häusliche Feier war nicht erwünscht. Stille Trauungen[106] waren am Werktag, festliche Hochzeiten immer am Sonntag. Es kam auch vor, dass der Pfarrer vor der Taufe eines Kindes sagte: »Die Eltern dieses Kindes haben Gott und die Menschen belogen«[107], u.a.m. – Paul war von den ersten Tagen seines Pfarramts an gezwungen, sich um die rechte Ausübung der Kirchenzucht zu mühen. Er wurde förmlich unter Druck gesetzt – durch Unterschriften des Presbyteriums, durch einen »Streik« eines Brautpaares – am Vortag seiner Amtseinführung! –, die alte Form zu lockern. Er konnte auch aus eigener Überzeugung des Vaters Kurs nicht halten. – *»Zu meinem Empfang warte-*

---

105 Wir verweisen auf die Ausführungen zu diesem Thema im Teil II dieses Buches.

106 Eine »Stille Trauung« wurde in der Regel in der schlichtesten Weise im Amtszimmer des Pfarrers gefeiert, ohne Glockengeläut, Orgelmusik und Einladung an die Gemeinde. Die anschließende häusliche Feier sollte ganz bescheiden und »still« stattfinden.

107 ... indem sie den Pfarrer beim »Brautexamen« anlässlich des Traugesprächs in Bezug darauf getäuscht haben, dass sie schon vor der Ehe miteinander geschlafen hatten. M.S. hat die hier geschilderte Szene so erzählt, dass deutlich wurde, wie sehr sie diese Art der »Kirchenzucht« schon damals abgelehnt hat. Sie versuchte auch einmal bei einem Besuch im Haus des künftigen Schwiegervaters die Härte einer solchen allzu »Stillen Trauung« durch einen Blumenstrauß und eine festliche Tischdecke im Amtszimmer zu mildern, durchaus zum Unwillen von G.A. Schneider. Sie sagte mir, ihr Mann, P.S., habe in dieser Sache empfunden wie sie und habe, wo immer möglich, die »Stille Trauung« so freudig wie mit der kirchlichen Sitte vereinbar gefeiert.

ten statt der Kutsche am Bahnhof gleich vier Amtshandlungen, darunter zwei nicht ganz erquickliche: eine Trauung, bei der ich den letzten Rest von Kirchenzucht in Gestalt der Stilltrauung einstweilen fahren ließ, indem ich sie am Sonntag feierlich in der Kirche vornahm, was mir in Anbetracht des darauffolgenden lärmenden Festes wieder leidtun wollte, und dann die Beerdigung eines Selbstmörders aus unserem Studentenkreis, bei der ich nun umgekehrt mich an die kirchliche Ordnung bindend – gegen alle Bitten der Gemeinde – nur im schwarzen Rock auf dem Friedhof amtierte,[108] *Text Jesaja 48,17.18*[109]*. Recht gemacht werde ich es auch diesmal nicht haben«* (Brief vom 6. September 1926 an Marie und Karl Dieterich). – *»Der Kampf um die Kirchenzucht in den Gemeinden ist noch nicht ganz ausgetragen und wird wohl noch mit meiner Niederlage enden, die mir selbst am Ende nicht so unlieb ist.*[110] *Da bleibt nachher nur noch der Kranz und die Krone (Tracht) als Ehrenzeichen und die stille Trauung für die, die guten Willens sind«*

108 In der Regel wird heute eine solche Beerdigung als Diskriminierung des »Selbstmörders« empfunden. Spätestens Jochen Kleppers Selbsttötung zusammen mit seiner Frau und seiner Tochter, die auf diese Weise der Ermordung durch die SS zuvorkommen wollten, hat in der Pfarrerschaft in dieser Frage ein Umdenken bewirkt. Man bedenke aber, dass bei dieser Art der Beerdigung unter Umständen auch die seelsorgerliche Erfahrung mitgewirkt hat, dass oft schon sehr öffentlich gefeierte Beerdigungen eines Menschen, der durch Suizid gestorben ist, in Suizidgefährdeten unbewusst den Entschluss bekräftigt haben, wie der eben so eindrücklich Betrauerte von eigener Hand zu sterben. Mancher Pfarrer schrieb der sang- und klanglosen Bestattung in solchen Fällen sozusagen prophylaktische Wirkung zu.

109 »So spricht der Herr, dein Erlöser, der Heilige Israels: Ich bin der Herr, dein Gott, der dich lehrt, was dir hilft, und dich leitet auf dem Wege, den du gehst. O dass du auf meine Gebote gemerkt hättest, so würde dein Friede sein wie ein Wasserstrom und deine Gerechtigkeit wie Meereswellen.«

110 Diese Bemerkung zeigt, dass sich P. S. in der Frage, welche Art der Kirchenzucht jesusgemäß ist, unsicher war und dass er mit der von seinem Amtsvorgänger und Vater praktizierten Art der Kirchenzucht schwer zurechtkam.

(Brief vom 21. Oktober 1926). – Von nun an rang Paul während seiner ganzen Amtszeit um das Verständnis der reformatorischen Kirchenzucht. Über Kirchenzucht sagt Calvin: »Sie ist die Sehne der Kirche. Wenn man diese Sehne zerschneidet, dann ist der ganze Leib kraftlos.«[111] In seinem Filial versuchte er in Einheit mit seinem Presbyterium, sie im Glaubensgehorsam auszuüben, wo immer ein *öffentlicher* Verstoß gegen Gottes heilige *Zehn Gebote* der christlichen Gemeinde Ärgernis[112] gab. Diese Kirchenzucht wurde von einem großen Teil der Gemeinde im Glauben angenommen, von anderen mit heftigstem Widerspruch abgelehnt. Ein Beispiel:

Da hat der Streit zweier Nachbarn ein solches Ausmaß angenommen, dass der Pfarrer einschreitet und beide vor dem Abendmahlsgang vors Presbyterium lädt, um ihnen Gelegenheit zur Versöhnung zu geben. Der eine kommt, der andere nicht, ist aber dann dennoch beim Abendmahlsgottesdienst. Der Pfarrer lässt ihn vor der Beichte durch den Küster bitten, die Kirche zu verlassen. Er bleibt. Da wendet sich nach der allgemeinen Beichtfrage der Pfarrer ganz persönlich an ihn, den im Dorf einflussreichen Mann. Nun steht er auf und geht hinaus. Erst später, nach einem Unfall und langem Krankenlager des Betreffenden, kommt diese Geschichte zu einem guten Ende. – Wer dreimal unentschuldigt in der Christenlehre fehlte, wurde ein Jahr lang nicht zum Patenamt[113] zugelassen. Da dort die jungen Paten sehr beliebt waren und man bis zu sechs Paten hatte, musste man schon aufpassen! Getauft wurde nur

111 Calvin versteht wie Paulus (1. Korinther 12) die Kirche als »Leib Christi«, durch den Christus selbst zu den Menschen geht, ihnen zupackend hilft, für ihr Lebensrecht streitet. Nur ein unverletzter Leib kann das tun.

112 Der biblische (christliche) Begriff von »Ärgernis« (skandalon) bedeutet: Das Verhalten eines Menschen stört oder hindert andere Menschen, an Jesus Christus zu glauben.

113 Das Patenamt ist ein kirchliches Amt; es setzt voraus, dass der Pate/die Patin durch ihre Beteiligung am Leben der Gemeinde dem Kind zum Vorbild werden.

in der *Kirche* im Gemeindegottesdienst[114] und nur in Gegenwart des Vaters bzw. der Eltern. – In Hochelheim hielt das Presbyterium im Wesentlichen nur an der sehr gelockerten Trauzucht fest. In der Seelsorge ging Paul persönlich ratend und mahnend darüber hinaus. Er hat sich dadurch manche Feindschaft zugezogen, wie z. B. die des Stützpunktleiters der NSDAP[115], der Pauls Stellung zum NS-Staat darum doppelt scharf unter die Lupe nahm.[116]

Unser großes Anliegen war die Erfassung der Gemeindejugend. Das gelang wohl im Filial etwas besser als im Hauptdorf. *»In Dornholzhausen sind die Verhältnisse anders als hier, ich möchte sagen alttestamentlicher! Geiz, Alkohol und Unsittlichkeit unter der Jugend sind auch dort mächtig. Aber in der Evangelisation vor Totenfest*[117] *durch einen Berliner Freund wurde das Wort im Ganzen willig aufgenommen, und es bietet sich dem missionarischen Willen der Kirche weit mehr Einflussmöglichkeit auf das ganze Dorf.« – »In Hochelheim trafen wir einen Jungfrauenverein und Jünglingsverein an, und da es kaum gelang, aus der Dorfjugend neue Glieder dazuzugewinnen, hielten wir auch offene Abende. Wie oft stand aber die Tür des Pfarrhauses umsonst offen!«* Auch durch Freizeiten suchten wir Eingang zu gewinnen. Paul konnte mit der Jugend von Herzen froh sein. Spielen, Basteln, Turnen, Wandern und besonders Singen waren ja auch seine Freude! Selbstverständlich aber war ihm, dass die Bibelbesprechung im Vereinsleben nicht fehlte und dass man von denen, die kamen, auch etwas verlangte an christlicher Lebenszucht und Mitarbeit im

114 Die Taufe im Gemeindegottesdienst, also nicht in einer halb privaten Tauffeier, unterstreicht, dass Taufe Aufnahme in die real existierende Ortsgemeinde ist.

115 Nationalsozialistische Deutsche Arbeiterpartei, die Partei Hitlers.

116 Es fällt auf, dass P. S. »Kirchenzucht« eigentlich nur an Personen vorgenommen hat, die sich unter Umständen gegen seine Maßnahme wehren, die ihn notfalls sogar ins KZ bringen konnten, nicht an hilflosen Leuten.

117 Totensonntag/Ewigkeitssonntag (stets Sonntag vor dem 1. Advent).

> Gemeindeleben. Es war ein Auf und Ab in unserer Jugendarbeit. Oft mussten wir einsehen, dass *»zu viel gemacht und zu wenig gewachsen war«*.

Am 3. Januar 1928 berichtet M.S. im Rundbuch voll Freude: »Jede Woche kommen 30 bis 40 Mädchen zu uns ins Pfarrhaus. Es sind neben den Mädchen von Gemeinschaftsleuten[118] auch noch ein paar andere. Die Konfirmandenmädchen sind uns bis jetzt auch treu geblieben.[119] In Dornholzhausen haben wir's nett, da sind wir mit den Mädchen schier jede Woche in einem anderen Haus.« Dass ihr großer Einsatz für die jungen Mädchen der Gemeinde seiner Frau aber nicht nur Freude brachte, das lässt P.S. im Rundbuch am 26. Juni 1932 durchblicken: *»Die liebe Gretel ist hier in Hochelheim leider gar nicht auf Rosen gebettet, wie sie es doch verdient hätte, nachdem sie landfremd geworden[120], mein Volk zu ihrem Volk[121], mein Amt zu ihrem Amt gemacht hat... Mit wie viel Liebe und Freudigkeit hatte sich Gretel von Anfang an um die jungen Mädchen bemüht, und schließlich glaubten wir unser Liebeswerben mit Erfolg gekrönt, als sich im Anschluss an eine schön verlaufene Jungmädchenfreizeit im vorletzten Winter aus der ganzen Umgebung 37 Mädchen zu einem Ev. Jungmädchenbund sammelten. Doch... bald zeigte es sich, dass sich die Herzen fester banden an eine neu auftretende Damenriege des Turnvereins, an den weltlichen Gemischten Chor u. a. als an uns, und als ich an Weihnachten unserer vergnügungsseligen Jugend im Wirtshaus entgegentrat, kam unser Jungmädchenbund zu Bruch und auch die Ansätze in der Burschenarbeit, die sich gebildet hatten... Es*

118 D.h. Familien, die der pietistischen Gemeinschaft anhingen.

119 M.S. hat die großen Konfirmandengruppen gern mit Mengen von Kaffee und selbstgebackenen Schneckennudeln bewirtet (vgl. Rundbuch am 6. April 1928).

120 Als Schwäbin nach Hessen zu heiraten, das war damals schon ein »Weg in die Fremde«.

121 Erinnerung an das Wort aus Ruth 1,16, über das Gretels Vater bei ihrer Hochzeit gepredigt hatte.

war doch niederdrückend und ein Stück Herzweh für uns und besonders für Gretel, ... so zurückgeworfen zu werden, nachdem wir Haus und Stube, Zeit und Kraft und Familienleben – fast keinen Abend hatten wir im Winter für uns selbst – hergegeben hatten.«

Fast noch härter trafen die beiden Pfarrleute die Vorgänge um die Krankenpflegestation in Hochelheim, die sie mit der Kirchengemeinde im Sommer 1931 eingerichtet hatten. M.S. hatte mit großem Eifer die nötigen Einrichtungsgegenstände zusammengetragen, hatte mit der »Frauenhilfe« einen Gemeindeabend mit Verlosung organisiert, dessen finanzieller Erlös den ersten Baustein für die Einrichtung der Krankenpflegestation brachte. Die neue Krankenschwester freilich zeigte von Anfang an dem Pfarrhaus die kalte Schulter und, so berichtet P.S. im Rundbuch am 26. Juni 1932, *»nachdem ich ihr dann schließlich auch über ihre Amtsführung einmal etwas hatte sagen müssen, paktierte sie mit dem unchristlichen Teil des Dorfes, hetzte sozusagen fast das ganze Dorf gegen mich auf, und als sich dann das Mutterhaus, von dritter Seite darauf aufmerksam gemacht, energisch einmischte, antwortete sie mit Austritt aus dem Mutterhaus und ließ sich nun ... von einem sich aus weitaus des Dorfes Mehrheit bildenden Krankenpflegeverein anstellen. Unsere Kirchenvertretungen hatten bei dem Handel völlig versagt, ja dazu die Hand geboten und überließen nun auch die Einrichtung leichten Herzens und billig dem Krankenpflegeverein.«* Die Schwester tue nun ihren Dienst durchaus nicht im Geist christlicher Diakonie. *»Das Ganze war uns wie ein Keulenschlag, und Gretel hat mehr als eine bittere Träne geweint.«* P.S. gibt zu erkennen, dass diese Entwicklung in ihnen eine Krise ausgelöst habe, sie hätten sehr um ihre Treue zur Gemeinde ringen müssen. Auch hätten andere Gemeinden sie gern als Pfarrleute gehabt. Er habe es aber nicht über sich gebracht, *»aus den Schwierigkeiten und ungelösten Verhältnissen, mancherlei Anfängen und unvollendeten Aufgaben einfach wegzugehen. So wollen wir in Hochelheim bleiben und mit neuem Mut und Vertrauen und neuer Liebe, die uns Gott schenken* *möge, weitermachen.«* Wacker behauptet habe sich in diesen Auseinandersetzungen die Frauenhilfe!

> In beiden Dörfern entstanden bald Frauenhilfen[122]. An diese Arbeit kann ich nur mit großer Freude und Liebe zurückdenken. Unsere beiden Frauenhilfen standen uns tätig und hilfsbereit zur Seite, sei es in der Armenpflege, sei es bei der Einrichtung einer Schwesternstation. In allen Stürmen blieben die Frauenkreise bestehen, verfestigten sich immer mehr unter Gottes Wort und waren auch während des Dritten Reiches ein Bollwerk der Bekennenden Kirche (BK). Nach unserem Weggang durften wir ihre Treue erleben. Wir wurden mit Omnibussen besucht, durften Gegenbesuch mit unseren Hunsrückern machen. Am Grab meines Mannes standen diese treuen Frauen, und noch heute reißt die Verbundenheit nicht ab.

Mit Vergnügen berichtet M. S. am 21. Oktober 1930 im Rundbuch von einem Ausflug »ihrer« Frauenhilfe nach Bad Nauheim: »Natürlich sahen wir viele Ausländer im Weltbad und staunten die Mode an, meine Frauen wurden ihrerseits in ihrer Festtagstracht auch gehörig besichtigt und angeranzt. Unser Frauenverein ist uns bis jetzt die größte Freude und Aufmunterung; da haben wir wirklich einen Stamm, der treulich zusammenhält ...«

> Gerne fuhr Paul zu Singwochen[123] und kirchlichen Freizeiten. Erfüllt kam er heim, aber das *»Heimkommen ist doch immer*

---

122 »Frauenhilfe« nannte man in vielen Landeskirchen die kirchliche Frauenorganisation, die sich örtlich in Frauenkreisen in vielerlei Weise betätigte. M. S. war bis in ihr Alter eine weithin bekannte Stütze der ›Evangelischen Frauenhilfe‹.

123 Die kirchlichen Singwochen wurden meist von Vertretern der kirchlichen »Singbewegung« gestaltet, die ihrerseits beeinflusst war sowohl durch den »Wandervogel« als durch die »liturgische Bewegung«. P. S.s späterer vertrauter Freund Friedrich Langensiepen war einer der Hauptakteure der Singbewegung und veranstaltete immer wieder Singwochen. Die beiden haben sich bei einer Singwoche

das Schönste«. – »Und wie freundlich fügt es Gott, dass er uns über dem Ärger und der Enttäuschung draußen in der Gemeinde die Freude an unseren Kindern drinnen schenkt, gleichsam als Ausgleich. Nein, wir wollen und dürfen nicht klagen und haben doch noch viel mehr Ursache zum Loben und Danken!«

Auf seinem Rad, später Motorrad, war Paul vielfach unterwegs, da er die synodale Betreuung der Fürsorgezöglinge[124] hatte. Sie waren in »dauernder Bewegung«[125], und es gab viel zu helfen und zu raten. Auch bei Bastelkursen für Arbeitslose in der Kreisstadt tat er mit, überall der sozialen Not unseres Volkes an seinem Teil steuernd. – In unserem Dorf war ein primitives Obdachlosenheim für fahrende Leute. Wie oft hat er sich um sie bekümmert! Zweimal hatten wir selbst längere Einquartierung von obdachlosen Familien. Aus einem Brief an die Mutter: *»Es ist ein Wort so recht für unsere Tage, dass der rechte Sozialismus nicht auf der Straße, sondern in der Familie anfange.«*

Schwester Anna Groth aus Gießen erzählt von ihrer ersten Begegnung mit Paul Schneider: »Mir fehlten Gardinenschnüre für Vorhänge; ein Telefonanruf hatte mir gemeldet, dass ein Handwerker mir in kurzer Zeit das Fehlende bringen werde. Da sprang ein hochgewachsener Mann im Lodenmantel und mit einem Rucksack auf dem Rücken in großen Sätzen die Treppe herauf. ›Na endlich, schön, dass Sie kommen. Nehmen Sie nur gleich die Leiter mit!‹ Paul Schneider strahlte über das ganze Gesicht. ›Gut, wir wollen uns schnell dranmachen. Wie

---

kennengelernt. Zu Langensiepens Begegnung mit der Singbewegung und deren Folgen siehe: Günther van Norden: Friedrich Langensiepen. Ein Leben in Deutschland zwischen Pfarrhaus und Gefängnis, Stuttgart: Kreuz Verlag, 2006, S. 53ff.

124 Offizielle Beauftragung des Kirchenkreises zur Betreuung von Fürsorgebedürftigen.

125 D.h. sie wurden von ihren »Herrschaften« oder Arbeitgebern immer wieder wegen schlechter Führung vor die Tür gesetzt, brannten z.T. auch selbst durch, standen dann auf der Straße. Pfarrer P.S. hatte dann die Aufgabe, für sie ein gutes Wort einzulegen bzw. eine neue Stelle zu suchen (so M.S. im Rundbuch am 21. Oktober 1930).

oft habe ich meiner Mutter schon dabei geholfen!‹ Und dann stellte er sich vor: ›Der neue Pfarrer von H.‹ Wie oft haben wir danach über diesen Irrtum gelacht! Ernster wurde dann später unsere Begegnung an dem Sterbebett einer jungen Mutter, die eine Schar unversorgter Kinder zurückließ. Die Forderung des jungen Pfarrers, sich nur ungesäumt mit Freuden zu einem seligen Sterben zu rüsten, schien mir unmenschlich, und ich sagte ihm das. Wir kamen nicht überein, und auch ihn ließ dieses Sterbebett so bald nicht mehr los. Eines Tages bat er mich, ihn und seine junge Frau doch einmal in H. zu besuchen, wir könnten dort in Ruhe über diese Dinge sprechen. Im Laufe der Jahre bin ich dann so manches Mal dort eingekehrt, und immer war unsere Begegnung eine lebendige. Waren wir uns über irgendeine Fragestellung und ihre Beantwortung nicht ganz im Klaren, so bekam ich ein Buch in die Hand gedrückt, dessen Seiten mit zahlreichen Notizen, Frage- und Ausrufungszeichen bedeckt waren.

Bei der Lebhaftigkeit seines Geistes und Temperamentes konnte er manchmal heftig dreinfahren; das blieb nicht aus. Meine ›Toleranz‹ ärgerte ihn oft; für ihn gab es nur schwarz oder weiß, Feuer oder Wasser. Seit er sich unter schweren Kämpfen seinen Glauben errungen hatte, stand dieser Glaube fest wie ein kantiger, aus dem Boden gewachsener Felsen, an dem die Wasserwirbel emporschäumen und sich, wenn auch unter Toben und Brausen, teilen mussten. Niemals habe ich einen Menschen gekannt, der so völlig unbeirrt, so kompromisslos seinen Weg gegangen wäre. Der junge Kämpfer nötigte einem schon Hochachtung ab, wenn auch seine Jugendkraft über das Ziel hinausschießen konnte. Regelmäßig kam er dann hinterher, um die Sache wieder in Ordnung zu bringen.

Einmal schrieb er mir: ›*Es war mir doch eine große Erleichterung, als Sie mir auf meinen etwas kriegerischen Brief eine so freundliche Antwort schrieben. Hinterher habe ich es nämlich doch mit der Angst gekriegt, ob es recht war, so zu schreiben, wie ich es tat. Christen sollten sich doch immer ganz ernst neh-*

> *men und einander gelten lassen.‹* – Dieser seiner herzlichen Art konnten sich nur wenige Menschen verschließen. Dazu kam eine großzügige Gastfreundschaft des Pfarrhauses. Es war in den Jahren der großen Arbeitslosigkeit. Menschen zogen mit Kind und Kegel durch das Land, um für sich und die Ihren das tägliche Brot zu finden. Als ich wieder einmal nach H. kam, herrschte im Pfarrhaus Hochbetrieb. Eine zehnköpfige Familie war dort ohne Unterkunft und Barmittel hängengeblieben. Was war natürlicher, als dass sie im Pfarrhaus Aufnahme fanden? Schnell wurde auf der Scheuer Heu ausgebreitet zum Nachtlager. Wir kletterten die steile Leiter hinauf; da konnte man zwischen den krabbelnden Kindern den großen Mann sitzen sehen, mit ihnen spielen und ihnen von dem großen Kinderfreund erzählen hören. Unvergesslich stehen diese Bilder mir vor Augen. Damals wohnte das sorglose Glück im Pfarrhaus, strahlend und leuchtend und andere an seiner Wärme teilnehmen lassend …«

Dass die vielseitige Beanspruchung es auch bewirkte, dass M. S. sich Sorgen um die Gesundheit ihres Mannes machte, kann nicht verwundern. Im Rundbuch schreibt sie am 21. Oktober 1930: »Paul wird bei all dem Umtrieb natürlich keineswegs dicker, es ist nur ein Glück, dass seine Nierengeschichte bis jetzt keine Fortschritte macht … Heute erlebten wir eine komische Enttäuschung: Wir hielten ein festes, rundes Kügelchen, das deutlich an Pauls Oberschenkel zu fühlen war, für die Schrappnellkugel, die Paul als Kriegsandenken mit sich rumträgt. Der Arzt auf dem Versorgungsamt schickte heute Paul in die Klinik zur »Operation«, dort haben sie auch geschnitten, aber es war keine Kugel zu finden, die »Kugel« war nur ein kleines Talggeschwulst. Eine Röntgenaufnahme zeigte dann den richtigen Platz. Sie sitzt ganz fest und unverändert am Beckenknochen und muss eben dort sitzen bleiben.«

In diesem bewegten Pfarrersleben hatte die große Politik nicht viel Raum, doch äußerte sich Paul im geschwisterlichen Rundbrief 1932 nach der Beschreibung einer großen Radtour mit einigen Burschen der Gemeinde darüber so: *»Im Übrigen bewege ich mich auf viel faulere Weise mit dem Motorrad im gelben Staubanzug fort, den Pfarrer bis zur Unkenntlichkeit verleugnend und von den Kindern und andern begeisterten Hitlerinnen mit den typischen Heilrufen gegrüßt. Wir sind dieser modernen Volksbewegung – ich drücke mich vorsichtig aus, um in unsern geschwisterlichen Kreis keine politische Trennung zu tragen – noch nicht zum Opfer gefallen, sondern halten es viel lieber mit dem gut schwäbischen Gewächs des christlichen Volksdienstes, haben uns treu und offen zu Hindenburg bekannt bei den Wahlen, was mir meine Stellung freilich noch erschwerte und mir eine Beschwerde des Gauführers der NSDAP beim Superintendenten eintrug, sind aber mit Hindenburgs neuesten Taten nicht ganz einverstanden.«*

P. S. äußert sich hier im Kreis der Geschwister, Schwägerinnen und Schwäger darüber, wo er derzeit politisch steht. Der Christlich-Soziale Volksdienst (CSVD) war eine konservative Partei, die vom evangelischen Christentum her eine den Erfordernissen der modernen Welt Rechnung tragende Staats- und Sozialpolitik vertrat. Auch gewerkschaftlich-sozialpolitisch orientierte Leute, die von den Deutschnationalen abgesplittert waren, fanden sich in ihr. Im Jahr 1924 hat der Christlich-Soziale Volksdienst, der seine Wurzeln im Berlin der Neunzigerjahre des 19. Jahrhunderts hatte, sich mit dem in der evangelischen Bevölkerung Württembergs angesehenen »Christlichen Volksdienst« vereinigt. Der CSVD erreichte bei der Reichstagswahl am 6. November 1932 immerhin vierzehn Abgeordnetensitze (2,5 Prozent). Er fand aber zu keiner festen Gestalt, erhielt bei der nächsten – der letzten freien – Reichstagswahl am 5. März 1933 nur noch ein Prozent der Stimmen und war dann so gut wie verschwunden.[126]

126 Vgl. Karl Dietrich Erdmann: Die Weimarer Republik, Gebhardt Handbuch der deutschen Geschichte Bd. 19, S. 283.

Der CSVD bejahte die Weimarer Demokratie. An einer Regierung der Weimarer Republik war er nie beteiligt. Er wollte im christlichen Sinn das Volk versöhnen, statt zu spalten; daher stand er jeweils den verschiedenen demokratisch gewählten Regierungen nahe. An der NSDAP kritisierte er heftig die rassistische Ideologie. In der politischen Arbeit sah er »Gottesdienst und Missionsaufgabe« (Art. 1 der Leitsätze des CSVD). Als Ziel verfolgte er die uneingeschränkte Herrschaft Gottes in Familie, Gesellschaft, Volk, Staat und Völkerleben (Art. 2). In der Kulturpolitik widmete er sich dem Kampf gegen Schund und Schmutz und gegen den Alkoholismus. Wenn sich P. S. zum CSVD bekannte, lag er, obwohl der Christliche Volksdienst in den evangelischen Kreisen Württembergs viele Anhänger hatte, damit doch nicht auf der Normallinie des deutschen Protestantismus, der sich vorwiegend durch die Deutschnationale Volkspartei vertreten sah.[127]

P. S. erinnert an seine öffentliche Unterstützung von Hindenburg: Im Vorfeld der Wahlen des Reichspräsidenten, die am 13. März und am 10. April 1932 stattfanden (Ergebnis: 53,93 Prozent der Stimmen für Hindenburg, 36,68 Prozent für Hitler, 10,13 Prozent für Thälmann[128]), nahm P. S. mehrfach öffentlich für Hindenburg Stellung, was ganz auf der Linie des CSVD lag. Das tat er wohl auch, um seinen Gemeinden ein Zeichen zu setzen gegen deren aufkommende Begeisterung für die NSDAP. In Dornholzhausen stimmten nämlich im ersten Wahlgang der Reichspräsidentenwahl 68,5 Prozent (!) für Hitler, nur 28,3 Prozent für Hindenburg. Spektakulär war Schneiders Stellungnahme, als er vor der Wahl zusammen mit einem gegenüber wohnenden Lehrer ein Transparent vom Pfarrhaus zu dessen

127 Vgl. Albrecht Aichelin: Paul Schneider. Ein radikales Glaubenszeugnis gegen die Gewaltherrschaft des Nationalsozialismus, Gütersloh: Kaiser Verlag, 1994, S. 21f.

128 Ernst Thälmann (1886–1944) kandidierte als Vorsitzender der KPD bei den Reichspräsidentenwahlen; 1933 von den Nationalsozialisten verhaftet, am 18. August 1944 im KZ Buchenwald ermordet.

Haus über die Straße spannte mit der Aufschrift: »Wählt unseren Besten!« Jeder im Ort wusste, wen der Pfarrer meinte.

Über diese Wahlwerbung des Pfarrers beschwerte sich der Stützpunktleiter der NSDAP beim zuständigen Superintendenten Wieber.[129] P.S. verteidigte seine Meinungsäußerung für Hindenburg, die er vor allem als eine Auseinandersetzung mit der NSDAP verstand. Er kritisierte die *»heidnisch-völkischen Stimmungen«* in der NSDAP und nannte in diesem Zusammenhang Alfred Rosenberg, den Verfasser des »Mythus des 20. Jahrhunderts«[130]. Er monierte *»die unchristliche Haltung der Bewegung gegen Altes Testament und Juden«.*

M.S. und P.S. pflegten mit aller Selbstverständlichkeit freundschaftlichen Kontakt mit Juden in Hochelheim. Am Sabbat erledigten P.S. oder Familienglieder für die jüdische Nachbarswitwe, Franziska Jordan, die notwendigsten Hausarbeiten, die Juden am Sabbat nicht verrichten dürfen. P.S. hatte sogar einer Jüdin auf deren Bitte hin ihr hebräisches Gebetbuch ins Deutsche übersetzt.[131]

---

129 Vgl. Aichelin: Paul Schneider, S. 30.

130 Alfred Rosenberg (1893–1946), Chefideologe, Leiter des Außenpolitischen Amtes der NSDAP, 1934 Beauftragter des »Führers« für die Überwachung der weltanschaulichen Schulung und Erziehung der NSDAP, 1941–1945 Reichsminister für die besetzten Ostgebiete. In seinem »Mythus des 20. Jahrhunderts« vertritt er den Glauben, das nordische Blut stelle ein Mysterium dar, das die christlichen Sakramente ersetze und überwinde. Seine religiös-völkische Weltanschauung propagierte er auch als Hauptschriftleiter des »Völkischen Beobachters«, des Hauptorgans der NSDAP. Er wurde bei den Nürnberger Prozessen zum Tode verurteilt und gehängt.

131 Von dieser Familie erzählte M.S.: »In Hochelheim lebte eine gebildete Jüdin, die Frau des Viehhändlers Simon Rosenbaum, genannt ›der Ehrlich‹. Er war ein gerechter Mann, sie eine fromme Jüdin. Wir verstanden uns gut. Diese Leute kamen nach der ›Reichskristallnacht‹ von Hochelheim weg. Er kam nach Buchenwald (als Paul dort im Bunker saß!) und hat dort den Winter überstanden. Kurz vor Pauls Tod wurde er entlassen, weil er Ausreisepapiere hatte. Nach Pauls Tod kam er zusammen mit Luise Mack, unserem Hochelheimer Mädchen im Haushalt, zu mir nach Dickenschied. Er weinte sehr und sagte: ›Seid froh, dass er gestorben ist. Wenn ihr wüsstet, was

Die Stellungnahme P.S.s zur Wahl zeigt, dass er immer weniger die strikte Trennung zwischen Kirche und Politik vertrat, die für viele Evangelische aus Luthers Lehre folgte.

Der Superintendent von Wetzlar gab dem Stützpunktleiter die Auskunft, er sehe keinen Anlass zu einem dienstlichen Vorgehen gegen Pfarrer Schneider. In einem Brief an P.S. kritisierte er jedoch, dass »Sie sich in die politische Wahlagitation tiefer eingelassen haben, als es der Stellung des Geistlichen dienlich ist.«[132]

Inwiefern war P.S. *»mit Hindenburgs neuesten Taten nicht ganz einverstanden«?* Wahrscheinlich gefiel es ihm nicht, wie viel Raum Hindenburg den Nationalsozialisten gab in der Meinung, er könne sie zügeln, indem er sie in die Regierungsverantwortung einbinde.

Ganz im Sinne des CSVD fährt P.S. im Rundbuch fort mit der Klage:

> *»O des unseligen Parteigeistes![133] der sich so versündigt am Volksganzen von hüben und drüben. Wo sind die gerecht urteilenden christlichen Gewissen, die weder vom Nationalismus*

---

ich gehört habe, was er erlitten hat!‹ Familie Rosenbaum kam dann aber in ein Lager in Frankfurt/Main. Dort wurden sie mindestens noch ein halbes Jahr lang von Luise und ihrer Schwester Mariechen besucht, die ihnen Lebensmittel brachten. Eines Tages bekam ich eine Karte: ›Die Freunde brauchen Sie nicht mehr zu besuchen.‹ Die Familie Rosenbaum war nicht mehr aus Deutschland herausgekommen, sondern ins KZ. Sie wurden umgebracht.« Nachforschungen ergaben: Simon Rosenbaum, geb. 1883, wurde mit seiner Frau Mathilde am 12. November 1941 in ein Juden-Sammellager in das von Deutschland besetzte Litauen nach Kaunas (Kowno) gebracht; er kam dort schon am 25. November 1941 ums Leben. Viele Juden wurden dort in einem alten Fort an der Stadtmauer erschossen, andere in Vernichtungslager weitertransportiert.

132 Vgl. Aichelin: Paul Schneider, S. 31.

133 P.S. spürt – wie seine Freunde vom CSVD –, dass die Bindung an die je vorgegebene Parteilinie zu ständigen Rechthabereien und Konflikten führt, die das Funktionieren der jungen Demokratie unmöglich machen.

noch vom Sozialismus, sondern vom Evangelium her die Maßstäbe für ihr politisches Handeln gewinnen? Aus dieser Quelle bezieht sie aber der Nationalsozialismus auch noch nicht; wird er dann wirklich die beiden Pole vereinigen und unser Volk der sittlich-religiösen Erneuerung entgegenführen können, deren es so dringend bedarf?« – Im Februar 1933 schreibt er, an einer Lungen- und Rippenfellentzündung schwer daniederliegend: *»Heute deutscher Abend mit deutschem Tanz. Ob das nun ein anderer Tanz ist als der gewöhnliche? Aber zu Lichtbildervorträgen, Bibelstunden lädt man das Gros der Leute vergeblich ein. Was sind unsere evangelischen Gemeinden? Und doch sind es Gottes Zeiten und hat Gott sein Werk irgendwie unter uns, daran gilt es festzuhalten und fröhlich vorwärts zu glauben.«*

Ehe wir Paul Schneiders Weg in Hochelheim weiterverfolgen, wollen wir uns an die politischen Ereignisse in Deutschland am Vorabend des Dritten Reiches und im Jahr 1933 erinnern. In immer stärkerem Maß wurde Deutschland von der Weltwirtschaftskrise von 1929 betroffen. Die Zahl der Arbeitslosen stieg von 2,8 Millionen im Jahr 1928 auf 6,3 Millionen im Jahr 1933.[134] Von der staatlichen Arbeitslosenunterstützung konnten die wenigsten ihre Familie ernähren. Hitler versprach »Arbeit und Brot«, suchte in den Juden die Schuldigen und kündigte den gnadenlosen Kampf gegen das Judentum an. Immer mehr wurde Hitler zum »Führer« der Enttäuschten. So kann es nicht verwundern, dass seine Partei bei der Wahl des neuen Reichstags am 31. Juli 1932 von zwölf auf hundertsieben Mandate (!) zulegte. Am 30. Januar 1933 wurde Adolf Hitler zum Reichskanzler ernannt. Die NSDAP feierte das mit großen Aufmärschen als »nationalen Aufbruch«. Schon am 1. Februar erreichte Hitler, dass Reichspräsident von Hindenburg den Reichstag auflöste und seine Neuwahl auf den 5. März 1933 festsetzte.

---

134 Nach Gerhart Binder: Epoche der Entscheidungen, Stuttgart: Seewald Verlag, 1960, S. 160f.

Am 1. Februar versicherte Hitler in einem Aufruf, dass das Christentum »die Basis unserer gesamten Moral« sei. Er schloss seinen Aufruf mit den Worten: »Möge der allmächtige Gott unsere Arbeit in seine Gnade nehmen, unseren Willen recht gestalten, unsere Einsicht segnen und uns mit dem Vertrauen unseres Volkes beglücken.«[135] Punkt 24 des Parteiprogramms der NSDAP lautete: »Wir fordern die Freiheit aller religiösen Bekenntnisse im Staat, soweit sie nicht dessen Bestand gefährden oder gegen das Sittlichkeits- und Moralgefühl der germanischen Rasse verstoßen. Die Partei als solche vertritt den Standpunkt eines positiven Christentums, ohne sich konfessionell an ein bestimmtes Bekenntnis zu binden. Sie bekämpft den jüdisch-materialistischen Geist in und außer uns und ist überzeugt, dass eine dauernde Genesung unseres Volkes nur erfolgen kann von innen heraus auf der Grundlage: Gemeinnutz vor Eigennutz.«[136]

Bewusst wählte Hitler die christlich-nationale Tarnung, berief sich immer neu auf christliche Werte; SA[137]-Formationen marschierten geschlossen in Kirchen, es gab Massentrauungen von SA-Leuten. Gern stellte sich Hitler mit hohen Kirchenführern oder kaiserlichen Feldmarschällen zur Schau. Ein nationalistischer Trance-Zustand ergriff sehr viele Deutsche, in den auch viele Christen jedes Bildungsstandes verfielen. Es wuchs in den Protestanten die Genugtuung, Reichspräsident von Hindenburg habe gegen das Eindringen des atheistischen Bolschewismus eine christlich-konservative Regierung zustande gebracht. Nur wenige Christen sahen die Verbrechen, die von Anfang an Hitlers Machtergreifung begleiteten.

Einstweilen brachte Hitler den alten Reichspräsidenten von Hindenburg dazu, in einer ersten Notverordnung »Zum Schutz des deutschen Volkes« die Presse-, Versammlungs- und Koalitionsfreiheit erheblich zu beschränken. Der Reichstagsbrand

---

135 Zitiert nach Gerhart Binder: Epoche, S. 226.

136 Zitiert nach Gerhart Binder: Epoche, S. 226.

137 Sturmabteilung, paramilitärische Kampforganisation der NSDAP.

vom 27. Februar 1933 gab Hermann Göring[138] den Vorwand, in der Nacht zum 28. Februar mehr als viertausend kommunistische Funktionäre und Abgeordnete zu verhaften. Viele wurden gefoltert, zahlreiche ermordet. Die Kirchen schwiegen dazu. Schon am 28. Februar erfolgte – von langer Hand vorbereitet – die Zweite Notverordnung Hindenburgs, in deren Paragraf 1 es heißt: »Es sind daher Beschränkungen der persönlichen Freiheit, des Rechts der freien Meinungsäußerung, einschließlich der Pressefreiheit, des Vereins- und Versammlungsrechts, Eingriffe in das Brief-, Post-, Telegrafen- und Fernsprechgeheimnis, Anordnungen von Haussuchungen und von Beschlagnahmen sowie Beschränkung des Eigentums auch außerhalb der sonst hierfür bestimmten gesetzlichen Grenzen zulässig.« Der Reichstagsbrand – wer immer ihn gelegt haben mag – war für die Nationalsozialisten die große Gelegenheit, die individuellen Freiheitsrechte der Bürger deutlich einzuschränken.

Bei den Reichstagswahlen am 5. März 1933 erhielten die Nationalsozialisten 43 Prozent der Stimmen. Unmittelbar danach wurde die Kommunistische Partei Deutschlands (KPD) verboten. Nun hatte die NSDAP zusammen mit der Deutschnationalen Volkspartei (DNVP) und den bürgerlichen Parteien wie dem Zentrum die Zweidrittelmehrheit im Reichstag. Beim Festakt zur Eröffnung des Reichstages, am großen »Tag von Potsdam«, 21. März, in der Potsdamer Garnisonskirche am Grab Friedrichs des Großen vollzog der neue Reichskanzler zusammen mit dem greisen Feldmarschall von Hindenburg eine spektakuläre Inszenierung, mit der er sich als der legitime Erneuerer preußischer Tradition in Szene setzte. Kanonen schossen Salut, Glocken läuteten, das Glockenspiel der Garnisonskirche intonierte »Üb immer Treu und Redlichkeit«.

---

138 Hermann Göring (geb. 1893 in Rosenheim, gest. 1946 in der Haft in Nürnberg durch Suizid), 1933/34 kommissarischer Leiter des preußischen Innenministeriums und Chef der neu geschaffenen preußischen Geheimen Staatspolizei, 1933 preuß. Ministerpräsident; 1935 Oberbefehlshaber der Luftwaffe; 1940 Reichsmarschall; Hauptangeklagter bei den Nürnberger Prozessen.

Auch die Abgeordneten des Zentrums, der DNVP und der kleineren Parteien stimmten in der ersten Sitzung des neugewählten Reichstages, am 23. März, für das Ermächtigungsgesetz, mit dem Hitler die alleinige Macht erhielt und das bald darauf die Auflösung oder das Verbot ihrer eigenen Parteien besiegelte. Lediglich die SPD stimmte dagegen.

Nun vollzog sich in atemberaubender Geschwindigkeit die »Gleichschaltung«: Am 21. März wurde das »Heimtückegesetz« beschlossen, das jeden bedrohte, der »vorsätzlich eine unwahre oder gröblich entstellte Behauptung tatsächlicher Art aufstellt oder verbreitet, die geeignet ist, das Wohl des Reiches oder eines Landes oder das Ansehen der Reichsregierung oder einer Landesregierung oder der hinter diesen Regierungen stehenden Parteien oder Verbände schwer zu beschädigen.« Ein Gesetz, das künftig wie ein Damoklesschwert über jedem hing, der an Staat oder Partei Kritik übte. Reichskommissare oder Reichsstatthalter wurden in verschiedenen Ländern wie Bayern, Baden und Württemberg eingesetzt. Die Beamtenschaft wurde von nichtarischen[139] oder regimekritischen Leuten gesäubert. Göring wurde preußischer Ministerpräsident. Studentenschaft, Universitäten, die Presse, alle Kulturtreibenden wurden gleichgeschaltet. Die SS (Schutzstaffel) und die Gestapo (Geheime Staatspolizei) wurden gegründet, die Gewerkschaften wurden aufgelöst. Mit dem Boykott jüdischer Geschäfte am 1. April 1933 wurde das Volk auf den Antisemitismus[140] der Nationalsozialisten eingeschworen. Bei der öffentlichen Bücherverbrennung am 10. Mai 1933 wurde ein Zeichen des Terrors gegen missliebige Schriftsteller gesetzt. Auch hierzu schwiegen die Kirchen.

Hitler begann eine systematische Aufrüstungspolitik und tarnte sie mit pathetischen Friedensreden. Am 20. Juli

139 Personen, die nach den angeblich wissenschaftlichen Rasselehren des Dritten Reiches nicht der germanischen, sondern der jüdischen Rasse angehören.

140 Judenhass.

1933 gelang es ihm, mit der römisch-katholischen Kirche ein »Reichskonkordat«, d. h. eine vertragliche Sicherung der Rechte der Kirche, zu schließen, mit welcher Papst Pius XI. und sein Kardinalstaatssekretär Eugenio Pacelli, der spätere Papst Pius XII., glaubten, die Freiheits- und Einflussrechte der katholischen Kirche im deutschen Reichsgebiet zu sichern. Sie erreichten damit vorerst vielmehr, dass die NS-kritischen deutschen Kardinäle ihre Kritik am Dritten Reich zurückstellten.

Am 14. Oktober trat Deutschland aus dem Völkerbund aus. Am 12. November ließ Hitler seine Politik durch eine Volksbefragung bestätigen. 96 Prozent der Wähler stimmten mit Ja. Im Reichstag saßen nun 639 Abgeordnete der NSDAP und 22 Gäste. Die Demokratie war gründlich beseitigt. Die Abgeordneten hatten nur noch die Regierungserklärungen anzuhören, die vorgelegten Gesetzesentwürfe einstimmig anzunehmen und am Schluss der kurzen Sitzung – als »teuerster Gesangverein der Welt« – »Deutschland, Deutschland, über alles« und das Horst-Wessel-Lied »Die Fahne hoch, die Reihen fest geschlossen« zu singen.

Im Dorf zieht der Nationalsozialismus langsam ein, viele stehen noch abwartend, die neuen politischen Machthaber des Dorfes werden kritisch betrachtet. Ein Handwerker spricht aus: »Der einzige National-Sozialist ist hier der Pfarrer, und der ist keiner!«[141] – Dass aber der 1. Mai 1933 das ganze Völkchen mit all ihren Gaben und Verschiedenheiten vereint und alles beim Feldgottesdienst[142] und den Kundgebungen durchs Radio

141 Wenn P. S. im Jahr 1933 gelegentlich gerade von ihm wohlgesonnenen Leuten als »guter Nationalsozialist« bezeichnet wird, dann ist das nur zu verstehen vor dem Hintergrund dessen, dass viele Leute sich unter einem rechten Nationalsozialisten einen Menschen vorstellten, dem das Wohl der einzelnen »Volksgenossen« sehr am Herzen liegt, der sozusagen mit jedem Armen sein letztes Hemd teilt.

142 Siehe Foto Nr. 10. Dass P. S. an diesem 1. Mai Menschen des ganzen Dorfes einen Feldgottesdienst halten durfte, das hat in ihm Hoff-

zugegen ist, das erfüllt Paul nun doch mit Freude. Er fängt an, dem *»sozialen Wollen Hitlers Vertrauen zu schenken«*. – *»Wenn wir nur auch als Kirche den positiven Beitrag zum inneren Aufbau unseres Volkes leisten können, den wir ihm schuldig sind in unserer eigentlichen Amtsarbeit!«* – Dass aber der Stützpunktleiter alle Augenblicke sich der Kirchenglocken zum nationalen Festläuten bemächtigen will,[143] den kirchlichen Jugendgruppen das Existenzrecht streitig macht, von den kirchlichen Körperschaften Reverse[144], die er nur bedingt unterschreibt, gefordert werden, das und noch viel mehr erfüllte ihn immer wieder mit Misstrauen. – Den »deutschen Gruß« hat er nie über seine Lippen gebracht, er konnte die *»fromme Auslegung«*[145] desselben nicht leiden. – Den Arierparagrafen als solchen, und

---

nungen geweckt auf eine christliche Erneuerung des deutschen Volkes unter dem Schutz der nationalsozialistischen Regierung. Deren »Führer« Adolf Hitler ließ keine Gelegenheit aus, sich als ein von Gott zur Rettung Deutschlands Berufener zu präsentieren. Fast alle glaubten dem »Führer«, dass er, wie er versprochen hatte, »den beiden Kirchen den ihnen zustehenden Einfluss« einräumen werde. Das Wort »Einfluss« wurde für sehr viele Pfarrer zu einer Art Verführung. Auch war der groß inszenierte 1. Mai propagandistisch für das Dritte Reich ein enormer Erfolg.

143 Am »Tag von Potsdam«, dem 21. März 1933, verlangte die NSDAP, dass in Hochelheim von 12 bis 12.30 Uhr die Glocken geläutet werden sollten. Der Bürgermeister ließ das als Beschluss ausschellen, ohne mit dem Pfarrer oder der Kirchengemeinde Rücksprache genommen zu haben. In einer schnell einberufenen Sitzung versuchte P. S., das Presbyterium zu einem Protest gegen diesen Übergriff der NSDAP und der Kommune auf die Kirche und zur Verweigerung des Glockengeläuts zu bewegen. Vergeblich. Sein Antrag wurde von allen Mitgliedern des Presbyteriums abgelehnt (vgl. Protokoll der Sitzung des Presbyteriums Hochelheim vom 21. März 1933, in: Wentorf: Der Fall, S. 45/46).

144 Erklärung/Verpflichtung, die zu unterschreiben ist.

145 Der »Deutsche Gruß«: »Heil Hitler!«; die »fromme Auslegung«: nicht »Heil durch Hitler«, sondern »Wir wünschen dem Führer für seine schweren Aufgaben Heil.« Dass P. S. zu diesem Gruß nicht bereit war, da er in ihm die Vergötzung Hitlers als Heilsbringer sah, brachte ihm bald großen Ärger.

im Besonderen im Raum der Kirche, lehnte er ab.[146] Nur mit allergrößtem Missbehagen stellte er von nun an die arischen Nachweise[147] aus, die im Dritten Reich jedem Dorfpfarrer so viel Zeit nahmen. Es bedurfte manchen Zuredens, dass er nicht einfach ablehnte, sie auszustellen, und sie gingen manchmal mit Zusätzen ab, z. B. der »Arier« solle seine ersten Eltern[148] nicht vergessen!

Um P. S.s Verhalten einordnen zu können, ist es nötig, an einige Vorgänge zu erinnern, die im Frühjahr und Sommer des Jahres 1933 die evangelische Kirche in Deutschland und im Rheinland erschüttert haben. Das gilt auch für Ereignisse, die nicht sofort und direkt in sein Leben eingriffen. Sie sind der Hintergrund, aus dem heraus bald auch die Entwicklung seiner persönlichen Haltung zu verstehen ist.

Der Ruf nach starken Kirchenführern, unter deren Einfluss die Kirche sich erneuern würde, wurde immer lauter. Unge-

---

146 Hitlers Ziel war von Anfang an »unverrückbar die Entfernung des Juden überhaupt«. Jüdische Professoren, Künstler, Juristen, Journalisten und Ärzte gerieten bald in einen Zustand der Rechtlosigkeit. Juden wurden aus allen öffentlichen Ämtern entfernt. Die »Deutschen Christen« (DC) forderten sogar eine »judenfreie Kirche«. Die »Bekennende Kirche« (BK) hat sehr bald den Arierparagrafen in der Kirche entschieden abgelehnt. Dietrich Bonhoeffer ging ihr dabei voraus.

147 Wer nicht als »Nichtarier« angesehen werden und unter den staatlichen »Arierparagrafen« fallen wollte, der musste sich einen Ariernachweis ausstellen lassen, in welchem bestätigt wurde, dass er nicht von jüdischen Eltern oder Großeltern abstamme. Da die Familienregister der Pfarrämter die einzigen amtlichen Quellen für die Familienforschung waren, blieb diese aufwändige Arbeit an den Pfarrern hängen. Sehr viele Pfarrer brachte diese Aufgabe in einen Gewissenskonflikt: Sie hielten die Ausgrenzung der »Nichtarier« für eine Sünde. Aber die Gemeindeglieder erlitten schwere Nachteile, wenn ihnen nicht ein Ariernachweis ausgestellt wurde. So haben fast alle Pfarrer die Ariernachweise ausgestellt, viele mit erheblich lädiertem Gewissen.

148 Paul Schneider meint damit wohl Adam und Eva (die freilich in der Bibel nicht als Glieder des jüdischen Volkes verstanden werden).

klärt blieb dabei zunächst die Frage, ob eine erneuerte Kirche dem Staat gegenüber ihre Unabhängigkeit behaupten oder ob sie eine nationalsozialistisch orientierte Kirche werden solle. Vielen verschieden denkenden Christen gemeinsam war der Wille – der ja auch P.S. stark bewegt hat –, als evangelische Kirche bei der sittlichen Erneuerung des Volkes mitzuwirken.

Immer zahlreicher wurden die Anhänger der Glaubensbewegung »Deutsche Christen« (DC). Hatte P.S. genügend Gelegenheit, ihre »Theologie« wirklich wahrzunehmen? Oder ließ er sich zunächst nur von ihrem volksmissionarischen Eifer beeindrucken? Es gab im Frühjahr viele Anhänger dieser Bewegung, die relativ wenig durchschauten, was die Wortführer der DC bewegte: der Eifer für ein den NS-Staat nachahmendes »Führerprinzip in der Kirche«; für ein »artgemäßes« Christentum; für die »Schöpfungsordnungen« Volk, Rasse, Blut und Boden; für eine »natürliche«, d.h. aus der Natur herkommende Gotteserkenntnis. Nicht alle, die zu dieser Bewegung stießen, verklärten wie ihre »Führer« »die Stunde« der Machtergreifung Hitlers, durch die Gott zum deutschen Volk spreche. Nicht alle propagierten jenen »heldischen Jesus«, der germanische Art gegen »jüdische Hinterlist« verkörpere. Die wenigsten erkannten, wie sich hier uralter theologischer Antijudaismus mit dem rassistischen Antisemitismus der Nationalsozialisten verband. Nicht alle wollten das Alte Testament als ein »Judenbuch« durch die germanischen Heldensagen ersetzen und das Neue Testament in einer Säuberungsaktion »entjuden«[149]. Nicht alle stimmten ein in die selbstgerechte Ethik der »Söhne des Lichtes«, die gegen die »Söhne der Finsternis«, Juden und Bolschewisten, kämpften. Viele, die damals zu den DC stießen, durchschauten deren unbiblische Irrlehren zunächst wenig. Sie wollten schlicht dazu beitragen, dass die Kirche Jesu Christi im Volk ihren großen Auftrag wahrnehme und dass das Evangelium von Jesus Christus den Menschen des deutschen Volkes

149 D.h. von allen aus dem Judentum stammenden Vorstellungen befreien.

auch im Dritten Reich nahegebracht werde. Einig waren sich die DC lediglich im Wunsch, eine deutsche, »germanische« Nationalkirche zu schaffen mit einem starken Reichsbischof an der Spitze. Und darin, dass der Königsberger Wehrkreispfarrer Ludwig Müller[150], der als der »Vertrauensmann des Führers« galt, dieses Amt erhalten müsse.

Um einen deutsch-christlichen Reichsbischof Müller zu verhindern, wählten die deutschen Landeskirchen am 23. Mai 1933 mit großer Mehrheit den im deutschen Volk hoch angesehenen Friedrich von Bodelschwingh[151] zum Reichsbischof. Gegen ihn setzte freilich sehr bald eine immer stärkere Kampagne der DC und der NSDAP ein.

In dieser Situation griff – alle Rechte der Kirche missachtend – der Staat ein. Der preußische Ministerpräsident Hermann Göring ernannte den Landgerichtsrat August Jäger[152] zum Staatskommissar »für den Bereich sämtlicher Landeskirchen Preußens«. Dieser löste sofort alle gewählten kirchlichen Gremien auf und ernannte für die sieben Landeskirchen in Preußen Bevollmächtigte, für das Rheinland den DC-Führer

---

150 Ludwig Müller (1889–1945), 1920 Marineoberpfarrer in Wilhelmshaven, 1926 Wehrkreispfarrer Königsberg, 1933 Bevollmächtigter Hitlers für Fragen der evang. Kirche, 1933 Landesbischof der Altpreuß. Union, 1933–1945 Reichsbischof, 31. Juli 1945 Selbstmord in Berlin.

151 Friedrich von Bodelschwingh (1877–1946), seit 1910 Leitung der Anstalten Bethel, Sarepta und Nazareth (seit 1921: »von Bodelschwingh'sche Anstalten«), Mai/Juni 1933 designierter Reichsbischof der Deutschen Evang. Kirche.

152 August Jäger (1887–1948), 1921 Landgerichtsrat in Wiesbaden, 1933 Leiter der Kirchenabteilung im preußischen Kultusministerium, 24. Juni bis 14. Juli 1933 Staatskommissar für den Bereich sämtlicher Evangelischer Landeskirchen Preußens, 12. April bis 26. Oktober 1934 rechtskundiges Mitglied des Geistlichen Ministeriums in der Reichskirchenregierung mit dem Titel »Rechtswalter«, 1939 stellvertr. Chef der Zivilverwaltung Warthegau, 1948 in Posen hingerichtet wegen Völkermordes.

Landrat Dr. Krummacher[153]. Reichsbischof von Bodelschwingh trat nach diesen Gewaltmaßnahen von seinem Amt zurück.

Krummacher übernahm, mit der braunen SA-Uniform bekleidet, mit einem »Sieg Heil« auf den Führer und Absingen des Horst-Wessel-Liedes[154] die Führung des Konsistoriums der Rheinischen Kirche in Koblenz. Nun seien die kirchenpolitischen Auseinandersetzungen beendet, der Staat würde jetzt die Deutsche Evangelische Kirche neu aufbauen.[155] Der rheinische Generalsuperintendent Stoltenhoff[156] meinte, den Eingriff des Staates rechtfertigen zu müssen. Viele Pfarrer folgten seinem Kurs der Anpassung, Widerstand sei zwecklos. In Massenveranstaltungen der DC erklärte Krummacher, der Eingriff des Staates sei aus Liebe zu Kirche und Volk geschehen. Er rief auf zum »Kampf für Kirche, Volk und Vaterland« und kündigte eine Säuberung der theologischen Lehrstühle der Universität Bonn an. Wer den Deutschen das Evangelium verkünden wolle, müsse »von ganzem Herzen Nationalsozialist sein«.[157] Protest von Pfarrern gegen den staatlichen Eingriff sei »Verrat an der Kirche« und werde mit Dienstentlassung und Streichung der

---

153 Gottfried Adolf Krummacher (1892–1954), 1933 Landrat des Oberbergischen Kreises in Gummersbach, Leiter der NS-Frauenschaft; 1943 Reg. Dir., komm. Leiter der allgem. Abteilung bei der Regierung in Düsseldorf; 1933 Mitglied der Dt. Ev. Nationalsynode.

154 »Die Fahne hoch, die Reihen fest geschlossen! SA marschiert mit ruhig festem Schritt.« Dieses »Horst-Wessel-Lied« wurde nach 1933 in der Regel nach der Nationalhymne »Deutschland, Deutschland über alles…« abgesungen. Horst Wessel (1907–1930) hatte als SA-Führer eine eigene Sturmgruppe in Berlin gegründet. 1930 war er in einem Bordell erschossen worden. Sein Tod wurde den Kommunisten angelastet. Durch die NSDAP wurde er zum Märtyrer erhoben.

155 Van Norden, Kirchenkampf im Rheinland, S. 34.

156 Ernst Stoltenhoff (1879–1953), 1928–1949 Generalsuperintendent in Koblenz bzw. Düsseldorf, vom 1. April 1934 bis 25. Mai 1936 zwangsweise im Ruhestand.

157 So am 5. Juli 1933 in Köln, vgl. van Norden: Kirchenkampf im Rheinland, S. 45.

Pensionsbezüge geahndet.[158] Tatsächlich ließ er einzelne Pfarrer, die aufbegehrten, verhaften und beurlauben.

Lang dauerte das Regime des Staatskommissars und seiner Helfer nicht. Der Protest verschiedener Landeskirchen war zu stark. Am 14. Juli wurde das Staatskommissariat Jägers und damit auch die Herrschaft Dr. Krummachers im Rheinland beendet. Aber es wurden – wieder gegen alles geltende Recht – vom Staat für den 23. Juli Kirchenwahlen angesetzt. Diese kurze Frist war »eine abenteuerliche Zumutung«[159]. Sie ließ den DC-kritischen Kräften keine Zeit, sich gegen die gut organisierte Glaubensbewegung DC zu formieren. In aller Eile versuchten ihre Gegner Wahllisten unter der Bezeichnung »Evangelium und Kirche« aufzustellen. In den allermeisten ländlichen Gemeinden – auch in Hochelheim – wurden freilich »Einheitslisten« aufgestellt, in denen die Kandidaten sich nicht kirchenpolitisch offenbaren mussten.

Dr. Joachim Beckmann[160] lud für den 17. Juli zur Gründung einer »Rheinischen Pfarrbruderschaft« ein, die sich verpflichte, »Angriffe auf den Bekenntnisstand der Kirche durch entschlossenes Bekennen abzuwehren und für die einzutreten, die um solchen Bekenntnisses willen bedrängt werden«. Dieser 17. Juli 1933 war sozusagen der Geburtstag der »Bekennenden Kirche« im Rheinland.

Den Wahlkampf konnte diese Gründung nicht mehr wirklich beeinflussen. Die NSDAP, die Reichspropagandaleitung, die Gauleiter unterstützten die DC mit allen Mitteln. Gemeindeglieder wagten nicht mehr, gegen die DC zu kandidieren,

---

158 Van Norden, Kirchenkampf im Rheinland, S. 45.

159 Klaus Scholder: Die Kirchen und das Dritte Reich, Bd. I: Vorgeschichte und Zeit der Illusionen 1918–1934, Frankfurt/M., Berlin, Wien: Verlag Ullstein, 1977, S. 560.

160 Joachim Beckmann (1901–1987); 1933–1948 Pfarrer in Düsseldorf, Febr. 1934 vorübergehende Amtsenthebung, Mitglied des Reichsbruderrats der BK, 1945 Mitglied der rheinischen Kirchenleitung und Dozent an der Kirchlichen Hochschule Wuppertal, 1958–1971 Präses der Evangelischen Kirche im Rheinland.

weil sie sonst als »Verräter am nationalsozialistischen Staat« bedroht worden wären. An vielen Orten wurde gegen opponierende Gemeindeglieder Terror ausgeübt. Die Presse, auch die kirchliche, hetzte gegen sie. Hitler selbst griff noch am Vorabend der Wahl in den Wahlkampf ein und gab mit bedrängenden Worten seiner Hoffnung Ausdruck, dass die DC und damit jene neuen Kräfte gewählt würden, »die unsere neue Volks- und Staatspolitik unterstützen«. Ergebnis der Wahl: Etwa achtzig Prozent der Sitze in den Presbyterien fielen an die DC.

Wie stand nun in diesen folgenreichen Wochen P. S. zur Glaubensbewegung DC? M. S. berichtet:

> Mitte Juli 1933 ist eine Kundgebung der DC in Wetzlar mit einer Rede des Frankfurter Pfarrers Probst. Aus seiner Unruhe heraus, ob es nicht doch eine Stelle gäbe, bei der er guten Gewissens beim Aufbau mithelfen könnte, geht Paul hin. Er hört dort etwa das, was ihn über Gemeindeaufbau und -arbeit lange beschäftigt, und glaubt nun guten Willens, sich auch einreihen zu können.[161] Es ist ihm aber *»nicht so recht wohl dabei«, und er fürchtet, »der wirklich positive Flügel der DC (Deutsche Christen) könne sich doch nicht durchsetzen«* (August 1933).

Zum »wirklich positiven Flügel« der DC zählte P. S. offenbar Christen, denen die Volksmission besonders am Herzen lag, die sich für eine sittliche Erneuerung des deutschen Volkes einsetzen wollten und die Kräfte dafür im Evangelium sahen; denen auch der diakonische Einsatz für die Armen im Volk wesentlich war. So verstand er z. B. den Frankfurter Pfarrer Georg Probst, der ein gemäßigter »Deutscher Christ« war, zugleich ein

---

161 P. S. ist tatsächlich unter dem Eindruck der gefühlsbetonten, stark patriotischen Rede des Pfarrers Georg Probst der Glaubensbewegung DC beigetreten (Wentorf: Der Fall, S. 51).

mitreißender Redner. Probst sah 1933 im Dritten Reich eine besondere »volksmissionarische Gelegenheit«.[162]

Auf einer Singwoche Ende August 1933 findet Paul bei Freunden Klärung und Befreiung. Und da er von Grund seines Herzens ein bußfertiger Christ war, so konnte es nicht fehlen, dass er alsbald vor seine Gemeinde trat und sagte, er wolle ein schlichter evangelischer Christ bleiben und sich hierbei das Vorzeichen »Deutsch« schenken, das verstünde sich von selbst. Von da an war seine Haltung eindeutig, sodass ein Freund bezeugen kann: »Niemand, den ich kenne oder dessen Geschichte mir zu Ohren gekommen ist, hat diesen Kampf unserer Kirche schlichter und einfältiger, zugleich lauterer und unerbittlicher geführt als mein Freund und Bruder Paul Schneider.«[163]

Friedrich Langensiepen[164] beschreibt in seinen Erinnerungen[165] diese Wende P. S.s so: »Auch im Jahre 1933 erschien Paul Schneider auf der Gödenrother Singwoche – als Deut-

162 Probst geriet später jedoch selbst in Konflikt mit den Nationalsozialisten und büßte seine Sinnesänderung mit Gefängnishaft und Ausweisung aus Frankfurt/Main. Während der Kriegszeit war er Pfarrer in Weinsberg in Württemberg.

163 Aus Friedrich Langensiepens unveröffentlichten Lebenserinnerungen, S. 230.

164 Friedrich Langensiepen (1897–1975) war von 1926 bis 1939 Pfarrer in Gödenroth auf dem Hunsrück und ab 1934 P. S.s vertrautester Freund, der auch eine Zeit lang dem Bruderrat, dem Leitungsgremium der BK im Rheinland, angehörte. Seit 1933/34 war er Mitglied der Pfarrbruderschaft. 1937–39 Untersuchungshaft und Sondergerichtsverfahren, 1940 Wartestand. 1940–44 Studentenpfarrer der BK und Stadtmissionsinspektor in Bonn. 1946–50 Pfarrer in St. Johann, ab 1951 Gefängnispfarrer in Rheinsbach. Sein Leben und Denken wird packend beschrieben in der großen Biografie von Günther van Norden: Friedrich Langensiepen. Ein Leben in Deutschland zwischen Pfarrhaus und Gefängnis, Stuttgart: Kreuz Verlag, 2006; Langensiepens autobiografische Lebenserinnerungen, die mir freundlicherweise von seiner Tochter, Frau Elisabeth Pollak, zur Verfügung gestellt wurden, sind unveröffentlicht.

165 Fritz Langensiepen: Lebenserinnerungen S. 230.

scher Christ! Nicht kluge Politik der Gleichschaltung, sondern gutgläubiges Vertrauen auf die Phrase von der großen volksmissionarischen Stunde der Kirche hatte ihn zum Anschluss bewogen. Es war ihm aber schon selbst nicht mehr geheuer bei seinem Entschluss, denn er merkte, dass die Dinge einen weit anderen Kurs zu nehmen begannen und auf die Auflösung jeder kirchlichen Substanz hinzielten. Er hoffte, im Gespräch mit uns Klarheit und Wegweisung zu finden.« Ein Gespräch mit Langensiepens Frau Hildegard habe P. S. »von seinem gutgläubigen Irrtum« überzeugt. »Er war von Grund seines Herzens ein bußfertiger Christ ... Paul Schneider war immer sofort bereit zuzugeben, dass er geirrt habe.«

Was folgte unmittelbar auf die Kirchenwahl des 23. Juli 1933? Kaum hatten die DC ihren famosen Sieg errungen, da erließen der Generalsuperintendent und das Konsistorium ein »Wort zum Frieden«. Aber einzelne Pfarrer warnten vor diesem »faulen Frieden. Mit Tyrannen wollen wir weder zusammen beten noch arbeiten. Ihr könnt uns vergewaltigen ... Wir werden uns nicht beugen«, schrieb Pfarrer Friedrich Graeber[166] aus Essen. »Ihr sagt Himmelreich und meint das Dritte Reich!«

Den DC freilich war es nach diesem Wahlausgang ein Leichtes, bei der Tagung der Rheinischen Provinzialsynode am 23./24. August 1933 in Koblenz ihre kirchenpolitischen Gegner auszuschalten. Sie setzten bei den Wahlen zum Provinzialkirchenrat vor allem ihre Scharfmacher durch. Landrat Dr. Krummacher ließ die Synode zum Abschluss mit erhobener Hand »Die Fahne hoch! Die Reihen dicht geschlossen!« singen.

Auf der Generalsynode der Evangelischen Kirche der Altpreußischen Union in Berlin verfolgten die DC ihre radikale Linie weiter. Kritische Redner brüllten sie nieder, kommentierten ihre Kritik ungeniert mit dem Ruf »Konzentrationslager!«,

166 Friedrich Graeber (1884–1953), 1912–1927 Pfarrer in Velbert; 1927–1943 Pfarrer in Essen-Altstadt und Rellinghausen; seit 1933/34 Mitglied der Pfarrbruderschaft; 1933 Strafverfahren; 1943/44 Pfarrer in Frankfurt/Main, 1946–1949 in Bega/Lippe.

sodass die Opposition geschlossen den Saal verließ und sich nicht mehr an den Abstimmungen beteiligte.

Wenige Tage danach, am 11. September, versammelte sich die Rheinische Pfarrbruderschaft und lehnte die von der Generalsynode verabschiedeten Gesetze ab: das Bischofsgesetz, das die Kirche dem »Führerprinzip« unterwerfe; das Beamtengesetz mit seiner unkritischen, »rückhaltlosen« Bejahung des NS-Staates, die Ausschließung der Judenchristen aus der Kirche. Sie beschloss, »geistlichen Widerstand zu leisten«, d.h. »gewaltlosen Widerstand des Wortes und der Liebe«, und ebenso »öffentliches Eintreten für die Betroffenen wie brüderliche Hilfe bei Notstand der Betroffenen«. Man wolle »bekennenden Protest« gegen das unevangelische und ungeistliche Kirchenregiment aussprechen, auch wenn man Gewalt leiden müsse.

Am 13. September rief Martin Niemöller[167] zur Gründung eines Pfarrernotbundes auf, um die bösen Folgen der Generalsynode aufzuhalten. Am 21. September gründete Pastor Karl Immer[168] den »Coetus [d.h. Zusammenschluss] reformierter Prediger Deutschlands«, um mit ihm »für die uneingeschränkte und unvermischte Geltung des Wortes Gottes zu kämpfen und

---

167 Martin Niemöller (1892–1984), U-Boot-Kommandant im Ersten Weltkrieg, danach Theologiestudium, ab 1931 Pfarrer in Berlin-Dahlem. Er gründete 1933 den »Pfarrernotbund«, aus dem dann die »Bekennende Kirche« wurde. 1. Juli 1937 Verhaftung, in den KZ's Sachsenhausen und Dachau bis 1945, danach Kirchenpräsident in Hessen-Nassau; Einmischung in politische Fragen; pazifistischer Vorkämpfer gegen die Atombewaffnung und jede Art von Militarismus, führend in der Anti-Atom- und Friedensbewegung.

168 Karl Immer (1888–1944), 1927–1944 Pastor der reformierten Gemeinde von Barmen-Gemarke, 1934–1936 Mitglied des Reichsbruderrates; 1934–1944 Mitglied des Altpreußischen Bruderrates; 1934 Versetzung in den einstweiligen Ruhestand; mehrere Strafverfahren; 1937 Verhaftung und Überführung in das Berliner Polizeigefängnis; dort Schlaganfall, von dem er sich bis zu seinem Tod 1944 nicht mehr erholte; 1938 Reichsredeverbot; Immer gab die Coetus-Briefe heraus (Karl Immer: Die Briefe des Coetus reformierter Prediger 1922–1937, hg. v. Joachim Beckmann, Neukirchen-Vluyn: Neukirchener Verlag, 1976).

zu leiden« und nicht durch Stillschweigen am Ungehorsam der Kirche mitschuldig zu werden. Das Bischofsgesetz bedeute »die Aufrichtung eines säkularen Papsttums« in der Kirche. Nach der Heiligen Schrift und dem reformierten Bekenntnis sei die Überordnung eines Bischofsamtes über andere kirchliche Ämter nicht möglich. Leitungsorgan der Gemeinde sei allein das Presbyterium.

Unbeeindruckt von der Formierung des Protestes berief am 5. Oktober 1933 der Kirchensenat den 38-jährigen DC-Führer Pfarrer Dr. Heinrich Oberheid[169] zum Bischof im neu ausgerufenen »Bistum Köln-Aachen«[170]. Oberheid hatte in jungen Jahren eine erstaunliche Karriere bei der Firma Stinnes gemacht, hatte danach im Jahr 1933 sein abgebrochenes Theologiestudium beendet. Direkt nach dem Examen wurde er Bischof! Der Generalsuperintendent von Koblenz, Ernst Stoltenhoff, begrüßte ihn bei seiner Einführung mit dem Paulus-Wort: »Ich vermag alles durch den, der mich mächtig macht, Christus.«[171] Er versprach, dass die Männer des Konsistoriums »mit Herz und Hand zu ihm stünden«.

In einem Grußwort an die Gemeinden wies der neue Bischof darauf hin, dass die Kirche ihre gegenwärtige Erneuerung Adolf Hitler und der nationalsozialistischen Bewegung zu verdanken habe. »Der lebendige Gott hat uns den Führer gegeben. Dafür sei ihm Lob, Preis und Dank in der Gemeinde.«

---

169 Dr. Heinrich Oberheid (1895–1977), in der Zeit der Weimarer Republik Direktor im Stinnes-Konzern, wurde 1933 Bischof des Ev. Bistums Köln-Aachen, im November 1933 Mitarbeiter des Reichsbischofs in Berlin mit dem Titel »Chef des Stabes«, 1937 Pfarrer für gesamtkirchliche Aufgaben in Thüringen, in den Fünfzigerjahren des 20. Jahrhunderts – in einer dritten Karriere – Generalbevollmächtigter einer international tätigen Stahlhandelsfirma; vgl. Heiner Faulenbach: Ein Weg durch die Kirche. Heinrich Josef Oberheid, Köln: Rheinland-Verlag, 1992.

170 Mit diesem katholisch klingenden Titel bezeichneten nun die DC die Evangelische Kirche im Rheinland.

171 Philipper 4,13.

Eine Welle von Sympathie kam ihm entgegen. Aber auch Protest. So von Pfarrern um Joachim Beckmann: Die Deutsche Evangelische Kirche sei eine Unkirche geworden. In ihr gälte nicht das Bekenntnis zu Jesus Christus, vielmehr gälten die bekenntniswidrigen Prinzipien Führerprinzip, Machtprinzip, Arierprinzip. Darum müsse geistlicher Widerstand geleistet werden. Die Leitung der opponierenden Pfarrbruderschaft übernahmen die Pfarrer D. Paul Humburg[172], Dr. Joachim Beckmann und Heinrich Held[173]. Bald zählte die Bruderschaft im Rheinland dreihundertfünfzig Mitglieder.

Bischof Oberheid reiste nun im Land umher zu synodalen Pfarrkonferenzen. Um kritische Pfarrer zu gewinnen, kündigte er an, das Bischofsamt »Landespfarramt« zu nennen. Dennoch wurde er mit viel Protest empfangen. Etwa in Düsseldorf, wo Beckmann eine scharfe Anklage gegen die DC verlas: Sie hätte die Macht in der Kirche mit brutalem Einsatz weltlicher Mittel, durch politische Verleumdung ihrer Gegner, durch üble Verdächtigung, durch den Missbrauch der NSDAP errungen. In Bonn erklärten Pfarrer dem Bischof Oberheid, die Ariergesetzgebung und das Führerprinzip seien mit dem innersten Wesen der Kirche nicht vereinbar. Wer eine »völkische« Kirche bauen wolle, verrate die evangelische Kirche an die neuheidnische »Deutsche Glaubensbewegung« und an das Schwärmertum.

Was erlebte in diesem Herbst 1933 P. S. in Hochelheim? M. S. berichtet:

---

172 Paul Humburg (1878–1945), 1919 Generalsekretär der Deutschen Christlichen Studentenvereinigung, 1921 Bundeswart des Westdeutschen Jungmännerbundes, 1929–1943 Pfarrer in Barmen-Gemarke, 1934–1943 Präses der rheinischen Bekenntnissynode.

173 Heinrich Held (1897–1957), Mitbegründer der Rheinischen Pfarrbruderschaft, Ratsmitglied der Bekenntnissynode im Rheinland, in Preußen und in der Deutschen Evangelischen Kirche; nach Strafverfahren (1937), Reichsredeverbot (1938) und Sondergerichtsverfahren (1940) 1949–1957 Präses der Ev. Kirche im Rheinland, Mitbegründer des Dt. Ev. Kirchentags.

Die letzten Monate in Hochelheim. Über die Vorgänge der letzten Monate lasse ich Paul aus seinen Briefen an meine Mutter selbst reden. *»Am 8. Oktober, in Dornholzhausen schon 8 Tage früher, hatte ich von der Kanzel und im kirchlichen Bekanntmachungskasten gegen den Aufruf von Röhm gegen das ›Muckertum‹ protestiert.*[174] *Ich wurde natürlich, wie ich das vorausgeahnt hatte, angezeigt. Um mich vor einer Verhaftung zu schützen, beurlaubte mich das Konsistorium schnellstens. Wir waren gerade fröhlich beim Singkreis in Dorlar, als der Herr Superintendent mit dem Auto vorfuhr. Am nächsten Tage wurde ich nach Koblenz befohlen, vor einen Konsistorialrat und unseren neuen Bischof, Dr. Heinrich Oberheid (ein führender deutscher Christ). Ich musste mich unterrichten lassen, dass der Röhmsche Aufruf in der Hauptsache sich gegen das unberechtigte Vorgehen von SA- und SS-Leuten*[175] *gegen dritte Personen gerichtet habe und dass ich in einer geführten Kirche als Einzelner nicht eine so wichtige Sache vom Zaune brechen dürfe... Ich ließ mich bestimmen, soll ich sagen, verleiten?, meinen Protest öffentlich zurückzunehmen.*

Die Kreisleitung gab sich aber noch nicht zufrieden, sondern dort war ich schon seit Langem angeschwärzt als poli-

---

174 Ernst Röhm (1887–1934), Stabschef der SA; 1934 im Auftrag Hitlers erschossen; Aufruf gegen das »Muckertum«: Als Mucker bezeichnete man verächtlich engherzige, etwas verschrobene Frömmler. Das Wort kam vom französischen *momier.* Zu beachten ist, dass auch in Hochelheim gelegentlich fromme Leute als »Mucker« verächtlich gemacht wurden.

175 Sturmabteilung (SA), 1920 von der NSDAP gegründete paramilitärische Massenbewegung, u. a. zum Schutz von Parteiveranstaltungen, später Straßenterror und Bekämpfung der »Hauptfeinde«, der Kommunisten. Röhm und andere SA-Führer wurden 1934 auf Befehl Hitlers durch die SS=Schutzstaffel (ursprünglich Leibgarde Hitlers) ermordet. Die SA verlor zunehmend an Bedeutung zugunsten der von Reichsführer Heinrich Himmler (geb. 1900, gest. 1945 durch Selbstmord) aufgebauten SS: 1. *Waffen-SS*: für besondere militärische Einsätze; 2. *Totenkopfverbände:* für die Bewachung und Leitung der Konzentrationslager.

tisch unzuverlässig[176]*, und Stützpunktleiter und Kreisleitung waren sich offenbar dahin einig geworden, dass ich mindestens versetzt werden solle. Durch den Widerstand von Wetzlar konnte das Konsistorium die Beurlaubung nicht aufheben. Ich willigte ohne weitere Beweisgründe natürlich nicht in eine solche Versetzung. Es kamen zwei Vertreter des Konsistoriums; sie waren zuerst bei mir und dann bei den Stützpunktleitern. Inzwischen war eine erhebliche Unruhe und Auflehnung gegen die Stützpunktleiter in beiden Gemeinden wach geworden ... So waren diese schließlich froh, wieder einlenken zu können. Ich habe am letzten Sonntag wieder gepredigt über Römer 1,16«*[177] (Brief vom 26. Oktober 1933). – *»Ich glaube nicht, dass unsere evangelische Kirche um eine Auseinandersetzung mit dem NS-Staat herumkommen wird, dass es nicht einmal geraten ist, sie noch länger aufzuschieben, bei allem schuldigen christlichen Gehorsam«* (Brief vom 29. Januar 1934). – Die Stützpunktleiter rühmten sich nachher, dass sie des Pfarrers Schicksal in der Hand gehabt hätten. Paul gab dagegen bekannt, nur das Vertrauen der Gemeinde hätte ihn in Hochelheim gehalten. Er fühle sich frei von einer Bindung.

Da die Auseinandersetzung um Röhms Aufruf gegen das »Muckertum« der erste größere Konflikt mit den 1933 zur Herrschaft gekommenen Gewalten ist, da in diesem Zusammen-

---

176 So hatte schon am 15. Juni 1933 die Kreisleitung der NSDAP in einem Brief an Superintendent Wieber sich darüber beschwert, P.S. habe in einer Predigt in Dornholzhausen »sich Entgleisungen erlaubt, die starke Erregungen bei allen denkenden Nationalsozialisten hervorrufen müssten«. Es sei ein einziger Angriff gegen die DC gewesen. »Der arische und heldische Gedanke wurde in den Grund und Boden hinein verdammt ... Menschen wie unser Pfarrer Schneider sind auf dem besten Weg, die Saat des Nationalsozialismus im Keim zu ersticken.« Die Kreisleitung bat »um Abstellung« (Wentorf: Der Fall, S. 53/54).

177 »Denn ich schäme mich des Evangeliums nicht; denn es ist eine Kraft Gottes, die selig macht alle, die daran glauben, die Juden zuerst und ebenso die Griechen.«

hang auch zum ersten Mal geäußert wird, Pfarrer Schneider gehöre in ein Konzentrationslager, schildere ich hier – den bei Wentorf[178] veröffentlichten Dokumenten folgend – die oben erwähnten Vorgänge näher:

Der Aufruf Röhms gegen das »Muckertum« liest sich zunächst wie eine Zurechtweisung an SA- und SS-Führer, Frauen gegenüber keine spießigen Forderungen aufzustellen, wie z.B. dass sie in Lokalen nicht rauchen dürften. Ihm lägen Meldungen vor, »dass auch SA- und SS-Führer und -Männer sich öffentlich zu Moralrichtern aufwürfen und weibliche Personen in Badeanstalten, Gaststätten oder auch auf der Straße belästigt hätten«. Es müsse einmal eindeutig festgestellt werden, »dass die deutsche Revolution nicht von Spießern, Muckern und Sittlichkeitsaposteln gewonnen worden sei, sondern von revolutionären Kämpfern«. Diese allein würden sie auch sichern. Es gehe darum, Deutschland durch eine »freie und revolutionäre Kampfgesinnung hochzureißen«. Ein SA-Mann dürfe sich nicht »zum Handlanger verschrobener Moralästheten hergeben«.

Wen wollte Röhm mit diesem Aufruf treffen? Einzelne SA-Führer? P.S. verstand den Aufruf als eine Verächtlichmachung christlicher Moralbegriffe. Röhm versuche in ihm, diejenigen, die sich nicht an »NS-Kämpfern« orientierten, der Lächerlichkeit preiszugeben. P.S. erwartete einen Protest der offiziellen Kirche. Als ein solcher nicht kam, verlas er bei den Abkündigungen im Gottesdienst seinen eigenen und gab ihn im Aushängekasten der Kirchengemeinde am Pfarrhaus der Bevölkerung zu lesen. Er stellt fest, Röhm spreche sich *»gegen die Geltung von sittlichen Grundsätzen und gegen das Eintreten dafür in unserem Volksleben in einer Weise aus, dass man vom Standpunkt evangelischen Glaubens nur aufs Schärfste gegen Geist und Inhalt dieses Aufrufs protestieren«* könne. Er folgert: *»Wenn Stabschef Röhm meint, dass der Aufbau unseres Volkes und die Aufgabe der SA nichts mit Sittlichkeit und Keuschheit*

178 Wentorf: Der Fall, S. 58ff.

zu tun habe, und wenn er von diesen Dingen als von ›verschrobenen Moralstützen‹ spricht, so irrt er und hat mit diesem Aufruf unserem Volk einen schlechten Dienst geleistet.«

Als der NSDAP-Stützpunktleiter Johannes Mehl von diesem Aufruf hörte, ließ er P.S. bitten, ihm diesen auszuhändigen. Als der Pfarrer das verweigerte, ließ er den ganzen Kasten von der Wand abmontieren, um zu Hause die Stellungnahme aus ihm zu entfernen und den leeren Kasten dem Pfarrer zurückzuschicken. Mehl forderte P.S. schriftlich auf: »Für die Zukunft bitte ich Sie, Schriftstücke politischer Art vor der Veröffentlichung mir vorzulegen.«

Mehl benachrichtigte die NSDAP-Kreisleitung Wetzlar über den Vorgang, diese informierte das Landratsamt (was nicht nötig gewesen wäre, denn Kreisleiter Grillo war zugleich Landrat). Der Vertreter des Landratsamtes teilte dem Konsistorium in Koblenz mit, die NSDAP verlange, Pfarrer Schneider sofort in Schutzhaft zu nehmen, um ihn vor der empörten Öffentlichkeit zu schützen. Um nicht die Autorität des Pfarrers vor seiner Gemeinde durch eine Verhaftung zu beschädigen, möge das Konsistorium ihn bis zur Aufklärung der Sache beurlauben. In einem zweiten Anruf am selben Tag erklärte der Vertreter des Landratsamtes, wenn das Konsistorium nicht sogleich die Beurlaubung verfüge, sei Schutzhaft nicht zu vermeiden. Daraufhin beauftragte Oberkonsistorialrat Siebert Superintendent Wieber, sofort P.S. aufzusuchen, ihm die Beurlaubung auszusprechen und ihn zu einer Aussprache in das Konsistorium zu bestellen.

Einstweilen schrieb die Kreisleitung Wetzlar an den Landrat: »Ich bitte Sie, den Landjäger aufmerksam zu machen, dass er sofort diesen Kasten für alle Zukunft verbietet, und dass Sie Pfarrer Schneider in Schutzhaft nehmen. Dieser Mensch gehört in ein Konzentrationslager und nicht auf die Kanzel.« Die Kreisleitung Wetzlar hat zugleich die Gauleitung in Frankfurt/Main schriftlich über diesen Vorgang informiert.

Was das Gespräch des neuen Bischofs Dr. Heinrich Oberheid – er war drei Tage zuvor in das neu errichtete »Evangelische Bistum Köln-Aachen« eingeführt worden – mit P.S. betrifft, so berichtete M.S., ihr Mann sei danach äußerst deprimiert nach Hause gekommen. Oberheid, in SA-Uniform auf dem Schreibtisch sitzend, Zigarette rauchend, habe es durch sein Auftreten verstanden, dem kleinen Landpfarrer deutlich zu machen, dass er mit seinem Angriff auf Röhm sich und die Kirche blamiert habe. Dem Landrat und Kreisleiter der NSDAP, den er mit »Euer Hochwohlgeboren« anspricht, berichtet Oberheid noch am selben Tag über dieses Gespräch: »Ich habe ihm sein Vorgehen ernst verwiesen.« P.S. habe sich seinen Vorhaltungen bereitwillig geöffnet. Er habe folgende Erklärung unterschrieben: »Nachdem ich mich durch meine vorgesetzte Kirchenbehörde habe unterrichten lassen, dass Sinn und Abzweckung des Aufrufes des Herrn Stabschef Röhm an die SA und SS gegen das Muckertum anderer Art gewesen ist, als ich es in meinem Protest vom 8. ds. Mts. glaubte annehmen zu sollen, bedauere ich, dass ich diesen Protest gefasst habe, und nehme ihn hiermit zurück.« Er, Oberheid, sei »der Zuversicht, dass Pfarrer Schneider hinfort die richtige Einstellung zu den Maßnahmen des Staates und der Partei finden wird«, er bitte, »deshalb von weiteren Erwägungen über die Verhängung der Schutzhaft absehen zu wollen«. Dann könne er auch die Beurlaubung rückgängig machen.

Schon am nächsten Tag antwortete der Landrat dem Bischof, er hielte es nicht für angängig, wenn die Beurlaubung zurückgezogen werde, ehe die Angelegenheit völlig geklärt sei. Schneiders Verhältnis zu den beiden Stützpunktleitern seiner Gemeinde sei zu gespannt. »Herr Pfarrer Schneider hat durch seine Haltung den Eindruck erweckt, als ob er nicht voll auf dem Boden des heutigen Staates steht. Es liegen über ihn eine ganze Reihe von Eingaben bei der Kreisleitung der NSDAP vor.« Der Bischof solle vor Ort klären lassen, ob P.S. in der Gemeinde bleiben könne. Er gibt dem Bischof zu bedenken: »Ich persönlich glaube kaum, dass sich die Angelegenheit anders erledigen lässt als durch die Versetzung des Pfarrers Schneider ... Die ausgesprochene Beurlaubung kann m.E.

nicht zurückgenommen werden.« Erstaunlich, wie ungeniert der Landrat dem neuen Bischof sagt, was die Kirche gegen P. S. zu tun habe.

Getreu dem Rat des Landrats sandte das Konsistorium zwei Beauftragte, Konsistorialrat Dr. Jung[179] und Pfarrer Wolfrum[180], nach Hochelheim und Dornholzhausen, die erkunden sollten, ob P. S. in seinen Gemeinden noch den nötigen Rückhalt habe. Die beiden gingen freilich zuerst zum Landrat nach Wetzlar und ließen sich von ihm und vom stellverteteten Gauleiter der NSDAP sagen, dass Schneider wegen der Erregung der beiden Stützpunktleiter versetzt werden müsse. Sie sprachen daraufhin in Hochelheim mit P. S. Davon berichtet Dr. Jung:[181] »Pfarrer Schneider bestritt, dem nationalen

179 Otto Jung (1893–1939), 1929 Konsistorialrat in Koblenz, Juni bis Dezember 1934 kommissar. Oberkonsistorialrat in Düsseldorf, März 1936–Nov. 1937 Oberkonsistorialrat in Düsseldorf, kommissar. Wahrnehmung der Geschäfte des Konsistorialpräsidenten, dann Beurlaubung, 1939 Selbstmord.

180 Rudolf Wolfrum, rheinischer Gauleiter der DC. Im Dez. 1933 wurde er Obergauobmann der DC im Bereich Koblenz-Trier; er war führend tätig beim Aufbau der radikalen »Kirchenbewegung Deutsche Christen« (Thüringer DC), bildete 1934 unter seiner Führung den Gau Rheinland der Thüringer DC mit vierzehn Untergauen (vgl. Aichelin: Paul Schneider, S. 50; Günther van Norden: Kirchenkampf im Rheinland. Die Entstehung der Bekennenden Kirche und die Theologische Erklärung von Barmen 1934, Schriftenreihe des Vereins für Rheinische Kirchengeschichte Bd. 76, Köln: Rheinland-Verlag, 1984, S. 139). Langensiepen berichtet in seinen Erinnerungen auf S. 232, dass Wolfrum bei seiner Mission in Hochelheim in SA-Uniform aufgetreten sei.

181 Wentorf: Der Fall, S. 67–69; Jung wird übrigens innerhalb des rheinischen Konsistoriums zu denen gezählt, die der BK mit einiger Sympathie gegenüberstanden. Mindestens hat Dr. Otto Jung als kommissarischer Konsistorialpräsident in den Jahren 1936/1937, wo immer er konnte, disziplinarische Maßnahmen gegen BK-Pfarrer vermieden. Wahrscheinlich deshalb wurde er 1937 als Konsistorialpräsident durch Dr. Walter Koch abgelöst, der ein kompromissloser Gegner der BK war (Simone Rauthe: »Scharfe Gegner«. Die Disziplinierung kirchlicher Mitarbeitender durch das Evangelische Konsistorium der Rheinprovinz und seine Finanzabteilung von 1933 bis

Staat ablehnend gegenüberzustehen.« Seinen Austritt aus der Glaubensbewegung Deutsche Christen habe er deswegen der Gemeinde mitgeteilt, weil er ihr bei einer vorherigen Gemeindeversammlung seinen Eintritt mitgeteilt habe. Er halte sich für verpflichtet, »die Gemeinde von seiner kirchenpolitischen Stellung in Kenntnis zu setzen«. Die Presbyter und Gemeindeverordneten von Dornholzhausen hätten einstimmig eine Vertrauenskundgebung für ihren Pfarrer beschlossen. Auch in Hochelheim hätte eine solche Kundgebung beschlossen werden sollen, doch habe der Lehrer die Leute gewarnt, sie könnten sich damit Ungelegenheiten bereiten. Daher sei sie in Hochelheim unterblieben.

Pfarrer Schneider habe ferner berichtet, Stützpunktleiter Mehl in Hochelheim habe öffentlich angeschlagen und mit der Ortsschelle[182] bekanntgeben lassen, wer etwas gegen ihn, den Stützpunktleiter, sage, der werde einer strengen Bestrafung zugeführt werden. Der Polizeidiener habe an diese Bekanntgabe die Bemerkung geknüpft: »Jetzt bringen wir ihn weg«. Zu einem Gespräch mit dem Presbyterium in Hochelheim hätten nur zwei Presbyter kommen können. Diese hätten sich entschieden für Pfarrer Schneider und sein Verbleiben in der Gemeinde ausgesprochen. Sie hätten gesagt, die übrigen Presbyter seien der gleichen Auffassung. Dr. Jung fasst als Gesamteindruck von Pfarrer Schneider zusammen: »...dass er ein etwas eigensinniger und eigenwilliger Mensch ist, der nicht leicht von seinen Ansichten abzubringen ist und infolgedessen auch für die Zukunft noch Anlass zu Schwierigkeiten geben wird. Er sieht jedoch ein, dass er in vielen Fällen zumindest unklug gehandelt hat, und sagte zu, sich hinsichtlich der

1945. Schriftenreihe des Vereins für Rheinische Kirchengeschichte, Bd. 162, Bonn: Verlag Dr. Rudolf Habelt, 2003, S. 75ff).

182 In Dörfern war es bis zur Mitte des 20. Jahrhunderts weitgehend üblich, dass der »Polizeidiener«, oft »Büttel« oder »Ausscheller« genannt, mit einer großen Schelle die Aufmerksamkeit der Dorfbevölkerung erweckte und dann mit lauter Stimme Bekanntmachungen des Bürgermeisters verlas.

Politik fortan völlig zurückzuhalten. Er ist bereit, sich aus Hochelheim versetzen zu lassen, bat jedoch, eine solche Maßnahme zu verschieben, um nicht mit dem Makel mangelhafter nationaler Gesinnung behaftet zu scheiden.«

Pfarrer Wolfrum, der auch Mitglied der NSDAP war, berichtet[183] von seinem Gespräch mit den beiden NSDAP-Stützpunktleitern von Hochelheim und Dornholzhausen, zunächst hätten sie behauptet, Pfarrer Schneider sei für sie untragbar, eine seelsorgerliche Tätigkeit des Pfarrers in Hochelheim käme nicht mehr infrage. Seine Nachfrage habe aber ergeben, dass beide, was den Charakter des Pfarrers betreffe, keine gewichtigen Einwände hätten. Er handle oft im Übereifer, mische sich in persönliche Angelegenheiten, mache da mehr schlecht als gut, vor allem aber: Er habe noch nicht das notwendige Verhältnis zur NSDAP. Die beiden Stützpunktleiter hätten schließlich erklärt, sie seien damit einverstanden, dass der Pfarrer im Amt und in Hochelheim tätig bleibe. Aber er müsse beim nächsten Gemeindeabend seine Bereitwilligkeit zur loyalen Mitarbeit mit den örtlichen Führern der NSDAP erklären. Er solle künftig im Anschluss an die Predigt alle Bemerkungen zu politischen Vorgängen unterlassen, solle sich auch der persönlichen Einmischung in örtliche Verhältnisse und Streitigkeiten enthalten. Andererseits habe der Stützpunktleiter versprochen, die Hitlerjugend zum Besuch des Gottesdienstes und der kirchlichen Veranstaltungen anzuhalten(!). »Er werde es auch begrüßen, wenn der Pfarrer der Hitlerjugend durch Vorträge und dergleichen dienen würde.« Wolfrum folgert: »Es ist meine Überzeugung, dass bei einigermaßen gutem Willen ein wirklich gedeihliches Zusammenarbeiten mit der Gemeinde möglich sei; wenn Pfr. Schneider die gebotene Zurückhaltung bewahren wird, dürfte der Fall erledigt sein. Der Urlaub des Pfr. Schneider kann somit sofort aufgehoben werden.

---

183 Wentorf: Der Fall, S. 69/70.

P. S. hat in einem Brief an den Stützpunktleiter Johannes Mehl[184] Verständnis gezeigt für Mehls Handlungen den kirchlichen Bekanntmachungskasten betreffend. Er möge aber bedenken, dass sein, Schneiders, Protest gegen den Röhmschen Aufruf für ihn Gewissenssache gewesen sei. *»Es ist nach Luther nicht geraten, etwas gegen sein Gewissen zu tun oder zu unterlassen.«* Dem gegenwärtigen Staat gegenüber sei er loyal eingestellt. Gern wäre er ihm, wenn ihm Gelegenheit gegeben würde, noch mehr in positiver Mitarbeit verbunden. P. S. kommt auf das Verhältnis zwischen Hitlerjugend und kirchlicher Jugendarbeit zu sprechen und schreibt: *»Ich würde mich von Herzen freuen über eine gelegentliche Einladung zu einem Abend mit der Hitlerjugend ..., wo wir Lebensfragen besprechen, Lieder aus der Singbewegung singen könnten, wie sie ja z. T. schon in der Hitlerjugend eingeführt sind, wo wir Gottes Wort jugendgemäß zu uns reden lassen können, aber auch harmlos-fröhlich in christlicher Atmosphäre Geselligkeit pflegen können ... Selbstverständlich würde ich mich dann jedes Werbens für unsere kirchliche Gruppe enthalten, sondern ganz der Hitlerjugend zu dienen suchen. So können Sie an Ihrem Teil zum Frieden helfen und würde die jetzt bestehende unfreundliche Spannung und die drohende Entfremdung von Jugend und Kirche vermieden.«*

Liest man diesen freundlich-versöhnlichen Brief, so spürt man, dass es P. S. um den Frieden im Ort zu tun war. Er erhielt auf diesen Brief allerdings nie eine Antwort.

Nach dem Abschluss der Untersuchungen fasste das Konsistorium in Koblenz den Beschluss, »die Beurlaubung des Pfarrers Schneider in Hochelheim aufzuheben und zu gegebener Zeit ihn in ein anderes Pfarramt zu versetzen«.[185] Dem Landrat in Wetzlar teilte das Konsistorium die Aufhebung der Beurlau-

184 Der Brief (Wentorf: Der Fall, S. 70/71) trägt das Datum 12. Oktober 1933; das dürfte ein Schreibfehler sein, denn offensichtlich ist er das Ergebnis der Vermittlungsbemühungen von Dr. Jung und Pfr. Wolfrum. Vielleicht wurde er, wie Wentorf vermutet, am 22. Oktober 1933 geschrieben.

185 Wentorf: Der Fall, S. 73.

bung mit.[186] Das Konsistorium gebe sich »der Erwartung hin, dass er gemäß seiner Zusage alles vermeiden wird, was als mangelhafte Übereinstimmung zu den neuen Staatsgewalten angesehen werden könnte«. Vertraulich lässt das Konsistorium durchblicken, »Pfarrer Schneider mit Rücksicht auf kirchliche Erfordernisse später zu gegebener Zeit in ein anderes Pfarramt zu versetzen«.

Konsistorialrat Dr. Jung teilte P.S. am 21. Oktober mit,[187] seine Beurlaubung sei mit sofortiger Wirkung aufgehoben. Er verbindet mit dieser Mitteilung scharfe Mahnungen: »Wir benutzen diesen Anlass, um Ihnen aufs Neue einzuschärfen, dass Sie eine völlige Zurückhaltung auf staatspolitischem Gebiet zu üben haben und jede unüberlegte Handlung, die auch nur entfernt Anlass zu Missverständnissen oder Verdächtigungen geben könnte, unterlassen werden muss.« P.S. möge die loyale Zusammenarbeit mit den örtlichen Führern der NSDAP pflegen und »Rücksicht auf die Erfordernisse der Gegenwart nehmen. Es muss von Ihnen wie von einem jeden Geistlichen erwartet werden, dass Sie dem heutigen Staat in ehrlicher Mitarbeit dienen und in einer den gegebenen Verhältnissen entsprechenden Weise ein gedeihliches Zusammenarbeiten mit allen Gliedern Ihrer Gemeinde zur Pflicht machen. Wir werden darüber wachen, dass Sie Ihr künftiges Verhalten dementsprechend einrichten, und vertrauen darauf, dass auch ohne weitere Maßnahmen unsererseits Sie Ihrer Zusage entsprechend alles vermeiden, was als mangelnde Zustimmung zu den neuen Staatsgewalten angesehen [werden] und erneut zu Schwierigkeiten führen könnte.«

Was tat sich einstweilen in der kirchenpolitischen Großwetterlage in Deutschland? Wir berichten davon, weil die gereizte Stimmung in Kirche und Gesellschaft und die Nervosität im Konsistorium, auf die P.S. im Januar 1934 traf, nicht ohne diese Ereignisse zu verstehen sind.

---

186 Wentorf: Der Fall, S. 73.
187 Wentorf: Der Fall, S. 73/74.

Am 13. November 1933 fand im Berliner Sportpalast eine Massenversammlung der DC statt, in der vor etwa zwanzigtausend Menschen und fast der gesamten von den DC bestimmten preußischen Kirchenleitung der Berliner DC-Gauobmann Dr. Krause[188] ein völkisches »Christentum« verkündete, das mit der biblischen Christusbotschaft fast nichts mehr zu tun hatte. Gott habe »durch die Kraft unseres Führers« die Deutschen *ein* Volk werden lassen. Nun wolle er die *eine* völkische, nationalsozialistische Kirche, die das Alte Testament mit seinen Viehtreiber- und Zuhältergeschichten beseitige und das Neue Testament reinige von allem Jüdischen. Seine »Bekenntnisse« gipfelten in dem Satz: »Unsere Religion ist die Ehre der Nation im Sinne eines kämpfenden heldischen Christentums.«

Die Folge war ein Orkan der Empörung gegen die DC. Die Pfarrbruderschaft verlas am Bußtag eine Erklärung gegen die »Verfälschung der Wahrheit« und erklärte, an eine Fortführung der Gespräche mit Landespfarrer Dr. Oberheid sei nicht zu denken. Von vielen Pfarrbruderschaften, u. a. auch von der des Hunsrück mit dem Superintendenten Ernst Gillmann[189], wurde der Reichsbischof aufgefordert, die Schirmherrschaft über die DC niederzulegen und alle Mitglieder der Kirchenleitung, die den Reden des Dr. Krause ohne Protest zugehört hätten, zu entlassen. Vor allem die Absetzung des Bischofs Hossenfelder[190] als Vizepräsident des preußischen Oberkirchenrats wurde gefordert. Sehr viele gemäßigte Deutsche Christen tra-

---

188 Reinhold Krause (1893–1980), Studiendirektor, 1932/33 Obmann der Glaubensbewegung DC im Großgau Berlin; 1933 Gründung der Glaubensbewegung »Deutsche Volkskirche«, 1945–1950 Internierung in sowjetischen Lagern Landsberg/Warthe und Buchenwald.

189 Ernst Gillmann (1890–1966), 1929–1959 Pfarrer in Simmern, 1932–1959 Superintendent des Kirchenkreises Simmern, seit 1933/34 Mitglied der Pfarrbruderschaft.

190 Joachim Hossenfelder (1899–1976), 1931 Pfarrer in Berlin, 1932 Mitbegründer der Glaubensbewegung DC, 1933 Geistlicher Vizepräsident des Ev. Oberkirchenrats, Geistlicher Minister der Reichskirchenregierung, Dez. 1933 Enthebung von allen Ämtern und Versetzung in den Wartestand; 1939–1945 Pfarrer in Potsdam.

ten aus der Glaubensbewegung aus. Es war die Frage, ob die Glaubensbewegung in sich zusammenfallen würde. Um das zu verhindern, entließ der Reichsbischof den DC-Gauobmann Dr. Krause aus allen kirchlichen Ämtern. Er legte die Schirmherrschaft über die DC nieder und setzte auch das Beamtengesetz mit dem Arierparagrafen außer Kraft.

Die Stellung des Reichsbischofs wurde immer unsicherer. Um sie durch den Staat zu festigen, machte er – ohne Rücksprache mit den deutschen Bischöfen und gegen den ausdrücklichen Willen der Leitung der evangelischen Jugendverbände – dem Führer Adolf Hitler ein besonderes Geschenk: Er unterzeichnete am 19. November den sogenannten Jugendvertrag, mit dem er die Eingliederung der evangelischen Verbandsjugend unter 18 Jahren in die Hitlerjugend anordnete.

Nur die DC bejubelten diese Tat und gaben sich der Illusion hin, nun könnten die evangelischen Jugendlichen erst richtig in der Hitler-Jugend (HJ) volksmissionarisch tätig werden; die HJ-Führer würden nun den Kirchgang für Hitler-Jungen zur Pflicht machen. Die Bischöfe, hinter deren Rücken dieser Vertrag mit Reichsjugendführer Baldur von Schirach[191] ausgehandelt worden war, äußerten Empörung. Der württembergische Landesbischof Theophil Wurm[192] sprach von einem wahren Schurkenstreich. Die evangelischen Jugendverbände protes-

---

191 Baldur von Schirach (1907–1974), 1932 Leiter der Hitler-Jugend, 1940 Reichsstatthalter in Wien. Von Schirach wirkte auf die deutschen Bischöfe und die Mitglieder der BK keineswegs vertrauenserweckend. Angesprochen auf seinen Glauben, hatte er gesagt, er sei weder katholisch noch evangelisch, er glaube an Deutschland. D. Paul Humburg hat dieses Misstrauen deutlich zum Ausdruck gebracht: In der Hitler-Jugend sei ein Geist am Werk, der dem Evangelium feindlich sei (G. van Norden: Kirchenkampf im Rheinland, S. 98/99).

192 Theophil Wurm (1868–1953), 1913 Pfarrer in Ravensburg, 1920 Dekan in Reutlingen, 1927 Prälat in Heilbronn, 1929 württembergischer Kirchenpräsident, 1933–1947 Landesbischof, 1945–1949 Ratsvorsitzender der EKD.

tierten heftig. Der Essener Jugendpfarrer Wilhelm Busch[193] telegrafierte an den Reichsbischof, er wolle über eine Jugend verfügen, die ihm nicht gehöre. Busch wurde aus seinem Amt suspendiert, dann aber auf Fürsprache einer Delegation mit Dr. Gustav Heinemann[194] wieder in sein Amt eingesetzt.

Reichsbischof Müller holte Bischof Dr. Oberheid zu seiner Hilfe nach Berlin und machte ihn zum »Chef des Stabes«, d.h. er gab ihm alle Macht über die Kirchen. Oberheid beauftragte den Mülheimer Pfarrer D. Dr. Heinrich Forsthoff[195], einen DC-Mann, als »Stellvertretenden Landespfarrer« mit der Leitung der Rheinischen Kirche. Dr. Krummacher versuchte, die DC im Rheinland neu zu festigen, indem er sie in drei Obergaue einteilte und den Obergau Köln-Trier der Führung von Pfarrer Rudolf Wolfrum übergab. Dieser löste sich mit seinen Anhängern aber bald von der Landesleitung der DC, schlug einen radikal-völkischen Kurs ein und landete schließlich bei den »Thüringer Deutschen Christen«, denen er damit im Rheinland viel Einfluss verschaffte. Mit ihnen hatte es P.S. später auf dem Hunsrück zu tun. Die Häufung von DC-Massenveranstaltungen im Rheinland konnte es nicht hindern, dass die Glaubensbewegung DC zusehends zerfiel, während die BK sich formierte und in den Gemeinden an Boden gewann.

Was hat vor dem Hintergrund dieser »Großwetterlage« P.S. Anfang des Jahres 1934 in Hochelheim erlebt?

---

193 Wilhelm Busch (1897–1966), 1924–1962 Pfarrer in Essen-Altstadt; 1929–1962 Jugendpfarrer in Essen; mehrfach in Schutzhaft, versch. Strafverfahren, Redeverbote; umfangreiche Evangelisationsreisen und Schriften.

194 Gustav Walter Heinemann, (1899–1976), Rechtsanwalt in Essen, stark engagiert in der BK, 1945 Mitglied im Rat der EKD, 1949 Präses der Synode der EKD, 1949 Bundesinnenminister, 1950 Rücktritt aus Protest gegen die deutsche Wiederbewaffnung, 1966 Bundesjustizminister, 1969–1974 Bundespräsident.

195 Heinrich Forsthoff (1871–1942), 1906–1934 Pfarrer in Mülheim/Ruhr, 1934 Propst des »Evang. Bistums Köln-Aachen« und leitender Beamter des rheinischen Konsistoriums.

Anfang Januar wird Paul um eine Probepredigt in Monschau gebeten. Da ja Paul wegen *»seines schriftgemäßen Verstandes der Abendmahlsfeier und der ernstzunehmenden Beichtfrage«* im Konflikt mit seinem Hochelheimer Presbyterium stand, drängte das Konsistorium auf dessen Beschwerde hin auf Pauls Wegmeldung, aber noch fühlte er sich gebunden, und sein Weggehen wäre ihm als Fahnenflucht[196] erschienen. So zieht er nach der Probepredigt seine Meldung zurück.

Aber die Dinge gestalteten sich immer schwieriger. Paul hatte eine Äußerung gegen den Goebbels'schen »Moralin«-Aufsatz, der durch alle Zeitungen gegangen war, gemacht, und gerade als er sich im Februar 1934 wegen der Abendmahlsbeschwerden vor dem Konsistorium zu verantworten hatte, lief ein Telefongespräch vom Landrat ein, das seine Beurlaubung deshalb forderte.

Der Aufsatz mit dem Titel »Mehr Moral, aber weniger Moralin«[197], mit dem Josef Goebbels bewusst in die Kerbe schlug, die Ernst Röhm mit seinem Aufruf gegen das »Muckertum« geschlagen hatte, bezog sich wie jener zunächst darauf, dass engherzige, lebensfeindliche, zu kurz gekommene Nationalsozialisten, die im Grunde keine seien, »Sittenriecherei« verbreiteten. »Naturfremde Menschen, die entweder das Leben schon hinter sich haben oder nicht verdienen, dass sie noch eins vor sich haben, machen im Namen unserer Revolution in Moral. Diese Art von Moral hat oft mit wahrer Sittlichkeit nicht viel zu tun. Sie stellt ethische Gesetze auf, die vielleicht das Gemeinschaftsleben in einem Nonnenkloster zur Not regeln könnten, die aber in einem modernen Kulturstaat vollkommen verfehlt sind. Das ist Moralin statt Moral, und die dafür eintreten, sind von allen guten Geistern verlassen.«

Diese Sittenrichter würden am liebsten »in Stadt und Land Keuschheitskommissionen einsetzen, die die Aufgabe hätten,

196 Militärischer Begriff; hier: die Gemeinde im Stich lassen.
197 Hier zitiert nach Wentorf: Der Fall, S. 89–91.

das Ehe- und Liebesleben von Müller und Schulze zu überwachen. Sie würden, wenn es nach ihnen ginge, das nationalsozialistische Deutschland in eine Einöde von Muff und Muckertum verwandeln, in der Denunziation, Bettschnüffelei und Erpressung an der Tagesordnung wären…« Seine Quintessenz: »Mehr Lebensbejahung und weniger Muckertum! Mehr Moral, aber weniger Moralin.«

Was Goebbels hier in seiner grob polemischen, auf die Zustimmung der Massen abzielenden Sprache schreibt, das könnte ein liberal denkender Mensch inhaltlich vermutlich bejahen. Aber P.S. spürte in diesem Aufsatz wie in Röhms Aufruf die sehr wohl berechnete Nebenwirkung: dass christliche Moral als lebensfeindliches »Muckertum« der Lächerlichkeit preisgegeben wurde. Wir wissen heute, wie sich später bei den nationalsozialistischen Siegern diese Art von »Moral« des »freien Herrenmenschen« ausgewirkt hat.

P.S., der eigentlich Grund gehabt hätte, sich zurückzuhalten, nahm nun auch gegen Josef Goebbels Stellung. Er tat es in seiner Predigt vom 28. Januar 1934 über Matthäus 8,23-27, in welcher er unter dem Titel »Die Sturmfahrt der Kirche Christi und Jesu Herrlichkeit« sich heftig auseinandersetzte sowohl mit den Irrlehren der DC wie mit dem nackten Heidentum der »Deutschen Glaubensbewegung« und Rosenberg, dem Verfasser des »Mythus des 20. Jahrhunderts«. In diesem Zusammenhang hieß es da: *»Wir sagen es auch offen, dass wir uns als evangelische Christen nicht mit allen Äußerungen und Reden mancher führender Männer des neuen Deutschland einverstanden erklären können. Uns schiert nicht der Vorwurf des Muckertums, wir fragen auch nicht nach ›Moral und Moralin‹, aber wir haben Gottes klares Gebot wider Hurerei und Ehebruch, das uns Luther in unserem Katechismus auslegt: ›Wir sollen keusch und züchtig leben in Worten und Werken…‹«*

Schon am Tag darauf informierte der NSDAP-Stützpunktleiter von Dornholzhausen die Kreisleitung der NSDAP über Schneiders Angriff gegen Goebbels. Und er gab ihr den Tipp, für den nächsten Tag sei Pfarrer Schneider zu seiner vorgesetzten Dienststelle in Koblenz vorgeladen. »Es wäre gut, wenn diese vor seinem Eintreffen schon über seine gestrige Hetzpredigt orientiert wäre.«

> Dazu kam, dass Paul Ende Januar 1934 die Notbund-Erklärung gegen den Reichsbischof-Erlass vom 4. Januar 1934 nach seiner Predigt über »Die Sturmfahrt der Kirche Christi und Jesu Herrlichkeit« (Matthäus 8,23-27) verlesen hatte: *»Obwohl ich im Allgemeinen nicht Kirchenpolitik oder Politik auf die Kanzel bringe, sprach ich in dieser Predigt recht scharf gegen die DC und wies auch auf die Gefahren hin, die vom Volksleben und dem Staat auch im Dritten Reich dem Schifflein der Kirche Jesu Christi drohen«* (Brief vom 4. Februar 1934).

Auch das hat der Stützpunktleiter von Dornholzhausen dem Kreisleiter in Wetzlar geschrieben, dass Schneider nach seiner Predigt in kirchlichen Angelegenheiten gegen Reichsbischof Müller protestiert und gesagt habe, es seien schon einige Pfarrer da, die dagegen protestierten. Ihnen würde er sich anschließen. Der Stützpunktleiter fügt hinzu: »Zum Schluss gab er noch zu, dass er sich diese Äußerungen nicht erlauben dürfe, aber sein Gewissen würde ihm keine Ruhe lassen.«

Bei der Verordnung, gegen die P.S. am 28. Januar 1934 protestierte, handelte es sich um den sogenannten »Maulkorb-Erlass« des Reichsbischofs Ludwig Müller, der seit dem Sportpalastskandal immer heftigerer Kritik ausgesetzt war. In seiner Unsicherheit verfiel Müller auf die Idee, im Erlass vom 4. Januar 1934[198] den Pfarrern zu verordnen: »Der Missbrauch des Gottesdienstes zum Zwecke kirchenpolitischer Auseinandersetzung, gleichviel in welcher Form, hat zu unterbleiben. Freigabe sowie Benutzung der Gotteshäuser und sonstigen Räume zu kirchenpolitischen Kundgebungen jeder Art wird untersagt. Kirchliche Amtsträger, die das Kirchenregiment oder dessen Maßnahmen öffentlich oder durch Verbreitung

198 Wentorf: Der Fall, S. 92f.

von Schriften, insbesondere durch Flugblätter oder Rundschreiben, angreifen, machen sich der Verletzung der ihnen obliegenden Amtspflichten schuldig.« Gegen sie »ist unter sofortiger vorläufiger Enthebung vom Amt unverzüglich das förmliche Disziplinarverfahren einzuleiten. Für die Dauer der vorläufigen Amtsenthebung ist vorbehaltlich weitergehender Bestimmungen der Disziplinargesetze das Einkommen um mindestens ein Drittel zu kürzen.«

Gegen diesen Erlass des Reichsbischofs verlas P.S. nach seiner Predigt über die Sturmfahrt der Kirche Jesu Christi die »Kanzelabkündigung der Bekennenden Kirche«[199], die an diesem Sonntag von vielen Kanzeln verlesen wurde: »Wir erheben vor Gott und dieser christlichen Gemeinde Klage und Anklage dahin, dass der Reichsbischof mit seiner Verordnung ernstlich denen Gewalt androht, die um ihres Gewissens und der Gemeinde willen zu der gegenwärtigen Not der Kirche nicht schweigen können, und zum anderen bekenntniswidrige Gesetze von Neuem in Kraft setzt, die er selbst um der Befriedung der Kirche willen aufgehoben hatte. – Wir müssen uns auch dem Reichsbischof gegenüber nach dem Wort verhalten: ›Man muss Gott mehr gehorchen als den Menschen!‹[200]«

Unverzüglich schrieb nun Kreisleiter und Landrat Grillo aus Wetzlar an das Ev. Konsistorium der Rheinprovinz in Koblenz im Blick auf P.S. u.a.: »...bitte ich dringend, seine sofortige Suspendierung aussprechen zu wollen, da ich mich andernfalls nach Lage der Verhältnisse gezwungen sehen würde, Pfarrer Schneider in Schutzhaft zu nehmen«.

Das in Aussicht gestellte Gespräch des Konsistoriums mit P.S. führte am 30. Januar 1934, dem Jahrestag der Machtergreifung Hitlers, in Koblenz Oberkonsistorialrat Euler[201].

199 Wentorf: Der Fall, S. 98.

200 Apostelgeschichte 5,29.

201 Karl Euler (1877–1960), 1913–26 Pfarrer in Düsseldorf, 1916–26 Jugendpfarrer, 1926–32 theologischer Konsistorialrat und 1932–45 Oberkonsistorialrat und theologischer Dirigent beim Ev. Konsistorium der Rheinprovinz.

Am nächsten Tag sandte P.S. die umstrittene Predigt vom 28. Januar über die »Sturmfahrt der Kirche Jesu Christi« an das Konsistorium in Koblenz. Er erklärte dabei:[202] *»Im Allgemeinen pflege ich kirchenpolitische oder politische Dinge nicht in die Predigt zu bringen. Ich glaube, dass es verkehrt war, den Namen des Herrn Dr. Goebbels zu nennen. Dass ich doch wieder trotz der vorausgegangenen Röhmsache zu einem ähnlichen Aufruf eines Ministers Stellung nahm, ist zu erklären aus der Sorge, wie solche Ausführungen auf ohnehin nicht moralfeste Nationalsozialisten, wie wir sie in führender und geführter Stelle in Hochelheim haben, wirken müssen. Es wurde mir von ernsthaften und älteren Kollegen nach dem Röhmaufruf erzählt, wie böse der sich auf das Sittlichkeitsgefühl der Großstadt (Frankfurt/Berlin) ausgewirkt habe. Da wollte es mir leid gewesen sein, meinen Protest unter der mir von meiner Behörde vorgestellten Begründung wieder zurückgenommen zu haben. Es war auch ein Rest von persönlicher Unaufrichtigkeit in meinem Herzen als Stachel zurückgeblieben, der sich nun auch auf diese Weise Luft machte. Immerhin bedauere ich es, den Aufsatz von Dr. Goebbels tragischer genommen zu haben, als er es verdient, und einen eigenwilligen oder ungerechten Weg in der Reaktion darauf eingeschlagen zu haben.«* Er bestätigt, dass er *»in den durch das Wohlwollen des Konsistoriums mir vorgeschlagenen Weg meiner Beurlaubung selber eingewilligt habe«* und bittet, mit Landrat Grillo zu klären, ob seine Äußerungen denn wirklich eine Verhaftung begründen würden. Er bittet aber auch, an geeigneter Stelle darauf hinzuweisen, dass Pfarrer ernste Besorgnis hätten betreffend die Wirkung solcher *»immerhin missverständlicher Aufrufe und Erlasse«*. Sein Brief schließt: *»Ich gebe zu, dass ich in meinen kirchenpolitischen Äußerungen zu allzu großer Schärfe mich habe fortreißen lassen vor der Gemeinde, und gebe meinem Bedauern darüber Ausdruck mit der Bitte um Entschuldigung.«*

---

202 Wentorf: Der Fall, S. 94f.

> Trotz seiner zweiten Beurlaubung fühlte Paul sich um des Gemeindeteils willen, der treu hinter ihm stand, zum Bleiben verpflichtet. Aber am 19. Februar 1934 kommt das amtliche Schreiben mit seiner Versetzung nach Dickenschied. Sein Bleiben sei in Hochelheim nicht mehr möglich, besonders nicht von seiten der staatlichen Stellen. Bis zum Umzug, Ende April, sei kein Dienst mehr gestattet.

Mit Datum vom 15. Februar 1934 teilte das Konsistorium P. S. mit,[203] es habe dem Landrat geschrieben, dass er, P. S., sich bis auf Weiteres als beurlaubt zu betrachten hätte und sobald wie möglich in eine andere Pfarrstelle versetzt werden müsse. Es wird festgestellt, dass er in seiner Predigt »mehrere Leiter des heutigen Staates mit Nennung ihrer Namen einer scharfen Kritik unterzogen« habe. Die Sachbearbeiter hätten ihm seine Verfehlungen eindringlich vor Augen gehalten. Da er eine Bitte um Entschuldigung ausgesprochen habe, sehe das Konsistorium davon ab, disziplinarische Maßnahmen gegen ihn zu ergreifen. »Indessen ist der Übergang in eine andere Pfarrstelle möglichst bald herbeizuführen.« Das Konsistorium habe für ihn die Pfarrstelle Dickenschied/Womrath in Aussicht genommen. Es werde dieses der Gemeinde mitteilen. »Wir fordern Sie auf, uns innerhalb einer Woche Ihre Bereitwilligkeit mitzuteilen, dass Sie diese Pfarrstelle übernehmen wollen.« Diese Bereitschaft hat P. S. dem Konsistorium mitgeteilt.[204]

Langensiepen schreibt hierzu in seinen »Erinnerungen«, S. 233f: »Er war drauf und dran, seiner Beurlaubung nicht nachzukommen: ›Auf eine Verhaftung will ich es dabei ankommen lassen.‹ Ein Brief von mir bewegte ihn doch endlich zum Nachgeben, da die Verhältnisse in der in Aussicht genommenen Gemeinde Dickenschied und in unserer Synode für ihn ungleich günstiger liegen würden als in Hochelheim. Es hat ihn aber Zeit seines Lebens bedrückt, dass er damals von seiner

203 Wentorf: Der Fall, S. 99f.
204 Wentorf: Der Fall, S. 99f.

alten Gemeinde gewichen ist und den Kampf nicht ausgefochten hat. Dies erklärt manches an seinen Entschlüssen, die er später anlässlich seiner Ausweisung aus Dickenschied fasste.«

Das war eine schwere Probe für Paul, innerhalb der Gemeinde zu stehen und zu wohnen und doch Predigt und Unterricht anderen überlassen zu müssen. In einem Brief vom 1. März 1934 schreibt er an einen Freund: *»Mein Hochelheimer Presbyterium stellte sich nicht hinter mich, und bei im Übrigen sehr vielen Sympathien in den Gemeinden sind nur sehr wenige da, die für ihren Pfarrer den Kopf hinhalten wollen.«*

Eine Abordnung zweier gutgesinnter Männer musste sich auf dem Konsistorium belehren lassen, dass es für den Pfarrer das Allerbeste sei, er gehe. Paul hatte also keinen Auftrag mehr in Hochelheim.[205] Er wäre sonst bereit gewesen, die Treue zu halten.

Er schied in Frieden; die, die ihm am meisten schadeten, können es bezeugen. Aber die Sorge um seine ersten Gemeinden ließ ihn nicht los, und so wurde ihm sein Weggang immer wieder zur Anfechtung.

Die Gemeinden erwirkten bei den politischen Leitern die Genehmigung, Abschiedsfeiern im Vereinshaus bzw. in der Turnhalle für den Pfarrer halten zu dürfen. Dabei kam dann Paul auch noch einmal zu Wort. Von der Feier im Filial Dornholzhausen erzählt eine Freundin: »Paul Schneider sah angegriffen und abgezehrt aus. Mächtiger noch als sonst wölbte sich der starke Schädel mit der gebuckelten Stirn vor, die Augen lagen tief in ihren Höhlen. Aber eine große Stille lag wie ein Glanz auf seinen Zügen. Wir machten uns schweigend in dieser abendlichen Stunde auf den Weg. Ein Auto überholte uns – eine Frau mit einem amputierten Bein ließ sich herbei-

205 Der »Auftrag« war ihm durch die Kirchenleitung, die er ernst nahm, ebenso genommen wie durch das Presbyterium, das sich mit großer Mehrheit gegen sein Bleiben in Hochelheim ausgesprochen hatte. Damit war ihm für ein weiteres Wirken als Pfarrer in Hochelheim der Boden entzogen.

fahren, um in dieser Stunde nicht zu fehlen. Mir gegenüber äußerte sie sich dahin, durch Pfarrer Schneiders Seelsorge sei in ihr bisher unstetes Leben Ruhe und Frieden eingekehrt. Da saßen nun in dem Saal die Menschen, Kopf an Kopf, mit stillen, in sich gekehrten Gesichtern. Der Mädchenchor begann mit Liedern, die sie bei ihrem Pfarrer gelernt hatten, die Frauen sagten Gedichte und brachten als Abschiedsgabe ein Bild ihres Kirchleins. Ein Presbyter trat vor und erklärte, lange habe er in der Hl. Schrift nach einem Trostwort für seinen Pfarrer gesucht, und nun wolle er ihm diesen Trostpsalm vorlesen. So begann er mit der eintönigen Stimme, wie es Landleute häufig tun, oft vor Bewegung stockend, zu lesen. – Dann erhob sich Paul Schneider und sprach zum letzten Mal zu der Gemeinde seiner Heimat. Nun gelte es, Abschied zu nehmen. Er bat seine Gemeinde, es seinem Nachfolger nicht schwer zu machen, jeder habe nun einmal eine andere Art. – Aber es gelte nun auch, Rechenschaft abzulegen. Diese seine Gemeinde sei seine erste große Liebe im Amt gewesen, und um sie habe er im Zorn und in Liebe geeifert … Wäre ihm noch einmal vergönnt gewesen, ihnen das Wort Gottes zu verkündigen, so hätte es in größerer Liebe geschehen sollen. Das erkenne er in dieser Stunde, und darum bäte er sie alle, ihm zu verzeihen, wo er gefehlt habe, denn es bliebe dabei: Nun aber bleibet Glaube, Hoffnung, Liebe, diese drei; aber die Liebe ist die größte unter ihnen.[206] Denn der Grund, auf dem sie erbaut seien, Jesus Christus[207], der Sohn des lebendigen Gottes, der müsse unwandelbar bis in alle Ewigkeit bestehen bleiben; seine letzte Bitte könne nun keine andere sein, als in Gehorsam und Glauben auf diesem Boden, was auch kommen möge, zu beharren. Dann schritt er durch die Reihen und reichte allen die Hand. Es herrschte eine lautlose Stille, in das Scharren der Füße klang das unterdrückte Weinen der Frauen. – Die Frauenhilfe hatte zu einem

---

206 1. Korinther 13,13.

207 Vgl. 1. Korinther 3,11: »Einen andern Grund kann niemand legen als den, der gelegt ist, welcher ist Jesus Christus.«

Abschiedskaffee eingeladen. Da saßen nun die Frauen auf den Bänken aufgereiht, immer noch fand keine das erlösende Wort. Das Dorf hatte seiner scheidenden Pfarrfrau eine vollständige Hessentracht mit den gefalteten Röcken, Häubchen und breiten Bindebändern zum Abschied geschenkt. Als Gretel Schneider nun, gekleidet wie alle andern, mit einem herzlichen Wort zu den Frauen trat, war der Bann gebrochen.«

Auch die Hochelheimer Frauenhilfe richtete uns einen Familienabend größten Ausmaßes, bei dem Humor und Fröhlichkeit nicht fehlten.[208] Wir wollten uns gegenseitig den Abschied nicht zu schwer machen. – Unter dem Gesang der Frauen fuhren wir dann am 25. April zum Dorf hinaus.

---

208 Noch bei der Mitgliederversammlung der Pfarrer-Paul-Schneider-Gesellschaft e.V. im Juni 2003 in Weimar, während einer Gedenkveranstaltung für die am 27. Dezember 2002 verstorbene Margarete Schneider, konnte Frau Maria Hanke, geb. Jung, das herzlich dankbare Gedicht vortragen, das sie 1934 als zwölfjähriges Mädchen Pfarrer Schneider und seiner Frau zum Abschied aufgesagt hatte. Frau Hanke starb im Dezember 2015 im Alter von 94 Jahren.

Dickenschied

Wie Jesus Christus Gottes Zuspruch der Vergebung aller unserer Sünden ist, so und mit gleichem Ernst ist er auch Gottes kräftiger Anspruch auf unser ganzes Leben; durch ihn widerfährt uns frohe Befreiung aus den gottlosen Bindungen dieser Welt zu freiem, dankbarem Dienst an seinen Geschöpfen.

Zweite These der Bekenntnissynode von Barmen im Mai 1934

Paul Schneider berichtet vom Einstand in Dickenschied: *»Mit einem Rest der Möbel, in Sofa und Sessel sitzend, mit Aussicht nach hinten, fuhr die Familie höchst gemütlich, andere sagen, zigeunermäßig, im Möbelauto die 200 km von Hochelheim nach Dickenschied. Ich selbst habe wie ein Schäferhund mit meinem Motorrad das Auto begleitet. Die ganze versammelte Gemeinde mit dem Kirchmeister an der Spitze bereitete uns dann im Pfarrhofe einen schönen Empfang.*

Auf die schönste und freundlichste Weise mit festlichem Grün und Kirchenfahnen wurde in der Filialgemeinde Womrath am 8. Mai 1934 die Amtseinführung gefeiert. Der Superintendent[209] *hatte als Text seiner Ansprache Jeremia 15,19-21 gewählt: ›Darum spricht der Herr also: Wo du dich zu mir hältst, so will ich mich zu dir halten, und sollst mein Prediger bleiben. Und wo du die Frommen lehrest sich sondern von den bösen Leuten, so sollst du mein Mund sein. Und ehe du solltest zu ihnen fallen, so müssen sie eher zu dir fallen. Denn ich habe dich wider dies Volk zur festen, ehernen Mauer gemacht. Ob sie wider dich streiten, sollen sie dir doch nichts anhaben. Denn ich bin bei dir, daß ich dir helfe und dich errette, spricht der Herr, und will dich erretten aus der Hand der Bösen und erlösen aus*

209 Ernst Gillmann (1890–1966) war von 1929 bis 1959 Pfarrer in Simmern und Holzbach, 1932–1959 Superintendent des Kirchenkreises Simmern, seit 1933/34 Mitglied der Pfarrbruderschaft.

der Hand der Tyrannen.‹ – Ich hielt meine Einführungspredigt über 2. Petrus 1,19[210]*.«*

Mit spürbarer Freude schildert P. S. am 24. Juni 1934 im »Rundbuch« den Verwandten, wie zuvorkommend sie in Dickenschied und Womrath aufgenommen wurden. Nach den Schwierigkeiten in Hochelheim war dieser Empfang für seine Frau Gretel, für die Kinder und ihn wie eine Befreiung: *»Im Hause eines Presbyters hatten die vier Presbyterfrauen ein Nachtessen vorbereitet.... Ein Singkreis aus dem Hunsrück eines von Singwochen mir bekannten Amtsbruders*[211] *sang unterdessen unter dem Fenster mehrere Lieder. Womrather Gemeindeglieder schenkten uns einen schönen Sessel. So war ich auf die schönste und freundlichste Weise eingeführt. Inzwischen haben wir den treuen Sinn unserer Gemeindeglieder immer besser kennengelernt und sind wahrlich nicht bloß um des gemütlichen Hauses, der schönen Landschaft und der guten Luft willen gern hier oben. Unsere Kinder und wir alle entwickelten zuerst einen wahren Bärenhunger. Allerlei Besuche haben uns schon hereingeblickt, zwei aus der alten Heimat, ... vier junge Männer, meine Nachbarpfarrerstochter und Hausfreundin aus der alten Heimat und vor allem Mariele*[212] *in der Rolle der munteren Kindertante, die aber auch auf dem Motorrad ihres Schwagers den Hunsrück unsicher machte. ... Auch zwei Basen von mir aus Bonn waren eine Woche lang bei uns ... So ging die Zeit auch mit einigen notwendigen Besuchen von uns im Fluge vorbei, da wir die neue Heimat kennen- und lieben lernten.«*

---

210 »Umso fester haben wir das prophetische Wort, und ihr tut gut dran, dass ihr darauf achtet als auf ein Licht, das da scheint an einem dunklen Ort, bis der Tag anbreche und der Morgenstern aufgehe in euren Herzen.«

211 Es war der Pfarrer von Gödenroth, Fritz Langensiepen, mit seinem Singkreis.

212 Marie Luise Dieterich (1890–1979), eine der Schwestern von M. S. Da sie ledig war, kam sie viel in den Familien ihrer Schwestern herum – sie hatte auch ihrem Bruder Karl in Rötenberg vor dessen Verheiratung den Haushalt geführt – und wurde ihnen zur großen Hilfe.

Paul sollte sich des teuer erkauften Friedens in Dickenschied nicht lange erfreuen dürfen. Schon am 12. Juni 1934 kam es zu einem Zusammenstoß. Er berichtet selbst darüber: *»Vertretungsweise hatte ich im Nachbarort Gemünden, einem kleinen Landstädtchen, eine Beerdigung übernommen. Am Grabe kam es zu einem Zwischenfall. Es war nämlich ein riesiger Parteiapparat aufgeboten worden mit Musik und Fahnen, SA-Spalier, HJ, BdM*[213]*, Arbeitsdienst*[214]*, weil es sich um einen Hitlerjungen und Arbeitsdienstwilligen handelte. Nach der liturgischen Einsegnung folgten dann viele Kranzniederlegungen mit z. T. langen Ansprachen, in denen auch religiöse Anklänge vorkamen. Nachdem der stellvertretende Leiter des Arbeitslagers schon das Schicksal an Stelle des lebendigen Gottes eingeführt hatte, sprach unter den letzten noch der Kreisleiter*[215] *und versetzte den Verstorbenen frisch-fröhlich in den himmlischen Sturm Horst Wessels. Ich hatte den Segen noch nicht gesprochen, und es war mir klar, dass ich nicht einfach in den Horst-Wessel-Sturm einsegnen könne, so schickte ich, um in mildester Form kirchliche Lehrzucht zu üben, voraus: ›Ich weiß nicht, ob es in der Ewigkeit einen Sturm Horst Wessels gibt, aber Gott, der Herr, segne deinen Ausgang aus der Zeit und deinen Eingang in die Ewigkeit. Lasst uns nun in Frieden gehen zu dem Hause des Herrn und Totengedächtnis halten vor Gott und seinem Heiligen Wort.‹ Das ging dem Herrn Kreisleiter gegen die Ehre, und er trat noch einmal vor und stellte es nun als gewisseste Behauptung auf. ›Kamerad…, du bist tatsächlich in den Sturm Horst Wes-*

213 Hitler-Jugend; Bund Deutscher Mädchen; Jugendorganisationen des NS-Staates; 10- bis 14-Jährige: »Deutsches Jungvolk«; ab 14 Jahren: »Hitler-Jugend« (HJ); das Ziel: die Jugend von Anfang an in der NS-Ideologie zu erziehen.

214 Pflichtjahr für junge Leute ab 18 Jahren: Arbeitsleistung für allgemeinnützlichen Zweck. Männer in körperlich schweren Aufgaben (Straßenbau, Landwirtschaft, später auch Rüstung), Frauen in (kinderreichen) Familien, Landwirtschaft, sozialen Einrichtungen.

215 Heinrich Nadig (1901–1975), Kreisleiter der NSDAP Gemünden.

sels heimgegangen.‹ Darauf ich: ›Ich protestiere. Dies ist eine kirchliche Feier, und ich bin als Pfarrer für die reine Lehre der Hl. Schrift verantwortlich.‹ Die Parteiverbände marschierten darauf an dem Gedächtnisgottesdienst vorbei.« – Paul ging nachher in die Wirtschaft zu der SA und suchte den Kreisleiter, um mit ihm persönlich die Sache zu bereden. Er war aber schon abgefahren. Darauf schrieb Paul den folgenden Brief:

»Dickenschied, den 13. Juni 1934

Sehr geehrter Herr Kreisleiter!

Zu dem gestrigen Vorfall auf dem Friedhof möchte ich Ihnen, nachdem ich Sie gestern vergeblich zu sprechen suchte, einige Worte schreiben, die Sie bitten wollen, mein Handeln zu verstehen. Es ist mir persönlich leid, dass es zu diesem Zusammenstoß kam, aber ich handelte in einer Zwangslage. Auch die Friedhofsfeier ist eine streng kirchliche Feier, im Namen des dreieinigen Gottes eingeleitet und geschlossen mit dem Segen und der Einladung zum Gotteshaus. Es geht nicht an, dass dabei wer nur will und was er nur will, redet. Dies Verständnis für rechte kirchliche Ordnung darf ich bei Ihnen voraussetzen. Wenn schon der Ersatz des lebendigen heiligen Gottes durch das ›Schicksal‹, das den Jungen abgerufen habe, in einer evangelisch-kirchlichen Feier nicht wohl überhörbar ist, so musste die Einführung des himmlischen Sturmes Horst Wessels, der übrigens von dem einmal gewesenen Bischof Hossenfelder erfunden worden ist, den die Feier leitenden und für deren kirchlich-bekenntnismäßigen Charakter verantwortlichen Pfarrer zum Widerspruch nötigen. Ich tat das in der mildesten Form, die am wenigsten Aufsehen erregen sollte. Ihr nochmaliges Auftreten zwang mich, Protest einzulegen.

Bei einer evangelisch-kirchlichen Feier hat die Stimme Gottes nach der Heiligen Schrift unüberhörbar zu Gehör zu kommen. Unser Kirchenvolk ist wahrhaftig liberalisiert genug, als dass noch länger jede Meinungsäußerung in der Kirche zu ihrem Rechte kommen könnte. Bei einer kirchlichen Beer-

digungsfeier insbesondere verträgt es der Ernst der Ewigkeit nicht, mit menschlichen Maßstäben gemessen zu werden. Nicht jeder, der einigermaßen in der HJ oder SA seine Schuldigkeit tut, ist darum seligzusprechen. Den irdischen Sturm Horst Wessels lasse ich sehr wohl gelten, aber darum lässt Gott ihn noch lange nicht geradlinig in die ewige Seligkeit marschieren. Das ist vielleicht ›Deutscher Glaube‹, aber nicht schriftgemäßer christlicher Glaube, der mit der vollen Wirklichkeit der tief in das Herz und Leben der Menschen verflochtenen Sünde Ernst macht.

Ich wende mich außerdem an Ihr Verständnis für Ordnung und Disziplin. Ich darf in einer Parteiversammlung der NSDAP auch nicht auftreten und sagen, was ich will. Mit einer kirchlichen Feier auf dem Friedhof vereinbaren sich allenfalls Kranzniederlegungen mit einem schlichten kurzen Nachruf, aber nicht lange Ansprachen mit glaubensmäßigen Aussagen, zumal wenn vorher nicht das Einverständnis des die Feier leitenden Pfarrers eingeholt wurde.

Es ist wohl jetzt nur eine überflüssige Versicherung, die ich Ihnen gebe, dass mich nicht politische Reaktion leitete, und Sie werden einem aufrechten deutschen Manne und Christenmenschen schon glauben, wenn er sich auf sein pfarrerliches, in Gott gebundenes Gewissen beruft. Im Übrigen wäre es mir ein Vergnügen, wenn wir uns über die Sache selbst und die dahinterliegenden Glaubenswirklichkeiten weiter unterhalten dürften.

Mit deutschem Gruß
P. Schneider, Pfarrer«

Pauls Freund Langensiepen berichtet: »Drei Tage ließen die politischen Stellen sich Zeit zu der Überlegung, in welcher Weise hier eingegriffen werden müsse, dann stellten sie fest, dass die vielberufene Volksseele am Kochen[216] sei,

216 Was die »kochende Volksseele« betrifft, so schrieb der zuständige Superintendent Ernst Gillmann am 14. Juni 1934 an das Evang.

und nahmen Paul Schneider in Schutzhaft. Wir besuchten ihn in seiner Zelle. Er saß dort gelassen und getrost. Eine Woche lang hielt man ihn fest, dann wurde er entlassen. Die Volksseele hatte ausgekocht.« – Nun fährt Paul in seinem Brief vom 25. Juni 1934 fort: *»Während meiner Haft unterschrieben von 48 Haushaltungen meines Filials 43 eine Eingabe, in Dickenschied das Presbyterium für die ganze Gemeinde.«*

In dieser von 43 Haushaltsvorständen in Womrath unterschriebenen Eingabe an den Regierungspräsidenten in Koblenz heißt es: »Wir sind der Meinung, dass unser Pfarrer am Grab des Karl Moog, Gemünden, als Diener am Wort Gottes nichts anderes sagen konnte, als was der klare Wortlaut der Bibel verkündet. Unserer Meinung nach hat er sich nicht im Geringsten gegen den Staat oder wider seinen Führer verfehlt, deshalb treten wir für unseren Pfarrer ein und bitten um seine Freigabe.« Das Presbyterium von Dickenschied schloss sich an mit einem Schreiben, das mit den Worten endet: »Wir benutzen diese Gelegenheit, nun auch Sie zu bitten, doch bei den maßgebenden Stellen sich einzusetzen, dass Pfarrer Schneider, der das Vertrauen der ganzen Gemeinde besitzt, doch aus der Haft entlassen wird und wieder in seinem Amte tätig werden kann. Der ganze Hunsrück ist empört und erregt über diese Verhaftung.«[217]

In dem Brief von Paul heißt es weiter: *»Die SA-Leute drohten mit Austritt, wenn der Pfarrer nicht wiederkomme, und riskierten Verhaftung, führten Glaubensgespräche mit dem*

Konsistorium in Koblenz: »Wie Bruder Christmann, der heute in Womrath und Dickenschied war, mitteilen ließ, ist die Erregung der Bevölkerung außerordentlich groß, jedoch, um jedes Missverständnis auszuschließen, nicht gegen Pfarrer Schneider.« Rudolf Christmann, Pfarrer in Ellern, war Vorgänger von P. S. in Dickenschied und Womrath.

217 Wentorf: Der Fall, S. 106f.

Kreisleiter und antworteten auf die Frage, was ihnen lieber sei, der Glaube oder der Nationalsozialismus, ›der Glaube‹, um sich dann sagen lassen zu müssen, dass sie so keine rechten Nationalsozialisten seien. Sie waren aber hier bei den allerersten Anfängen der Bewegung längst vor dem Umschwung schon dabei! Die Presbyter des Filials und andere Männer verantworteten sich, vor den Herrn Amtsbürgermeister zitiert, dort für ihren Glauben. Der Ortsvorsteher und Vater des Stützpunktleiters sagte, wie wir für das Vaterland und den Nationalsozialismus gekämpft haben, so stehen und kämpfen wir auch für den Glauben unserer Kirche. Die Amtsbrüder der Pfarrbruderschaft, zu der ich gehöre,[218] *verfassten eine Erklärung, in der sie ausdrücklich mein Handeln vor der Öffentlichkeit rechtfertigten. Sie sollte am letzten Sonntag von den Kanzeln verlesen werden, und auch an Innenministerium, Vizekanzlei und kirchliche Stellen wurde sie weitergegeben. Fast alle Amtsbrü-*

218 P.S. hatte das Glück, auf dem Hunsrück eine Bruderschaft von Pfarrern der BK anzutreffen, die ihm und seiner Frau viel hilfreichen Gedankenaustausch und treue Freundschaft bot. Ihre Geschichte schildert eindrücklich: Hermann Lutze: Die Hunsrücker Pfarrbruderschaft. Geschichte einer Bruderschaft im Dritten Reich, Monatshefte für die Evang. Kirchengeschichte des Rheinlands 2008, S. 165ff. In dem erwähnten Schreiben der Hunsrücker Pfarrbruderschaft vom 18. Juni 1934 heißt es u.a.: »Wir unterzeichnenden Pfarrer erklären unsere volle Gemeinschaft mit unserem Amtsbruder Schneider. Wir sind der Überzeugung, dass im Rahmen einer kirchlichen Beerdigungsfeier angesichts des Ernstes des Todes die Zitierung des ›himmlischen Sturms Horst Wessel‹ unangebracht ist.... Die Rede vom himmlischen Sturm Horst Wessel – die übrigens von dem gewesenen Bischof Hossenfelder aufgebracht zu sein scheint – widerspricht dem innersten Wesen des Evangeliums, wie es uns die Reformatoren neu zu erkennen gelehrt haben.... Es ist unverständlich, wie das rein religiös-christlich motivierte Verhalten unseres Amtsbruders Schneider zu einem politischen Vorgehen gegen den heutigen Staat, den er ebenso anerkennt wie wir, missdeutet werden konnte.« Die Pfarrer verweisen auf die starke Erschütterung in den Gemeinden des Hunsrück und richten den dringenden Appell an die maßgebenden Stellen, »unseren Amtsbruder Schneider wieder seinem Dienste zurückzugeben und für seine baldige Rehabilitierung zu sorgen«.

der der Synode erklärten sich in einem Schreiben an mich ins Gefängnis solidarisch und wollten in gleicher Weise zur Wahrheit stehen und auch dafür leiden. Der Herr Superintendent, der in Simmern, dem Ort meiner Haft, wohnte, war rührend besorgt um mich und trug mir jeden Mittag durch die ganze Stadt in einem Körbchen das Mittagessen zu. Der Gerichtsdiener gab sich alle Mühe, meine Haft angenehm zu gestalten. Gretel durfte mich besuchen, soviel sie wollte. Nach sechs Tagen entließ mich der stellvertretende Landrat aus der Haft. Obwohl die Sache bis Berlin geleitet wurde, fand man doch keinen Grund zur Strafe und verwarnte mich nur, in Zukunft von staatsfeindlichen Äußerungen Abstand zu nehmen, wogegen ich mich mündlich und schriftlich verwahrte. Zwei Presbyter geleiteten mich heim, und abends versammelte sich die ganze Gemeinde in der Kirche. Ihr könnt Euch denken, dass wir viel mehr Trost und Freude hatten, als das bisschen Ungemach uns ausmachte. Ich glaube Euch dies unser Erleben nicht vorenthalten zu dürfen, weil es uns allen den Glauben stärken darf an die Sendung und Verheißung der Kirche Christi für unser Volk auch in unseren Tagen. Nachdem die Gemeinde hier solche Haltung gezeigt, möchten wir wirklich uns erst recht beglückwünschen zu unserer Verbannung auf den Hunsrück.«

P. S. schrieb noch mit einigem Stolz den Satz dazu, den M. S. nicht in ihren Bericht aufgenommen hat: »Gretel zeigte sich recht tapfer und vergoss keine Träne, dass sich auch die Hüter der Staatsordnung wunderten.«

Diese seine erste Verhaftung gab P. S. aber doch auch viel zu denken im Blick auf die Selbstständigkeit der Gemeinden. »Es ist mir leid, dass die Gemeinde keinen Gottesdienst hat«, schreibt er am 16. Juni 1934 an den Presbyter Jakob Scherer in Womrath aus der kurzen Haft in Simmern. »Ermahnen Sie doch die Leute, desto mehr zu Hause zu beten und die Bibel zu lesen.« Zuvor hatte er den Gemeindegliedern Bibellesezettel gegeben. Er hätte es auch gern gesehen, wenn zwei Presbyter Gottesdienst gehalten hätten. Aber sie haben es sich nicht zugetraut. »Für die Gemeinde und Kirche Jesu Christi ist es gut, dass solche Stöße kommen, die uns munter machen. ... In Demut wollen wir als Sünder Gottes Angesicht suchen auch über all dem geheimen und offenbaren Abfall von Gott in unserem Volk und alle Abgötterei, fröhlich wollen wir ihm vertrauen, dass er seine Gemeinde doch nicht verlassen und er sie noch brauchen will für seine Heilsabsichten auch in unserem Volk, wenn auch durch Kreuz und Leiden. Auch die Feinde des Kreuzes Christi sollen wir lieb haben.« Er dankt den Presbytern und allen Womrathern »für ihr tapferes Eintreten für unsere gute kirchliche Sache des Bekenntnisses göttlicher Wahrheit«. Es gehe ihm gut. »Die Liebe und Treue der Amtsbrüder und der Gemeinden, die ich nicht verdiene, ist mir reichlicher Trost.«[219]

Folgenden Brief richtete Paul Schneider nach seiner Entlassung an die Staatspolizei:

»Dickenschied, den 21. Juni 1934
An die
Staatspolizeistelle in Koblenz durch den Herrn Landrat

Wie ich schon bei meiner Entlassung aus der Schutzhaft am gestrigen Tage bei den mir gemachten Eröffnungen durch Herrn Oberinspektor Schmidt diesem gegenüber zum Ausdruck gebracht habe, verwahre ich mich entschieden gegen die nachträgliche Beurteilung des Zwischenfalles auf dem Friedhof in Gemünden am 12. Juni, der zu meiner Inschutzhaftnahme Anlass gab, als einer ›staatsfeindlichen Äußerung‹. Diese Verwahrung gebietet mir schon meine Amtsehre.

Gerade die Anwesenheit der vielen Uniformierten, die ich in diesem Falle als Hörer der kirchlichen Botschaft anzusehen hatte, machte mir das Einstehen für reine Lehre umso mehr zur Bekenntnispflicht. Darum kann ich nicht, wie Sie mir eröffnen ließen, der von mir in milder Form geübten Lehrzucht den Stempel der Staatsfeindlichkeit aufdrücken. In die-

219 Sammlung von P. Dieterich.

ser Auffassung weiß ich mich, wie verlautet, mit vielen der anwesend gewesenen Uniformierten einig. Darum kann ich auch nicht, wie Sie mir in den gemachten Eröffnungen ansinnen, versprechen, mich in Zukunft ähnlicher ›staatsfeindlicher Äußerungen‹ zu enthalten, wenn es die Pflicht meines Amtes und christlichen Bekennens mir gebietet.

Damit aber solche Zwischenfälle vermieden werden, die freilich dem Ansehen der Partei bei unserer an Bibel und Bekenntnis festhaltenden Bevölkerung schaden könnten, wäre es geraten, wenn auch von seiten der Partei und ihrer Organisation die Lebensordnungen, die Lehre und das Ansehen der Kirche ernstlich respektiert würden.

Schneider, Pfr.«

Die Gemeinde Dickenschied ist Diasporagemeinde[220], zwei Drittel der Einwohner sind katholisch, Womrath ist fast ganz evangelisch. Beide Gemeinden umfassen im Ganzen etwa 500 Seelen. Auf der Gemeinde Womrath lag das Hauptgewicht der Entscheidungen. Die Gemeinden gehören zur altpreußischen Union[221], haben aber reformiertes Gepräge, mit dem Heidelberger Katechismus als Lehrbuch. Den musste nun der neue Pfarrer zuerst selbst lernen, und er tat es mit dem ihm eigenen Einsatz und Eifer. Auch innerlich eignete er sich dieses Bekenntnisbuch immer mehr an.

Der Heidelberger Katechismus von 1563, von Zacharias Ursinus verfasst, ist ursprünglich der Katechismus der reformierten Landeskirche der Kurpfalz. Er wurde in Heidelberg gedruckt. Schon bald nach seiner Entstehung übernahmen ihn die reformierten Christen in den Niederlanden, in Ungarn und Deutschland. Die niederländische Nationalsynode von Dordrecht (1618/19), die international besucht war, erklärte

220 Konfessionelle Minderheit in einer anderskonfessionellen Region.
221 Zusammenschluss (1817) der lutherischen und reformierten Landeskirchen in Preußen.

ihn zum einhellig gebilligten Bekenntnisbuch. Auswanderer und Missionare brachten ihn nach Nordamerika, Afrika und Asien. Besonders im 19. Jahrhundert wurde dieser Katechismus, dessen besondere Stärke seine Bibelnähe ist, das reformierte Bekenntnisbuch schlechthin. Was für lutherische Christen Luthers Kleiner Katechismus, das ist für reformierte »der Heidelberger«.[222]

> Und nun fand Paul auch endlich Zeit, Barths Römerbrief zu studieren. Dieses Studium und auch die Verlautbarungen und Synodalbeschlüsse der Bekennenden Kirche, die aus dieser Theologie entstanden, bedeuteten ihm Beglückung und Befreiung. Wie oft hat er mich in seiner Freude über dieses Studium in Küche und Kinderstube daran teilnehmen lassen wollen!

Unter dem Einfluss des Ersten Weltkriegs begann der Pfarrer von Safenwil im Aargau in der Schweiz, Karl Barth[223], ganz neu, den Römerbrief des Paulus zu lesen und zu interpretieren. Das Ergebnis war das 1919 vollendete Buch »Der Römerbrief« – stark veränderte Zweitauflage 1923 –, das besonders in Deutschland große Wirkung und Unruhe in die Theologie brachte. Barth, enttäuscht über den geistigen Zusammenbruch der liberalen Theologie und Ethik in der vaterländischen Kriegsbegeiste-

222 Er ist mit Einleitung von J.F. Gerhard Goeters ausgedruckt in: Evangelische Bekenntnisse, Bekenntnisschriften der Reformation und neuere Theologische Erklärungen, Teilband 2, Bielefeld: Luther-Verlag, [2]2008.

223 Karl Barth (1886–1968), reformierter Theologe, 1921 Prof. in Göttingen, 1925 in Münster, 1930 in Bonn; er war als Gegner des Nationalsozialismus im Kirchenkampf »Vater der Bekennenden Kirche« und wurde daher 1935 seines Amtes enthoben. Er wirkte seitdem bis 1962 als Prof. in Basel. Barth war Mitbegründer und Wortführer der »Dialektischen Theologie«. Seine Kritik des liberalen Kulturprotestantismus ist ein Wendepunkt in der protestantischen Theologie. Barth nahm sein Leben lang immer wieder auch zu politischen Fragen Stellung. Sein Hauptwerk: Die Kirchliche Dogmatik, an deren ca. 13 000 Seiten er vierzig Jahre lang schrieb.

rung, empfand den Weltkrieg als ein Gottesgericht über alle Kultur, Humanität und Frömmigkeit, auf die das »christliche Abendland« so stolz gewesen war. Er erinnerte an den »fremden Gott in der Höhe«, den keine menschliche »Bewegung« für sich vereinnahmen kann, der uns aber in seinem offenbarten Wort immer neu richtend und rettend begegnet. Sein »Römerbrief« ist eine heftige Auseinandersetzung mit der liberalen Theologie, der er selbst in seiner Studienzeit gehuldigt hatte. Er bereitete den Weg zur »Dialektischen Theologie« oder »Theologie der Krise«, die in den Zwanzigerjahren des 20. Jahrhunderts eine Art »Erdbeben« in Theologie und Kirche bewirkt hat. Viele Theologen, die sich später zur BK zählten, hatten durch Barths »Römerbrief« ihr befreiendes geistiges Urerlebnis gehabt.

> Die Gemeinde war im Ganzen gut geordnet und ließ sich Pauls Dienst gerne gefallen. Frauen- und Jugendarbeit bestand schon und durfte nur weiter gepflegt werden. Neu entstand ein Singkreis, der jung und alt beider Geschlechter zusammenführte. Dass sie nicht nur fürs Singen aufgeschlossen waren, sondern mit uns in guter christlicher Gemeinschaft standen, das war unsere Herzensfreude. – Der größte Teil der jüngeren Pfarrerschaft des Hunsrücks stand seit Jahren zusammen in wissenschaftlicher Arbeit und brüderlichem Beraten der Gemeindefragen. Der beginnende Kirchenkampf hatte sie vollends zu einer Bruderschaft gemacht. Welch große Wohltat für Paul, in diesen Kreis hineinzukommen! Wie lange hatte ihn schon nach einer solchen Bruderschaft verlangt! – Weil in manchen Hunsrückgemeinden die Kirchenzucht noch nicht ausgestorben war, vielmehr sie nur einer Belebung bedurfte, wurde in der Bruderschaft gründlich darüber gearbeitet. Es wurden Thesen über Kirchenzucht aufgestellt; und Paul konnte mit seinen Erfahrungen dazu beitragen. Seine frühere Linie wurde durch diesen Austausch nur noch vertieft. – In seinen neuen Gemeinden fand er eine geistlichere Ausübung der Kirchenzucht vor. Trauzucht: Hatte ein Paar sich still trauen lassen müssen, dann kam es vor seinem ersten Abendmahlsgang ins Pfarrhaus, um im Beisein

eines Presbyters »Kirchenbuße« zu tun, d. h. unter Gottes Wort und Gebet wieder die Zulassung zum Abendmahl zu erlangen. Ebenso war es bei Mischehen[224], wenn der evangelische Teil in katholische Kindererziehung gewilligt hatte. – Paul fand ein verständnisvolles Mitgehen seines Presbyteriums, vor allem nun einmal in den drängenden Entscheidungen des Kirchenkampfes. Er durfte die Freude erleben, dass alle Presbyter sich nach der Bekenntnissynode von Barmen der BK zuordneten.

Das wegweisende Ereignis des Kirchenkampfes war die »Theologische Erklärung zur gegenwärtigen Lage der Deutschen Evangelischen Kirche«, die während der Bekenntnissynode von Barmen (29. bis 31. Mai 1934) durch die 138 Vertreter lutherischer, reformierter und unierter Landeskirchen und Gemeinden einstimmig beschlossen wurde.

Zu ihrer Vorgeschichte gehört besonders Karl Barths Streitschrift »Theologische Existenz heute« von Ende Juni 1933. In ihr entlarvt er die Irrlehren der DC und macht deutlich, der unausweichliche Kampf der Kirche werde nur zu bestehen sein, wenn die Beteiligten mit aller Entschiedenheit um die theologische Klärung ihres Glaubens ringen würden.

Vollends deutlich wurde das nach dem Versuch von Kirchenführern, am 25. Januar 1934 mit Hitler in ein Gespräch über die staatlichen Eingriffe in die Kirche zu kommen. Hitler stellte sich voll hinter den Reichsbischof Ludwig Müller und forderte volle Unterwerfung unter dessen Regime. Das Gespräch endete kläglich. Besonders nach diesem Fiasko wurde es den »Bekennern« klar, dass der Kampf gegen das Unrechtsregime mit theologischen Mitteln geführt werden müsse.

Das hatten bereits am 3./4. Januar 1934 in Barmen 320 Älteste und 167 Presbyter aus verschiedenen reformierten Gemeinden versucht. Was sie formuliert haben, liest sich wie ein Vorspiel zu dem, was Ende Mai die Erste Bekenntnissynode

224 Damals nannte man Ehen von Menschen verschiedener Konfession Mischehen.

der Ev. Kirche in Deutschland als »Theologische Erklärung« formuliert hat: das Bekenntnis zur einmaligen Offenbarung Gottes in Jesus Christus, die Ablehnung der Auffassung, Gott offenbare sich in Natur und Geschichte; die Ablehnung aller Ansprüche des Staates, den Menschen total zu vereinnahmen und ihn zu absolutem Gehorsam zu zwingen. Auch könne die Kirche ihre Botschaft und Gestalt nicht Bestrebungen, Wünschen und Zwecken, die dem Evangelium fremd sind, anpassen.

Auch die »Freie Evang. Synode im Rheinland«, die am 18./19. Februar 1934 in Barmen-Gemarke stattfand, hat der ersten Reichsbekenntnissynode vorgearbeitet. Joachim Beckmann zeigte bei ihr, wie das reformatorische Bekenntnis bedroht sei vom Rasseprinzip, dem Führerprinzip und dem Machtprinzip. In einer Entschließung zur Lehre und Ordnung der Kirche wurde dem DC-Kirchenregiment der Kampf angesagt. »Ungehorsam gegen ein Kirchenregiment, das wider Gottes Wort regiert, ist Gehorsam gegen Gott.« Diese Synode war die erste in Deutschland, in der lutherische, unierte und reformierte Christen zusammen gegen ein Kirchenregiment, das »wider Gottes Wort regiert«, Widerstand anmeldeten. Auch dadurch wurde sie ein Signal der Hoffnung auf eine baldige Freie Nationalsynode.

Ein letztes öffentliches Vorspiel war der »Ulmer Tag«. Am 22. April 1934 fand im Ulmer Münster eine gottesdienstliche Protestkundgebung statt, zu der Vertreter der bekennenden Synoden und Gemeinden aus ganz Deutschland gekommen waren. Der bayerische Landesbischof Hans Meiser[225] verlas dabei die »Ulmer Erklärung«. Diese enthält eine heftige Klage gegen die Herrschaft von Gewalt, Unrecht und Unwahrheit, auch gegen die ständige Gefährdung des Bekenntnisses, die durch den Reichsbischof in die Kirche eingedrungen waren. »Das Handeln der Reichskirchenregierung hat seit langer Zeit

225 Hans Meiser (1881–1956), 1915 Pfarrer in München und Vorstand der Münchener Diakonissenanstalt, 1922 Leiter des Predigerseminars Nürnberg, 1928 Oberkirchenrat, 1933–1955 bayerischer Landesbischof.

keine Rechtsgrundlage mehr. Es geschieht Gewalt und Unrecht, gegen welche alle wahren Christen beten und das Wort bezeugen müssen.« Die verschiedenen Kirchenführer, Vertreter freier Synoden und Gemeinden erklären sich »in Gottes Wort getrost und freudig, alles auf uns zu nehmen, was Gott uns auferlegt, – komme was da wolle –, damit das Kreuz Christi wirklich das Leben der Kirche beherrsche.« Der entscheidende Schritt, der durch die »Ulmer Erklärung« vollzogen wurde, bestand darin, dass die Anwesenden die von ihnen vertretenen bekennenden Gemeinden als die *»rechtmäßige evangelische Kirche Deutschlands«* ansahen. Aus den Bekenntnisgemeinschaften wird in Ulm die Bekennende Kirche. Deshalb wird der »Ulmer Tag« oft als »Geburtsstunde der Bekennenden Kirche« bezeichnet.[226]

Bald darauf beschlossen führende Vertreter der BK in Berlin, vom 29. bis 31. Mai 1934 in Barmen eine Bekenntnissynode einzuberufen. Karl Barth, Hans Asmussen[227], Thomas Breit[228], trafen sich am 15./16. Mai 1934 in Frankfurt. Die dabei entstandene Theologische Erklärung, die in Barmen trotz erheblichen Tauziehens zwischen Lutheranern und Reformierten mit nur wenigen Änderungen angenommen wurde, stammt im Wesentlichen aus der Feder Karl Barths.[229]

In der Barmer Erklärung wird zunächst klargestellt, dass »durch die ... Lehr- und Handlungsweise der herrschenden Kirchenpartei der Deutschen Christen und des von ihr getragenen Kirchenregiments ... die Gemeinsamkeit des Bekenntnisses und

---

226 Zum Ulmer Tag: Eberhard Mayer: Deutschkirche oder Bekenntniskirche. Der Ulmer Bekenntnistag 1934, Langenau-Ulm: Armin Vaas-Verlag, 1984.

227 Hans Asmussen (1898–1968), 1932 Pfarrer in Altona, 1933 Amtsenthebung, 1934 Ruhestandsversetzung, 1935/36 Leiter der Kirchl. Hochschule Berlin, 1942 Aushilfspfarrer in Schw. Gmünd, 1945–1948 Präsident der Kirchenkanzlei der EKD.

228 Thomas Breit (1880–1966), 1925 Dekan in Hof, 1933–1945 Oberkirchenrat in München, Stellvertr. des Landesbischofs.

229 Sie ist im Teil II dieses Buches ungekürzt abgedruckt. In vielen Ausgaben des Evangelischen Gesangbuchs (EG) ist der Text im Anhang bei den »Bekenntnissen« zu finden.

damit auch die Einheit der Deutschen Evangelischen Kirche aufs Schwerste gefährdet ist«. Die »evangelischen Wahrheiten«, zu denen sich die in Barmen anwesenden Vertreter lutherischer, reformierter und unierter Kirchen bekennen, haben ihre entscheidende Weichenstellung in der These 1, nach der »Jesus Christus, wie er uns in der Heiligen Schrift bezeugt wird, das eine Wort Gottes« ist und alle anderen »Ereignisse und Mächte, Gestalten und Wahrheiten als Gottes Offenbarung« abgelehnt werden.

Gegen die Auffassung, als gebe es »Bereiche unseres Lebens, in denen wir anderen Herren zu eigen wären«, wird die durch Jesus Christus bewirkte »frohe Befreiung aus den gottlosen Bindungen dieser Welt zu freiem, dankbarem Dienst an seinen Geschöpfen« bekannt. Gegen das Eindringen jeweils herrschender weltanschaulicher und politischer Überzeugungen wird die Kirche, die »eine Gemeinschaft von Brüdern«[230] ist, als alleiniges Eigentum Jesu Christi bezeichnet, die sich nicht, dem damals modernen »Führerprinzip« folgend, abseits von ihrem Dienst »besondere, mit Herrschaftbefugnissen ausgestattete Führer geben und geben lassen« könne.

Die Barmer Erklärung enthält ebenso die Ablehung des »totalen Staates« wie einer Kirche, die sich »staatliche Art, staatliche Aufgaben und staatliche Würde« aneignet und damit selbst »zu einem Organ des Staates« wird. Und sie verwirft »die falsche Lehre, als könne die Kirche in menschlicher Selbstherrlichkeit das Wort und Werk des Herrn in den Dienst irgendwelcher eigenmächtig gewählter Wünsche, Zwecke und Pläne stellen«. Die Erklärung endet mit der Gewissheit: *»Verbum Dei manet in aeternum.«*[231]

---

230 Die Schwestern hat man damals in kirchlichen Kreisen noch in das Wort »Brüder« eingeschlossen. Barth hatte jedoch der BK die Frage gestellt, ob eine »Männerkirche« eine Konzession »an den männerbündelnden Geist der Zeit« und ein Unrecht an zahllosen bekennenden Frauen sei (G. van Norden: Kirchenkampf im Rheinland, S. 135).

231 »... das Wort unseres Gottes bleibt ewiglich«, Jesaja 40,8.

Die Barmer Erklärung wurde schnell zur entscheidenden theologischen Wegweisug für die eben erst entstehende Bekennende Kirche. Sie wurde zum bedeutendsten theologischen Ereignis des 20. Jahrhunderts.[232]

Auch ein großer Teil der Gemeinde ging mit und unterschrieb mit der Zeit die Mitgliedskarten der BK, treulich auch die BK-Beiträge bezahlend. Paul führte die Weisungen der Bekenntnissynode ohne Vorbehalt im Einverständnis seines Presbyteriums aus, so z. B. später die wöchentlichen Bittgottesdienste[233], die selbst in Erntezeiten in vorgerückter Abendstunde von den Treuesten noch besucht wurden. – Dass die Einführung der »grünen Karten«[234] in der Gemeinde Fragen und Unruhe erweckten,[235] ist zu verstehen. Ich füge das Konzept zu seiner Predigt über Römer 14,1-9[236] hier an:

»Liebe Gemeinde! Wir sind durch den Kirchenkampf und die für oder gegen die Bekennende Kirche sich ergebende Haltung der Gemeindeglieder aufmerksam geworden auf die Frage der Einheit und Einigkeit der Gemeinde. Man hat gesagt, ich hätte die vorher einige Gemeinde gespalten; man hat gesagt, wenn

232 Die Barmer Erklärung ist zusammen mit einer Einführung von Wilhelm Hüffmeier abgedruckt in: Evangelische Bekenntnisse, Teilband 2, S. 255ff.

233 Hier: Gottesdienste, in denen für verhaftete Christen gebetet wurde.

234 Mitgliedsausweis der Bekennenden Kirche im Rheinland; anderswo: »rote Karte«.

235 Langensiepen im Blick auf die Hunsrück-Gemeinden: »Die Sammlung der Bekennenden Gemeinde durch Beitrittserklärungen wurde nur in unseren Dörfern [d.h. in den von ihm und P.S. betreuten Gemeinden] durchgeführt.« (Fr. Langensiepen, Erinnerungen, S. 236).

236 Die entscheidenden Sätze dieses Predigttextes: »Denn unser keiner lebt sich selber, und keiner stirbt sich selber. Leben wir, so leben wir dem Herrn; sterben wir, so sterben wir dem Herrn. Darum: wir leben oder sterben, so sind wir des Herrn. Denn dazu ist Christus gestorben und wieder lebendig geworden, dass er über Tote und Lebendige Herr sei« (Verse 7-9).

wir noch Bekenntnisschulen[237] hätten [Anm.: offiziell waren sie ja damals noch vorhanden], hätten wir an einer nicht genug, sondern müssten dann zwei haben. So redet auch im Großen Kirchenminister Kerrl[238] von den zwei Gruppen in der evangelischen Kirche, die er wieder zusammenbringen will, zu welchem Ende er die Kirchenausschüsse[239] eingesetzt hat. Dabei wird im Kleinen wie im Großen deutlich, dass es eine Einheit um

---

237 P.S. stritt für die »evangelische Bekenntnisschule«, die, besonders im Religionsunterricht, eine klare evangelisch-christliche Orientierung haben sollte. Sein Streit ging nicht etwa im eng konfessionalistischen Sinn gegen katholische Einflüsse; vielmehr gegen eine Volksschule, in der die nationalsozialistische Ideologie in die Kinder hineingepflanzt wurde und in der im Religionsunterricht die antijudaistischen Bibel-Interpretationen der DC verbreitet wurden. Davon später mehr.

238 Hanns Kerrl (1887–1941), März/April 1933 Reichskommissar für die preußische Justizverwaltung; April 1933 bis Juni 1934 preußischer Justizminister, dann Reichsminister ohne Geschäftsbereich; 1935 Reichs- und Preußischer Minister für die kirchlichen Angelegenheiten.

239 Am 14. Oktober 1935 berief Kirchenminister Kerrl einen Reichskirchenausschuss, der zwischen den DC und der BK ein friedliches Zusammenwirken herstellen sollte. Auf diese Weise sollte die BK lahmgelegt und die Kirche dem Staat faktisch untergeordnet werden. Die Mehrheit des Reichsbruderrates der BK lehnte die Bildung der Kirchenausschüsse scharf ab, während die Mehrheit der Vorläufigen Kirchenleitung (die auch aus Personen der BK zusammengesetzt war) zu einer kritischen Zusammenarbeit mit den Kirchenausschüssen bereit war. Präses Paul Humburg von der rheinischen BK erklärte entschieden: »Dieser Weg ist falsch ... Das ist aus Taktik, nicht aus Glauben gehandelt.« Die vom Staat berufenen Kirchenausschüsse würden die Gewaltherrschaft des Staates nicht hindern. Der Moderator des Reformierten Bundes, Pfarrer D. Hermann Albert Hesse, erklärte am 11. November 1935, man könne die Ausschüsse nicht akzeptieren, die sich »zur nationalsozialistischen Volkwerdung auf der Grundlage von Rasse, Blut und Boden« bekannt hätten, »ohne dass dabei auch nur mit einem einzigen Wort der Gegensatz gegen die nationalsozialistische Weltanschauung und ihren Mythos laut geworden wäre«. (Näheres bei Günther van Norden: Politischer Kirchenkampf. Die rheinische Provinzialkirche 1934–1939, S. 92ff). P.S. vertrat die Position von Paul Humburg und Hermann Albert

jeden Preis sein soll. Wie die Volksgemeinschaft, so soll auch die kirchliche Gemeinschaft um jeden Preis hergestellt werden, ein Volk, ein Gott, ein Glaube, eine Kirche. So lautet die Parole. Auch unser Text hat das Anliegen, dass die Kirche, die Gemeinde einig sei ... Er, der Apostel, ist aber in der glücklichen Lage, bei beiden Parteien es voraussetzen zu dürfen, dass sie mit ihrer Haltung dem Herrn Jesus gefallen wollen, dass sie aus ehrlichem Gewissen und ehrlicher Erkenntnis ihren Weg gehen und dass sie beide Gott danken ... Christus kann er als den Herrn ihres Lebens und ihres Sterbens bezeichnen, sodass sie im Leben wie im Sterben ihm als Eigentum angehören. Denn das ist ja nun allerdings der ganze und einzige Inhalt unseres Christenglaubens, dass Jesus Christus durch seinen Heilstod für uns den Sieg davongetragen hat und durch das Leben, das er wieder an sich genommen hat in Auferstehung und Himmelfahrt, unser Herr geworden ist, der Toten und Lebendigen Herr, dass ihm ebenso unser irdisches Leben gehört wie ihm unser Sterben gehören soll, dass er ebenso unsern ganzen vollen Gehorsam fordert, wie er uns in seinem Leiden und Sterben die Vergebung unserer Schuld schenkt. Er ist nun ebenso ›der kräftige Zuspruch der Vergebung aller unserer Sünden, wie er der kräftige Anspruch ist auf unser ganzes Leben‹.[240] In dieser Herrschaft Jesu Christi, die hell und deutlich über seiner Gemeinde steht, in der alleinigen Herrschaft Jesu Christi, aber auch in dieser Herrschaft allein, werden alle Unterschiede der Christen sonst in der Erkenntnis und worin sie einander nicht verstehen und sich voneinander unterscheiden, aufgehoben. Jesus Christus ist die Einheit und Freiheit seiner Gemeinde. Nun können sich die Gemeindeglieder untereinander aufnehmen, weil der Herr sie aufgenommen hat.[241] – Was will das für unsere Lage sagen? Freunde, es will uns erstlich das sagen, dass wir

Hesse. Hermann Albert Hesse (1877–1957), reformierter Pfarrer in Elberfeld, 1943–1945 inhaftiert im KZ Dachau.

240 Aus These 2 der Theologischen Erklärung von Barmen, Mai 1934.

241 Römer 15,7.

uns die Maßstäbe für die Einheit und Einigkeit in der Gemeinde und Kirche, für die christliche Liebe nicht von denen sagen und vorschreiben lassen dürfen, die nicht an Christus glauben als den Sohn Gottes und den Herrn seiner Kirche. Diese aber sind es, die am lautesten über Abtrennung, Lieblosigkeit, Pharisäismus[242] und Sektenbildung[243] schreien, wenn sich das Häuflein der Christen zu Christus ihrem Haupte sammelt und seinen alleinigen Herrschaftsanspruch in der Gemeinde und Kirche wieder sichtbar werden lässt. Von diesem Schreien sollen und brauchen wir uns also nicht beirren zu lassen ... Wie würde es, wenn wir unter allen Umständen alle Volksgenossen im Raum der Kirche halten wollten, die als räudige Schafe die ganze Herde krank machen und verderben! ...

Zum andern aber, liebe Gemeinde, haben wir uns doch auch vieles von dem Apostel Paulus sagen zu lassen nach der Richtung hin, wie auch wir wert und würdig sind, eine Gemeinde Jesu zu heißen ... Heute geht es nicht so sehr um die Dinge des Gesetzes Mose, die in Jesus Christus erfüllt und abgetan sind. Doch gibt es auch heute noch Unterschiede einer freieren, weltlicheren und einer gesetzlicheren frömmeren Lebenshaltung auch unter Christen, nach ihrer Erziehung, nach ihrem Herkommen, nach ihrer Erkenntnis begründet und erklärlich. Ich erinnere nur an die Frage, ob ein Christ Branntwein, Alkohol, Zigaretten genießen darf, an die Frage des Tanzens und der weltlichen Vergnügungen, Kino- und Theaterbesuch u. a. m. Tragen diese Dinge nicht bis in die engeren kirchlichen Kreise, bis in die Bekennende Kirche hinein, Misstrauen, gegenseitige Verachtung, Unbrüderlichkeit und Unduldsamkeit, dass die einen die andern als schwach und eng gesetzlich und stur verachten, die andern den Freien ihr Verhalten als leichtfertig und sündlich kriti-

242 (religiöse) Überheblichkeit/Selbstgerechtigkeit; hier: P. S. spricht davon, dass BK-Gemeinden vorgeworfen wird, sich »pharisäisch« und »sektiererisch« zu verhalten.

243 Bildung von religiösen Sondergruppen, die sich selbst absolut setzen.

sieren, dass Gemeinschaftskreise[244] der BK fern und fremd bleiben und sich dem Ruf Gottes hier entziehen, weil ja in die BK auch so viel Leute aus der Welt kommen, auch Pfarrer, die einmal liberal gestanden haben, dass wieder andere die BK als Muckerei und Sektiererei[245] ansehen, weil Christen pietistischer Haltung und Prägung sich ihr zugeordnet haben – das alles gehört hierher und hat bis in unser Dorf, in unsere Gemeinde, seine Auswirkungen. Aber dürfen diese Unterschiede uns dann noch trennen, wenn wir einig werden in dem Bekenntnis: Christus der Herr, und wir uns von seinem Wort regieren lassen wollen, wenn wir von dem ernsten Willen ergriffen worden sind, unser ganzes Leben dem Herrn dienstbar zu machen, wenn wir in seiner Kirche einig sind in dem Bekenntnis, dass Jesus Christus der Herr sei über Tote und Lebendige, der Herr aller Herren?[246] ... Wenn du als getaufter Christ dich gläubig achtest an den Herrn, schließe den nicht aus der christlichen Gemeinschaft, den du nicht dafür achtest, der doch mit dir Gottes Wort hört, an dem Gottes Geist wirkt – schließe ihn nicht aus deinem Herzen und aus dem Himmelreiche aus! Gott könnte dich im Gericht fragen nach deinem Bruder, mit dem du auf dem Wege warst.[247] Und wenn du anderer, als getaufter Christ dein Recht ohne Weiteres in der Kirche geltend machst, sperre dich nicht gegen den, dessen größerer Ernst im Glauben und christlichen Leben dir ein Vorwurf im Gewissen ist! ... Betet füreinander, dass ihr gesund werdet.[248] Haben wir nicht am letzten Sonntag geredet vom Gebet als unserer Liebespflicht füreinander, unserer geistlichen Nachbarschaftshilfe? Neh-

244 Mitglieder pietistischer Gemeinschaften.

245 In diesem Zusammenhang: Frömmelei/enge Frömmigkeit.

246 »... der König aller Könige und Herr aller Herren, der allein Unsterblichkeit hat«, 1. Timotheus 6,15f.

247 Bezug auf Matthäus 5,24f: »... versöhne dich mit deinem Bruder ... Vertrage dich mit deinem Gegner sogleich, solange du noch mit ihm auf dem Wege bist«.

248 Jakobus 5,16.

met euch untereinander auf, gleichwie Christus euch hat aufgenommen.[249] Tut das Herz einander auf, wie Christus uns sein Herz hat aufgetan in Vergebung und Fürbitte, in Hilfe und Heilung für leiblichen und geistlichen Schaden. Machet einander Bahn zur Bruderschaft und Schwesternschaft in Christo Jesu ... So ist nun solche Liebe des Gesetzes Erfüllung.[250] Wer in der Liebe bleibt, der bleibt in Gott und Gott in ihm.[251] So wird unser ganzes Leben auf den Herrn Christus bezogen und seinen Dienst. So wird Christus unser einziges Gesetz. So sind wir in ihm frei geworden im Glauben und Dienst, Gnade und Liebe. So ist Christus unsere Einheit und Freiheit ... «

Das Jahr 1934 bleibt ein unruhiges, es gilt »die Spannung tragen zu lernen«. So schreibt Paul am 31. Juli 1934: *»Im Übrigen müssen wir im Gottvertrauen die Spannung tragen lernen – und uns auch immer ausspannen lernen von der Spannung, die heute in der Luft liegt, nicht in unseren Gemeinden, sondern im Allgemeinen – und es wissen, dass die Kirche Christi mit dem Spannungsverhältnis zur Welt recht eigentlich in ihren Normalzustand zurückkehrt. Der Herr aber mache uns, seine kleine Herde, bereit für die Entscheidungsstunde, da es gilt, seinen Namen nicht zu verleugnen.«*

Und einen Tag nach seinem Geburtstag im selben Jahr: *»Das ruhige neue Lebensjahr wünsche ich mir selber auch! – Nun müssen wir freilich am nächsten Sonntage wieder auf Weisung der freien Synode unsern Ungehorsam gegen die Nationalsynode und ihre Gesetze erklären und ich muss sagen, ich tue das ja nun auch herzlich gerne, denn mit diesen verlogenen Praktiken kann es keinen ehrlichen Frieden geben für die Kirche Christi«* (Brief vom 30. August 1934 an Marie Dieterich).

---

249 Römer 15,7.
250 Römer 13,10.
251 1. Johannes 4,16.

Was war an dieser Nationalsynode für die BK und für Paul Schneider so ärgerlich? Schon die Tatsache, dass der von Hitler auf die Kirchen angesetzte »Rechtswalter« August Jäger im »Geistlichen Ministerium« ein »Kirchengesetz über die Bestellung der Mitglieder der Nationalsynode« durchgesetzt hatte, das es erlaubte, alle inzwischen missliebig gewordenen Mitglieder auszuschließen und durch neue, linientreue Männer zu ersetzen. Umsonst nannte Reichsgerichtsrat Wilhelm Flor[252] das neue Kirchengesetz »eine Verfassungsverletzung schwerster Art, die ... gegen jedes Rechtsgefühl und gegen die Pflicht der Wahrhaftigkeit« verstoße. In der Sitzung der Nationalsynode am 9. August 1934 im ehemaligen Preußischen Herrenhaus in Berlin peitschte Jäger ein auf sich und seine Macht zugeschnittenes Ermächtigungs- und Gleichschaltungsgesetz durch, dessen Ausführung ihm die Kirche vollständig und nahezu bedingungslos ausliefern sollte. Die Bedenken süddeutscher Abgeordneter wurden hohnlachend niedergestimmt. Ebenso wurde gegen die Stimmen der Süddeutschen ein »Kirchengesetz über den Diensteid der Geistlichen und Beamten« durchgesetzt, das alle Geistlichen mit Eid auf die Person Hitlers und die Ordnungen und Weisungen der Reichskirche verpflichtete. Dazu verschiedene Kirchengesetze, durch welche die Gleichschaltung der Landeskirchen mit der Reichskirche und ihre Unterwerfung unter den Reichsbischof vollendet werden sollten. Die Sitzung war nach drei Stunden vorüber. Reichsbischof und Rechtswalter sonnten sich in ihrem Triumph.[253]

In der Kanzelabkündigung der BK, die P. S. Anfang September 1934 verlas, heißt es u. a.: »Am 9. August 1934 hat unter dem Namen einer Nationalsynode eine unter Bruch der Reichsverfassung gebildete Versammlung Beschlüsse gefasst, Geset-

252 Wilhelm Flor (1882–1938), ab 1931 Reichsgerichtsrat in Leipzig, ab 1934 Mitglied des Reichsbruderrates der BK und der Vorläufigen Kirchenleitung.

253 Vgl. Klaus Scholder: Die Kirchen und das Dritte Reich, Bd. 2: Das Jahr der Ernüchterung 1934, Berlin u. a.: Siedler u. a., 1985, S. 274ff.

ze beschlossen, bisher Unrecht für Recht erklärt. Diese sogenannte Nationalsynode, ihre Verhandlungen und Beschlüsse sind nach kirchlichem und weltlichem Recht ungültig. Wer sie befolgt, bricht selbst Verfassung und Recht der Kirche.« Für die Rechtsbrüche verantwortlich gemacht wird der Reichsbischof, der ja eigentlich zum Schutz der Verfassung der Deutschen Evangelischen Kirche berufen sei. »Die Reichskirchenregierung verachtet die einfachsten Grundsätze von Recht und Gerechtigkeit. Sie unterstellt die Verkündigung des Evangeliums dem Machtwillen fehlsamer Menschen. Sie ist bar der von der Heiligen Schrift geforderten Bruderliebe. Sie verlässt damit die Grundlage der auf dem Evangelium erbauten reformatorischen Kirche. Wer Recht und Verfassung, die er schützen soll, immer wieder selber bricht, hat den Anspruch verwirkt, Gehorsam zu fordern. Wer, zur Leitung der Kirche berufen, immer wieder die Grundlagen christlicher Lehren und christlichen Handelns verlässt, stellt sich außerhalb der Kirche. Darum erklären wir den Kirchen, den Gemeinden und ihren Gliedern in der Verantwortung vor Gott: Gehorsam gegen diese Kirchenregierung ist Ungehorsam gegen Gott. Aber der feste Grund besteht und hat dieses Siegel: Der Herr kennt die Seinen; und: Es trete ab von der Ungerechtigkeit, wer den Namen Christi nennt (2. Tim. 2,19).«[254]

P. S. sah nun die deutschchristlich bestimmten Synoden, auch das Konsistorium der Rheinischen Kirche, nicht mehr als seine kirchliche Obrigkeit an. Er wusste sein Kirchenregiment in den freien Synoden der BK. Darin wurde er durch die Zweite Reichsbekenntnissynode, die am 19./20. Oktober 1934 in Berlin-Dahlem stattfand, bestärkt. Sie erklärte u. a. am 20. Oktober 1934: »Wir fordern die christlichen Gemeinden, ihre Pfarrer und Ältesten auf, von der bisherigen Reichskirchenregierung und ihren Behörden keine Weisungen entgegenzunehmen und sich von der Zusammenarbeit mit denen zurückzuziehen, die diesem Kirchenregiment weiterhin gehorsam

254 Zitiert nach Wentorf: Der Fall, S. 110f.

sein wollen. Wir fordern sie auf, sich an die Anordnungen der Bekenntnissynode der Deutschen Evangelischen Kirche und der von ihr anerkannten Organe zu halten.«[255]

»Wir freilich bedürfen es, dass sich Gott unser erbarmt nicht nur äußerlich, auch über Weib und Kind, sondern auch innerlich, dass er uns reinigt und demütigt und neu ausrüstet zu seinem Dienst und Zeugnis. Dies unser Vertrauen zu ihm sollen wir nicht wegwerfen, und es hat große Verheißung.[256] *Welt bleibt Welt, und unsere Zeit ist gewiss nicht frömmer und christlicher, als es andere Zeiten waren. Aber seine Kirche will Gott erneuern in dieser gefährlichen Zeit*[257]*, und zwar auf andere Weise, als es die DC meinen…«* (Brief vom 30. August 1934 an Marie Dieterich).

Durch die Absetzung des Superintendenten Gillmann durch das Konsistorium[258] kommt der Hunsrück in den Brennpunkt des kirchlichen Geschehens.

Warum enthob der Präses der Rheinischen Provinzialsynode, Heinrich Forsthoff, am 2. August 1934 sechs Superintendenten, darunter Ernst Gillmann, Simmern, ihres Aufsichtsamtes? Forsthoff hatte im Auftrag der Synode eine neue Kirchenordnung entworfen, die ganz vom »Führerprinzip« bestimmt war. Die Deutsche Evangelische Kirche müsse wie jede andere irdische Einrichtung »Führung« bekommen. Das freie Presbyterwahlrecht der Gemeinden hatte er abschaffen, das Pfarrwahlrecht der Gemeinden erheblich einschränken wollen. Er hatte erreichen wollen, dass die Gemeinden nur noch dem

255 Zitiert nach Wentorf: Der Fall, S. 111.

256 Hebräer 10,35: »Darum werft euer Vertrauen nicht weg, welches eine große Belohnung hat.«

257 Vgl. »Lob Gott getrost mit Singen«, EG 243,5: »Es tut ihn nicht gereuen, / was er vorlängst gedeut', / sein Kirche zu erneuen / in dieser fährlichn Zeit, / Er wird herzlich anschauen / dein' Jammer und Elend, / dich herrlich auferbauen / durch Wort und Sakrament.«

258 Am 2. August 1934.

Bischof genehme Pfarrer erhielten. Auch hatte er das Recht der Synoden, ihren Vorsitzenden, den Superintendenten, zu wählen, außer Kraft setzen wollen. Künftig solle der Bischof die Superintendenten ernennen. Außerdem hatte er der Kreissynode das Recht nehmen wollen, die Provinzialsynode, das höchste synodale Gremium, zu wählen. Seine ganze neue Kirchenordnung war darauf abgestellt, die geistliche und verwaltungsmäßige Führung allein in der Hand des Bischofs zu konzentrieren. Damit hätte er die alte presbyterial-synodale Ordnung der rheinischen Kirche zerstört und das »Führerprinzip« konsequent durchgeführt. Zur Begründung hatte er sich u. a. auf Adolf Hitler berufen. Der »Führer« erhebe ja auch den vollen Anspruch auf die Führung Deutschlands und verlange strikten Gehorsam.

Außerordentlich überrascht war Forsthoff, als auf der rheinischen Superintendentenkonferenz in Koblenz am 12. Juni 1934 von 33 Superintendenten 13 gegen diese neue Ordnung schärfsten Protest einlegten. Der Entwurf sei rechtswidrig, er widerspreche der Rheinisch-Westfälischen Kirchenordnung. Unter den Protestierenden war Superintendent Ernst Gillmann, Simmern (Hunsrück). Der zornige Forsthoff erklärte den Protestierenden, ihr Widerspruch sei eine »Kriegserklärung«, worauf die 13 Aufrechten den Saal verließen. Von den Zurückbleibenden stimmten 13 für, 7 gegen den Entwurf. Einen Tag später billigte die deutschchristlich bestimmte Provinzialsynode einstimmig den Beschluss ihres Präses.

Am Tag darauf schrieb Forsthoff an acht opponierende Superintendenten, die Erklärung der 13 sei eine unerhörte Brüskierung der Provinzialsynode und auch seiner Person. Ihre Disziplinlosigkeit schädige das Ansehen des Dritten Reiches im Ausland und sei ein besonders schwerer Angriff auf die Volksgemeinschaft. Forsthoff forderte die Superintendenten ultimativ auf, binnen acht Tagen ihre Protesterklärung zu widerrufen und der kirchlichen Obrigkeit pflichtschuldigst Gehorsam zu leisten. Das taten sechs der opponierenden Superintendenten nicht. Sie hielten im Gegenteil ihren Protest in vollem Umfang aufrecht. Unter ihnen war Gillmann. Ihn und seine fünf Mitstreiter enthob Forsthoff am 2. August 1934 ihres Aufsichtsamtes.

Die BK jedoch stellte sich voll hinter sie und bat sie, ihr Amt als Superintendenten weiterzuführen. Sie erklärte, der Entwurf Forsthoffs sei »radikal abzulehnen«, weil er die Gemeinde entmündige und das totale »Führerprinzip« einführe. Eine »Handreichung für die bekennende Gemeinde« endet mit dem Satz: »Wir verwerfen diese Kirchenordnung als eine nicht schriftgemäße und daher schriftwidrige, die Bekenntnisgrundlage unserer Kirche zerstörende, nicht christusgemäße und daher unchristliche Ordnung.«

Ernst Gillmann wusste, dass er mit seinem Protest in seinem Kirchenkreis starken Rückhalt hatte. Sämtliche 24 Pfarrer sowie die Mehrzahl der Presbyterien stellten sich hinter ihren abgesetzten Superintendenten. Das Konsistorium versuchte daraufhin, durch finanzielle Erpressung die Protestierenden zum Einlenken zu nötigen. Es sperrte die Pfarrbesoldungszuschüsse für die 41 Diasporagemeinden, die den wesentlichsten Teil des Gehaltes der Pfarrer und des Superintendenten ausmachten. Ohne Erfolg. Die Gemeinden, ihre Pfarrer, ihr Superintendent standen, wie das Beispiel Dickenschied und Womrath zeigt.

Es blieb dem Konsistorium nichts anderes übrig, als im November 1934 die Gehaltssperre aufzuheben und Ernst Gillmann am 10. Dezember 1934 wieder mit seinem Amt als Superintendent zu betrauen. Forsthoffs neue Kirchenordnung landete im Papierkorb.[259]

Viele Gemeinden und Pfarrer der Synode stellen sich hinter Gillmann; um sie dafür zu strafen, werden den Pfarrern die Zuschüsse gesperrt, die ja das Wesentliche des Gehaltes ausmachen. Wir durften in diesem Herbst 1934 ein unerhörtes Ausmaß an Fürsorge erfahren, zuerst von unseren Gemeinden:

---

259 Näheres bei Günther van Norden: Politischer Kirchenkampf, S. 1–11.

»an Nahrung soll's ihm mangeln nicht«[260]. Es floss uns alles zu: Kartoffeln, Getreide, Milch und Butter. Der Kirchmeister entwarf einen ganzen Versorgungsplan, und die lieben Leute »lieferten« ohne Murren ins bevölkerte Pfarrhaus.[261] Und das alles unter den scharfen Augen der Polizei, die die Sammlung für die Pfarrer nicht gerade liebte! Auch außerhalb der Gemeinden stand die Solidarität auf und füllte der BK die Hände für die »armen Hunsrückpfarrer«. Was Wunder, dass das Konsistorium nach zwei bis drei Monaten den Superintendenten wieder einsetzte und seine Pfarrer wieder ordnungsgemäß bezahlte. Wir hatten nur zu danken für diese Probe. Die Dahlemer Linie[262], die Paul ohne Vorbehalt vertrat, konnte ein solches Auf-sich-selbst-Gestelltsein der Gemeinde auch auf lange Zeit bringen, und noch aus dem Gefängnis gibt Paul den Rat: *»Macht die Gemeinden möglichst selbstständig.«*

»Wir müssen uns ja alle erst ein wenig an den Kriegszustand gewöhnen, aber dürfen dann auch lernen, darin nichts Fremdes und Außergewöhnliches zu sehen. Jesus sagt: Ich bin nicht gekommen, den Frieden zu bringen, sondern das Schwert.[263] *Und wir als Christen können ja nun einmal unser Volk und Vaterland nicht lieben, ohne dass wir Jesus an die erste Stelle rücken, und wenn wir das nicht tun, leisten wir unserem Volk und Staat auch nicht den von uns geschuldeten Dienst und lassen ihn in Abgötterei*[264] *versinken. Bis jetzt geht es uns sehr gut, und wir sind mit allem versorgt«* (Brief vom November 1934 an Marie Dieterich). – *»Es ist köstlich, so unmittelbar aus der Hand Gottes leben zu dürfen. An der recht oder unrecht gebeteten*

---

260 Wohl eine Erinnerung an Sprüche 31,11: »... und Nahrung wird ihm nicht mangeln« und an Psalm 23,1 »... mir wird nichts mangeln«.

261 Dadurch konnte sich die Pfarrfamilie sogar ein Schwein halten, das die Kinder liebevoll »Bekenntnisschwein« nannten. Dazu Foto Nr. 18.

262 Die Haltung eines kompromisslosen Widerstandes gegen die DC-bestimmten Kirchenleitungen, wie sie vor allem Martin Niemöller vertrat.

263 Matthäus 10,34.

264 Hier bezogen auf den Nationalsozialismus, der religiöse Züge annahm.

vierten Bitte[265] *wird sich der christliche oder unchristliche Weg nicht nur manches Pfarrhauses, sondern auch der der Gemeindeglieder entscheiden«* (Brief vom 19. Dezember 1935). – *»Von uns hätten wir Dir wieder viel zu schreiben. Du hast gehört von den 500 verhafteten Pfarrern in Preußen über letzten Sonntag, die sich weigerten, durch Unterschrift zu bescheinigen, dass sie sich vom Staat die Kundgebung der altpreußischen Bekenntnissynode vom 5.3. zur Bekanntgabe im Kirchenvolk verbieten lassen. Man wollte damit den Bekenntnischarakter und die Wucht dieses blitzartig die Situation erhellenden Zeugnisses der Kirche abdrosseln. Es ist nicht geraten. Der verhafteten Pfarrer waren zu viele. Sie sind wohl alle vorläufig wieder auf freiem Fuße. Ich saß am Samstagabend über den Volkstrauertag bis Dienstagmorgen im Gefängnis in Kirchberg, leider als der Einzige vom ganzen Hunsrück, aber es war doch gut, dass einer die Ehre des Hunsrücks rettete. Die Brüder hatten sich alle überrumpeln und nötigen lassen zur Unterschrift. Es war ihnen aber hinterher herzlich leid und sie haben inzwischen alle ihre Unterschriften zurückgezogen, wenigstens soweit sie zur Pfarrbruderschaft gehörten.«* (Brief vom 22. März 1935 an Marie Dieterich).

Einiges über die Verlautbarung der BK der Altpreußischen Union und die Umstände, unter denen die zweite Verhaftung Schneiders erfolgte: Die Synode der BK der Altpreußischen Union hatte sich bei ihrer Tagung am 4./5.März 1935 in Berlin-Dahlem aufgerafft, in einem mutigen Wort, das von den Kanzeln bekennender Gemeinden zwischen Schlesien, Ostpreußen und dem Rheinland verlesen werden sollte, das Abgöttische der nationalsozialistischen Weltanschauung und Staatvergötzung in Klage und Anklage beim Namen zu nennen. In dieser Verlautbarung heißt es u. a.: »Das erste Gebot lautet: Ich bin der Herr, dein Gott. Du sollst nicht andere Götter haben neben mir ... Die neue Religion ist Auflehnung gegen das erste Gebot. In ihr wird die rassische, völkische Weltanschauung zum

265 Matthäus 6,11: »Unser tägliches Brot gib uns heute.«

Mythus. In ihr werden Blut und Rasse, Volkstum, Ehre und Freiheit zum Abgott. Der in dieser Religion geforderte Glaube an das ›ewige Deutschland‹ setzt sich an die Stelle des Glaubens an das ewige Reich unseres Herrn und Heilandes Jesus Christus. Dieser Wahnglaube macht sich seinen Gott nach des Menschen Bild und Wesen. In ihm ehrt, rechtfertigt und erlöst der Mensch sich selbst. Solche Abgötterei hat mit positivem Christentum nichts zu tun. Sie ist Antichristentum. …«

In einem zweiten Teil wird über die wahre Würde des Staates geredet: »… der Staat selbst verliert seine Vollmacht, wenn er sich mit der Würde eines ewigen Reiches bekleiden lässt und seine Autorität zu der obersten und letzten auf allen Gebieten des Lebens macht. *Die Kirche* darf sich nicht dem Gewissen bindenden Totalitätsanspruch beugen, den die neue Religion dem Staat zuschreibt. Gebunden an Gottes Wort, ist sie verpflichtet, vor Staat und Volk die Alleinherrschaft Jesu Christi zu bezeugen, der allein die Macht hat, die Gewissen zu binden und zu lösen: Ihm ist gegeben alle Gewalt im Himmel und auf Erden.«[266]

Im dritten Teil geht es um die Aufgaben der Kirche. Sie hat »allem Volk das Evangelium von der Gnade und der Herrlichkeit Jesu Christi zu predigen. Darum darf sie sich nicht aus der Öffentlichkeit in einen Winkel privater Frömmigkeit abdrängen lassen. … Der Eid findet seine Grenze darin, dass allein Gottes Wort uns unbedingt bindet. … An Gottes Wort gebunden, ruft die Kirche ihre Mitglieder auf zu willigem Gehorsam, Einsatz und Opfer für Volk und Staat. Sie warnt aber davor, sich einer Abgötterei zu überantworten, durch die wir uns Gottes Zorn und Gericht zuziehen. Wir sollen Gott über alle Dinge fürchten, lieben und ihm vertrauen.«[267]

Die Gestapo hat von diesem Kanzelaufruf in den Tagen vor dem 17. März 1935 erfahren, an dem er von den Kanzeln verlesen werden sollte. Sie schickte nun jedem Pfarrer in den

---

266 Matthäus 28,18.

267 Zitiert nach Wentorf: Der Fall, S. 112f.

Tagen vorher einen Polizeibeamten ins Haus, der den Pfarrer vor die Alternative stellen musste: Entweder er unterschreibt eine Erklärung, er werde das Wort nicht verlesen, oder er wird sofort verhaftet.

Wie die Sache in Dickenschied ablief, erzählte M.S. so: »Paul war der letzte Pfarrer im Kirchenkreis Simmern, zu dem der mit dieser Mission beauftragte Polizeibeamte kam. Der Polizist zeigte ihm die Unterschriften aller Kollegen[268], auch des Superintendenten, auch der treuesten bekennenden Brüder der Hunsrückbruderschaft, und bat ihn, doch auch zu unterschreiben. Paul ließ ihn kurze Zeit warten, ging mit mir ins Schlafzimmer. Wir beteten knieend, baten um Weisung, um die rechte Entscheidung und um Mut und Kraft, sie durchzustehen. Dann trat Paul frei auf den Polizeibeamten zu und sagte ihm, keineswegs könne er die erwünschte Unterschrift leisten, er müsse dieses gute und längst fällige Wort im Gottesdienst verlesen. Dem Polizeibeamten blieb nichts anderes übrig, als ihn zu verhaften und in die Arrestzelle im nahen Kirchberg mitzunehmen.«

In dem oben begonnenen Brief heißt es weiter: *»Gretel musste sich am Samstagabend noch eine Haussuchung gefallen lassen, und ich bin noch heute einer großen Zahl Blätter und Schriften beraubt, die man mir entführte. Die Kundgebungen, die ich auch schon vorher gründlich verteilte, suchte man mit sehr geringem Erfolg aus den Dörfern herauszuziehen. Die Gemeinden standen wieder treu. Volle Passionsandachten in dieser Woche, nachdem am letzten Sonntag kein Gottesdienst*

---

268 Nur die Unterschrift des Freundes Fritz Langensiepen fehlte. In seinen Erinnerungen (S. 237) schreibt dieser: »Alle Brüder aus den Hunsrück-Synoden unterschrieben, außer Paul Schneider und mir, doch darf ich persönlich mir dies nicht zum Ruhme anrechnen. Saß ich doch gerade an jenem kritischen Tage im Bruderrat zu Elberfeld und war daher über die Stellung unserer Kirchenleitung genau im Bild, während die Brüder in den entlegenen Gebieten ohne Beratung und Weisung und auf sich selbst angewiesen waren.«

sein konnte. – In Kirchberg war es nicht übel. Mit den Kerkermeistern des Hunsrücks schließe ich allmählich Freundschaft wie einst Paulus in Philippi[269]*«* (Brief vom 22. März 1935 an Marie Dieterich).

»Den Umfall, nicht Abfall der andern erkläre ich mir auch noch hauptsächlich damit, dass sie den Inhalt der Kundgebung nicht wichtig und ernst genommen haben. Ich habe sie heute auswendig gelernt und merke immer mehr, wie gewichtig und entscheidend sie ist, dass wir uns durch die Unterschrift auch nicht das Geringste durften abmarkten lassen von ihrer Geltung und der entschlossenen Hinausgabe in die Öffentlichkeit« (Brief aus dem Gefängnis vom 18. März 1935 an Gretel).

In einem ersten Brief aus dem Arrest in Kirchberg schreibt P. S. an seine Frau am 17. März 1935: »Möge der Heiland unser kleines Leiden gnädig annehmen, – wir sinds nicht wert – und uns darüber fröhlich machen, dass wir um seinetwillen Verfolgung und Schmach leiden. Gott behüte euch alle miteinander.«[270]

Im Brief vom 18. März schreibt er an Gretel u. a., der Superintendent sei da gewesen und habe ihm gesagt, er sei der Einzige, der recht getan habe. *»Er erzählte auch, wie die anderen und auch er selbst überredet und aus Herdentrieb zu ihrer Unterschrift bestimmt wurden.«* Er fährt fort: *»Wir wollen den Ernst der Gesamtlage von Staat und Kirche nicht verkennen, aber doch getrost sein im Blick auf den Gott und Vater Jesu Christi, ohne dessen Willen kein Haar von unserem Haupte fällt*[271]*. Seid auch treu in der Fürbitte für die Obrigkeit…«* Er bittet seine Frau um einen baldigen Besuch im Arrest. Denn: *»Auf einmal komme ich noch weiter, und wir haben uns nicht einmal gesehen.«* Am Ende dieses Briefes steht noch die rück-

269 Apostelgeschichte 16,32-34.
270 Sammlung von P. Dieterich.
271 Vgl. Heidelberger Katechismus, Frage 1; Matthäus 10,30; Lukas 21,18.

blickende Bemerkung: *»In meinem zweimaligen Umfall habe ich schon etwas lernen sollen.«*[272]

M. S. verstand diesen Satz so: Ihr Mann sah es noch immer und immer deutlicher als einen Umfall an, dass er sich damals im Konsistorium von Bischof Dr. Oberheid hatte überreden lassen, seinen Protest gegen Röhms Aufruf gegen das »Muckertum« zurückzunehmen. Seinen zweiten Umfall habe er darin gesehen, dass er die zwangsweise Versetzung aus Hochelheim nach Dickenschied akzeptiert habe. Zwar habe er es mit den treuen Gemeindegliedern von Womrath und Dickenschied einfacher. Aber war es nicht ein unerlaubtes Zurückweichen vor den Gegnern Jesu Christi? Gretel fragte freilich im Gespräch: Hätte er denn anders gekonnt, da doch das Presbyterium von Hochelheim gegen ihn stand?

> *»Ich weiß, Du nimmst es mir nicht übel, dass ich als Pfarrer nicht immer nach dem Grundsatz handeln kann: Ruhe ist die erste Bürgerpflicht*[273]*, und es mir verzeihst, dass es auch für Gretel nicht immer so glatt und ohne Aufregung abgeht. Wir haben uns diesen Kampf ja nicht gesucht, müssen ihn aber nun um des Evangeliums willen ausfechten. Wir wollen es uns erbitten, dass wir uns immer weniger aufregen, vielmehr den Kampf um den Glauben auch den öffentlichen Gewalten gegenüber als das Normale ansehen auf dieser Welt und im Vertrauen auf Gott immer das rechte Stillewerden und Entspannen uns schenken lassen«* (Brief vom 22. April 1935 an unsere Mutter).

Wie hat M. S. die Vorgänge um das Kanzelwort der BK und die zweite Verhaftung ihres Mannes erlebt? Im Rundbuch berich-

---

272 Sammlung von P. Dieterich.

273 Der Ausspruch stammt aus einem öffentlichen Anschlag, den der Minister Friedrich Wilhelm Graf von der Schulenburg-Kehnert nach der Schlacht bei Jena 1806 an die Straßenecken Berlins heften ließ (Georg Büchmann: Geflügelte Worte. Der Zitatenschatz des deutschen Volkes, hg. v. Gunther Haupt und Winfried Hofmann, Berlin: Haude & Spener, [32]1972, S. 701).

tet sie am 3. April 1935 an ihre Geschwister: »Ich hätte dieses Jahr nun rechte Reiselust, in den Süden oder Norden – aber das wird wohl nicht Wirklichkeit werden, vielmehr werden wir allem Anschein nach in kommender Zeit ›die Ohren steif halten‹ müssen und auf unserem Posten treu ausharren. Paul – und nicht nur er – sieht die Lage unserer Kirche sehr ernst an. Da wird viel äußeres Menschenwerk noch kaputt geschlagen werden. Gott helfe uns, dass wir in kommenden Anfechtungen beständig bleiben und auch ›bei Ihm im Leiden stehen‹. Es griff mir am Sonntag ans Herz, als ich die Bach-Kantate ›Was Gott tut, das ist wohlgetan‹ durchs Radio hörte. – Und weil ich nun schon dran bin, kann ich auch gleich erzählen, dass Paul vor 14 Tagen mit etwa 500 preußischen Pfarrern im Gefängnis war von Samstag bis Dienstag. Mit Freuden hörten wir, dass auch Dein lieber Vater[274] und Dein Bruder[275], liebe Luise[276], bei den Standhaften waren!«

Sie berichtet von der Verhaftung ihres Mannes, die zwei Gemeindeglieder aus Hochelheim, die eben in Dickenschied zu Besuch waren, miterlebt haben. »Paul ist in solchen Zeiten immer recht wohlgemut. Schwer war es uns beiden, dass die anderen Hunsrücker Pfarrer alle umgefallen waren, und wir erfuhren erst am Montag, dass es in ganz Preußen doch 500 waren[277]. ... Der nächste Sturm wird nun kommen, dass die Staatszuschüsse in Wegfall kommen.[278] Zwei Monate hatten wir Hunsrücker das ja schon ausprobiert im Herbst! Reichs-

274 Friedrich Than (1870–1956), Pfarrer und Kirchenrat an St. Elisabeth in Breslau.

275 Hermann Than (1899–1965), Pfarrer in Schlesien, später in Wildbad/Schwarzwald.

276 Luise Dieterich, geb. Than, die Schwägerin von M. S.

277 ... die sich geweigert haben, auf die Verlesung des Kanzelwortes der BK zu verzichten, und die sich dafür bewusst verhaften ließen.

278 Die Staatszuschüsse zum Pfarrgehalt, die der Staat aufgrund alter Verträge zu bezahlen verpflichtet war, machten den größeren Teil des Pfarrgehaltes aus. Die Androhung des Staates, sie bei aufmüpfigen Pfarrern zu streichen, war ein Mittel, das den Pfarrfamilien finanziell an die Substanz ging.

minister Frick hat es ja schon angekündigt. Nun, dann wird es andere Wege geben! Wie gut, dass wir von Jugend auf an keine Reichtümer gewöhnt sind, da fällt das Armsein und -werden nicht so schwer wie manch anderen. Die Zukunft unserer Kinder ist allerdings etwas, was Sorgen machen könnte bei Pauls Einstellung zur heutigen Weltlage – doch bis jetzt freuen sie sich noch ihres Lebens und ihres Kindseins!«

Eine sehr bemerkenswerte Folge dieser Ereignisse war laut M.S., dass die katholische und die evangelische Kirchengemeinde in Dickenschied einander unter dem Eindruck staatlicher Bedrohung der BK nahekamen: »Wir feierten gestern [einen geselligen Gemeindeabend] im katholischen Wirtssaal, da wir außer unserer Wohnstube und der Kirche keinen Ort haben. Es war ganz nett, die Wirtsfrau war auch den ganzen Abend dabei. Mit dem katholischen Herrn Pastor kommen wir bis jetzt sehr gut aus, es wurden stundenlang Besuche beieinander gemacht!![279] Neulich, als Paul eingesperrt war, kam Herr Pastor auch sehr teilnehmend zu mir und meinte, von der Kundgebung könne er jedes Wort unterschreiben. Er ist mit der evangelischen Kirche ganz auf dem Laufenden. Auch Schriften wurden ausgetauscht, neulich gab er uns eine über Ehefragen(!), und er bekommt dann Predigten von Barth, Heim usw. zugesteckt! Seine Mutter und seine Haushälterin besuchten mich auch im Wochenbett.«

Schließlich informiert M.S. die Geschwister noch über das Gedeihen ihrer einstweilen fünf[280] Kinder: »Nun noch kurz, dass die Kinder alle gesund sind und mehr oder minder brav und folgsam! Alle sind diesen Winter von ernstlichen Krankheiten verschont geblieben und sind recht groß und dick geworden, besonders Hermann. Es ist mir Angst, wenn ich an die Sommergarderobe denke, da wird nichts mehr passen! Dieter

---

279 Mit dem katholischen Ortspfarrer Castor traf sich P.S. regelmäßig. Sie pflegten den Gedankenaustausch besonders über biblischen Texten.

280 Karl Adolf, das fünfte Kind, war am 17. Januar 1935 in Dickenschied geboren worden.

ist nun stolz im dritten Schuljahr, Evmarie springt wenigstens in der Pause immer auf den Schulhof, um mit ihren Freundinnen zu spielen, Hermann sieht sich die Sache dann von Weitem an, und Gerhard will dann natürlich auch mit! Klein Adolf ist ein rundliches Kerlchen, unser aller Freude…«

Frühling und Sommer 1935 brachten uns viele Besuche, mit denen wir uns an des Hunsrücks Schönheit freuten. Lebendig erinnert sich ein lieber Gast dieser Sommertage: »Was sollte man zu diesem großen Jungen sagen? Er schien die heraufziehenden schweren Gewitterwolken nicht zu sehen. Dass er dennoch tiefer schaute, sollte mir bald auf einer gemeinsamen Wanderung klar werden. Es war nach dunklen Regentagen der erste strahlend schöne Morgen. Ein Kind nach dem andern durfte auf den Schultern des Vaters reiten, des Lachens und Jubelns war so bald kein Ende! An einem Feldweg überholten wir einen Mann, mit dem Paul Schneider bald in ein Gespräch kam. Ich kannte diese seine Art wohl. Er war wie ein Mensch, der weiß, dass ihm nicht mehr viel Zeit bleiben sollte; immer stiegen Flammen aus einer verborgenen Glut auf. Am Waldesrand lagen Zigeuner um ein glimmendes Feuer gekauert. Paul Schneider setzte sich zu ihnen, er musste ihnen von dem reden, was ihm Sinn seines Lebens war. Er tat dieses ganz schlicht und ohne jedes Pathos, eindrucksvoll stellte er die Menschen vor die entscheidende Christusfrage[281]. – Auf dem Rückweg benutzte ich einen Augenblick, als wir allein waren, ihn inständig zu bitten, doch jedes Ärgernis zu meiden. Auf meine Bitten meinte er, er könne allerdings nur versprechen, sich nicht zu einem Martyrium zu drängen; wo immer aber er zu einem Zeugnis aufgerufen würde, könne er nicht anders als bezeugen, dass es auf Erden kein anderes Heil gebe als allein in Jesus Christ.[282] – Mir schlug das Herz in trauriger Vorah-

281 Die für das Leben entscheidende Frage: Was hältst du von Jesus Christus? Dadurch will P.S. ermutigen, sich in Glaubens- und Lebensfragen an Jesus zu orientieren.

282 Vgl. Apostelgeschichte 4,12.

nung, und ich wagte ein Weiteres und wies auf seine liebe Frau und seine unschuldigen Kinder. Unvergesslich ist mir dieser Augenblick. Wir standen an einer steinernen Brücke, die über ein Wasser führte. Paul Schneider drehte sich um und sah mir mit einem unbeschreiblichen Ausdruck in die Augen: ›Glauben Sie, dass ich meine Kinder von Gott erhalten habe, um nur für ihr äußeres Fortkommen zu sorgen? Wurden sie mir nicht anvertraut, um sie für die Ewigkeit zu bewahren? – Und meine Frau? Vielleicht muss es für sie so und nicht anders kommen, um völlig zum Glauben durchzubrechen.‹ – Schweigend, in innerer Erschütterung, traten wir den Heimweg an. Der folgende Sonntag war mein Abreisetag. In der Kirche wurde das Hl. Abendmahl gehalten. Es war eine alte Sitte, dass die Presbyter den Pfarrer in seinem Hause abholten, wo die Abendmahlsgeräte aufbewahrt wurden. Die Kirche lag am Ende des Dorfes. So schritten sie nun über die Dorfstraße, der Pfarrer im Ornat[283] in der Mitte, die Hl. Schrift in seinen Händen, links und rechts von ihm die Presbyter, den Kelch und das Brot tragend. So sah ich ihn zum letzten Mal.«

Und ein anderer Freund, Hermann Lutze[284], stellt fest: »Er weiß, dass er den Menschen unseres Volkes, die er liebt, am besten dient, wenn er ihnen die ganze barmherzig-harte Wahrheit des Evangeliums verkündigt. Darum nimmt er gerade, weil er die Menschen liebt, kein Blatt vor den Mund. Er hält an, es sei zur Zeit oder zur Unzeit, und ist dabei völlig unbekümmert um die Folgen, die für ihn daraus erwachsen. Es ist fast eine gewisse Kindlichkeit in ihm, die aber zu der tapferen Männlichkeit seines Wesens in keinem Gegensatz steht.«

Paul hatte als Seelsorger und Volksmissionar[285] nie »Urlaub«. Er kam auf der Bahn und auf Wanderungen immer wieder in

283 Amtstracht.

284 Hermann Lutze, Pfarrer in Barmen, vertrauter Freund der Familie Schneider.

285 Ein wichtiges Anliegen Paul Schneiders war es, überall mit Menschen über den Glauben an Jesus Christus zu sprechen. (Es gab auch dafür ausgebildete Christen, die »Volksmissionare«.)

Gespräche, darüber fast die Familie vergessend oder sie wenigstens zurückstellend.

Bäuerliche Arbeit war oft Pauls Entspannung. Gerne half er bei drängender Erntearbeit mit. Seine fröhliche Natürlichkeit und sein Geschick für die landwirtschaftlichen Arbeiten brachten ihn seinen Bauern nahe. Das Mähen am frühen Morgen war ihm eine Lust. Schon aus der ersten Gemeinde wird berichtet: »Als ich einmal durch die Gemarkung[286] fuhr, traute ich meinen Augen nicht! Pfarrer Schneider lud einen Wagen Heu auf! Am Wege saß die Frau, der die Arbeit zu schwer geworden war. Ohne sich lange zu besinnen, war Pfarrer Schneider vom Rade gesprungen und hatte den Heuwagen geladen.«

Trotz – oder vielleicht gerade wegen? – der spürbaren Bedrohung haben Gretel und Paul Schneider, so gut es mit ihren bescheidenen Mitteln ging, den Sommer 1935 miteinander genossen. M.S. schreibt darüber am 23. Februar 1936 im Rundbuch: »Letzten Sommer haben wir uns auch 14 Tage im Laufen[287] geübt, wir hatten Freunde von Wetzlar bei uns, die jeden Tag ins Freie strebten, und wir sahen selbst dabei so viel Schönes in unserer neuen Heimat, es war eine Lust. Fast jeden Tag kochten wir Kaffee oder Suppen in irgendeinem idyllischen Tälchen. Paul rechnete diese Besuchszeit für seinen Urlaub, so konnte er auch mit gutem Gewissen mittun.« M.S. berichtet weiter von Besuchen in Wetzlar und Hochelheim, während Paul in Barmen bei einer »Evangelischen Woche« war. »Eine wunderschöne Heimreise miteinander durchs Lahn- und Rheintal« hätten sie gehabt. »Koblenz wurde eingehend besichtigt, das Deutsche Eck ist gewaltig.«

Sie erzählt auch von ihren Erlebnissen mit Pfarrer Oskar Reif[288]: »Im Herbst erlebten wir noch bewegte Tage. Ein ausge-

---

286 Das zu einem Ort gehörende Land mit Feld- und Waldgebieten.

287 Unter »Laufen« verstehen Schwaben gemeinhin das Gehen oder Wandern.

288 Oskar Reif (1900–1977), 1933–1970 Pfarrer in Veldenz/Mosel, seit 1933/34 Mitglied der Pfarrbruderschaft, wurde im Mai 1935 als

wiesener, von ›bösen Buben‹ überfallener Pfarrer war eine Zeit lang unser Gast. Es war ein schönes, anregendes Zusammensein … Den 20. Oktober wird keines von uns vieren[289] vergessen, da fuhren wir nach Veldenz im Moseltal, freudig bewegt mit unserem lieben Freund, der dort zum ersten Mal nach 5 Monaten wieder predigte. Paul führte ihn im Rahmen der rheinischen Bruderschaft feierlich wieder ein. Seitdem tut Pfarrer R. unangefochten seinen Dienst wieder und hat nun sogar erlebt, dass der Hauptwürdenträger und Anstifter seiner sämtlichen Ämter beraubt wurde und nun langsam in die ganze Sache Klarheit und Gerechtigkeit fällt.«

M. S. schildert Adventsfeiern mit den Kindern – »die Sonntagabende mit den Adventslichtlein und den gläubigen, frohen Kinderherzen!« –, zwei »Taufreisen«, nach Veldenz zur Familie Reif und nach Gödenroth zur Familie Langensiepen, eine Frauenhilfsfreizeit in Stromberg, die sie mit ihrem Mann zusammen »in herzlicher Fröhlichkeit und Harmonie« geleitet hat, Bibelwochen, die ihr Mann auswärts hielt und Bibel- und Männerabende in den eigenen Gemeinden. Sie beschreibt eine Art »Zimmertheater« im Pfarrhaus mit einem Schwank von Hans Sachs – dafür wurden das Wohnzimmer und das Kinderzimmer zusammengenommen. Außerdem die Kinder, die den Winter nun satt haben und die miteinander das Stelzenlaufen

---

»Vaterlandsverräter« von einem Schlägertrupp brutal überfallen und schwer verletzt (Schädelbasisbruch); danach Schutzhaft, 1936 Strafverfahren, 1937 Sondergerichtsverfahren, jahrelang heftige Auseinandersetzungen um die Frage, ob er in Veldenz bleiben könne. Oskar Reif gehörte zu den vertrauten Freunden von P. S. Da er sich – trotz aller Konflikte – in Veldenz halten konnte, schöpfte P. S. später in eigener Sache an seinem Beispiel Hoffnung (Simone Rauthe: »Scharfe Gegner«. Die Disziplinierung kirchlicher Mitarbeitender durch das Evangelische Konsistorium der Rheinprovinz und seine Finanzabteilung von 1933 bis 1945. Schriftenreihe des Vereins für Rheinische Kirchengeschichte, Bd. 162, Bonn: Verlag Dr. Rudolf Habelt, 2003, S. 315–319).

289 Außer Oskar Reif und Gretel und Paul Schneider war noch der Schwager Karl Dieterich dabei, der an diesem Tag seinen 35. Geburtstag feierte.

üben. »Innig geliebt wird von allen das Brüderle[290], und jedes ist stolz, wenn er einmal ein paar Schrittchen allein zu gehen wagt. Das Dickerlein mit seinem lieben Gesichtchen! Und wie die Kinder an Sophie hängen und Sophie an den Kindern.«

Sehr oft wird Paul aus seiner stetigen Gemeindearbeit durch Vorladungen vor das Bürgermeisteramt aufgeschreckt. Meines Wissens waren es im Winter 1935/36 zwölf Anzeigen. Ihre Verdrehungen und Verleumdungen konnten jedes Mal von Paul richtiggestellt werden, doch was half es, das Konto für das Sondergericht[291] mehrte sich! Einmal sollte er für die Juden gesammelt haben – es war der christliche Verein für Israel –, das andere Mal Hitler einen Teufel genannt haben – »ob Hitler von Gott oder vom Teufel ist, wird erst die Zukunft lehren« – und so fort. – Das Presbyterium stellte sich ganz zu seinem Pfarrer und verwarnte gewisse Leute energisch, sodass eine Ruhepause eintrat. – Aber nun kam die Wahl am Palmsonntag 1936[292]. Da sie keinen Raum für ein »Nein« bot – wie sonst bei Wahlen vorher –, also keine Wahl war, blieben wir zu Hause. Dass aber die Kirche beflaggt und die Glocken geläutet wurden, quälte Paul so, dass er folgende Erklärung verfasste:

»Der evangelisch-reformierten Gemeinde Dickenschied bin ich folgende Erklärung schuldig:

Die erzwungene Anteilnahme der Kirche an der heutigen Reichstagswahl durch Glockenläuten und Fahnenzeigen zwingt mich, aus meiner Zurückhaltung, die ich bisher beachtet habe, herauszutreten. – Die Kirche kann dem Staat in seinen Plänen und Handlungen entweder den göttlichen Segen anwünschen oder aber dem Staat mit der göttlichen Warnung entgegentreten, wenn seine Pläne, Entschlüsse und Handlungen offenbar gegen Gottes Willen und Wort gerichtet sind. –

290 Karl Adolf.

291 Paul Schneiders »Konto« wächst durch laufende Anzeigen gegen ihn.

292 Reichstagswahl am 29. März 1936 (nach der Wiederbesetzung des Rheinlandes); es war nicht der Palmsonntag, sondern der Sonntag Judika, der vor dem Palmsonntag liegt.

Fahnenzeigen und Glockenläuten aber könnten nur zu leicht als Segensanwünschung verstanden werden. Diese Segensanwünschung aber kann die Kirche dem Staate im Augenblick nicht geben. Offenbar ist mit dieser Reichstagswahl nicht nur verbunden, dass wir dem Führer unsere Stimme geben und die Außenpolitik des Führers billigen, sondern auch, dass wir die das ganze Schicksal der Nation zutiefst berührende Weltanschauungspolitik des Nationalsozialismus billigen, die sich in immer mehr offenbar werdendem Gegensatz zum biblischen Christentum setzt. – Deutschlands Schicksal entscheidet sich aber nicht an den Truppen am Rhein, sondern an der Stellung des deutschen Volkes zum Worte Gottes. Darum ist die Weltanschauungsfrage ungleich wichtiger als jede andere. Bis zum heutigen Tage aber ist dem Worte Gottes und dem bekenntniskirchlichen Leben die freie Entfaltung unter allen deutschen Volksgenossen immer mehr verwehrt worden. Vielmehr ist das deutsche Volk und seine Jugend einer immer offensichtlicheren Entfremdung von der Kirche Christi und von der Lehre der Hl. Schrift und damit dem Abfall und der Empörung gegen Gott entgegengeführt worden. Eine unchristliche deutsche Gemeinschaftsschule soll anstelle unserer heutigen Konfessionsschulen mit Gewalt durchgesetzt werden.[293] – Es ist auch nicht die leiseste Zusicherung von den verantwortlichen Männern in Staat und Partei gemacht worden, dass es in diesen Dingen anders werden soll. Die Kirche Christi kann darum den Weg des Dritten Reiches in dieser wichtigsten aller Fragen nicht gutheißen, kann der Wahl des neuen Parteireichstages[294] die göttliche Segensanwünschung nicht geben. Sie ist es vielmehr schuldig, dem Führer und der Regierung die göttliche Warnung und Gottes Gericht anzusagen, wenn von der Politik der Entchristlichung und Entkonfessionalisierung

293 In seinem Kampf um die christliche Schule wurde P. S. immer entschiedener; davon später mehr.

294 Neuer Parteitag = Reichsparteitag der NSDAP; hier: achter Parteitag im September 1936.

des öffentlichen Volkslebens nicht Abstand genommen wird. Du aber, liebe evangelische Gemeinde, werde wach und verteidige mannhaft deine heiligsten Glaubensgüter, bezeuge die Ehre und Majestät des lebendigen Gottes, des Vaters unseres Herrn Jesu Christi, gegenüber den Herrgöttern und Abgöttern dieser vergehenden Welt.«

Am Wahltag selbst hatten wir wider Erwarten außer einigem Nötigen vonseiten der Partei Ruhe. Am Sonntag darauf, dem Ostermorgen[295], war dagegen die Front unseres Hauses mit großen Buchstaben und viel roter Farbe verziert! »Er hat nicht gewählt. Vaterland?? Volk, was sagst du??!!« Nun, das deutsche Volk konnte zu diesem Falle kaum Stellung nehmen, aber die Gemeinde tat es dafür um so gründlicher. Sie kam trotz des Ostermorgens mit Schrubbern und Eimern und einer wahren Schaffensfreude und ging der Farbe zu Leibe! Nachher beim Gottesdienst bedankte sich Paul für diese Hilfe.[296]

Auch andere Pfarrer der BK haben bei dieser Reichstagswahl, bei der man keine Wahl hatte, nicht gewählt und mussten erdulden, wie der gesteuerte Volkszorn darauf reagierte. So z. B. der reformierte Pastor von Barmen-Gemarke, Karl Immer. Ihm warfen SA und HJ die Fensterscheiben ein. Sie zogen mit Sprechchören vor sein Haus und schmierten auf die Hauswand: »Hier wohnt der Volksverräter Immer!«[297]

Pfarrer Johannes Koch[298] und seine Frau in Oberwetz (Synode Braunfels) haben ungültige Stimmen abgegeben, worauf

---

295 Es dürfte der Palmsonntag gewesen sein.

296 Im Gespräch gab M. S. zu verstehen, bei der Wahl 1938, als ihr Mann schon im KZ saß, habe sie gewählt. Sie habe mit Nein gestimmt.

297 Günther van Norden, Klaus Schmidt (Hg.): Sie schwammen gegen den Strom. Widersetzlichkeit und Verfolgung rheinischer Protestanten im »Dritten Reich«, Köln: Greven Verlag, o. D., S. 195ff.

298 Johannes Koch-Mehrin (1899–1968), 1927–1940 Pfarrer in Oberwetz und Griedelbach; 1934 und 1938 Strafverfahren; 1936 Sondergerichtsverfahren; 1939 Verhaftung, 1941–45 im Wartestand, 1946–1957 Pfarrer in Unterbarmen, 1957–1965 in Scheckenschanz-Keeken (van Norden: Sie schwammen gegen den Strom, S. 199ff).

sich am Abend des Wahltags eine brüllende Horde von SA- und HJ-Mitgliedern vor dem Pfarrhaus versammelte, die Pfarrleute als Schweine beschimpfte, die man aus der Volksgemeinschaft entfernen müsse, und mit Steinen die Fensterscheiben einwarf.

Paul ist wohl schon vor dieser Zeit aufgefordert worden, eine militärische Übung zur Wiederaufnahme in den Stand des Reserveoffiziers zu machen. Ich hätte ihm den sportlichen Teil derselben sehr gegönnt, da ich ja wusste, wie sehr sein Körper einer solchen Entspannung bedurfte. Er schreibt aber ganz ruhig dem Wehrkommando, als Pfarrer in BK-Gemeinden könne er nicht ohne Not wochenlang weg sein, und lehnt ab. – Später ließ er die Frage offen, ob er überhaupt auch als gemeiner Soldat diese Uniform tragen könne, wenn Hitler einen Krieg anfange. Während seiner Lagerzeit wurde ihm ja auch dann seine Unwürdigkeit für den Heeresdienst erklärt. – Paul blieb bei dieser entschiedenen Haltung in großer Bescheidenheit und Demut. Im Mai 1936 wurde er mit anderen rheinischen BK-Pfarrern zur »Kirchenvisitation«[299] nach Westfalen gesandt. Er reiste mit den größten Hemmungen ab, fühlte sich dem nicht gewachsen, und es widerstrebte ihm, dort von seiner eigenen und der Gemeinden Haltung zu berichten. Gott müsse ja doch ihr »armes Bekennen« in Gnaden ansehen, und sie hätten ja oft genug versagt! Er fährt »auf Befehl« um der Sache willen.

Im Juli 1936 waren wir bei unserer Mutter in Tübingen. Das geistige und kulturelle Leben war dort in diesen Tagen

---

299 Visitation ist ein innerkirchlicher »brüderlicher Besuchsdienst«, bei dem der Dekan bzw. Superintendent eine Kirchengemeinde und ihren Pfarrer/ihre Pfarrerin oder der Prälat bzw. Propst oder Regionalbischof einen Kirchenbezirk und seinen Dekan/seine Dekanin besucht, um mit ihnen, den Kirchengemeinderäten, Bezirkssynoden, den hauptamtlich und ehrenamtlich Mitarbeitenden Fragen der Arbeit zu besprechen. Auch die BK hat Visitationen als »brüderlichen Besuchsdienst« eingerichtet. Dann aber weniger durch Vorgesetzte, sondern mehr durch Amtsbrüder ohne besonderes Leitungsamt.

auf einem Höhepunkt: Mozartfest! Mutter wollte uns an diesen Genüssen gern teilnehmen lassen. Pauls Sinn stand aber nicht nach Konzertsälen, nur uns zulieb ging er mit. So war die erste Zeit nicht der ihm gemäße Urlaub und machte unser Verhältnis etwas gespannt. Wie sehr stand ich damals in der Angst um den Geliebten und wollte retten, was zu retten war! Wir hatten Meinungsverschiedenheiten vor der Mutter ausgetragen. Paul schreibt nun nachher der Mutter: *»Mich bedrückt, dass wir ›Bekenntnisleute‹ uns Dir in einem so schlechten und anstößigen Licht gezeigt haben. Wir lassen uns das recht zur Demütigung dienen, auf dass wir uns keinen fleischlichen und menschlichen Ruhm daraus machen, wenn der Herr uns nötigt – mit viel Mühe genug –, dass wir seinen Anspruch und sein Herrschaftsrecht auf die Kirche nicht verleugnen. Dich möchte ich nur bitten, uns auch als Sünder anzusehen, die an sich nicht besser sind und sein können als andere Menschen. Bitte verstehe auch, dass unser Weg in der Bekennenden Kirche eine Last für unsere Ehe und unser Amt und unsern Stand bedeutet, die andere so nicht tragen müssen.«*

Was den Streit vor der Mutter in Derendingen im Juli 1936 betrifft, so berichtete M. S., ihr Mann sei reichlich störrisch zu den Tübinger Mozart-Tagen mitgegangen. »In dieser Kampfzeit hatte er keinen Sinn für Mozartsche Musik, noch weniger aber für die Tübinger Society, die hier in völliger Verkennung der wahren Vorgänge in Kirche und Gesellschaft heile Welt spiele. Er witterte auch die Absicht der Familie, man wolle ihn in die Welt des Schönen versetzen, um ihn von seiner Treue seinem Auftrag gegenüber abzubringen.« Sie hätten kurz bei der Mutter in Derendingen gewohnt, seien am Sonntag miteinander in die Weilheimer Kirche gegangen. Auf dem Rückweg sei Paul ein Sektierer über den Weg gelaufen, den Gretel kannte und von dem sie nichts hielt. »Schon war Paul in heftigem Gespräch, blieb endlos stehen, kam nicht nach. Ein Gewitter durchnässte ihn anschließend, als er viel zu spät zum

Essen nach Derendingen zur Mutter kam.« Gretel habe ihn wütend empfangen: »Könntest du nicht wenigstens im Urlaub dich deiner Familie widmen und die Missionierung verstockter Sektierer anderen überlassen?« P.S. darauf: »Ich musste mit diesem Mann reden. Umsonst wurde mir der Mann nicht über den Weg geschickt.«

Sie hätten vor der Mutter miteinander gestritten, weil er über seinem Auftrag an Menschen und über dem Reich Gottes Essen und Familie vergessen habe. »Ihm war das später eine schwere Demütigung: dass zwei Menschen, die miteinander den besonderen Weg der Nachfolge gehen und die man auf diesem Weg anficht, sich vor anderen so unwürdig zanken und dabei so krass die Uneinigkeit des Geistes demonstrieren. Er fühlte die Sache blamiert, für die sie doch eintraten.«

In diesem Zusammenhang erklärte M.S., in Sachen Kirchenpolitik habe sie immer wieder die Haltung gemäßigter BK-Leute eingenommen. Sie habe ihren Mann vor einem unbedachten Radikalismus bewahren wollen. Als Frau, so habe sie geglaubt, habe sie diese Aufgabe. Wenn er sich trotzdem anders, schärfer, entscheide, dann wolle sie ihm schon die Treue halten. So habe er humorvoll von seiner Ehe sagen können: »Der Wagen läuft, und die Bremse funktioniert.«[300]

---

300 Die Bezeichnung »Bremse« scheint M.S. doch beschäftigt zu haben. Im Rundbuch am 23. Februar 1936 setzt sie sich damit auseinander: »In der heutigen Zeit ist man nicht nur Hausfrau und Kindermutter, sondern möchte dem Mann eine Gehilfin sein in so manchen Nöten und Kämpfen! Wollte Gott, ich könnte mehr sein als nur sein ›Bremsklotz‹!... Allerdings: Das ›Bremsen‹ ist zwar keine dankbare Aufgabe, aber doch nötig, und die Liebe leidet Gott sei Dank nicht darunter! Ihr lieben Geschwister, gelt, jedes hat sein Päckchen zu tragen – wie oft wollte mir's schon Angst und Bange werden! Im Großen und im Kleinen ist unsere Zeit ernst und oft notvoll, doch wollen wir nicht verzagen, uns fröhlich plagen und unsre Steine tragen aufs Baugerüst!«

Paul fand dann noch Erholung in Bad Sebastiansweiler für zehn Tage.[301] Die letzten vier Tage teilte ich mit ihm.[302] Eine Frau an unserem Tisch fragte: »Sind Sie auf der Hochzeitsreise?« – »Nein, wir haben fünf Kinder zu Hause.«

»Ja, ihr lieben Freunde, es ist mir ein ganz großes Geschenk Gottes, dass wir trotz der so überaus ernsten und gefahrvollen Zeit und des so ganz unsicheren Weges, den wir in der Bekennenden Kirche gehen müssen, doch so fröhlich, ich möchte sagen sorglos, sein können und nun erst recht die Familie und die lieben Kinder, das tägliche Brot, unser Amt und alles uns zu köstlichen Gaben Gottes werden. Wir haben hier am 23.8. die Abkündigung der Vorläufigen Kirchenleitung und des Reichsbruderrates zu verlesen gehabt; mich hat es in der Seele froh gemacht, es war mir eine große Befreiung, dass unsere Kirchenleitung dieses Wort gefunden und gewagt hat und wir damit durchstoßen durften durch die Nebelschwaden von List und Lüge, mit denen die weltanschauliche Lage getarnt und unser armes christliches Volk verwirrt wird. Die neu durchbrechende Sonne nach Regenwochen und Erntenot war mir wie ein freundliches Sich-Bekennen Gottes zu diesem Wort.« (An einen befreundeten Lehrer am 2. September 1936.) – *»›Siehe, dein König kommt zu dir‹, das wird uns ja gerade in unser sündiges, notvolles Herz hinein verheißen. Der Mann auf dem Eselein, der zu Jerusalem einkehrt, will auch noch in unser Volk einkehren, das von ihm abfällt, und er will auch noch – und das sollte uns freilich verwunderlich sein – in unser eigenes Herz einkehren. Gott helfe dir mit unverletztem Gewissen durch die*

301 Von dort hatte er an seine Frau Gretel geschrieben: *»Die letzten Tage sind doch wie ein wüster Traum ... Das machen die Meinungsverschiedenheiten und die Art und Weise, wie wir denselben Ausdruck gegeben haben; dabei will ich gern den Löwenanteil von Schuld auf mich nehmen und Dich nur bitten, mir das zu verzeihen, zumal ich vor Deinen Leuten mich hätte mehr beherrschen sollen.«*

302 In den Tagen vorher hatte M. S. in den verschiedenen Teilen Württembergs ihre zahlreichen Geschwister und eine Freundin in Münsingen besucht.

schwere Zeit. Er gebe dir zur rechten Zeit das gute Bekenntnis, das dem einziehenden König die Kleider vom Leibe unter die Füße breitet und ihm ein Hosianna-Geschrei[303] *vor einer Welt ausrichtet, die ihn fort und fort kreuzigt.«* (An denselben am 29. November 1936.)

Die Kanzelabkündigung der Vorläufigen Kirchenleitung und des Reichsbruderrates, die P. S. am 23. August 1936 im Gottesdienst verlesen hat, versteht man erst, wenn man ihre Vorgeschichte bedenkt: Beide Gremien hatten zusammen eine Denkschrift an Hitler verfasst. Am 4. Juni wurde sie der Präsidialkanzlei zur Weitergabe an Adolf Hitler übergeben.

In ihrer Vorrede wird versichert, ihr einziger Grund liege darin, »den leidenden, verwirrten und gefährdeten Gliedern der evangelischen Kirche durch unser Wort und unsere Fürsprache zu helfen.« Es bestehe die Gefahr der Entchristlichung des Volkes. Sogar hohe Stellen in Staat und Partei würden den Christusglauben angreifen. Es stelle sich die Frage, ob diese Haltung »zum offiziellen Kurs der Reichsregierung werden soll«. Unter dem Stichwort »Zerstörung der kirchlichen Ordnung« klagt die Denkschrift, »seit den aufgezwungenen Wahlen im Juli 1933« reihe sich ein Eingriff des Staates in kirchliche Belange an den anderen. Das sogenannte »Befriedungswerk« des Reichskirchenministers und seiner Ausschüsse halte die Kirche in Abhängigkeit vom Staat und zwinge sie »zur Duldung der Irrlehre«. Unter dem Stichwort »Entkonfessionalisierung« des öffentlichen Lebens wird beklagt, dass den Kirchen ihre eigenen Jugendorganisationen genommen worden seien, dass die Abschaffung der Bekenntnisschulen betrieben und der christliche Einfluss aus dem öffentlichen Leben verdrängt werde. Unter dem Stichwort »Sittlichkeit und Recht« kritisieren die Unterzeichner u. a. die Missachtung des Wahr-

303 Freudenruf für Jesus bei seinem Einzug in Jerusalem am Palmsonntag, vgl. Matthäus 21,1-9; hier ironisch für begeisterte Zustimmung zum Nationalsozialismus.

heitsgebots, die Bewertung der Stimmzettel bei der Reichstagswahl Ende März, die Existenz der Konzentrationslager und die »jeder richterlichen Nachprüfung entzogenen Maßnahmen der Gestapo«. Dass sich das deutsche Volk selbst zum Maßstab aller Dinge mache, verletze ebenso das erste Gebot wie der Führerkult, in welchem dem »Führer« vielfach eine Verehrung entgegengebracht werde, die allein Gott zukomme.

Die Verfasser der Denkschrift warteten vergebens auf eine Reaktion Hitlers. Aber schon am 16. Juli berichtete die »New York Herald Tribune« und nach ihr andere ausländische Zeitungen von der Denkschrift. Am 23. Juli publizierten die »Baseler Nachrichten« sie in vollem Wortlaut. Das brachte die BK in den Verdacht, die Auslandspresse mit Propagandamaterial gegen die deutsche Regierung zu versorgen. Der Reichsbruderrat erklärte entrüstet, die Denkschrift sei ohne sein Wissen und ohne seinen Willen in die Hände der Auslandspresse gelangt. Er bat sogar den Staat um die Ermittlung der Täter. Verhaftet wurden unter diesem Verdacht Friedrich Weißler[304], ein Mitarbeiter der Vorläufigen Kirchenleitung, und zwei Schüler Dietrich Bonhoeffers, Ernst Tillich und Werner Koch. Alle drei wurden am 13. Februar 1937 in das KZ Sachsenhausen überstellt. Der Christ Friedrich Weißler, der jüdischer Herkunft war, wurde bereits nach sechs Tagen zu Tode gequält. Koch und Tillich kamen nach harten Zeiten Ende 1938 und 1939 wieder in Freiheit.

Die BK distanzierte sich nun keineswegs von ihrer Denkschrift. Sie beschloss, den Pfarrern der BK für den 23. August die Verlesung ihres Inhaltes in Form eines ausführlichen Kanzelwortes zu empfehlen, und ließ dieses Kanzelwort in einer

---

304 Friedrich Weißler (1891–1937), ermordet im KZ Sachsenhausen am 19. Februar 1937; Jurist im Staatsdienst, Frühjahr 1933 Entlassung als »Nichtarier«, 1934 juristischer Mitarbeiter der BK, Leiter der Kanzlei der Vorläufigen Kirchenleitung Deutschlands, 3. Oktober 1936 Verhaftung. Vgl. Bernhard Heinrich Forck: ... und folget ihrem Glauben nach. Gedenkbuch für die Blutzeugen der Bekennenden Kirche, Stuttgart: Evang. Verlagswerk, 1949, S. 11–22.

Auflage von etwa einer Million drucken und verteilen. Das war tapfer, denn Hitler stand auf der Höhe seiner Erfolge, und die Zustimmung zu seiner Regierung im Volk war groß. Auch haben die Olympischen Spiele im Sommer 1936 sein Prestige weiter gefestigt. Und es hatte sich um Himmler, Rosenberg und Bormann[305] in der deutschen Regierung eine machtvolle Gruppe gebildet, die auf die sofortige völlige Isolierung der Kirche hinarbeitete. Obwohl die lutherischen Kirchen sich aus der Veröffentlichung und Verlesung ganz heraushielten und obgleich Kirchenminister Kerrl für die Verlesenden disziplinarische Maßnahmen forderte, verlas eine Anzahl Unerschrockener, unter ihnen P.S., am 23. August dieses Kanzelwort.[306]

Hier einige Sätze aus dieser Kanzelabkündigung[307]: »Es geht darum, ob der christliche Glaube in Deutschland Heimatrecht behalten soll oder nicht. Mit einer Wucht und Planmäßigkeit ohnegleichen wird das Evangelium von Jesus Christus heute bei uns bekämpft.... Machtmittel des Staates und der Partei werden weiterhin eingesetzt gegen das Evangelium von Jesus Christus und gegen alle, die sich zu ihm bekennen.« Es wird berichtet, dass die BK bereits am 10. April 1935 ein Schreiben an den Führer Adolf Hitler gerichtet habe, das wie ein Schrei aus tiefer Not klinge, und dass »in diesem Jahr« dem Führer und Reichskanzler eine diesbezügliche Denkschrift zugeleitet worden sei. Gegen den Willen und ohne Wissen der BK sei sie in der ausländischen Presse veröffentlicht worden. Nunmehr sei die BK gezwungen, auch öffentlich zu dem Inhalt dieser Denkschrift zu stehen. Denn »es ist der christlichen Kirche geboten, ihren Gliedern, vor allem dem heranwachsenden

305 Martin Bormann (1900–1945), ab 1933 Stabsleiter bei dem Stellvertreter des »Führers«, Rudolf Heß (1894–1987, Selbstmord im Gefängnis); ab 1941 Nachfolger von Heß als Chef der Parteikanzlei.

306 Näheres bei Gerhard Besier: Die Kirchen und das Dritte Reich. Spaltungen und Abwehrkämpfe, Berlin: Econ Ullstein List Verlag/München: Propyläen Verlag, 2001, S. 482ff; Eberhard Bethge: Dietrich Bonhoeffer, München: Christian Kaiser Verlag, 1967, S. 602ff.

307 Zitiert nach Wentorf: Der Fall, S. 124–128.

Geschlecht, die Augen zu öffnen für die Gefahr, in der wir alle stehen.«

Im Einzelnen wird in dem Kanzelwort u.a. Folgendes beklagt: »Die Wahrheit des Evangeliums wird in aller Öffentlichkeit angegriffen, auch von führenden Männern des Staates.... In den Schulungslagern wird vielfach die Weltanschauung des Rosenbergschen Mythus gelehrt, die den Menschen verherrlicht und Gott seine Ehre nimmt. Mit aller Offenheit wird stellenweise bereits verkündet, dass diese Weltanschauung unvereinbar sei mit dem christlichen Glauben und dass sie diesen christlichen Glauben abzulösen bestimmt sei.... Die Totalität dieser Weltanschauung bringt unzählige evangelische Menschen in schwere Gewissensnot und in ständige Versuchung zur Heuchelei und Lüge. Unter der Losung ›Entkonfessionalisierung des öffentlichen Lebens‹ wird die Kirche mehr und mehr in allen ihren Betätigungen in den Raum der Kirchenmauern zurückgedrängt. In dem Lande Martin Luthers wird es der evangelischen Kirche verwehrt, in öffentlichen Versammlungen das Evangelium zu bezeugen.... Die evangelische Schule wird bekämpft. Die Seelsorge der heranwachsenden Jugend wird nahezu unmöglich gemacht. Gleichzeitig aber wird das junge Geschlecht an Herabsetzung, ja an Verhöhnung des christlichen Lebens gewöhnt.... Wer sich gegen diese Bekämpfung des christlichen Glaubens auflehnt, muss gewärtigen, dass er als Staatsfeind gebranntmarkt wird.... Aus solcher Bedrückung der Gewissen, verstärkt durch dauernde Bespitzelung, wachsende Heuchelei und knechtische Gesinnung, lösen sich schließlich die sittlichen Bindungen überhaupt.«

Angesichts des Beklagten wird »dem ganzen deutschen Volk die ewige Wahrheit Gottes« bezeugt: »Der Herr unser Gott ist ein heiliger Gott und lässt sich nicht spotten. Er hat sich geoffenbart in seinem Sohn Jesus Christus, dem Gekreuzigten und Auferstandenen. Es ist kein Gott außer diesem einen, der der Vater Jesu Christi ist.... Was an der Seele eines Volkes versäumt wird, macht kein äußerer Aufstieg, kein politischer, kein wirtschaftlicher, kein sozialer Aufstieg wieder gut. ›Gerechtigkeit erhöht ein Volk, aber die Sünde ist der Leute Verderben!‹[308] Das ist die ewige Wahrheit. Christen sind es schuldig, der Obrigkeit Gehorsam zu leisten, soweit sie nicht verlangt, was gegen Gottes Gebot ist. Christen sind es schuldig zu widerstehen, wenn von ihnen verlangt wird, was wider das Evangelium ist.« Das Kanzelwort will nicht den Schutz des Evangeliums durch den Staat. »Das Evangelium steht in eines Höheren Schutz!« Es fordert aber, »dass Verunglimpfung des Evangeliums von dem öffentlichen Leben des deutschen Volkes ferngehalten und dass unserer Jugend der Glaube, den die Kirche bezeugt, nicht systematisch zerstört wird.... Die fortgesetzte Bespitzelung der kirchlichen Arbeit muss aufhören. Die Verbote kirchlicher Versammlungen in öffentlichen Räumen müssen fallen.... Es muss vor allem aufhören, dass staatliche Stellen sich unausgesetzt in das innere Leben der Kirche einmischen, die durch ihr Lehren und Handeln die Zerstörung der evangelischen Kirche bewirken. Es muss aufhören, dass durch Aufmärsche, Festzüge, Kundgebungen und sonstige Veranstaltungen gerade am Sonntagvormittag der Besuch des Gottesdienstes vielen evangelischen Christen unmöglich gemacht wird.... In dieser Stunde der Entscheidung will Jesus Christus aufrechte Bekenner und entschlossene Jünger und Jüngerinnen haben. Jetzt gilt das Wort: ›Wer mich bekennt vor den Menschen, den will ich auch bekennen vor meinem himmlischen Vater!‹[309] Wir rufen die Diener der Kirche auf, das Evangelium von Jesus Christus ohne Kompromisse und ohne Menschenfurcht zu bezeugen. Viele Pfarrer und Laien haben in diesen Jahren um des Glaubens willen gelitten, haben zum Teil im Gefängnis und im Konzentrationslager gesessen, Ausweisungen u.a. erdulden müssen. Wir wissen nicht, was uns noch bevorsteht. Aber was auch komme – wir sind gebunden an den Gehorsam gegen unseren himmlischen Vater! Lasst uns

308 Sprüche 14,34.
309 Matthäus 10,32.

tun, was uns geboten ist, und lasst uns des fröhlichen Glaubens leben, dass Menschen, die nur Gott fürchten und sonst nichts auf der Welt[310], die besten Diener des Volkes sind.«

Ein ganz wichtiges Gemeindeanliegen war Paul die evangelische Schule. Es handelte sich in beiden Dörfern um einklassige Schulen mit je einem Lehrer. Diese beiden Lehrer machten Paul Kummer. Er sah in ihnen die Lehrer der Konfessionsschule und Religionslehrer seiner eigenen und seiner Pfarrkinder und bedauerte so doppelt, dass sie ganz und gar dem Zeitgeist anheimgefallen. 1936 schrieb er: *»Mit unseren Kindern haben wir schon unsere Erziehungssorgen, da sie in unserer Schule so schlecht beraten sind. Sie lernen wenig, dafür aber ist unser Lehrer mit allen Erziehungsneuerungen vornean. Nun haben sie vor und nach der Schule neue Gebete eingeführt, die auch nicht die Spur mehr christlich oder evangelisch zu nennen sind und ganz deutschgläubigen Geist atmen.«*[311] Jeder Lehrer tat sein Möglichstes, die biblischen Geschichten nach dem neuesten Stand der nationalsozialistischen »Forschung« zu lehren.[312]

310 Anspielung auf ein Otto von Bismarck zugeschriebenes Wort: »Wir Deutschen fürchten Gott und sonst nichts auf der Welt.«

311 Gerhard Besier gibt in seinem Buch »Die Kirchen und das Dritte Reich«, S. 248, Weihnachtsverse eines SA-Krippenspiels wieder wie: »Es ist ein Licht geboren! / Deutsch und von seltner Art! / SA ist auserkoren, / zu schirmen seine Fahrt.« Oder: »Dunkle Nacht – finstere Nacht! / Alles schläft, einsam wacht / nur der Hüter am heiligsten Gut – / Nordlands Wächter im nordischen Blut! / Deutschland, lausch und wach auf!« Oder: »O du fröhliche, o du selige Leben kündende Weihnachtszeit! / Nacht lag auf den Landen, / Licht ist erstanden, / strahle uns, du grüner Baum im Lichterkleid.« Oder (S. 271) der »Anruf« an den Führer, der in Köln von Kindern zur NS-Volksspeisung aufgesagt wurde: »Führer, mein Führer, von Gott mir gegeben, / beschirm und erhalte noch lange mein Leben. / Du hast Deutschland gerettet aus tiefer Not. / Ich dank dir auch für mein täglich Brot. / Bleib mir noch lange nahe, verlass mich nicht. / Führer, mein Führer, mein Glaube und Licht. …«

312 Das Alte und Neue Testament, gesehen durch die antijudaistische Brille; Jesus als Verkörperung germanischen Kämpfertums, von

Paul bespricht darum mit dem Presbyterium die Notwendigkeit eines Vorkatechumenats[313], das später durch seinen Stellvertreter eingeführt wird. Während seiner Haft 1937 stellte er einen Plan[314] auf, welches Wissen die Kinder an Bibelkunde, Liedern und Katechismusfragen vor der Aufnahme zum Konfirmationsunterricht haben müssten, sei es, dass sie es im Elternhaus oder im kirchlichen Unterricht lernten.

Paul ließ es an seelsorgerlichen Einzelgesprächen mit den Lehrern nicht fehlen, sie brachten ihm meist nur Anzeigen ein. Der Dickenschieder Lehrer führte förmlich Buch über ihn und ließ durch die Schulkinder die Leute zur Einsichtnahme bitten.[315] Als sie zu ihm nicht kamen, wurde dies Sündenregister in einem Bauernhaus aufgelegt. Dazu kam, dass der Lebenswandel des Dickenschieder Lehrers ständig dem Dorf Gesprächsstoff bot. Als er nun einmal den katholischen Lehrer in der katholischen Schule vertreten sollte, streikten die katholischen Eltern und schickten eine Begründung an die Regierung. Paul sah sich mit dem Presbyterium genötigt, nun um die Untersuchung dieser Anschuldigungen zu bitten. Stattdessen wird Paul nun seinerseits um Stellungnahme ersucht.[316] Er hätte diese Sache viel lieber innerhalb der christlichen Gemeinde – also nur durch die

---

Juden gehasst und gekreuzigt. Paulus als ehemaliger Rabbi, der das Christentum mit seiner jüdischen Mentalität verdirbt; das Alte Testament als ein Beweis für die moralische Minderwertigkeit der jüdischen Rasse.

313 Vorkonfirmandenunterricht, sozusagen die Vorstufe zum Konfirmandenunterricht. Da die Kinder in den Schulen großenteils keinen bekenntnistreuen Religionsunterricht hatten, sollten die Grundlagen ihres Bibelwissens durch den Vorkonfirmandenunterricht gelegt und gefestigt werden.

314 Sammlung von P. Dieterich.

315 Auch die Pfarrerskinder Evmarie und Hermann Schneider gingen zu Lehrer Fritz Kunz in die Schule. Sogar in ihrer Gegenwart sagte er, er führe immer Buch über den Pfarrer. Wer es lesen wolle, der könne ins Nachbarhaus gehen, wenn er zu ihm, dem Lehrer, nicht kommen wolle (mündlicher Bericht von M. S. im Oktober 1979).

316 Schreiben des Regierungspräsidenten in Koblenz vom 26. Februar 1937 (Sammlung von P. Dieterich).

christliche »Bußzucht« – ausgetragen. Der Schluss des Schreibens des Presbyteriums an den Regierungspräsidenten zeigt seine Einstellung: *»Es ist mir leid, dass ich durch die Rückfrage genötigt bin, diese Dinge*[317] *auszupacken, die wir durch das Beschwerdeschreiben von katholischer Seite genügend betont glaubten, um dessen gründliche Untersuchung wir ja gebeten hatten. Es geht uns auch letztlich nicht um diese Dinge als solche und an sich, das haben wir schon in unserem Schreiben vom 15.2. und der früheren Beschwerde deutlich gemacht. Es geht uns um die Verhinderung der völligen Entchristlichung des evangelischen Schullebens der Gemeinde. Wir bitten darum die Regierung, in diesem Sinn bei ihrem Einschreiten zum wahren Vertrauen und Frieden zwischen Gemeinde und Schule zu helfen. Wir haben auch, bevor wir unser Beschwerdeschreiben machten, den Lehrer als bevorzugtes Glied der Gemeinde, das er in seiner Eigenschaft als evangelischer Lehrer ja auch ist, vor das Presbyterium geladen, um diese Dinge in einer für ihn und die Gemeinde tragbaren Weise zu bereinigen.*[318] *Es war leider vergeblich.*[319] *Uns leitet nicht irgendwelche Gehässigkeit, sondern einzig die Sorge um die rechte und christliche Erziehung unserer Kinder. Darum bitten wir die Regierung auch darum,*

317 Mit »diesen Dingen« sind Vorgänge gemeint, die im Schreiben des Presbyteriums Dickenschied an den Regierungspräsidenten vom 4. März 1937 genannt werden, betreffend die sexuelle Zudringlichkeit des Lehrers einem Schulmädchen gegenüber, z.T. Nichtachtung der Intimsphäre und Verletzung der Schamhaftigkeit anderer Schulmädchen; dazu die Tatsache, dass er, der von seiner ersten Frau geschieden und dessen zweite Frau gestorben war, ohne Ehe mit einem jungen Mädchen des Dorfes zusammenlebte und dieses sein Verhältnis bei dörflichen Gelegenheiten, besonders auf dem Tanzboden, zur Schau stellte. Das verletzte nach Auffassung des Presbyteriums das sittliche Empfinden der Gemeinde dauerhaft. (Sammlung von P. Dieterich).

318 Vorher hatte P.S. mehrfach das persönliche Gespräch mit jenem Lehrer gesucht. Er hatte ihn – so berichtete M.S. – gebeten, der Gemeinde kein Ärgernis zu geben.

319 Der Lehrer von Dickenschied wies die Einladung zum Gespräch mit dem Presbyterium zurück.

dass sie doch ihren Einfluss dahin geltend mache, dass die Lehrer die Zusammenarbeit mit und die Achtung vor der Kirchengemeinde – der christlichen Gemeinde , in der sie dienen, nicht grundsätzlich versagen möchten, auf dass es christlichen Eltern nicht leid sein muss, dass sie ihre Kinder noch der Schule anvertrauen« (4. März 1937).[320]

Paul war mit der »evangelischen Schulgemeinde« in enger Verbindung. Auch von daher ließ er die Gemeinde aufklären. Im Januar 1937 sagt er in der Predigt über Lukas 2,40-52[321]: *»Wir wollen christliche Erziehung. Darum wollen wir es verlernen, liebe Gemeinde, wenn wir von christlicher Erziehung reden, das Wörtlein christlich klein zu schreiben. Wir müssen es groß schreiben, denn es kommt von Christus, von Christus selbst, und kein Geringerer will Gestalt gewinnen in den Herzen unserer Kinder. Er will sein Bild in ihre Herzen und Seelen einprägen. Wenn er das aber will, dann kann er sich nicht mit einem Winkel oder einer Ecke, mit einem sogenannten Ort im Herzen, oder mit dem ihm zugewiesenen, von der Welt noch zugestandenen Jenseits begnügen. – Dann, liebe Gemeinde, fordert er uns und unsere Kinder total, erhebt Anspruch auf unser ganzes Leben. Dementsprechend muss die christliche Erziehung, soll es wirklich eine christliche Erziehung sein, eine das ganze Leben des Kindes umfassende sein.*[322] *Wie Jesus den*

320 Der Dickenschieder Lehrer wurde aufgrund der Elternproteste und der ihm nachgewiesenen Verfehlungen strafversetzt. Er habe, so berichtet M. S., daraufhin gesagt: »Ehe ich fortkomme, kommt der Pfarrer auch fort.« So geschah es. Der Lehrer wurde zum 15. Juni 1937 strafversetzt. Vorher, am 31. Mai, wurde der Pfarrer verhaftet.

321 In Lukas 2,40-52 steht die Erzählung vom zwölfjährigen Jesus im Tempel, in ihr das Wort des Jesusknaben an seine Eltern: »Wisst ihr nicht, dass ich sein muss in dem, was meines Vaters ist?«

322 Vgl. These 2 der Theologischen Erklärung von Barmen: »Wie Jesus Christus Gottes Zuspruch der Vergebung aller unserer Sünden ist, so und mit gleichem Ernst ist er auch Gottes kräftiger Anspruch auf unser ganzes Leben ... Wir verwerfen die falsche Lehre, als gebe es Bereiche unseres Lebens, in denen wir nicht Jesus Christus, sondern anderen Herren zu eigen wären ...«

Gehorsam gegen seine Eltern nur scheinbar verletzt, sondern nur dem Gehorsam gegen seinen himmlischen Vater in rechter Ordnung unterstellt, wie er mit diesem Gehorsam sein Leben in die Hand seines himmlischen Vaters legt bis zu seinem letzten Wort am Kreuz: Vater, in deine Hände befehle ich meinen Geist,[323] *so müssen wir es auch tun und müssen auch unsere Kinder anleiten, alle irdische Rücksicht, allen irdischen Gehorsam dem Gehorsam gegen den lebendigen, heiligen Gott, gegen den Herrn und Heiland Jesus Christus zu unterstellen. Dann werden wir gegen alle christliche Entstellung der Erziehung unserer Kinder mit zäher, verbissener Entschlossenheit, die um die Größe der Entscheidung weiß, rufen um unserer Kinder Heil und Seligkeit oder Unheil und Verdammnis: Wir wollen christliche Erziehung! Amen.«*

In jener Predigt über den 12-jährigen Jesus im Tempel betont P. S. u. a., dass christliche Erziehung nicht ohne eine feste Verwurzelung in der Kirche und nicht ohne offenes Bekenntnis zur Kirche Jesu Christi gelingen könne. Er folgert das aus dem Wort des 12-jährigen Jesus: »Ich muss sein in dem, das meines Vaters ist«. Vor dem Hintergrund der immer deutlicher werdenden Entfremduung des Lehrers der Schule, die ja rechtlich noch immer eine evangelische Konfessionsschule ist, sagt P. S.: *»Wie sollen die Kinder noch christlich unterwiesen werden können, wenn sich die Schule innerlich und äußerlich von der Kirche löst und der Lehrer die Kirche seiner Gemeinde, deren Kinder ihm anvertraut sind als ihrem evangelischen Lehrer, mit keinem Fuß mehr betritt? Dann mag es freilich so kommen, dass man die Kinder vom Religionsunterricht der Schule abmeldet; dann mag es weiter so kommen, dass man in der Schule etwas anderes unter Weihnachten, dem heiligen Christfest, versteht als die Kirche.«*

Nun kommt P. S. auf eine Weihnachtsfeier in der Schule zu sprechen, die der Lehrer Sturm in der Schule in Womrath mit

323 Lukas 23,46.

einem Krippenspiel gestaltet hat, das er einerseits nach dem Oberufener Christgeburtsspiel, andererseits nach dem »Deutschen Krippenspiel« eines deutschgläubigen Autoren, arrangiert und mit volkstümlichen Weihnachtsliedern angereichert hat. Vor allem mit dem, was in der Hunsrücker Zeitung unter der Überschrift »Verspätete Weihnachtspost aus der Womrather Schweiz« von der Weihnachtsansprache des Lehrers berichtet wurde, setzt sich P. S. nun auf der Kanzel auseinander: *»Ich habe doch aufgehorcht, und ihr habt es hoffentlich mit mir getan, was kürzlich in der verspäteten Weihnachtspost aus Womrath zu lesen stand als Charakteristikum einer Weihnachtsfeier. Dort heißt es in der Wiedergabe der Rede des ›christlichen‹ Lehrers, ›dass die Züge, die uns das Weihnachtsfest so lieb und wert machen, gar nicht mit der Christianisierung Deutschlands zu uns gekommen sind‹ – deutlicher gesagt, dass Weihnachten mit dem Christentum nichts zu tun habe –, ›sondern als ureigene deutsche Wesensart von unseren germanischen Vorfahren stammen‹. Ich kann nur raten und ermahnen, dass wir eine Weihnachtsfeier, auf die diese Beschreibung zutrifft…, nicht mehr als christliche Weihnachtsfeier ansehen. Sie will ja auch bewusst nichts mehr mit der Kirche zu tun haben, und wir wollen aus diesem Grunde unsere Kinder von solchen und ähnlichen Feiern fernhalten. Das ist eine arge Schalkerei, christliche Erziehung ohne die christliche Gemeinde und Kirche tun zu wollen. Christliche Erziehung gibt es nur in der christlichen Kirche. ›Wisset ihr nicht, dass ich sein muss in dem, das meines Vaters ist?‹«*[324]

Was versteht P. S. unter dem Wort »Kirche«, wenn er rundweg behauptet, christliche Erziehung könne nur in der Kirche stattfinden? Wir würden ihn missverstehen, wenn wir annehmen würden, er meine eine machtvolle Institution namens Kirche, die für sich das Monopol auf christliche Erziehung beanspruche und die notfalls dieses Monopol mit Gewalt durchsetze. »Kirche« bedeutet für P. S. die Gemeinde derer, die

---

324 Zitiert nach Wentorf: …und sollst mein Prediger bleiben, S. 130f.

bewusst in der Ausstrahlung Jesu leben, allein von seinem Wort, in der Bitte um die Leitung durch seinen Geist, ihm allein gehorsam. Er meint allerdings, dass wirklich christliche Erziehung zu dieser bekennend kirchlichen Lebensart führt und von ihr herkommt.

In den Mitteilungen des Reichsverbandes deutscher evangelischer Schulgemeinden vom Dezember 1936, die illegal vervielfältigt erschienen waren, hatte P. S. kurz vorher u. a. gelesen: »Uns geht es um ein klares Wort an den Kreis unserer Freunde und Mitarbeiter, um ein Wort in einer klaren Sache, in unserer Sache, die heißt: biblisch-christliche Erziehung der Jugend in Haus, Schule und Gemeinde.« Der Artikel stellt »christliche Schule und ihr deutschgläubiges Gegenteil« einander gegenüber, fordert zur klaren Entscheidung zwischen beidem auf, gerade in der Zeit der weihnachtlichen Jahreswende, und rät, »ganz nüchtern damit zu rechnen und uns darauf einzustellen, dass heute weite Kreise unseres Volkes vom christlichen Weihnachtsfeste nichts mehr wissen wollen, dass sie stattdessen das Brauchtum unserer heidnischen Vorfahren neu beleben möchten oder doch jedenfalls die Feier der völkischen Wiedergeburt sowie den Triumph völkischer Notgemeinschaft im Rahmen des Winterhilfswerks (WHW)[325] in den Vordergrund rücken. Das alles hat – so wertvoll es für sich sein mag – mit christlicher Weihnachtsfeier nichts mehr gemeinsam. Eins sollte uns darum klar werden: Von all den Leuten, die so oder ähnlich ›Deutsche Weihnachten‹ feiern, haben wir für eine christliche Schule auch nicht das Allermindeste mehr zu erwarten.«[326]

Die Verantwortlichen des Reichsverbandes deutscher evangelischer Schulgemeinden wie auch P. S. hatten bei ihrer kompromisslosen Aufforderung zur Unterscheidung und Entscheidung klar vor Augen, wohin die nationalsozialistische

325 Ein »Hilfswerk« des NS-Staates, das ganz im Dienst einer nationalsozialistisch bestimmten deutschen Volksgemeinschaft stand.

326 Zitiert nach Wentorf: Der Fall S. 141f.

Schulpolitik eigentlich zielte. Sie sahen eine Entwicklung im Gang, die Alfred Rosenberg, der »Beauftragte des Führers für die Überwachung der weltanschaulichen Schulung der Partei und ihrer Gliederungen und Verbände«, auf einer »Reichskulturtagung« 1938 in folgender Weise offenlegte: »Dass die katholische Kirche und mit ihr die evangelische Bekennende Kirche in der heutigen Formgestaltung aus dem Leben unseres Volkes verschwinden muss, darüber bin ich mir – und ich glaube das auch im Sinne des Führers sagen zu können – vollkommen klar. Der Aufbau des Lehrplanes in allen Kategorien unserer Schulen ist bereits derartig im antichristlich-antijüdischen Sinne erfolgt, dass die aufwachsende Generation vor dem schwarzen Schwindel bewahrt bleibt.«[327] Nicht weil P. S. zum Rigorismus neigte, noch weniger weil er ein »Monopol« der Kirche verteidigen wollte, sondern weil er die im Gang befindliche Entwicklung illusionsloser und wahrhaftiger sah als sehr viele andere, wagte er in der Schul- und Erziehungsfrage in Dickenschied und Womrath den Streit.

Seine Stellungnahme behielt den klaren Blick nach beiden Seiten. *»So wenig wir um die alte Kirche kämpfen, so wenig kämpfen wir freilich auch um eine alte Schule, sondern unter der Losung ›Bekenntnisschule‹ für Schulen, die wirklich diesen Namen verdienen. Jetzt gilt es nicht, das bankrotte Firmenschild aufzugeben – wir haben es ja auch nicht in der Kirche getan –, sondern den Zwangsvergleich und das Entschuldungsverfahren einzuleiten. Lasst uns von den Kindern der Welt lernen, die klüger sind als die Kinder des Lichts[328] ... ›tole‹ (indonesisch), d. h. vorwärts und niemals zurück, ist die Losung des Evangeliums! Kein Einsatz darf uns für unsere Kinder, ihre Seelen und ihr ewiges Heil zu schade sein! ... Es soll nur keiner denken, auf irgendeinem Gebiet mit einem Vergleich mit der Welt und den Mächten dieser Welt, die doch gerichtete Richter sind, durch-*

327 Zitiert nach Wentorf: Der Fall S. 143.
328 Lukas 16,8.

zukommen. Auch das Evangelium erhebt den Totalitätsanspruch, und nicht erst seit gestern! Ich meinerseits kann nicht glauben an das friedliche Nebeneinander von christlicher und völkischer Erziehung, und die führenden Leute auf der anderen Seite glauben auch nicht daran ... Drum ›mutig drein und nimmer bleich, denn Gott ist allenthalben‹, Ihr wisst selber, wie es weiter heißt ... Von der Lage in der BK, die freilich durch Unglaube, Ungehorsam und Verwirrung in den eigenen Reihen kritisch genug ist,[329] *davon mündlich mehr«* (Brief vom 2. September 1936 an den befreundeten Lehrer Girolstein in Wetzlar).

In seinem Kampf um die christliche Konfessionsschule vertrat P. S. konsequent die Linie der 4. Bekenntnissynode der Deutschen Evangelischen Kirche, die vom 17. bis 22. Februar 1936 in Oeynhausen tagte und die zur Schulfrage Folgendes feststellte: Nach den geltenden Gesetzen sei zwar der christliche Charakter des deutschen Schulwesens unverändert. In Wirklichkeit aber sei »die christliche Grundlage des deutschen Schulwesens aufs Äußerste bedroht und in einigen nicht unwesentlichen Stücken bereits beseitigt. ... Zwei einander ausschließende Glaubenshaltungen« würden um die deutsche Schule ringen. Die eine sei »vom Geist der Selbstverherrlichung des Menschen bestimmt«. Sie bekämpfe die christliche Botschaft als

329 Wesentliche Konfliktpunkte innerhalb der BK waren: Die Stellung zur Theologischen Erklärung von Barmen; zahlreiche Lutheraner sahen ihren Glauben in ihr unzureichend beschrieben. Die Stellung zu den Kirchenausschüssen des Kirchenministers Kerrl; mit Recht sahen viele Bekenner in ihnen den Versuch des Staates, die BK zu neutralisieren, andere unterwarfen sich ihnen, dem Druck gehorchend, mit schlechtem Gewissen. Die Frage, ob ein bekennender Christ den »Führereid« schwören könne, mit welchem dem »Führer« Adolf Hitler absoluter Gehorsam geschworen wurde. Schließlich die Haltung der »intakten« Landeskirchen Bayern, Württemberg, Hannover, deren Leitungen versuchten, mit den DC in der eigenen Landeskirche in einer spannungsvollen Gemeinsamkeit auszuharren, um das Auseinanderbrechen der Landeskirche zu verhindern. Immer wieder fielen die »intakten« Landeskirchen der BK »Dahlemer Prägung« in den Rücken.

»volksschädlich«. Die andere sei »das Bekenntnis zu dem für uns gekreuzigten und auferstandenen Herrn Jesus Christus«.

Man bediene sich der Parole der Gemeinschaftsschule. Was derzeit geschehe, laufe aber auf die Preisgabe der christlichen Schule hinaus. Die sogenannte Gemeinschaftsschule bedeute »den Übergang zur völlig entchristlichten Schule«. Die eingeleitete »Entkonfessionalisierung« führe in Wirklichkeit »zur Loslösung der Schule von Kirche und christlicher Verkündigung und zu ihrer Auslieferung an einen Irrglauben«. Die Bekenntnissynode richtete an den Staat den Appell, dafür zu sorgen, dass die geheime widerchristliche Propaganda in der Schule ihr Ende finde. An die Gemeinden appelliert die Synode: »Die christliche Gemeinde ist verpflichtet, wo es nötig ist, für das der Kirche gewährleistete Gut einer bekenntnisgebundenen christlichen Schule mit allem Nachdruck zu kämpfen. Sie muss darüber wachen, dass ihr dieses Gut nicht auf ungesetzlichem Wege entrissen wird.«[330]

Das Presbyterium der Evangelisch-Reformierten Gemeinde Dickenschied machte mit seinem Protest gegen den faktischen Abbau der christlichen Konfessionsschule Ernst und schrieb am 15. Februar 1937 an den Regierungspräsidenten in Koblenz einen Brief, den es ausdrücklich über den Schulrat in Simmern zu ihm leiten ließ. Es erinnerte daran, dass das Gesamtpresbyterium Dickenschied-Womrath im Juli 1936 an den Schulrat in Simmern eine Beschwerde über den evangelischen Religionsunterricht an den evangelischen Schulen beider Gemeinden gerichtet habe. Der Kreisschulrat habe daraufhin beide Schulen besucht und auch den Religionsunterricht geprüft. Er habe aber das Presbyterium keiner Antwort gewürdigt. Einstweilen sei »durch den Wegfall des evangelischen Schulgebetes und seinen anderswertigen Ersatz ... der evangelische Charakter der Schule ... weiter beseitigt worden.« Das Presbyterium kündigte

330 Zitiert nach Joachim Beckmann: Kirchliches Jahrbuch 1933–1944, 60.–71. Jahrgang, Gütersloh: Gütersloher Verlagshaus Gerd Mohn, ^{2}1976, S. 122–124.

an: »Sollte eine evangelische Gemeinde für ihre evangelischen Schulinteressen bei den Schulbehörden kein Verständnis mehr finden, ... dann wäre eine evangelische Gemeinde nur umso mehr genötigt, dem gegen die evangelische Lehre, den evangelischen Geist und die evangelischen Kirchen handelnden Lehrer ihrer Kinder mit den ihr gegebenen Mitteln der Gemeindezucht zu begegnen und die Eltern auf das ihnen von Gott mit ihren Kindern gegebene Recht und die Pflicht christlicher Schulerziehung hinzuweisen.« Definitiv stellte das Presbyterium fest: »Die evangelische Gemeinde Dickenschied ist gewillt und entschlossen, bei ihrer evangelischen Gemeindeschule zu verharren, für die sie sich einen wahrhaft evangelisch gesinnten Lehrer in aller Ehrerbietung, aber auch mit allem Nachdruck von der obrigkeitlichen Schulbehörde erbittet.«[331]

Trotz dieser »Konfessionsschulen« in unseren Orten ist Paul bis ins Gefängnis hinein der Kämpfer gegen die Deutsche Gemeinschaftsschule des Dritten Reiches. Er sucht noch in seinem letzten (inoffiziellen) Brief aus Koblenz seine Frau und seinen Vertreter festzumachen in diesem Kampf. *»Die Mitteilung über mein Verhör geht wohl auch die Gemeinden an und hauptsächlich die Gemeinden, wie nach meiner Meinung auch die Auseinandersetzung mit der Schule und den Lehrern des Pudels Kern ist bei meiner Haft und Ausweisung. Sollte auch in Dickenschied-Womrath, wie ich aus Andeutungen von Herrn O.*[332] *und eines anderen Beamten zu verstehen glaube, die Gemeinschaftsschule eingeführt sein, sollte nun auch das Firmenschild der Konfessionsschule offen wider alles Recht und alle Versprechungen heruntergerissen sein, sollte man den Eltern das Recht offen abstreiten damit, ihre Kinder in Schulen ihres Bekenntnisses zu schicken, so hielte ich für die wahrhaft evangelischen Eltern den Schulstreik für geboten: Jedenfalls spreche ich meiner Frau*

331 Zitiert nach Wentorf: Der Fall, S. 142f.
332 Oswald, Gestapo-Beamter, der P. S. im Gefängnis in Koblenz verhört hat.

das Recht zu, sich ausdrücklich auf meinen Willen zu berufen, unsere Kinder nicht in die Gemeinschaftsschule zu schicken, komme daraus, was da wolle. Jetzt kann und muss auch in den Gemeinden erneut deutlich gemacht werden, um was es geht. Sie dürfen ruhig den Eltern sagen, um dieser Dinge willen säße ich im Gefängnis. Wenn Sie jetzt die Gemeinschaftsschule, sei es auch unter Protesten, hinnehmen, so würden Sie meinen Kampf und meine Verantwortung verraten. Nach allem, was bei uns vorausgegangen ist, dürfen Dickenschied und Womrath die Gemeinschaftsschule nicht hinnehmen, und wenn von uns das Signal zum Schulstreik ausgehen sollte, bitte, schonen Sie meine Person nicht... Nur ja jetzt keinen faulen Versprechungen und Vertröstungen Glauben schenken! Grundsätzliches Misstrauen ist am Platz. In der Abteilung II b Vogelsang (Stapogebäude) und auch hier unter den Bibelforschern[333] bekommt man einen lebhaften Eindruck, wie planmäßig und entschlossen der Kampf gegen die christliche Weltanschauung geführt wird. Wie keine Sekte, keine namenlose christliche Gemeinschaft, keine aus dem üblichen Rahmen fallende kirchliche Veranstaltung dem Blick der Gestapo entgeht und wie Pfarrer der Kirche, mit denen wir noch aus einem Pott unser Gehalt beziehen, ihre Handlanger sind. Hier kann man es immer noch viel schwärzer annehmen, als man vor Augen sieht. Mein vorstehendes Urteil will ich niemand aufzwingen. Sie und die Gemeinde und meine Frau sollen handeln, wie sie es selbst verantworten können und wozu sie sich von Gott die Kraft erbitten können« (Nov. 1937). Die Gemeinschaftsschule wurde nach Jahr und Tag von uns dann doch nur »unter Protest« hingenommen! Nach den Erfahrungen mit den evangelischen Lehrern vertraute man dem katholischen Lehrer, der die Gemeinschaftsschule nun allein hielt, die Kinder mit »besserem Gewissen« an. War es im Grunde aber nicht doch nur die Liebe, die die Kinder schützen und behalten wollte, und Leidensscheu?

333 »Ernste Bibelforscher«, die sich heute »Zeugen Jehovas« nennen.

Ehe wir die Maßnahmen, die P. S. und die Presbyterien von Dickenschied und Womrath im Zuge der »christlichen Bußzucht« oder »Kirchenzucht« ergriffen, zur Kenntnis nehmen, sei noch einmal auf das, was im Teil II zum Thema Kirchenzucht steht, verwiesen.

> Die Not mit den Lehrern und ihre bekenntniswidrige Unterweisung ließen Paul immer wieder ins Gespräch mit dem Presbyterium über die »christliche Bußzucht« kommen. Es lagen in Womrath auch noch zwei andere Fälle vor, die der christlichen Gemeinde Ärgernis gaben. Da war ein Mann, der der Kirche seit Jahren den Rücken gekehrt hatte, nun aber auch sein Kind, dem er doch bei der Taufe die christliche Unterweisung versprochen, vom Kindergottesdienst unter Drohen und Schelten fernhielt und es selbst einmal aus der Kirche herausholte. Es war nicht zu reden mit ihm, so sehr es Paul erstrebte. – Und da war ein Parteimann, ebenfalls seit Langem dem kirchlichen Leben gleichgültig, der aber nun sich zum Richter des bekenntniskirchlichen Lebens machte. Mit ihm war Paul manchmal im Gespräch. Er suchte es dann immer vom christlichen Anliegen des Pfarrers aufs politische Glatteis zu bringen. Seinen Jungen meldete er vom Konfirmationsunterricht ab und schickte ihn zu einem DC-Pfarrer Thüringer Richtung. Er versuchte diesem im Dorf Einfluss zu verschaffen.

Hier die Briefe, die in dieser Auseinandersetzung hin und hergingen:[334] Anfang 1937 schrieb der Landwirt Ernst Scherer aus Womrath an P. S.: »Da Sie – wie Sie mir sagten[335] – mich als ein faules Glied der Gemeinde ausstoßen wollen und ich noch über meinen Sohn Vater bin, kann ich meinen Sohn nicht mehr zu Ihnen in den Unterricht schicken, es geht gegen mein Gewissen und meine Ehre als Vater. Ich bitte Sie deshalb,

334 Vgl. Wentorf: Der Fall, S. 130f.

335 Hat P. S. das wirklich so gesagt? Oder ist das eine Unterstellung Ernst Scherers?

mir einen Schein zu geben, damit ich meinen Sohn zu einem anderen Pfarrer in den Unterricht schicken kann. Heil Hitler! Ernst Scherer.«

Im Februar 1937 antwortete P.S.: »*Ich kann Sie gar nicht, wie Sie schreiben, aus der Kirchengemeinde ausstoßen, das habe ich Ihnen ausdrücklich gesagt. Ausstoßen kann Sie auch das Presbyterium nicht. Aber dieses kann und muss Sie unter Kirchenzucht nehmen, wenn Sie bei Ihrer Haltung verharren. Ausdrücklich hat das Presbyterium am 16. April 1936 im Rahmen der geltenden Rheinisch-Westfälischen Kirchenordnung beschlossen, die Väter unter Kirchenzucht zu nehmen, die ihre Kinder einem anderen als dem rechtmäßigen Unterricht zuführen oder dieselben von dem Unterricht der Gemeinde fernhalten. Ein Entlassungsschein oder Dimissoriale für Ihren Sohn Hermann könnte von uns aus nur ausgestellt werden, wenn Sie angeben und nachweisen können, dass Sie Ihren Sohn einem anderen bekenntniskirchlichen Unterricht zuführen ... Das ist nicht Ihre Absicht, da Sie die Bekennende Kirche in ihrer Rechtmäßigkeit bestreiten. Zu einem anders ausgerichteten Gemeindeleben haben wir keine direkten kirchlichen Beziehungen mehr, können also auch keinen Übergangsschein ausstellen. Ich fordere Sie hiermit als Ihr Pfarrer und Seelsorger auf, Ihr Kind unverzüglich dem rechtmäßigen Unterricht zuzuführen. Andernfalls zwingen Sie mich, diesen Fall und Ihr ganzes Verhalten dem Presbyterium zur weiteren kirchenzuchtlichen Behandlung zu übergeben. Mit freundlichem Gruß! Schneider, Pfarrer.*«

Ernst Scherer hat sich daraufhin an das Konsistorium in Düsseldorf gewandt und es dringendst gebeten, Pfarrer Schneider zur Ausstellung des erwünschten Freigabescheins zu veranlassen oder die Überweisung seines Sohnes anderweitig kirchenrechtlich zu regeln. In seinem Brief, der am 10. Februar 1937 im Konsistorium der Rheinprovinz einging und auf den ein Sachbearbeiter die Worte »ganz wichtig gegen P. Schn.« geschrieben hat, führt er gegen P.S. u.a. an, dass er »bereits weit über den Hunsrück hinaus als hinterhältiger Gegner unserer neuen Staatsführung bekannt geworden« sei und dass er »den inneren Frieden unseres Gemeindelebens in einer Weise hintertrieben und zerstört« habe, »die himmelschreiend ist.... Der größte Teil seiner Predigten ist mit versteckten und gehässigen Angriffen gegen den Nationalsozialismus und die Regierung ausgefüllt.... Er treibt die Jugend in Gewissenskämpfe zwischen einer judenchristlichen Religionslehre und der politischen Weltanschauung... Bei ihm gelten nur diejenigen als ›echte Christen‹, die eine grüne Mitgliedskarte der Bruderratskirche haben...«[336]

Der nationalkirchliche Pfarrer der Thüringer DC von Gemünden, zu dem Ernst Scherer seinen Sohn in den Konfirmanden-Unterricht schicken wollte, stand in enger Verbindung mit dem Pfarrer Dr. Karl Friedrich Wippermann in Bad Kreuznach. Dieser vertrat im größeren Umkreis die »Kirchenbewegung Deutsche Christen«, die man auch »Thüringer Deutsche Christen« nannte. Es ist keine Frage, dass Wippermann die »Thüringer DC« auf dem Hunsrück etablieren wollte. Wie aktiv er in seinem Kampf gegen die Pfarrer der BK war, zeigt u.a. die Tatsache, dass er sich mehrfach mit der NSDAP gegen BK-Pfarrer verbündete. So etwa, als die NSDAP im Juni 1938 die Versetzung von Pfarrer Friedrich Langensiepen, dem Freund P.S.s, aus Gödenroth, verlangte. Wippermann bezeichnete dabei Langensiepen als »den eigentlichen Scharfmacher der BK auf dem Hunsrück«[337]. Das Beispiel zeigt, dass Wippermann auch, als P.S. schon im KZ war, von der Verfolgung aufrechter BK-Pfarrer nicht abließ.

Wippermann wandte sich in Sachen des Konfliktes von Ernst Scherer mit P.S. direkt an den von DC beherrschten Ev. Oberkirchenrat in Berlin. Dieser fragte beim Konsistorium in Düsseldorf nach und erhielt von dort die Antwort, Pfarrer Schneider in Dickenschied sei »von eigenartiger psychologischer Veranlagung und dabei ein sehr eifriger Anhänger der Bekenntnisfront«. Er habe »verschiedentlich mit Stellen

336 Siehe auch Wentorf: Der Fall, S. 138.

337 Vgl. Simone Rauthe: Scharfe Gegner, S. 266.

der Partei und auch mit staatlichen Organen zu Beschwerden Anlass gegeben«. Das Konsistorium habe sich schon häufig mit ihm beschäftigt, er sei auch 1934 wegen politischer Schwierigkeiten versetzt worden. Aber sonst hätte sich noch keine rechtliche Möglichkeit geboten, gegen ihn vorzugehen. Den erwünschten Losschein (betreffend den Konfirmandenunterricht bei einem anderen Pfarrer) habe das Konsistorium Ernst Scherer erteilt. »Dem Verhalten des Pfarrers Schneider wenden wir im Übrigen ständige Aufmerksamkeit zu.«[338]

Wer waren und was prägte die Thüringer DC und warum wollte P. S. ihnen keineswegs Raum geben in den reformierten Gemeinden von Womrath und Dickenschied? Die Thüringer DC, seit 1927 unter der Leitung der Pfarrer Siegfried Leffler[339] und Julius Leutheuser[340], sahen im »Erlebnis des Nationalsozialismus« den »Ausgangspunkt einer neuen Gemeinde um Christus«. Sie wollten durch den Glauben Hitlers, der unter einem »Befehl Gottes« zur Rettung des Deutschen Volkes stehe, einen Weg zu Christus finden und dem Deutschen Reich »die im Geiste Christi verbundene gläubige Gemeinde der Deutschen« hinzufügen. Eine »Deutsche Christliche Nationalkirche«, in welcher durch das Erlebnis des Nationalsozialismus die Konfessionen überwunden sind, war das Ziel. Sie sollte neben dem Inhalt der Bibel auch die neuen Taten Gottes, wie sie in der nationalsozialistischen Revolution geschehen seien, in der Verkündigung zur Sprache bringen. Die Thüringer DC verbanden sich mit anderen Gruppen ähnlicher Überzeugung unter einem gemeinsamen »Führerring« und einer »Deutschen

338 Wentorf: Der Fall, S. 137.

339 Siegfried Leffler (1900–1983), 1927 freiwillig ausgeschieden aus dem Dienst der bayerischen Landeskirche; 1928 Pfarrer in Niederwiera/Thüringen, 1933 Regierungsrat im Volksbildungsministerium in Weimar, 1939 Leiter des »Instituts zur Erforschung des jüdischen Einflusses auf das deutsche kirchliche Leben« in Eisenach, 1959–1970 Pfarrer in Hengersberg.

340 Julius Leutheuser, geb. 1900, gefallen bei Stalingrad 1942; 1928 Pfarrer in Flemmingen/Thüringen; 1933 Kirchenrat und Mitglied des Landeskirchenrats in Eisenach, 1939 Kriegsdienst.

Pfarrerkameradschaft«. Sie vertraten ein betont völkisches Christentum, merzten in einer »Entjudung des Gesangbuchs« Begriffe wie Jehova, Israel, Zion, Zebaoth aus dem Liedgut aus, bekämpften das Alte Testament als das Buch eines »aus jüdischem Urschlamm entstandenen Gottungetüms satanischer Art..., das nur dem Judenvolk gnädig ist«, und vollzogen eine »Entjudung des Neuen Testaments« durch Entfernung aller »judenchristlicher Legenden«.

Ein vom Reichskirchenausschuss, also nicht von der BK, in Auftrag gegebenes Gutachten von sechs Theologieprofessoren stellte 1936 fest, dass die Thüringer DC in schriftwidriger Weise Volk und Kirche, Volks- und Heilsgeschichte, christlichen Glauben und eine politische Gläubigkeit einander gleichsetzen. Sie hätten in der christlichen Kirche kein Recht auf Kirchenleitung. Wo gegen Kirchenleitungen, die von den Thüringer DC bestimmt seien, Bruderräte der BK sich gebildet hätten, seien diese im Recht. Sie dürften nicht behindert werden.[341]

In Dickenschied und Womrath beschließen die Presbyterien, diesen Männern[342] (die beiden Lehrer mit eingeschlossen) die christliche Bußzucht zu verkündigen, da sie nicht vor dem Presbyterium ihre Sache bereinigen wollten. In Dickenschied schreckt das Presbyterium am Sonntag der ersten Abkündigung vor der Tragweite seines Handelns zurück,[343] in Womrath bleiben die Presbyter einmütig auf ihrem Beschluss bestehen.

---

341 Kurt Hutten, Religion in Geschichte und Gegenwart III, Tübingen: Mohr Siebeck Verlag, [3]1957, Bd. II, S. 105.

342 Die den Thüringer DC Eingang in die Gemeinden verschaffen wollten, von denen einer seinen Sohn dem Konfirmandenunterricht der BK, der andere sein Kind dem Kindergottesdienst der BK entzog.

343 Am Morgen des Sonntags, an dem die Namen der vier in Bußzucht genommenen Gemeindeglieder im Gottesdienst abgekündigt werden sollten, kam ein Gemeindeglied aus Dickenschied zu P. S. in sein Studierzimmer und sagte ihm, auch die Leute der BK im Ort wollten nicht, dass man den Lehrer von der Kanzel nenne. Er möge das bitte nicht tun. P. S. hat sich das sagen lassen und hat kurz vor dem Gottesdienst das Presbyterium gefragt, ob er die Namen der in Bußzucht

Ansprache an die Gemeinden vor Abkündigung der Kirchenzucht in Womrath:

»Liebe Gemeindeglieder! Das Presbyterium hat sich genötigt gesehen, zum ersten Mal ein in unserer Kirche lang vernachlässigtes Mittel, das der öffentlichen christlichen Bußzucht, in Anwendung zu bringen. Es handelt sich in drei Fällen, in denen das geschah, um öffentliches Ärgernis, das der Gemeinde Jesu Christi gegeben wurde und das leicht größeren Schaden in der Gemeinde anrichten könnte, wenn es nicht gemäß der Anweisung unseres Herrn Jesu selbst (Mt. 18,15-20) und gemäß dem Bekenntnis unserer reformierten Kirche (Heidelberger Katechismus, Frage 83-85) unter die strafende Zucht der Gemeinde gestellt würde.

Diese kirchliche Zucht der Gemeinde wird ausgerichtet in der Vollmacht Jesu Christi und auf seinen Befehl und seine Verheißung hin. Christus spricht: ›Was ihr binden werdet auf Erden, soll gebunden sein im Himmel, und was ihr lösen werdet auf Erden, soll los sein im Himmel.‹ ›Merke du aber ernstlich, dass er gewiss zusagt: Tut ihr der Schlüssel Werk, so will ich's auch tun; ja wenn ihr es tut, so soll's getan sein. Was ihr bindet und löset, das soll gebunden und los sein, ohn' mein Binden und Lösen – es sei einerlei Werk, meines oder eures, tut euer Werk, so ist meines schon geschehen. Da haben wir ... Sünde zu behalten oder zu vergeben.‹ Die kirchliche Zucht der Gemeinde

Genommenen im Gottesdienst nennen dürfe. Das Presbyterium hat das verneint, und P. S. hat sich an diesen Beschluss gehalten, hat allerdings – ohne Namensnennung – die Gemeinde an die entsprechenden Aussagen des Heidelberger Katechismus betr. die Bußzucht erinnert (siehe Teil II dieses Buchs). Das Presbyterium von Womrath beharrte auf seinem Beschluss, worauf P. S. im dortigen Gottesdienst am selben Sonntag die Namen dreier in Bußzucht Genommener (nicht des Dickenschieder Lehrers, wohl aber des Womrather Lehrers Sturm) nannte. Was Lehrer Sturm betrifft, so hat er nach 1945 großen Wert darauf gelegt, wieder zum Abendmahl zugelassen zu werden. Er hat seine Haltung ganz geändert und wurde Lehrer in einer Einrichtung der Inneren Mission (laut mündlichem Bericht von M. S. im Oktober 1979).

wird ausgerichtet nicht aus Zorn oder Hass, sondern aus Liebe. Die Reformatoren haben die Kirchenzucht gepriesen als das köstliche Mittel, an einem Menschen wirklich Liebe zu üben, indem die Gemeinde ihm seine Sünden vorhält und durch den Ernst, mit dem sie dies tut, ihn in besonderem Maße zur Buße treibt. Luther sagt: ›Der kirchliche Bann ist also eine liebevolle und mütterliche Geißel der Kirche, verhängt über den Leib und die leiblichen Dinge.‹[344]

So ist es beides, die Sorge um die Gemeinde und die Liebe, die Besserung des unbußfertigen Sünders sucht, wodurch die Kirchenzucht der Gemeinde unumgänglich wird.

Wollte man einwenden, dass durch die Kirchenzucht Feindschaft geweckt und die Gemeinde uneinig gemacht und auseinandergerissen werde, so darf hier nicht zu große Rücksicht genommen werden auf eine falsche Einigkeit und einen falschen Frieden, die unter dem Angriff der Welt auf die Kirche und Gemeinde sowieso nicht standhalten werden. Es gibt keine wahre Einigkeit und Frieden ohne Wahrheit.

1. Das ist vielmehr Zerstörung der Gemeinde, wenn ihr ungestraft öffentliches Ärgernis gegeben wird, wenn die Gemeinde, die christlichen Eltern und der Ort, da ihre Kinder ihre Schulunterweisung empfangen, durch die Art und Weise, in der dies geschieht, auseinandergerissen werden und eine Kluft befestigt wird zwischen Schule und christlicher Gemeinde; wenn eine andere Art, das heilige Christfest zu feiern, eingeführt und gepriesen wird.

---

344 »Denn der Bann kann nichts anderes sein denn eine gütige, mütterliche Geißel, auf den Leib und zeitlich Gut gerichtet, womit niemand zur Hölle gestoßen, sondern mehr herausgezogen wird und gezwungen von der Verdammnis zu seiner Seligkeit. Darum sollten wir ihn nicht allein ohne alle Ungeduld leiden, sondern auch mit Freuden und allen Ehren empfangen« (Martin Luther: »Ein Sermon von dem Bann«, 1520; Martin Luther: Ausgewählte Werke, Erster Band: Aus der Frühzeit der Reformation, München: Chr. Kaiser Verlag, [3]1962, S. 403).

2. Das ist Zerstörung der Gemeinde, wenn etliche sind, die ihre Kinder vom Unterricht und vom Kindergottesdienst fernhalten. Das ist Zerstörung der Gemeinde, wenn Wort und Sakrament und die Mahnung und die Zucht der Gemeinde verachtet werden, das zu deren Leitung bestellte Presbyterium, der Pfarrer und die Ältesten der Gemeinde gar verhöhnt und gescholten werden, ohne dass hierfür der Beweis angetreten wird.
3. Das ist endlich Zerstörung der Gemeinde, wenn man hin und her in den Häusern die Gemeindeglieder verführt zur Unterschrift, dass die Predigt eines Thüringer Deutschen Christen, die selbst nach dem Gutachten[345] des Generalsuperintendenten Zöllner[346] vom Reichskirchenausschuss auf unbiblischem und unkirchlichem Boden steht, in die Gemeinde hineingelassen werden soll.

Wahrlich, wo das alles in einer Gemeinde geschehen kann, ist es Zeit, dass sich die christliche Gemeinde auf Recht und Pflicht christlicher Bußzucht besinnt, wenn sie nicht den Vorwurf verdienen will, dass sie selber an der Zerstörung und Verweltlichung des christlichen Gemeindelebens Schuld hat.

Wer sich an der Kirchenzucht ärgert, mag sich immerhin ärgern; er beweist damit, dass er nicht auf dem Bekenntnis der Väter steht und eine zuchtvolle Kirche, die aus dem Wort Gottes allein lebt und ihrem Herrn Jesus Christus allein gehorcht, ihm selber nicht liebenswert ist. Die christliche Bußzucht sucht nicht das Verderben des Sünders, den sie aus der christlichen und kirchlichen Gemeinschaft ausschließt, sondern seine Besserung. ›Demnach – sagt Calvin –, wenn es auch die Kirchenzucht nicht erlaubt, mit den Verbannten familiär zu verkehren oder

345 Gemeint ist das oben erwähnte Gutachten, das sechs Theologen 1936 im Auftrag des Reichskirchenausschusses über die Theologie der Thüringer DC geschrieben haben.

346 Wilhelm Zoellner (1860–1937), 1897 Leiter der Diakonissenanstalt Kaiserswerth, 1905–1931 Generalsuperintendent in Westfalen, 1935–1937 Vorsitzender des Reichskirchenausschusses.

innigen Umgang zu haben, so sollen wir dennoch bestrebt sein, sie zu besserer Frucht zu bekehren und in die Gemeinschaft und Einheit zurückzurufen.‹[347] So lehrt der Apostel 2. Thess. 3,15: »Haltet sie nicht für Feinde, sondern straft sie als Brüder.«[348]

So behalten die unter christlicher Bußzucht Stehenden, wenn ihnen auch die Sakramente verboten sind und ihre kirchlichen Rechte ruhen, doch Anspruch auf Wortverkündigung und Seelsorge in der Gemeinde.

Möge Gott die Wiedererweckung ernsthafter Kirchenzucht unserer Gemeinde und den Betroffenen zum Segen, zu der Seele Heil und Seligkeit setzen.«

Es folgten nun die Namen der in Bußzucht Genommenen. Nach der zweiten Abkündigung, ohne Namensnennung, schreibt der Pfarrer den Betroffenen im obigen Sinn. Zwei von ihnen lassen das Schreiben des Pfarrers wieder zurückgehen, der Parteimann behält es, und nun ist endlich eine Handhabe gegen den Pfarrer geschaffen: Boykott! – Eine dritte Abkündigung hat es nicht gegeben.

Hier der Brief, den P. S. nach der zweiten Bekanntgabe der Bußzucht den vier in Bußzucht genommenen Gemeindegliedern[349] geschrieben hat:

»Das Presbyterium hat am 28. Februar zum ersten Mal und am vergangenen Sonntag zum zweiten Mal die christliche Bußzucht für Sie von der Kanzel der Gemeinde bekanntgege-

---

347 Johannes Calvin: »Institutio Christianae Religionis«, 1559, IV/12,10 (Johannes Calvin: Unterricht in der christlichen Religion, übers. und hg. v. Otto Weber, Neukirchen-Vluyn: Neukirchener Verlag, 1955, S. 848).

348 P.S. meint hier offensichtlich das Wort aus 2. Thessalonicher 3,15: »Doch haltet ihn nicht als einen Feind, sondern vermahnt ihn als einen Bruder.«

349 Der Brief ging an den Lehrer Sturm aus Womrath, den Lehrer Kunz aus Dickenschied, den Bauern Ernst Scherer und an ein anderes Gemeindeglied aus Womrath.

ben, die wir Ihnen mit der Vorladung zur Sitzung des Presbyteriums angekündigt hatten. Sie werden demnach von der Gemeinde durch Verbietung der Sakramente aus der Kirche Christi und von Gott selbst aus dem Reich Christi ausgeschlossen, bis Sie wahre Besserung versprechen und erzeigen (Heidelberger Katechismus Frage 85 und seine biblische Begründung). Die Gründe sind Ihnen bekannt. Es kommt dazu, dass Sie die Zucht der Gemeinde verachtet und sich an einer Unterschriftensammlung beteiligt haben, die der Verkündigung eines Pfarrers in der Gemeinde Raum schaffen soll, der den Thüringer Deutschen Christen angehört und in deren Auftrag tätig ist. Damit haben Sie versucht, einer Sekte in der Gemeinde Eingang zu verschaffen, die sogar nach dem Urteil des Vorsitzenden des gewesenen Reichskirchenausschusses Dr. Zöllner in einem theologischen Gutachten als Irrlehre und außerhalb der Kirche Christi stehend bezeichnet wurde. Die Gemeinde ist aufgefordert und gehalten, die kirchliche Gemeinschaft mit Ihnen abzubrechen, jedoch in allem notwendigen Verkehr Ihnen mit Freundlichkeit zu begegnen, wie auch die christliche Bußzucht nicht Ihren Verderb und Ihre Verdammnis, sondern Ihre Buße und Wiedergewinnung für die Gliedschaft der Gemeinde sucht. Sie behalten Anspruch auf Wortverkündigung und Seelsorge in der Gemeinde. Die kirchlichen Beiträge haben Sie als Glied der Gemeinde, das Sie äußerlich noch sind, weiter zu entrichten. Wollen Sie auch jetzt die Gemeinde noch nicht hören, so tritt mit der 3. Verkündigung die Bußzucht in Kraft. Gott richte Ihr Herz zu seiner Wahrhaftigkeit und Barmherzigkeit und lasse Sie erkennen seine heilige christliche Kirche auf Erden, außer der kein Heil und keine Seligkeit zu finden ist. Im Namen des Presbyteriums Schneider, Pfarrer.«

Will man diesen Brief verstehen, so bedenke man: Es geht in ihm nicht darum, einzelne Gemeindeglieder zu brandmarken. Es geht aber – vor allem – darum, einer im Grunde unchristlichen Verkündigung vor Ort entgegenzuwirken, die darauf hinausläuft, die Schandtaten Hitlers religiös zu verklären und die Gemeindeglieder unter Missbrauch des Namens Jesu Christi in ihrer naiven und unwissenden Hitlerbegeisterung zu bestärken. Im Auftrag des guten Hirten Jesus Christus Hirte einer Gemeinde sein, heißt für P. S.: mit den Wölfen, die eine Gemeinde zerstören, nicht schiedlich-friedliche Kompromisse zu schließen, die den Wölfen Wohnrecht unter den Schafen geben, vielmehr ihnen mit letzter Entschlossenheit entgegenzutreten. Es geht hier keineswegs um einen allzumenschlichen Machtkampf. Es geht vielmehr um die Ehre des Namens Jesu Christi und um das Leben der Gemeinden. Es geht um den Kampf des Glaubens, der nun, nachdem mehrfach Gespräche und Gesprächsversuche gescheitert sind, in seine harte Phase gerät. Man bedenke auch, dass P. S. klug genug war zu wissen, dass die derart in »Bußzucht« Genommenen, was die äußere Macht betrifft, am längeren Hebel saßen. Denn sie waren – wie auch die Thüringer DC – sich der Unterstützung durch die NSDAP und ihre Gewaltigen in Staat und Gesellschaft bewusst. Ja, P. S. musste selbstverständlich auch damit rechnen, dass ihm auch das Evangelische Konsistorium in diesem Kampf in den Rücken fallen und dass es dieser unheiligen Allianz ein Leichtes sein würde, ihn, den »Staatsfeind«, in ein Konzentrationslager zu bringen.

Inzwischen ist Paul mit seinem Motorrad jeden Abend unterwegs. Der »Führer« hat die Kirchenwahl in Aussicht gestellt.

Durch einen Erlass hat Hitler am 15. Februar 1937 eine Kirchenwahl zu einer verfassungsgebenden Generalsynode der Deutschen Evangelischen Kirche angekündigt. Diese Ankündigung löste sehr verschiedene Reaktionen aus: bei den DC Freude, zum Teil Begeisterung, bei der BK Diskussionen um die Wahlordnung und die Bedingungen, unter denen gewählt werden sollte. Die Wahl fand nie statt. Aber viele Vertreter der BK rechneten fest damit, dass sie kommen werde. Sie bemühten sich mit einer Flut von Kleinschriften und Vorträgen, den

Gemeinden deutlich zu machen, worum es in dieser Wahl und überhaupt im Kampf der BK gehe.[350]

Paul wird in etwa zehn Hunsrückdörfern um kirchenpolitische Vorträge innerhalb von BK-Gottesdiensten gebeten. Wir machten uns dabei auf manche Anfeindung gefasst. Einmal warf man ihm auch beim Abfahren einen Stein ins Kreuz. Besonders am letzten Abend war mir angst, da er in einer argen DC-Gemeinde sprach. Auf Umwegen führte ihn der Pfarrer wohlbehalten aus dem Dorf. Am nächsten Tag ist Paul wieder in Womrath, um Konfirmandenbesuche zu machen. Lang warten wir abends auf ihn. Ich muss mit dem Singkreis allein üben – es ist Freitag vor der Konfirmation! Da wird mir gemeldet, Paul liege verunglückt auf der Straße! Im dichten Nebel war er auf ein schlecht beleuchtetes Langholzfuhrwerk gestoßen. Er wird ins Krankenhaus überführt. Die erste Nacht bleibe ich bei ihm; er leidet sehr, will aber keine Spritze, da er überhaupt eine Abneigung gegen Spritzen hat. Frühmorgens fahre ich heim, um noch alles für die Konfirmation zu ordnen. Mir geht nicht aus dem Sinn: »Die Wege sind oft krumm und doch gerad – da pflegt es wunderseltsam auszusehen.« – Wenn die Besucher mich bei meinem Mann bedauern wollten, sagte er lachend: *»O die freut sich, dass ich hier so wohlgeborgen liege und es so gut habe!«* In der Tat, Paul hätte die Geburt unseres sechsten Kindes[351] ohne diesen Unfall nicht mehr in der Freiheit miterlebt.

»Am 13. Mai zu früher Nacht
hat Gottes Wundergüte
und treue Vaterliebe
ein starkes Büblein uns gebracht.

Sind's auch der Buben fünfe nun, das Mädchen eines nur,
so deckt doch Gottes Weisheit

---

350 Gerhard Besier: Die Kirchen und das Dritte Reich, S. 642ff.
351 Ernst Wilhelm Schneider, geb. in Dickenschied am 13. Mai 1937.

die menschliche Besorgtheit
und weist dem Glauben ihre Spur.

Wir sagen wohl den Namen ›Ernst Wilhelm‹ in der Tauf',
doch soll der Name Christ' des Herrn
gleich einem hellen Morgenstern
nur selig leiten seinen Lauf.

Allen lieben Verwandten und treuen Freunden, die unser in der Zeit des Wartens und anlässlich meines Unfalls gedacht haben, senden herzliche Grüße, der Vater am Stocke hinkend, die Mutter wohlauf im Bett.

Dickenschied, den 14. Mai 1937
Gretel und Paul Schneider«

»Es ist ja eine gnädige Bewahrung Gottes, dass er in der Nacht zuvor den Sturz und Zusammenprall mit einem Reh so glimpflich ablaufen ließ. Und diesmal der Anprall mit dem ungenügend und unrichtig beleuchteten Holzfuhrwerk, das nur den Schalthebel des Rades und mein Bein noch packte! Die Lektion, die Gott mir damit aufgibt, dass er mich in dieser Festzeit und der Zeit wichtigster kirchlicher und Glaubensentscheidungen in den Gemeinden lahmlegt – Du nennst es freundlich ›die nötige Ruhe‹, muss ich zu lernen suchen. Bitte für mich, dass ich sie lerne. Was die Pflege angeht, habe ich es unverschämt gut hier. Ich liege allein, kann darum auch gut lesen und studieren. An Besuch hat es nicht gefehlt. Das Schienbein hat doppelten Bruch, das Wadenbein einfachen« (Brief an Mutter[352] vom 23. März 1937). – In Einzelgesprächen am Krankenlager versucht Paul, seinen Gemeindegliedern seine Haltung in der christlichen Bußzucht klarzumachen und äußert sich mir gegenüber, er wolle den Betroffenen möglichst lange Bedenkzeit geben, ehe er die dritte, endgültige Abkündigung vornehme.

352 Gemeint ist die Schwiegermutter Marie Dieterich.

Noch im Gipsverband tut er über Pfingsten dreimal Dienst. Er predigte mit ganz seltenen Ausnahmen über die Perikopen[353]. Die Predigten schrieb er wörtlich auf, hielt sie aber ohne genaue Bindung daran, frei, mit lebendigem Vortrag. Er strebte immer mehr, von der Themapredigt zur Textpredigt[354] zu kommen. Im Winter 1937 hielt er Evangelienpredigten. Sie hatten den Grundakkord: Jesu Herrlichkeit! Z. B. am 10. Januar 1937 über Matthäus 2,1-12: Die Weisen beim Kind: Ein Ruf zur Heidenmission – Ein Ruf zu Trost und Dank – Ein Ruf zu Opfer und Dienst – Ein Ruf zum Schauen der Herrlichkeit Christi und seines Reiches.

Vom Krankenbett aus schrieb P. S. den Gemeinden einen Gemeindebrief zum Pfingstfest. Er stellt ihn unter das Wort aus 1. Korinther 2,12: »Wir aber haben nicht empfangen den Geist der Welt, sondern den Geist aus Gott.« Er denkt über die Zeit zwischen Ostern und Pfingsten nach, in der er infolge seines Unfalls seinen Predigtdienst nicht habe versehen können. *»Wenn ich meine Krankheit als Urlaub von meinen Amtsgeschäften auffassen darf, so hat die Gemeinde gewissermaßen auch Urlaub gehabt von ihrem Ortspfarrer und hatte Gelegenheit, das Evangelium aus anderem Munde zu hören. Das wird die einen des Weges, den wir mit unserem Gemeindeleben gehen, umso gewisser gemacht haben. Sie haben aus dem Mund anderer Diener am Wort das Wort Gottes als das lebendige und kräftige wiedererkannt, als das scharfe, zweischneidige Schwert, das uns nicht in Ruhe und Zufriedenheit mit uns selbst lässt, sondern uns zur Buße ruft, dass wir recht an Christus glauben können als an unseren Heiland und Seligmacher von unsern Sünden. Sie werden aber zugleich auch*

353 Vorgegebene Bibelabschnitte zum Vorlesen und Predigen für alle Sonn- und Feiertagsgottesdienste.

354 *Themapredigt:* Predigt, die unter Bezugnahme auf die Bibel mehr ein bestimmtes Thema des Glaubens und Lebens behandelt; *Textpredigt:* hält sich vorrangig mit der Auslegung an den für jeden Sonntag vorgegebenen Bibeltext.

aus dem Munde anderer Zeugen das Wort Gottes erkannt haben als die helle, scharfe Waffe im Kampf wider den Zeitgeist und die ungläubige und unbußfertige Welt, die über den Herrn Christus und seine Kirche hinwegschreiten möchte, als ob sie nicht vorhanden wären, um das Leben und die Welt allein nach irdischen, menschlichen Maßstäben und Zielsetzungen zu gestalten.« Andere hätten gewiss das Evangelium von Jesus Christus aus dem Mund anderer Prediger umso williger und aufgeschlossener gehört. *»Wie wünsche ich von Herzen, dass es bei keinem zur Verstockung*[355]*, sondern zum Glauben und seiner Seelen Seligkeit geschehen sei.«* Diese Zeit seiner Abwesenheit sei gewiss eine Zeit besonderer Absichten Gottes mit der Gemeinde gewesen.

P.S. bedankt sich bei den Kollegen für ihren Vertretungsdienst. Er bedankt sich besonders auch für *»die persönliche Anteilnahme so vieler Gemeindeglieder, die mich in Simmern und auch noch in Dickenschied besucht haben. Die Gemeinde hat an ihrem Pfarrer das Trostamt versehen nach dem Wort Jesu: ›Ich bin krank gewesen, und ihr seid zu mir gekommen‹.*[356] *Die Teilnahme der Gemeinde war mir ein großer Trost und eine große Erquickung auf dem nicht immer leichten Wege meines Amtes und Dienstes, für die ich auch hier noch einmal von Herzen danken möchte. Nicht zuletzt gilt das auch unserer lieben Jugend aus den beiden Gemeinden, die so zahlreich zu mir gekommen ist, Burschen und Mädchen, Konfirmanden und Unterrichtskinder. Ich habe mich darüber sonderlich gefreut als*

---

355 In reformierten Gemeinden wie in der reformierten Theologie seit Johannes Calvin spielt die Frage eine besondere Rolle, ob das Hören des Wortes der Predigt einem Menschen zum Heil dient oder zur »Verstockung«, d.h. einer inneren Verhärtung, in der kein Wort Gottes den Menschen mehr wirklich erreicht und heilsam an ihm wirken kann. Das Wissen um die dunkle Möglichkeit der Verstockung ist im Alten wie im Neuen Testament reichlich bezeugt, z.B. in 2. Mose 7,13; 8,15; 9,7.35; Psalm 95,8; Jesaja 6,10; Jeremia 5,6; Matthäus 13,15; Römer 9,18; 11,7.

356 Matthäus 25,36.

ein Zeichen der bei uns noch festen Verbundenheit der Jugend mit der christlichen Gemeinde.«

Er bezeichnet die letzten Wochen als eine Segenszeit und setzt hinzu: *»Der Gemeinde und Kirche Gottes sind auch Gerichtswege, die er uns führt, immer heilsam und gut, denn ›denen, die Gott lieben, müssen alle Dinge zum Besten dienen.‹«*[357]

Die letzte Predigt von Paul im regulären Pfarrdienst, Estomihi[358] 1937, war über Lukas 18,31-43[359].

»Liebe Gemeinde!

Wir gehen heute wieder durch ein neues Tor, durch das Eingangstor der heiligen Passionszeit, da unser lieber Herr und Heiland auch uns zu sich nehmen möchte und zu uns sprechen: ›Sehet, wir gehen hinauf nach Jerusalem!‹ Er wartet darauf, dass wir das wirklich ernst nehmen, was wir gesungen haben: ›*Lasset uns mit Jesu ziehen, seinem Vorbild folgen nach.*‹[360] Darf er uns denn zu sich nehmen auf den Passionsweg, den Weg ins Leiden, ins heilige Kreuz? Oder gehören wir vielleicht zu denen, von denen es heißt: ›Von da ab‹ – als er von seinem Leiden und Sterben sprach – ›gingen viele seiner Jünger hinter sich?‹ Dass unser gekreuzigter Herr uns mitnehmen möchte hinauf auf die Höhe des Kreuzes, hinab in die Tiefe des Leides,

357 Römer 8,28.

358 (lat. »Sei mir ein starker Fels«), Name für den 7. Sonntag vor Ostern.

359 Die dritte Leidensankündigung Jesu: »Seht, wir gehen hinauf nach Jerusalem, und es wird alles vollendet werden, was geschrieben ist durch die Propheten von dem Menschensohn. Denn er wird überantwortet werden den Heiden, und er wird verspottet und geschmäht und angespien werden, und sie werden ihn geißeln und töten; und am dritten Tag wird er auferstehen.« Dazu die Heilung des Blinden von Jericho mit Jesu Wort: »Sei sehend! Dein Glaube hat dir geholfen.«

360 »Lasset uns mit Jesus ziehen, seinem Vorbild folgen nach« (Sigmund von Birken 1653), EG 384.

das dürfte jedem allmählich deutlich geworden sein, der den Herrn Christus aufrichtig lieb hat.

Aber dass wir uns wieder sammeln dürfen um sein Kreuz in dieser angehenden Passionszeit, das ist seine große Gnade. Dass er uns mit seinem Wort den Weg weist und uns zurüstet, den Weg hinauf mit ihm zu gehen, das ist unser Trost und unsere Zuversicht. Und nun zeigt uns der Herr gleich in unserem ersten Evangelium am Tore der Passion so viel Herrliches und Tröstliches, so viel Licht und Gnade, dass es uns wie eine ermunternde Wegweisung begleiten darf vom Tore der Passion durch Leiden zur Herrlichkeit, durchs Kreuz zur Krone![361] Dieser Weg will im Glauben erkannt, diese Wegweisung im Glauben hingenommen werden.

Als Jesus seinen Jüngern von seinem Weg durch Leiden und Sterben zur Auferstehung sagte, durch Schmach und Hohn und Verspeiung, durch Preisgabe an die Heiden und Geißelung, zur Auferstehung am dritten Tage, da können es die Jünger nicht fassen. Sie dachten nicht und fassten nicht, dass das der Weg ihres lieben Herrn und Meisters, mit dem Gott so offensichtlich war in Zeichen und Wundern und Heilungen, sein könne. Und obwohl sie ihr Herr und Meister auch auf das Zeugnis der Schrift hingewiesen hatte, dass es so alles erfüllt werden müsse, was die Propheten sagen von des Menschen Sohn, konnten sie es doch nicht fassen. Es widerstritt zu sehr aller ihrer Vernunft. Wie sollten auch die Jünger das begreifen können! Den Heiden preisgeben, die ärgste Schmach, getötet, und doch sollte die Sache noch einen herrlichen Ausgang nehmen!? Weil denn der Jünger Vernunft das Wort von ihres Meisters Leiden und Kreuz nicht fassen konnte, gehören dies Wort und dieser Weg des Heilands durch Leiden zur Herrlichkeit und der Glaube zusammen, der solches Wort fassen kann. *Der Weg des Meisters ist aber der Weg seiner Jünger und seiner Gemeinde*, so wie es die Apostel hernachmals auch gelernt

361 Vgl. »Sei getreu bis an den Tod, so will ich dir die Krone des Lebens geben« (Offenbarung 2,10).

und erfahren haben. Auch für die Jünger und die Gemeinde kann es nur durch Leiden zur Herrlichkeit, durch das Kreuz zur Krone gehen.

Darum setzt Jesus schon diese *Seligpreisung* in das Tor der Bergpredigt, und alle anderen Seligpreisungen haben ihre Kraft und Bedeutung nur, wenn wir sie mit dieser zusammennehmen: *›Selig sind, die um der Gerechtigkeit willen verfolgt werden …‹*[362] und: *›Selig seid ihr, wenn euch die Menschen um meinetwillen schmähen und verfolgen und reden allerlei Übles wider euch, so sie daran lügen‹*[363] und wiederum: *›Wer mir will nachfolgen, der verleugne sich selbst und nehme sein Kreuz auf sich.‹*[364] Und doch steht über dem allen die *Verheißung*, dass unser Glaube der Sieg sei, der die Welt überwunden hat[365], und dass wir mit Christo leben, regieren und triumphieren sollen, wenn wir hier mit ihm gelitten haben und mit ihm gestorben sind.[366]

Das ist noch genauso gegen unser natürliches Gefühl und unsere Vernunft, wie es damals die Worte Jesu für die Jünger waren.[367] Der natürliche Mensch[368] sieht in dem Kreuz und dem Kreuzesweg nur den Zusammenbruch aller menschlichen Kräfte, nur das gänzliche Ende und Aus-Sein eines Weges, dass er ohne Glaube nimmer bereit sein kann, den Weg des Kreuzes zu gehen. Darum muss er allerdings auch an der Herrlichkeit des Sieges und an der göttlichen Wundermacht vorbeizielen.

Wie töricht fragen doch die Menschen heute vielfach in Bezug auf den Kirchenkampf: Ist's denn nicht bald mit der Kir-

---

362 Matthäus 5,10.

363 Matthäus 5,11.

364 Matthäus 16,24.

365 1. Johannes 5,4.

366 Vgl. Römer 6,8; 2. Timotheus 2,11.12; Offenbarung 22,5.

367 Vgl. Matthäus 16,22.23.

368 Vgl. 1. Korinther 1,23; oder 1. Korinther 2,14: »Der natürliche Mensch aber vernimmt nichts vom Geist Gottes; es ist ihm eine Torheit, und er kann es nicht erkennen«; gemeint ist mit dem Ausdruck »der natürliche Mensch« der Normalmensch mit seinen sehr begrenzten Verstehensmöglichkeiten, so lange ihm nicht der Geist Gottes zu Hilfe kommt und ihm die Augen des Herzens öffnet.

che wieder in Ruhe und Ordnung? Hat es die Kirche nicht bald gepackt? Ich meine doch, wir werden es packen. So urteilen die der Kirche günstig Gesinnten; sie sind schon bass erschrocken über den geringen Anfang von Kampf und Leiden, in den Gott uns geführt, und meinen, es könne doch unmöglich so weitergehen; und indem sie das meinen, nehmen sie dann sich jedenfalls von solchem Leidensweg aus. Die andern aber, die Feinde der Kirche, urteilen nun vollends, dass unsere Sache, die Sache Jesu Christi, aus und verloren sei, dass von der Kirche jetzt schon nur noch ein Haufe sich streitender Pfarrer übrig sei und man die Kirche ruhig ihrem sich von selbst vollziehenden Ende überlassen könne; und beide, Freunde wie Feinde, können nicht sehen, dass *der Sterbensweg der evangelischen Kirche nun gerade der Weg Jesu, der Weg des Kreuzes, der Weg zum Leben ist.* Ein Blick nach Russland sollte uns belehren. Dort ist jede äußerlich organisierte Kirche zerschlagen, die Pfarrer sind verschwunden, die Kirchenhäuser zerstört bis auf wenige. Und doch lebt dort die Kirche Jesu Christi wohl mehr als je und vielleicht schon stärker als bei uns in Deutschland, lebt dort unter dem heiligen Kreuz der Verfolgung in denen, die sich hin und her in den Häusern sammeln, in den schlichten Laienpriestern[369], die das Wort verkündigen und willig die darauf gesetzten Strafen auf sich nehmen. Warum sollte nicht auch in Deutschland der Weg der Kirche durch noch viel größeres Leiden und Sterben, durch gänzliches äußerliches Unterliegen zum Siege und zur Herrlichkeit führen? Und täusche dich nicht: Auch du kannst an Jesu Herrlichkeit und Sieg *nicht* Anteil haben, als indem du das heilige Kreuz um Jesu willen auf dich nimmst und mit ihm den Leidens- und Sterbensweg gehst. Dazu bedarf es des Glaubens, der von der Kraft und dem Sieg des Kreuzes weiß. Solcher Glaube ist ja eine verborgene, stille Kraft, aber er ist darum nicht untätig und träge, sondern betätigt sich im herzandringenden Gebet.

369 Gemeindeglieder ohne Theologiestudium, die, von ihrer Kirche oder ihrer Gemeinde beauftragt, Gottesdienste halten.

Der Blinde am Wege nach Jericho hat von Jesus gehört, der eben gerade hinaufgeht nach Jerusalem; und er glaubt an Jesus und wartet auf ihn. Als er vorbeigeht, erhebt er sein Geschrei, lässt sich auch nicht abhalten von anderen, die ihm vorreden wollen, der Heiland sei nicht da für seine Not und sein Elend. Als er nun vor Jesus steht, da wagt er kühn und glaubensstark die Bitte: ›Herr, dass ich sehend werde‹, und Jesus quittiert ihm: *›Dein Glaube hat dir geholfen!‹* Die Welt ist blind für den Weg Jesu und seiner Jünger: durch Leiden zur Herrlichkeit; und auch wir sind von Natur blind dafür. Unsere Augen sind gehalten,[370] dass wir die verborgene und kommende Herrlichkeit auf dem Leidensweg nicht sehen. Wir sind dem blinden Manne gleich, mutlos, verzagt, verzweifelt in Not und Leid, blind für die Herrlichkeit des Kreuzes. Wie die Heiden, die von Jesus nichts wissen, als Bettler am Wege sitzen und warten, bis Jesus vorüberkommt, so sitzen wir wieder mitten in der alten Christenheit, ebenso in dieser Blindheit für des gekreuzigten Jesu Herrlichkeit und die Herrlichkeit des Kreuzesweges, und würden uns viel lieber Freude und Wonne erwählen als die Schmach Jesu Christi.

Was anders ist uns da nötig, als dass wir mit der herzandringenden Bitte zu unserem Herrn gehen, dass er uns die Glaubensaugen öffne für seine Kreuzesherrlichkeit und dass wir von diesem Glaubensblick fröhlich, satt und reich gemacht werden, dass wir nicht mehr als Bettler am Wege der Welt sitzen müssen und von ihrer Bettelfreude und ihrem Bettelvergnügen leben müssen. Die Welt will dich nicht zu Jesus lassen und mit Jesus ziehen lassen. Sie will die Kraft deines Wollens gleich zu Anfang des Passionsweges ausbrechen, indem sie dich in ihre Lust hereinlockt. Es ist der Ausdruck knechtischen Unglaubens, wenn man meint, vor dem Beginn der Passionszeit noch einmal mit der Welt sich lustig machen

370 Vgl. die Augen der Jünger von Emmaus, während Jesus mit ihnen auf dem Weg ist: »Aber ihre Augen wurden gehalten, dass sie ihn nicht erkannten« (Lukas 24,16).

zu müssen. Das ist keine evangelische, innerliche und von Herzen gehende Erwählung der Kreuzesnachfolge, die in den weltlichen Vergnügungen sich zuerst schadlos zu halten versucht. ›*Habt nicht lieb die Welt*‹[371] – Karnevalsveranstaltungen und Fastnachtstreiben sind nicht auf evangelischem Boden erwachsen, und wahrhaft evangelische Christen haben damit nichts gemein. Dafür aber lasst uns in stiller Sammlung und Bereitung und wahrhaftig sonntäglicher Feier vor unsern Herrn Jesus treten und glaubensvoll ihn bitten, dass er uns sehend mache für die Herrlichkeit seines Kreuzesweges. Freuet euch, dass ihr mit Christo leidet, auf dass ihr auch zur Zeit der Offenbarung Freude und Wonne haben möget.[372] Lasset uns mit ihm hinausgehen vor das Lager und seine Schmach tragen.[373] So wird er uns begegnen wie dem Blinden am Wege und zu uns sprechen: ›*Sei sehend! Dein Glaube hat dir geholfen.*‹

So hat uns Gott in der Kreuzesnachfolge unseres Herrn einen Weg gegeben durch Leiden zur Herrlichkeit. Ist er nicht am Ende doch der schönste und beste Weg dieses Erdenlebens? Der Weg, bei dem wir nicht im Bettelleben dieser Welt bleiben, sondern reiche, gesegnete Kinder unseres reichen himmlischen Vaters sein dürfen? Der Weg, auf dem wir nicht auf die schalen, nichtigen, giftigen Freuden dieser Welt angewiesen sind, sondern die Freude am Herrn allerwege gewinnen dürfen? Die Jünger, denen noch das Verständnis der Wege ihres Herrn verschlossen war, sind ihm dennoch gefolgt, und ihr Weg mündet in solchem Nachfolgegehorsam aus in die schöne Pfingstfreude. Der blinde Bettler, dem das Licht neu geschenkt war und zugleich der Blick auf Jesu Herrlichkeit: auch er folgte ihm nach und lobte Gott. ›*Und alles Volk, das solches sah, lobte Gott.*‹ Wie sollten wir anders durch das Tor der Passion treten, wie sollten wir anders mit Jesu ziehen wollen, als dass auch wir Gott die Ehre geben! Der Herr, der uns

371 1. Johannes 2,15.
372 1. Petrus 4,13.
373 Hebräer 13,13.

vorangeht im Kreuz, der wird auch uns stärken und erhalten vor dem Bösen. *Er wird unser Leben, wenn wir es hier an ihn verlieren, erhalten zum ewigen Leben.* Er wird uns seine Herrlichkeit sehen lassen hier und dort. Denn durch Leiden geht es zur Herrlichkeit, durchs Kreuz zur Krone. Das wollen wir glauben nach seinem Wort, darum wollen wir ihn bitten nach seiner Verheißung, dafür wollen wir ihm danken mit Freude.«

Haft und Ausweisung

»Sooft ich ruf und bete, weicht alles hinter sich…«[374]

Paul Gerhardt

Am 28. Mai wird Paul von seinem Gipsverband endgültig befreit. Das Bein müsste nun bestrahlt und massiert werden – es blieb ihm keine Zeit. Ich rufe ihn heim, da ein besonders tragischer Todesfall vorliegt. Er hält am 30. Mai die Leichenrede in der Kirche. Am 31. Mai wird er von Beamten der Gestapo in seiner Studierstube verhaftet und zu einer »Vernehmung« nach Koblenz geführt. Wir zu Hause bleiben ohne Nachricht, bis wir es über den Superintendenten und den Regierungspräsidenten erfahren, dass Paul in Koblenz in Schutzhaft sei.

Im Gespräch im Oktober 1979 hat M.S. diese Verhaftung so geschildert: »Am 30. Mai hat er zum ersten Mal, auf einem Bein stehend, auf der Kanzel gepredigt. Tags drauf wurde er verhaftet. Die Gestapo sagte sich: Er predigt wieder, dann können wir ihn auch verhaften.« Die Festnahme ging dann so vor sich: »Paul lag mit seinem noch nicht geheilten Bein auf dem Bett. Zwei Männer kamen in die Studierstube, gaben an, sie möchten ihn zu einem kurzen Verhör nach Koblenz mitnehmen.« Gretel darauf zu ihrem Mann: »Nimm nur gleich dein Köfferchen mit.« Die Gestapo-Beamten darauf: »Nein, er kommt wieder.« So ging er ohne Koffer. Er kam aber nicht wieder.

Im Dorf herrscht größte Bestürzung, niemand kann sich den Grund der Verhaftung denken. Unsere beiden Gemeinden senden vier Bauern nach Koblenz zu der Gestapo. Auf ihre Frage nach den Gründen der Verhaftung ihres Pfarrers wird ihnen

374 »Ist Gott für mich, so trete gleich alles wider mich« (Paul Gerhardt), Evangelisches Gesangbuch (EG) 351.

gesagt: 1. Den Grund könnten sie in der Zeitung lesen; 2. Pfarrer Schneider wiegle den ganzen Hunsrück gegen den Staat auf; 3. Da sie in keinerlei Organisationen wären, kämen sie mit ihren Aussagen gar nicht infrage. – In der Zeitung stand: »In Schutzhaft genommen. Pfarrer Schneider aus Dickenschied wurde durch die Geheime Staatspolizei in Schutzhaft genommen, weil er in unverantwortlicher Weise von der Kanzel herab gegen einen Bauern zum Boykott aufgefordert hat.« – Die Gestapo ließ Paul bei der Verhaftung nicht Zeit, seinen Koffer zu packen, es wäre ja nur eine Vernehmung. Paul wurde aber in der Tür des Stapo-Gebäudes in Koblenz empfangen – »Sie sind hier zu einer längeren Schutzhaft« – und gleich in die Zelle im Souterrain gebracht (dort waren 6 bis 7 Zellen: Tresorräume des früheren Reichsbankgebäudes). Unser Freund Fritz Langensiepen gab sich viel Mühe, nun Paul mit dem Nötigsten zu versorgen. Jedes Wäschestück musste aufgedrungen werden, aber auch seine Bibel bekam er nach einiger Zeit. Ich legte zwei Spruchkarten in dieses erste Wäschepaket, die eine beschriebene bekam er auch bald, die andere blieb auf dem Büro liegen. Eines Tages wird Paul heraufgeführt. Er wird von allen Seiten fotografiert, Fingerabdrücke werden gemacht fürs Verbrecheralbum! Auch für ihn ist diese Prozedur sehr bedrückend. Da gibt ihm der Portier, der zugleich sein Kerkermeister ist, beim Abführen meine zweite Spruchkarte, die läge da noch herum. Und was steht darauf? »Freuet euch, dass eure Namen im Himmel geschrieben sind!«[375] Da wird es wieder licht bei ihm.

Endlich kommt das erste Lebenszeichen von ihm. »*... Nun bitte ich Dich und Euch alle auch recht herzlich, Euch keine unnötigen Gedanken und Sorgen zu machen. Gott will's machen, dass die Sachen gehen, wie es heilsam ist.*[376] *Bitte setzt auch nicht etwa Himmel und Hölle in Bewegung, dadurch den Amtsstellen das Leben schwer machend. Wir wollen jetzt unsern christlichen*

375 Lukas 10,20.

376 Lied von Johann Daniel Herrnschmidt 1704; EG (württemberg. Teil 620).

Gehorsam gegen die Obrigkeit mit willigem Leiden bewähren und uns vor irgendwelcher Bitterkeit zu bewahren suchen. Wir wollen uns rüsten lassen mit Geduld, es könnte ja auch unsere Trennung einmal länger dauern ...« (3. Juni 1937). – Der zweite Brief soll ein Gruß zur Taufe unseres Kindes[377] sein. Er kommt aber erst nach dem Tauftag (14. Juni 1937) an: *»Umstehende Verse sind mir für das Tauffest unseres lieben Kleinsten, an dem ich ja nun selber leider nicht teilnehmen kann, in den Sinn gekommen. Möge es Euch ein Trost und eine Stärkung sein und Euch den Vater gegenwärtig machen.*

Ernst ist die Zeit und ernst ist Gottes Walten,
Mit dem er über seinem Haus und Volke wacht,
Denn es ist Zeit, dass er anfange
    im Gerichte zu gestalten.
Die Kirche Christi, die sich mit der Welt gemein gemacht.

Doch birgt in dieser ernsten Zeit in
    seiner Kinder Schoß und Armen
Der treue Gott sein tröstendes Geschenk.
Er bettet der Anfechtung Schmerz in sein Erbarmen
Und macht uns seiner reichen Gnade eingedenk.
Hilf streiten Du für Gottes heil'ge Kirche hier auf Erden,
Hilf schützen die bedrängte Wahrheit
    wider Menschenmacht und List!
Im Sieg des Glaubens überwind
    und lasse Dir die Krone werden,
Die darbeut allen Todgetreuen unser Jesus Christ!

Ernst Wilhelm! Segne Gott Dir Deinen Namen
    und Deine heil'ge Taufe nach des Herren Willen.
Noch glauben wir für Dich und weih'n Dich Gott zum

377 Ernst Wilhelm Schneider, geb. am 13. Mai 1937 in Dickenschied, das sechste Kind von Margarete und Paul Schneider. Sup. Ernst Gillmann hat das Kind Ernst Wilhelm getauft. Er wählte den Taufspruch: »Denn mein Vater und meine Mutter verlassen mich, aber der Herr nimmt mich auf« (Psalm 27,10).

Eigentum,
Dereinst da sollst Du selber glaubend Deine Tauf erfüllen
Und eingehn in das ew'ge sel'ge Leben, Gott zum Ruhm.

(10. Juni 1937)«

Bald nach der Taufe des Kindes Ernst hatte M. S. das Gefühl, sie habe Gelegenheit, ihren Mann im Gestapo-Gefängnis in Koblenz zu besuchen. Von diesem Versuch berichtete sie im Gespräch im Oktober 1979: »Gillmann ging mit, sagte: ›Ich komme da hinein‹, legte Orden und Ehrenzeichen an.« Er hat dann M. S. bis zur Außentür des Gefängnisses begleitet, ließ sie hinein, wartete draußen. M. S. wurde zu ihrem Mann nicht vorgelassen. Sie gab für ihn Wäsche, Kuchen etc. ab. Aber Besuchserlaubnis bekam sie nicht. Als Gretel vor dem Gefängnis weinte, sagte Gillmann: »Heulen Sie nicht, schimpfen dürfen Sie.« In einem »inoffiziellen Brief« (der an der Zensur vorbeigeschmuggelt wurde) schreibt P. S.: »Ich danke Dir, dass Du gekommen bist. Ich habe es gleich gehört, dass Du da warst.«

Von nun an blieb jede Nachricht aus, bis er am 25. Juni uns selbst berichtete. Woher kam nun diese Postsperre? Paul hatte ja Menschen um sich herum in den andern Zellen, Menschen, die er aufs Herz nahm. Und das spürten sie. Neben ihm hauste ein SS-Mann, der in Ungnade gefallen war. Er war aus unserer Kreisstadt. Er gab Paul selbst zu, wie sehr er früher gegen ihn gearbeitet habe. Mit ihm führt Paul Gespräche, so viel sich Gelegenheit bietet, doch ist ja zwischen den Häftlingen Unterhaltung verboten. Eines Abends fragt ihn der SS-Mann über die Auferstehung der Toten. Er denkt, die »Luft« wäre rein. Paul redet nun etwa eine halbe Stunde zu seinem Zellenfenster heraus in einen Schacht hinein – dass es alle verstehen – über die christliche Lehre von der Auferstehung. Anderntags wird er vor den Kadi zitiert, sehr verdonnert und die Postsperre über ihn verhängt. Als nun der Beamte fertig ist mit Schelten und Drohen, sagt Paul, er wäre nun schon lange hier, ob er nicht vielleicht auch den Grund seiner Verhaftung hören dürfe. Als ihm nun die Kirchenzucht genannt wird, wird es Paul leicht ums Herz! Natürlich lässt sich der Beamte nicht auf seine Verantwortung ein. – Inzwischen habe ich einen Bericht an den Rheinischen Rat über die Verhaftung meines Mannes abgeschickt. Die Vervielfältigung desselben wird mir von der Stapo zur Last gelegt, zur Strafe: Postsperre! So waren wir beide ohne Nachricht. Paul freut sich: *»Wir waren offenbar beide nicht brav!«* – Auf allen erreichbaren Papierfetzen schreibt Paul einen langen Brief an mich und hofft, durch einen Kameraden, der bald entlassen wird, ihn mir zuleiten zu können. Er ist aber selbst eher da als der Brief. –

Einige Abschnitte daraus: *»Ich vergnüge mich mit Gottes Wort und Liedern, außer dem fast täglichen Reinemachen der Zellen, der Schlafdecken und Matratzen und dem Spazierengehen im Gefängnishof (eine halbe Stunde). So kann ich geistliche Schätze sammeln für neuen Dienst und ist die Zeit auch für mich nicht vergebens. Ich hoffe, sie ist auch für die Gemeinden nicht vergebens; dass doch viele möchten ihre geistliche Trägheit und Verantwortungsscheu überwinden! Dass Gott uns allen auch einen Geist der Buße schenken wolle und den Willen zu einem zuchtvollen Gemeindeleben mitten in dem abgöttischen Geschlecht unserer Tage! Wie vieles habe ich noch versäumt und hätte besser vorbereitet sein müssen für den nun eingetretenen und doch so lange vorausgeahnten Fall! Wir können ja damit rechnen, dass ich wenigstens bis über die vollzogene ›Kirchenwahl‹, bei der uns übrigens nur völlige Nichtbeteiligung übrigbleiben kann,*[378] *hier festgehalten werde; es sei denn, dass mein Bein mich durch Gottes Güte noch einen anderen Weg führt und die ›längere Schutzhaft‹ abkürzt. Nach allem ist das Bein schlecht geheilt, ist noch nicht im Schienbein ganz fest,*

378 Weil diese Kirchenwahl wie die im Juli 1933 von Hitler angeordnet ist und weil der Reichskanzler sich damit wieder einmal das Recht herausnimmt, in die Kirche hineinzuregieren, was P. S. je länger, desto entschiedener ablehnt.

vom Wadenbein gar nicht zu reden, der Splitter am Schienbein steht sehr heraus, und das ganze Bein drückt sich beim Gehen mehr und mehr im Knie nach innen durch, auch das Kürzersein macht sich doch ziemlich bemerkbar. –

Wir sind in unserem ›Gefängnis‹ gewöhnlich sechs bis sieben der verschiedensten Sorte, von meiner Fakultät bin ich der Einzige. Zwei Jünglinge, die dem Papst zu sehr befreundet waren, sind wieder entlassen. Du kannst Dir denken, dass das Leben hier eines gewissen Reizes und auch Zweckes nicht entbehrt ... Heute ist schon der 6. Sonntag meiner Haft ohne die Möglichkeit, an einem Gottesdienst teilzunehmen, und doch nicht ohne Gottesdienst. Es ist merkwürdig, dass die Seele hier noch viel hungriger ist und Gottes Wort noch viel tiefer eindringt, wo fast jede andere Möglichkeit der Unterhaltung fehlt. Ein lieber Mitgefangener (SS-Mann) gab mir von seinen Blumen, die ihm seine Braut gesandt, die Hälfte ab; aus Pappe habe ich mir ein Kreuz gefertigt und mir heute Zellentisch und Zelle sonntäglich herausgeputzt, ein reines Taschentuch als Tischtuch. So habe ich mir heute morgen selber Gottesdienst gehalten und war mit der gläubigen Gemeinde verbunden. Deine Karte mit der Aufforderung zur Freude habe ich mir zum Sonntag unter die Blumen gestellt. Du siehst, man kann auch hier Sonntagsfreuden haben; hoffentlich habt Ihr dieselben auch und macht auch Euren Sonntagsspaziergang, indem Ihr nach wie vor den Kopf nicht hängen lasst, nun, wo unser Gottvertrauen und unsere Geduld auf eine stärkere Belastungsprobe gestellt werden. Die Zuflucht unter dem Schatten der Flügel Gottes[379] nimmt ja kein Ende ... Lass uns nur in unserem ›Leiden‹ Gottes Liebe sehen. Es ist ja keine Bestrafung, keine Bezahlung mehr für unsere Sünde, nachdem Jesus vollgültig bezahlt. Nein, es ist die väterliche Liebeszucht, der wir uns nicht weigern dürfen. Wenn manche oder viele Brüder meinen, das Leiden vermeiden zu können, weil sie es vermeiden wollen – obwohl es doch jedem Sehenden seit Langem unvermeidlich vor Augen steht, so kön-

379 Vgl. Psalm 17,8; 36,8; 61,5; 63,8; 91,1.

nen sie das vielleicht haben, aber die Glücklichen und Gesegneten sind sie dabei nicht. Und zu denen, die getrost dem Feind entgegengehen,[380] *können sie auch nicht gehören, höchstens zu denen, die Schrittchen für Schrittchen zurückweichen; und wir sind doch wahrlich genug zurückgewichen. Deshalb, lieber Schatz, nicht bitter werden, nicht gegen die Brüder und nicht gegen die Feinde der Kirche. Unser ›Leiden‹ ist ja ein Vorzug, und alsbald ist es ja kein Leiden mehr, sondern: ›Freuet euch, wenn ihr mit Christo leidet.‹*[381] *Nur darum wollen wir ringen, dass unser Leiden ein Gott wohlgefälliges Opfer sei,*[382] *in Christi Liebe und Geist gebracht, damit wir und die Gemeinden und die Kirche auch Segen davon haben.*

Heute Morgen war mir das Evangelium von der selbstwachsenden Saat[383] *ein großer Trost, und ich muss es schon glauben, dass die Sache des Evangeliums in unseren Gemeinden auch ohne mein Rennen und Laufen keinen Schaden nehmen wird. Dennoch sollten wir auch nichts versäumen, was getan werden kann und muss: Ich meine den Aufbau und Ausbau der bekennenden Gemeinden. Grüße die treuen Freunde in den Gemeinden herzlich und sage ihnen, dass ich mich sehne und freue, wieder zu ihnen zu kommen. Jetzt gilt es in den Sturm hinein und hindurch: ›Unverzagt und ohne Grauen‹*[384] *(Philipper 1,28-30*[385]*). Sage auch den Freunden, dass es mir gut gehe und sie*

---

380 Vgl. das Lied des Karl Heinrich von Bogatzky (EG 241) »Wach auf, du Geist der ersten Zeugen, / die auf der Mau'r als treue Wächter stehn, / die Tag und Nächte nimmer schweigen / und die getrost dem Feind entgegengehn.«

381 1. Petrus 4,13.

382 Vgl. Römer 12,1: »Ich ermahne euch nun, liebe Brüder, durch die Barmherzigkeit Gottes, dass ihr eure Leiber hingebt als ein Opfer, das lebendig, heilig und Gott wohlgefällig ist.«

383 Markus 4,26-29.

384 »Unverzagt und ohne Grauen soll ein Christ, wo er ist, stets sich lassen schauen« (Paul Gerhardt), EG 370,7.

385 Philipper 1,27-30: »... damit ... ihr ... einmütig mit uns kämpft für den Glauben des Evangeliums und euch in keinem Stück erschrecken lasst von den Widersachern, was ihnen ein Anzeichen der Verdammnis ist, euch aber der Seligkeit, und das von Gott. Denn euch

sich jetzt und in Zukunft nicht um mich sorgen, sondern nur darum, dass das Wort Gottes und das Zeugnis des Evangeliums uns und unsern Kindern erhalten bleibe. Lest den Philipperbrief, singt und betet. – Gott hat uns das Herz des Kerkermeisters zugewandt und tut uns durch ihn Gutes.[386] *Heute bekam ich zum ersten Mal einen halben Liter gute Vorzugsmilch und soll sie nun täglich bekommen. Dass mir der gute Kirner Onkel (ein Mitgefangener) mein Bein täglich massiert – ich tue es auch noch selbst des Morgens und Abends –, wird er dir hoffentlich selbst erzählen. – Bruder Winterberg*[387] *hat wieder ein großes Lebensmittelpaket geschickt, große Wurst, Käse, Tomaten, Keks usw. Ich fürchte, das nächste Mal kommt ein Reisekoffer! Der 23. Psalm, an den Du mich erinnerst, trifft buchstäblich und wörtlich ein. Es mangelt mir nichts im Geistlichen und Leiblichen. Gott versorgt mich sehr freundlich und treu. Er führt mich täglich reichlich auf die frische Weide seines Wortes, will Herz und Mut einmal schwer werden in dem Verlangen nach Euch und nach den Gemeinden, wollen die Sorgen um Dich und die Kinder, um die Gemeinden aufstehen, so tröstet mich sein Stecken und Stab. Alles muss dazu dienen, dass wir uns nur umso lieber in Gott haben und uns noch viel mehr von Gott aufeinander gewiesen wissen. Alles hat Gott in übergroßer Liebe in seinem Heilsplan für uns längst in Rechnung gestellt; so gewiss auch die Gefängnishaft der Pfarrer für seine Kirche. Weil ich es so ansehen darf, kann ich auch gar nicht bitter oder ungeduldig werden, dass die Haft nun so lange dauert – Gott bereitet auch den Tisch im Angesicht der Feinde, an dem wir leiblich wohlversorgt sind und fröhlich sein können. Unser Kerkermeister weiß schon gar nicht mehr, was er uns alles zulieb tun soll und wie er seine Hochachtung noch bezeugen soll …«* Auf solchen Zetteln – Einwickelpapier – finde ich dann auch Listen von

ist es gegeben um Christi willen, nicht allein an ihn zu glauben, sondern auch um seinetwillen zu leiden, habt ihr doch denselben Kampf, den ihr an mir gesehen habt und nun von mir hört.«

386 Vgl. Apostelgeschichte 16,33.34.

387 Wilhelm Winterberg, ein Pfarrer der BK in Koblenz.

»gelernten Bibelstellen« und »gelernten Liedern«. Es ist eine erstaunliche Reihe.

P. S. muss ein erstaunlich gutes Gedächtnis gehabt haben. Vor allem hatte er, der vom Wort lebte, den Willen, während seiner Haft und solange er Bibel und Gesangbuch besaß, möglichst viel Stärkendes aus Bibel und Gesangbuch auswendig zu lernen. Bei den »gelernten Bibelstellen« finden wir ganze Kapitel aus dem 1. und 2. Korintherbrief, auch Texte aus dem 1. und 2. Brief an Timotheus sowie Passagen aus dem Titusbrief. Von Liedern, die er schon auswendig konnte und die er in der Haft »überholt« hat, führt er 27 auf, u. a. »Wach auf, du Geist der ersten Zeugen«; »Ist Gott für mich, so trete gleich alles wider mich«, das Lied, das Paul Gerhardt einst auf dem Höhepunkt seines Konfliktes mit dem Großen Kurfürsten gedichtet hatte und das in der BK ganz neu entdeckt wurde; »O heilger Geist, kehr bei uns ein«; »O Haupt voll Blut und Wunden«; »O selig Haus, wo man dich aufgenommen«; »Rüstet euch, ihr Christenleute«; »Kommt, Kinder, lasst uns gehen«. Bei den neu gelernten Liedern finden wir u. a. »Geist des Glaubens, Geist der Stärke«; »Jesus Christus herrscht als König«; »Jesus ist kommen, Grund ewiger Freude«; »Christ lag in Todesbanden«; »Such, wer da will, ein ander Ziel«; »Mein Fels hat überwunden«; »O dass ich tausend Zungen hätte«; »Jauchzt, alle Lande, Gott zu Ehren«. Dass gute Worte wie Häuser sein können, in denen ein Mensch leben kann, wenn er körperlich eingeschränkt ist, und dass solche Worte Freiheit und Kraft geben, das hat P. S. erfahren.

Aber Paul lernt man am besten noch auf andern Zetteln kennen: »Gebetshilfe«. Zuerst zählt er die verschiedenen Anliegen jedes Wochentages auf. Täglich: Abend- und Morgensegen (Luther), Vaterunser, Fürbitte für die nächsten Verwandten und Hausgenossen, Fürbitte für die Kirche, Volk und Obrigkeit. Der Freitag und Samstag gehören der Fürbitte für seine Gemeinden. Dann schreibt er einzeln auf, wer die Verwandten,

> die Freunde sind, was das Anliegen für die alte Gemeinde ist: kirchliche rechte Seelsorge und für wen er dort im Einzelnen bittet, wie die 12 Patenkinder heißen, wer die gefangenen Brüder und die ihm nahen Brüder im Amt sind. – Auf einem besonderen Blatt steht: »Gebetshilfe für Dickenschied«. Es werden alle evangelischen Häuser mit Personenzahl aufgeführt, bei der Gebetshilfe für Womrath ebenso.

In der Gebetshilfe für Dickenschied finden sich 48 Namen von Familien bzw. Einzelnen; es sind mit der Pfarrfamilie, die er zuletzt nennt, 202 Personen. In Womrath sind es *»40 Häuser, 24 Schüler, 19 Kleinkinder«*, an die er fürbittend gedacht hat; selbstverständlich sind auch die Namen derer dabei, die ihn ins Gefängnis gebracht haben. Diese vergilbten Blätter sind ein besonderes Zeugnis priesterlicher Existenz. Und sie zeigen, wie fest P. S. den Gliedern seiner Gemeinden verbunden war.

> Am Morgen des 25. Juli stehe ich vor unserem Haus, auf ein Auto wartend, das mich zu einem entlassenen Kameraden Pauls bringen soll. Da kommt ein Womrather Bursche mit einem Brief meines Mannes: *»Ich bin in Womrath! Obwohl aus dem Rheinland ausgewiesen, werde ich heute dort predigen. Wenn Du das Herz hast, dann komm herüber!«* Ich fand Paul inmitten seiner Presbyter, beratend, betend. Er sah elend und blass aus, das Bein war in schlechtem Zustand, nach vorne gebogen, verknorpelt und verkürzt. Die Massage, die ihm ein freundlicher Mithäftling während der kurzen Zeit des »Spazierganges« angedeihen ließ, hatte eben doch nicht genügt.

Was am 24. Juli 1937 zwischen Koblenz, Wiesbaden und Womrath geschah, das hat M. S. im Oktober 1979 im Gespräch so geschildert: »Die Beamten setzten ihn ins Auto und fuhren ihn nach Wiesbaden. Dort setzten sie ihn auf der Straße in Freiheit. Er ging sofort zum Bahnhof, warf den Ausweisungsbefehl in den Papierkorb am Bahnhof, nahm sich eine Fahrkarte nach

Simmern. Er hatte dabei immer den Eindruck, sie seien schon hinter ihm. Die Gestapo-Leute nahmen aber seine Ankündigung, er nehme die Ausweisung nicht an, wohl doch nicht so ernst. Sie haben ihn bei der Fahrt nach Simmern offenbar nicht verfolgt. Gegen Abend kam er wohlbehalten in Simmern an. Dort ging er zu Gillmann. Der wunderte sich. P. S. hoffte, Gillmann werde ihn nach Dickenschied fahren. Das tat Gillmann nicht. P. S. ging dann zum Stadtmissionar von Simmern, hat bei ihm gewartet, bis es dunkel wurde. Der hatte aber kein Auto. Bei Einbruch der Dämmerung nahm er ein Taxi nach Womrath, stieg aus bei Presbyter Fuchs. Frau Fuchs war noch in der Küche. Er bat um Nachtlager.«

M. S. bekam einen geheimnisvollen Anruf – wohl von Stadtmissionar Mettel von Kirn –, sie solle am Sonntag um sieben Uhr nach Kirn kommen, da fahre ein Auto vorbei. Geplant war, dass M. S. alle die Briefe ihres Mannes bekommen sollte, die sie bisher noch nicht erhalten hatte. Ein Kommunist hatte sie aus dem Gefängnis herausgeschmuggelt. Dieser Kommunist wusste von der Ausweisung von P. S. noch nichts. Gretel wollte am Sonntagmorgen nach Kirn fahren. Wie sie aber da stand und wartete, kam der Bub der Familie Fuchs und gab Gretel einen Brief von ihrem Mann. Sofort fuhr Gretel per Fahrrad nach Womrath.

Der Sonntag nimmt seinen Lauf. Alle Kirchenglocken läuten, die Leute wissen: Der Pfarrer ist da! Seither wurde zum Zeichen der Trauer nur mit einer Glocke geläutet. Paul predigt in beiden Gemeinden: »Glaubet ihr nicht, so bleibet ihr nicht.«[388] Er sagt nicht ausdrücklich von der Ausweisung, bittet aber die Gemeinde um Fürbitte, dass er nun auch bei ihnen bleiben dürfe. Mancherlei Besuche aus der Gemeinde und dem Pfarrbruderkreis füllen den Nachmittag aus. Abends fahren wir in ein befreundetes Pfarrhaus, um am andern Morgen einen

---

388 Jesaja 7,9.

Knochenspezialisten[389] konsultieren zu können. Nun erfahre ich den Hergang im Einzelnen und muss auch »hindurch« wie Paul die Nächte vorher: Der »Kerkermeister« sagt Paul am Freitagabend heimlich: »Sie werden morgen ausgewiesen. Ich habe es zufällig auf dem Büro erfahren.« Nun hat Paul in einer langen Nacht Zeit, sich von der lockenden »Freiheit« versuchen zu lassen, aber auch sich zu erinnern, dass er früher grundsätzlich dem Staate das Recht zur Ausweisung eines Pfarrers abgesprochen hatte, wenn ihm nichts Ungesetzliches nachgewiesen wäre. Der Grund seiner Haft gibt ihm Ruhe und das gute Gewissen zur Ablehnung. Am andern Morgen wird ihm seine Ausweisung eröffnet. Er legt Verwahrung dagegen ein. Die Ausweisung baue sich auf der unrechtmäßigen Haft auf, und er wäre vor Gott zu seinen Gemeinden gewiesen, die ihm ihr Vertrauen bis heute noch nie entzogen hätten. Er wird dennoch in ein Auto gesetzt und nach Wiesbaden (Hessen-Nassau!) gefahren und dort auf freien Fuß gesetzt. Er geht spornstreichs zum Bahnhof, wirft dort den Ausweisungsbefehl in einen Abfallkasten und fährt in unsere Kreisstadt, immer mit einer Verhaftung rechnend. Dort wartet er die Nacht ab und lässt sich dann in ein Womrather Presbyterhaus fahren.

Unsere Hoffnung, durch eine Spezialbehandlung könne Pauls Bein in Ordnung kommen, ist getäuscht; das Bein bleibt 3 cm verkürzt.[390] Paul gibt die Parole: Heim nach Dickenschied! Das Herz ist mir schwer. Aber, steht da nicht an der Straße unser Freund Langensiepen? Er hatte einen weiten Weg hinter sich, um diese Begegnung zu ermöglichen. Ihm gelingt es, Paul zu überreden und ihn wegen seines Gesundheitszustandes nach Baden-Baden zu »entführen«.

---

389 Langensiepen nennt ihn »den berühmten ›Knochenflicker von Odernheim‹, Dr. Nagel« (Erinnerungen, S. 242). Odernheim lag in der Pfalz!

390 M.S. im Gespräch im Oktober 1979: Die Untersuchung des Spezialisten Dr. Nagel habe ergeben: Das Bein sei völlig verknorpelt. Ärztlicherseits könne man für dieses Bein nichts mehr tun.

Superintendent Gillmann hatte in großer Sorge um P. S. Fritz Langensiepen gedrängt, auf P. S. einzuwirken, er möge nun nichts tun, was für ihn schlimme Folgen haben würde. Gillmann hat Langensiepen mit seinem Auto nach Odernheim gefahren, da sie P. S. dort beim Knochenspezialisten vermuteten. Nach langer Suche begegneten sie sich zur großen Freude von M. S., die für Langensiepens Hilfe in dieser Situation sehr dankbar war.[391] Langensiepen berichtet: »Beim Frühstück beredete ich ihn nun: ›Ich respektiere deine Entschlüsse und rede Dir in keiner Weise in deine zukünftigen Wege hinein. Aber ich bin dagegen, dass Du mit einer durch Unfall und Haft geschwächten Gesundheit sofort Dich in neue Gefahren stürzt. Deshalb verordne ich Dir zunächst einen gründlichen Erholungsurlaub.‹ Dabei berief ich mich auf mein Amt im Rheinischen Bruderrat. Er sagte rascher zu, als ich es erwartet hatte, und ich übernahm es, ihn nach Baden-Baden zu bringen.«[392]

Langensiepen war befreundet mit Pfarrer Karl Albert Ippach, der 1924 aus der Badischen Landeskirche ausgetreten war und in Mannheim eine selbstständige Stadtmissionsgemeinde gegründet hatte. Er hatte eine Gräfin Königsmarck geheiratet und hatte in Baden-Baden eine Kirche, ein Pfarrhaus und zwei Hospize gebaut. Ippach sympathisierte mit der BK und hatte mit Pfarrern der BK, die er noch vom Studium her kannte, verabredet, er wolle jährlich für vier Wochen einen Pfarrer der rheinischen BK zu dessen Erholung aufnehmen. Ippach vertrat die strikte Unabhängigkeit der Kirche vom Staat. In eines seiner beiden Hospize nahm er P. S. – wenig später auch M. S. – als seine persönlichen Gäste auf und ging dabei das Risiko ein, sie nicht polizeilich anzumelden. Auf diese Weise wollte er erreichen, dass die Gestapo, die P. S. steckbrieflich

391 »Damals bist Du mir wie ein Engel vom Himmel erschienen!«, hat M. S. ihm später gesagt (Langensiepen: Erinnerungen, S. 242).

392 Langensiepen: Erinnerungen S. 242.

suchte, nicht erfuhr, wo er sich befand.[393] Auch meinte Langensiepen, hier, im Weltbad, werde die Gestapo am wenigsten auf P. S. aufmerksam werden.

Langensiepen erzählt von seinen Reisegesprächen mit Paul noch Folgendes: »In dieser entscheidungsreichen Nacht standen ihm wieder seine Vertreibung aus Hochelheim und seine Bedenken, ob er damals bei Annahme seiner Versetzung recht gehandelt habe, vor Augen. Schließlich gab ihm das Wort aus Richter 5,18 Wegweisung und Zuversicht. Man kann es schlecht als Zufall bezeichnen, dass ich an demselben Abend auch diesen Abschnitt las und dabei lebhaft an unseren gefangenen Freund denken musste. Da war Ruben, der es vor lauter Bedenken nicht zum Handeln brachte, Gilead, Dan und Asser, die ihre Brüder allein den Kampf ausfechten ließen, ›Sebulons Volk aber wagte seine Seele in den Tod‹.«

Im Gespräch im Oktober 1979 hat M. S. über die Entscheidung ihres Mannes bezüglich der Ausweisung Folgendes berichtet: Sie hätten schon im Jahr zuvor dann und wann die Frage gestreift, wie er sich im Fall einer Ausweisung verhalten werde. Wohlmeinende Leute hätten ihm geraten, doch nach Württemberg zu kommen. Aber, so M. S., »da hätte er in eine andere Haut schlüpfen müssen, um sich auf diesen Ausweg einzulassen. Was hätte er in Württemberg mit verletztem Gewissen getan?«

1936 habe er in den Fürbittenlisten der BK gelesen, dass einzelne Pfarrer ausgewiesen worden seien oder vom Staat Redeverbot bekommen hätten. Damals hätte er mit Gretel einen Spaziergang bei Dickenschied am Wald gemacht. Vor sich hätten sie die Gebiete des Regierungsbezirks Trier gesehen. Gretel habe – mehr im Spaß – gesagt: »Wenn du einmal ausgewiesen

393 Zu Ippach und Langensiepen siehe Günther van Norden: Friedrich Langensiepen. S. 184f; 203; Steckbrief der Gestapo betr. P. S. siehe Wentorf: Der Fall, S. 167.

wirst, dann gehst du da hinüber zu den Trierern.« Er habe darauf geantwortet: *»Das weiß ich noch nicht, ob ich da folge.«* Als er den Ausweisungsbefehl bekommen habe, habe er gemeint: *»Jetzt kommt auf die Theorie die Praxis.«* Immer sei er dagegen gewesen, einem unrechten Ausweisungsbefehl zu folgen.

Ein SA-Mann, der als eine Art Faktotum im Gefängnis in Koblenz gearbeitet und der ihrem Mann gelegentlich in verschiedenen Dingen geholfen habe, habe im Büro gehört, von Berlin sei die Weisung gekommen, P. S. müsse aus dem Rheinland ausgewiesen werden. Er habe abends in der Zelle zu P. S. gesagt: »Morgen werden Sie aus dem Rheinland ausgewiesen.« So habe P. S. eine ganze Nacht lang Zeit gehabt, seine Haltung in dieser Frage zu bedenken. Er habe in dieser Nacht hin und her überlegt. Immer wieder sei er darauf zurückgekommen, dass er die Lösung ja längst wisse. Er trage sie in sich. Es sei ihm klar gewesen: Nimmst du die Ausweisung nicht an, so bleibst du im Gefängnis sitzen. Er habe in dieser langen Nacht nach Bibelworten gesucht, die ihm den Weg zeigen sollten. Dann sei er auf »Deboras Siegeslied« in Richter 5 gestoßen und besonders auf die Verse:

»An Rubens Bächen überlegten sie lange.
Warum saßest du zwischen den Sattelkörben,
zu hören bei den Herden das Flötenspiel?
An Rubens Bächen überlegten sie lange.
Gilead blieb jenseits des Jordans.
Und warum dient Dan auf fremden Schiffen?
Asser saß am Ufer des Meeres
und blieb ruhig an seinen Buchten.
Sebulons Volk aber wagte sein Leben in den Tod …«

Richter 5,15-18

Das sei für ihn die Antwort gewesen. Er habe sich gesagt: Wir können nicht alle mit unseren Überlebenskompromissen Hitler in seiner unrechten Gewaltherrschaft bestärken. Wenigstens einige müssen ihm mit letzter Entschiedenheit widerstehen.

Brief aus Baden-Baden vom 27. Juli 1937: *»Nun bekommst Du nach langer Zeit den ersten mit Tinte geschriebenen Brief. Über unsere Reise und Einführung hier wird Dir Fritz wohl das Nötigste gesagt haben. Nun betet nur auch, dass Gott auch diese unsere Wege, auch wenn sie nicht so ganz von Gott geführt sein sollten, segne und für die Haltung der Gemeinden zu keinem Schaden geraten lassen wolle. Darüber bleibt uns aber auch die Dankespflicht für Gottes gnädige Führung durch die vergangenen Wochen und aus dem Gefängnis ins Haus, Familie und Amt hinein. Wir dürfen uns nur für uns schämen, dass wir Gott nicht noch viel mehr glauben und vertrauen. Er tut immer über unser Bitten und Glauben. Und dennoch muss sich Gott auch richten nach unserem Glauben. Deshalb, mein liebes Weib, bitte hilf mir glauben und beten und dass wir uns daran halten: Fürchte dich nicht, glaube nur!*[394] *– Das Haus ist sehr angenehm … Gestern Abend vor dem Einschlafen las ich noch die Briefe, die Du während meiner Haft bekamst. Wir müssen ja ganz beschämt sein um der vielen Anteilnahme und Treue, um der vielen Gebete und um der Sorge willen, die man an uns verschwendet hat und die ich mir in Koblenz in keiner Weise so vorgestellt hätte. Wir sind sie in keiner Weise wert, schon weil wir gar nicht in gleicher Weise treu sind in Gebet, Fürbitte und Sorge für die andern. Auch das muss uns zur Buße rufen und uns nur ein etwas freundlicheres Gericht Gottes sein als die Gefängniswochen: Weißt du nicht, dass dich Gottes Güte zur Buße leitet?*[395] *… Für die Zukunft wollen wir – ich bitte es mir jetzt schon aus – ohne Sorgen und ohne Ausweichpläne sein, gelt? Sonst musst Du nicht herkommen. Wenn Gott aus unserem Unglauben, Kleinglauben und Schwanken noch Gutes kommen lässt, so rechtfertigt das uns nicht, sondern geschieht nur zum Preis der unverdienten Barmherzigkeit Gottes, von dessen sündenvergebender Gnade wir leben. Im Übrigen bist Du ja*

394 Jesu Wort an Jairus, als man ihm gesagt hatte, seine Tochter sei gestorben: Markus 5,36.

395 Römer 2,4.

mein liebes, tapferes, kluges, manchmal zu kluges Weib, auf das ich stolz bin, das die Last der vergangenen Wochen noch mehr getragen als ich und für mich getragen hat, dem ich sein Sorgen und Dreinreden darum auch ein wenig zugutehalten will. Nun freu Dich, liebes Herz, auf hier, wie ich mich auf Dein Kommen freue. Schreib nur an mich ohne alle Heimlichkeit.« (Wir hatten eine Deckadresse ausgemacht).

Aus einem Brief an die Mutter vom selben Tag: *»Gelt, Du bist mir nicht böse, wenn ich Gretel oft auf einen Weg führen musste, den Du vielleicht nicht ganz gebilligt hast, oder wenn es in Zukunft noch so sein müsste? Aufs Ende soll auch die liebe Gretel immer wieder das bessere und beste Teil miterwählt haben und für die kurze Zeit zeitlicher Trübsal die ewige Erquickung vor dem Angesicht Gottes*[396] *eintauschen dürfen. Auf diesem seligen Glaubenswege will uns Gott ja alle führen, und ich bin gewiss, dass wir in der Kirche Jesu Christi alle mehr und mehr, in Schwaben und Preußen, auf diesem Wege in der Gemeinschaft der Leiden Jesu Christi und des uns reichlich widerfahrenen Trostes und der Hoffnung des ewigen Lebens werden miteinander verbunden werden.«*

Und aus einem Brief vom selben Tag an Präses Humburg, in dem er von seiner Haft und Ausweisung erzählt: *»Gott ließ es also nicht zu, dass ich die ganze Zeit über ohne Bibel blieb, wenn der Wille dazu auch vorhanden war. So hat sie mich denn getröstet und gestärkt, ist mit mir ins Gericht gegangen und hat mir den Weg gewiesen. Die Haft ist mir zu einer geistlichen Rüstzeit geworden, für die ich Gott sehr dankbar bin und die ich nicht missen möchte.«*

In diesem Brief an den Präses der BK im Rheinland Paul Humburg dankt P. S. dem Präses für sehr viel Mühe, die er sich gegeben habe, sein Los zu erleichtern und zu wenden. Gewiss habe sein Einsatz dazu beigetragen, *dass »ich doch endlich auf freien Fuß gesetzt werden musste.... Vor allem waren mir die*

396 Bezug auf 2. Korinther 4,17.18.

aufgehobenen Gebetshände eine tragende Kraft im Gefängnis und eine Hilfe in der Freiheit.« So seien ihm die Wochen der Haft *»im Ganzen eine Zeit getroster Freudigkeit«* geworden. Er dankt dafür, dass Präses Humburg versucht habe, ihn im Gefängnis zu besuchen. *»Sie wissen ja, wie man bemüht war, mich und meinen Fall zu isolieren…«*

P.S. berichtet dann, wie er am 24. Juli aus der Haft entlassen, zugleich aber unter Androhung von Strafe aus dem Rheinland ausgewiesen worden sei. *»Ich wies darauf hin, dass man in den acht Wochen meiner Schutzhaft nicht einmal den Versuch gemacht habe, mich einer unrechten oder aufrührerischen Handlung zu überführen. Die mir eröffnete Ausweisung, so erklärte ich, stelle es unter Beweis, dass Schutzhaft und Schutzhaftbefehl… ein Unrecht und eine Unwahrheit seien, sich eindeutig gegen die Bekennende Kirche richten und damit die Kirche Jesu Christi verfolgen. Ich zerriss den Schutzhaftbefehl*[397] *vor den Augen des Kommissars… und erklärte weiter, dass ich natürlich auch die Ausweisung nun nicht anerkennen und annehmen könne. Ich wisse mich von meinem Superintendenten vor Gott an diese Gemeinden gewiesen, von denen man mich jetzt losreißen wolle, und müsse Gott mehr gehorchen als den Menschen*[398]*.«* Alle Versuche des Kommissars, ihn zur Anerkennung der Ausweisung zu bewegen, habe er abgelehnt. Auch habe er bald erklärt, er werde das Protokoll, das der Kommissar aufsetzen wollte, nicht unterschreiben. Es enthalte ja Wesentliches nicht, wie z.B. seine Zerreißung des Schutzhaftbefehls. Und alle bisherigen Protokolle hätten ihn wegen seiner offenherzigen Verantwortung nur tiefer in die Bestrafung hineingeführt. Der Kommissar habe dennoch

397 Gelegentlich kommt in Berichten über P.S. das Missverständnis auf, er habe den Ausweisungsbefehl zerrissen. Diesbezüglich ist festzuhalten: Er hat seine Ausweisung aus dem Rheinland nicht anerkannt, zerrissen hat er aber vor dem Kommissar den Schutzhaftbefehl. Den Ausweisungsbefehl warf er in Wiesbaden in den Papierkorb.

398 Apostelgeschichte 5,29.

das Protokoll weitergeschrieben und habe es von zwei Zeugen bestätigen lassen.

»Trotz meiner Weigerung, die Ausweisung anzunehmen, wurde mir die Annahme des Ausweisungsbefehls gegen Quittung aufgenötigt. Derselbe sprach die Ausweisung aus der Rheinprovinz aus mit der Begründung, dass ich die öffentliche Sicherheit und Ordnung in der Rheinprovinz gefährdet habe und mein Verhalten zeige, dass ich mich nicht in den nationalsozialistischen Staat einfügen wolle. Für jeden Fall des Betretens wurde Strafgeld in Höhe von 150 M, ersatzweise für je 10 M einen Tag Haft, angedroht, außerdem könne Schutzhaft verhängt werden … Ich besitze den Ausweisungsbefehl nicht mehr.«

Man habe ihn mit zwei Mann Bewachung im Polizeiauto nach Wiesbaden gebracht. *»Ich fuhr dann mit dem nächsten Bahnweg nach Simmern und am Abend mit Auto in meine Filialgemeinde. Am Sonntag tat ich den gewöhnlichen Dienst in beiden Gemeinden.«*

Über die Behandlung in der Haft, so P.S. weiter, dürfe er sich nicht beklagen. Freilich: *»Irgendwelche Rechte standen uns nicht zu …«* Und: *»Mir wurde die Schreiberlaubnis in der dritten Woche entzogen, wie ich annehmen musste, wegen zu lauten Verhaltens in der Zelle (Singen) und aus dem Zellenfenster heraus, als ich abends geistliche Verständigung nach dem Worte Gottes mit einem Mitgefangenen suchte.«* Er wünscht dem Präses von Gott die notwendige Kraft und Gesundheit. *»Die Beschriftung des Umschlags*[399] *wird Ihnen ein lieber Gruß sein, wie mir deren Schreiberin eine liebe Verbindung zu Ihnen ist.«*

Präses Humburg hat schon am 4. August geantwortet:[400] »Sie haben den Ausweisungsbefehl nicht anerkannt und können nicht anders als in Ihre Gemeinde zurückzukehren. Aber bitte, lieber Bruder Schneider, nicht zu schnell und nicht auf Ihre eigene Faust! Es darf keine persönliche Sache von Ihnen sein, sondern muss eine Sache des Kirchenregiments sein. Und

399 Durch Humburgs Tochter Irmgard.
400 Wentorf: Der Fall, S. 164f.

es darf nicht einfach Übertretung des Gebotes der Gestapo sein. Sondern Sie oder wir müssen durch einen Rechtsanwalt ... beim Justizministerium beantragen, dass ein regelrechtes Verfahren gegen Sie eröffnet und ein Urteil gegen Sie gesprochen wird. ... Ich bitte Sie deshalb, sich alsbald mit Bruder Schlingensiepen, der jetzt den Präses vertritt, in Verbindung zu setzen. ... Ich nehme an, dass Sie sich keiner Schuld bewusst sind und nur die Kirchenzuchtsmaßnahme, nach Ihrer Beurteilung, die Ursache Ihrer Verhaftung und Ausweisung ist. Sonst müssten Sie alles Schlingensiepen berichten. Jedenfalls bitte ich Sie, nicht zurückzukehren, bis diese Vorarbeit getan ist.« Humburg berichtet ferner, eben komme die Nachricht, »dass Müller-Dahlem[401] und Niesel[402] wieder verhaftet sind. Wir gehen noch harten Kämpfen entgegen, desto mehr wollen wir alles tun, dass die Berechtigung unserer Stellungnahme jedem Gericht ... einleuchtet, dass jedenfalls die Kinder Gottes im Gebet hinter uns stehen können.«

Wenige Tage später, am 8. August 1937, berichtet P. S. seinem Freund Fritz Langensiepen über Humburgs Brief.[403] Humburg fürchte offenbar ein wenig, *»dass ich nicht ganz unschuldig sein könnte und dem Staat vielleicht berechtigte Ursache meiner Verhaftung und Ausweisung gegeben haben könnte.«* Er, P. S., habe sofort an Johannes Schlingensiepen[404]

401 Friedrich Müller, gen. Müller-Dahlem (1889–1942), 1924 Pfarrer in Lautawerk, 1928 in Berlin-Steglitz, 1933 in Berlin-Dahlem, 1936 Vorsitzender der 2. Vorläufigen Kirchenleitung der DEK.

402 Wilhelm Niesel (1903–1988), 1930–1934 Pastor der reformierten Gemeinde Wuppertal-Elberfeld, Studieninspektor des dortigen Predigerseminars, 1935 Dozent für syst. Theologie an der Kirchl. Hochschule Berlin, 1940 Reichsredeverbot, 1940 Ausweisung aus Berlin, achtmal kurzzeitig in Haft, 1946–1968 Prof. für System. Theologie an der Kirchl. Hochschule Wuppertal.

403 Wentorf: Der Fall, S. 165f.

404 Johannes Schlingensiepen (1898–1980), 1930–1949 Pfarrer an der Hauptkirche in Unterbarmen, ab 1933 Mitglied des Rheinischen Bruderrates der BK, ab 1934 zuständig für das Ausbildungsamt, 1945–1949 Superintendent der Synode Barmen, 1946 Oberkirchenrat, 1949–1968 hauptamtliches Mitglied der Kirchenleitung.

geschrieben, *»dass zwar die Kirchenzuchtssache offenbar nur der letzte Anlass meiner Verhaftung gewesen sei und meiner Ausweisung, dass ich aber bei allen vorausgehenden Ursachen, die ich Partei und Staat gegeben haben mag, ein gutes Gewissen habe und dass auch die andern und die Kirche ein gutes Gewissen haben möchten. Auch den Entscheid über die Ablehnung der Ausweisung und Rückkehr in die Gemeinde habe ich nach ernstlichem Prüfen und Gebet getroffen und bereits grundsätzlich vollzogen. Ich begrüße es aber dankbar und halte es für richtig, dass die Kirchenleitung meine Rückkehr in die Gemeinden zu ihrer Sache macht. Das wird 1. der Durchsetzung der Kirchenzucht und 2. dem gegenüber der Ausweisung gebotenen Widerstand seitens der Pfarrer und Gemeinden förderlich sein.... Der dringlichen Bitte von Präses Humburg, nichts auf eigene Faust zu unternehmen, der ich mich zunächst ganz fügen will, möchte ich nun auch mit der Bitte meinerseits dringlich begegnen, die Rückkehr bzw. den Termin derselben einer schnellen Entscheidung zuzuführen.«* Sein Brief schließt mit dem Ausblick: *»Offenbar ist ja unserer Kirche der Untergang geschworen. Aber Gott ist unsere Zuversicht und Stärke.*[405] *Er wird uns nicht verlassen und seine Macht und Güte wunderbar uns spüren lassen, wenn wir nur glauben und bleiben auf dem von ihm uns gewiesenen Weg.«*

Acht Tage danach werde ich mit einem großen Blumenstrauß strahlend in Baden-Baden empfangen. Nun hatten wir's gut, es fehlte uns äußerlich an nichts. Ein dunkler Rahmen aber umrahmte das freundliche Bild – besonders ich sah eine dunkle Zukunft. Paul stand in kindlichem Vertrauen: »Es gehe, wie es gehe, mein Heiland in der Höhe weiß allen meinen Sachen Rat.«[406] Ich konnte dann wohl sagen: »Hast du uns denn in jener Nacht der Entscheidung nicht lieb gehabt?« *»Ich habe*

405 Psalm 46,2.
406 Vgl. das Lied »In allen meinen Taten lass ich den Höchsten raten« (Paul Fleming 1633), EG 368,7.

euch noch nie so lieb gehabt wie in jener Nacht, ich weinte um euch ...« Da musste ich mich seinem Entschluss unterordnen, ihn achten und ihn auch mitverantworten. – Es ging in diesen Wochen oft durch ein Sterben des eigenen Willens hindurch. Das Beugen im Gehorsam unter Gottes Willen – so wie wir ihn damals verstanden – wird nicht auf einmal gelernt. – Ich konnte auch manchmal in der Anfechtung auf das verhältnismäßig ruhige Leben anderer BK-Pfarrer hinweisen. Er tröstete: *»Weißt, ich bin halt ein Patrouillengänger*[407]*. Vielleicht habe ich aber einen leichteren Weg und ein besseres Ende als die, die ins Gewühl der Schlacht kommen!«*

Unter allen Besuchen, die wir in B. bekamen, war für Paul natürlich der schönste und wichtigste der von Pfarrer Schlingensiepen. Er kam als stellvertretender Präses des Rheinischen Rates. Paul hatte dem Rat genau von seinem Handeln Bericht erstattet. Nun prüfte dieser ihn, wie weit er gebunden wäre und ob er – und auch ich – über den Ausgang seines Weges – wie er auch sei – getrost wäre. Er gibt ihm den Weg in seine Gemeinden frei, nicht in kirchenregimentlicher Anweisung, sondern in Achtung des Glaubensgehorsams Pauls. Im Gebet wird die Einigkeit besiegelt. – Ein wissendes und bewegtes Abschiednehmen, und die Bahn führt den Vielbeschäftigten fort. Paul aber singt aus befreitem Herzen auf dem Nachhauseweg!

Johannes Schlingensiepen beschreibt in seinem autobiografischen Bericht über seine Erlebnisse im rheinischen Kirchenkampf[408] den Besuch bei P. S. in Baden-Baden: Im rheinischen Bruderrat hätten sie klar erkannt, dass P. S.s Widerstand gegen die Ausweisung »die schlimmsten Folgen für ihn haben würde. Andere Pfarrer, die aus ihren Gemeinden ausgewiesen worden

407 Militärischer Ausdruck für Spähtrupps, die sich weit vor die Front wagen; hier von P. S. im übertragenen Sinn gemeint für Christen, die sich im Kampf der Kirche weiter vor die »Front« wagen als andere.

408 Johannes Schlingensiepen: Widerstand und verborgene Schuld. Erinnerungen an den Kampf der Bekennenden Kirche, Wuppertal: Jugenddienst-Verlag, ^{2}1977, S. 88/89.

waren, sind mit schwerem Herzen und oft belastetem Gewissen einen anderen Weg gegangen und haben sich dem grausamen Ausweisungsbefehl gebeugt. Mussten wir nicht, um das Leben von Paul Schneider zu retten, ihm den brüderlichen Rat geben, auch der Gewalt zu weichen? Wir wurden in dieser schweren Frage der Weisung Gottes nicht gewiss. Nach stundenlangen Überlegungen einigten wir uns darauf, dass ich ein brüderliches Gespräch mit ihm führen sollte.…Im dortigen Pfarrhaus [bei Pfr. Ippach in Baden-Baden, den Schlingensiepen seit langen Jahren kannte] haben wir zwei Tage lang unter vier und auch unter sechs Augen mit viel Gebet um den Weg gerungen, den Paul Schneider gehen sollte. Uns blieb verwehrt, ihn im Namen Gottes von der ihm verbotenen Rückkehr in seine Gemeinden zurückzuhalten. Wir waren vielmehr am Ende unserer Gespräche davon überzeugt, dass es für ihn nur den Weg gab, in Treue zu den ihm von Gott anvertrauten Gemeinden zurückzukehren und damit den Weg des Ungehorsams gegen die Staatsgewalt zu beschreiten. ›Ich darf kein Mietling werden, der seine Herde verlässt.‹[409] Das stand für ihn nach all den Tages- und Nachtgesprächen fest. Er wusste sich auf den Weg des Leides um Christi willen gerufen. So habe ich denn im Auftrag des Bruderrates, der mir für die letzte Entscheidung volle Freiheit mit auf den schweren Weg gegeben hatte, Paul Schneider im Namen Gottes, des Vaters und des Sohnes und des Heiligen Geistes gesegnet und die volle Mitverantwortung für seinen Widerstand auf mich genommen. Ich sollte ihn nie mehr widersehen.«

In einem Brief an M.S. vom 3. April 1949 hat Frau Alice Ippach, die Frau des gastgebenden Pfarrers Karl Albert Ippach, aus ihrer Erinnerung aufgeschrieben, was bei einem

409 »Der Mietling aber, der nicht Hirte ist, dem die Schafe nicht gehören, sieht den Wolf kommen und verlässt die Schafe und flieht – und der Wolf stürzt sich auf die Schafe und zerstreut sie –, denn er ist ein Mietling und kümmert sich nicht um die Schafe« (Johannes 10,12.13). Das Wort Mietling meint, modern gesagt, einen, der hier nur jobbt, der kein inneres Verhältnis zu den Schafen hat.

jener Gespräche mit Johannes Schlingensiepen im Studierzimmer ihres Mannes gesprochen wurde: »Pfarrer Schlingensiepen fragte als Vertreter des Präses Ihren Gatten: ›Ist es Ihre Absicht, nach diesem Erholungsurlaub in Ihre Gemeinde zurückzukehren, obwohl vonseiten der Gestapo das Kanzelverbot für Sie ausgesprochen ist?‹ Ihr Mann antwortete: ›Ich bin meiner Gemeinde verpflichtet und nehme in kirchlichen Dingen keinen Befehl von der Gestapo entgegen.‹ Da sagte Schlingensiepen etwa: ›Und wenn wir als Bruderrat Ihnen dringend davon abraten, wieder auf Ihre Kanzel zurückzukehren, was würden Sie dann tun?‹ Antwort: ›Dazu möchte ich heute keine Stellung nehmen, ich werde nach meinem Gewissen handeln‹ und ließ durchblicken, dass er entschlossen sei, in seine Gemeinde zu gehen. Dann sagte Pfarrer Schlingensiepen zu Ihnen: ›Wie denken Sie darüber – sind Sie sich ganz bewusst, welche gefährlichen Folgen die Rückkehr Ihres Mannes in seine Gemeinde für ihn haben kann?‹ Antwort: ›Ich kann meinen Mann nicht zurückhalten, wenn er es als seine Berufung ansieht, wieder auf seine Kanzel zu gehen; Gefahren drohen ihm überall.‹«[410]

> Pfarrer Schlingensiepen hatte Paul gebeten, eine Konferenz aller Ausgewiesenen abzuwarten, er bemühe sich sehr um ihr baldiges Zustandekommen. Deshalb kam es uns sehr gelegen, als nach den vier Wochen »Urlaub« in BadenBaden ein hessischer Freund[411] die Vertretung seiner Gemeinde während seines eigenen Urlaubs anbot. Wir fuhren am 28. August ab. Pauls 40. Geburtstag sollte wie in frühesten Zeiten mit diesem Freund gefeiert werden. Unsern zehnjährigen Ältesten nahmen wir unterwegs bei Verwandten in Empfang. Er hat in den nächsten Wochen noch seinen Vater genossen. Endlich sitzen wir beim Geburtstagskaffee! Da kommt der Ortsdiener

410 Zitiert nach Wentorf: Der Fall, S. 170.

411 Pfarrer Emil Weber in Eschbach über Usingen/Taunus, ein alter Freund aus gemeinsamer Schulzeit.

und verlangt Pauls genaueste Personalien, da sich ein Ausgewiesener »von Rechts wegen« binnen 48 Stunden melden musste! Also ist es aus mit dem »Untergetauchtsein«, das uns das Weltbad ermöglichte. Ein Schatten liegt auf unserem »gemütlichen Feiern«. Wir sind Pilgrime![412] – Paul sieht im Laufe des Septembers seine Kinder, außer dem Kleinsten, noch einmal. Sophie oder ich führen ihm die Wirtschaft. Als ich von Dickenschied einmal schreibe von der Sorge um den zarten Kleinen, schreibt er, der alles mit geistlichen Augen ansah: *»Da ist doch offenbar eine neue Störung. Wir Eltern sollten gehorsamer, gläubiger, zuchtvoller auf Gottes Wegen wandeln. Wir sind es unseren Kindern schuldig und unserem Gott, der uns so viel Ursache gegeben hat, aus Dank und Liebe ihm zu dienen.«* – Auf einer Besuchstour durch den Kreis Wetzlar sieht Paul bei den alten Gemeinden und bei guten Freunden herein. Wie oft muss er da bang hören: »Werden sie dich nicht ins KZ stecken?« – Paul äußerte einmal nach Gesprächen über die Ausweisung mit ratenden und warnenden Freunden: *»Je mehr wir davon reden, desto klarer werde ich mir meines Weges.«* – Unsere gute alte Sophie wollte ihn auch durchaus abbringen: »Herr, schone dein selbst!«[413] – Sie muss stille sein über dem getrosten Glauben ihres Paul. – Die Gemeinden und besonders die Presbyter sannen, wie sie ihrem Pfarrer helfen könnten. Gleich im Juli sammelten sie Unterschriften. Da, als der größte Teil der Gemeinden schon unterschrieben hatte, kam eine

412 Bezug auf Psalm 39,13, ein Wort, das M. S. besonders liebte (sie hat sehr viel später bestimmt, dass dieser Psalm bei ihrer Beerdigung gebetet werden solle). Unter diesem Psalmwort »Ich bin ein Pilgrim ... wie alle meine Väter« steht auch das »Gedenkheft für Margarete Schneider«, hg. von der Pfarrer-Paul-Schneider-Gesellschaft e.V., zusammengestellt von Elsa-Ulrike Ross.

413 Vgl. den entsetzten Ausruf des Petrus nach Jesu erster Leidensankündigung: »Gott bewahre dich, Herr! Das widerfahre dir nur nicht!« (Matthäus 16,22).

Beschlagnahmung durch die Polizei.[414] – Am 19. September 1937 schrieben sie an meinen Mann:

»Womrath, den 19. September 1937

Lieber Herr Pfarrer Schneider,

Sie sind bereits seit dem 31. Mai d. J. durch die Geheime Staatspolizei in Koblenz von uns gerissen worden und Ihnen konnte keinerlei Vergehen nachgewiesen werden, womit man Sie bestraft hätte. Wir erkennen darin nur eine verleumderische Anzeige, welche eigentlich von Rechts wegen strafbar gewesen wäre. Da Sie nun längere Zeit aus der Verhaftung entlassen und Ihre Ausweisung noch nicht zurückgezogen ist, können wir als Presbyter der hiesigen Gemeinde den jetzigen Zustand nicht länger über uns ergehen lassen. Weil die Konfirmanden keinen Religionsunterricht seit Ihrer Abwesenheit erhielten. Die Christenlehre für die angehende Jugend wurde unterlassen. Es fehlt die Seelsorge an den Kranken in beiden Gemeinden. Die heilige Abendmahlsfeier ist bereits zweimal übergangen worden. – *Alle rechtstehenden Gemeindeglieder* wünschen dringend Ihre baldige Rückkehr, damit Sie wieder in Gottes Namen Ihres Amtes walten können. Das Presbyterium verlangt daher Ihre baldige Rückkehr und bittet Sie höflichst, die dringende Bitte, wenn irgend möglich, an eine höhere Staatsgewalt (Obrigkeit) weiterzugeben; denn wir können die Verantwortung in der Gemeinde durch Ihre Abwesenheit nicht mehr länger übernehmen.

---

414 P. S. an Fritz Langensiepen am 8. August 1937: *»Ich halte es auch für gut, wenn die Kirchenleitung für ihre Forderung gegenüber dem Staat die Willenskundgebung der Gemeindeglieder in Händen hätte. In Womrath wurde eine solche gegen mein Dafürhalten zu eilig durchgeführte Unterschriftensammlung (110-120 bei nicht ganz 280 Seelen) am Dienstag oder Mittwoch nach dem 25.7. durch die Polizei konfisziert (vielleicht auch kein Schade!). In Dickenschied waren bis zu meiner Abreise schon über 100 Unterschriften, bei etwa 180 Seelen, gegeben worden.«*

Das Presbyterium der Gemeinde Womrath Fuchs, Scherer, Auler.«

Ein ähnliches Schreiben liegt vom Presbyterium in Dickenschied vor.

Mit dem Rheinischen Rat[415] blieb Paul in Verbindung. Die Konferenz der Ausgewiesenen konnte nicht zusammengebracht werden, einmal durch Verhaftungen der maßgeblichen Männer der Vorläufigen Leitung und dann durch sonstige Behinderung der Ausgewiesenen selbst. – So schrieb Paul seinem Presbyterium den Termin seiner Heimkehr. Sie hielten ihn ganz geheim. – Paul verfasste in den letzten Tagen in Eschbach ein Schreiben an die Reichskanzlei, das er auch mit einem Begleitschreiben an den Rheinischen Rat sandte:

»Pfarrer Schneider Dickenschied (Hunsrück)
Eschbach, den 30. September 1937

An die
Hohe Reichskanzlei des Deutschen Reiches in Berlin, Wilhelmstraße; zugleich in Abschrift an das Reichsinnenministerium und an den Regierungspräsidenten in Koblenz

In aller Ehrerbietung beehre ich mich, den hohen staatlichen Stellen Folgendes anzuzeigen:

Am 30. Mai d. J.s wurde ich, gerade aus dem Krankenhaus nach Behandlung eines Unterschenkelbruches entlassen, von Beamten der Geheimen Staatspolizei aus meinem Pfarrhaus zu einer Vernehmung nach Koblenz mitgenommen und dort sofort gemäß einer mir gemachten Eröffnung ohne Vernehmung in längere Schutzhaft genommen.

Der Schutzhaftbefehl, der mir in den ersten Tagen meiner Haft zugestellt wurde, beruft sich auf den Erlass Hindenburgs vom Februar 1933 zur Aufrechterhaltung der öffentlichen Sicherheit und Ordnung und nennt als Gründe meiner Verhaf-

415 Rheinischer Bruderrat, Leitung der BK im Rheinland.

tung ganz allgemein mein Verhalten als geeignet, die öffentliche Sicherheit und Ordnung zu gefährden. Acht Wochen weniger zwei Tage wurde ich in Schutzhaft gehalten, ohne dass mir in einem Verhör oder einer Untersuchung eine unrechte oder aufrührerische Handlung nachgewiesen wurde, die diesen Schutzhaftbefehl gerechtfertigt hätte.

Am 24. Juli wurde mir meine Ausweisung aus dem Rheinland eröffnet. Als Begründung verzeichnet der Ausweisungsbefehl wieder mein Verhalten, das die öffentliche Sicherheit und Ordnung dieses Mal der ganzen Rheinprovinz gefährde.

Bei der Ausweisungsverhandlung vor der Geheimen Staatspolizei, Leitstelle Koblenz, erklärte ich, in acht Wochen Schutzhaft habe man nicht einmal den Versuch gemacht, mir eine unrechte oder aufrührerische Handlung nachzuweisen. Die mir jetzt gemachte Eröffnung meiner Ausweisung sei für mich nunmehr ein Beweis, dass schon die Schutzhaft eine Verfolgungsmaßnahme gegen die Bekennende Kirche und damit gegen die Kirche Jesu Christi in Deutschland darstelle. Ich müsse den Schutzhaftbefehl mit Berufung auf den Hindenburgerlass als unrecht und unwahr bezeichnen; ich zerreiße zum Zeichen dessen den Schutzhaftbefehl. Dieses tat ich dann auch. Ein Vermächtniswort Hindenburgs sei gewesen: ›Sorgen Sie dafür, dass Christus in Deutschland gepredigt wird.‹ Nichts anderes tue die Bekennende Kirche. Selbstverständlich könne ich auch die Ausweisung nicht anerkennen oder annehmen. Ich wisse mich vor Gott an meine Gemeinden gewiesen und könne mich von ihnen nicht durch Menschen, auch durch die Obrigkeit nicht, einfach losreißen lassen, ohne dass mir Unrecht nachgewiesen sei. – In der Konsequenz dieser Erklärung lehnte ich es auch ab, einen Ort außerhalb des Rheinlandes zu nennen, wo ich Wohnung nehmen wolle. Die Unterschrift des von dem die Verhandlung leitenden Herrn Kommissar aufgenommenen Protokolls verweigerte ich mit doppelter Begründung. Ich sagte, dass das Protokoll nicht die ganze Verhandlung wiedergebe, indem es meine Eingangserklärung über Schutzhaft und Schutzhaftbefehl vermissen lasse als Begründung für die

Ablehnung der Ausweisung. Ich sagte weiter, dass ich durch alle bisherigen offenherzig gemachten und unterschriebenen Protokollerklärungen für die Geheime Staatspolizei nur tiefer in die Bestrafung – nicht »Verantwortung«, wie das Protokoll sagt – hineingeraten sei. Ich fasste dabei die lange Schutzhaft als Strafmaßnahme auf, was mir auch im Gestapo-Gefängnis von hoher Stelle bestätigt worden war. Nur der zweite Grund mit der erwähnten Veränderung meiner Aussage wurde protokolliert.

Sodann wurde ich mit dem Auto über die Grenze gebracht. Gemäß der von mir gemachten Erklärung nahm ich mir das Recht, sofort in meine Gemeinde zurückzukehren. Am folgenden Tage predigte ich in meinen beiden Gemeinden wieder das Evangelium von Jesus Christus, dass er sei der Herr und dass wir vom Bekenntnis nicht weichen dürfen.[416]

Der von mir nun genommene längere Urlaub, den ich wegen der langen Schutzhaft und wegen meines noch nicht ausgeheilten Beines auch brauchen konnte, ändert nichts an meiner grundsätzlich getroffenen Entscheidung in dem von mir bezeugten und zu bezeugenden Ungehorsam gegen ein unrechtes Gebot der Menschen. Ohne Rechtsgrund greift die Ausweisung erheblich in das Leben von Kirche und Gemeinde hinein. Sie reißt Pfarrer und Gemeinde auseinander, die vor Gott feierlich zueinander gewiesen sind. Auch für diese Zueinanderweisung gilt das Wort der Heiligen Schrift: »Was Gott zusammengefügt hat, das soll der Mensch nicht scheiden«[417], ebenso wie für den christlichen Ehestand. Gemeinden und Pfarrer sind hier darum gehalten, dem unrechten Verlangen und Gebot obrigkeitlicher Personen zu widerstreben, zumal ein solcher ohne Rechtsgrund gemachter Eingriff in Freiheit und Selbstständigkeit des kirchlichen Lebens den feierlichen

---

416 Hebräer 4,14; 10,23; 10,39.
417 Matthäus 19,6.

Versicherungen der höchsten obrigkeitlichen Personen des Deutschen Reiches widerspricht.[418]

Die gemachten Strafandrohungen von Geldstrafen oder Haft und neuer Schutzhaft können mich nicht schrecken. Gott kann mich wohl davon erretten, wenn er will, durch Einsicht obrigkeitlicher Stellen oder auf sonst eine Weise. Mögen die Strafen auch angewandt werden, so weiß ich doch, dass Gott Gericht und Gerechtigkeit schaffen wird allen, die Unrecht leiden, und dass er auch richten wird zwischen meiner Obrigkeit und mir an seinem Gerichtstage über den schuldigen Gehorsam nach Gottes Wort, Römer 13,1[419], welches Wort man mir bei meiner Ausweisung vorgehalten hat, und über den gebotenen Ungehorsam nach Gottes Wort Apostelgeschichte 5,29: »Man muss Gott mehr gehorchen denn den Menschen«, auf welches Wort ich mich auch bei Ablehnung meiner Ausweisung berufen habe.

Ich darf nun auf einige Punkte hinweisen, die zwar meine getroffene Entscheidung nicht maßgeblich begründen, die aber schon von äußerem Interesse der Kirche und aus Gesichtspunkten staatspolitischer Klugheit beachtenswert erscheinen. Meine Gemeinden sind bereits seit 20. März, also ein halbes Jahr, ohne geregelte Seelsorge, die christliche Unterweisung der Jugend liegt vollkommen brach. Es besteht ferner die Gefahr, dass bei einer etwaigen Befolgung der Ausweisung meine Pfarrgemeinde als öffentlich-rechtliche Pfarrstelle überhaupt nicht mehr ordnungsgemäß besetzt werde, nachdem schon viele kleine Pfarrstellen eingespart sind.

---

418 P. S. denkt wohl besonders an Hitlers Bekenntnisse zum Christentum und zur freien Selbstständigkeit der Kirchen im Februar und März 1933 (vgl. Klaus Scholder: Die Kirchen und das Dritte Reich, Bd. I, S. 277ff). Aber auch an den Artikel 1 des Vertrages der Ev. Landeskirchen mit dem Freistaat Preußen: »Der Freiheit, den evangelischen Glauben zu bekennen und auszuüben, wird der Preußische Staat den gesetzlichen Schutz gewähren.«

419 Römer 13,1: »Jedermann sei untertan der Obrigkeit, die Gewalt über ihn hat. Denn es ist keine Obrigkeit außer von Gott; wo aber Obrigkeit ist, die ist von Gott angeordnet.«

Meine 6 Kinder sehen in Dickenschied ihre Heimat, wie ich selber auch, der ich auch geborener Hunsrücker bin. Zum Zeichen der Verbundenheit mit der Gemeinde habe ich mir in Dickenschied einen eigenen Garten erworben.

Durch die lange Schutzhaft im Gefängnis unter Gefängnisordnung mit verschärften Bedingungen ist meine Ehre als deutscher Staatsbürger, als Mensch, als Christ, als evangelischer Pfarrer, als früherer Offizier und Kriegsteilnehmer, der 3 1/2 Jahre an der Front war, genügend geschändet. Eine weitere Verfolgung meiner Person und weitere Bedrängnis der Gemeinden, die an ihrem rechtmäßigen Pfarrer festzuhalten gewillt sind, würde von allen gut und rechtlich gesinnten Leuten der Gemeinde, würde vor allem von allen ernsthaften Christen der Gemeinden nicht verstanden werden und zu großer Vertraueneinbuße in die Gerechtigkeit der derzeitigen Staatsführung Ursache geben. Das Geschrei der ganz wenigen Gegner des bekenntnischristlichen Lebens in der Gemeinde, die sich als offenbare Zerstörer kirchlichen Lebens überhaupt, z. T. seit Langem, erwiesen haben und das Presbyterium zur Abwehr mit der gebotenen und im Bekenntnis verankerten kirchlichen Zucht nötigten, ist dagegen nicht aufzuwiegen.

Endlich will ich auch noch auf ein Letztes hinweisen, indem ich hoffe, dass die Stimme der christlichen Gemeinde noch das Ohr der Obrigkeit findet: Meine beiden Gemeinden haben mich durch ihre ordentlich bestellten Presbyterien ausdrücklich schriftlich aufgefordert, zurückzukehren und mein Amt weiter zu versehen. Damit lehne ich die Ausweisung nicht mehr nur aus meinem eigenen in Gott gebundenen Gewissen heraus ab, sondern meine Presbyterien und Gemeinden nehmen die schwere Last und Verantwortung des Ungehorsams gegen ein obrigkeitliches Gebot aus Gehorsam gegen den Herrn der Kirche, der doch zugleich auch der Herr der Obrigkeit ist[420], auch auf sich.

---

420 Vgl. These 2 der Barmer Erklärung: »Wir verwerfen die falsche Lehre, als gebe es Bereiche unseres Lebens, in denen wir nicht Jesus Christus, sondern anderen Herren zu eigen wären. ...« Auch in der

Ich befehle hiermit meine Sache dem Gerichte Gottes, dem Obrigkeit und Kirche für das ihnen beiden von Ihm verliehene Amt Rechenschaft schulden, der jener das weltliche Schwert der Strafe der Bösen und zum Schutze der Frommen,[421] dieser aber das geistliche Schwert seines heiligen und ewigen Wortes[422] gegeben hat, bis dass Gottes Reich in ewiger und vollkommener Gerechtigkeit kommt, da unser Herr und Heiland Jesus Christus selber Priester und König zugleich sein wird.[423] Bis dahin halten wir es damit: ›Gebet dem Kaiser, was des Kaisers, und Gott, was Gottes ist.‹«[424]

Am 28. September schreibt er den letzten Brief an meine Mutter: *»... Bis Freitag bleibt Gretel mit den Kleinen bei mir. Am Sonntag zum Erntedankfest denke unserer Rückkehr, zu der wir eben einen stärkenden Bruderbrief von Oskar Reif in Veldenz erhielten. Wenn nicht die Kirchenleitung eine ausdrückliche Weisung gegen die Rückkehr gibt, müssen wir also wieder ins Treffen. Wir wollen mit Freuden und in Gehorsam gehen. Gott sitzt im Regimente.[425] ›Wer Gott fürchtet, der hat eine sichere Zuflucht, und seine Kinder werden auch beschirmt‹[426], des wollen wir uns trösten. – E. Weber kommt in dieser Woche aus dem Urlaub zurück. Die Kollekte vom letzten Sonntag sollte hier am Sonntagabend beschlagnahmt werden. Ich hatte sie aber nicht mehr in Händen und verweigerte weitere Auskunft. Bis jetzt blieb es darauf still.«* (Später hat das Sondergericht Frankfurt das Verfahren in dieser Sache eingestellt.) – *»Nun sorgt*

fünften These wird daran erinnert, dass der Staat seine Aufgabe »nach göttlicher Anordnung« habe.

421 Römer 13,4.

422 Hebräer 4,12; Epheser 6,17.

423 Als Hoherpriester wird Jesus besonders im Hebräerbrief bezeichnet (Hebräer 2,17; 4,14; 5,5.6; 6,20; 10,21). Als der »König aller Könige und Herr aller Herren, der allein Unsterblichkeit hat«, wird Jesus Christus z.B. in 1. Timotheus 6,15.16 bezeichnet.

424 Matthäus 22,21.

425 Aus »Befiehl du deine Wege« (Paul Gerhardt), EG 361,7.

426 Sprüche 14,26.

Euch bitte nicht, was auch kommt. Betet nur im Glauben des gegenwärtigen und kommenden Herrn und seines allmächtigen Tuns… In herzlicher Liebe und Dankbarkeit bleibe ich frei oder gefangen.

Dein Sohn Paul«

In den letzten Tagen in Eschbach erhielt Paul folgendes Schreiben des Rheinischen Rates:

»Evangelische Bekenntnissynode im Rheinland
Düsseldorf, den 28. September 1937
Lieber Bruder Schneider!

Da Bruder Humburg zur Zeit abwesend ist, hat mich der Rat beauftragt, Ihren an den Präses gerichteten Brief zu beantworten, und zwar unter Berufung auf den Beschluss der Augsburger Bekenntnissynode (Juni 1935). Wir möchten Ihnen dieses Wort ausdrücklich für Ihren Weg bezeugt haben.

Im Ringen der Bekennenden Kirche um die Freiheit der Verkündigung des Evangeliums häufen sich die Fälle, in denen den Predigern die öffentliche Ausübung ihres Amtes auf mancherlei Weise verwehrt wird. Das bedeutet für sie und für ihre Gemeinde eine Anfechtung, in der sie nach einem wegweisenden Wort der Kirche fragen, weil sie mit uns allen unter dem Befehl des Herrn der Kirche stehen, der uns gebietet, seine Botschaft bis zur letzten Möglichkeit auszurichten. Obwohl die Entscheidungen, die hier gefällt werden müssen, zunächst an die Einzelnen herangetreten sind, wird es immer deutlicher, dass in diesen Vorgängen die gesamte Kirche zur Verantwortung aufgerufen ist. Die Synode bekennt sich ausdrücklich zu dieser Verantwortung als ihrer eigenen.

Es ist ihr zur Zeit nicht gegeben, den betroffenen Predigern und Gemeinden eine allgemein gültige bindende Weisung für ihr Verhalten zu geben, weil trotz der großen Zahl gleich und ähnlich gelagerter Vorgänge nicht allgemein gesagt werden kann, wo im Einzelnen der Punkt erreicht ist, an dem das

Wort in Kraft tritt: ›Man muss Gott mehr gehorchen als den Menschen.‹[427] Diese Entscheidung zu vollziehen, vermögen wir dem einzelnen Gewissen nicht abzunehmen.

In der gemeinsamen Verantwortung wissen wir uns aber mit den betroffenen Brüdern und Gemeinden unter die gleiche Leitung des Wortes und Geistes Gottes gestellt. Darum geben wir ihnen zu bedenken, dass nicht unsere eigenen menschlichen Befürchtungen oder Hoffnungen, auch nicht irgendwelche von außen kommenden Drohungen oder Lockungen für ihre Entscheidung bestimmend sein dürfen, und bitten sie, sich in allen solchen Versuchungen Gott und dem Wort seiner Gnade anzubefehlen.

Gottes Wort ist uns zur Verkündigung aufgetragen; das macht die Verantwortung so groß. Gottes Wort will uns aber auch mit seiner Kraft zugleich selber tragen bis hinein in die Einsamkeit der letzten persönlichen Entscheidung. Im Gehorsam des Glaubens sollen wir der rechtfertigenden Gnade und Führung unseres Herrn gewiss sein. Wer sich in seiner Entscheidung auf sie verlässt, tut recht.

Er soll wissen, dass er damit in der Gemeinschaft der Bekennenden Kirche steht, die ihn als Glied an dem einen Leibe Jesu Christi mit ihrer Fürbitte trägt und ihm mit ihrem brüderlichen Rate dient. Wir verweisen deshalb alle Angefochtenen auf die Glaubensstärkung und Gewissenshilfe, die ihnen aus der seelsorgerlichen Aussprache erwachsen soll. Hierbei haben sich Gemeinde, Bruderrat und kirchliche Führung in ihrem Auftrag zu bewähren und zu bezeugen, dass die Bekennende Kirche ihre Verantwortung zu tragen bereit ist. ›Gott ist getreu, der euch nicht lässt versuchen über euer Vermögen, sondern macht, dass die Versuchung so ein Ende gewinne, dass ihr es könnt ertragen!‹[428]

Lieber Bruder Schneider! Es scheint uns nicht so, als ob in absehbarer Zeit eine Zusammenkunft der Ausgewiesenen

427 Apostelgeschichte 5,29.
428 1. Korinther 10,13.

zustande kommen könnte. Wir sind deswegen auch nicht in der Lage, Sie um eine Verschiebung Ihres Vorhabens zu bitten unter Berufung auf diese in Aussicht genommene Konferenz. Was Sie Ihrerseits tun können, ›um alle Gerechtigkeit zu erfüllen‹[429], erscheint uns auch gut und recht. Es ist uns klar, dass wir zu Ihrer Entscheidung nicht Nein sagen können. Ebenso klar ist uns aber auch, dass es sich bei dem Ja Ihrer Entscheidung nicht um das Befolgen einer kirchenregimentlichen Anweisung handeln kann, sondern nur um die Gewissheit des Gehorsams gegenüber dem Befehl des Herrn selbst. Darum kann hier weder etwas befohlen noch etwas verboten werden.

Wir befehlen Sie, lieber Bruder Schneider, Gott und dem Wort Seiner Gnade, in der Gewissheit, dass jeder von uns seinem Herrn steht oder fällt.

›Denn unser keiner lebt sich selber, und keiner stirbt sich selber. Leben wir, so leben wir dem Herrn, sterben wir, so sterben wir dem Herrn. Darum, wir leben oder sterben, so sind wir des Herrn.‹[430]

Mit herzlichen brüderlichen Grüßen im Namen und Auftrag des Rates[431].

Ihr Beckmann«

Der von Pfarrer Joachim Beckmann im Auftrag der »Evangelischen Bekenntnissynode im Rheinland« verfasste Brief enthält zu neun Zehntel seines Umfangs nur das korrekte Zitat dessen, was die dritte Reichs-Bekenntnissynode in Augsburg (4. bis 6. Juni 1935) als Erklärung verabschiedet hatte.[432] Dass die Leitung der BK sich in seinem Fall ganz an die in Augsburg beschlossene Linie hielt und ihm nicht die Rückkehr nach Dickenschied und Womrath als Kirchenleitung gebot, das hat

429 Matthäus 3,15.
430 Römer 14,7.8.
431 Bruderrat der BK im Rheinland.
432 Vgl. Beckmann: Kirchliches Jahrbuch 1933–1934, S. 98.

P. S. enttäuscht. Denn er fürchtete, dass die Leitung der BK dann auch nicht wirklich für die Folgen seines Schrittes einstehen würde. *»Jetzt warte ich nur darauf, dass auch unsere Kirchenleitung noch einmal sehr vernehmlich und nicht so gewunden wie in Augsburg zur Frage der Ausweisung spricht«*, schreibt er am 7. November 1937 aus dem Gefängnis.

Die Augsburger Reichs-Bekenntnissynode, bei der vor allem die »intakten Kirchen« Bayern, Württemberg und Hannover den Ton angaben und von der Karl Barth, der Verfasser der Barmer Thesen, ausgeladen worden war, hat bei vielen Vertretern der BK der »Dahlemer Richtung« wegen ihres »Leisetretens« im Blick auf den Staat Befremden ausgelöst. Das Augsburger »Jein« der BK in der Frage, ob eine vom Staat ohne Rechtsgrund verordnete Ausweisung angenommen werden dürfe, hat P. S. im Gefängnis noch sehr zu schaffen gemacht.[433]

Am 1. Oktober fahren wir miteinander von Eschbach ab. In Frankfurt trennen sich unsere Wege. Paul kommt in der Nacht in Kirn an. Ich lasse nun unseren lieben Bruder Mettel[434] erzählen: »Als Junggeselle habe ich die Untugend, häufig zu nachtwächtern. Da steht mir ganz lebendig eine Erinnerung an Pfarrer Schneider vor der Seele, durch die ich tief beeindruckt wurde ... Es war eine Nacht von Freitag auf Samstag,

433 P. Dieterich hat viel später, am 7. Februar 1980, Präses Joachim Beckmann gefragt: »Konnte der Bruderrat der BK sich nicht eindeutiger hinter die Entscheidung P. S.s stellen? Konnte er seinen Schritt des Widerstandes nicht mit einer klaren kirchenleitenden Anweisung sich zu eigen machen?« Beckmann beteuerte: »Nein, so sehr uns die Sache bewegt hat, wir konnten es nicht. Wir konnten nicht einen Vater von sechs Kindern durch unsere Anweisung in das KZ schicken.« Am 14. Februar 1982 stellte P. Dieterich dem Bischof von Berlin, Kurt Scharf, der damals dem Reichsbruderrat angehört hat, die gleiche Frage. Scharf antwortete wie Beckmann: »Wir konnten es nicht.« Wenn Bischof Wolfgang Huber in seinem Vorwort zu unserer Neuauflage des »Predigers von Buchenwald« schreibt: »Damals und heute macht sein Handeln mitunter ratlos«, so erinnert das an jene tiefe Ratlosigkeit, in die P. S.s Entscheidung die Leiter der BK versetzt hat.

434 Stadtmissionar in Kirn.

halb zwei Uhr, und ich will mich gerade entschließen, mein Lager aufzusuchen, da klopft es an mein Fenster. Ich eile zur Haustür und öffne, und Pfarrer Schneider streckt mir zu meinem Erstaunen und meiner großen Freude die Hand entgegen. ›Onkel Mettel, haben Sie noch ein Plätzchen, wo ich noch für wenige Stunden rasten kann?‹, richtet er nach brüderlicher Begrüßung die Frage an mich. Ich bereite noch schnell einen Kaffee, und dann geht's ans Ausfragen: ›Woher und wohin?‹ – Er hatte Gelegenheit, nach seiner Koblenzer Haft nach Hause zu kommen, und will trotz seiner Ausweisung aus dem Rheinland Sonntag in Womrath und Dickenschied predigen. – ›Ist das nötig, sich so in Gefahr zu begeben?‹ So meine Frage! Statt einer Antwort schlägt Pfarrer Schneider seine Taschenbibel auf und liest mit einem Tonfall, den ich nicht wiedergeben könnte: ›Ich bin der gute Hirte‹[435] (dabei weist er von sich weg in die Höhe, man merkt ihm seine unbedingte Gebundenheit an Ihn ab). ›Der gute Hirte lässt sein Leben für die Schafe. Der Mietling aber, der nicht Hirte ist, des die Schafe nicht eigen sind, sieht den Wolf kommen und verlässt die Schafe und flieht. Und der Wolf erhascht und zerstreut die Schafe. Der Mietling aber flieht; denn er ist ein Mietling und achtet der Schafe nicht. Ich (und wieder der bedeutungsvolle Fingerzeig aufwärts) bin der gute Hirte.‹ – Nach langem Schweigen sage ich innerlich gepackt: ›Dann gehen Sie in Seinem Namen.‹ Und nach gemeinsamem Gebet gehen wir zur Ruhe …«

Am andern Abend führt der Kirner Geschäftsmann Werner, ein Glied der BK, Paul auf unsere Höhe hinauf. Wie gerne hätten wir dem Heimkommenden eine Rast gegönnt! – ihn wenigstens einige Tage daheim »versteckt« –, aber sein Sinn ist auf das Erntedankfest gerichtet. Ein erquickendes Bad, dann schläft er gut und freut sich morgens seiner um ihn krabbelnden Kinder! Der Vormittag ist still, der Gottesdienst ist erst auf den Mittag angesetzt. Der größte Teil

435 Johannes 10,11.14.

der Gemeinde freut sich, den eigenen Pfarrer so überraschend seines Amtes walten zu sehen. Ein jüngerer BK-Bruder spricht zuerst ein kurzes Segenswort ... »Nun befehlen wir Dich Gott und dem Wort seiner Gnade.« – Paul predigt über die Perikope Psalm 145,15-21[436]. Die Schlusssätze der Predigt lauten: *»Erntedankfest! Wir rühmen den Reichtum der Güte Gottes in seinen Gaben. Wir rühmen die Gerechtigkeit und Heiligkeit seines Waltens. Was soll denn nun unser Dank sein? Das sagt uns der letzte Vers unseres Textes: ›Mein Mund soll des Herren Lob sagen.‹ Nicht der Mund eines andern, etwa nur deines Pfarrers, sondern dein Mund soll deinen Gott als den Vater unseres Herrn Jesu Christi bekennen, hier und in und vor der Gemeinde, aber ebenso auch draußen vor der Welt und der Öffentlichkeit, vor denen, die es hören wollen, und denen, die es nicht hören wollen, vor Volk und Staat und Obrigkeit: ›Alles Fleisch lobe seinen heiligen Namen immer und ewiglich‹, das bedeutet, dass Gottes Lob und Ehre nicht im Winkel bleiben darf. Wenn darum unser Weg, liebe Gemeinde, heute so angefochten ist, wie es denn offenbar ist, weil man von eurem Festhalten und Bekennen rundum spricht, weil man das Lob und Bekenntnis des Herrn und seiner Kirche so nicht haben will, so soll uns das eine Ehre sein und eine Ermunterung, fortzufahren auf dem Wege der ihren Herrn laut bekennenden Kirche. Das sei unser Erntedank. Kommt, schließt die Reihen!*

Ich sing in Ewigkeit von des Erbarmers Huld.
Er liebet treu sein Volk, vergibt und hat Geduld.
Mein Mund soll seine Treu und Wahrheit laut verkünden,

---

436 In diesem Predigttext heißt es u.a.: »Aller Augen warten auf dich, und du gibst ihnen ihre Speise zur rechten Zeit. Du tust deine Hand auf und sättigst alles, was lebt, nach deinem Wohlgefallen. Der Herr ist gerecht in allen seinen Wegen und gnädig in allen seinen Werken. Der Herr ist nahe allen, die ihn anrufen, allen, die ihn ernstlich anrufen. ... Mein Mund soll des Herrn Lob verkündigen, und alles Fleisch lobe seinen heiligen Namen immer und ewiglich.«

Dass auch die Enkel Gott, wie wir ihn fanden, finden.
Ja, deine Gnade steigt, sich ewig zu erhöhen,
Und deine Wahrheit bleibt im Himmel feste stehen. Amen.«[437]

Der Singkreis singt – alles ist wie sonst! – Aber ein treuer Mann sieht den Pfarrer nach dem Segen auf der Kanzel stehen, in Schmerz und Liebe seine Gemeinde umfassend, dann aber entrückt – vergeistigt. Es ist ihm eigen zumute. – Zum Nachmittagskaffee haben wir alle Presbyter bei uns. Einige Stunden sind wir in aller Ruhe und auch Fröhlichkeit beieinander. Ehe wir mit den Womrather Presbytern zum Abendgottesdienst ins Filial fahren, steht Paul an den Bettchen seiner Kinder und betet mit ihnen den Abendsegen. – Wir fahren mit dem Auto. Von Weitem sehe ich auf der Waldstraße ein Licht blinken. Ich ahne es: die Polizei. Die Verhaftung geht schnell vorüber – schnell ihm noch seine Bibel und Gesangbuch zugesteckt! Auch in Dickenschied hat die Polizei inzwischen schon nach Paul gefahndet. Er wird vorderhand im Nachbarstädtchen Kirchberg in Gewahrsam genommen. Am andern Morgen bin ich in der Küche seines Kirchberger »Kerkermeisters«. Pauls Zelle ist darüber. Er hört meine Stimme, und nun pfeift er, so laut er kann: »Ein' feste Burg ist unser Gott!«[438] Auf der Treppe stehend – er an der Tür seiner Zelle –, sprechen wir einige Worte … *»Sag's den Gemeinden, ich bin und bleibe der Pfarrer von Dickenschied und Womrath!«*

Aus dem Fensterchen eines gewissen Örtchens winkt er mir beim Abfahren zu. Er war ja so erfinderisch! – Nun schreibt er Briefe an die Kinder, die Presbyter, die nächsten Freunde. Nachmittags machen sich vier Womrather Frauen auf nach Kirchberg, sie wollen endlich ihren Pfarrer wiedersehen. Eine

437 Aus dem Genfer Psalter von Matthias Jorissen, aus: »50 Psalmen nach dem Evang.-reformierten Gesangbuch der Provinz Hannover der Gemeinde dargeboten«; neu hg. als »Kampflieder der Kirche« von Karl Immer, 1935.

438 »Ein feste Burg ist unser Gott, ein gute Wehr und Waffen« (Martin Luther), EG 362.

Sprecherlaubnis bekommen sie natürlich nicht. Die gute Frau des »Kerkermeisters« schiebt sie in einen Holzschuppen, und von da aus können sie sich mit ihrem Pfarrer an jenem Fensterchen mit Winken und Weinen verständigen. Paul schickt ihnen einen Zettel herunter: *»Vielen, vielen Dank, Ihr lieben Frauen und Mädchen! Nun sind wir uns doch schon ein wenig näher! Gott wird es vollends versehen. Ich bin und bleibe Euer Pfarrer. Betet, dass Gott alles zum Guten und Segen kehre für die ganze Gemeinde. Euer Besuch war mir eine große Stärkung und Freude. Freuet Euch in dem Herrn allewege.*[439] *Mit den bösen und verführerischen Menschen wird es je länger, je ärger.*[440] *Wir brauchen ihnen nicht zu zürnen, sie haben ihren Richter. Aber die Gemeinde des Herrn sollen sie nicht zerstören. Gott wird uns noch ein frohes Wiedersehen schenken, ich hoffe es fest. Euer treuer Pfarrer Schneider.«* – Die Fahrt nach Koblenz geht am selben Tage vor sich. Er ist diesmal nur kurz im Stapo-Gebäude. Er wird in eine Zelle des Polizeipräsidiums überführt. Die Unterkunft ist dort wohl auch primitiv, die Zelle 1,15 m breit und 4,50 m lang, aber die Behandlung durch die Polizeiwachtmeister sehr ordentlich. Es ist noch eine Aufwartfrau da, die den Gefangenen aus der Stadt Lebensmittel mitbringt.

Die Presbyterien der Gemeinden stellen sich hinter ihren Pfarrer mit folgender Eingabe:

»Die Presbyterien der Kirchengemeinden Dickenschied – Womrath (über Kirchberg/Hunsrück)
Dickenschied, den 13. Oktober 1937
An den Herrn Reichs- und Preußischen Minister des Innern
Berlin

439 Philipper 4,4.
440 2. Timotheus 3,13.

Unser Pfarrer Schneider hat vor seiner Rückkehr, die auf unsere ausdrückliche Bitte erfolgte, eine Eingabe an die Reichskanzlei gerichtet – Datum vom 30. September. Diese Eingabe ist in Abschrift auch dem Herrn Reichs- und Preußischen Minister des Innern zugegangen.

Herr Pfarrer Schneider ist am Sonntag seiner Rückkehr, den 3. Oktober, abends nach 8 Uhr auf dem Wege in seine Filialgemeinde erneut in Schutzhaft genommen worden. Er wurde zuerst in Polizeigewahrsam nach Kirchberg verbracht. Am Montag wurde er in das Staatspolizeigefängnis in Koblenz, Vogelsang 1, überführt. Weitere Nachrichten fehlen bisher.

In der Zwischenzeit ist von der Reichskanzlei folgende Antwort auf die Eingabe vom 30. September eingegangen:

›RK.[441] 15547 B
Berlin W 8, den 8. Oktober 1937

An Herrn Pfarrer Schneider über Kirchberg (Hunsrück) Dickenschied

Nach der Anschrift haben Sie Ihre Eingabe vom 30. September d. J.s wegen Schutzhaft gleichfalls dem Reichs- und Preußischen Minister des Inneren zugeleitet. Dieser ist für die Angelegenheit in erster Linie zuständig. Ich darf Ihnen anheimstellen, sich gegebenenfalls nochmals an ihn zu wenden.

Im Auftrag Wienstein‹

Wir machen uns die Eingabe unseres Pfarrers vom 30. September vollinhaltlich zu eigen. Wir weisen besonders darauf hin, dass unsere Gemeinden seit März dieses Jahres ohne Pfarrer sind, sich in ihren Gottesdiensten mit Vertretungen der umwohnenden Pfarrer behelfen müssen, die Kranken nicht regelmäßig besucht werden können, die Konfirmanden keinen geregelten Unterricht erhalten usw.

441 Reichskanzlei.

Wir bitten den Herrn Reichs- und Preußischen Minister des Innern, uns unsern Herrn Pfarrer bald zurückgeben zu wollen.

Peter Klos, Jakob Scherer, Heinrich Diener,
Peter Auler, Adolf Müller, Jakob Fuchs«

»Bericht des Presbyteriums der evang.-ref. Gemeinde Dickenschied (Hunsrück)

Unser Pfarrer Paul Schneider ist bekanntlich wieder seit 3. Oktober d. J.s (Erntedankfest) in Schutzhaft in Koblenz. Pfr. Schneider ist seit 1.4.1934 Pfr. unserer Gemeinde und der Gemeinde Womrath. Er hat mit großer Liebe und Begeisterung sein Amt verwaltet. Die Gemeinden sind mit Pfr. Schneider, von wenigen Ausnahmen abgesehen, sehr zufrieden. Wiederholte wahrheitswidrige Anzeigen bei Partei und Behörden von Leuten, die aus persönlicher Gehässigkeit heraus dies taten, haben Pfr. Schneider zum Staatsfeind stempeln sollen. Es ist denselben ja auch so ziemlich geglückt.

Wir vom Presbyterium und mit uns fast die ganze Gemeinde, auch die kath. Gemeinde und die Bevölkerung des ganzen Hunsrück, die Pfr. Schneider kennt, sind der Ansicht, dass er nichts Staatsfeindliches begangen hat, sondern nur für die reine Lehre des Evangeliums jederzeit mutig eingetreten ist. Er hat fast in jedem Gottesdienst für den Führer und seine Mitarbeiter gebetet.

Die Ausweisung aus dem Rheinland, die Pfr. Schneider nach achtwöchiger Schutzhaft im Juni und Juli d. J.s ohne Begründung von der Gestapo erhielt, erkennt er und erkennen auch wir nicht an. Wenn Pfr. Schneider sich nun nach mehrmonatlicher Trennung von Gemeinden und Familie (Frau mit sechs kleinen Kindern) entschlossen hat, wieder seinen Dienst bei uns aufzunehmen, so hat er nichts Unrechtes getan.

Die Gemeinden sind in großer Sorge und Aufregung um das Schicksal ihres treuen Pfarrers und hoffen, dass er bald wieder in seine Gemeinden zurückkehren kann.

Das Presbyterium der evang.-ref. Gemeinde Dickenschied (Hunsrück)

Klos, Diener, Müller«

In Koblenz konnte Paul Schneider eine schriftliche Erklärung abgeben, in der er seine Gründe darlegte, aus denen er diese neuerliche Schutzhaft *ebenso wenig wie die erste* annehmen und anerkennen könne und in der er um Freilassung zu *ungehindertem Dienst* in seinen Gemeinden oder um ein *ordentliches Gerichtsverfahren bat*, in dem die ihm zur Last gelegte Unruhestiftung aufgedeckt werden sollte.

Da Paul dem Briefverkehr über die Stapo nicht mehr recht traut, nimmt er sich die Freiheit, seinen Wäschepaketen, die nur von seinen Polizeiwachtmeistern revidiert werden, »inoffizielle Briefe« versteckt beizulegen, indem er mir den Rat gibt: »Celui qui cherche, aussi trouvera«[442]. – Seinen Kindern zeichnet er Bildchen, die in Schokoladetafeln zu uns gelangen. Vaters Verandaaussicht: der kahl gewordene Kastanienbaum. Die »Veranda« kam so zustande, dass er seine Bank – einen Tisch besaß er nicht[443] – auf seine Pritsche stellte und nun trotz »Scheuklappe« etwas zum Fenster heraussehen konnte. – »Vater auf seinem Verandasitz«: Da sitzt er oben am Fensterchen: *»Der Himmel ist grau und der Baum nicht mehr grün; o Stapo, o lass in die Heimat mich ziehn.«* – *»Gestörte Mittagsruhe«:* Der Wachtmeister schaut durchs vergitterte Fenster der Tür. Der Vater hat es sich auf der Bank in der Ecke gemütlich gemacht. Die ganze »Einrichtung« ist bis ins Kleinste gezeichnet: *»Der Wachtmeister gar grimmig schaut und ist doch eine biedere Haut, er nimmt uns unter seine Hut und meint's mit den Gefangenen gut. ›So, geben Sie die Schüssel her, weil die-*

442 »Wer sucht, der wird auch finden«.

443 Im Untersuchungsgefängnis in Koblenz, so hat es P. S. bei einem Besuch seiner Frau gesagt, war die Behandlung erheblich besser als im Gestapo-Gefängnis, jedoch die »Inneneinrichtung« der Zelle mehr als dürftig, da sie eigentlich nur für kurzzeitigen Aufenthalt vorgesehen war.

◀ **Abb. 1**
Familienbild in Hochelheim nach erfolgtem Umzug; Aufnahme ca. 1911: Gustav Adolf Schneider (*1858) und Elisabeth, geb. Schnorr (*1863) mit ihren drei Söhnen v. l. n. r.: Paul (*1897), Adolf (*1891), Hans (*1901)

Abb. 2 ▶
Paul Schneider 1918 als Leutnant bei der Artillerie in Frankreich mit seinem Pferd »Liesel«

▲ **Abb. 3**
Der Student Paul Schneider in Gießen 1919 als Mitglied der Gießener Studentenverbindung »Wingolf«; 1. v. l., sitzend, mit Pfeife als »Fux« (Erstsemester)

◀ **Abb. 4**
Paul Schneider im Wintersemester 1920/21 in Marburg mit der weißen Mütze des Marburger Wingolf

▲ **Abb. 5**
Verlobung mit Margarete Dieterich (*1904), genannt »Gretel«, am 22. Oktober 1922 in Weilheim/Tübingen

▲ **Abb. 6**
Predigerseminar der Evang. Kirche der altpreußischen Union in Soest, Seminarkursus 1923; hintere Reihe 2. v. l.: Paul Schneider

▲ Abb. 7
Hochzeit Paul Schneiders mit Margarete Dieterich am 12. August 1926 in Weilheim/Tübingen; r. neben Paul Schneider: Schwiegervater Pfarrer Karl Dieterich (*1856), l. neben der Braut deren Mutter: Marie, geb. Rüdiger (*1864)

▲ Abb. 8
Kirchliche Trauung durch Pfarrer Paul Schneider in der Kirche von Dornholzhausen: Die Braut trägt die besondere Hochzeitstracht mit Brautkrone

◀ **Abb. 9**
Kirche in Hochelheim (heute Hüttenberg) bei Wetzlar

▼ **Abb. 10**
Landesweit angeordneter »Feldgottesdienst« am 1. Mai 1933 in Hochelheim, gehalten von der Treppe der Schule aus; einziges Foto Schneiders mit Hakenkreuzfahnen, da er sich bald danach von seiner anfänglich optimistischen Hoffnung auf den neuen Staat distanziert und sich ihm kritisch gegenüberstellt

▲ Abb. 11
Paul Schneider mit Hochelheimern und Dornholzhausenern vom Christlichen Verein Junger Männer (CVJM) auf dem Loreley-Felsen am Rhein 1932

◀ Abb. 12
Abschiedsbild der Familie Schneider im Garten des Pfarrhauses von Hochelheim vor der Versetzung nach Dickenschied im April 1934; Kinder v. l. n. r.: Dietrich (*1927), Paul Hermann (*1930), Eva-Maria (*1929); auf dem Arm: Gerhard (*1933)

Abb. 13 ▶
Evangelische Kirche in Dickenschied/Hunsrück

Abb. 14 ▼
In der Womrather Kirche fand am 8. Mai 1934 die Amtseinführung Paul Schneiders als Pfarrer von Dickenschied und Womrath statt

▲ **Abb. 15**
Besuch der Frauenhilfen von Hochelheim und Dornholzhausen in Dickenschied 1934; 2. v. r.: Margarete Schneider, zwischen den Autos Gesicht halb verdeckt: Pfarrer Schneider

▲ **Abb. 16**
Ausflug mit den Frauenhilfen von Dickenschied und Womrath nach Veldenz 1935; 2. v. l., stehend: Margarete Schneider, vorn sitzend bei den Kindern: Paul Schneider

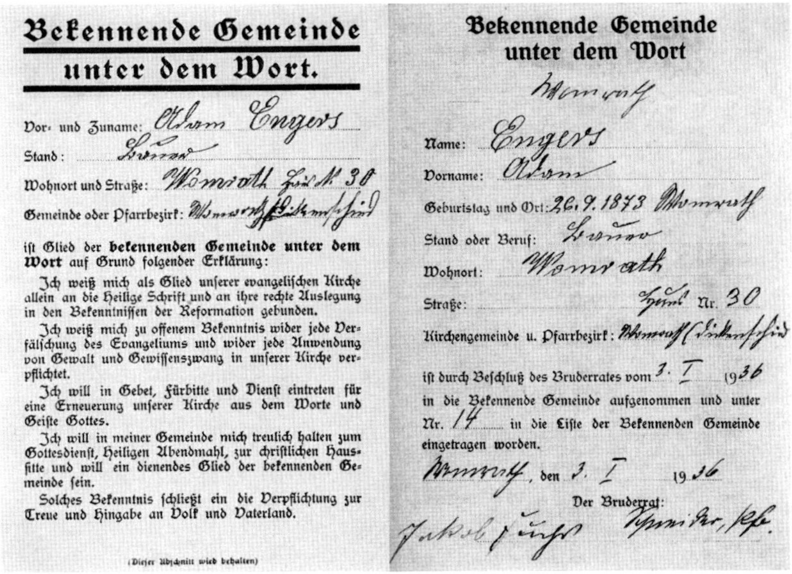

Bekennende Gemeinde unter dem Wort.

Vor- und Zuname: Adam Engers

Stand: Bauer

Wohnort und Straße: Womrath Haus Nr 30

Gemeinde oder Pfarrbezirk: Womrath/Dickenschied

ist Glied der **bekennenden Gemeinde unter dem Wort** auf Grund folgender Erklärung:

Ich weiß mich als Glied unserer evangelischen Kirche allein an die Heilige Schrift und an ihre rechte Auslegung in den Bekenntnissen der Reformation gebunden.

Ich weiß mich zu offenem Bekenntnis wider jede Verfälschung des Evangeliums und wider jede Anwendung von Gewalt und Gewissenszwang in unserer Kirche verpflichtet.

Ich will in Gebet, Fürbitte und Dienst eintreten für eine Erneuerung unserer Kirche aus dem Worte und Geiste Gottes.

Ich will in meiner Gemeinde mich treulich halten zum Gottesdienst, Heiligen Abendmahl, zur christlichen Haussitte und will ein dienendes Glied der bekennenden Gemeinde sein.

Solches Bekenntnis schließt ein die Verpflichtung zur Treue und Hingabe an Volk und Vaterland.

(Dieser Abschnitt wird behalten)

Bekennende Gemeinde unter dem Wort

Womrath

Name: Engers

Vorname: Adam

Geburtstag und Ort: 26.9.1873 Womrath

Stand oder Beruf: Bauer

Wohnort: Womrath

Straße: Haus Nr. 30

Kirchengemeinde u. Pfarrbezirk: Womrath (Dickenschied)

ist durch Beschluß des Bruderrates vom 3. I 1936 in die Bekennende Gemeinde aufgenommen und unter Nr. 14 in die Liste der Bekennenden Gemeinde eingetragen worden.

Womrath, den 3. I 1936

Der Bruderrat:

Jakob Fuchs Schneider, Pfr.

▲ **Abb. 17**
Ausweis eines Mitgliedes der Bekennenden Kirche aus Womrath von 1936

Abb. 18 ▶
Das »Bekenntnisschwein« beim Schlachtfest im Frühjahr 1935: Paul Schneider mit Tochter Eva-Maria; wegen Gehaltssperre des Pfarrers 1934 haben die Gemeindeglieder von Dickenschied und Womrath die große Pfarrfamilie reichlich mit Naturalien versorgt

Abb. 19 ▶
Während der 3. und 4. Haftzeit sitzt Pfarrer Schneider in Koblenz. Neben den offiziellen Briefen während der 4. Haftzeit gelingt es ihm, illegale Briefe an seine Frau in den Wäschepaketen zu verstecken. Er zeichnet für seine Kinder Bilder vom Zellenleben und schiebt sie in Schokoladentafeln hinein, die man ihm für die Kinder besorgt hatte. Für Tochter Eva-Maria malt er am 28. Oktober 1937 einen Kastanienbaum, den Paul Schneider als Einziges aus seinem Zellenfenster heraus sieht. Er wird ihm mit dem Abfallen der Blätter und den wachsenden neuen Knospen zum Sinnbild der Bekennenden Kirche

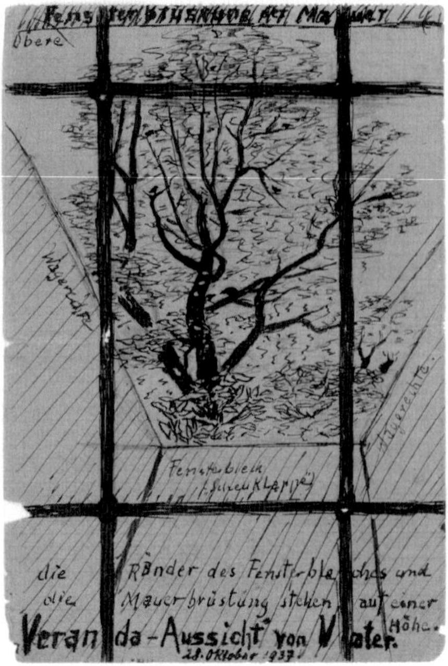

◀ Abb. 20
Seinen Kindern versucht Paul Schneider die Schwere seiner Situation zu verharmlosen: »Gestörte Mittagsruhe«, Bild für Gerhard am 5. November 1937 gezeichnet

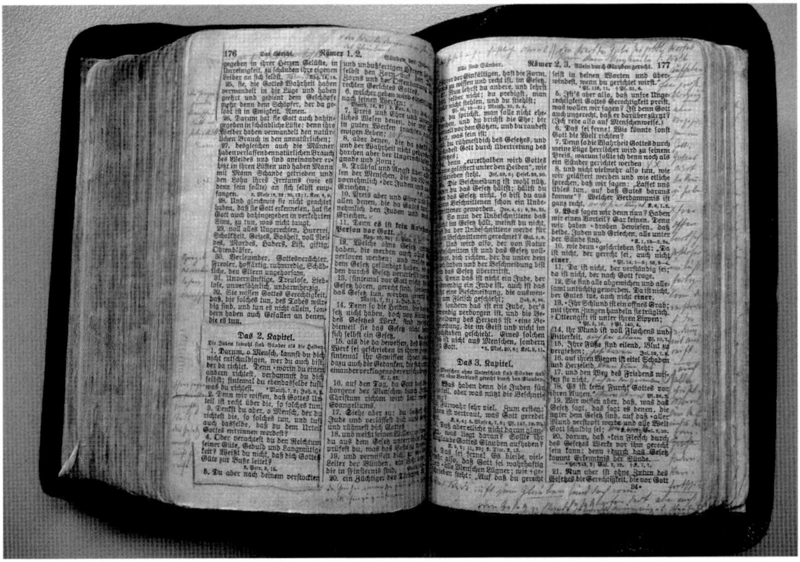

▲ **Abb. 21**
In der 4. Haftzeit durfte Pfarrer Schneider seine Bibel behalten. Er studiert sie, beschreibt die Ränder mit aktuellen Gedanken und lernt Teile auswendig; vor dem Abtransport ins KZ Buchenwald muss er seine Bibel an seine Frau zurückgeben.

▲ **Abb. 22**
Bau von Lagerbaracken durch Häftlinge im entstehenden KZ Buchenwald 1937

▲ **Abb. 23**
Paul Schneider ist dem Baukommando zugeteilt worden: beim Straßenbau im Bereich der SS-Führerhäuser und beim Bau der Villa des Lagerkommandanten Karl Koch und seiner Frau Ilse

▲ **Abb. 24**
Familienbild für Vater im KZ zu Weihnachten 1937: Kinder v. l. n. r.: Eva-Maria, Karl-Adolf (*1935), Gerhard, Paul-Hermann und Dieter, Ernst (*1937) auf dem Arm von Margarete Schneider; Paul Schneider hat dieses Bild und andere Briefeinlagen nicht erhalten

▲ Abb. 25
Straßenbau im Kommandanturbereich zum Haupttorgebäude hin, später von den Häftlingen »Carachoweg« genannt (SS-Foto Frühjahr 1938); solche mit Steinen voll beladenen Loren mussten von den Häftlingen gezogen werden, so auch von Paul Schneider

▲ Abb. 26
KZ Buchenwald: Torgebäude vom Appellplatz aus gesehen; rechter Flügel des Torgebäudes der Arrestzellentrakt, sog. »Bunker«; aus den damals noch nicht mit Blenden versehenen und unverglasten Fenstern predigte und rief Pfarrer Schneider aus seiner Zelle (4. v. l. mit Sichtblende versehenes Fenster)

Abb. 27 ▶
Der Arrestzellenbau (Innenaufnahme); hinter der Gittertür links befindet sich das Zimmer des SS-Bewachers, der dort auch schläft; rechts hinter der Gittertür liegt der einzige Ein- und Ausgang des Arrestzellenbaus nur vom SS-Bereich her

◀ Abb. 28
Zelle im Arrestzellenbau (baugleich Paul Schneiders Zelle 1,38 x 2,40 m); die einfache Holzpritsche war an der Wand angeschlossen und wurde je nach Laune des SS-Mannes zum Schlafen heruntergeklappt; die Häftlinge durften sich tagsüber nicht hinsetzen, sondern mussten je nach Strafmaß in der Zelle stillstehen mit Blick zur Tür, damit sie durch das Guckloch beobachtet werden konnten. (Aufnahme nach der Sanierung des Arrestzellenbaues von 1996)

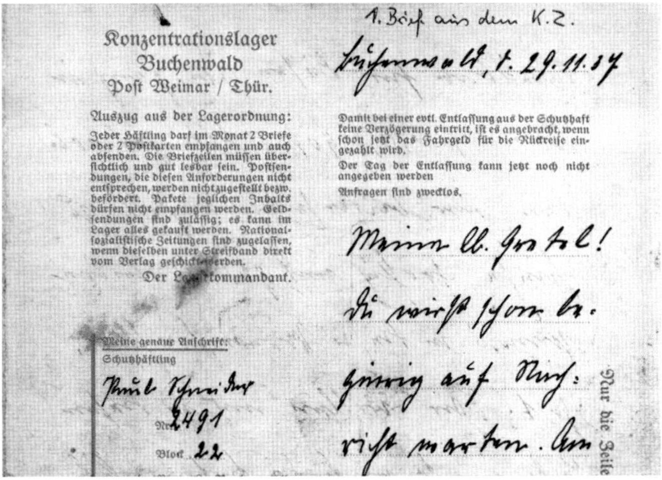

1. Brief aus dem K.Z.

Konzentrationslager
Buchenwald
Post Weimar / Thür.

Buchenwald, d. 29.11.37

Auszug aus der Lagerordnung:

Jeder Häftling darf im Monat 2 Briefe oder 2 Postkarten empfangen und auch absenden. Die Briefzeilen müssen übersichtlich und gut lesbar sein. Postsendungen, die diesen Anforderungen nicht entsprechen, werden nicht zugestellt bezw. befördert. Pakete jeglichen Inhalts dürfen nicht empfangen werden. Geldsendungen sind zulässig; es kann im Lager alles gekauft werden. Nationalsozialistische Zeitungen sind zugelassen, wenn dieselben unter Streifband direkt vom Verlag geschickt werden.

Der Lagerkommandant.

Damit bei einer evtl. Entlassung aus der Schutzhaft keine Verzögerung eintritt, ist es angebracht, wenn schon jetzt das Fahrgeld für die Rückreise eingezahlt wird.

Der Tag der Entlassung kann jetzt noch nicht angegeben werden

Anfragen sind zwecklos.

Meine lb. Gretel!
Du wirst schon be-
gierig auf Nach-
richt warten. Am

Meine genaue Anschrift:
Schutzhäftling
Paul Schneider
Nr. 2491
Block 22

Nur die Zeile

▲ Abb. 29
Briefkopf des 1. Briefes von Paul Schneider nach seiner Einlieferung in's KZ auf dem vorgeschriebenen Briefformular, auf dem aller Text und die markierten Zeilen rot aufgedruckt waren.
Paul Schneider begann seinen Brief: »Meine liebe Gretel! Du wirst schon begierig auf Nachricht warten. Am« und schrieb auf der unteren Hälfte weiter: »Samstag Morgen kamen wir schon hier an. Nun ist der erste Einstand getan, der wie aller Anfang schwer ist. Die Einsamkeit der Zelle ist jetzt gründlich zu Ende, ...« (vgl. S. 341)

Abb. 30 ▶
Die Presbyter Diener, Fuchs, Müller, Auler und Scherer aus Dickenschied und Womrath tragen ihren toten Pfarrer am 21. Juli 1939 im siebenfach versiegelten Sarg zu Grabe

◀ Abb. 31
Margarete Schneider spricht nach einem ZDF Gedenk-Gottesdienst am 24. August 1997 zum 100. Geburtstag Pfarrer Schneiders zur anwesenden Gemeinde im Evang. Gemeindezentrum »Paul Schneider« in Weimar; sie hält einen Originalbrief ihres Mannes aus dem KZ Buchenwald und eine Lupe in den Händen

▲ Abb. 32
Friedhof Dickenschied mit den beiden Gräbern von Paul Schneider und Margarete Schneider, geb. Dieterich, verstorben am 27. Dezember 2002, kurz vor ihrem 99. Geburtstag ... (Aufnahme August 2008)

se noch zu spülen wär', und machen Sie sich fertig dann, dass man spazieren gehen kann‹[444]*.«* – *»Ungestörtes Studium«*: Der Vater sitzt auf der Bank, die Bibel auf den Knien, die Füße an die gegenüberliegende Wand gestemmt. *»Eng ist's in der Zelle, doch die Schrift ist weit, ins teure Wort gebunden hat Gott die Ewigkeit.«* – Einmal bekomme ich eine Dreiviertelstunde Sprecherlaubnis. Die Wiedersehensfreude trägt uns, es ist viel zu berichten.

444 Siehe Foto Nr. 20.

Gefängnisbriefe aus Koblenz in der Zeit vom 3. Oktober bis 24. November 1937

Kirchberg, 3. Oktober 1937 ... Womrath hatte es gestern auf sich. Die Polizisten hatten noch gar nicht lange gewartet. Vielen Dank für das Nachtzeug. Nun hast Du leider wieder allerhand Sorgen. Grüße die lieben Gemeinden am nächsten Sonntag. Hoffentlich haben sich die Womrather gestern selber noch einen Gottesdienst gehalten. Das wird, scheint es, heut von Gott von ihnen erwartet, dass sie das können. Es ist mir ja sehr leid, dass wir nicht hinkamen. Wenn wir es ja auch zu vertrauensselig angestellt haben, Gott hätte ja eine Viertelstunde Verspätung der Polizei schenken oder uns die Verspätung ersparen können. So wollen wir es im Glauben von Gott als gut nehmen, wie es kam. Vielleicht kann man meine Verantwortung der Gemeinde vorlesen. Kommt in den Häusern und in der Kirche zusammen mit Gebet und Gottes Wort. Betet für die Obrigkeit und für die Kirche. – Nun sind wir wieder eingereiht: Er behütet alle, die ihn lieben. Wie bald können wir diesen Trost nun selber brauchen?! Ich bin aber auch sehr froh, dass ich in Dickenschied war, da war der Dienst doch nötiger. Das nächste Mal ist dann Womrath dran. Hoffentlich bald! ... Nun wollen wir recht Glauben halten und auf Gottes Wundermacht vertrauen. Auch die Gemeinden sollen sich nicht erschrecken und einschüchtern lassen. Jetzt stehen wir halt immer einsam – darum umso mehr auf Gott geworfen. Wir wollen noch treuer beten ...

Kirchberg, 4. Oktober 1937 ... Liebe Kinder! Jetzt war es doch schön, dass der Vater am Sonntag einmal in Haus und Gemeinde reinsehen konnte! Ich freue mich, wenn Ihr lieb beieinander seid und nicht zankt. Ohne das könnte Gott Euch gar nicht erhören, wenn Ihr für den Vater betet. Tut das nur auch fleißig weiter! Ich weiß, dass Gott Euch hört und Eure Gebetlein auch mitbauen an der festen Mauer, die um uns her ist,[445] *sodass auch Eurem Vater kein Haar gekrümmt werden kann ohne Gottes Willen.*[446] *Betet nur schön weiter, dass Gott in seiner Macht und Gnade den lieben Vater wieder nach Dickenschied zurückbringe und dass wir alle in Dickenschied bleiben können! Wenn wir dann bei Gott ein wenig warten müssen auf die Erfüllung unserer Bitte, dürfen wir nicht irre werden, als ob Gott uns nicht hörte, und nicht müde werden, weil es so lang dauert. »Hilft Gott nicht zu jeder Frist, hilft er doch, wenn's nötig ist.« Einstweilen bin ich noch gar nicht weit weg von Euch hier in Kirchberg. Vielleicht gibt es Gott den Männern im Staat noch ins Herz, dass sie den Vater wieder freilassen. Wenn nicht, müsst Ihr denken, dass es auch so gut und nötig ist, damit die Menschen wieder mehr auf Gottes Wort hören und an seinen lieben Sohn, der unser lieber Heiland ist, glauben lernen. Ich freue mich, dass Ihr mit der lieben Mutter noch sicher und schön beieinander wohnt. Seid auch der lieben Mutter zuliebe recht brav! Lernt jeden Tag etwas weiter im Schreiben und Lesen und Rechnen und auch Verslein und Sprüchlein. Es hat euch lieb Euer Vater.*

Koblenz, 10. Oktober 1937 (inoffiziell)[447] *... Nun bin ich wieder eine Woche von Euch Lieben fort im heiligen Kriegsdienst der Kirche Jesu Christi.*[448] *Was mit mir wird, weiß ich noch nicht.*

---

445 Sacharja 2,9 und »Eine Mauer um uns bau, dass dem Feinde davor grau, er mit Zittern sie anschau«, aus »Treuer Wächter Israel« (Johann Heermann 1630), EG 248,3.

446 Matthäus 10,29.30; Lukas 21,18; vgl. Heidelberger Katechismus Frage 1.

447 Die als ›inoffiziell‹ bezeichneten Briefe gingen nicht durch die Zensur, sondern wurden ›herausgeschmuggelt‹.

448 Die gelegentlich militante Ausdrucksweise des Weltkriegsteilnehmers P.S., wenn er auf seinen konfliktreichen Weg in der Nachfolge Jesu zu sprechen kommt, darf keinesfalls als Ausdruck einer Art »Kreuzzugsmentalität« verstanden werden. Jederzeit war es ihm bewusst, dass der Kampf der Nachfolger Jesu Christi ein ganz anderer ist als derer, die in dieser Welt um ihre oder ihres Volkes Macht

Es ist leicht möglich, dass es Konzentrationslager gibt. Es wird sich ja in absehbarer Zeit entscheiden. Dann wollen wir uns beide auch getrost darein fügen! Jedenfalls bin ich noch nicht irre daran geworden, dass mein Entscheiden und Handeln recht gewesen ist. Vielleicht hast auch Du, Liebe, im Herzen die Getrostheit über das Recht unseres Weges gewonnen. Vielleicht wird es Dir auch schon durch Geschehnisse in der Kirche und den Widerhall bei den Brüdern bestätigt, dass es recht war, hier dem Gebot der Obrigkeit nicht zu weichen. Im Übrigen wird ja ferner Gott fest zu seinen Verheißungen stehen und uns tragen und helfen an Leib und Seele nach seiner allmächtigen Kraft. Er wird uns den Trost geben in alles Leiden und den Segen von allem Leiden. Die aber das Leiden heute noch vermeiden wollen, die sollen wohl zusehen, dass sie nicht verwerflich und von Gott verworfen werden. Ich kann es einfach nicht fassen oder verstehen, dass man von Gott Freiheit bekommen könnte, sich um die Kollektensache und ihre offene Verfechtung gegen den Staat oder um die Fürbitte für die Brüder[449] *und andere gebotene Zeugnisse herumzudrücken. Darum sei getrost und still, auch wenn wir weiter die Einzigen sind, die in die Tiefen der Verfolgung hineinmüssen. »Lasset euch die Hitze, die euch widerfährt, nicht befremden, als widerführe euch etwas Sonderliches. Vielmehr freuet euch, dass ihr mit Christus leidet!«*[450] *Er kommt schon bald, und es kommt zuletzt die Erquickungs-*

kämpfen. P.S. knüpft mit solch militant klingenden Ausdrücken an die *militia Christi* an, wie sie in den Kirchen der ersten Jahrhunderte geübt wurde. Diese verband sich mit einer weitgehend pazifistischen Haltung. Sie bezog sich auf Aussagen wie etwa die des Paulus in Epheser 6,10-17.

449 Die öffentliche Fürbitte im Gottesdienst für verfolgte und eingesperrte Brüder der BK nach den von der BK ausgegebenen Fürbittlisten war für manchen Pfarrer eine Art Mutprobe. Besonders wenn er wusste, dass Spitzel in seinem Gottesdienst saßen, die dafür sorgen könnten, dass er selbst am nächsten Tag auf dieser Fürbittliste stehen könne.

450 1. Petrus 4,12.

zeit vom Angesicht unseres Gottes, »da wird all ihr Gram und Leid lauter Freud und Lachen«.[451]

Koblenz, 17. Oktober 1937 (offiziell). Dein lieber Brief vom Samstag voriger Woche kam gestern, am Samstag, in meinen Besitz, gerade recht, um mir den Sonntag feiern zu helfen. Wie freut man sich jetzt an einem Lebenszeichen voneinander! Besonders der Schluss Deines Briefes war mir eine große Beruhigung und auch Stärkung für mich selber. So dürfen wir auch dies nun gemeinsam erleben und erleiden, wie Gott uns im Glauben und in der Liebe zu ihm übt und prüft, worin wir ja nur schwache Anfänger sind.

Du tust mir so herzlich leid, dass Du noch kein Lebenszeichen von mir hast. Ich weiß, dass Dir und auch den anderen meine Lage immer schlimmer erscheint, als sie ist. Das möchte ich und möchtest ja auch Du nicht. Einen Brief, den ich endlich am vergangenen Montag von hier aus für Dich fertig machte, erhielt ich gleichzeitig mit Deinem Brief wieder zurück. Ich will Dir nun von meinem Ergehen berichten. Du weißt offenbar schon, dass ich am 4. Oktober abends zum wohlbekannten Vogelsang[452] *abgeholt wurde. Es war eine sehr schnelle Fahrt, die aber doch unterwegs noch Aufenthalte hatte. Ich kam für 4 Tage wieder in meine alte Zelle Nr. 1. Ich wurde auch zweimal verhört. Wie es Dir ergangen, so überkam auch mich oft große Traurigkeit über die neue Trennung von Euch Lieben und den Gemeinden. Da sitzt man denn wirklich im Elend, das heißt ja im Ausland, drin. Ich muss gestehen, es war mir ein gewisser Trost, dass für einen Tag ein anderer »Vogel« [Pfarrer Hans Gross, Freusberg] auch da unten saß, der das gleiche Liedchen pfiff. Sonst hatte ich diesmal keine Gesellschaft. Am Freitag, 8. Oktober, nachmit-*

451 »Schwing dich auf zu deinem Gott«, Paul Gerhardt, Vers 9: »Gottes Kinder säen zwar / traurig und mit Tränen, / aber endlich bringt das Jahr, / wonach sie sich sehnen. / Denn es kommt die Erntezeit,/ da sie Garben machen; / da wird all ihr Gram und Leid / lauter Freud und Lachen.«

452 Gefängnis der Geheimen Staatspolizei in Koblenz, Vogelsang 1.

tags, wurde ich an meinen jetzigen Aufenthalt[453] *überführt, im wörtlichen Sinne über mehrere Straßen hinweg. Im Ganzen ist es eine Verbesserung gegen den »Vogelsang«. Eigentlich müsste es hier Vogelsang heißen, denn durch das kleine Fenster der Zelle mit der vorgebauten Scheuklappe aus Eisenblech sehe ich gerade in die Krone eines Kastanienbaumes, darin zuweilen Spatzen sich tummeln oder auch Meislein und ein Drosselpärchen einen Besuch abstatten. Wir sind also diesmal nicht unter der Erde, sondern zwei Stock höher, nur dass, wie gesagt, der Vorteil durch die Scheuklappe in etwa wieder ausgeglichen wird. Die Zelle ist etwa 1,10 m breit, 4,5 m lang und 3 m hoch. Die Luft ist viel trockener und gesünder. Das Fenster lässt mehr frische Luft durch als im alten Quartier. Die Zelle ist auch gut heizbar und jetzt natürlich schon immer geheizt. Mein Mobiliar ist insofern vereinfacht, als ein Tisch fehlt; den Napf oder Teller hält man auf den Knien. Diesen Brief schreibe ich teils auf der Fensterbank, die Bank der Zelle, zum Bette gerade passend, auf dasselbe gestellt, das ist ein ganz lustiger Sitz, teils auf den Knien bei elektrischer Beleuchtung von der Decke (Deckenbeleuchtung). Das erwähnte Bett, das ich seit gestern genieße, eisernes Bettgestell ohne Sprungfeder oder Schlaraffia, aber mit ganz annehmbarer Matratze, wohl Seegras, gleicht den fehlenden Komfort des Tisches also wieder aus. »Leibeimer«*[454] *und Wandbrett vervollständigen die Einrichtung meines Wohngemaches. Bis gestern war ich übrigens in einer anderen, etwas dunkleren Zelle, in der ich nur den Genuss einer niedrigen Holzpritsche mit aufgelegter Matratze hatte. Auf die Matratze bekommen wir ein weißes Laken, und unsere Decken durften wir in frische, blaukarierte Überzüge stecken. Trotzdem war ich auch hier noch an Deinen weißen Tüchern froh. Vielleicht kannst Du mir dieselben mit der Wäsche mal erneuern. – Was die leibliche Speise anlangt, so ist dieselbe ausreichend, und man kann sie auch mit Appetit essen. Sie wird von einer älteren Frau gekocht und serviert, d. h., jeder holt sich*

---

453 Untersuchungsgefängnis Koblenz.

454 Damals üblicher Eimer in Haftzellen für die Notdurft.

seinen Napf oder Teller, Becher und Brot am Serviertisch im Flur ab. Morgens gibt es Kaffee und Marmeladenbrot, mittags eine dicke Suppe oder auch breiartige Speise auf dem Teller, öfters mit einem Stückchen Wurst oder Fleisch. Abends gibt es mal Hafergrieß oder Grießsuppe mit einer Schnitte Brot oder auch Käsestullen mit Kaffee oder Reis. Heute zum Sonntag gab es mittags Kartoffeln und Möhren durcheinander mit Blut- bzw. Leberwurst, abends Kakao mit Butter oder Margarinebrot. Es ist auch möglich, sich noch etwas zuzukaufen. Für die Morgenwäsche und sonstigen körperlichen Bedürfnisse ist eine ganz saubere Einrichtung vorhanden. Mit meinen 7–10 Mitgefangenen darf ich leider keinen geselligen Umgang pflegen, was ja sonst sehr zur Belebung des einförmigen Daseins beitragen würde. Ich habe nur feststellen können, dass es auch hier eine ziemlich bunte Gesellschaft ist. Einige Male, heute zum viertenmal, durfte ich für eine halbe Stunde an die frische Luft, das ist dann eine große Wohltat, die ich durch stramme Bewegung auch ausnütze.

So, nun bist Du orientiert über mein äußeres Dasein. Ich habe Dir so ausführlich geschrieben, dass Du Dich gut hineindenken kannst. So brauchst Du jedenfalls, solange ich hier bin, Dir keine Gedanken zu machen über allzugroße Härten meiner Haft. Wenn Dir ein Besuch bei mir nicht gestattet wird, so gräme Dich nicht zu sehr darum. Wir wollen uns in der uns verbliebenen Verbindung umso treuer sein. Bibel und Gesangbuch habe ich diesmal schon bald in Vogelsang bekommen. Ich habe sie natürlich auch benutzt. Aber zum klaren Denken, Arbeiten und Lernen waren mir Kopf und Geist bisher nicht so recht aufgelegt. Ich hoffe, dass das nun besser wird, habe auch wieder mit gesammelterem Lesen und Lernen begonnen. Wenn Du mir die Bekenntnisschriften der Lutherischen und Reformierten Kirche, dazu den Heidelberger Katechismus und einige Hefte der Evangelischen Theologie[455] *schicken wolltest, so wäre ich Dir sehr dankbar.*

455 »Evangelische Theologie«, Zweimonatsschrift, gegr. 1934, hg. v. Ernst Wolf.

Oft, liebes Weib, komme ich mir wie ein rechter Rabenvater vor und denke, warum gerade ich das alles über Euch bringen muss, und ob ich ein Recht dazu habe, warum gerade ich mit unseren Gemeinden so exponiert sein muss. Dann sitze ich in rechter Bußstimmung in meiner Zelle, die ja dafür dann die richtige Umgebung ist. Aber wir können ja doch auch nicht anders als den Weg gehen, den Gott uns führt, und bei allem Nachsinnen ist es mir noch nicht gekommen, dass und wie wir es anders hätten machen können. So müssen wir unsere Sache getrost Gott anheimstellen und es ihm überlassen, dass er uns rechtfertigt, rechtfertigt im Glauben an unserem Geiste und Gewissen in aller unserer Sünde und rechtfertigt auch vor der Welt, wenn es Zeit ist. – Ja, Liebste, auch ich bin so dankbar für die Wochen des Zusammenseins mit Dir und den Kindern, die uns Gott so freundlich geschenkt hat. Und nun wollen wir trauen der Verheißung des Herrn, dass wer all die Seinen und all das Seine verläßt um Jesu willen, es hundertfach wiederbekommen soll in dieser Welt und in jener das ewige Leben.[456] *Der Kastanienbaum wird mir dann zu Gottes schöner weiter Welt und die Welt zu Gottes Ewigkeit, der so viel schöneren – »als die nichts innehaben und doch alles innehaben«.*[457] *Herr Jesu, gib mir solchen Sinn beharrlich, bis ich komm dahin.*

Koblenz, 18. Oktober 1937 (inoffiziell). Nachdem ich gestern den offiziellen Brief als Sonntagsvergnügen Dir geschrieben, schreibe ich heute an dem inoffiziellen weiter. Gott weiß, ob und wann Du Dich damit freuen wirst. – Ich sitze auf meinem lustigen Sitz am Fensterbrett, genieße den Ausblick in die Kastanienbaumkrone[458]*, die nun in wenigen Tagen gelb geworden ist, die Blätter im Wintersterben mit letzter Kraft noch festhaltend. Immerhin sieht man schon das feingegliederte Geäst der*

456 Markus 10,29.30; Matthäus 19,29.

457 2. Korinther 6,10.

458 Siehe Foto 19.

Krone, die nun bald nackt und kahl dastehen wird. So kommt der Herbst- und Wintersturm auch über die Kirche und Christenheit, und es wird sich zeigen, was nur Blätter gewesen sind und was kernig und holzig ein Stück des Baumes selber geworden ist, der zwar die Welt erfüllt nach Jesu schönem Gleichnis[459]*, aber doch auch so nackt- und kahlgeschlagen werden kann wie ein Baum im Winter. Möchten wir uns dann nicht ärgern an dem traurigen und störrischen Geäst, das doch für den Sehenden und Freund auch seine Schönheit hat ... Von unserem Tschechen habe ich einen englischen Unterrichtsbrief bekommen, als Gegengabe für andere Briefe, die ich auf die Ausländerstube gegeben. Er ist mal Schlosser gewesen, im Hauptberuf mindestens zuletzt Landstreicher; aber er hat eine schöne Schrift, ist nicht dumm und hat mir sehr sauber auf zwei Blättern Wörter, Aussprache und kleine Sätze für anfänglichen englischen Sprachunterricht niedergelegt. Auch ein selbstgedichtetes Morgengebet, das sich zum Vatergedanken Gottes erhebt, hat er mir anvertraut. – Der ernsten Bibelforscherin bin ich um zwei Zellen nähergerückt und nur noch durch eine schmale Zelle von ihr getrennt. Über letzten Sonntag waren wir auch auf schriftlichen Verkehr, der immerhin durch die Zellentür möglich ist, angewiesen. Die arme Frau mit ihren zarteren Nerven tut mir leid. Sie hat schon längere Gerichtszeit hinter sich. Derselbe Herr Oswald, den Du kennst, hat auch sie verhört und ihre Sache bearbeitet. – Der Italiener und ein Pole, beide gute Kerls, suchen sich beim Spazierengehen alle Zigarettenstummel im Hof zusammen, um sie nachher neu geformt zu rauchen. So kommen sie mit dem Kopf nicht von der Erde los, und von der guten Luft haben sie nur den halben Gewinn. So geht es wohl manchem, der keine Stummel zu rauchen braucht, wenn er ein Knecht seiner Leidenschaften ist. – Die letzte Woche verging mir noch recht gedrückt und unter quälender Erinnerung an vieles in meinem Leben, was nicht zu sein brauchte. Du weißt, liebes Herz, welche Gedanken bis zur Fahnenflucht mir dann kommen. Aber Gottes Wort bie-*

459 Matthäus 13,31.32.

tet auch dann Heilung und Stärkung. Mit Deinem Brief wurde dann auch die volle Freude wieder ausgelöst, die nur gedämpft war von dem Gedanken, dass Du nun noch nichts von mir in Händen hast. Ich bete zu Gott, dass er es Dir auch so sagt, dass es mir gut geht, und Dich getrost macht. Dass Du mir so getrost schreiben konntest, hat mich ja so froh gemacht, und ich glaube fest, dass Du nicht nur Sorge und Last, sondern auch Segen und Freude und Frieden, der höher ist als alle Vernunft, durch unsern »Leidensweg«, den ich Dir aufbürde und den Du doch so gefasst und tapfer trägst, hast... So hilfst Du vielleicht noch mehr als ich mit, dass auch andere sich der uns befohlenen und angebotenen Leiden um des Glaubens willen nicht weigern, sondern Freudigkeit – nicht Lust – dazu gewinnen. Und ganz gewiss will Gott auch unsere Kinder mit einbeziehen unter den Segen unseres Weges... In meiner Zelle ist es bereits Nacht, und nur hier am Fenster, eineinhalb Meter über der Erde, sieht man noch gut. Dem Tschechen und seinen Kumpanen will ich noch ein Abendgebet aufschreiben, in der Hoffnung, es ihnen bei der abendlichen Eimerentleerung noch zuschmuggeln zu können. – Gott segne Euch den Eingang des Vikars[460] in Haus und Gemeinde! Er segne den lieben jungen Bruder! Die Gemeinde möge ihn mit Dank und Liebe aufnehmen! Gib ihm von dem Unsrigen, was ihm not ist, ohne zu kargen! Gottes Segen schließt uns alle nah zusammen in einem Geist und Glauben und wird uns miteinander heimbringen aus dem unruhvollen Erdentag in den ewigen Frieden und die ewige Freude bei Gott... Spazieren waren wir auch wieder. Dabei sieht man an den Fenstern allerlei Gesichter, und wenn es jemand mal vor Sehnsucht nach mir nicht mehr aushalten könnte, brauchte er nur einen Fensterplatz in der Kreissparkasse in einer der Privatwohnungen zu belegen. Von

460 Vikar Leo Kemper, der bei der BK sein Erstes Theol. Examen gemacht hat und damit keinen Anspruch auf Gehalt vom Konsistorium hatte. Er betreute während des Haftaufenthaltes von Paul Schneider im Auftrag der BK die Gemeinden Dickenschied und Womrath, war nach Kriegsende noch einige Jahre sein Nachfolger in beiden Gemeinden, war zuletzt Pfarrer in Hersel bei Bonn.

da kann man den ganzen Hof einsehen. Na, ich weiß, Du bist zum Glück nicht so veranlagt, sonst schriebe ich es Dir nicht. Aber vielleicht die Womrather Frauen, die so heldenhaft zum »Vater Philipp« in Kirchberg[461] *vordrangen! Hier würden sie dann doch jedenfalls den ganzen Kerl sehen können!...*

Koblenz, 24. Oktober 1937 (inoffiziell). Die Beamten, die Koch-, die Putzfrau wollen mir gut. Auch von den Polizisten im Präsidium ist mir noch keiner dumm gekommen. Als ich in dieser Woche einmal in eine doppelt so große und wegen der nicht vorhandenen Scheuklappen viel hellere Zelle übergesiedelt war, auf Vorschlag des einen Beamten, musste ich mitten in der Nacht wieder zurückquartieren, weil diese Zelle mit drei Betten für nächtlichen weiblichen Zugang gebraucht wurde. Da waren die Polizisten sehr höflich und hilfreich. Am Dienstag wurde ich heruntergeholt zu einer Vernehmung vor einem Amtsgerichtsrat zu den Aussagen von ... und Frau ... über meine seelsorgerlichen Besuche im Herbst vorigen Jahres. Da bin ich zum ersten Male in den Zusammenhang der von beiden gemachten Aussagen eingeführt worden und bin doch erschrocken darüber, wie eigentlich von uns allen geforderte Seelsorge und Aufklärung heute zum Gegenstand politischer Denunziation[462] *gemacht werden kann*[463]*. Nun, ich habe mich verantwortet und werde mich mit Gottes Hilfe auch weiter zu verantworten wissen, wenn die Sache vor das Sondergericht kommt. Ob mein Fall dazu reif ist, das zu entscheiden sollte offenbar diese nochmalige Voruntersuchung dienen. Fast möchte ich es wünschen, dass ich mich vor Gericht verantworten darf, ob*

461 Dem für die Arrestzellen in Kirchberg zuständigen Polizeibeamten, der es mit P. S. gut meinte.
462 Jemanden anzeigen, um ihm zu schaden, oft anonym.
463 Der Landwirt Ernst Scherer, dessen Familie P. S. mehrfach in seelsorgerlicher Absicht besucht und der den Pfarrer dabei in politische Gespräche verwickelt hatte, hat Aussagen, die P. S. dabei gemacht hat, gegen ihn bei der Gestapo verwendet (Näheres darüber bei Wentorf: Der Fall, S. 138f).

ich nun recht bekomme oder nicht. Die Feinde des Evangeliums werden schon noch in ihren eigenen Strick fallen. Wir wollen ihnen nur vergeben, wie wir es nach dem heutigen Evangelium (Schalksknecht)[464] *schuldig sind. Die Vernehmung am Dienstag war übrigens gemütlich und wenig anstrengend und aufregend.*

Mit Ausnahme von einem sind wir alle Tage der Woche im Hof spazieren gewesen. Zuerst lief die übrige Gesellschaft immer sehr ungeordnet. Ich ging meinen guten Schritt durch. So langsam schloss sich dann auch der Tscheche und nun auch die zwei andern jungen Kerls an, während die beiden Älteren, der Bibelforscher und ein Pole, ihren langsamen Kurs für sich steuern. Am Schluss der Stunde gestern marschierte ich aber doch wieder allein, weil die andern Kerlchen schlappmachten. Mir hat es fast nichts ausgemacht, und ich freute mich der Anstrengung. Du siehst daraus, dass ich wieder gut bei Kräften bin und mein Bein felddienstfähig ist... Nun bin ich also reumütig in meine Zelle zurückgekehrt, die mir schon lieb und heimatlich geworden ist. Es ist erstaunlich, wie man auch an solchem an sich denkbar hässlichen Ort Heimatgefühl bekommen kann. Das sauber gemachte Bett, die Bank, das Wandbrett und das blank geputzte Fenster von Drahtglas mit dem Ausguck in den Kastanienbaum vermögen auch ein gewisses Wohlbehagen zu erwecken, welches noch erhöht werden wird, wenn ich mir Deine Karte oben innen auf die Tür und Martin Niemöller[465] *an die Wand kleben werde, wozu ich den Kleister schon noch bekomme. Wenn ich dann noch nachmittags meinen Verandaplatz am offenen Fenster einnehme, wie auch jetzt beim Schreiben, oder wenn ich mich an dem nun gelb gewordenen Kastanienbaum freue, den die Nachmittagssonne golden überglänzt und durch den der Himmel immer lichter fein ziseliert hereinschaut, dann komme ich mir fast wie ein Lebemann vor und beneide keinen Menschen auf der Welt. – Und gelt, Liebste, das haben wir nun*

464 Matthäus 18,21-35.

465 P.S. erfuhr von der am 1. Juli 1937 erfolgten Verhaftung Niemöllers durch M.S. und erhielt von ihr sein Bild.

durch unsere verschiedenen Trennungen auch schon erfahren, dass das innere Zusammengehören im Glauben vor Gott wichtiger, ja entscheidend wichtig ist, gerade auch für Eheleute, »dass eins das andere mit sich in den Himmel bringe«[466]*. Wie Du es als Braut getan, so machst Du es auch jetzt wieder. Deine Liebe und Dein Trost und, ich darf sagen, auch Dein Glaube haben mich froh gemacht und mir weitergeholfen auf dem Weg des Glaubens, den ich, nein, den wir beide gehen dürfen. Entschädigt uns das nicht reich für alles äußere Vermissen und Entbehren aneinander, das wir nun tragen müssen? Dass auch Du darüber nicht murren und traurig sein willst, das hat mir Deinen letzten Brief so köstlich gemacht ... Seit ich weiß, dass der Vikar da ist, kann ich noch in viel größerer Gemütsruhe mich hier des Lebens freuen. Es ist auch gut, dass nun schon unsere Gemeinden die Früchte ihres Einsatzes für die BK ernten dürfen. Sag es nur den Leuten, dass ohne ihr Bekenntnis und ihr Opfer der Vikar nicht bei uns sein könnte ... Heute Morgen hatte ich wieder meinen schönen Gottesdienst mit Evangelium und Epistel und Gebeten und Liedern. Da denke ich dann Eurer ... Das Evangelium wurde mir so groß: wie Gott, der ein Recht hätte, da er mit uns »rechnen« muss nach dem Gesetz, uns mit Weib und Kind zu verkaufen, uns doch nach seiner Gnade in Jesus Christus loslässt in die herrliche Freiheit der Kinder Gottes.*[467] *Dass wir nur auch unseren Mitmenschen und Schuldnern gegenüber nicht als Schalksknechte erfunden würden! – Dann las ich noch mit Notizen im katholischen Hausbuch. Lernen und »englische Studien« ließ ich heute sein, hielt eine Siesta nachmittags und ging dann an meinen Fensterplatz. Nun ist es schon 7 Uhr, und das Abendbrot mit Kakao und Margarinebrot wird eingenommen. Dreiviertel acht will der Beamte das Licht ausdrehen, damit*

466 Diese Formulierung spielte früher bei kirchlichen Trauungen eine große Rolle. Sie wird heute in der Regel nicht mehr gebraucht, da sie in der Weise missverstanden werden könnte, als liege es in der Kraft eines Menschen, in seinem Ehepartner / seiner Ehefrau Glauben zu bewirken.

467 Matthäus 18,27.

er heim kann. In der Woche lese und repetiere ich Jesaja und Römerbrief. Die Zeit wird mir nicht lang …

Koblenz, 26. Oktober 1937 (offizieller Brief) … Meinen Gottesdienst des Sonntags muss ich mir freilich selber halten, und Du kannst Dir denken, wie ich mich sehne nach den Gottesdiensten unserer Gemeinden oder auch nach dem Zuspruch des Wortes Gottes durch einen anderen Bruder, denn »ich wollte gerne hingehen und mit ihnen wallen zum Hause Gottes mit Frohlocken und Danken mit dem Haufen derer, die da feiern« (Psalm 42). Aber Gottes Geist und Segen sind ja nicht gebunden und kommen auch in der Stille und Einsamkeit meiner Zelle auf eine sonderliche Weise zu mir. In der Stille und Einsamkeit mit Gott und seinem Wort hat jetzt unsereins reichlich das, was er sonst zu wenig hat oder sich zu wenig genommen hat. Darum dürfen wir Pfarrer in den Gefängnissen auch für uns persönlich die Haftzeit als freundliche Führung Gottes ansehen. Ich hoffe zuversichtlich, dass Ihr zu Hause auch an Eurem Teil und vielleicht noch auf andere Weise etwas von dieser freundlichen Führung Gottes spürt und deswegen Murren und Traurigkeit nicht aufkommen, geschweige denn das Feld behalten dürfen. Den Arbeitsdienst, der im Vogelsang den Vormittag so schön kürzte, habe ich hier fast gar nicht. Aber mit allerlei geistlicher und geistiger Beschäftigung vergehen die Tage doch schnell, sodass ich über Langeweile gar nicht zu klagen brauche. Es wird in meiner Zelle auch leicht und schnell warm, ich kann fast den ganzen Tag das Fenster offen stehen lassen, habe darum trotz des kleinen Raums doch gute Luft, sitze auch des Nachmittags immer noch einige Stunden auf der »Veranda« am offenen Fenster … Ob ich nun von Dir bald die Bücher und Schriften bekomme, um die ich bat und die mir auf meine Anfrage wenigstens nicht abgeschlagen wurden?

Nun ist es Abend, 8 Uhr, da gehen wir nach der Hausordnung bald schlafen.

Koblenz, 31. Oktober 1937 (inoffizieller Brief)...Wieder ist es Sonntagnachmittag, nun schon der dritte in meiner Haft. Gott macht auch hier im Gefängnis seine Verheißung wahr, die er auf den Sabbattag gelegt hat,[468] *und kommt mit reichem Segen aus seinem Wort und mit feiertäglichem Frieden in Zelle und Herz, und ich glaube, auch zu den Kameraden. – Soeben, bald nach dem Mittagessen, haben wir unsern Spaziergang gemacht. Da war es mir eine Freude, dass wir alle in Ordnung hintereinander liefen, Pole, Italiener, Tscheche und Pastor – ich hielt freilich auch ein gemäßigtes Tempo ein. In dieser Woche war das nicht so – das Einhalten einer Ordnung steht nämlich seltsamerweise in unserem Belieben –, und jeder lief, wie er wollte. Aus bestimmtem Anlass hatte ich ein ernsteres Wörtchen mit ihnen reden müssen, und darüber war der Tscheche, den es auch besonders anging, schwer eingeschnappt. Das ging bis heute Morgen, da kam es wieder in Ordnung, nachdem sie schon Sonntagsbrief und Wochenspruch auf ihrer Stube hatten. Auch von den Blättern, die Du mitgebracht, haben sie hoffentlich zu rechtem Sonntagssegen auf ihrer Stube. Der junge Italiener hat wenigstens drin gelesen, wie ich festgestellt; der ernste Bibelforscher sprach sich sehr erfreut über die Geyser-Predigt*[469] *aus, der nachdenkliche ältere Pole, der ein liebes, bescheidenes Wesen hat, wird wohl auch etwas davon haben, und der Tscheche wird, wenn er seinen Stolz und Trutz überwunden hat, wohl auch nicht so ungläubig bleiben, wie er bis jetzt getan hat. Wie weit die devote Dankbarkeit des jüngeren Polen ins Herz geht, weiß ich nicht, aber ich traue ihm doch auch Gutes zu. Das sind also nun drei Wochen lang meine Kameraden, und Du siehst, ich habe auch hier so etwas wie eine kleine Gemeinde und einen seelsorgerlichen Auftrag. Unsere gute Kochfrau, die im Hause wohnt, ist im Flur gefallen und hat am Unterarm beide Knochen gebrochen. Ich konnte ihr heute Morgen einen Krankengruß schicken und auch von Deinen Blättchen dazulegen. Du siehst*

468 2. Mose 20,11.
469 Nathanael Geyser, Superintendent in Elberfeld.

auch, einen wie schönen Dienst Du mit den Blättchen getan hast. Unserem »Wachtmeister« will ich heute Abend davon mit nach Hause geben. – Dein Besuch am Freitag hat mir doch eine lichte Freude gebracht und zurückgelassen ... Auch Br. Petry[470] *bin ich sehr dankbar, dass er Dich gebracht und für das, was er sonst getan hat. Vielleicht werden wir die schweren Worte des Korintherbriefes noch brauchen können. Wir sind ja nun beide Gott dankbar, dass er vor allem durch die Hilfe von unserem Vikar alles so schön geordnet hat in den Gemeinden und im Haus, auch dafür, dass ich die Zeit hier ein solch friedliches Asyl mit allem darin geschenkten Gottessegen hatte. Das darf uns nun aber darüber nicht täuschen, damit wir nachher nicht enttäuscht sind, dass meine Lage nach wie vor sehr ernst ist. Das brachte mir nach Deinem Besuch einer von Herrn O., der Dich ja auch vernommen hat, am Freitagabend zum Bewusstsein. Er forderte mich noch einmal auf, zu unterschreiben, dass ich meine Ausweisung annehmen und nicht mehr ins Rheinland zurückkehren wolle. Ich weigerte mich natürlich mit Berufung auf die Bindung des Hirten an seine Gemeinde. Darauf sagte er: »Sie ziehen also Konzentrationslager vor.« Ich sagte, ich ziehe das nicht vor, aber wenn ich es erdulden soll, muss ich auch das erdulden können. Offenbar ist also meine Sache, auch nach erneuter Nachprüfung der vorletzten Woche, nicht reif für das Sondergericht.*[471] *Und wenn die Drohung von Herrn O. kein Einschüchterungsversuch war, ist das die Antwort auf mein Schreiben an die staatlichen Stellen. Herr O. sagte dann noch, ich könne mich bereithalten, dass ich in den nächsten Tagen*

---

470 Gerhard Petry (1904–1978), Pfarrer in Wirschweiler, seit 1933 Mitglied der Hunsrücker Pfarrbruderschaft; 1947–1973 Pfarrer in Neuwied, 1956–1973 Superintendent des Kirchenkreises Wied, Mitglied der Kirchenleitung, Beauftragter der Rheinischen Kirche bei der Landesregierung Rheinland-Pfalz. Er hat im Juli 1939 mit M. S. zusammen die Leiche Paul Schneiders in Buchenwald abgeholt.

471 Paul Schneiders Verfahren vor dem Sondergericht wurde am 10. Juni 1938 amnestiert, da eine Freiheitsstrafe von weniger als sechs Monaten zu erwarten war.

weiterkomme. Ich habe mich schon nach dem ersten Schreck damit abgefunden, für den Fall, dass es wahr gemacht werden sollte, und bin still darüber geworden. Ich dachte, ob Petry darum das schwere Wort wählen und mir sagen musste? Ich weiß, dass Gott, der bisher so freundlich mit uns war, auch weiter uns beistehen und keine Lage zu schwer werden lassen wird. Herr O. gab mir auch Deinen Brief vom Tage vorher, der diesmal also ganz schnell zu mir kam, dass ich gleichsam doppelten Besuch an dem Tage von Dir hatte. Der Brief mit der Losung[472] *und den ermunternden Hinweisen auf die uns von Gott gebotene Furchtlosigkeit und Freudigkeit war mir dann nach der Eröffnung des Herrn O. sehr dienlich und erquicklich – auch wieder eine von den großen kleinen Freundlichkeiten Gottes, wo sonst Deine Briefe 8 Tage brauchen. Der Kastanienbaum am Fenster ist jetzt fast ganz kahl, nachdem die letzten Tage ihm fast alle Blätter geraubt, aber der Himmel schaut nun um so heller und durchscheinender herein in diesen letzten schönen Herbsttagen, und die Vögel tummeln sich auch noch munter in seinen Zweigen. So mag es auch über unserem Ehe- und Familienleben noch rauher und kahler werden, als es in diesem Jahre gewesen ist. – Bisher hatten wir es ja unverdient gut und schön im Familienleben – nun hat sich das liebe Kreuz auch bei uns auf diese Weise eingestellt. – Aber das wird dann Gott ganz gewiss auch wahr machen, dass er seine Ewigkeit, das Reich der Himmel, das wir glauben, nur heller durch die Trübsal scheinen lässt.*

Auch unsere Kinderlein, die lieben muntren Vöglein, wird er noch fröhlich und sicher wohnen lassen auf den Zweigen unseres Glaubens, unserer Liebe, unserer Hoffnung und unserer Gebete. »Und seine Kinder werden auch beschirmt.«[473] *Und*

---

472 Losungsworte und Tageslosung: Für jeden Tag des Kalenderjahres ein Bibelvers aus dem Alten Testament, der ausgelost wird, und passend dazu ein aus dem Neuen Testament ausgewähltes Bibelwort als »Lehrtext«; seit 1731 von der »Herrnhuter Brüdergemeine« (Sachsen) herausgegeben, weltweit übersetzt und gelesen.

473 Sprüche 14,26.

wenn auch jetzt eine Rückkehr nicht sein soll – es ist ja nicht abzusehen, wie eine solche jetzt nicht zu neuem Kampf und neuer Aufregung führen sollte –, so wollen wir nicht müde werden, auch für unser Familienleben auf eine Zeit der Erquickung, des Beieinanderwohnens in Liebe, Eintracht und Frieden zu hoffen. Eine Lagerzeit kann ja lange dauern. Das Lager in verschiedenen Formen ist offenbar schon eine Weile die Methode für die ernsten Bibelforscher. Ich glaube, dass wir Pfarrer auch noch allgemeiner dafür reif werden. Die Frauen der ernsten Bibelforscher sind vielfach mit in Haft, da wollen wir dankbar sein, wenn Ihr schon um der kleinen Kinder willen wenigstens zu Hause bleiben dürft. Für uns Männer macht das nicht so viel aus. Und eben kriege ich fast die Blätter im Block nicht auseinander, um Deiner Zeilen willen, sodass wir nun unter dem Schreiben regelrechte Zwiesprache halten. Dann ist ja alles in Ordnung, denn das »innerlich« hast Du ja sicherlich nicht zum Spaß unterstrichen, und das wieder kann mich meiner Sache bzw. der von mir vertretenen Sache von Gemeinde und Kirche nur desto gewisser machen.[474] *Ich halte allerdings jetzt, obwohl ich mir dessen nicht so bewusst war, die zurückgewiesene Ausweisung, die ohne Rechtsgrund vom Staat angeordnet und nun offenbar mit Lager durchgefochten werden soll, für außerordentlich wichtig für das Verhältnis von Staat und Kirche und die um des Evangeliums willen zu behauptende innere und äußere Freiheit der Kirche. Ich begreife eigentlich immer weniger, wie man sich das bisher so unter bloßem Protest mit Worten hat gefallen lassen, wo wir sogar noch als Körperschaft öffentli-*

474 Nach einem Besuch hatte P. S. seine Frau um einen Schreibblock gebeten. Sie besorgte diesen, legte einen mit Bleistift beschriebenen Zettel hinein und verbarg ihn zwischen zwei zusammengeklebten Seiten. Auf diesem Zettel stehen folgende Worte: »Lieber Schatz! Ich bin so arg froh, dass ich Dich sah. Sei nur getrost, ich stehe *innerlich* und äußerlich ganz hinter Dir, Du Lieber. – Das wollte ich Dir eben noch sagen, dass es mich so gefreut und beruhigt hat, dass Du schriebst, Du wärest noch *nicht irre* an Deinem Weg des Gehorsams geworden. Gott befohlen, Du Lieber! Ganz Deine Gretel.«

chen Rechts fungieren. Hoffentlich sieht die Kirchenleitung, die bisher in meiner Sache nicht reden wollte, die Wichtigkeit der Sache ein und findet noch die Sprache dazu. Oder sollte ich als kleinstes Pastörlein auf dem Hunsrück allein dem Staate bezeugen müssen, was recht ist? Es ist dann fast dem Staate zu viel zugemutet, das als kirchliche Entscheidung ernst zu nehmen. Warum hat man nun schon ein Vierteljahr lang seit meiner zurückgewiesenen Ausweisung von der Leitung dazu geschwiegen? Ich hatte es ihr[475] ja deutlich geschrieben, dass ich es für recht hielte, wenn die Leitung meine von mir für mich entschiedene Rückkehr zu ihrer Sache mache. Mir scheint es so, dass nicht bei der Kirche und ihrer Leitung, sondern bei den einzelnen Gemeinden die Entscheidung für die kommende Kirche in Deutschland fällt. Darum verrechnen sich auch alle klugen Kirchenpolitiker, die nicht an ihrem Platz in der Gemeinde kämpfen und einstehen. Auch von hier aus gesehen ist mein Kampf für die unlösliche – nach Menschenspruch unlösliche – Verbundenheit von Gemeinde und Pfarrer nur richtig und für

---

475 Im Brief P. S.s vom 31. Oktober 1937 steht wörtlich: *»Ich hatte es Humburg ja deutlich geschrieben …«*. Offenbar hat M. S. den Namen Humburg hier eliminiert und durch die – freilich zutreffende – Bezeichnung »Leitung« ersetzt. Wohl, um Humburg zu schonen. Präses Paul Humburg war durch das Geschick P. S.s gesundheitlich sehr mitgenommen, und es war keine Frage, dass er treu zu P. S. und seiner Familie stand. P. S. meinte mit dieser Bemerkung offensichtlich seinen Brief vom 27. Juli 1937 aus Baden-Baden an Präses Paul Humburg. In diesem steht zwar keine ausdrückliche Bitte, die Leitung der BK möge die Sache seiner Rückkehr zu ihrer eigenen Sache machen. Aber P. S. schildert in diesem Brief, er habe dem ihm gegenüberstehenden Kommissar, der ihn zur Annahme der Ausweisung gedrängt habe, erklärt, seine Ausweisung und Schutzhaft seien *»ein Unrecht und eine Unwahrheit,* die *sich eindeutig gegen die BK richten und damit die Kirche Jesu Christi verfolgen«*. Nach dieser Erklärung habe er den Schutzhaftbefehl vor den Augen des Kommissars zerrissen (Wentorf: Der Fall, S. 162). P. S. sah mit Recht in diesem Bericht an Humburg eine Aufforderung an die Kirchenleitung, sich seinen Protest gegen die Ausweisung zu eigen zu machen.

die Dauer der Kirche lebensnotwendig.[476] *– … Oft hat mir der Zwang unserer Kinder zum sog. Deutschen Gruß Not gemacht. Ich kann es noch eben tragen, dass sie ihn einstweilen auf amtliche Anordnung und Zwang anwenden, d. h. bei Beginn und Schluss des Unterrichts. Lass sie darüber nicht hinausgehen. Sprich mit ihnen gelegentlich darüber und sage ihnen, dass Vater den Gruß für abgöttisch hält (siehe auch Apg. 4,12*[477]*). – Lass Dir, Liebste, immer das Gebet für alles das Wichtigste sein, und lass uns immer nichts tun ohne Gebet. Wie sind wir Christen in allen Lagen so wohl geborgen, schriebst Du mir in Deinem ersten Brief nach hier. Ja, sooft ich ruf und bete, weicht alles hinter sich.*[478]

Koblenz, 2. November 1937 (inoffiziell) … Was nun immer mit uns geschieht, Liebste, sei versichert, dass ich auch Deinen Schmerz mittrage. Aber dessen wollen wir beide versichert sein, dass der Herr Jesus und Gottes treues Vaterherz unser beider Schmerz schon vorher getragen hat, dass er uns darum nicht kann versucht werden lassen über unser Vermögen, sondern schaffet, dass die Versuchung so ein Ende gewinne, dass wir es können ertragen …[479]

Koblenz, 7. November 1937 (inoffiziell) Ich glaube, dass sie wegen uns evangelischen Pfarrern in großer Verlegenheit sind. Man scheut sich, uns ärger zu strafen, da offensichtlich nichts

---

476 P. S. geht nach allem, was er in Hochelheim negativ, in Dickenschied positiv erfahren hat, davon aus, dass es für das Überleben der angegriffenen Kirche unerlässlich ist, dass Pfarrer und Gemeinde fest zusammenhalten und sich durch keine irdische Macht von einander lösen lassen.

477 Apostelgeschichte 4,12: »Und in keinem andern ist das Heil, ist auch kein andrer Name unter dem Himmel den Menschen gegeben, durch den wir sollen selig werden.«

478 Aus dem Lied »Ist Gott für mich, so trete gleich alles wider mich« (EG 351,1), das Paul Gerhardt gedichtet hat, nachdem ihm der Große Kurfürst sein Pfarramt in Berlin genommen hatte.

479 1. Korinther 10,13.

vorliegt, was der Strafe wert ist, und wir keine »Märtyrer« werden sollen für die Sache unserer Kirche, die wir wieder zu offensichtlich vertreten. Lässt man uns aber laufen, so ist das auch ein Triumph des Glaubens, und außerdem bleibt das »Ärgernis« bestehen, um deswillen man uns eingesetzt. Gebe Gott, dass dennoch die Einsicht, schon die kluge politische Einsicht, die Oberhand behalte und unser Volk vor den schlimmsten Auswirkungen der fanatischen Verfechtung Rosenbergscher Weltanschauung und »Kirchenreformpläne« verschont bleibe. Aber wie Gott will! Wenn es denn doch durchgefochten sein muss, dann in Gottes Namen! Dann gilt es wohl je bälder, desto besser. – ... In dieser Woche habe ich Schnupfen und Husten, leichte Halsentzündung und kleinen Hexenschuss glücklich überwunden und sitze eben beim Schreiben in früher Mittagsstunde wieder mit Genuss auf der Veranda. Ich habe mich ferner mit Katechismus, Jesaja und Römerbrief weiter beschäftigt, wenn ich dazu auch nicht so frisch war durch die Erkältung. Du fragtest ja bei Deinem Besuch, was ich den ganzen Tag machte. In der Hauptsache bin ich Schüler am göttlichen Wort und will's auch bleiben. Ich kann bei dieser Gelegenheit einiges von dem in der Studienzeit Versäumten nachholen. So will ich morgens also hauptsächlich die Bibel treiben und nachmittags in den Bekenntnisschriften arbeiten, lesen, schreiben und Erholungsbeschäftigung treiben, von der für diesmal die zwei für die Kinder beigelegten Blätter sprechen. So eingeteilt ist mir auch hier der Tag und die Woche nicht zu lang, sondern eher das Gegenteil. Heute Morgen hat mir der Kaffee mit Honigbrot sehr gut geschmeckt über der guten Nachricht, die ich da erfuhr.[480]

---

480 Im Honigglas versteckt, hat M. S. ihrem Mann die Nachricht übermittelt, Pfarrer W. aus dem Siegerland sei vom Staat aus seiner Gemeinde ausgewiesen worden; er habe die Ausweisung aber nicht angenommen, sei vielmehr unter Posaunenklängen wieder in seine Gemeinde eingezogen; darauf sei er verhaftet und in Köln eingesperrt worden. Für P. S. war diese Nachricht außerordentlich wichtig. Er wartete doch immer darauf, dass andere Pfarrer es ihm gleichtun und ebenfalls ihre Ausweisung ablehnen würden. Umso deprimier-

Denn wenn ich natürlich auch mit dem lieben Bruder mitleide, in diesem Falle ja ganz buchstäblich, so ist es mir doch eine Rechtfertigung meines Gewissens und meines Weges, dass ein anderer dieselbe kirchliche Entscheidung trifft mit der Tat. Jetzt warte ich nur darauf, dass auch unsere Kirchenleitung noch einmal sehr vernehmlich und nicht so gewunden wie in Augsburg[481] *zur Frage der Ausweisung spricht…*

Meinen Hexenschuss habe ich mit Fensterputzen morgens und nachmittags je etwa eine Stunde wieder ausgetrieben. Dieser Arbeitsdienst ist ja für mich freiwillig, und ich war froh, dass ich ein wenig mittun konnte, nachdem ich dem Wachtmeister einige Male gesagt, dass ich das ganz gerne möchte. Diese Bewegung ist einem gut und nötig. Die anderen auf der Gemeinschaftszelle hatten Entlausung: So hat mich meine Einzelhaft vor dieser Plage einstweilen bewahrt… (Er dankt für den reichen Inhalt seines Wäschepaketes) … *Nun bin ich ja*

---

ter, so berichtete M. S. mündlich im Gespräch mit P. Dieterich, sei ihr Mann gewesen, als der ihn verhörende Gestapo-Beamte Oswald ihm triumphierend gesagt habe, W. habe nachgegeben. Gretel erklärte W.s Nachgeben so: Er sei in Köln in einer besonders scheußlichen Zelle inhaftiert gewesen. Die Wanzen hätten dem kriegsversehrten Mann, der eine nicht heilende Wunde am Körper gehabt habe, sehr schmerzhaft zugesetzt. Nach einer Woche heftiger Schmerzen habe er sich dem Druck des Staates gebeugt und seine Ausweisung angenommen. Beim nächsten Besuch Gretels bei ihrem Mann war Pauls erste Frage: »Stimmt es, dass Bruder W. nachgegeben hat?« Auf Gretels »Ja« sei er tagelang enttäuscht gewesen. Im Hintergrund habe für ihn die Frage gestanden: Wie viel riskiere ich, wenn ich mich gegen meine Ausweisung stelle?

481 M. S. hat im Gespräch mitgeteilt, ihr Mann habe gehofft, alle ausgewiesenen Pfarrer würden gegen das staatliche Gebot am selben Tag in ihre Gemeinden zurückkehren. Auf diese Weise würde die Kirche dem Staat endlich seine Grenzen aufzeigen und so die Freiheit ihrer Verkündigung wahren. Er sah die Frage, wie auf seine Ausweisung zu reagieren sei, durchaus nicht als seine nur persönliche Entscheidung. Vielmehr meinte er, es sei die Ausweisung ein Angriff auf die BK, weshalb die Kirchenleitung allen Grund habe, gegen sie Widerstand zu leisten.

vollends in meiner Zelle im gelobten Land, wo Milch und Honig fließen …

Heute Morgen begann ich meinen Gottesdienst mit dem Vers:

Kommt, lasst uns immer auf ihn schauen,
da unser Herz sich seiner freut,
auf seinen heilgen Namen trauen
und ihn erhöhn in Freud und Leid.
Gib, dass uns behüte,
Vater, deine Güte!
Halt dein Vaterherz
immer für uns offen,
wie wir auf dich hoffen,
heilge Freud und Schmerz.

Jorissen, Psalm 33

Ich freute mich im Evangelium der Kraft des Glaubens, die die Toten lebendig macht (in der Bitte des Jairus an Jesus), wie durch die Tat Jesu tatsächlich der Tod ein Spott worden ist (das Mägdlein ist nicht tot, sondern es schläft[482]) und wie der Glaube des blutflüssigen Weibes[483] die kranke, geschwächte Kirche ermuntert, in dem Anrühren Jesu neue Kräfte der Gesundung zu suchen und zu finden in dem Gedränge, das heute um Jesus entstanden ist gerade da, wo man seinen Namen geflissentlich totzuschweigen sucht. Die Epistel[484] machte mich so gebetsfroh, um alles das zu bitten, was uns da vom Apostel vorgestellt wird: »geistliche Weisheit und Erkenntnis« zum Verstehen der Schrift und der Kraft Gottes, »würdiger Wandel erfüllt mit Früchten guter Werke«, damit wir den Feinden nicht »Ursache geben, unsern Glauben zu lästern«, – »Erkenntnis Gottes« –

482 Markus 5,23.39.
483 Markus 5,28.34.
484 Kolosser 1,9-14.

jetzt freilich wie in einem Spiegel im dunklen Wort[485] *– als dem Hauptgrund aller Erkenntnis, darin wir das ewige Leben haben, und »Stärkung zu aller Geduld und Langmütigkeit mit Freuden«. Es beschämt wohl, dass man zu dem allen die Ermahnung des Apostels noch so nötig hat, aber es macht doch auch froh, dass man das alles haben darf, sich schenken lassen darf und vielleicht auch hier und da einen schwachen Anfang gemacht hat. Da darf denn in dieser Woche uns doch der Wochenspruch als frohes Lob aus dem Herzen kommen und uns verbinden aus derselben Epistel (Kolosser 1,9-14): »Danksaget dem Vater, der uns tüchtig gemacht hat zum Erbteil der Heiligen im Licht« (V. 12).*

Ja, »gelobet sei Gott und der Vater unseres Herrn Jesu Christi, der uns wiedergeboren hat zu einer lebendigen Hoffnung durch die Auferstehung Jesu Christi von den Toten, zu einem unvergänglichen und unbefleckten und unverwelklichen Erbe, das behalten wird im Himmel«.[486] *Sollte diese Hoffnung uns nicht durch unser Erdenleben tragen können? Sollte diese Hoffnung nicht Lebens- und Triebkraft haben können für alle, die ihr nicht mit letztem Unglauben und Verstockung*[487] *abgesagt? Sollte Gott nicht seine Kirche, die er aus ihrer Weltseligkeit aufrüttelt, aus dieser Hoffnung schön erneuern in dieser gefährlichen Zeit?*[488] *Wieder predigt mir der Kastanienbaum und streckt mir nun von seinen kahlen schwarzen Zweigen so verheißungsvoll die braunen kleinen Knos-*

485 1. Korinther 13,12.

486 1. Petrus 1,3.4.

487 Uneinsichtig auf seiner Meinung beharren, im Innersten unbelehrbar sein. Sowohl im Alten Testament (Jesaja 6,10) als auch im Neuen Testament (Matthäus 13,15; Römer 9,18) ist Verstockung eine Wirkung des rätselhaft strafenden göttlichen Willens; bei Johannes Calvin spielt die Lehre von der Verstockung eine besondere Rolle.

488 Aus dem Lied »Lob Gott getrost mit Singen« (Böhmische Brüder 1544), EG 243,5: »Es tut ihn nicht gereuen, / was er vorlängst gedeut', / sein Kirche zu erneuen / in dieser fährlichn Zeit. / Er wird herzlich anschauen / dein Jammer und Elend, / dich herrlich auferbauen / durch Wort und Sakrament.«

pen für nächstes Frühjahr entgegen. Man sieht sie nahe vor dem Fenster und sieht sie auch in den obersten Zweigen. Sie waren schon da, als das gelbe fallende Laub sie noch verhüllte. Sollten wir in Undank und Kleinglauben unter den fallenden welkenden Blättern der Kirche die auch hier vorhandenen, fest an Stamm und Zweige gewachsenen Knospen übersehen wollen?

Liebes Weib, ich meine, wir wüssten davon aus eigenem Herzenserleben zu sagen und zu glauben auch für unsere Gemeinden … Die Bekennende Kirche, die es wahrhaft ist, ist der Baum mit den Knospen; die heimlichen Gemeinden in den Gemeinden sind die Knospen der Kirche. Da, wo man bereit ist, auf Pfarrstellen zu gehen, die keine »Pfarrstellen« mehr sind, die auch ohne gesicherte »staatsfreie Position« bestehen, weil eine solche »Position« kein Glaubensposten mehr wäre, da, wo alle kirchenpolitischen Erwägungen und Überlegungen aufhören, da sieht schon jetzt das geistliche Auge die kommende Kirche und ihren Frühling. Die Welt freilich und der ungeistliche Kirchenmann sehen den kahlen Baum seiner Kulturbedeutung, seiner Öffentlichkeitsbedeutung beraubt und urteilen, dass es bald aus mit ihm sei und er nur noch zu Brennholz tauge, wenn ihm die Anerkennung der Welt und des Staates versagt bleibt. Sie retten sich in das Schlinggewächs der falschen Kirche und Staatsreligion, das sich an dem in Wahrheit gerichtsreifen Baum dieser gottlosen, selbstherrlichen und selbstsicheren Welt üppig emporrankt, um dann mit dem Baum dieser vergehenden Welt zu stürzen und verbrannt zu werden. Wir aber bleiben sitzen in den Zweigen der armen, kahlen, verachteten, geschändeten Kirche, die uns so verheißend ihre Knospe entgegenstreckt, und wissen es, sie und sie allein trägt die Verheißung, dass die Pforten der Hölle sie nicht überwältigen werden. Nur in ihr kann man sicher wohnen, »wohlgeborgen in allen Lagen«; nur in dem Glauben, der die unverwüstliche Kraft ihres Lebens und Knospens ist, ist wahre Freiheit und Freude, und wir wollen es ferner nur immer mehr und immer eindeutiger halten mit diesem Glauben, aus ihm leben und aus ihm handeln als die reich »Getrösteten«[489]*, weil dieser Glaube allein der Sieg ist, der das Gefängnis und die Todesmacht dieser Welt überwunden hat.*[490] *»Und mag die Welt vergehen mit ihrem eitlen Lohn, der Glaube bleibt bestehen, das Kreuz bringt uns zur Kron'.«*

Liebste, Deine Briefe machen mich so froh und sind mir der schönste menschliche Trost in meiner Haft, weil sie ja von Gottes Trost zeugen. Wie gerne lässt man sich ja gerade vom allerliebsten Menschen diesen Trost sagen! Um deswillen allein wollte ich mein Gefängnis segnen. Nun wolle Gott auch ferner Dich und Euch alle und mich in diesem unserm einigen Trost im Leben und im Sterben, der ja kein anderer ist als unser gekreuzigter Herr und Heiland selber,[491] *reichlich segnen und trösten und erfreuen!*

(Paul hat etliche Kartengrüße von Gemeindegliedern und Freunden direkt in seine Zelle erhalten.)

...Auch ein Kartengruß von Bruder Joachim Beckmann gelangte an mich, und ich freute mich über seine Bezeugung der Gemeinsamkeit des Glaubens und Bekennens.

Koblenz, 8. November (offiziell)... Man lebt hier in der Zelle ein ganz eigentümliches Leben. Die Außenwelt ist einem fast versunken. Ob Winter oder Sommer ist, berührt einen kaum. Auch die Ereignisse im Volks- und Weltgeschehen, von denen man gelegentlich durch ein Zeitungsblatt erfährt, sind einem

---

489 2. Korinther 1,5.

490 1. Johannes 5,4.

491 Heidelberger Katechismus Frage 1: »Was ist dein einziger Trost im Leben und im Sterben?« Antwort: »Dass ich mit Leib und Seele im Leben und im Sterben nicht mein, sondern meines treuen Heilandes Jesu Christi Eigentum bin, der mit seinem teuren Blut für alle meine Sünden vollkommen bezahlt und mich aus aller Gewalt des Teufels erlöst hat und also bewahrt, dass ohne den Willen meines Vaters im Himmel kein Haar von meinem Haupte fallen kann, ja, dass alles zu meiner Seligkeit dienen muss. Darum sichert er mir auch durch seinen Heiligen Geist das ewige Leben zu und macht mich von Herzen ruhig und getrost, ihm fortan zu leben.«

ferner gerückt, wenigstens schaut man sie von einer anderen, darf ich sagen, höheren Warte durch das innerliche Leben, das man zu führen genötigt ist und das einen in seine eigene Seele, in Gott und in die Ewigkeit hineinschauen lässt. Das ist nun unser evangelisches, nicht wie bei den Katholiken selbsterwähltes, sondern von Gott uns verordnetes Klosterleben auf Zeit, das uns als solches gut und heilsam sein muss. – Unsere Briefe können ja auch nichts anderes sein als kurze Besuche mit Anstandspersonen[492], wie das für Brautleute üblich war. Auch dieser wie jeder Brautstand geht vorüber und führt uns zu neuer Freude. Am Ende allen Vermissens und Wiederfindens aber steht für uns Christen die ewige Hochzeitsfreude[493], da auch unsere Ehe und Liebe neue selige Erfüllung finden wird in der Gemeinschaft Gottes und unseres Heilandes. Wir wollen dankbar sein auch für diese »bräutliche« Aussprache, die uns noch geschenkt ist.

Koblenz, 14. November 1937 (inoffiziell) ... Am Fenster habe ich am Dienstag eine Feier des 9. November[494] vor der angetretenen Polizei mitangehört: Nicht in Demut und Trauer denken wir der sechzehn Gefallenen, sondern in stolzer usw. Verherr-

---

492 Freundlich-ironische Umschreibung der Person, die als Beauftragter der Gestapo diese Briefe mitliest. In bürgerlichen Familien war es Anfang des 20. Jahrhunderts noch weitgehend üblich, dass verliebte, aber noch nicht verheiratete oder doch wenigstens verlobte Personen nicht allein miteinander ausgingen. Sie nahmen eine Schwester, einen Bruder oder wen immer als sogen. Anstandsperson mit.

493 Offenbarung 19,7; und: »Halt mich im Glauben feste / zu dieser bösen Zeit; / hilf, dass ich mich stets rüste / zur ewgen Hochzeitsfreud« (Johann Walter), EG 148,9.

494 Am 9. November gedachten die Nationalsozialisten Hitlers »Marsch auf die Feldherrnhalle« in München am 9. November 1923, bei welchem er zusammen mit General Ludendorff einen reichlich chaotischen Putschversuch unternommen hat. Dieser Putschversuch wurde später zur »großen nationalen Erhebung« umgedeutet. Die Männer, die dabei durch die Polizeikugeln gestorben sind, wurden als »nationale Märtyrer« verehrt.

lichung jener Männer in ihrer Vorbildlichkeit. Auch wir leben und kämpfen für ein Deutschland, das dauert in alle Ewigkeiten. Forderung nicht nur totaler Hingabe von Leib und Leben, sondern auch der Totalität in der Weltanschauung.[495] *– Sonst blieb die vergangene Woche friedlich. – Ich glaube wohl, dass ich Frucht und Segen von meiner Bibellektüre mit Auszügen habe und etwas weiterkomme im Verständnis der Hl. Schrift. Wie unglaublich überheblich ist es doch, diese Weisheit Gottes, in der ein Elefant schwimmen kann, zu verwerfen und dafür die seichte Weisheit dieser Welt in ihrer Lüge und Sünde einzutauschen! Die Torheit Gottes ist weiser, denn die Menschen sind.*[496] *In den Bekenntnisschriften bin ich noch bei der historischen Einleitung, und der Tscheche ist unzufrieden, dass ich die englischen Studien nicht eifriger betreibe. Im »Büchsel«*[497] *bin ich auch noch ziemlich weit vorne.*

Heute Mittag kam Herr O. und wollte wissen, wo meine Predigtkonzepte wären, da Unterlagen für den Staatsanwalt gebraucht würden. Ich lehnte es ab, ihm das zu sagen. »Sie sind also wieder dickköpfig!« Er stellte in Aussicht, dass sie das ganze Haus dann durchsuchen würden. Aber mein Standpunkt ist der, dass ich für die Art meiner Vorbereitung auf meine Predigten niemandem Rechenschaft schulde und dies meine persönlichste, privateste Angelegenheit ist. Meine Predigten halte ich frei ohne Konzept und binde mich nie wörtlich an das Konzept, und ich weiche oft auch erheblich davon ab, manchmal gerade Schärfen weglassend oder mildernd. Die Predigten sind frei öffentlich,[498] *und jedermann hat Zutritt. Wenn*

495 Vollständige Beanspruchung des ganzen Menschen, seines Denkens, Fühlens, Glaubens und Handelns durch den NS-Staat; das Gewissen des Einzelnen wird dem Führer zum Opfer gebracht. Das gesamte Leben in Wirtschaft, Wissenschaft, Kunst und Sport wird vom Nationalsozialismus beherrscht.

496 1. Korinther 1,25.

497 Friedrich Büchsel (1883–1945), Prof. für Neues Testament in Rostock; die Geschichte des Neuen Testamentes beschrieb er als Geschichte des Wortes der Versöhnung.

498 Vgl. Johannes 18,20.

man nun noch nach Gründen für Schutzhaft und Ausweisung oder für ein Gerichtsverfahren sucht, so kann etwaiger Kanzelmissbrauch[499] *nur aus dem Zeugnis der Predigthörer, also im Wesentlichen der christlichen Gemeinde, festgestellt werden.*

Grundsätzlich sollten wir unsere Konzepte nicht für Nachspürungen eines auf anderer weltanschaulicher Basis fundierten Staates herausgeben. Wir sind für unsere Predigten nicht dem Staate Rechenschaft schuldig, sondern dem Herrn und seiner Kirche, der wir dienen. Sollten nun trotz meiner Ablehnung die Konzepte gesucht, gefunden und beschlagnahmt werden, so lass es Dir nicht leid sein.[500] *Dann soll es auch so recht sein, dann will ich mich auch über das eben Gesagte hinaus noch zur Sache verantworten. Ich und wir alle haben ja in unseren Predigten nie zu viel, sondern immer zu wenig gesagt. Ich glaube nicht, dass ich darüber ein schlechtes Gewissen zu haben brauche. Offenbar können wir nun aber damit rechnen, dass meine Sache so schnell nicht zur Entscheidung kommt. – Beim Spaziergang waren wir elf Leute. Es sind nun fünf Bibelforscher hier, darunter ein Ehepaar, die Frau »wohnt« neben mir. (Auf der anderen Seite jetzt wieder ein Jude.) Mit ihren Ideen, die wohl nicht ganz aus der Bibel geforscht sind und viel endzeitliche Schwärmerei enthalten, können wir von der*

---

499 Als Kanzelmissbrauch galt es im Dritten Reich, wenn ein Pfarrer in der Predigt politische Maßnahmen des Staates kritisierte. Er konnte dabei mit dem sogenannten Heimtückegesetz in Konflikt kommen, für dessen Übertretung härteste Strafen verhängt wurden. Ferner gab es den »Kanzelparagraphen« (§ 130 a des Strafgesetzbuches), welcher lautete: »Ein Geistlicher oder anderer Religionsdiener, welcher in Ausübung oder Veranlassung seines Berufes öffentlich vor einer Menschenmenge oder welcher in einer Kirche oder an einem anderen zu religiösen Versammlungen bestimmten Ort vor mehreren Angelegenheiten des Staates in einer den öffentlichen Frieden gefährdenden Weise zum Gegenstand einer Verkündigung oder Erörterung macht, wird mit Gefängnis oder Festungshaft bis zu zwei Jahren bestraft.«

500 Die Haussuchung fand statt, aber mit geringstem Erfolg.

Kirche aus nicht ganz mitgehen, so wie sie auch behaupten, dass sie einen »etwas anderen Standpunkt« haben, und meist, wenn nicht alle, aus der Kirche ausgetreten sind. Immerhin sind sie uns ein lebendiger Vorwurf für die von der Kirche vernachlässigte Lehre von den letzten Dingen.[501] *Vieles sehen sie in ihrer Interessiertheit besser und klarer als die meisten Kirchenchristen ... So bist Du, Liebste, nun geplagt, und Deine Plage ist alle Morgen neu. Gott schenke Dir auch Kraft und Hilfe nach seiner Verheißung: Er legt uns eine Last auf, aber er hilft uns auch. »Wie deine Tage, so deine Kraft, und unter dir sind ewige Arme.« Die tragen und halten fest. Gelt, das Schwerste ist ja die Gewissenslast, dass man immer sorgt, dass man's recht macht und vor Menschen und vor Gott bestehen kann! Das ist ja die Last, die uns Christen vor anderen aufliegt, viel schwerer als alles äußerliche Leiden. Dies wenigstens will ich mit Dir und für Dich tragen, und manchmal liegt mir diese Last auch sehr schwer auf, und ich muss mich im Glauben immer wieder mühsam hochkrabbeln, dass ich vertrauen kann, dass doch Gott mein ganzes, unvollkommenes und sündiges Tun und Verantworten und Bekennen in Gnaden ansieht. In solchen Stunden wollen wir dann vertrauen, dass er unser sündiges Menschenwerk um des vollkommenen Opfers und Werkes Jesu willen in seine treue Gotteshand nimmt und heiligt und reinigt und segnet. Über unserem ganzen Tun und Leben bleibt es wahr: Gottes Gnad' und Christi Blut macht ja allen Schaden gut.*[502] *So wollen wir aufs Neue alles in seine Hände*

---

501 P.S. denkt gewiss an das damals viel gelesene Buch von Paul Althaus »Die letzten Dinge«, 2. Auflage 1926. Es geht bei den »letzten Dingen« sowohl um die Frage, was aus dem Menschen nach seinem leiblichen Tod wird, als auch darum, was zuletzt aus der Menschheit im Ganzen, aus der Erde und dem Kosmos wird.

502 Aus dem Lied »Müde bin ich, geh zur Ruh, schließe beide Äuglein zu« von Luise Hensel, 1817, das in vielen Häusern abends als Gutenachtlied mit den Kindern gesungen wurde, EG 484,2: »Hab ich Unrecht heut getan, / sieh es, lieber Gott, nicht an. / Deine Gnad und Christi Blut / machen allen Schaden gut.«

befehlen, auch die Predigtkonzepte, sie seien nun wo auch immer.

Koblenz, 16. November 1937 (inoffiziell) … Der Stapo habe ich meine Stellungnahme zu der Predigtkonzeptsache nun schriftlich mitgeteilt … Vergiss bei Deinem Haushalten auch das Reich Gottes nicht. Wir wollen ja nicht mit der Wurst nach dem Schinken werfen! Aber es liegt ein Segen darin. »Lasse dein Brot übers Wasser fahren, so wirst du es finden nach langer Zeit.«[503] *Anderes darfst Du von mir aus, wie Du weißt, eher vergessen …*

Koblenz, 17. November 1937 (inoffiziell). Vom Bußtagabend noch einen kurzen Gruß. Ich hatte einen gesegneten Tag mit Gottes Wort und in ernster Besinnung auf alles das Viele, das man verkehrt gemacht in Leben und Amt, und wie man es doch fort und fort an Sanftmut, Liebe und Geduld fehlen lässt. Gott, lasse mich doch auch nur durch all das treue Graben und Düngen des Weingärtners[504] *geraten, dass ich ihm möchte Frucht bringen dürfen in Amt und in der Gemeinde, auch in der Familie.*

Koblenz, 23.11.1937 (inoffizieller Brief) … Geldstrafen, die ich verschuldet haben soll, keinesfalls bezahlen, auch sonst rate ich, Geldstrafen, die uns wegen Bekenntnishaltung auferlegt werden, nur auspfänden zu lassen. Herr O. meinte zynisch, es wäre ja noch Geldstrafe für mich fällig, und wollte es nicht gelten lassen, dass ich die ja längst abgesessen hätte, da meine Haft »Schutzhaft« sei. (Für das Nichtbefolgen der Ausweisung.) Er meinte, das zöge vielleicht, wenn Ihr zu Haus Not leidet. Ich sagte, sie sollten machen, was sie wollten; sie wüssten ja, dass ich alles, einschließlich meiner Haft, für Unrecht halte … Lest Jes 10, zu dem ich mir aufschrieb: Gottes Zorngericht über das

503 Prediger 11,1.
504 Lukas 13,9.

hochmütige Assur[505], das nicht weiß, dass es nur Gottes Zornesrute ist, das Israels Gott unter die Götter der Heiden wirft, das sich seiner Kraft und Weisheit rühmt, die Völker als Vogelnester achtet, die es aushebt und plündert.

»Mag sich auch eine Axt rühmen wider den,
der damit haut?
Oder eine Säge trotzen wider den, der sie zieht?
Als ob eine Rute schwänge den, der sie hebt!
Oder der Stecken höbe den, der kein Holz ist!
Israels Licht wird ein Feuer und sein
Heiliger eine Flamme sein
zu schnellem und vernichtendem Gericht
über Assurs Macht,
dass die übrigen Bäume seines Waldes können gezählt werden
und ein Knabe sie kann aufschreiben. –
Den Übrigbleibenden Israels aber ist Heil verheißen
durchs Gericht hindurch, das vom Herrn kommt.
Darum soll er sich nicht fürchten vor Assur,
durch den Gott an Israel handelt wie einst an Ägypten.«

vgl. Jes 10,15-24

Die Bedrängnis wird kommen, aber wenn die Not am größten ist, sendet Gott Hilfe. – In und an Israel wird Assurs Macht zuschanden.

24.11.1937: Nun sind, wie es scheint, die Würfel gefallen. Lager, ob es nun Konzentrationslager oder Schutzhaftlager heißt, ist wohl einerlei. Wir sollen menschliche Behandlung und Verbindung mit den Angehörigen behalten.... Macht die Gemeinden möglichst selbstständig – ein Grund für die so plötzliche

505 Hauptstadt des assyrischen Großreiches 1363–612 v. Chr.; hier Beispiel für selbstherrliche Großmacht, die Israel unterdrückt, die aber dem Gericht Gottes verfallen wird.

Wendung ins Lager ist mir nicht bekannt. Ich vermute, dass Entscheidungen allgemeiner Art höheren Orts hier mitsprechen.[506] *– Was soll ich Dir nun noch raten? Das ist von außen her so leicht und billig. Ich sehe voraus, dass die Nötigung zum offenen Geständnis und freien Bekenntnis*[507] *nun an jeden aufrichtigen Christen kommt. Du wirst schon wegen unserer Kinder auch bald drankommen. Dann bedenke: »Lieber alle Kreaturen preisgeben denn im Geringsten wider Gottes Willen tun«, und traue der Verheißung zugleich: »Wer Gott fürchtet, der hat eine sichere Zuflucht, und seine Kinder werden auch beschirmt.«*[508] *Lass uns das Trauerspiel so vieler christlicher Eltern nicht mitmachen.*[509] *Halte der Gemeinde die Treue … Gott wird Dir Kraft geben, Du Liebe, Deinen Weg zu gehen. Frage immer zuerst in allen Dingen Gott um Rat, ehe Du die Menschen fragst, auch die besten Freunde werden uns oft nicht das Richtige raten. – Auch die Gemeinden werden in Thüringen (Buchenwald) meinem Herzen so nahe bleiben, wie sie es hier in Koblenz waren … Herr und Frau M. aus O. gehen auch gleichzeitig mit auf »Transport«. Mit Herrn M. werde ich auch in das gleiche Lager kommen … Ja, so werden wir mit den Sektierern zusammengesteckt. Sicher*

---

506 P. S. vermutet, dass die Regierung, möglicherweise Hitler selbst, angeordnet habe, dass dem Ungehorsam gegen eine vom Staat verfügte Ausweisung mit KZ-Haft begegnet werden müsse. Vielleicht geht er auch davon aus, dass die Entscheidung in seinem Fall mit der rheinischen Kirchenleitung abgesprochen ist.

507 »O komm, du Geist der Wahrheit und kehre bei uns ein« (Philipp Spitta 1827), EG 136,4: »Es gilt ein frei Geständnis / in dieser unsrer Zeit, / ein offenes Bekenntnis / bei allem Widerstreit, / trotz aller Feinde Toben, / trotz allem Heidentum / zu preisen und zu loben / das Evangelium.«

508 Sprüche 14,26. Dass P. S. immer wieder dieses Wort zitiert, zeigt, wie sehr ihn die Frage, was aus seinen Kindern werden wird, umgetrieben hat.

509 Zum »Trauerspiel so vieler christlicher Eltern« sagte M. S. im Gespräch mit P. Dieterich: »Paul war oft traurig über Freunde, die ihre Kinder in die Hitler-Jugend geschickt hatten mit dem Argument: ›Wenn unsere Kinder in der HJ sind, dann sind gute Elemente drin, die das Schlimmste verhindern werden.‹ Darin sah Paul ein Trauerspiel.«

sollen wir uns gegenseitig dienen. Frau M. ist jetzt nach schweren Stunden ganz aufgemuntert und auch ruhiger. Die Freunde und Brüder lasse ich alle grüßen. Wir sollen jetzt unser Leben nicht teuer achten, wo der Wolf schon eingedrungen ist in unsere Hürden und nach der Seele unserer Leute und vor allem unserer Jugend giert, auf dass wir nicht als Halbe erfunden werden. Wo Mietlinge sind, da erhascht und zerstreut der Wolf die Schafe.[510] *– Lass uns bedenken, Liebste, unsere Trübsal ist zeitlich und leicht und wirkt eine ewige und über alle Maßen wichtige Herrlichkeit.*[511] *Unsere Kinder gehören Gott durch unsern Glauben und die Taufe auf Christus. Der treue Herr wird sie behüten an Leib und Seele.*

Paul hat seinen Kindern, der alten Sophie, unserer Hausgehilfin Luise und Vikar Kemper noch Abschiedsworte geschrieben. Aus dem Brief an den Letztgenannten: *»Wenn Sie die Brüder sehen und grüßen, dann bitten Sie von mir aus, dass sie jetzt um Gottes willen etwas tun und vor die Gemeinde treten möchten, in den Riss springen mit ihrem persönlichsten und letzten Einsatz, um dem Geist greulicher Verführung und Abgötterei zu wehren, der sich aufgemacht und schon die Herrschaft, die geistige auch, an sich gerissen hat. Mit aller ›Klugheit‹ und ›Besonnenheit‹ wird nichts mehr gerettet, aber auch das Letzte verloren. Siehe den Bankrott so vieler Amtsbrüder in ihren Gemeinden! Hier muss jeder jetzt auch das Leben wagen, sonst kann er es nicht gewinnen.«*[512]

Und nun kommt der Tag, da mir die Post eine gewöhnliche Postkarte von Paul bringt. Wieder ist es ein »Kerkermeister«, der ihm vor der amtlichen Meldung seinen Wegtransport ins KZ anvertraut und offenbar auch diese Postkarte wegbefördert. *»23.11.1937, 22 Uhr (Poststempel). Es wäre schön, wenn wir uns*

510 Johannes 10,12.13.

511 2. Korinther 4,17.

512 Matthäus 10,39; 16,25; Markus 8,35; Lukas 9,24.

vor meinem Wegtransport von hier am Donnerstagmittag noch einmal sehen könnten. Herr O. hatte mir ja auch Deinen Besuch schon in Aussicht gestellt. Wie wir es bisher getan haben, so wollen wir weiter Gott allein vertrauen, in Demut und Geduld von Ihm allein alles Gute erwarten und Ihn von ganzem Herzen lieben, fürchten und ehren.[513] *So wird Gott mit uns sein, und wir werden nicht zuschanden werden in unserer Hoffnung*[514]*. Seid getrost und treu und fürchtet Euch nicht. Ich behalt Euch fest in meinem Herzen. In Gott sind wir ungeschieden. Hab auch noch mal innig Dank für alle Liebe nach hier. Wir wollen dankbar sein für diese schöne Vorbereitungszeit für härtere Proben. Neue Leiden sollen uns neue Erfahrungen unseres Gottes und neue Herrlichkeiten bringen. Christus spricht: ›Ich bin bei Euch alle Tage…‹*[515] *Außer etwas Lebensmittel (und Geld vielleicht) kann man nichts mitnehmen. Anderes wird nachgeschickt. Ein paar frische Strümpfe brauch ich gleich. Viele herzliche Grüße allen. In Liebe, Dein Paul.«*

Als ich schon im Begriff zur Abfahrt nach Koblenz bin, kommt eine amtliche telefonische Erlaubnis, meinen Mann noch einmal sprechen zu dürfen. Daraufhin haben mir die Wachtmeister dann sogar dreimal Sprecherlaubnis gewährt – Dank ihnen! Das erste Mal waren unsere beiden Ältesten dabei (10 und 8 Jahre). Nach dem Abschied nahmen die Hüter des Gesetzes die Kinder vor und ermahnten sie, recht artig zu sein, bis der Vater wiederkäme. Zu mir sagt einer zum Trost: Unser Herrgott sorgt schon, dass die Bäume nicht in den Himmel wachsen! – Am andern Morgen sind Paul und ich wieder beieinander. Er hat tags zuvor seine Gefängnispost von Juni bis Juli 1937 von der Stapo ausgeliefert bekommen. Diese Briefe waren sein Trost der Nacht. Ich selbst konn-

513 Martin Luthers Erklärung des Ersten Gebotes im »Kleinen Katechismus«: »Wir sollen Gott über alle Dinge fürchten, lieben und vertrauen«.

514 Römer 5,5: »Hoffnung aber lässt nicht zuschanden werden.«

515 Matthäus 28,20.

te mich nur noch an das Wort halten: »Wen Gott liebhat, den züchtigt er, und er stäupt einen jeglichen Sohn, den er annimmt.«[516] Wir sagen uns diese Gedanken. Da es Freitag vor dem 1. Advent ist, habe ich ein Adventskränzlein bei mir. Er nimmt es nachher in seine Zelle und liest in seinem Licht die Adventslieder. – Paul weiß, dass er heute noch frei ist, wenn er sich verpflichtet, dem Ausweisungsbefehl Folge zu leisten. Das Herz ist uns ganz schwer. Ich streichle Paul leise: »Wie hab ich dich so lieb!« – da erschüttert ihn tiefes Weinen. Wir reden nichts mehr. – Der Aufsichtsbeamte fordert uns dazu auf, indem er auf seine Verschwiegenheit hinweist! Ich habe die Losung des Tages aufgeschlagen: »Es hat überwunden der Löwe aus Juda.«[517] – Stammelnd beten wir das Vaterunser miteinander. Die Zeit ist abgelaufen. Ein schmerzdurchwühlter Mann wird abgeführt. – Das darf nicht das Letzte sein. Das sieht auch der Wachtmeister ein. Und so bekomme ich in der letzten Stunde vor dem Abtransport noch einmal Einlass. Wir haben uns gefasst. »Wir dürfen nicht mehr weich werden«, sagt Paul. Verse der Adventslieder, die ihn eben oben in der Zelle trösteten, strömen von seinen Lippen. Dann reden wir von Alltäglichem. In die Unterhaltung mischt sich der Wachtmeister – es ist sogar von der schweren Artillerie die Rede!! – In der gleichen Stube sitzt ein Ehepaar, ernste Bibelforscher, die auch Abschied zu nehmen haben. Er und sie kommen in ein KZ-Lager. Die Frau kommt auf mich zu, gibt mir die Hand und sagt: »Gelt, es ist schwer! Ich danke Ihrem Mann so viel Trost und Zuspruch. Gott segne Sie!« – Als Letzter schaut Paul noch einmal aus dem Gefängnisauto heraus – lächelnd.

Auf der Heimfahrt nach Dickenschied kam ich mir unter all den munteren, harmlosen Menschen wie ein Fremdling vor. Pauls wenige Habseligkeiten aus der Koblenzer Schutzhaft habe ich vorher von der Geheimen Staatspolizei ausgeliefert

516 Hebräer 12,6.
517 Offenbarung 5,5.

bekommen. Darunter war ein kostbares Vermächtnis: Pauls Bibel. Nicht einmal diese durfte er ins KZ mitnehmen. Die Kapitel, über die er meditierte, sind voller Randbemerkungen. Er nennt sich ja selbst einen »Schüler am göttlichen Wort«. Wir merken, wie er »diese Vorbereitungszeit für härtere Proben« genutzt hat, wie sorgfältig er hingehört hat. Nach dem Lesen dieser Randbemerkungen hebt Prof. Heinrich Vogel »die Zurückdrängung der persönlichen Aspekte unter dem Vorrang der Frage nach Gottes Willen, nach Gottes Gnade und Gericht; die unerhörte Unmittelbarkeit zwischen der Schrift und ihm, da ist keine wortreiche Distanz mehr«, hervor. So ist – um einige Beispiele wiederzugeben – Psalm 31 *sein* Psalm, voller Unterstreichungen und Anmerkungen, wie zu »Du übergibst mich nicht in die Hand des Feindes« (Vers 9): *auch in der Zelle nicht;* »Wie groß ist deine Güte, die du verborgen hast für die, so dich fürchten, und erzeigest vor den Leuten denen, die auf dich trauen« (Vers 20): *Gottes Wort ist nicht gebunden;*[518] »Du verbirgst sie heimlich bei dir vor jedermanns Trotz; du verdeckst sie in der Hütte vor den zänkischen Zungen« (Vers 21): *auch in der Zelle;* »Ich sprach in meinem Zagen: Ich bin von deinen Augen verstoßen. Dennoch hörtest du meines Flehens Stimme, da ich zu dir schrie« (Vers 23): *Gott führt durch die tiefsten Tiefen;* »Die Gläubigen behütet der Herr und vergilt reichlich dem, der Hochmut übt« (Vers 24): *Gebet Raum dem Zorn Gottes; ich will vergelten, spricht der Herr;*[519] »Es müssen sich schämen und gehöhnt werden, die nach meiner Seele stehen; es müssen zurückkehren und zu Schanden werden, die mir übelwollen« (Ps 35,4): *in Gott getrostes Selbstbewusstsein;* »Herr, deine Güte reicht, so weit der Himmel ist, und deine Wahrheit, so weit die Wolken gehen. Wie teuer ist deine Güte, Gott, dass Menschenkinder unter dem Schatten deiner Flügel Zuflucht haben« (Ps 36,6.8): *der*

518 2. Timotheus 2,9; dieses Wort wurde in der BK oft zitiert. Die Bekenner fanden sich wieder in dieser Gewissheit.

519 Römer 12,19.

über die Bosheit der Gottlosen gehende Trost; »Du machst uns zur Schmach unseren Nachbarn, zum Spott und Hohn denen, die um uns her sind« (Ps 44,14): *Das ist die Not, dass Gott sein Volk durch die Ruchlosen und Gottlosen züchtigt;* (Jesus wandelt auf dem Meer, Mt 14,24-33): *Auch die nächtlichen Angststunden sind von Gott, und Christus ist mitten darin;* (Gleichnis von den Arbeitern im Weinberg, Mt 20,1-16): *Es ist die Arbeit in seinem Weinberg, zu der er uns ruft. Die menschlichen Maßstäbe der Quantität und der Qualität der Leistung versagen vor Gottes Urteil, der das Herz ansieht;* »Was nützt die Beschneidung? Fürwahr sehr viel. Ihnen ist vertraut, was Gott geredet hat« (Röm 3,2): *Gottes Rede führt zum Glauben*; »Gott hat alle beschlossen unter den Unglauben, auf dass er sich aller erbarme« (Röm 11,32): *Auf dass der Glaube wegen des vorausgehenden Unglaubens umsomehr aus Gnaden sei – Erbarmen!* »Wir aber, die wir stark sind, sollen der Schwachen Gebrechlichkeit tragen und nicht Gefallen an uns selber finden« (Röm 15,1): *Den Schwachen ein Schwacher werden, da wir doch alle schwach sind vor Gott*; »Dabei merke ich, dass du Gefallen hast an mir, dass mein Feind über mir nicht jauchzen wird« (Ps 41,12): *Auch das Leiden des Gerechten gibt dem Widersacher eine Widermacht;* »... Wenn mir gleich Leib und Seele verschmachtet, so bist du doch, Gott, allezeit meines Herzens Trost und mein Teil ... Aber das ist meine Freude, dass ich mich zu Gott halte und meine Zuversicht setze auf Gott, den Herrn, dass ich verkündige all dein Tun« (Ps 73,23-28): *Die Gemeinschaft mit Gott und die Führung durch Gott ist ein unvergleichlich größeres Glück.*

Paul Schneider hat in seiner Zelle das Dritte Reich und die Kirche im Dritten Reich nicht außer Acht gelassen: »Da sprach Saul: Nun werden die Philister[520] zu mir herabkommen gen Gilgal, und ich habe das Angesicht des Herrn nicht erbeten; da wagte ich's und opferte Brandopfer« (1. Sam 13,12): *Hier wird*

520 Nachbarvolk Israels am Mittelmeer; es gab viele Konflikte zwischen beiden; heute ungefähres Gebiet der Palästinenser.

Gott den Menschen dienstbar gemacht; der Staat darf nicht Kirche werden. – »Herr, unser Gott, es herrschen wohl andere Herren über uns denn du, aber wir gedenken doch allein dein und deines Namens (Jes 26,13): *An der Treue gegen Gott ist die Tyrannenmacht ohnmächtig.* – »Sie nahmen ihn und stießen ihn zum Weinberg hinaus und töteten ihn« (Mt 21,39): *Alle, die die Kirche ihren Zwecken dienstbar machen, müssen den Sohn ausstoßen.* – »... Wohl fein hat Jesaja von euch geweissagt und gesprochen: Dies Volk naht sich zu mir mit seinem Munde und ehrt mich mit seinen Lippen, aber ihr Herz ist fern von mir; aber vergeblich dienen sie mir, dieweilen sie lehren solche Lehren, die nichts denn Menschengebote sind« (Mt 15,4-9): *Der Grundsatz »Was dem Volke nützt«, vielleicht religiös umkleidet, raubt als oberstes Prinzip Gott die Wahrheit und den Gehorsam, die ihm gebühren.* – »Das da von Anfang war, das wir gehört haben, das wir gesehen haben mit unseren Augen, das wir geschaut haben und unsre Hände betastet haben, vom Wort des Lebens ...« (1. Joh 1,1): *Christus ist älter als Blut und Boden!* – »Euer tausend werden fliehen vor eines einzigen Schelten; ja vor fünfen werdet ihr alle fliehen, bis dass ihr übrigbleibet wie ein Mastbaum oben auf einem Berge und wie ein Panier[521] oben auf einem Hügel« (Jes 30,17): *Also wird es gehen im nächsten Kriege.* – »Man wird sie nennen das heilige Volk, die Erlösten des Herrn, und dich wird man heißen die besuchte und unverlassene Stadt« (Jes 62,12): *Jetzt die Gescholtenen und Geschmähten, die Unterdrückten und Gefangenen, jetzt die gemiedene und verachtete Kirche.* – »Und ob auch der zehnte Teil darin bleibt, so wird es abermals verheert werden, doch wie eine Eiche und Linde, von welchen beim Fällen ein Stamm bleibt. Ein heiliger Same wird solcher Stamm sein« (Jes 6,13): *Um der Gabe und Berufung Gottes willen, Herr! Auch von der evangelischen Kirche Deutschlands ein solcher Rest!*

521 Banner, Fahne.

Konzentrationslager

Wesentliche Informationen zum Verständnis der Vorgänge im KZ gibt das Kapitel »Konzentrationslager Buchenwald und Pfarrer Paul Schneider« im Teil II dieses Buches.

»... und sollst mein Prediger bleiben!«

Jeremia 15,19a

Am 1. Advent 1937 ist die Gemeinde tief erschüttert. Der Vikar predigt über den 130. Psalm[522]. – Treulich steht die Gemeinde hinter ihrem Pfarrer. Im ersten Winter kommen Abend für Abend Gemeindeglieder zu unserer häuslichen Abendandacht, um hier gemeinsam Fürbitte zu tun. Der Sommer mit seinen Geschäften, vielleicht auch der zunehmende politische Druck, heben diese Gewohnheit auf, aber die wöchentlichen Bittgottesdienste bleiben. Im Winter 1938/39 nehmen wir dann die reguläre Gemeindearbeit wieder auf. – Da ich bei einem Vorsprechen in Berlin bei hohen staatlichen Stellen überall von mir und damit zugleich für Paul ein Bekennntnis zum Dritten Reich gefordert sah und ich ein solches Bekenntnis nicht ablegen konnte, ja damit Paul auch einen schlechten Dienst getan hätte, kam ich trotz vieler Eingaben nicht weiter.

An verschiedene staatliche Stellen richtete M. S. am 8. Januar 1938 ein Schreiben und bat »als Mutter von sechs unmündigen Kindern (1½ bis 10 Jahre alt)« um die Freiheit ihres Mannes. Er befinde sich im KZ Buchenwald, »da er als evangelischer Pfarrer und verordneter Diener am göttlichen Wort die gegen ihn ausgesprochene Ausweisung aus dem ganzen Rheinland im Gehorsam gegen die Heilige Schrift und das Bekenntnis unserer

522 »Aus der Tiefe rufe ich, Herr, zu dir. Herr, höre meine Stimme! ... mehr als die Wächter auf den Morgen hoffe Israel auf den Herrn! ... Und er wird Israel erlösen aus allen seinen Sünden.«

Väter nicht annehmen konnte. Auf die Anzeige einer Frau hin – die übrige Gemeinde verhielt sich ruhig –« habe man ihn am 3. Oktober 1937 »verhaftet und nach Koblenz gebracht«. Bis zu seiner Inhaftierung im Mai 1937 habe er, wie es sein Auftrag sei, den Gemeinden das Evangelium von Jesus Christus lauter und rein verkündigt und darüber gewacht, dass danach auch gelebt werde. Nur von wenigen Leuten sei er in den Gemeinden deshalb angefochten worden. Sie erwähnt als Hauptgrund des Anstoßes »die kompromisslose Durchführung der christlichen Bußzucht« auf der Grundlage des Heidelberger Katechismus. »Die Presbyterien seiner beiden kleinen Gemeinden stehen geschlossen hinter ihm und haben bereits unter dem 8. Juni 1937 in einem Schreiben an das Reichsinnenministerium erklärt, dass sie mit der Amtsführung meines Mannes sehr zufrieden wären und ihn als Seelsorger zurückwünschten; auch steht der weitaus größte Teil der Gemeindeglieder in den beiden Gemeinden hinter meinem Mann und hat dies unterschriftlich bekundet. ... Die Gemeinde kann bezeugen, dass ihr Pfarrer in wahrer und echter Volksgemeinschaft in Freud und Leid mit seinen armen Bauern gelebt hat und ihnen in allen Dingen helfend zur Seite stand.« Er hänge am Hunsrück als an seiner Heimat. »Nur ganz wenige, die durch ihren Wandel in der Gemeinde Anstoß erregt haben, stehen wider ihn.« M. S. verweist auf den komplizierten Unterschenkelbruch ihres Mannes, der noch nicht verheilt sei, und richtet an die zuständigen Stellen »die herzliche Bitte, die gegen meinen Mann erlassene Ausweisung zurückzunehmen bzw. die Zurücknahme zu veranlassen und ihn für seine Gemeinde und Familie freizugeben«.

Es ist auffallend und eindrücklich, wie wach M. S. in ihrem Bittbrief darauf achtet, keine von P. S.s Positionen zur Disposition zu stellen. Sie macht deutlich, dass sie ganz hinter den Entscheidungen ihres Mannes, die Kirchenzucht und den Widerstand gegen die Ausweisung betreffend, steht. Sie beugt damit dem vor, dass man sie gegen ihren Mann ausspielen und ihn im KZ mit ihrem Brief unter Druck setzen könnte.

M. S. wurde von den staatlichen Stellen keiner Antwort gewürdigt. Wie erwartet, kümmert sich auch das deutschchristlich eingestellte Konsistorium in Düsseldorf durchaus nicht um das Ergehen oder die Freilassung ihres Mannes. Also fährt M. S. – zusammen mit Fritz Langensiepen – nach Berlin, um im Sicherheitshauptamt der SS in der Prinz-Albrecht-Straße für die Freilassung ihres Mannes zu kämpfen. Langensiepen: »Wir sind bei allen staatlichen Stellen herumgelaufen, zu denen wir uns nur Zutritt verschaffen konnten. Aber niemand konnte helfen, wenn Paul Schneider die Ausweisung nicht befolgte.«[523]

M. S. hat schwesterlichen Kontakt mit der Frau des ebenfalls im KZ gefangenen Martin Niemöller, besucht die Fürbittandachten in der Jesus-Christus-Kirche in Berlin-Dahlem und wohnt eine Woche im Haus des Superintendenten Diestel. Fünfmal dringt sie in das Sicherheitshauptamt der SS vor. Ohne den geringsten Erfolg. Man hält sie hin mit banalen Ausreden. Bei ihrem sechsten Vorstoß empfiehlt ihr ein SS-Mann, der für Kirchenfragen zuständig ist und sich als Pfarrerssohn zu erkennen gibt, sie möge doch eine schriftliche Loyalitätserklärung für den gegenwärtigen Staat abgeben. Das könne helfen.

Was sollte M. S. tun? Das Gebot der Wahrhaftigkeit war ihr wie ihrem Mann unumstößlich. Sie verfasst eine Erklärung, in der sie ein Bekenntnis zum NS-Staat, der ihrem Mann schweres Unrecht tut, vermeidet: »Mein Mann und ich sind uns darin einig, dass wir das Wort auch für uns gelten lassen: ›Jedermann sei untertan der Obrigkeit, die Gewalt über ihn hat‹.[524] Wir sind keine Staatsfeinde. Wir können auch dafür unsere Beweise bringen. Wir können aber auch die Ausweisung nicht als rechtmäßig anerkennen, weil sie auf einer böswilligen Verleumdung beruht, und wir bitten, sie zurückzunehmen.

---

523 Langensiepen: Erinnerungen, S. 246.

524 Römer 13,1. Es fällt auf, dass M. S. dieses Wort nicht weiterzitiert: »Denn es ist keine Obrigkeit außer von Gott; wo aber Obrigkeit ist, die ist von Gott angeordnet. Wer sich nun der Obrigkeit widersetzt, der widerstrebt der Anordnung Gottes …«

Unsere Gemeinde ist in diesem Punkte mit uns völlig einig, wie aus beiliegendem Schreiben ersichtlich ist. Wir glauben, kein Recht zu haben, unserer Gemeinde die Treue zu brechen. Bei der feierlichen Einführung versprach mein Mann, der Gemeinde ein treuer Hirte zu sein, und fühlt sich durch dieses Versprechen im Gewissen gebunden. Um dieser Treue willen hat er den Vorwurf des Ungehorsams ertragen und die Strafe willig und ohne Bitterkeit auf sich genommen. Wir sind bereit, unter Beweis zu stellen, dass wir die Staatsgesetze achten und ihnen gehorsam sind. Ich weiß, dass mein Mann nichts anderes will als in treuer Pflichterfüllung seinen Gemeinden das Evangelium zu verkünden. Margarete Schneider«[525]

Kurt Scharf[526] gibt diese Erklärung persönlich im SS-Hauptamt ab. Wie zu erwarten war, hat sie der SS keinen Eindruck gemacht.

Besonders Fritz Langeynsiepen bemühte sich um P. S.s Freilassung. Etwa im Juli 1938 mit einem Brief an den Legationsrat Erster Klasse Walther Hewel, den ständigen Beauftragten des Reichsaußenministers bei Hitler.[527] Er schildert jenem Bekannten ausführlich die Geschichte, die zu P. S.s Schutzhaft und dann zu seiner Ausweisung geführt hat. Er berichtet, dass P. S. jede Art von Rechtsschutz verwehrt wurde und dass dieses Vorgehen den ehemaligen Weltkriegsoffizier und Träger des Eisernen Kreuzes, der noch das Geschoss seiner Verwundung im Bauch trage, entehre. Er begründet, warum P. S. auch jetzt,

525 Wentorf: Der Fall S. 193.

526 Kurt Scharf (1902–1990), 1928–1933 Pfarrer in Friesack in der Mark; 1933 Pfarrer in Sachsenhausen, Mitbegründer des Pfarrernotbundes; 1934 erste Verhaftung; 1935 Präses des Bruderrates der BK in der Mark Brandenburg; 1938 Vors. der Landesbruderräte in Deutschland; Verhaftungen, Schreib-, Rede-, Aufenthaltsverbote; 1957–1960 Vors. d. Rates der Ev. Kirche der Union; 1961–1967 Ratsvors. der EKD; 1961 Aussperrung aus Ost-Berlin und der DDR; 1966–1976 Bischof der Ev. Kirche Berlin-Brandenburg; 1968–1975 Mitglied des Zentralausschusses des Ökum. Rates der Kirchen; 1980–1984 Vors. der Aktion Sühnezeichen/Friedensdienste e. V.

527 Wentorf: Der Fall, S. 194f.

im KZ, die Ausweisung aus seiner Gemeinde nicht annehmen könne. Sein Brief endet mit folgenden Sätzen: »Ohne jeden Rechtsschutz und ohne jede gerichtliche Verhandlung wird Pfarrer Schneider aufgrund einer bloßen Anzeige eines gehässigen Feindes nun schon seit 8 Monaten im Konzentrationslager gehalten. Soll ein aufrechter deutscher Mann nun einfach zermürbt werden und als Gesinnungslump seiner Frau und seinen 6 Kindern zugeführt werden? Ich wäre Ihnen sehr dankbar, wenn Sie sich für die Freigabe des Pfarrers Schneider einsetzen könnten.«

Von anderer Seite ist auch oft um Paul gekämpft worden, besonders von seinem Presbyterium. Mehrfach wurden diese Männer von Parteiorganen bedroht, weil sie sich hinter ihren Pfarrer, hinter einen »Staatsfeind«, stellten! Am 10. März 1939 wurde bei den höchsten Stellen in Berlin eine Eingabe persönlich eingereicht. Das Presbyterium schrieb unter anderem: »Auf seinen [Paul Schneiders] Gemeinden lastet seit seiner Inhaftierung der Schmerz und die Sorge um das Schicksal ihres Pfarrers, der seinen Gemeinden treu bleibt und diese Treue durch die Tat bewiesen hat. Auch der weitaus größte Teil der Gemeinden, einschließlich der katholischen Bevölkerung, steht zu unserem Pfarrer Schneider und bittet um dessen Rückkehr. Auch bitten wir die Staatspolizei-Hauptstelle dringend, *Rücksprache mit dem Gemeinderat (Vertretung der bürgerlichen Gemeinde) Dickenschied zu nehmen, evtl. mit dem Ortsgruppenleiter (politischer Leiter)*, in Sachen der Rückkehr unseres Pfarrers, da diese Männer auch bezeugen können, dass in unseren Gemeinden Ruhe und Ordnung geherrscht hat und noch heute herrscht und dass einer Rückkehr von Pfarrer Schneider nichts im Wege steht. Wir bitten darum noch einmal um Zurücknahme der gegen unseren Pfarrer Paul Schneider erlassenen Ausweisung und um dessen Freilassung.« Auch im Rheinischen Bruderrat wurde wieder und wieder überlegt, wie Paul Hilfe zu bringen wäre. Präses Humburg war Pauls Erleben »etwas vom Schwersten, was bisher auf ihm gelegen

> hatte«. – Die Frage stand auf, ob nicht allen ausgewiesenen Brüdern die Rückkehr in ihre Gemeinden zu empfehlen sei, um durch ein einheitliches Handeln Pauls Entscheidung zu unterstreichen. Der Beschluss der 6. Bekenntnissynode im Rheinland am 11. November 1937 ging aber nach ernstem Ringen letzten Endes doch darauf hinaus, dass keine allgemeine Weisung erlassen werden könne. Die Entscheidung sei für den Einzelfall aufgrund gemeinsamer Beratung des ausgewiesenen Predigers, der betroffenen Gemeinde und der Kirchenleitung zu treffen.

Liest man die Erklärung der 6. Bekenntnissynode im Rheinland »Zu den Ausweisungen«[528], so wird doch deutlich, dass die Synode über die Frage, wie der Ausweisung eines Pfarrers aus seiner Gemeinde zu begegnen sei, intensiv gerungen hat. Es wird als denkbar zugestanden, dass ein Pfarrer »in Überschreitung des ihm aufgetragenen Amtes« Zustände schaffe, die eine solche staatliche Maßnahme nach sich ziehen könnten. Dann müsse aber der Staat der Kirche, die ja doch Körperschaft des öffentlichen Rechtes sei, rechtzeitig Gelegenheit zur Stellungnahme geben. Die Synode stellt aber im Blick auf die tatsächlich erfolgten Ausweisungen fest, dass die ausgewiesenen Pfarrer »in Ausübung ihres Amtes gehandelt haben«. Daher bedeuten diese Ausweisungen direkt und indirekt einen Eingriff in die Verkündigung des Wortes Gottes, die der Kirche von ihrem Herrn anvertraut ist.

Die Synode erinnert daran, dass der Kirche durch Art. 1 des Vertrages der Ev. Landeskirchen mit dem Freistaat Preußen vom 11. Mai 1931[529] und durch Art. 1 der von der Reichsregierung durch Gesetz anerkannten Verfassung der Deutschen

528 Joachim Beckmann: Rheinische Bekenntnissynoden im Kirchenkampf. Eine Dokumentation aus den Jahren 1933–1945, Neukirchen-Vluyn: Neukirchener Verlag, 1975, S. 370–372.

529 »Der Freiheit, den evangelischen Glauben zu bekennen und auszuüben, wird der Preußische Staat den gesetzlichen Schutz gewähren.«

Evang. Kirche vom 13. Juli 1933[530] die Freiheit der Verkündigung garantiert ist.

Eindeutig stellt die Synode klar: »Wenn trotzdem ein Prediger infolge der rechten Ausübung seines Dienstes ausgewiesen wird, so ist in dieser staatlichen Maßnahme nicht eine solche obrigkeitliche Anordnung zu erblicken, der aufgrund des Wortes Gottes (Römer 13,1ff) Gehorsam zu leisten ist. Denn hier greift der Staat in ein fremdes Amt ein. Wo es um den Gehorsam gegen den Befehl Christi geht, das Evangelium zu verkündigen, gilt in allen Fällen das Wort der Heiligen Schrift: ›Man muss Gott mehr gehorchen als den Menschen‹ (Apostelgeschichte 5,29).« Die Synode verweist auch auf Art. 16 des Augsburger Bekenntnisses, der dasselbe aussagt.

Zur Frage, was der ausgewiesene Pfarrer nun eigentlich tun solle, heißt es in der Synodalerklärung: »Andererseits besteht für den Fall, dass ein Prediger infolge der rechten Ausübung seines Dienstes ausgewiesen wird, kein Gebot Gottes, dass er trotz der Ausweisung unter allen Umständen bei seiner Gemeinde bleiben soll.... Infolgedessen kann eine für alle Fälle verbindliche Weisung darüber nicht im voraus gegeben werden, ob der von einer Ausweisung betroffene Prediger bei der Gemeinde, für die er den Dienst am Evangelium vor Gottes Angesicht übernommen hat, bleiben soll, oder ob er der Gewalt weichen kann. Die Entscheidung in den einzelnen Fällen ist aufgrund gemeinsamer Beratung des ausgewiesenen Predigers, der betroffenen Gemeinde und der Kirchenleitung zu fällen. Die Klarheit über den rechten Weg ist im Vertrauen auf die Leitung des heiligen Geistes im Lichte des Wortes Gottes unter Gebet und Flehen zu suchen.«

Letztere Auskunft hat P. S. enttäuscht. Er hätte es als Hilfe empfunden, wenn die Synode festgestellt hätte, dass der

530 »Die unantastbare Grundlage der Deutschen Evangelischen Kirche ist das Evangelium von Jesus Christus, wie es uns in der Heiligen Schrift bezeugt und in den Bekenntnissen der Reformation neu ans Licht getreten ist. Hierdurch werden die Vollmachten, deren die Kirche für ihre Sendung bedarf, bestimmt und begrenzt.«

unrechtmäßig ausgewiesene Pfarrer im Gehorsam gegen den Herrn der Kirche in seine Gemeinde zurückkehren soll.

> *»Sollte ich als kleinstes Pastörlein auf dem Hunsrück dem Staat allein bezeugen müssen, was recht ist? Es wäre dann dem Staat zu viel zugemutet, das als kirchliche Entscheidung ernst zu nehmen!«*, schreibt Paul schon im Oktober 1937. So war er allein in seiner Haltung, die in aller Anfechtung, ob sein Weg der rechte sei, doch immer wieder »gerechtfertigt wurde im Geist«[531] durch seinen Herrn Jesus Christus.

Doch hatte – das darf nicht übersehen werden! – Fritz Langensiepen, kurz vor P. S.s Transport in das KZ Buchenwald, im Auftrag des Rheinischen Bruderrats einen »Brief an Pastor Paul Schneider«[532] geschrieben. Ihn nahm er mit, als er am Tag vor dem Abtransport von P. S. nach Buchenwald mit M. S. zusammen den Freund im Gefängnis in Koblenz besuchte.[533] M. S. sagte im Gespräch hierzu: »Langensiepen hat diesen Brief Paul in den Rock gesteckt.« Da der Abtransport P. S.s nach Buchenwald kurz bevorstand, konnte Langensiepen diesen Brief den anderen Bruderräten nicht mehr zur Billigung vorlegen.

In diesem Brief berichtet Langensiepen im Auftrag des Bruderrats, dass die Bekenntnissynode P. S.s in ihrer Fürbitte gedacht habe. Sie erbitte für ihn, dass ihm in seiner Einsamkeit »der Geist der Freudigkeit geschenkt werde und in aller Anfechtung erhalten bleibe«. Sie wüssten von ihm, dass er in beständigem Gebet für sie seine Trübsale um der Gemeinde willen mit Freuden und Willen trage. »Wir wissen, dass Du um Gerechtigkeit willen leidest und dass keine Anklage gegen Dich bisher erhoben ist, die der Bande wert wäre. Du bist gefangen, weil Du die uns aufgetragene Botschaft unverkürzt und

531 1. Timotheus 3,16.
532 Joachim Beckmann: Rheinische Bekenntnissynoden im Kirchenkampf, S. 369f.
533 Vgl. van Norden: Friedrich Langensiepen, S. 206f.

ohne Menschenfurcht ausgerichtet hast. Das Unrecht, das Dir geschieht, geschieht zugleich der ganzen Kirche Jesu Christi in unserem Vaterlande.«

Ohne jede Beschönigung nennt Langensiepen die Einstellung der »Obrigkeit« dem christlichen Glauben gegenüber beim Namen: »Wir wissen aber, dass das Herz unserer Obrigkeit sich von Christo und seiner Kirche abgewandt hat, die dreiste Lästerung unseres Herrn und seines Evangeliums allenthalben frei geduldet, die Verkündigung Seines Wortes gehindert und sogar je und je gestraft wird.«

Dann der für P. S. entscheidende Punkt: »Wir haben uns die Frage vorgelegt, ob Du auf der Rückkehr in Deine Gemeinde bestehen musst oder die über Dich verhängte Verbannung annehmen darfst. Wir finden zwar im Worte Gottes und in den Bekenntnissen unserer Kirche kein Wort, durch das es jedem Prediger des Evangeliums zur Pflicht gemacht würde, unter allen Umständen an seinem Orte bleiben zu müssen und in keinem Fall in seine Ausweisung einwilligen zu können. Darum können wir auch nicht allen unseren ausgewiesenen Brüdern es als bindend auferlegen, denselben Schritt zu tun, den Du getan hast. Aber wir wissen, dass Deine Gemeinde Dich um des Dienstes willen, den Du ihr getan hast, liebt und dass die Ältesten Deiner Gemeinde von Dir die Rückkehr erbeten haben. Wir wissen, dass Deine Gefangenschaft Deiner Gemeinde – und nicht nur allein ihr! – eine fortdauernde eindrückliche Bezeugung des Gehorsams ist, den wir unserem Herrn Jesu Christo schuldig sind, und dass unter dieser Deiner Predigt, die Dein Gefängnis hält, manche Frucht des Glaubens in Deiner Gemeinde gereift ist. Darum bezeugen wir Dir, dass Du recht daran tust, wenn Du Dich in Deinem Gewissen gebunden weißt, der Ausweisung nicht Folge zu leisten. Du hast uns vor Deiner Rückkehr nach Dickenschied um Rat gefragt, und wir haben einmütig Deinen Entschluss zur Rückkehr gutgeheißen. Wir bestätigen Dir nach erneuter, ernster Prüfung, dass Du mit Deiner Rückkehr recht tatest; wir sind uns dessen bewusst, dass wir mit dieser unsrer vorher ausgesprochenen und nun noch einmal wiederholten Billigung Deines Schrittes vor dem Herrn und Seiner Gemeinde die volle Verantwortung mittragen für das, was Dir, Deiner lieben Frau, Deinen Kindern und Deiner ganzen Gemeinde Leides widerfährt. Wir sind auch mit Freuden bereit, vor dem zeitlichen Gerichte dieser Welt Deine Rückkehr als auf unsere Weisung geschehen zu verantworten.« Der Brief schließt mit dem Segenswunsch: »Der Herr stärke und bewahre Dich. Der Hl. Geist sei Dein Beistand in aller Anfechtung. Der gerechte Gott, unser Vater in Jesu Christo, wird Deine und unsere Sache an unserer statt führen.«

Wie gut, dass P. S. diesen wahrhaft kirchenleitenden Brief im Aufbruch nach Buchenwald noch bekommen hat. Wir können nur hoffen, dass er ihm im KZ nicht gleich wieder abgenommen wurde.

Eine andere Hilfe wäre die allseitige Beschäftigung mit der Kirchenzucht gewesen. Das hätte gezeigt, dass Paul nicht nach »mittelalterlichen Methoden«, sondern nach den noch geltenden Bestimmungen unserer Kirche[534] gehandelt hat.[535] Es hat nicht an Stimmen gefehlt, die mahnten: »Wir sind damit neu aufgerufen, dem Befehl Christi Folge zu leisten und in dem heiligen Ernst wie in der wahrhaftigen Barmherzigkeit unsern Dienst an denen auszurichten, die unter dem christ-

534 Vgl. was die Rheinisch-Westfälische Kirchenordnung in Kap. VI, Abs. 51 zum Thema Kirchenzucht oder Bußzucht sagt.

535 Langensiepen: »Wiederholt ist mir auch im rheinischen Bruderrat dringend auf die Seele gelegt worden, ihm alle Wege in Vorschlag zu bringen, die geeignet seien, Bruder Schneiders Lage zu erleichtern. Aber der einzige Weg, den ich vorschlagen konnte, gefiel wenig. Ich bat, man möge doch einmal wieder mit dem seit langer Zeit vergessenen Lehrstück vom Amt der Schlüssel sich wenigstens beschäftigen und, wenn man zu einer klaren Erkenntnis gelangt sei, auch danach handeln. Dadurch allein hätte das Leiden dieses Mannes die Frucht getragen, die ihm gebührte; dadurch allein wäre deutlich geworden, dass man hier keinen Außenseiter und Einzelgänger zum Schweigen brachte, sondern die Kirche in einem Anliegen traf, das sie zu verteidigen willens war. Meine Bitte wurde stets schweigend angehört und beiseitegelegt« (Erinnerungen, S. 247).

lichen Namen unchristliche Lehre oder Wandel führen« (Brief vom 23. Dezember 1937 an mich). – Zu allen Zeiten, selbst in der Reformation, war der Staat gegenüber der Anwendung der Kirchenzucht empfindlich, weil deutlich wird, dass der Kirche Staatsgesetz und Volkssitte nicht höchster Maßstab sind. Auch die Kirche muss vom Rechte her verstanden werden. »Sie richtet ein zeichenhaftes, prophetisches Recht auf als Ausdruck der Herrschaft Christi über die Kirche und über die Welt.« Die Maßnahme aber, die in Dickenschied getroffen wurde, konnte nur darum so großes Aufsehen erregen, weil sie vereinzelt war und blieb. Einen »Einzelgänger« und »Außenseiter« konnte der Staat leicht zum Schweigen bringen. Der Rheinische Rat versuchte oft, eine Sprecherlaubnis bei Paul zu erwirken, um mit ihm noch einmal diese Fragen durchzusprechen, doch wurden alle diesbezüglichen Anträge abgelehnt. Diese illegale Kirchenleitung hatte ja auch vor dem Staat keine Anerkennung! Das legale Konsistorium aber verhielt sich völlig passiv.

In der rheinischen Kirchenleitung hatten sich im Spätherbst 1937 sehr folgenreiche Umbesetzungen ergeben. Oberkonsistorialrat Dr. Jung, der Leiter der Finanzabteilung, der auch kommissarischer Präsident des Konsistoriums war – er hatte einst P.S. in Hochelheim zu einem vorläufigen Frieden verholfen – galt als BK-nah. An seinem Sturz arbeitete Bischof Dr. Oberheid, der zwar längst eine Aufgabe in der Thüringischen Kirche wahrnahm, der aber doch immer noch versuchte, in der rheinischen Kirche Weichen zu stellen. Er und Kirchenminister Kerrl beschlossen im Oktober, das Konsistorium umzubesetzen. Am 12. November wurde Dr. Jung durch den Kirchenminister abberufen. Zum Leiter der Finanzabteilung wurde ein alter Parteigenosse bestellt, der schon Hitlers Marsch auf die Feldherrnhalle mitgemacht hatte, Reichsamtsleiter und SS-Sturmbannführer Hans Friedrich Karl Sohns. Dass Sohns längst aus der Kirche ausgetreten war, durfte keine Rolle spielen. Zu Jungs Nachfolger als Präsident des Konsistoriums wurde vom Kirchenminister der Berliner Oberkonsistorialrat

Dr. Walter Koch[536] bestimmt, ein strammer Nationalsozialist, der entschlossen war, an der nahtlosen Zusammenarbeit zwischen dem NS-Staat und der Kirchenleitung keinen Zweifel aufkommen zu lassen. Alle Proteste, z.B. der Superintendentenkonferenz, waren zwecklos. Jung wurde ab- und Koch wurde durchgesetzt. Auch andere Konsistorialräte, an deren bedingungsloser Staatstreue Zweifel möglich waren, wurden durch entschiedene Nationalsozialisten ersetzt.[537] Pfarrer, die mit dem NS-Staat in Konflikt geraten waren, hatten von diesem Konsistorium weder Anteilnahme noch Gnade zu erwarten. Das zeigte in den kommenden Monaten das Verhalten des Konsistoriums im Fall Paul Schneider.

In einem Schreiben an den Ev. Oberkirchenrat in Berlin vom 11. Juni 1938[538], das u.a. von Konsistorialrat Rößler[539] unterzeichnet ist, versucht das Konsistorium, seine lange Untätigkeit im Blick auf P. S. damit zu begründen, dass der zuständige Superintendent Gillmann trotz mehrerer Nachfragen bei ihm keinen Bericht über P. S. geliefert habe. Diese Behauptung unterschlägt jedenfalls das Schreiben vom 5. Oktober 1937, in dem Gillmann dem Konsistorium die Verhaftung Schneiders mitgeteilt hat.[540] Weiter heißt es: »Von der Geheimen Staatspolizei ist dem Unterzeichneten mitgeteilt worden, dass Pfarrer Schneider sich nach wie vor im Konzentrationslager befindet und seine zu Weihnachten in Aussicht genommene Freilassung daran gescheitert sei, dass er die Unterschrift unter eine ihm vorgelegte Erklärung bezüglich seines weiteren Verhaltens verweigert hat.«

---

536 Walter Koch (1894–1965), 1926 Konsistorialrat Ev. Oberkirchenrat Berlin, 1937–1945 Konsistorialpräsident in Düsseldorf.

537 Vgl. G. van Norden: Politischer Kirchenkampf, S. 158ff.

538 Wentorf: Der Fall S. 195f.

539 Helmut Rößler (1903–1982), 1938–1942 nebenamtlicher theolog. Hilfsarbeiter beim Ev. Konsistorium in Düsseldorf, 1942 Konsistorialrat; 1945 Mitglied der Vorl. Leitung der Ev. Kirche im Rheinland, 1946 Oberkirchenrat.

540 Wentorf: Der Fall, S. 188.

Am 7. September 1938 ergänzt der Oberkonsistorialrat und »theologische Dirigent« des Konsistoriums, Karl Euler, im Schreiben an den Berliner Oberkirchenrat,[541] Pfarrer Schneider weigere sich im KZ noch immer, den staatlichen Anordnungen Folge zu leisten. Sowohl die Gestapo als auch die Gauleitung Koblenz-Trier seien »wegen einer baldigen Versetzung Pfarrer Schneiders« an das Konsistorium herangetreten. »Wir haben daraufhin zunächst um Übersendung der Strafakten von Pfarrer Schneider ersucht, um ein Disziplinarverfahren gegen ihn einleiten zu können. Wir haben aber die genannten Stellen auch darüber nicht im Zweifel gelassen, dass wir eine Versetzung des Pfarrers unbedingt für geboten erachten, da anders die kirchenpolitischen Schwierigkeiten in Dickenschied nicht zu beseitigen sind.« Sie bemühten sich aber, lieber über örtliche Fühlungnahme eine freiwillige Versetzung Schneiders zu erreichen. Im Übrigen zeige der Fall Schneider wieder, wie nötig eine»Regelung über die Versetzung von Pfarrern in den Wartestand«[542] sei, um alle jene Fälle zu erledigen, die anders nicht befriedigend geregelt werden könnten.

Beide Schreiben des Konsistoriums zeigen eindeutig: Mit irgendeiner Hilfe des Konsistoriums für den KZ-Häftling P. S. war durchaus nicht zu rechnen. Im Gegenteil: Das Konsistorium arbeitete ohne Scheu mit der Gestapo und der Gauleitung

541 Wentorf: Der Fall, S. 196f.

542 Wartestand bedeutet: Ein Pfarrer, der nach Auffassung der Kirchenleitung und der örtlichen Gemeindevertretung in seiner Gemeinde nicht mehr haltbar ist und für den seine Kirche vorerst keine andere Arbeitsmöglichkeit sieht, wird aus seinem Gemeindepfarramt herausgenommen; er bleibt, bei vermindertem Gehalt, »Pfarrer i. W.«, d. h. Pfarrer im Wartestand. Im Lauf der Zeit kann er als Pfarrer i. W. neue Teilaufgaben bekommen wie z. B. Seelsorge im Altenheim oder dergleichen. Ab einem gewissen Zeitpunkt wird ihm, wenn er sich in seiner Teilaufgabe bewährt hat, wieder die Berechtigung erteilt, sich erneut um ein Pfarramt zu bewerben. Falls seine Bewerbungen bis zu einem gewissen Zeitpunkt (in der Regel bis zum Ende des fünften Jahres seines Wartestandes) nicht zum Erfolg führen, wird er in den vorzeitigen Ruhestand versetzt. Die Einzelheiten der Wartestandsregelungen in verschiedenen Landeskirchen variieren.

zusammen. Wentorf schreibt mit Recht[543]: »Das Zusammenspiel zwischen Gestapo und dem evangelischen Konsistorium gehört zu den schwärzesten Flecken in der Geschichte der Evangelischen Kirche Deutschlands.« Wenn M. S., der diese infame Komplizenschaft zwischen Konsistorium und Gestapo nicht bekannt war, schreibt, das Konsistorium habe sich völlig passiv verhalten, dann ist das noch sehr freundlich ausgedrückt.

Was die Bemühungen der Leitungsgremien der BK um eine Besuchserlaubnis bei P. S. im KZ betrifft, so ist der Brief, den am 26. Juli 1938 im Auftrag des Rates der BK in der Mark Brandenburg Kurt Scharf an M. S. schrieb,[544] aufschlussreich: »Sie haben wohl inzwischen gehört, dass der Antrag des Rheinischen Rates auf Sprecherlaubnis einstweilen abschlägig beschieden und Bruder Schlingensiepen aufgefordert ist, was er mit Ihrem Gatten besprechen möchte, über den betreffenden Dezernenten des Geheimen Staatspolizeiamtes schriftlich an Ihren Gatten gelangen zu lassen. Ich will bei diesem, möglichst noch heute oder morgen, darzulegen versuchen, dass dies kaum möglich ist. Seelsorgerlich einwirken auf einen anderen kann man ja nun wirklich nur, wenn man ihn und seinen Zustand sieht und ihn selbst hört.« Er empfiehlt M. S., doch ihrerseits einen Antrag auf Sprecherlaubnis zu stellen. Sie könne sich dabei durchaus auf das Beispiel von Frau Niemöller berufen, die alle vier Wochen zusammen mit einem der Kinder ihren Mann auf dem Berliner Polizeipräsidium sprechen dürfe. Sie schade Niemöller nicht, wenn sie darauf Bezug nehme.

Nirgends veröffentlicht ist bisher ein Bericht über einen Versuch, den Kurt Scharf, der spätere Ratsvorsitzende der EKD, gemacht hat, mit P. S. im KZ Buchenwald in Kontakt zu treten.[545] Es sei seiner Erinnerung nach im Oktober 1938 gewe-

543 Wentorf: Der Fall, S. 196.

544 Wentorf: Der Fall, S. 197f.

545 Das Tonband, auf dem festgehalten ist, was mir Kurt Scharf am 14. Februar 1982 darüber erzählt hat, und die Tonbandabschrift befinden sich in der Sammlung von P. Dieterich. Ich gebe sie hier erstmals an die Öffentlichkeit.

sen. Er habe mit seiner Frau ein paar Tage in Weimar Ferien machen wollen. Der Ort habe in seiner Kindheit eine große Rolle gespielt, weshalb er die Umgebung der Stadt sehr gut gekannt habe. »Mich hatte seit Monaten oder seit über einem Jahr das Schicksal von Paul Schneider nicht ruhen lassen.« Er habe vorher – allerdings vergeblich – versucht, Karl Steinbauer[546] im KZ Sachsenhausen zu sprechen. Anfang 1938 sei ihm das aber bei Martin Niemöller in Sachsenhausen gelungen; er habe am Karfreitag 1938 mit ihm »in seiner Prominentenbaracke« sogar das Abendmahl gefeiert. So habe er nun den Versuch machen wollen, Paul Schneider in Buchenwald zu sprechen. Von einem entfernten Vetter, der Arzt in Neumarkt, direkt am Rand des Lagers Buchenwald, gewesen sei und der besonders in den Familien der Wachmannschaften Patienten betreut habe, habe er erfahren, wie das Lager in den Ettersberg hineingebaut sei. »Er berichtete mir auch von erschütternden Eindrücken, die er bekommen hatte als Arzt bei seinen Gängen in das Lager und durch das Lager.«

»Ich habe mich dann also am zweiten Tag meines Aufenthaltes vormittags mit meiner Frau auf den Weg gemacht. Ich kannte die Straße genau. Wir wanderten die Chaussee zum Walde hin nach Ettersberg und bogen dann im Wald ein auf die Zufahrtsstraße zum Lager. Ich rechnete noch etwa zwanzig Minuten zu Fuß bis zur Postenkette. Da kam ein Lager-Bus an uns vorbei mit einem Chauffeur, der Angestellter im Lager war, in dem Bus einige SS-Leute und Familienangehörige, die die SS-Familien dort besuchen wollten, einige Leute in Zivil, ältere Männer und Frauen, es war aber noch viel Platz. Und als wir da auf das Lager zuwanderten, nun auch als Ehepaar, da hielt plötzlich der

546 Karl Steinbauer (1906–1988), 1933 Vikar in Penzberg; 1936 Ablehnung von Beflaggung und Glockengeläut, Aufenthaltsverbot für Oberbayern, Rede- und Predigtverbot für das Reich; 1937 Verhaftung; 1938 ständiger Pfarrverweser in Senden-Ay; 1939 KZ Sachsenhausen; 1940 ständiger Pfarrverweser Illenschwang; 1946 Pfarrer in Lehengütingen.

Bus. Der Chauffeur fragte, ob wir mitfahren wollten. Ich sagte selbstverständlich ja, wir stiegen ein, keiner erkundigte sich, wer wir waren und was wir wollten. Der Bus fuhr nun auf das Lager zu. Und als wir an den Posten kamen, riss der den Schlagbaum hoch, und der Bus fuhr durch bis zu dem Platz im Lager vor der Kommandantur. Dort stiegen wir aus ... die Übrigen verteilten sich schnell. Wir beide waren allein auf dem Platz. Ich sah links in einiger Entfernung ein leeres Schilderhaus und habe dann schnell meine Frau in dieses Schilderhaus geschoben und ihr gesagt: ›Versteck dich da, halt dich da drin auf, ich will versuchen, zur Kommandanturbaracke hineinzukommen.‹

Ich ging dann an die Baracke, klopfte an der Tür, öffnete die Tür, da trat mir der Adjutant des Kommandanten entgegen, äußerst befremdet, als er hörte, was ich wollte. Ich fragte ihn, ob ich Paul Schneider sprechen könnte, hier sei doch der Pfarrer aus dem Hunsrück, Paul Schneider, in KZ-Haft. Er war äußerst verhalten und befremdet, aber er gab dann Auskünfte auf meine Fragen. ... er erklärte mir, ich könnte der Frau ausrichten, es gehe ihm gut, es gehe ihm nicht schlecht und er könne jederzeit freikommen, wenn er bereit sei, die Ausweisung aus dem Rheinland anzuerkennen. Diese Eröffnung sei ihm gemacht worden bei seiner Verhaftung und bei seiner Überführung ins Konzentrationslager, und dazu stünden sie. Dies sollte ich der Frau ausrichten. Und dem Rheinischen Bruderrat. Dann wurde ich – ohne in die Diensträume des Kommandanten hereingelassen zu werden – an der Tür von ihm abgefertigt. Er kehrte um in die Baracke. Ich ging zum Schilderhäuschen, holte meine Frau. Ein Posten war erstaunt, wie wir denn hereingekommen seien. Ich sagte, der Bus habe uns hereingenommen. Er ließ uns dann passieren. Und wir wanderten zurück nach Weimar und sind dann ... nach Koblenz gefahren und haben dort Frau Schneider getroffen und den Freund der Familie Schneider, der sie immer begleitete, Langensiepen.«

Das Gespräch, das sich diesem Bericht von Kurt Scharf anschloss, ergab übrigens, dass er sich mit seiner Frau wohl innerhalb des KZ-Geländes befunden hat, aber nicht im durch elektrischen Draht abgesperrten Bereich der Häftlinge. Er habe auch keinen Häftling gesehen.

Ein ebenfalls unbekanntes Detail ist die Tatsache, dass Karl Dieterich, der Bruder von M. S., im Sommer 1938, ohne Absprache mit irgendeinem Gremium, auf seine Weise den Versuch unternommen hat, zu seinem Schwager P. S. nach Buchenwald vorzustoßen. In Unkenntnis der Topographie des Ettersberges habe er sich in Weimar ein Taxi »nach Buchenwald« genommen. Der Taxifahrer habe ihn spöttisch vor die erste Postenkette gefahren und dort ausgeladen. Die jungen SS-Leute hätten ihn mit der Maschinenpistole in die Flucht getrieben.[547]

Besuchserlaubnis bekam auch ich nie. So waren wir nur auf Gott geworfen. Die Gemeinde der Beter für Paul Schneider war groß.[548] Gott Lob, dass ich darum wusste und selbst mit-

547 Mein Vater hat mir von diesem Versuch vor langer Zeit erzählt.

548 Durch die Fürbittlisten der BK war sein Name den bekennenden Gemeinden in ganz Deutschland bekannt geworden. In ihnen wurden zunächst die in Konzentrationslagern inhaftierten Mitglieder der BK genannt, dann die sich in Schutzhaft befindenden. Dann wurde auf andere Repressalien des Staates gegen BK-Mitglieder verwiesen, so z. B. in der Fürbittliste vom 15. September 1938 auf »93 Behinderungen, 11 Ausreiseverbote, 39 Aufenthaltsverbote, 37 Redeverbote, 48 Ausweisungen«. Dazu wurde ein formuliertes Gebet abgedruckt, z. B. am 15. September 1938: »Herr Jesu Christe, Du hast Deiner Kirche gesagt, dass Deine Jünger um Deines Namens willen viel leiden müssen; denn der Jünger ist nicht über seinen Herrn. Gib Deiner Gemeinde einen freudigen Glauben, damit sie Dir für alles Leiden, das Du über sie kommen lässt, von Herzen danke und Dich anbete. Allen Verfolgten aber gib, dass sie ihr Leiden als Deinen göttlichen Willen aufnehmen und erkennen, Kraft an Leib und Seele zu behalten, Dich nicht verleugnen, sondern vielmehr in allem preisen mögen. Hilf, dass ihr Leiden bald ein Ende nehme und dass ihnen Gerechtigkeit widerfahre. Denn du lenkst ja doch die

getragen wurde! Darum darf ich trotz all unserer Schwachheit über diese Zeit schreiben: »Die Güte des Herrn ist, dass wir nicht gar aus sind; seine Barmherzigkeit hat noch kein Ende, sondern sie ist alle Morgen neu, und deine Treue ist groß« (Klagelieder 3,22-23).

Oft erhielt ich von Gliedern der Bekennenden Kirche stärkende Briefe. Einer soll für alle zeugen:

»Berlin-Friedenau, am 29. Mai 1939

Wie gut, dass Gott die Worte alle hört,
Die wir den fernen Brüdern heimlich sagen,
Die wir auf brennend heißem Herzen tragen
Und die doch nie ein Mensch von uns erfährt!

ER, Gott, hebt alle unsere Grüße auf
Und sagt sie den Geliebten in die Ohren.
Es ging bei IHM noch kein Gebet verloren,
ER drückt nur stets sein Siegel noch darauf.

ER lässt sie wissen, was sie tragen kann.
ER lässt sie wissen, was sie tragen können.
Wir dürfen IHM allein das Sorgen gönnen,
Denn wenn wir schlafen, hebt sein Wachen an.

ER spricht, ER hört, wo wir gebunden sind.
ER nimmt uns unsre Sorgen aus den Händen.
Solch ein Geschick, das nur der HERR kann wenden,
Das macht uns sehend – oder macht uns blind.

Herzen der Menschen wie Wasserbäche und kannst wohl den Gewaltigen eingeben, dass sie Deine Kinder in Frieden lassen. Wir preisen Dich um aller Gnade und Treue willen, mit der Du Deine Gemeinde trägst und erhältst. Dein Name sei gelobt in alle Ewigkeit. Amen« (Wentorf: Der Fall, S. 188/199).

In herzlichem, bewegtem Gedenken grüßt Sie, sehr verehrte, liebe Frau Pfarrer Schneider, in der festen Gemeinschaft der Fürbitte im Namen vieler Brüder aus Berlin und Brandenburg,

Erich Klapproth P.«[549]

Ehe ich nun Pauls erste Briefe bringe, möchte ich versuchen, ein Bild von dieser Zeit zu geben, wie es sich mir aus persönlichen Berichten von Häftlingen und aus KZ-Büchern, die Paul erwähnen, ergibt. – Im ersten Vierteljahr arbeitete er mit andern Kameraden wohl immer im schwersten Einsatz. Schon während dieser Zeit machte er sich zur Regel, am Freitag seine Nahrung möglichst zu beschränken, zu »fasten«, um das so Erübrigte den Kameraden zu geben. »Wenn du es nicht nimmst, bekommt es halt ein anderer«, sagte er. So erzählt ein Kamerad aus dieser Zeit: »Als ich im Dezember 1937 nach Buchenwald kam, lernte ich Paul Schneider beim Baukommando ›Führerhäuser‹ kennen, dem ich zugeteilt wurde. In seiner Kleidung unterschied sich dieser magere Mensch durch nichts von seinen abgerissenen Kameraden. Schwere Arbeit musste er verrichten. Man sah ihm an, dass er das Schieben der schweren Kipploren[550] nicht gewohnt war, und manche seiner Bewegungen waren etwas unbeholfen. – Mir ist noch recht gut in Erinnerung, dass er mich am ersten Tage mit ein paar freundlichen Worten begrüßte, die gerade in dieser Umgebung dankbar empfunden wurden. Ich erwähne das nur, um zu zeigen, dass er trotz der harten Arbeit, die ihn ganz beanspruchte, um nicht aufzufallen, mit immer wachen Augen und

549 Erich Klapproth, Pfarrer in Brandenburg, war bei Bonhoeffer im Predigerseminar der BK in Finkenwalde gewesen, das im September 1937 auf Befehl des Reichsführers SS, Himmler, geschlossen wurde. Er war der Vertrauensmann der Brandenburger »Illegalen«, d.h. der Pfarrer, die ihr Examen vor einer Prüfungskommission der BK abgelegt hatten. Klapproth fiel im Russlandkrieg im Winter 1942 (vgl. Eberhard Bethge: Dietrich Bonhoeffer, S. 640; 660; 772; 790).

550 Eiserne offene Schienenwaggons, welche die Häftlinge mit schweren Steinen beladen, im Steinbruch einen steilen Berg hochschieben und dort auskippen bzw. im Baukommando bewegen mussten.

immer wachem Geist Zeit für andere fand, selbst wenn sie ihm fremd waren ... Den kleinlichen Schikanen der primitiven SS-Posten waren natürlich in erster Linie Menschen ausgesetzt, die das Verrichten der Erdarbeiten nicht gewohnt waren und aus anderen Berufen kamen, wie Pfarrer Schneider auch. Für uns politische Häftlinge war Solidarität eine Selbstverständlichkeit. Nur durch diese haben wir all die Jahre durchgestanden, gefestigt durch unsere Weltanschauung. Auch unser lieber Freund hatte einen festen Kreis in seiner Freizeit um sich, die er unterstützte, denen er mit seinen bescheidenen Mitteln half. – Die wenigen Stunden, die uns in den ersten Jahren als arbeitsfrei blieben, nutzte auch er zu einem lebhaften Meinungsaustausch mit Kameraden aus« (Brief von Heinz Mißlitz, Leipzig[551]).

Freunde erzählen von einem jungen Mann, der ein Vierteljahr mit Paul zusammenarbeitete: »Paul Schneider war ein großes Vorbild tagaus, tagein. Sprach Mut zu und half in unvergleichlicher Kameradschaft. Keiner, auch der fanatischste Gottlose, ließ auf ihn etwas kommen. Alles war voller Anerkennung für ihn, zumal sie merkten, dass es ihm um seine Sache und nur um seine Sache ging. So hat sich ein enges Band zwischen Paul, wie man ihn nannte, und seinen Kameraden geflochten. Ja, K., selbst, ein großer, starker Mann, sagte, wenn er den Zuspruch und die Hilfe Schneiders nicht gehabt hätte, hätte er und so mancher andere schlappgemacht und wäre liegen geblieben bei der schweren Arbeit; nicht jeder hätte das leisten können, was er konnte.«

Bericht von M. Zahnwetzer, Kassel[552]: »KZ-Buchenwald: Ich lernte ihn kennen, als wir an den SS-Kasernen ausschachteten. Wir führten wie immer diese Arbeit unter der Aufsicht der

551 Heinz Mißlitz (1912–?), Häftlings-Nr. 256, von Dez. 1937 bis zur Befreiung am 11. April 1945 Häftling in Buchenwald.

552 Moritz Zahnwetzer (1884–?), Häftlings-Nr. 1407, in Buchenwald 3. Februar 1938 bis 19. Juni 1940; Erlebnisbericht von M. Zahnwetzer: KZ Buchenwald, Verlag M. Zahnwetzer, Kassel-Sondershausen, o.D., S. 14.

jungen Schlackse der SS aus. Er arbeitete neben mir, und wenn ich manchmal nicht mehr so recht mitkonnte, dann griff er mit seiner Schaufel zu mir herüber, um mir zu helfen.«

A. Leikam[553], Waiblingen, schreibt: »Schneider hat seinen Beruf als Pfarrer den anderen Häftlingen gegenüber nie verleugnet; er versuchte, durch christlichen Zuspruch, Mahnung, Bitte, tätige Mithilfe seine Mitgefangenen für Christus zu gewinnen ...«

553 Alfred Leikam (1915–1992), Notar, 1938 verhaftet wegen Verteilung oppositioneller Flugblätter und Rundschreiben, KZ Welzheim, Häftlings-Nr. 162, in Buchenwald 5. November 1938 bis 9. November 1943 (entlassen), später in Schw. Hall, führend in der Ev. Männerarbeit, 2002 posthume Ehrung durch den Staat Israel als »Gerechter unter den Völkern«.

Erste Briefe aus Buchenwald

Buchenwald, 29.11.1937

Du wirst schon begierig auf Nachricht warten. Am Samstagmorgen kamen wir schon hier an. Nun ist der erste Einstand getan, der wie aller Anfang schwer ist. Die Einsamkeit der Zelle ist jetzt gründlich zu Ende, und ich bin jetzt noch mehr dankbar für diesen Übergang in Koblenz. Mit Gottes Hilfe wollen wir beiderseitig, auch Ihr zu Hause, fröhlich und getrost bleiben, zumal in dieser Vorweihnachtszeit. Wir wollen uns in diesem Jahr umso mehr die tiefinnerliche Weihnachts- und Adventsfreude, die unabhängig ist von den äußeren Umständen, erbitten. Wir sollen auch zu Hause mitteilen, dass alle Anfragen der Familienangehörigen oder anderer Personen, unsere Sache betreffend, zwecklos seien und uns nur zum Schaden wären. Ich bitte Euch also auch meinerseits, sich danach zu richten. Wir wissen ja sowieso unser Geschick in Gottes Hand. Beachtet auch den Kopf des Briefes! Mir geht es also gut. Es ist jetzt die Hauptsache, dass man gesund bleibt, und ich bin dankbar für die mir mitgegebene gute Gesundheit. Wie schön war, dass Du mir in Koblenz noch den Abschiedsbesuch machen konntest, Liebste! Wenn es auch ein Schmerz war, so ist es doch auch für jetzt und die Zukunft mir eine große Stärkung, dass ich ein so liebes, treues Weib habe. Hab noch einmal herzlich Dank für die auch Dir nicht leichten Wege. In treuer Liebe und Fürbitte für Euch alle zehn, Dein P.

B., 5.12.1937

Nun komme ich doch wenigstens in meinem Sonntagsbrief an Dich nicht aus der Übung, wenn ich auch, wie Du siehst, mit dem Schreiben etwas aus der Übung komme. Gottlob habe ich nun die erste Woche hinter mir und kann Dir vermelden, dass ich noch gesund und munter bin. Ich hoffe Dich nun im Besitze meines Briefes, der Dir meine Ankunft und meinen ersten Einstand hier meldete. Von Dir hoffe ich auch in diesen Tagen erste Lebenszeichen zu bekommen. Du kannst Dir denken, dass ich mich bei aller großen Kameradschaft hier doch oft recht einsam fühle. Aber der treue Gott ist ja auch hier bei mir und kann mir auch diese »Ferne« zur »Heimat« machen und mir auch in dieser »Welt« adventlich begegnen. Ich bin gewiss, dass Ihr auch in diesem Sinne für mich betet. Wie werden sich jetzt die Kinderlein mehr und mehr auf Weihnachten freuen und die Adventslieder mit Euch Großen singen! Gelt, sie haben jetzt noch einen besonderen Klang und eine besondere Verheißung für uns »Arme und Elende in dieser bösen Zeit, die ihr an allen Orten müsst haben Angst und Leid«[554]*. Daran wird es Euch ja auch nicht fehlen, vielleicht nicht nur im Vermissen des Vaters. Ob auch dunkle Wolken der Trübsal uns dies vor uns liegende liebe Fest verdüstern, das ewige Licht, das ins Kripplein zu Bethlehem einging, wird umso reiner und sieghafter sich den Weg in unsere Herzen bahnen, dass wir, wenn auch getrennt, doch getröstet und gläubig feiern und uns der Liebe Gottes freuen können. An kleinen Freundlichkeiten und Hilfen fehlt es mir auch hier nicht, die mir das Leben erleichtern …*

B., 9.1.1938

Es ist mir leid, dass Du umständehalber meinen Weihnachtsbrief nicht bekommen hast und auch zu Deinem Geburtstag ohne besonderen Brief von mir geblieben bist. Nun will ich Dir nur kurz von meinem Ergehen mitteilen, dass ich noch gesund und munter bin. Nachgerade habe ich mich gut eingelebt. – Deine 3 Briefe habe ich erhalten, den ersten am Schluss der zweiten Woche hier, den Weihnachtsbrief zum Hl. Abend, den Deine liebe Hand mir schrieb und der mir diesmal alle anderen Geschenke oder Grüße, die mir zugedacht waren, reich ersetzte. Aber auch für dies andere herzlichen Dank. Den dritten Brief bekam ich zum 7. Januar. Wie freue ich mich, dass Ihr doch getröstet, fröhlich und gesegnet das liebe Fest feiern konn-

554 »Nun jauchzet all, ihr Frommen, zu dieser Gnadenzeit« (Michael Schirmer 1640), EG 9,5.

tet!... Ich weiß mich dauernd von Deiner und der Freunde Liebe getragen.

B., 23.1.1938

Am Freitag erhielt ich Deinen lieben Brief vom 18. Januar. Wie gut ist es, dass wir, auch wenn die schriftliche Verbindung einmal unterbrochen wird, doch in Glauben und Gottvertrauen miteinander verbunden sein und von der verzehrenden Sorge bewahrt bleiben dürfen! Ich freue mich sehr über die Reise, die Du gemacht, das schöne Erleben und die Verbindung mit so viel feinen, lieben Menschen, die Dir dabei geschenkt wurden (Reise nach Berlin)[555]*. Und dass die Heimkehr so schön war und dass Ihr auch zu Hause reich gemacht werdet an den Gütern des Hauses Gottes, durch die wir ja sogar trunken werden dürfen, wie uns die Schrift gestattet und verheißt.*[556] *Besonders freue ich mich, dass Du schreiben kannst, dass unsere lieben Kinder wohlgeraten, gehorsam, fleißig und fromm sind. Ich habe sie auch aus der Ferne sehr lieb und bin im Geist des Abends an ihren Bettlein. – So hast Du ja nun auch Deinen Geburtstag im Segen feiern dürfen mit einem so schönen Andachtswort in dem auch mir von einem Pfarrerkurs her bekannten Dorfkirchlein (Dahlem)*[557]*. Dankbar bin ich Dir für die Losungsworte*[558] *in Deinen Briefen, die mir jetzt sehr wertvoll sind. Vielleicht teilst*

---

555 P. S. meint hier die Reise seiner Frau im Januar 1938 nach Berlin, bei der sie sechsmal vergeblich im Sicherheitshauptamt der SS in der Prinz-Albrecht-Straße 6 versuchte, sich für seine Befreiung einzusetzen.

556 Psalm 36,9 (nach der ursprünglichen Luther-Übersetzung).

557 Die Jesus-Christus-Kirche in Berlin-Dahlem, an der Martin Niemöller, nun in KZ-Haft, Pfarrer war und in der allabendlich Fürbittandachten für ihn und andere Inhaftierte stattfanden.

558 M. S. hatte ihm auf fein gestalteten Spruchkarten u. a. die Monatssprüche Ende 1937/Anfang 1938 gesandt: »Darin übe ich mich, allezeit ein unverletztes Gewissen zu haben vor Gott und den Menschen« (Apostelgeschichte 24,16); »Siehe, dein König kommt zu dir« (Sacharja 9,9); »Aber das ist meine Freude, dass ich mich zu Gott halte« (Psalm 73,28).

Du mir immer die Losungsworte für die nächsten zwei Sonntage und etwa noch die eine oder andere schöne Tageslosung[559] *dazu mit, dass ich darin mit Euch verbunden bin. – Von meinem Ergehen kann ich Dir wiederum nur kurz mitteilen, aber auch durchaus nur erfreulich, dass ich gesund und munter bin und mich hier schon recht zu Hause fühle. Auch hier darf man ja Arbeit und Speise gesegnet aus Gottes Hand nehmen, auch hier macht Gott den 23. Psalm wahr, dass er unsere Seelen erquicket und uns auf rechter Straße führet um seines Namens willen. Im Übrigen wollen wir uns fest auf die Zusage Gottes verlassen, dass ER die Gefangenen ausführt zur rechten Zeit*[560]*, und unsere Seelen in Geduld fassen.*

B., 6.2.1938

Heute Mittag bekam ich noch Deinen lieben Brief vom 2. ds. Mts. Wie bin ich froh und dankbar für die im Ganzen doch guten Nachrichten!… Das weiß ich und spür ich auch, Liebste, und es macht mich froh, dass trotz all unseres Sündigens wider unsere Liebe doch alle Stürme und Schläge uns noch fester zusammengebunden haben, wohl darum, weil wir in aller Schwachheit versuchen, doch Gott über alle Dinge zu fürchten, zu lieben und zu vertrauen,[561] *in Jesus Christus, seinem lieben Sohn, unserem Herrn. So ist die Verbundenheit mit Dir, meinem lieben »Weinstock« und seinen »Träublein«*[562]*, und dem ganzen Hause wahrlich nicht nur eine Belastung, sondern auch eine große Stärkung auf dem mir verordneten Wege. Ich bin der guten Zuversicht, dass Gottes guter Geist uns auch jetzt, da wir getrennt sind, auf ebenem Wege weiterführt*[563] *und Er uns mit seinen Augen*

559 Losungsworte (oder: Wochensprüche) für jeden Sonntag des Jahres; Tageslosung: im Herrnhuter Losungsbuch.

560 Psalm 68,7.

561 Luthers Erklärung zum Ersten Gebot im »Kleinen Katechismus«.

562 Siehe Paul Gerhardts Hochzeitslied »Wie schön ist's doch, Herr Jesu Christ, im Stande, da dein Segen ist«, EKG 172,3.

563 Vgl. Psalm 143,10: »Lehre mich tun nach deinem Wohlgefallen, denn du bist mein Gott; dein guter Geist führe mich auf ebner Bahn.«

leiten wird.[564] *– Von meinem Ergehen kann ich Dir nur wieder kurz berichten, dass ich noch gesund und munter bin. Ich glaube, dass Du Dich über mein gutes Aussehen von dem dauernden Aufenthalt in der frischen Luft freuen würdest. Gott hat mich bisher freundlich geführt und vor Unbill und Unglück verschont. Sein Rat ist gewiss über uns allen wunderbar, und Er führt es herrlich hinaus.*[565] *Mein lieber kleiner Gerhard hat Geburtstag gehabt und wird gewiss im neuen Lebensjahr das Bravsein und Gehorchen noch besser lernen wollen. Der Vater freut sich mit, wenn Ihr am Dienstag ihm das Lied singt und das Tischchen richtet.*

B., 20.2.1938

Auf Deine Sorgen kann ich Dir von meinem Ergehen wieder nur kurz berichten, dass ich noch gesund und munter bin, dass mir die Winterfrische bisher nicht geschadet, mir sogar vollere Backen gemacht hat. Auch mein Bein hat die Bewegungsprobc bisher ohne Nachteil überstanden. Die Sonntage, zu denen sich unsere Gedanken und Fürbitte dann sonderlich begegnen, wie ich auch Deinen Zeilen entnehme, sind uns auch hier eine Wohltat, auf die wir uns die ganze Woche über freuen. Für ein warmes Lager darf ich mit Euch Gott danken, wenn einen freilich auch jeden Abend beim frühen Schlafengehen leise das Heimweh beschleicht. – Bei den Winterfreuden unserer lieben Kinder freue ich mich von Herzen mit – Du weißt noch, wie wir hinter Müllers miteinander über und in den Wassergraben fuhren, ich teile sie auch im Genuss herrlicher Schneelandschaften … Es ist mir ein großer Trost, dass Du in der Freundschaft mit Irmgard[566] *und so viel andern lieben treuen Menschen einen gesegneten Ersatz hast für unsere äußerliche Trennung; wie freundlich sind Gottes Wege! Stolz bin ich auf meinen großen*

564 Vgl. Psalm 32,8: »Ich will dich unterweisen und dir den Weg zeigen, den du gehen sollst; ich will dich mit meinen Augen leiten.«

565 Jesaja 28,29.

566 Irmgard Humburg, die Tochter Paul Humburgs, des Präses' der rheinischen Bekenntnissynode.

Sohn, der so tapfer auf dem weiten Schulweg und in der Schule seinen Mann steht ...

B., 6.3.1938

Du hast recht, nach Frost und Schnee ist auch bei uns Vorfrühling geworden, wir freuen uns der wärmenden Sonne, die Vögelein zwitschern im Walde, da will auch Gemüt und Geblüt von unsereinem neu und fröhlich werden trotz allem. So darf ich Dir von meinem Ergehen dankbar wieder kurz vermelden, dass ich noch gesund und munter bin ... Im Übrigen wollen wir gewiss froh und dankbar sein an den Lebenszeichen, die unsere Briefe für uns noch darstellen. In Bezug auf das andere, was wir uns nicht sagen können, was wir auch in Fortgang und Ausgang nur unvollkommen erschauen, wollen wir es im Glauben halten mit Claudius' schönem Abendlied: »So sind gar manche Sachen, die wir getrost belachen« – vielleicht auch oft getrost beweinen, »weil unsere Augen sie nicht sehn.«[567] *– Auch was wir einander jetzt nicht sagen können und was ich nicht wissen darf, das ist von Gott so geordnet ... Betet für mich, dass ich auch hier in der Nachfolge unseres gekreuzigten Herrn erfunden werde und rechte Passionszeit halte. Euch wünsche ich auch, dass Ihr mit den lieben Gemeinden im Segen durch die Passionswochen geht. – Wie werdet Ihr Euch auch der Gartenarbeit freuen! ...*

B., 23.3.1938

Durch Deinen Brief vom 16. ds. Mts. habe ich am Samstag wieder ein Lebenszeichen von Dir bekommen. Hab herzlichen Dank für den Brief. Ich bin noch gesund und munter. Wir freuten uns der trockenen und warmen Märztage, die mir sehr wohlgetan haben. Ihr werdet mit Fleiß schon die Gärten bestellt haben, und ich stellte mir vor, wie die lieben Kinder ihrem Mütterlein dabei halfen. Mein Nachtlager habe ich jetzt am offenen Fenster, wo Mond und Sterne freundlich zu mir

567 Vgl. das Abendlied des Matthias Claudius »Der Mond ist aufgegangen«, EG 482,3.

hereinscheinen, die uns ja noch von anderem Licht Gleichnis und Boten sind, von dem, was da »nun bleibet«[568] im Dunkel und Leid dieser Erde... Besonders am frühen Morgen gehen meine wachen Gedanken oft zu Euch, Eurem mir jetzt ungewissen Ergehen, Eurer Sorge und Arbeit; aber ich weiß auch, dass von treuer Hand auch für Euch gesorgt ist und Euch nichts mangeln wird[569]. Küsse unsere lieben Sechs von ihrem Vater.

B., 4.4.1938

Wie freue ich mich immer, Dir melden zu können, dass es mir gut geht und dass ich mich an Leib und Seele wohl befinde. Wir hatten auch schon die schönste Frühlingsfrische im März, da können uns die letzten kalten Tage mit Winterrückschlag nicht mehr bange machen. Den Winter haben wir überwunden, der Sommer steht vor der Tür. – Im Fest des auferstandenen Herrn feiern wir den Sieg des Lebens über den Tod, und unser Glaube ist der Sieg, der die Welt überwunden hat.[570] – Wenn ich mich oft in alle Eure Sorge und Arbeit hineindenke, so bleibt mir nur die einfältige Bitte, dass Euch immer neu Kraft und Glaubensmut geschenkt werden möge. Deine Sorgen sind auch die Kinder. Wie alle unsere Sorgen sind auch diese schon gehoben und werden getragen von dem, der besser sorgen kann als wir.[571] – Ob wohl unser Jüngstes, in so viel Unruhe hineingeboren, weiter gut gedeiht? Ob Dieter seinen Weg findet? Möge Dir nur die Freude an unsern Kindern ferner eine Quelle der Kraft und des Trostes sein dürfen! – Wie schön wird es sein, wenn wir uns einmal – wer weiß, wie bald! – wiedersehen und aneinander freuen dürfen! »Wege hat er allerwegen.«[572] – Was werdet Ihr alles erleben an Schwerem und Schönem! Wie trägt Mutter an dem uns auferlegten Los? Grüße sie doch recht herzlich in dankbarer Liebe.

---

568 1. Korinther 13,13.

569 Psalm 23,1.

570 1. Johannes 5,4.

571 1. Petrus 5,7.

572 Vgl. »Befiehl du deine Wege« (Paul Gerhardt), EG 361,4.

B., I. Ostern 1938

Rauh und unfreundlich, mit Aprillaunen wie in den letzten Wochen und Tagen ist auch Ostern (das Wetter) zu uns gekommen. Aber doch fehlen die Sonnenblicke nicht als Verheißung kommender Herrlichkeit. Auch im übertragenen Sinne ist das so: So bin ich dankbar für die Erquickung an Leib und Seele, die mir immer wieder geworden und wird unmittelbar von unserem Vater im Himmel, und Dank Eurer Liebe, die für die Kontoauffrischung und die »Ostersendung« gesorgt hat (40 M). Sehr gefreut habe ich mich auch wieder über Deinen lieben letzten langen Brief vom 1. April. An unsern beiden Gärten unter Deiner pflegenden Hand habe ich auch von hier aus meine Freude, an jedem auf eine besondere Weise. Wenn die Lehrer unsern Kindern gute Zeugnisse ausstellen dürfen, so ist das für die Eltern Freude und Genugtuung ... Es ist Ostern, und es ist wichtig, dass wir uns spornen lassen zu einem Auferstehungsleben[573], das ja nur aus einer dauernden Hingabe unseres Lebens in den Tod erwachsen kann und auf dem Wege des Glaubens uns von Gott geschenkt wird, des Glaubens, der mit Gott allein rechnet. Wir dürfen dankbar unter äußerer Trübsal uns zufriedengeben mit der hohen Botschaft und dem Glaubensinhalt unserer christlichen Feste und so gerade zur echten Freude und Feier kommen, die für die Christenheit durch so viel äußere Dinge und Stimmung leicht einen zu billigen Ersatz gefunden hatte. – Ich brauche Dir jetzt nicht mehr zu versichern, dass ich noch gesund und munter[574] bin. Lass uns in Geduld und fröhlichem Vertrauen unsern Weg weitergehen. Auch ich will geduldig all

573 P. S. meint damit, dass unsere ganze Lebensführung durch den Glauben an den zu Ostern auferstandenen Christus bestimmt sein sollte, entsprechend dem Jesus-Wort aus Markus 8,34f: »Wer mir nachfolgen will, der verleugne sich selbst und nehme sein Kreuz auf sich und folge mir nach. Denn wer sein Leben erhalten will, der wird's verlieren, und wer sein Leben verliert um meinetwillen und um des Evangeliums willen, der wird's erhalten.«

574 Dies ist der letzte Brief, in dem »gesund und munter« unterstrichen ist.

mein Nichtwissen von Euch und den Dingen unserer Kirche[575] *der allertreusten Pflege des, der den Himmel lenkt*[576]*, befehlen. Hab immer auch einen Kuss vom Vater übrig für die Kinder.*

Im April 1938 kam der Zusammenstoß. Dem Grüßen der Hakenkreuzfahne konnte Paul in der Freiheit entgehen. Er hat sie nie gegrüßt, weil er in dieser Fahne nicht nur das Hoheitszeichen des Reiches, sondern auch das Zeichen der Weltanschauung sah. Hier im Lager fiel er nun deshalb auf. Ob das nun auf dem Wege zur Arbeit war, wie Leikam (s. u.) berichtet, oder nach mehreren Berichten anderer Häftlinge bei einer offiziellen Feier[577], tut nichts zur Sache. Wahrscheinlich ist beides zutreffend. – Paul nahm seine Mütze vor der Fahne nicht ab, wird gemeldet, und kommt zum ersten Mal auf den »Bock«. Der Arrest (Bunker) des Lagers Buchenwald ist nun etwa 14 Monate seine Herberge. Er ist der Willkür und dem Sadismus des SS-Scharführers Sommer ausgeliefert. Paul nennt diesen Mann in seinen letzten Tagen anderen Häftlingen gegenüber einen Mörder und Henkersknecht.

Da P. S. nun etwa fünfzehn Monate lang der Brutalität dieses Mannes ganz unmittelbar schutzlos ausgeliefert war, hier einige Informationen über Martin Sommer[578]. Geboren 1915 in Schkölen, Kreis Weißenfels, trat er als 16-jähriger landwirtschaftlicher Gehilfe der NSDAP und der SA bei. 1933 wechselte er zur SS, 1935 hatte Sommer Wachdienst in den KZs Sachsenbruck und Lichtenberg; 1937 im KZ Buchenwald.

---

575 Aufgrund der strengen Zensur kamen nur allerpersönlichste Nachrichten zu den Gefangenen durch.

576 »Befiehl du deine Wege« (Paul Gerhardt), EG 361,1.

577 Es war Hitlers Geburtstag, der 20. April 1938.

578 Aus: KZ-Verbrechen vor deutschen Gerichten. Dokumente aus den Prozessen gegen Sommer (KZ Buchenwald), Sorge, Schubert (KZ Sachsenhausen), Unkelbach (Ghetto in Czenstochau), hg. v. Dr. H. G. van Dam und Ralph Giordano, Europäische Verlagsanstalt Frankfurt, 1962.

1938–1943 war er dort Erster Arrestaufseher und wurde 1942 SS-Hauptscharführer. 1943 kam er (gegen seinen Willen) zur Waffen-SS: Im August 1943 wurde er wegen Mordverdachts verhaftet. Im August 1944 wurde gegen Sommer wie gegen den Lagerkommandanten SS-Standartenführer Karl Koch und dessen Ehefrau Ilse Anklage wegen Korruption erhoben; das Verfahren gegen Sommer wurde im September 1944 abgetrennt und bis 1945 nicht mehr aufgenommen. Anfang März wurde er zu einer aus SS-Untersuchungshäftlingen gebildeten Kampftruppe abgestellt. Im April 1945 wurde er schwer verwundet, ein Oberschenkel musste amputiert werden, außerdem hatte er Verletzungen am linken Oberarm und am Trommelfell. Nach dem Lazarettaufenthalt kam er in ein Internierungslager und wurde im Juni 1946 in das Versehrtenheim Possenhofen entlassen. Später ging er nach Bayreuth, wo er von einem ehemaligen Buchenwald-Häftling erkannt wurde. 1950 wurde Haftbefehl gegen Sommer erlassen.

Die Anklageschrift wirft ihm vor: Folterungen bei Verhören, unvorstellbare Grausamkeit, Bestialität, Heimtücke bei der Vollstreckung von Lagerstrafen (Ausprügeln auf dem »Bock«; Baumbinden [die Opfer wurden mit nach hinten gefesselten Armen am Baum aufgehängt; viele starben dabei], Krummbinden am Lagertor; Errichtung des »Schwarzen Bunkers« [Dunkelarrestbaracke], Erhängen, Erschießen u. a. von Juden, im Steinbruch oder von Kriegsgefangenen in der Genickschussanlage, besonders von ca. achttausend sowjetischen Kriegsgefangenen). Die Gutachter bescheinigten ihm weder Geisteskrankheit noch Psychopathie; er wurde als voll verantwortlich eingestuft. Durch das konsequent nationalsozialistische Denken, das ihn bestimmte, »wurde der Freund zum Herrenmenschen, der Feind zum Untermenschen, der mit unbeugsamer Härte unschädlich gemacht und ausgemerzt werden musste«.

Am 8. Juli 1959 erging beim Landgericht Bayreuth das Urteil: »Der Angeklagte wird als Mörder in 25 Fällen zu lebenslänglichem Zuchthaus verurteilt.« Das Gericht sah sich überfordert, alle Anklagepunkte gegen Sommer zu verhandeln, und verurteilte ihn wegen fünfundzwanzig Morden an Häftlingen durch heimtückische Injektionen von Gift, die er ohne besonderen Befehl nachts allein vollzogen hat. Das Gericht sah zwar sein früheres und dann widerrufenes Geständnis, er habe über vierzig solcher Morde durch Injektion vollzogen, für glaubwürdig an, konnte ihn aber nur wegen fünfundzwanzig Morden verurteilen, da der Eröffnungsbeschluss des Prozesses ihm »nur« fünfundzwanzig Morde zur Last gelegt hatte. Dass er die Leichen derer, die er ermordet hatte, unter seine Pritsche legte und seelenruhig über ihnen schlief, dass er die Bockprügelstrafen mit allen ihm zur Verfügung stehenden Kräften lustvoll vollzog, dass er im Arrestbau die ihm unterstellten Häftlinge in maßloser Weise geschlagen, getreten, auf jede denkbare Art gequält und ihnen im Übermaß Schmerzen körperlicher und seelischer Art zugefügt hatte, erklärte das Gericht dadurch, dass ihm jedes Mitgefühl für das Leid der Häftlinge fehlte, ja, dass er jeden Häftling für ein minderwertiges, lebensunwertes Geschöpf hielt. Er habe sich, wie man es ihm eingebläut hatte, zur Elite des deutschen Volkes gezählt und jeden, der die NS-Ordnung störte, für seinen persönlichen Feind gehalten. Das Gericht sah in ihm einen »primitiven Rohling, dem die Zeitverhältnisse dazu verhalfen, seine Aggressionstendenz nach voller Lust auszutoben«. Seit er bei einer Beförderung übergangen worden sei, habe er sich erst recht durch grausame Exzesse, widerliche Obszönitäten, gefühllose Blasphemien hervorgetan, sodass er schließlich auch bei der SS gehasst und gefürchtet gewesen sei. Martin Sommer stellte den Antrag auf Anerkennung seiner Haftunfähigkeit. Als dem Antrag 1971 stattgegeben wurde, nahmen ihn die Diakonischen Anstalten Rummelsberg in Schwarzenbruck auf, wo er bis zu seinem Tod 1988 lebte und dann auch kirchlich bestattet wurde.

Die Leiden, die in den Berichten der Buchenwald-Bücher beschrieben sind, gehen über Paul. So berichtet Notar A. Leikam über ihn: »Im Frühjahr 1938 war es beim Ausmarsch der Arbeitskommandos aus dem Lager noch üblich, dass die außerhalb des Lagers gehisste SS-Fahne durch Abnehmen der Mütze beim Vorbeimarsch von den Häftlingen gegrüßt wurde. Diese Ehrenbezeugung lehnte Schneider als Götzendienst ab. Bei der Masse der Häftlinge wäre diese Verweigerung zunächst nicht ins Auge gefallen. Missgunst der Häftlinge jedoch, die diesen Dienst natürlich unwillig leisteten, brachte Schneider zur Anzeige bei der SS wegen Gehorsamsverweigerung. Nun begann der eigentliche Leidensweg von Paul Schneider. Er wurde zur SS gerufen, der er freimütig seine Haltung begründete. Als Erstes bekam er ›25 Stockhiebe auf den A.‹ und wurde anschließend in Dunkelarrest gesperrt, die eben bezeichnete Einzelhaft, in der er bis zu seinem Tode verblieb.[579] Dort bekannte er der SS gegenüber unerschrocken den christlichen Glauben. – In diesem Freimut war er wahrscheinlich der Einzige in Deutschland. – Er nannte also die Teufel bei Namen: Mörder, Ehebrecher, Ungerechte, Scheusale. Durch dieses Bekenntnis, dem er immer wieder die Gnade Christi gegenüberstellte und zur Buße rief, wurde Schneider abwechselnd schweren körperlichen Martern, Demütigungen und Ängsten ausgesetzt. Die körperlichen Martern bestanden in schweren Schlägen, Aufhängen am Fensterkreuz an den nach rückwärts gedrehten Armen frei oberhalb des Bodens, Essensentzug, schwarzer Bunker, d.h., Tag und Nacht wurde die Zelle völlig abgedunkelt, ohne Schlafmöglichkeit, in Angst- und Leidensschreien aus den nebenliegenden Zellen. –

579 Da Alfred Leikam erst am 5. November 1938 nach Buchenwald kam, hat er diese beschriebenen Vorgänge vom Frühjahr 1938 nicht persönlich miterlebt. Offenbar hat er von Häftlingen gehört, dass sie beim täglichen Ausmarsch aus dem Lager zur Arbeit die SS-Fahne grüßen mussten. Sicher ist, dass die Häftlinge gezwungen waren, im Vorbeigehen jeden SS-Posten zu grüßen. Von einer Anzeige gegen Schneider mit den unmittelbar geschilderten Folgen des Ausprügelns und des Einlieferns in den »Bunker« ist nichts bekannt. Vielfach bezeugt und aktenkundig ist es, dass erstmals am 20. April 1938 zu Hitlers Geburtstag eine öffentliche Flaggenhissung beim Appell stattfand, bei der von den Häftlingen verlangt wurde, durch Abnehmen der Kopfbedeckung die Hakenkreuzfahne zu grüßen. Da P.S. dies ablehnte, kam er in den Arrestzellenbau, den Bunker.

Schneider war unermüdlich, den anderen Häftlingen immer wieder Worte der Schrift zuzurufen, so vor allem morgens und abends beim Zählappell, wenn die Lagerbereitschaft vor dem Zellenbau antrat – ich selbst stand jedoch bereits außer Hörweite, doch wurde mir dies immer wieder bestätigt. An einem Januarmorgen 1939, als in dem Zellenbau zwei flüchtige Häftlinge nach ihrer Wiedergefangennahme ermordet worden waren, rief Schneider beim Zählappell: ›Im Namen Jesu Christi bezeuge ich den Mord an den Häftlingen …‹, worauf ein weiteres Bekenntnis durch Schläge erstickt wurde. Die schlimmste Zeit für Schneider dürfte der Frühsommer 1939 gewesen sein. Während dieser Tage war er in halber Höhe an den nach rückwärts gezerrten Händen gefesselt, sodass er immer in halbgebückter Stellung verbleiben musste. – Das Andenken von Schneider war bei allen Häftlingen ehrerbietig und des Lobes voll. Für ihn galt das Wort, dass ›seine Bande in Christo im ganzen Richthause offenbar geworden sind‹[580]. Er ist meines Erachtens in Deutschland der Einzige, der so bewusst in Überwindung der menschlichen Furcht das Kreuz Christi bis zum Tode auf sich genommen hat und unter dem Wort des Glaubens stand: ›Unser Glaube ist der Sieg, der die Welt überwunden hat.[581]‹ Wenn einer das ›Ehrenkleid‹ Christi trägt[582] und ›seines Leidens gewürdigt wurde‹[583], so Pfarrer Schneider. Ich konnte und kann seiner nur in Ehre gedenken. Wer von uns möchte sich diesem Geheimnis Christi gegenüber rühmen?«

Warum kommt er nicht mehr aus dem Arrest heraus? Die meisten Häftlinge sind doch nur kurze Tage dort, dann wieder

580 Philipper 1,13.

581 1. Johannes 5,4.

582 Vgl. das Lied von Nikolaus Ludwig von Zinzendorf »Christi Blut und Gerechtigkeit, / das ist mein Schmuck und Ehrenkleid, / damit will ich vor Gott bestehn, / wenn ich zum Himmel werd eingehn«, EG 350,1. Nikolaus Ludwig Graf von Zinzendorf (1700–1760), Begründer der Herrnhuter Brüdergemeine, der »Losungen« und der Herrnhuter Mission in verschiedenen Weltgegenden. Er warb für einen ebenso entschiedenen wie befreienden Glauben, der ganz unmittelbar an Jesus Christus hängt.

583 Vgl. Apostelgeschichte 5,41.

in neuer Arbeit oder durch den Tod befreit? Er ist auch dort der Pfarrer im Amt, der Seelsorger der Bedrücktesten wie auch ihrer Peiniger. Davon wissen alle Berichte zu erzählen. – Schon bei Lebzeiten Pauls bekomme ich eine Ahnung davon, als mir ein entlassener Kamerad berichten lässt, er sei unter Pauls Zellenfenster getreten und habe Paul gebeten, sich doch zu schonen, an Frau und Kinder zu denken. »Ich weiß, warum ich hier bin«, sagt Paul. Und ein anderer Häftling, Zahnwetzer, berichtet: »Auf den gut gemeinten Rat von Häftlingen, die etliche Male einige Augenblicke bei ihm allein sein konnten, sein lautes Beten in seiner Zelle zu unterlassen, um sich den Misshandlungen durch die SS zu entziehen, antwortete Paul Schneider, dass er nicht anders könne. Er müsse den gefolterten und mitgefangenen Gequälten Trost zusprechen, wenn sie in ihrer Verzweiflung stöhnten und jammerten ...«[584]

Karl Trzimiel[585] erzählt in einem Brief vom 22. März 1948: »In dem Bunker, in dem sich die Dunkelarrestzellen befanden, lernte ich den Pfarrer Schneider kennen, der neben mir in der Zelle lag. Jeden Morgen hielt er für uns Häftlinge eine Morgenandacht, wofür er stets Schläge und Misshandlungen durch die Scharführer Sommer und Pleißner einstecken musste. Ich erinnere mich noch ganz deutlich eines Vorgangs, als der Lagerführer Schobert im Bunker erschien und dem Pfarrer mitteilte: ›Ihre Frau ist mit Ihrem jüngsten Kind tödlich verunglückt. Geht Ihnen das nicht zu Herzen?‹ Pfarrer Schneider entgegnete nach kurzer Pause: ›Gewiss, das geht mir sehr zu Herzen, aber noch weit mehr bedrückt mich die furchtbare Behandlung der Häftlinge durch Sie.‹ Lagerführer Schobert erwiderte wutentbrannt: ›Das sollst du mir büßen, du Lump!‹ ... Nun einiges aus dem Leben im Bunker (Arrest): Früh beim ersten Pfeifsignal musste jeder austreten und sich waschen gehen. Das musste in 5 Minuten erledigt sein ... In der Zelle befand sich ein Bett,

584 Erlebnisbericht von M. Zahnwetzer, S. 16.
585 Karl Trzimiel (1902–?), Häftlingsnummer 320, in Buchenwald ab 27. Juli 1937, am 11. April 1945 befreit.

das am Tage an die Wand angeschlossen war; Sitzgelegenheit gab es keine. Früh bekam Ihr Mann 150 Gramm Brot, ½ Liter Kaffee oder Suppe, mittags ½ Liter Essen, abends ½ Liter Suppe oder Kaffee. Das Brot war für den ganzen Tag gerechnet. Ihr Mann bekam täglich nur halbe Ration. Aber es kam so oft vor, dass Ihr Mann Dunkelarrest bekam, und dann erhielt er nur jeden vierten Tag sein reguläres Essen. Schläge waren keine Seltenheit bei Ihrem Mann. Bücher gab es auch nicht zu lesen. Als die Judenaktion war,[586] wurde ein Häftling wahnsinnig geschlagen und bei dem Häftling Willi Mohr[587] in die Zelle gesperrt. Als dieser sich weigerte, ihn aufzunehmen, kam der Wahnsinnige zu Ihrem Mann in die Zelle. Trotzdem hat sich Ihr Mann nicht erbittern lassen. Wenn wir zu ihm sagten, dass er den Irrsinnigen entfernen lassen solle, sagte uns Ihr Mann: ›Liebe deinen Nächsten wie dich selbst, sei hilfreich und gut.‹ Dieser Wahnsinnige starb durch eine Spritze (Himmelfahrtsspritze von uns genannt) in der Zelle Ihres Mannes …«

Über den »Wahnsinnigen« berichtet M. Zahnwetzer:[588] Viele Monate lang hat man einen irrsinnigen, etwa 17-jährigen Jungen mit in seine Zelle gelegt, um ihn eben auch zum Irrsinn und zur Verzweiflung zu bringen. Dieser Irrsinnige nannte sich Karl Hitler. Wir nannten ihn Karlchen. Er wurde oftmals mit einem anderen irrsinnigen jungen Häftling an den Handgelenken zusammengekettet, mit Badehose bekleidet von der SS durchs Lager geführt. »Haltet, haltet«, war der sich immer wiederholende Ausruf von Karlchen. Dann blieb er stehen. Seine weiteren Worte waren: »Ich darf nicht reden, und der andere, der reden kann, liegt auf dem Friedhof.«

---

586 Als nach dem 9. November 1938 über zehntausend Juden durch einen engen Durchgang einzeln unter schweren Schlägen in das KZ Buchenwald getrieben wurden.

587 Willi Mohr (1901–1939), Häftling Nr. 73, in Buchenwald 15. Juli 1937 bis 4. Mai 1939, umgekommen.

588 Erlebnisbericht von M. Zahnwetzer, S. 15.

Paul war »frei zum Dienst«, wie Präses Wilm[589] bei seiner Schlussansprache auf dem Essener Kirchentag im Jahre 1950 ausführte: »Es hat jemand uns erzählt, wie er auf dem Appellplatz im Lager Buchenwald gestanden hat – grenzenlos allein, unheimlich gefangen und ohne Glauben –, entschlossen, in der nächsten Nacht in den elektrischen Draht zu gehen und Schluss zu machen. Da hörte man an diesem Ort des Grauens und der Verzweiflung eine laute, klare Stimme über den Platz der zwanzigtausend Gefangenen schallen. Diese Stimme rief aus dem Fenster einer Bunkerzelle heraus: ›Jesus Christus spricht: Ich bin das Licht der Welt. Wer mir nachfolgt, wird nicht wandeln in der Finsternis.‹[590] Das war die Stimme des rheinischen Pastors Schneider. Und der uns das erzählte, hat gesagt: ›Er hat mich durch diesen Ruf gerettet! Denn von da an wusste ich, dass doch Einer bei mir ist!‹ – Sie haben den Paul Schneider für seinen Ruf geschlagen und schließlich stumm gemacht. Aber Gott hatte ihn gesendet, Menschen zu retten ... Paul Schneider war schlimmer gefangen als alle anderen, wehrloser und machtloser als irgendein Mensch, und doch der freie Zeuge Jesu in jener Stunde – frei, weil er wusste, dass Jesus in der Welt ist, auch für die gefangenen Brüder ... Paul Schneider konnte nur noch rufen, sonst nichts, aber er gab für sein Zeugnis seinen geschundenen Leib und sein Leben, damit die Brüder gerettet wurden, dass Menschen den Heiland sehen und erkennen. Was gibst du? Gott braucht dich, dein Herz, dein Wort, deine Tat! Der Herr fragt: Wen soll ich senden? ...«

Der österreichische katholische Geistliche Leonhard Steinwender berichtet in seinem Buch »Christus im KZ«[591] unter

---

589 Ernst Wilm (1901–1989), zu dieser Zeit Präses der Westfälischen Landeskirche.

590 Johannes 8,12.

591 Leonhard Steinwender (1889–1961), Häftlingsnummer 3194, österreichischer Priester und Redakteur, in Buchenwald seit 16. November 1938, am 16. November 1940 entlassen; vgl. sein Buch »Christus im Konzentrationslager. Wege der Gnade und des Opfers«, Otto Müller Verlag Salzburg 1946, S. 63–66. Die hier berichtete erste

der Überschrift »Die Stimme des Rufenden in der Wüste«: »Eine heroische Gestalt, zu der das ganze Lager mit ehrfürchtiger Bewunderung aufschaute, war der evangelische Pfarrer Schneider aus dem Hunsrück. Am 1. Mai 1938 wurde am Turm über dem Eingangstore des Lagers erstmalig im Beisein der Häftlinge die Hakenkreuzflagge gehisst. In langen Reihen standen die Gefangenen. Es herrschte tiefes Schweigen, bis das Kommando erklang: ›Mützen ab!‹ In den ersten Reihen seines Blockes ganz in der Nähe des Tores, unmittelbar vor dem Diensthabenden der Lagerführung, hatte Pfarrer Schneider seinen Platz. Ein Zug harter und entschlossener Energie stand auf seinem markanten Gesicht. Er konnte es mit seinem Gewissen nicht vereinen, ein Symbol zu grüßen, das im innersten Wesen und nach der letzten Ausstrahlung unchristlich war. So stand Pfarrer Schneider allein in strammer Haltung mit bedecktem Haupte vor der gehissten Flagge. Man mag über diese Haltung denken, wie man will. Kein Häftling hatte schließlich einen freien Willen, keiner beugte sich mit innerer Zustimmung vor dem Gesslerhute[592]. Für Pfarrer Schneider aber war diese Grußverweigerung bewusster Ausdruck seines Bekennermutes.

Er wurde in den Bunker geschleppt, das berüchtigte Gefängnis im Lager, das er nicht mehr verlassen sollte. Dreizehn Monate erlitt er die Qualen dieser sadistischen Sonderbehandlung. Häftlinge, die mit ihm vorübergehend die Zelle teilten, waren erschüttert von der Seelengröße dieses tapferen Mannes. Trotz Hungerkost, die kaum ausreichte, das Leben zu fristen, verweigerte er am Freitag, dem Todestag des Herrn, jede Nahrungsaufnahme.

Flaggenhissung fand am 20. April 1938 zu Hitlers Geburtstag statt, nicht am 1. Mai. Leider ist dieses früh veröffentlichte falsche Datum immer wieder in der Literatur übernommen worden.

592 Nach Schillers »Wilhelm Tell«: Alle Vorbeikommenden mussten den auf eine Stange gesetzten Hut als Symbol des grausamen Landvogtes grüßen.

Vor dem einstöckigen Bunkergebäude war der große Appellplatz, an dem sich die Häftlinge täglich morgens und abends zum Zählappell, meist verbunden mit allerlei Schindereien, einzufinden hatten. An den höchsten Festtagen ertönte während der Stille des Abzählens plötzlich die mächtige Stimme Pfarrer Schneiders durch die dumpfen Gitter des ebenerdigen Bunkers. Er hielt wie ein Prophet seine Festtagspredigt, das heißt, er versuchte zu beginnen. Am Ostersonntag zum Beispiel hörten wir plötzlich die mächtigen Worte: ›So spricht der Herr: Ich bin die Auferstehung und das Leben!‹[593] Bis ins Innerste aufgewühlt durch den Mut und die Kraft dieses gewaltigen Willens, standen die langen Reihen der Gefangenen. Es war, als hätte eine mahnende Stimme aus einer anderen Welt zu ihnen gerufen, als hörten wir die Stimme Johannes des Täufers aus den Kerkern des Herodes, die gewaltige Prophetenstimme des Rufenden in der Wüste.

Mehr als einige Sätze konnte er nie sprechen. Dann klatschten schon die Prügel der Bunkerwächter auf ihn nieder oder ein Faustschlag schmetterte seinen zermarterten Körper in eine Ecke des Bunkers. Mit seinem starken Willen und seiner unbeugsamen Härte wurde auch brutale Gewalt nicht fertig. Mehr als einmal schleuderte er dem gefürchteten Lagerkommandanten[594] den furchtbaren Vorwurf in das Gesicht: ›Sie sind ein Massenmörder! Ich klage Sie an vor dem Richterstuhle Gottes! Ich klage Sie an des Mordes an diesen Häftlingen!‹ Und er zählte ihm die Namen der Opfer auf, die in den letzten Wochen ihr Leben lassen mussten.

Da man mit der granitenen Härte seiner Überzeugung nicht fertig werden konnte, stempelte man ihn zum Narren, den man durch Schläge zum Schweigen bringt. Über ein Jahr hatte er die Qualen des Bunkers getragen, bis auch seine Kraft der rohen Gewalt erlag. Keine heile Stelle war an seinem Körper,

593 Johannes 11,25.

594 Karl Koch, der 1945 von einem SS-Gericht(!) wegen Korruption in Buchenwald hingerichtet wurde.

als man ihn tot aus dem Bunker trug. Die Todesnachricht wurde im ganzen Lager mit tiefer Bewegung aufgenommen.«

Ich durfte aber auch schon damals erfahren, dass die Kameraden nichts unversucht ließen, ihre Liebe und Fürsorge dem völlig Abgesonderten zu beweisen. Gott segne die Unbekannten! – Ob Paul wohl Frucht seines Zeugnisses sah? Wir wissen es nicht. Aber ein Pfarrer konnte nach seinem Tod in einer Predigt bezeugen: »Ein früherer Kommunist und Freidenker, der sieben Jahre im KZ war und dort durch unseren Bruder Schneider das Evangelium hörte, ließ sich taufen, als er wieder in Freiheit war. Zu dem Pfarrer, der ihn taufte, sagte er, dass er diesen Pfarrer Schneider kennenlernte und durch ihn das Evangelium, das sei die sieben Jahre KZ wert gewesen.« – Einem sonst sehr rauhen und rachedurstigen KZler, der mich kurz nach Pauls Tod besuchte, liefen beim Anblick seines Bildes die Tränen über die Backen: »Ja, das ist er. Wir wussten alle: Der starb für seinen Glauben.« – Ein anderer Kamerad sagte abschließend in seinem Lagerbericht: »Wir brauchten keinen Sozialismus und keinen Kommunismus, wenn wir mehr Leute von der Art Paul Schneiders hätten.« – Der politische Häftling Walter Poller[595], der als Arztschreiber in Buchenwald beschäftigt war, schreibt von ihm: »Paul Schneider war unser Kamerad, dessen Gesinnung vielleicht nicht die unsere, aber dessen Lauterkeit und Tatchristentum über allen Zweifel erhaben war.« – Theodor Köster[596], der ebenfalls Häftling in Buchenwald war, berichtet unter der Überschrift »Der Pfarrer von Buchenwald« in der Rhein-Ruhr-Zeitung, Essen, Nr. 18, vom 4. März 1947: »Wir Häftlinge ... 20 000 Häftlinge, Juden und Christen, Häft-

595 Walter Poller (1900–1975), Häftlingsnummer 996, Redakteur und Publizist, in Buchenwald seit 22. Dezember 1938, am 10. Mai 1940 entlassen. Arztschreiber im Häftlings-Krankenrevier, nach 1945 Chefredakteur der »Westfälischen Rundschau«, Verfasser des Buches »Arztschreiber in Buchenwald. Bericht des Häftlings 996 aus Block 39«, Phönix-Verlag Hamburg, 1946.

596 Theodor Köster (1901–?), Häftlingsnummer 7351, war bis zum 4. November 1938 in Buchenwald.

linge aus allen Parteien, aus allen Schichten ... alle empfinden nur das Eine: Das war ein Mann, ein ganzer Kerl, einer, der von seinem Glauben überzeugt war, ein Priester! Auch die, die Gott und Kirche mit spöttischen Worten abzutun pflegten, mussten bekennen: Das war ein Mann, ein Märtyrer seines Glaubens! Er gab uns, den Ärmsten der Armen, durch seine Worte und durch seinen Tod wieder Hoffnung und Licht in das Dunkel unserer Seele.« – Und der Kommunist Hasso Grabner[597], Leipzig, versucht in dem Buch »Das war Buchenwald« auf seine Weise, Paul Schneider ein Denkmal zu setzen: »In memoriam Pfarrer Schneider. Unter all den Tapferen, die bis in den Tod getreu waren, bist du nicht der Letzte, Pfarrer Schneider. In Ehrfurcht und Bewunderung haben wir, deine Kameraden, die heroische Sittlichkeit deines Herzens empfunden. Wenn wir auch unter einem anderen Gesetz antraten zum Kampf gegen die faschistische Bestie[598], wenn wir auch die Erlösung von dem Übel nicht im Christentum sahen, sondern im Kampf um eine diesseitige bessere Welt, so warst du uns doch wahrhaft ein Bruder und wir dir in brüderlicher Liebe zugetan. Deine Leiden waren unser aller Leiden, dein Tod unser aller tiefer Schmerz. Deine Liebe zur ganzen leidenden Menschheit, deine Liebe zu den Erniedrigten und Beleidigten, deine Liebe zu all den namenlosen Helden und unschuldigen Opfern dieses wahnsinnigen Systems ließ dich selbst zu einem Helden und Märtyrer werden, würdig jener großen legendären Gestalten, die in den Toren Roms zur höheren Ehre cäsarischen Wahns[599] ihren Glauben mit dem Tode besiegelten. Dein unbeirrbarer

597 Hasso Grabner (1911–1976), Häftlingsnummer 5334, in Buchenwald 1938–24. Juni 1940.

598 Faschismus: zuerst in Italien diktatorische Herrschaft (undemokratisch, nationalistisch, gewaltbereit), im deutschen Nationalsozialismus übernommen und radikalisiert.

599 Julius Cäsar, römischer Feldherr und Alleinherrscher von 100 bis 44 v. Chr., danach war »Cäsar« der Titel der römischen Kaiser; im übertragenen Sinn ist hier Selbstherrlichkeit, Größenwahn, Machtbesessenheit gemeint.

Glaube an eine endgültige Gerechtigkeit verbot dir kategorisch jede Kompromisslösung, die dir die feigen faschistischen Henker, bezwungen von der gläubigen Standhaftigkeit deiner Seele, oft genug anboten. Wir haben es alle täglich gefühlt, dass es für dich keinen anderen Weg gibt als den in den Tod, und unsere Herzen sind in Stolz und Trauer mit dir gegangen. Und in Stolz und Trauer gedenken wir, die wir dem Sterben entronnen sind, heute deiner. So darf ich auch heute als Kommunist deine Geschichte all denen erzählen, die Ohren haben zu hören, und ich weiß mich eins mit dir, wenn ich sage: Dein Tod legt unsere Hände ineinander ...«[600]

Wie verhielten sich, während P.S. im KZ gefangen und dort seit dem 20. April 1938 im Bunker schlimmen Torturen ausgesetzt war, seine Gegner in Dickenschied und Womrath? Die Bauern Friedrich Jakob Stumm und Ernst Adolf Scherer, die stark unter dem Einfluss der Thüringer DC standen, sahen jetzt, da der Pfarrer im KZ war, die Möglichkeit, sich mit dem Rheinischen Konsistorium gegen das Presbyterium und den Pfarrer zu verbünden. Sie schickten am 1. Mai 1938 an das Konsistorium in Düsseldorf eine Beschwerde gegen das Presbyterium in Womrath.[601] Sie bekräftigten ihre Haltung, ihre Kirchensteuer nicht zu bezahlen, denn diese werde ja nicht an das Konsistorium, sondern an den Bruderrat abgeliefert. Scherer schrieb, die Verhängung der Bußzucht über ihn hindere ihn an der Bezahlung. »Sobald das Vorgetragene wieder von der Kanzel in Womrath zurückgenommen wird, bin ich bereit, die Kirchensteuern restlos zu zahlen, jedoch nicht für den Bruderrat, sondern für das Konsistorium. Falls mir mein Recht nicht wird, bin ich gezwungen, aus der evangelischen Kirche auszutreten; es sei denn, dass man mich in eine andere

600 Hasso Grabner: »In memoriam Pfarrer Schneider«, in: Das war Buchenwald. Ein Tatsachenbericht, hg. von der Kommunistischen Partei Deutschlands Stadt und Kreis Leipzig, Verlag für Wissenschaft und Literatur Leipzig, o.D., S. 89.

601 Wentorf: Der Fall, S. 200.

Gemeinde einweist.« Ferner: »Wir bitten…, doch die Kirchenkassen von Womrath und Dickenschied durch einen vereidigten Bücherrevisor prüfen zu lassen, da wir und auch andere an der Richtigkeit Zweifel hegen.«

Auch fragten sie an, »ob das Konsistorium angeordnet hat, dass im Gottesdienst vom Hilfsprediger Kemper für Pfarrer Schneider, dessen Frau und Pfarrer Niemöller, Berlin, gebetet wird, und ferner, ob angeordnet worden ist, dass heute nur noch eine Glocke zum Gottesdienst geläutet wird, während früher dieses mit den drei vorhandenen Glocken geschah.«[602]

Offensichtlich fiel die Beschwerde aus Womrath beim neuen Konsistorialpräsidenten, Dr. Walter Koch, auf fruchtbaren Boden.[603] Er beauftragte Superintendent Gillmann, zu klären, welcher Ordnung denn die Womrather Kirchenzuchtmaßnahmen entsprächen, der Heidelberger Katechismus könne doch »nicht unmittelbar eine Norm für das Verfahren in Kirchenzuchtmaßnahmen« sein. Er wollte wissen: »Haben die in Zucht Genommenen bei dem Presbyterium oder Kreissynodalvorstand Schritte gegen die über sie verhängte Maßnahme unternommen? Hat das Presbyterium etwa nach dem Ausscheiden [!] des Pfarrers Schneider die verhängten Maßnahmen aufgehoben oder gemildert?« Und er kündigte eine Kassenrevision in den Gemeinden Dickenschied und Womrath durch die Finanzabteilung des Konsistoriums an.[604]

602 In Womrath und Dickenschied wurde, so lange der Pfarrer gefangen war, zum Gottesdienst nur mit einer Glocke geläutet.

603 Vgl. Wentorf: Der Fall, S. 199.

604 Dazu Wentorf: Der Fall S. 201: Das Kirchensteueraufkommen in Dickenschied und Womrath ist über das Konto der Bekennenden Kirche von Präses Humburg an das Konsistorium überwiesen worden. Die Prüfung der jeweiligen Kirchenkasse der Gemeinden Dickenschied und Womrath ergab keine Beanstandungen.

Briefe aus der Arrestzelle des Konzentrationslagers Buchenwald

B., 15. Mai 1938

Endlich komme ich zu dem von Dir und mir wohl gleichermaßen ersehnten Brief, mit dem ich Dir nun Deine beiden vom 13.4. und vom 4.5. gleich bestätigen darf. Hab Dank für alle die guten Nachrichten ... die mich alle sehr freuten, die mir auch ein Zeichen der uns begleitenden Liebe Gottes sind. – Die vorübergehende Störung der Wetterlage Ende April/Anfang Mai[605] *hat sich wohl auch bei Euch betrüblich bemerkbar gemacht. Zuletzt schriebst Du noch so fröhlich vom Keimen und Sprießen in unserm Gärtlein; die Kälte brachte sicher Stillstand und Rückschlag. So geht es halt leicht mit all unsern Erdengärtlein, die wir säen und pflanzen. Darum ist es gut und klug, wenn wir unser Herz nicht an die Erdengärten hängen und nicht vergessen, den Garten unseres Herzens fürs Himmelreich fleißig zu bestellen mit den Früchten des Geistes, wozu freilich noch mehr Mühe und Geduld gehört als für die Erdengärten. Jetzt scheint die Maiensonne umso wärmer und hat in drei Tagen den Buchenwald um uns herum gar herrlich eingekleidet; wie Ihr und unsere Bauern, so darf auch ich mich ihrer freuen. Irmgards*[606] *Treue ist ja wahrhaft rührend; ich bin ihr so herzlich dankbar für ihren schwesterlichen Beistand und freue mich, dass die Entfernung von Barmen zum Hunsrück so kurz geworden ist. In meiner armen Gatten- und Vaterliebe, die sich oft innig nach Euch sehnt, weiß ich mich so auch durch Menschen reich ersetzt und getröstet.*

---

605 P. S. deutet an, dass es Schwierigkeiten für ihn gab. M. S. weiß aber nicht, dass er im ›Bunker‹ eingesperrt ist.

606 Irmgard Humburg; P. S. entnahm daraus, dass der Bruderrat treu zu ihm stand.

B., 19.6.1938

Durch ein Missverständnis, das sich aus meiner jetzigen besonderen Lage[607] *ergibt, komme ich erst heute nach meinem letzten Brief vom 15. Mai wieder zum Schreiben. Entschuldige, soweit ich daran schuld bin und Dich in Sorge gebracht habe. Ich darf Dir mitteilen, dass ich noch gesund und munter bin. Wir wollen auch für die Zukunft der gnädigen und wunderbaren Durchhilfe unseres Gottes vertrauen, aber auch allezeit bereit sein, den reichen Ersatz unserer menschlichen Liebe, von dem ich Dir schrieb, in IHM anzunehmen, der doch mehr ist als ein bloßer Ersatz. Verzeihe, wenn ich Dir mit dem Ausdruck wehe getan habe. Ich war mir dabei wirklich meiner armen Liebe bewusst, die Dir und den Kindern viel Freundlichkeit, Sonne und Liebe schuldig geblieben ist, die Euch »ersatzweise« freilich jetzt durch andere so reichlich zufließt. Und nun danke ich Dir für Deinen Brief vom 19. Mai, den ich bekam, und auch für den späteren, aus dem ich mich wenigstens über die Kinder und andere persönliche Nachrichten freuen durfte. Hoffentlich hast Du Mariele*[608] *bald oder schon jetzt zur Hilfe … Schicke bitte kein Geld mehr. Ich befehle mich dauernd Eurer Fürbitte, dass ich meinen Weg recht gehe …*

B., 13. Juli 1938

Meinen noch immer unveränderten Umständen entsprechend beantworte ich Dir heute gleich wieder zwei Briefe, nachdem ich den vom 7. ds. Mts. heute erhielt. Hab herzlich Dank für alle Freude und Stärkung, die Du mir damit gibst. Du musst nicht denken, dass es mir schlecht gehe. Über mein Aussehen wärest Du gewiss zufrieden, und dass der Mut immer

607 Die Haft im »Bunker«.

608 Marie Luise Dieterich (1890–1979), eine der älteren Schwestern von M. S., die eine leichte körperliche Behinderung hatte, zugleich wach und kreativ im Geist war, blieb ledig. Sie lebte sowohl in Dickenschied als auch später in Elberfeld und in Tübingen in der Familie ihrer Schwester Gretel und war für die Schneider-Familie als deren geliebte »Tante Mariele« eine unentbehrliche Stütze.

wieder getrost und fröhlich wird, dafür sorgt durch die Hilfe auch Eurer Fürbitte ja ein anderer. Mit Recht erinnerst Du Dich der Zeit vor einem Jahr, wie ich auch besonders gern zurückdenke an alles Schöne, was Gott uns da gab, von der glücklichen Geburt unseres Sechsten an bis zu den schönen, gemeinsamen Urlaubstagen in Baden-Baden und Eschbach mit den Kindern. Das wollen wir jetzt nicht vergessen und uns noch ferner ausrüsten lassen mit Geduld, die ja ein köstlich Ding genannt wird. Dann wird also die Zeit der Trennung, die leicht noch lange dauern kann, uns beiden und uns allen zum Besten sein, wie wir das zum Teil schon spürbar erfahren haben. – Eure Freude ist auch die meine, dass unser Haus wieder einen Liebesbund hat stiften helfen dürfen. Ich wüsste ja nicht, an wen wir unsere liebe Tutti lieber wären »los«-geworden als an den guten Onkel[609]*, bei dem sie doch so ganz die »Unsre« bleibt. Sorg nur als gute »Schwiegermutter«, dass die Liebesleute bald heiraten, wenn das »Besserkennenlernen« genügend besorgt ist, dass es in der Ehe seine Fortsetzung findet. Leicht findet sich bei den Freunden in Womrath eine Wohnung. Meine herzlichen Segenswünsche sind ihnen längst zugeflossen. – Auch das Übrige, wovon Du schreibst, macht mich so froh, als wenn ich dabei gewesen wäre. Dankbar quittiere ich alle Grüße an die Freunde nah und fern …*

B., 12. August 1938

Zu unserem zwölfjährigen Hochzeitsjubiläum sind wir zwar äußerlich hart getrennt und in Trübsal, aber im Geist und Glauben doch fest und näher verbunden als je, darum dürfen wir diesen Tag doch begehen mit Dank und Freude in Gott. Während ich schreibe, bist Du mit den Kindern und Leo auf der Reise. Von Herzen freue ich mich Eurer Pläne, dass Du

609 »Onkel«: Pauls Stellvertreter in Dickenschied und Womrath während seiner KZ-Haft, der zur BK gehörige Hilfsprediger Leo Kemper. Tutti: Auguste Koch, Tochter des Nachbarpfarrers in Lützellinden, hatte keine Eltern mehr. Kemper und »Tutti« hatten sich bei M. S. kennengelernt; M. S. übernahm eine Art Schwiegermutterfunktion.

von der Dickenschieder Atmosphäre aufatmen und ganz Deinen Kleinsten leben kannst, die die Mutter am nötigsten brauchen; lass Dir darum auch andere Aufgaben nicht zu schwer werden. Gott geleite Euch heute, gebe Euch fröhliche Ankunft und schöne und gesegnete Ferientage! Mutter und den lieben Geschwistern bin ich herzlich dankbar, dass sie Euch den Urlaub bereiten ... Hoffentlich trägt es zum Genuss des Urlaubs bei, zu wissen, dass es mir unverändert – ich darf wohl sagen – gut geht. Ich habe auch eine ganz kleine Aufgabe und bin noch gesund und munter ...

B., 21. September 1938

Mit großer Freude habe ich Deinen lieben Brief vom 8.9. am 14.9. erhalten, nachdem ich Dir den letzten vom 9.8. am 12.8. beantwortet hatte. Ich weiß aber auch, dass Du an und zu meinem Geburtstag meiner gedacht hast, und danke Dir recht herzlich für alle Liebe. Nun wird unser Büblein unter Gottes Schutz und Bewahrung auch ins Leben hinauslaufen lernen, nachdem Du, liebe Kindermutter, es unter solchen Umständen hast auf die Beine stellen helfen. – Mein Evmariechen ist schon 9 Jahre alt geworden; ich habe seiner zum 1. September herzlich gedacht und freue mich nun der Blockflöte mit. Unser guter Hirte wird es auch in seinem Lebensjahr wohl bewirten und mit Segen und Behütung begleiten auf allen Wegen zum Spiele und zur Schule. Wie werde ich mich erst freuen, wenn ich meinen mir noch so fremden Buben und mein groß gewordenes Töchterlein wiedersehen darf! Hoffentlich kann Dieter bald mit Evmarie um die Wette flöten. Wem sollen dann die schönsten Lieder klingen? Die liebe Sophie tut mir herzlich leid; sie soll sich nur schonen und ruhen! ... Über die lange Schreibpause sorge Dich nicht. Du weißt mich ja in guter Hand, ich bin noch gesund und munter ...

B., 4. Oktober 1938

Jetzt ist es gerade ein Jahr, dass wir nach den schönen Urlaubstagen wieder voneinander getrennt wurden. Wir ahn-

ten, dass die Trennung diesmal ernster und länger sein würde; wie schwer sie ist, das spüren wir jetzt. Aber wir wollen tapfer sein und weiter den Weg gehen, den wir uns von Gott geführt glauben. Vielleicht, dass wir den Segen der Trübsal schon bald in neuem Beieinandersein genießen dürfen, wo ich Dir dann ein ordentlicherer und liebevollerer Ehegatte sein will. Vor allem aber geschieht uns die zeitliche Trennung ja darum, dass wir uns ewig wieder haben sollen. – Ich schrieb Dir zuletzt vor 14 Tagen. Seitdem geht es mir im Ganzen unverändert, ich bin noch gesund und munter. – Was werdet Ihr nach dem Urlaub in D. wieder erlebt haben? Meinen Vorschlag für Leo betreffs baldiger Heirat meinte ich ernst, die beiden sind ja alt genug, und die Existenzfragen sind uns doch eigentlich recht klein geworden und gar nicht mehr vorhanden, wo uns etwas zur Glaubensfrage geworden ist. Den Lieben grüße ich besonders herzlich in der Zuversicht, dass er mein Fernsein an den unmündigen Kindern reichlich erstattet... Wie sehne ich mich, mit meinen Kinderlein fröhlich zu sein! Mit warmem Herzen gedenke ich Euer...

B., 18. Oktober 1938

Hab herzlichen Dank für Deinen lieben Brief, den ich vorgestern als eine rechte Sonntagsfreude erhielt. Wie froh bin ich, dass es Euch noch allen gut geht und dass so mancherlei erfreuliche Abwechslung ins Haus kommt, durch die sich auch das Schwere wieder leichter trägt. Dass ich so liebe, fleißige Kinder habe, ist mir auch hier ein rechter Trost. Wie lebhaft kann ich mir den Kartoffelacker vorstellen mit all dem kleinen Kinder- und Weibsvolk und mit dem karstschwingenden[610] *Hünen dazwischen! Sicher schmecken die Pellkartoffeln nachher doppelt!... Auch was Du von Luise schreibst, freut mich. Wie war aber der Liebste so schnell gefunden!?... Ich merke, Liebste, dass Dir das Warten oft recht schmerzlich ist. Hoffentlich hat Dir inzwischen ein Brief von mir ein wenig Trost bringen dürfen. Wir wollen doch froh und dankbar sein, dass ich Dir nach*

610 Karst, eine zweizinkige Hacke.

einem langen Jahr noch gesund und munter und soweit auch immer wieder fröhlich und getrost meine Grüße schicken darf. Es darf ja nicht schwerer kommen, als wir tragen können, diese Zusage haben wir.[611] *Für alles, auch für unser eigenes Reifen und Wachsen, weiß Gott allein die rechte Zeit…*

B., 20. März 1939

Wie bin ich froh, dass ich Dir wieder schreiben und ein Lebenszeichen von mir geben darf! Gott sei Lob und Dank! Noch bin ich gesund und munter, was ja auch bei Euch allen der Fall ist, wie ich einem Brief von Dir vom 17. Februar[612] *entnehmen darf; auch dafür will ich von Herzen Gott dankbar sein, weiß ich doch, wie viel mehr ich Euch durch die lange Nachrichtenpause habe zu tragen und zu sorgen gegeben als mir selbst. Dafür ist nun unser Weg der Trennung und Trübsal ein gutes Stück weiter gefristet; ich ersehe das aus den anderen Nachrichten Deines Briefes vom 17.2. über die größer werdenden Kinder, vor allem über Dieter. Ich machte mir viel Sorge über ihn. Über diese Lösung bin ich sehr froh. Grüße die guten Lutzes mit dem allerherzlichsten Dank und vor allem auch den lieben Buben selbst!*[613] *Wie manchen Festtag haben wir nun im Geiste miteinander verbunden im vergangenen Halbjahr miteinander feiern dürfen… Hoffentlich hat es Euch an Lob und Dank und Freude dennoch nicht gefehlt, wenn auch mit Schmerzen in den Herzen. – Ihr meine Lieben! Wir wollen uns die Zeit nicht zu lang werden lassen. Ihr kennt eine alte Geschichte, wo einer*

611 Vgl. 1. Korinther 10,13: »Aber Gott ist treu, der euch nicht versuchen lässt über eure Kraft, sondern macht, dass die Versuchung so ein Ende nimmt, dass ihr's ertragen könnt.«

612 Gretels andere Briefe waren zurückgekommen: »Adressat hat bis auf Weiteres Postsperre«. Wegen seines Eintretens vom Bunker aus für die Juden, die ab dem 9. November 1938 in das KZ eingeliefert wurden, bekam P. S. Postsperre. Sie dauerte vier Monate.

613 Dieter war seit Januar 1939 im Pfarrhaus Lutze in Barmen, um von dort das Gymnasium in Elberfeld (in Wuppertal) zu besuchen. In dieser Schule war es möglich, ihn nicht in die Hitler-Jugend einzugliedern.

um seine Liebste diente sieben und noch einmal sieben Jahre, und die Jahre deuchten ihn wie Wochen, so lieb hatte er sie[614]*; so darf auch uns die Liebe zueinander und die größte Liebe, von der wir wissen, die Trübsal kürzen. Einmal kommt der Tag, wo wir befreit …*

Karte vom 5. April 1939

Euch und allen Freunden ein recht gesegnetes, fröhliches Osterfest! Unserm »Großen« frohe Ferien! Er wird sein Mütterlein darüber trösten, dass er gewöhnlich ihr so ferne ist. Unser »Dicker« wird auch wieder zu Hause sein und unser »Goldiges« beim Osterhasen-Suchen zum ersten Mal mittun. Onkel wird auch den Großen und anderen Kindern die Ostereier gut verstecken. Auch Brief vom 16.3. erhalten.

B., 9. Mai 1939 (Postkarte)

Dein Brief vom 25.4. wurde mein Osterbrief, herzlichen Dank! Ich weiß nun von Eurer Osterfeier und Deiner Koblenz-Reise. Freue mich über alles Leben und allen Trost, die bei Euch kräftig sind. Grüße die Freunde, die Dir so Gutes taten, herzlich! Dieter nachträglich herzlichste Segenswünsche des Vaters ins neue Lebensjahr! Sein Weg und Lernen ist mir Trost und Freude. Lutzes wieder herzlichen Dank für alle Güte! Lass uns weiter in Geduld und Zuversicht warten auf den rechten Ausgang unserer Trennung …

B., 8. Juni 1939

Dein Pfingstbrief war wieder ein rechter Kinderbrief. Herzlichen Dank! Auch über die eigenhändigen Grüße der Kinder freute ich mich sehr, sehe ich doch daraus, wie sie lernen und wachsen, wenn mir die Zeit oft stillezustehen scheint. Wenn ich wiederkomme, will ich ihnen auch »einen schönen Jahrmarkt« mitbringen. Mit Schokolade allein ist es da wohl nicht

614 P. S. erinnert hier an die Liebe des Erzvaters Jakob zu Rahel, vgl. 1. Mose 29,20.

getan, wenn der große Bruder die schon in die Ferien mitbringt. Ja, Liebste, Deine Kinderbriefe sind mir lieb und wert, weil Deine wache Liebe und Sorge unsere Sechse frisch und gesund in die Zukunft marschieren und als frohe Tröster zu mir reden lässt. Dazu sind sie uns ja die Unterpfänder unserer in Gottes Treue gegründeten Ehe und Liebe und dürfen mithelfen, dass das »Wetter, das auf uns zu schlahn gekommen ist, und alle Betrübnis und Pein« unserer Liebe Verknotigung[615] *sind. Mit Dir hoffe ich zuversichtlich, dass sich die jetzt schmerzende und blutende Familienwunde bald wieder schließen wird und dass die Kinder nicht vor dem Vater davonlaufen werden; schon aus diesem Grunde wird er diesmal auf Schnurr- und andere Bärte verzichten. Lass indessen immer neu mit Geduld uns wappnen. Leos und Tuttis Heiratspläne kenne ich zwar nicht, aber heiße sie von vornherein gut, wie Ihr ja wisst. Der liebe gute Onkel soll sich auf die Länge nicht immer nur als Vizevater betrachten, sondern auch sein Eigenes bauen ohne Beschwernis. Es wird das in aller Interesse sein nach dem, wie es heißt: Der eine säet, der andere schneidet bzw. kommt ja zuerst das Begießen,*[616] *zumal in diesen heißen Tagen. Wir wissen ja auch nicht, wie sich alles in die Zukunft wendet und löst ... Auf meine Weise hatte ich auch fröhliche und gesegnete Pfingsten; der Geist Gottes wehet, wo er will.*[617] *Ich bin gesund und munter. Möchtest Du nicht mehr zu viel und zu lange Trübsal haben um mich ...*

B.,18. Juni 1939

---

615 Vgl. »Ännchen von Tharau ist, die mir gefällt« (aus dem Kreis um Simon Dach); eines der Lieblingslieder von Gretel und Paul Schneider; darin die Verse: »Käm alles Wetter gleich auf uns zu schlahn, / wir sind gesinnt, beieinander zu stahn. / Krankheit, Verfolgung, Betrübnis und Pein / soll unsrer Liebe Verknotigung sein.«

616 Vgl. 1. Korinther 3,6: »Ich habe gepflanzt, Apollos hat begossen; aber Gott hat das Gedeihen gegeben.«

617 Vgl. Johannes 3,8: »Der Wind bläst, wo er will, und du hörst sein Sausen wohl; aber du weißt nicht, woher er kommt und wohin er fährt. So ist es bei jedem, der aus dem Geist geboren ist.«

... Halte mir die Torheit zugute, wenn ich im letzten Brief mit unserer menschlichen Hoffnung zu viel an Gottes gerechten, heiligen und für uns heilsamen Wegen herumgeflickt habe; in der »lebendigen Hoffnung« müssen wir es ja immer neu üben und lernen, den eigenen Wünschen abzusagen und unserem Herrn nachzufolgen ...

Ehe wir den letzten Brief, den M. S. aus Buchenwald erhielt, – entsprechend dem Text des Berichtes »Der Prediger von Buchenwald« – zur Kenntnis geben, fügen wir hier einen Zwischenbericht zur Frage ein: Wie verhielt sich während der KZ-Haft des Pfarrers P. S. das Presbyterium von Dickenschied und Womrath? Und wie verhielt sich das Konsistorium in Düsseldorf?

Die Presbyterien von Dickenschied und Womrath traten, auch als ihr Pfarrer im KZ war, rückhaltlos für ihn ein: zunächst mit einem Schreiben an die Geheime Staatspolizei, dann mit einem Brief an den »Führer« und Reichskanzler Adolf Hitler.

An die Geheime Staatspolizei in Berlin schrieben die beiden Presbyterien am 10. März 1939[618] eine »Bitte um Zurücknahme der gegen unseren Pfarrer Paul Schneider ausgesprochenen Ausweisung und um Freilassung des Schutzhäftlings«. Sie wiederholen ihre schon am 27. September 1938 ausgesprochene Bitte, ihren Pfarrer, der nun bald eineinhalb Jahre in Haft und von den Gemeinden entfernt ist, »für seine Gemeinden Dickenschied-Womrath freizugeben«. Sie erinnern daran, dass alle sonstigen Verfahren gegen ihn vom Sondergericht in Köln eingestellt seien. Sie wiederholen die Bitte, die Angelegenheit ihres Pfarrers nun neu zu untersuchen. »Wir bezeugen, dass unser Pfarrer Schneider seinen Dienst gewissenhaft ausgeübt und uns und die Gemeinde nie gegen die Obrigkeit aufgewiegelt hat. Auf seinen Gemeinden lastet seit seiner Inhaftierung der Schmerz und die Sorge um das Schicksal ihres Pfarrers,

618 Vgl. Wentorf: Der Fall S. 204.

der seinen Gemeinden treu bleibt und diese Treue durch die Tat bewiesen hat. Auch der weitaus größte Teil der Gemeinden, einschließlich der katholischen Bevölkerung, steht zu unserem Pfarrer Schneider und bittet um dessen Rückkehr.« Auch eine Rücksprache mit dem Gemeinderat und mit dem Ortsgruppenleiter, um die sie bitten, würde ergeben, »dass in unseren Gemeinden Ruhe und Ordnung geherrscht hat und noch heute herrscht und dass einer Rückkehr von Pfarrer Schneider nichts mehr im Wege steht«.

Am 18. März 1939 verfasst der Kirchenvorstand der vereinigten Kirchengemeinden Dickenschied-Womrath eine Eingabe an den »Führer« und Reichskanzler[619], die Hilfsprediger Leo Kemper persönlich in der Reichskanzlei in Berlin abgibt. Wegen einer Kirchenzuchtmaßnahme, die eine »rein kirchliche Angelegenheit und in den kirchlichen Gesetzen noch heute verankert« sei, so schreiben die Presbyter dem »Führer«, habe man ihrem Pfarrer die Ausweisung aus dem Rheinland eröffnet. »Pfarrer Schneider sah sich nicht in der Lage, diesen Ausweisungsbefehl anzunehmen, da er sich feierlich vor Gott und seinen Gemeinden verpflichtet hatte, auch die Gemeinden ihm vollstes Vertrauen entgegenbrachten. Auch wurde er nie in Sachen Kirchenzucht vernommen, obwohl er stets um eine Vernehmung in dieser Sache gebeten hatte.«

Schneiders Frau sei seit Oktober 1938 ohne Nachricht von ihm. »Er – ein Mann im Alter von 41 Jahren, Kriegsfreiwilliger, 3½ Jahre an der Front – ist mit seiner Frau und seinen sechs unmündigen Kindern in unserer Hunsrücker Heimat verwurzelt und ist uns Bauern auch bei unseren ländlichen Arbeiten in wahrer Volksgemeinschaft mit Tat zur Seite gestanden. Durch sein freundliches Wesen hat er das Vertrauen der evangelischen und der katholischen Bevölkerung. Die Gemeinde trägt das Leid mit der Frau und den sechs unmündigen Kindern. Vor allen Dingen aber diente unser Pfarrer als treuer Seelsorger und predigte uns nach seinem ihm gegebenen Auftrag das Wort

---

619 Wentorf: Der Fall S. 206f.

Gottes. Er hat seinen Dienst gewissenhaft ausgeübt und uns und seine Gemeinde nie gegen die Obrigkeit aufgewiegelt … Wir wissen, dass er immer wieder vor die Entscheidung gestellt wird und bei Annahme der Ausweisung frei werden kann, aber wir bitten Sie, unsern Führer und Reichskanzler des Deutschen Reiches, in aller Ehrerbietung, doch zu bedenken, dass dieser Mann als Pfarrer in seinem Gewissen an Gottes Wort und an diese unsere Gemeinde gebunden ist und deshalb aus Treue zu seinen Gemeinden diese lange Haft und Trennung von seiner Familie willig auf sich nahm.« Der Kirchenvorstand verweist darauf, dass selbst der bürgerliche Gemeinderat bezeugen könne, dass Ruhe und Ordnung in ihren Gemeinden herrsche und dass einer Rückkehr des Pfarrers damit nichts im Wege stehe.

Erstaunlich, wie diese einfachen Bauern und Handwerker, die in Womrath und Dickenschied das Presbyterium bilden, einmütig für ihren Pfarrer auch vor Adolf Hitler einstehen. Von der Furcht, sie könnten damit sich selbst gefährden, ließen sie sich offenbar so wenig bestimmen wie ihr Pfarrer.

Aber wie verhielt sich die »Kirchenleitung«, das Rheinische Konsistorium? Mit Recht nennt Rudolf Wentorf die Art, in der die »Kirchenleitung« mit der Gestapo gegen »ihren Pfarrer« Schneider und andere regimekritische Pfarrer vorging, »ein diabolisches Zusammenspiel«. Aus gutem Grund stellt er fest, die Dokumente dieser perfiden Zusammenarbeit gehörten »zu den schwärzesten der Geschichte der Evangelischen Kirche in Deutschland«.[620]

In einem Schreiben an die Geheime Staatspolizei vom 5. April 1939 äußert das Konsistorium seine große Genugtuung darüber, dass ihm mit der »Verordnung über die Versetzung von Geistlichen aus dienstlichen Gründen« vom 18. März 1939 »endlich die im allgemeinen Interesse längst gewünschte rechtliche Handhabe zu einem Einschreiten gegen untragbare Geistliche verschafft worden« sei. Vor allem ein rechtlich abgesichertes Vorgehen gegen die Pfarrer Schneider, Dickenschied,

620 Wentorf: Der Fall, S. 208.

und Langensiepen, Gödenroth, sei nun möglich. »Wir sind nach wie vor der Überzeugung, dass das unverzügliche Vorgehen gerade gegen diese Herren aufgrund der jetzt vorhandenen Rechtsbasis unbedingt notwendig ist.« Nach den Osterfeiertagen sollten die erforderlichen Schritte unternommen werden.

Dieses Schreiben zeigt, wie ungeniert oder – sagen wir es deutlich: schamlos – die damalige von den DC bestimmte »Kirchenleitung« mit der Gestapo zusammengearbeitet hat, wenn es darum ging, ihre missliebigen Pfarrer »zur Strecke zu bringen«.

In einem »Vertraulichen Vorgang, nur für den persönlichen Dienstgebrauch«[621] teilt am 2. Mai 1939 das Konsistorium seinen Beamten mit, der Konsistorialpräsident und der Leiter der Gestapo hätten miteinander darüber beraten, gegen welche Pfarrer vor allem die neue Versetzungsordnung eingesetzt werden solle. Die Gestapo habe an der Durchführung der neuen Verordnung vor allem gegen die Pfarrer Schneider, Dickenschied und Gross, Freusburg[622], ein besonderes Interesse. Einen großen Raum habe die Behandlung des Falles

---

621 Wentorf: Der Fall, S. 209f.

622 Hans Gross (1904–1989), 1934–1951 Pfarrer in Freusburg, seit 1933/34 Mitglied der Pfarrerbruderschaft; er galt bei der Koblenzer Gestapo als »hartnäckiger und sturer Gegner« des NS-Staates. 1935 Strafverfahren, weil er in der Bußtagspredigt von einem innerlich »faulen« und »morschen« deutschen Volk gesprochen habe; bald weitere Strafverfahren, weil er die Kirche nicht beflaggt und weil er vor der Rede des Kreisleiters bei der Beerdigung eines Hitler-Jungen Reißaus genommen hatte; Verhaftungen wegen »heimtückischen Angriffen gegen Staat und Partei«; Gerichtsverfahren wegen Sammlung von Kollekten nach dem Plan der BK, Fürbitte für Verfolgte, Verweigerung des Hitlergrußes. Dennoch betete er im Gottesdienst für die Juden, für Martin Niemöller, ließ bei einer Rede Hitlers die Kirchenglocken läuten. Konsistorialpräsident Koch wollte ihn auf Wunsch der Gestapo in den Wartestand versetzen. Der Krieg kam dazwischen. Als die Streichung der Pfarrbesoldungszuschüsse Pfarrer Gross in schwere finanzielle Not brachte, erklärte er schriftlich, künftig staatliche Gesetze, Verordnungen und Anordnungen zu befolgen. Er habe das freilich auch bisher getan. 1951–1960 Pfarrer in Königswinter, 1960–1967 in Elberfeld, 1967–1975 dort Krankenhauspfarrer. Siehe auch S. 285.

Schneider, Dickenschied, eingenommen, »dessen Versetzung in den Wartestand unverzüglich betrieben werden soll. Diese Maßnahme würde sich sowohl darauf gründen, dass er zu einer gedeihlichen Führung seines Pfarramtes infolge seines längeren Aufenthaltes in einem Konzentrationslager, der für absehbare Zeit nicht beendigt werden dürfte, nicht imstande ist, als auch durch den Umstand geboten sein, dass die Wahrung der Ordnung in der Gemeinde Dickenschied zwecks klarer Verhältnisse die endliche Durchführung des Versetzungsverfahrens verlangt. Bei der Besprechung trat zutage, dass Pfarrer Schneider zahlreiche politische Verfehlungen, die bis in das Jahr 1934 zurückreichen, begangen hat. Auf unseren Wunsch wird die Gestapo eine vertrauliche Zusammenstellung all dieser belastenden Einzelpunkte für unsere Akten demnächst zugehen lassen. Ein besonderes staatliches Interesse an der Herstellung ruhiger kirchlicher Verhältnisse in der Dickenschieder Gegend besteht schon deswegen, weil es sich hier um unser Grenzgebiet in nächster Nähe der Westbefestigungen handelt.« Die gesetzlich notwendige Anhörung des P. S. im KZ würde »durch Beauftragung eines erfahrenen Polizeibeamten« geschehen. Ebenso würde dann auch die Gestapo ihm die Versetzungsverfügung in Buchenwald zustellen. Die vorgeschriebene Anhörung des Presbyteriums werde man damit erledigen, dass man dazu zwei Presbyter nach Düsseldorf bestelle. Was die Räumung des Pfarrhauses betreffe, so werde »namentlich im Fall Schneider, Dickenschied – die Gestapo uns mit geeigneten Maßnahmen, wie etwa Verhängung eines Aufenthalts- oder Redeverbots, zu Hilfe kommen«.

Es folgen verschiedene Namen von Pfarrern, die nach Auffassung der Gestapo »dringend versetzungsbedürftig« erschienen. »Alle diese von der Gestapo bezeichneten Herren weisen ein mehr oder weniger großes politisches Belastungsmaterial auf.« Kirchenleitung, Gestapo und Regierung wollten möglichst einheitlich vorgehen, besonders auch, was die Sperrung der staatlichen Gehaltszuschüsse betraf. »Auf jeden Fall soll aber in allen diesen Angelegenheiten eine regelmäßige gegenseitige Verständigung über die zu ergreifenden Maßnahmen und beabsichtigten Schritte mit der Regierung und Gestapo zur Erhöhung der Schlagkraft [man beachte die Wortwahl!] und im Sinne einer vertrauensvollen Zusammenarbeit erfolgen.«

Liest man dieses als geheime Verschlusssache deklarierte Schreiben, so beginnt man zu verstehen, was die »Gleichschaltung« der Kirche, gegen die sich die BK so vehement wehrte und die das rheinische Konsistorium unter seinem neuen Präsidenten Koch so bedenkenlos vollzog, bedeutet hat: eine würdelose Komplizenschaft der Kirche mit der Gestapo mit dem Ziel, entschiedene Nachfolger Jesu in gemeinsamer Aktion aus dem Kirchendienst zu entfernen. Selten hat eine Kirchenleitung sich und die Kirche Jesu Christi dermaßen erniedrigt.

Nicht genug damit! Dem Konsistorium eilte es, Paul Schneider loszuwerden. Am 5. Juni 1939 schob es ein Schreiben an die Gestapo nach: Das Konsistorium wäre »im Interesse der möglichstbaldigen Abwicklung des Versetzungsverfahrens« dankbar für die »freundliche Übermittlung« des zugesagten näheren Beweismaterials, d.h. des politischen Sündenregisters, von P.S. Und es zeigt sehr deutlich, was das Konsistorium im Blick auf P.S. von der Gestapo wollte, wenn dieses Schreiben mit den Worten schließt: »Wir möchten hierbei noch die Bitte anknüpfen, im Fall des Pfarrers Schneider auch die Tatsache zum Ausdruck zu bringen, dass mit seiner Entlassung aus dem Konzentrationslager auf absehbare Zeit nicht zu rechnen sei.«[623]

Am selben Tag noch informierte das Konsistorium die Gauleitung der NSDAP in Koblenz[624] über seine Absprache mit der Gestapo: dass man mit der neuen Versetzungsordnung zuerst gegen die polizeilich schwer belasteten Pfarrer vorgehen

623 Die Gestapo soll es dem Konsistorium schriftlich geben, dass der – im Bunker von Buchenwald bereits halb tot gequälte – Pfarrer P.S. in absehbarer Zeit nicht aus dem KZ entlassen wird! Wie muss die DC-bestimmte Kirchenleitung ihren Dorfpfarrer vom Hunsrück P.S. gefürchtet haben, dass sie sich zu dieser »Bitte« hinreißen ließ!

624 Wentorf: Der Fall, S. 211f.

wolle, vor allem gegen die Pfarrer Schneider, Dickenschied und Gross, Freusburg, mit dem Ziel der sofortigen Versetzung in den Wartestand. »Es dürfte fernerhin zu einer fruchtbaren Zusammenarbeit beitragen, wenn von Ihrer Stelle auf die untergeordneten Kreisleitungen im gleichen Sinne einer gegenseitigen Verständigung über politische Beschwerdefälle bei den dortigen Pfarrern eingewirkt würde. Das Nichteinschreiten der Behörde war bisher aus dem Fehlen einer gesetzlichen Durchführungsmöglichkeit zu erklären. Jetzt, wo diese rechtliche Lücke durch die oben erwähnte Verordnung endlich ausgefüllt ist, sehen wir uns vor einer ganz anderen Situation, die uns eine Bereinigung und Befreiung unserer Kirchenprovinz von derart politisch schwerst belasteten Elementen möglich macht. ... Heil Hitler!«

Schon vorher, am 16. Mai 1939, hatte der Regierungspräsident an den Reichskirchenminister den Antrag gestellt, dem Pfarrer von Dickenschied den Staatszuschuss zum Pfarrgehalt zu sperren.[625] Seine Begründung: »Schneider ist ein fanatischer Bekenntnispfarrer und befindet sich seit November 1937 im Konzentrationslager Buchenwald bei Weimar.« Am 15. Juni 1939 hat Reichskirchenminister Kerrl diese Sperrung von jährlich vierhundert Reichsmark angeordnet.[626]

Alle diese Schriftstücke zeigen: In den Monaten, in denen P. S. im Bunker von Buchenwald durch Martin Sommer auf unbeschreibliche Weise gequält wurde, verfielen die offizielle »Kirchenleitung«, die Gestapo und die staatlichen Organe in eine hektische Zusammenarbeit, um P. S. das Überleben im Dienst der Kirche und seiner Familie das wirtschaftliche Überleben unmöglich zu machen.

Derweilen, am 23. Juni 1939, schrieb M. S. noch einmal an die Geheime Staatspolizei: »Als Mutter von sechs unmündigen Kindern wiederhole ich meine schon im August vorigen Jahres ausgesprochene Bitte, meinen Mann, der nun schon bald

625 Wentorf: Der Fall, S. 212.
626 Wentorf: Der Fall, S. 212.

zwei Jahre im Konzentrationslager Buchenwald ist, wenigstens besuchen zu dürfen, da ich in Sachen meiner Kinder meinen Mann hören möchte. Wenn Besuche im Lager verboten sind, so bitte ich – wie es im Fall von Frau Niemöller geschieht –, meinen Mann ins Gefängnis nach Weimar zu führen, damit ich ihn dort sprechen kann. Ich bitte darum nochmals freundlichst um Genehmigung und wäre für eine baldige Nachricht sehr dankbar.«[627]

Ihre Bitte wurde nicht erfüllt. Welche Eindrücke hätte sie bei einer solchen Begegnung mit ihrem Mann auch empfangen!

Die Gestapo lieferte mit Schreiben vom 17. Juni 1939 dem Konsistorium, was dieses bei ihr bestellt hatte, und zwar die Bestätigung: »Mit einer Entlassung des Schneider, der sich seit November 1937 im Konzentrationslager Buchenwald bei Weimar befindet, ist in absehbarer Zeit nicht zu rechnen.« Am 17. Juni erhielt das Konsistorium von der Gestapo das erwünschte »Strafregister« des P. S.[628] Das Urteil vorweg: »Paul Robert Schneider … hat durch sein Verhalten gezeigt, dass er unwürdig ist, je wieder das Amt eines Pfarrers zu bekleiden. Ich bitte, ihn daher … in den Wartestand zu versetzen.«

Vorgeworfen wird ihm sein Verhalten bei der Beerdigung des Hitler-Jungen Karl Moog in Gemünden sowie seine Äußerung in einer Predigt vom 16. Februar 1936, »dass die deutsche Jugend weder Adolf Hitler noch Baldur von Schirach, sondern einzig und allein Christus gehöre«. Dass er im Juni 1936 »eine Hetzschrift der Bekenntnisfront in Dickenschied verbreitet« habe. Dass er in einer Unterhaltung in Womrath im Juni 1936 »den Nationalsozialismus als Teufelswerk bezeichnet« und dass er über die Bücher »Mein Kampf« und »Mythus des 20. Jahrhunderts« abfällige Bemerkungen gemacht habe. Dass er gesagt habe: »Die braune Gesellschaft geht doch nicht in die Kirche.« Dass er eine unrechtmäßige (d. h. von der BK angeord-

627 Wentorf: Der Fall, S. 213.
628 Wentorf: Der Fall, S. 213–215.

nete) Kirchenkollekte eingesammelt und dass er gegen Mitglieder seiner Gemeinde, die Gegner der Bekenntnisfront waren, die christliche Bußzucht verhängt habe. Schließlich dass er gegen seine Ausweisung in die Gemeinden zurückgekehrt sei. Ferner wirft ihm die Gestapo noch vor, bei einer Predigt im November 1937 in Hausen/Hunsrück abfällige Bemerkungen über den Staat gemacht zu haben.[629]

Nachdem das Konsistorium von der Gestapo alles Erbetene gegen P. S. geliefert bekommen hatte, sandte es an P. S. im KZ Buchenwald das einzige Schreiben, das es an ihn in seiner Haftzeit gerichtet hat[630]: Es wirft P. S. sein staatsfeindliches Verhalten vor, auf das Partei und Staatspolizei »wiederholt und nachdrücklichst« hingewiesen hätten. »Eine solche zutreffende Beurteilung Ihrer ablehnenden Stellung zum Dritten Reich findet durch die Tatsache Ihres seit November 1937 ununterbrochen andauernden Aufenthalts im Konzentrationslager eine weitere Bestätigung.« Eine Änderung seiner Gesinnung hinsichtlich einer positiven und vorbehaltlosen Bejahung des gegenwärtigen Staates sei bei ihm seither nicht eingetreten. Es bestehe bei seiner bisherigen Haltung »nicht einmal die Aussicht«, dass er in absehbarer Zeit aus dem KZ entlassen werden könne. Also sehe sich das Konsistorium »vor die unabweisbare Notwendigkeit gestellt, ... gegen Sie zwecks Versetzung in den Wartestand vorzugehen«. Begründung: Durch die »selbstverschuldete lange Abwesenheit aus der Kirchengemeinde ohne Aussicht auf eine Besserung dieses Zustandes« sei eine gedeihliche Führung seines Pfarramtes nicht mehr möglich. Außerdem verlange »die Wahrung der Ordnung in der Gemeinde Dickenschied zur Schaffung klarer Verhältnisse im dortigen kirchlichen Leben« seine Abberu-

629 Dieser Vorwurf zeigt, dass der Sachbearbeiter der Gestapo nicht aufgepasst hat. Im November 1937 war P. S. längst wieder im Gefängnis in Koblenz.

630 Wentorf: Der Fall, S. 216.

fung. Zu einer Gegenäußerung werde ihm die Gestapo Gelegenheit geben.

Dieser Brief hat P. S. nicht mehr erreicht. Hätte er ihn lebend erreicht, so wäre seine Versetzung in den Wartestand rechtsgültig geworden. Das und die Sperrung der Staatszuschüsse hätte seine Frau und die Kinder in erhebliche materielle Not versetzt.

Eine Anhörung P. S.s durch die Gestapo hat, so weit wir informiert sind, nicht stattgefunden. Auch wurde kein Mitglied des Presbyteriums zur Entgegennahme einer Erklärung nach Düsseldorf geladen.

Der Plan von Gestapo und »Kirchenleitung«, P. S. in den Wartestand zu versetzen, ist – aus welchen Gründen auch immer – gescheitert. Die Gestapo beschritt nun den radikalen Weg zur Endlösung des Falles Paul Schneider.

Nach diesem Einblick in das, was in den Kanälen zwischen »Kirchenleitung« und Gestapo im Frühsommer 1939 vor sich ging, folgt nun der letzte Brief, den M. S. von ihrem Mann aus Buchenwald erhalten hat:

B., 3. Juli 1939

Meine liebe Gretel[631]

Vorgestern schon erhielt ich Deinen lieben Brief aus Oberstdorf mit Grüßen von Sophie, Mariele und den vier Trabanten[632]*. Für Brief und alle Grüße herzlichen Dank. Es freut mich sehr für Dich, dass du mit Evmarie als kleinen Ausgleich neben allem Schweren die schönen Ferientage genießen darfst dank der Güte der Freunde und auch des lieben Mariele, die Dich zu Hause vertritt. Wie freundlich ist Gottes Führung! Und das Töchterlein darf auch schon in die Berge. Wenn sich die liebe Mutter erholt und gestärkt hat, langt es vielleicht doch noch auf einen kleinen Berg. Hoffentlich bleibt Euch das Wetter treu.*

631 Diesen letzten Brief bringt M. S. im vollen Wortlaut, während in den anderen persönliche Anrede und Grüße an Familie, Freunde und Gemeinde z. T. gekürzt wurden.

632 Hier sind die Kinder gemeint.

Wie schön war es vor 13 Jahren, Du Liebe![633] Gott gebe, dass wir auch noch einmal miteinander nach Süden in den Urlaub fahren dürfen. Die vielen Besuche halten ja unser Haus in Atem und helfen Dir gewiss auch leichter über die Zeit hinweg. Grüße Leos Eltern mit ihm herzlich. An Herbert Meyer[634] kann ich mich wohl mit gutem Zutrauen erinnern. Grüße auch ihn herzlich. Das Zusammenwohnen mit dem jungen Paar nachher stelle ich mir gemütlich und vergnüglich vor, eine Zeit lang! Dank den Lieben, dass sie dies Opfer bringen. – Mutter wird die Trennung von Konrad[635] sicher noch schwer. Schade, dass sie nicht zu uns ziehen kann und unser eigenes Häuschen[636] noch nicht so weit ist! Wie ist sie doch im Alter noch so umgetrieben: »Meine Zeit in Unruhe …« Wie fliegen auch für uns Jüngere über der Trübsal die Wochen und Monde dahin! Möchten wir nur auch lernen und reifen an dem, was uns aufgegeben wird, und überwinden! – Nun wünsche ich dem Brief so schnellen Lauf, wie der Deine nach hier hatte. Grüße auch Deine lieben Gastgeber herzlich und dankbar. Sei mit dem Töchterlein mit herzlichem Gott befohlen für die Ferientage und eine glückliche Heimkehr in inniger Liebe gegrüßt! D. P.

---

633 Auf der Hochzeitsreise.

634 Über Pfarrer Herbert Meyer, der nach Vikar Kemper aushilfsweise pfarramtlichen Dienst in Dickenschied und Womrath ausübte, schreibt M. S. am 13. Juni 1939 an P. S.: »Der liebe Herbert Meyer will uns hier beistehen, seinem Asthma tut die Höhenluft auch gut …«

635 Konrad Dieterich (1889–1940), der seit seiner Kindheit schwer epileptische und dadurch dann auch geistig eingeschränkte Sohn, für den M. S.s Mutter, Marie Dieterich, sein Leben lang sorgte.

636 P. S. hatte in Erinnerung an den Propheten Jeremia (Jeremia 32) in gefährlicher Zeit auf Gretels Namen ein Grundstück am damaligen Ortsrand von Dickenschied gekauft mit dem Ziel, dort einmal ein Häuschen für die Familie zu bauen. M. S. hat 1959 dort in der Paul-Schneider-Straße ein kleines, leichtes Fertighaus erstellt und es jeweils vom Frühling bis zum späten Herbst bis in ihr hohes Alter bewohnt. Heute wohnt Karl Adolf Schneider darin.

»…lernen, reifen, überwinden!« Das ist Paul Schneiders letzte Botschaft an seine Frau Gretel und an alle, die über diese Briefe nachdenken. Zweifellos dachte er im Bunker in Buchenwald oft an die Worte des Neuen Testamentes, in denen vom Überwinden die Rede ist: »Lass dich nicht vom Bösen überwinden, sondern überwinde das Böse mit Gutem« (Römer 12,21). »Wer überwindet, dem will ich zu essen geben vom Baum des Lebens, der im Paradies Gottes ist« (Offenbarung 2,7). »Wer überwindet, der soll mit weißen Kleidern angetan werden, und ich werde seinen Namen nicht austilgen aus dem Buch des Lebens, und ich will seinen Namen bekennen vor meinem Vater und vor seinen Engeln« (Offenbarung 3,5). »Wer überwindet, den will ich machen zum Pfeiler im Tempel meines Gottes« (Offenbarung 3,12). »Und sie haben ihn [den Drachen, d.h. Satan] überwunden durch des Lammes Blut und durch das Wort ihres Zeugnisses und haben ihr Leben nicht geliebt bis hin zum Tod. Darum freut euch, ihr Himmel, und die darin wohnen« (Offenbarung 12,11f). »Wer überwindet, der wird es alles ererben, und ich werde sein Gott sein und er wird mein Sohn sein« (Offenbarung 21,7).

Daheim

»Er ist nun erlöst, er darf schauen, was er geglaubt, er ist daheim.
Die Krone des Lebens krönt die Treue bis zum Tod.
Er musste vielen durch sein Zeugnis zeigen und sagen,
um was es geht, und Gott hat ihn gewürdigt, zu leiden.
Das Neue Testament spricht von dieser Würde des Leidens,
sie ist nicht umsonst. Sie ist ein Zeigefinger höher hinauf, dorthin,
woher die Würde verliehen und wo die Krone des Lebens gegeben wird.«

Karl Barth in einem Brief am 3. August 1939[637]

Am 14. Juli kehrte ich mit der kleinen Evmarie von der Oberstdorfer Reise zurück. Die nächsten Tage waren ausgefüllt durch Besuche, die mit der Abreise des Hilfspredigers zusammenhingen. Dass er[638] vom 18. Juli ab zur militärischen Übung einberufen war, wusste Paul. Es wurden aus dem Vierteljahr Übung 6 Jahre Kriegsdienst. Durch diese Abreise verspätet, hielten wir an diesem Tage erst zwischen zehn und elf Uhr die Morgenandacht über die Losung des Tages: »Der Mensch sieht, was vor Augen ist, der Herr aber sieht das Herz an.«[639] Das Lied »O Durchbrecher aller Bande«[640] war dazu in unserem Andachtsbuch vorgeschrieben. Dieses Lied, besonders seine beiden letzten Verse, begleiteten mich in den nächsten Tagen.

637 Weil er, Karl Barth, vom NS-Regime geächtet, aus Deutschland ausgewiesen war und durch einen direkten Kondolenzbrief M. S. nicht in Gefahr bringen wollte, ließ er die Sätze seiner Teilnahme an M. S. als »lieber Freund« anonym verschlüsselt, von Frau Käthe Seifert übermitteln. Barth bot auch konkrete Hilfe an; er erbot sich, für etliche der Schneider-Kinder auch für längere Zeit in der Schweiz eine Unterkunft zu besorgen. Er zeigte großes Interesse daran, »über das letzte Leiden und Sterben« P. S.s Näheres zu erfahren, und versprach, dafür zu sorgen, dass »das Andenken an den Zeugen lebendig bleibt« (vgl. Aichelin: Paul Schneider, S. 302).

638 Der Hilfsprediger Leo Kemper.

639 1. Samuel 16,7.

640 »O Durchbrecher aller Bande« (Gottfried Arnold 1698), EG 388.

»Ach wie teur sind wir erworben,
nicht der Menschen Knecht zu sein.
Drum, so wahr du bist gestorben,
musst du uns auch machen rein,
rein und frei und ganz vollkommen,
nach dem besten Bild gebildt;
der hat Gnad um Gnad genommen,
wer aus deiner Füll sich füllt.

Liebe, zeuch uns in dein Sterben;
lass mit dir gekreuzigt sein,
was dein Reich nicht kann ererben
führ ins Paradies uns ein.
Doch wohlan, du wirst nicht säumen,
lass uns nur nicht lässig sein;
werden wir doch als wie träumen,
wenn die Freiheit bricht herein.«

Abends um halb sieben Uhr bekam ich folgendes Telegramm: »Paul Schneider, geb. 29.8.97, heute verstorben. Falls Überführung auf eigene Kosten erwünscht, Antrag innerhalb 24 Stunden an das Bestattungsamt in Weimar, sonst Einäscherung. Lagerkommandant Buchenwald.« (Nach amtlicher Mitteilung ist der Tod um 10.40 Uhr eingetreten.) Noch in derselben Nacht fuhr ich nach Weimar.

Aus den verschiedensten Mitteilungen der Kameraden geht hervor, dass Paul in den letzten Monaten seiner Haft durch ein Herzleiden sehr geschwächt war. Wir können aus seinen Briefen u.a. feststellen, dass er im letzten Brief den ständigen Ausdruck »gesund und munter« nicht mehr gebraucht hat. – Brief von H. Mißlitz: »In den letzten Monaten stellte sich Herz- und Kreislaufschwäche ein, die vor allem in den Füßen Wasser zur Folge hatte. Letztere hatte natürlich auch das lange Stehen bei Fesselungen zur Ursache gehabt. Zuerst kümmerte man sich nicht um die zunehmenden Krankheitserscheinungen und ließ ihm keinerlei Pflege zuteilwerden. Erst kurz vor seinem Tode wurde er unter Bewachung von Sommer oder einem anderen Massenmörder ins Revier gebracht. Die Häftlingssanitäter haben zweifellos, wie in anderen solchen Fällen, auch ihr Bestes getan. Mit ambulanter Behandlung ist in solchen Fällen natürlich nichts getan. Ein Freund von mir, Helmut Thiemann[641] aus Werdau/Sa., half Pfr. Schneider bei den Besuchen des Reviers durch Rotlicht u. a., was nur irgendwie in seinen Kräften stand. Das Ende ist Ihnen bekannt.« –

Walter Poller: »Im Sommer 1939 bekam ich Paul Schneider zum ersten Mal aus nächster Nähe zu Gesicht. Er wurde von dem SS-Scharführer Sommer plötzlich in das Häftlingsrevier gebracht. Welch ein Anblick! Niemals habe ich die tiefe Tragik des Pilatuswortes ›Ecce homo‹[642] erschütternder gefühlt. Das große, edle, fahlgelbe Gesicht mit den hellen, offenen Augen, leidzerfurcht und doch voll jener Verklärung, die edelstes Menschentum und entschlossener Wille auf jede Kämpferstirne legt. Der Körper abgemagert zum Skelett, die Arme unförmig geschwollen, an den Handgelenken blaurote, grüne und blutige Einschnürungen, und die Beine – es waren keine Menschenbeine mehr – es waren Elefantenbeine – Wasser! Wir, die wir viele, viele Häftlinge schon hatten an Kreislaufstörungen sterben sehen, standen vor einem Rätsel: Wie war es möglich, dass dieser Mensch noch lebte? Dass er in diesem Zustande, zwar unbeholfen und wankend, aber doch noch aus eigener Kraft den langen Weg über den großen Appellplatz, durch die endlos lange Barackenreihe und durch den Wald hinunter ins Häftlingsrevier zu gehen vermocht hatte?! ...«

Auf einem dieser Gänge ins Revier hatte Paul eine Begegnung mit einem Koblenzer Kameraden, Peter Probst[643]. Sie konnten einige Worte miteinander reden. Paul sagte etwa: »Ich habe dicke Füße und auch schon Herzwasser. Es ist keine Stelle

641 Helmut Thiemann (1914–?), Häftlings-Nr. 5900, in Buchenwald 25. August 1939 bis 11. April 1945, befreit.

642 Johannes 19,15 *Ecce homo!*, d. h. *Sehet, welch ein Mensch!*

643 Peter Propst (1900–?), Häftlingsnummer 142, war in Buchenwald vom 27. November 1937 bis 19. April 1941.

> an mir, die nicht blau geschlagen wäre. Man hat mir Spritzen gegeben; seit der zweiten Spritze ist das Herz furchtbar unruhig. Ich werde wohl nicht mehr lange leben. Ich will dich zum Abschied segnen und auch für dich beten, dass du auf den rechten Weg kommst.«
>
> Über Pauls Tod sind wir uns soweit klar, dass er durch den Lagerarzt vorsätzlich durch eine überdosierte Strophanthinspritze und darauffolgende intensive Lichtbestrahlung herbeigeführt wurde, wie W. Poller in seinem Buch »Arztschreiber in Buchenwald«[644] berichtet. – Alfred Leikam bestätigt dies insofern, als er persönlich mit einem Chemiker (Häftling) gesprochen hat, der die Sektion des Herzens vorgenommen hatte. Das inoffizielle Ergebnis dieser Sektion war: Getötet durch zu viel Strophanthin.[645]

Im oben erwähnten Buch »Arztschreiber in Buchenwald« beschreibt Walter Poller, der spätere Chefredakteur der »Westfälischen Rundschau«, P. S. als einen »tiefreligiösen Menschen, der in der Leidensgeschichte seines religiösen Idealbildes den Trost und die Stärke fand, das Schwere bis zur Bereitschaft zum Tode auf sich zu nehmen. Paul Schneider glaubte an die Erlösung durch Jesus Christus, seinen Herrn.« Poller berichtet von P. S.s Predigtversuchen aus der Bunkerzelle, die jeweils sehr bald mit Auspeitschungen geendet hätten. Er schildert – wie oben erwähnt –, wie Martin Sommer, den er als perversen Prügler und Giftmörder erlebt hat, P. S. ins Häftlingsrevier brachte. Sie hätten kein Wort mit P. S. wechseln können, Sommer sei keinen Augenblick von P. S. gewichen. Der Lagerarzt Dr. Ding sei gekommen und habe so fürsorglich-freundlich mit P. S. geredet, als befänden sie sich in irgendeiner friedlichen Arztpraxis. Er habe dann den Häftlingspflegern für seinen Patienten »Sal-

---

644 Walter Poller: Arztschreiber in Buchenwald. Bericht des Häftlings 996 aus Block 39, Hamburg: Phönix Verlag Christen und Co., 1946, S. 158ff.

645 Herzstärkungsmittel, Überdosis ist tödlich.

benverbände um die Handgelenke, Traubenzucker, Herzstärkungsmittel, vorsichtige Massage, Rotlicht für blutunterlaufene Partien auf Rücken, Gesäß und Oberschenkel« angewiesen. Diese hätten – wieder unter der lückenlosen Beobachtung des Martin Sommer – die Anweisungen ausgeführt. Acht bis zehn Tage hätte man diese Behandlung fortgesetzt. P.S. habe sich überraschend schnell erholt. Etwas später hätten die Pfleger doch kurz mit P.S. ohne Zuhörer sprechen können. Er habe ihnen gesagt, er sei vor dieser Behandlung »wieder einmal etwa 14 Tage in der Zelle, ununterbrochen Tag und Nacht, wie ans Kreuz geschlagen, gefesselt worden«. Sommer habe ihn in dieser Zeit grässlich behandelt. Er wisse es sich nicht zu erklären, warum er jetzt plötzlich so anständig behandelt werde.

Den erstaunlich genesenen Patienten habe Ding noch einmal untersucht; er habe ihm ein Herzstärkungsmittel gegeben. Am Tag darauf habe Ding im Arztzimmer P.S. gegenüber jene eine Therapie heuchelnde Geschäftigkeit an den Tag gelegt, die der Arztschreiber Poller an ihm schon von anderen Fällen kannte, in denen er Patienten per Spritze ermordete. Wenig später habe er, Poller, fünf leere Strophanthinampullen im Papierkorb gefunden. *»Zwei davon auf einmal injiziert sind schon tödlich.«* Ding habe kurz danach den Eindruck eines Menschen gemacht, der Ruhe vortäuschte, in Wirklichkeit aber auf den Tod seines Opfers wartete. Als er festgestellt habe, dass der Tod sich noch verzögern werde, habe er angeordnet: »Leg ihn noch eine halbe Stunde unter den Lichtkasten!« Wenig später sei P.S. im Bestrahlungszimmer tot zusammengebrochen.

Dr. Ding habe dann eine frei erfundene Krankengeschichte diktiert und habe eigenhändig eine Fieberkurve dazu gezeichnet. Im Totenbericht habe er angegeben, »der Tod sei nach einer Behandlung überraschend in der Nähe der Revierbaracke eingetreten. Die Todesursache sei wahrscheinlich Herzschwäche.

Der Lagerkommandant wird sofort benachrichtigt. Das ist das erste Mal, dass so etwas geschieht. Berlin bekommt durch Fernschreiben Bescheid. Die gefälschten Krankenpapiere, in denen eine mehrfache Revierbehandlung zusammengelogen wird, werden sorgsam zusammengestellt, um sie auf Anforderung sofort nach Berlin schicken zu können, und sie werden natürlich auch prompt angefordert.«

Auch die Sektion der Leiche sei angeordnet worden. Ein Prosektor des Pathologischen Instituts der Universität Jena habe am nächsten Tag die Leiche obduziert. Er, Poller, habe das Sektionsprotokoll schreiben müssen. Es habe geschlossen mit den Worten: »Todesursache Herzinsuffizienz«. Er und Peix[646] seien später beauftragt worden, die Leiche zu einer Besichtigung einzusargen und dabei zu sein, wenn sie abgeholt werde.[647]

Auf Nachfrage von Rudolf Wentorf, wer seiner Auffassung nach die Ermordung angeordnet habe, schrieb Poller: »Zwar sprechen alle Umstände dafür, dass Sommer dabei auf Befehl von Koch gehandelt hat. Auch das Verhalten von Lagerarzt Dr. Ding gegenüber Schneider und Schneiders Verhalten bei der ersten Untersuchung im Häftlingsrevier sprechen dafür, dass der Lagerkommandant die ärztliche Betreuung angeordnet hatte und dass die Anordnung Teil eines vorsätzlichen Mordplans gewesen ist, der nach allen übrigen Erfahrungen, die ich gemacht habe, nur auf Befehl von Koch ausgelöst oder durchgeführt werden konnte. Ob Koch aus alleinigem Antrieb handelte oder dabei einem entsprechenden Wink von ›oben‹ folgte, kann heute wohl kaum noch geklärt werden.«[648]

---

646 Karl Peix (1899–1941), Häftlingsnummer 1857, war in Buchenwald seit 21. August 1937, wurde am 7. November 1941 »offiziell« entlassen, war aber bereits am 6. November 1941 im Außenlager in Goslar (!) erschossen worden.

647 Die von W. Poller geschilderten Vorgänge, die zum Tod P. S.s geführt haben, hat der ehemalige Buchenwald-Häftling Paul Grünewald aus Oberursel in einem Brief vom 30. Juni 1982 voll bestätigt. Grünewald befand sich zur fraglichen Zeit in allernächster Nähe dieser Vorgänge. Er war als Appellschreiber verantwortlich für das sog. Geschäftszimmer des Häftlingsreviers und arbeitete dort schließlich als Arztschreiber.

648 Wentorf: Der Fall, S. 227.

Die Häftlinge Poller und Peix haben am 19. Juli nach unserem Anruf aus Weimar auf Befehl der Lagerleitung Paul in einer Autogarage aufgebahrt. Ich durfte Pauls Antlitz noch einmal kurz sehen. Er war nicht geschminkt, wie es in etlichen Büchern steht, jedoch leicht gepudert. Um seinen Kopf lagen rote und weiße Blumen, die die Schnittwunden der Obduktion verdecken sollten; der Körper, auch seine Hände waren zugedeckt. Auf Pauls Gesicht lag der Friede und die Hoheit der Erlösten. Ich durfte Paul in diesem kurzen Augenblick mit den Augen des Glaubens sehen: »Rein und frei und ganz vollkommen nach dem besten Bild gebild't.«[649] ... »Wie selig die Ruhe bei Jesus im Licht, Tod, Sünden und Schmerzen, die kennt man da nicht.«[650] Mein Begleiter, Pfarrer Gerhard Petry, sprach: »Weil du vom Tod erstanden bist, werd' ich im Grab nicht bleiben; mein höchster Trost dein Auffahrt ist, Todsfurcht kann sie vertreiben. Denn du bist mein und ich bin dein, und wo du bist, da werd' ich sein, drum fahr ich hin mit Freuden«[651], und betete das Vaterunser. – Bei diesem kurzen Wiedersehen waren der Lagerführer, der Lagerarzt Dr. Ding und ein Stapoinspektor zugegen, die mich vorher mit ausgesuchter Höflichkeit begrüßten und mir allerlei über die Krankheit und über den sie überraschenden Herzkollaps erzählten. Dr. Ding behauptete, dass er sich alle Mühe gegeben hätte, aber auch mit der letzten Spritze sei meinem Mann nicht mehr zu helfen gewesen. Ich wisse ja wohl, dass er herzkrank gewesen sei, was ich verneinte. Dr. Ding habe die Obduktion der Leiche angeordnet, um sich dadurch über die Todesursache selbst klarzuwerden. Es sei einwandfrei ein Herzschlag gewesen, und an seinem Gesicht würde ich ja erkennen, dass er einen leichten Tod gehabt hätte. – Paul wurde von den genannten Häftlingen in unsern mit-

649 »O Durchbrecher aller Bande, der du immer bei uns bist«, (Gottfried Arnold), EG 388,6.

650 »Wo findet die Seele die Heimat, die Ruh?« (aus dem Englischen von F. L. Jörgens), Vers 3.

651 »Wenn mein Stündlein vorhanden ist« (Nikolaus Heermann 1560), EG 522,4.

gebrachten Sarg gelegt und der Sarg siebenfach versiegelt[652], während ich im Geschäftszimmer des Stapoinspektors die Formalitäten erledigte. Der Stapoinspektor bot mir an, meine etwaigen Fragen zu beantworten. Ich wollte nun also wissen, warum mein Mann 5 ½ Monate nicht geschrieben hatte: »Er war so störrisch und wollte nicht schreiben.« Darauf ich: Im ersten Brief nach dieser langen Pause schrieb er aber: ›Wie bin ich froh, dass ich wieder schreiben darf!‹« Oder: Ob mein Mann eine Bibel gehabt hätte: es wurde zuerst unklar bestätigt, dann aber verallgemeinert: »Wir haben in unserer Lagerbücherei 2000 Bücher.« – Der Inspektor behauptete auch, er hätte die Freilassung meines Mannes schon daliegen, nur eine kleine Bedingung: nicht mehr ins Rheinland zurückzukehren, wäre damit verbunden. Die hätte mein Mann abgelehnt.[653]

Bald habe ich mit Fragen aufgehört, da mir doch alles fraglich erschien und meinen Begleiter ohnehin diese Atmosphäre verstummen ließ.

Es wurde mir zur Auflage gemacht, den Sarg nicht mehr zu öffnen und auch nicht in einem Privathaus unterzustellen, wohl aber erlaubt, ihn in der Dickenschieder Kirche bis zur Beerdigung aufzubahren. So konnte ich also den Kindern das Gesicht ihres lieben Vaters nicht mehr zeigen und konnte nur

---

652 Betreffend die Versiegelung des Sarges berichtet Langensiepen in seinen Erinnerungen, S. 247f: »Am Tage der Beisetzung half ich den Sarg aus dem Wagen heben.... Beim Ausladen des Sarges riss einer der versiegelten Papierstreifen durch. Ich bat den Führer des Autos: ›Gehen Sie doch bitte sofort zu dem Herrn der Staatspolizei und melden Sie den Unfall, damit es keine Schwierigkeiten gibt!‹ Die entsandten Beobachter verfolgten uns nämlich auf Schritt und Tritt. Der Fahrer aber, der selbst SS-Mann war und auch seine Uniform trug, knurrte: ›Wenn die ein sauberes Gewissen hätten, dann wäre der ganze Zirkus überflüssig!‹« Siehe dazu S. 475.

653 Die Frage, ob P.S. tatsächlich entlassen werden sollte und ob er entlassen worden wäre, wenn er seine Ausweisung aus seinen Gemeinden anerkannt hätte, wird wohl kaum endgültig zu klären sein. Glaubhaft ist jedoch, dass er seine Ausweisung und damit den widerrechtlichen Eingriff des Staates in die Kirche bis zuletzt abgelehnt hat.

einen versiegelten Sarg mit heimbringen. Schon erreichten wir auf schneller Fahrt den Rhein, den geliebten Hunsrück. Nun galt für Paul Schneider keine Ausweisung mehr! Aber mitten in der Nacht wurden wir von der Polizei doch noch einmal aufgehalten: Der Sarg durfte nicht nach Dickenschied, sondern musste in die Kapelle des Krankenhauses Simmern gebracht werden. Eine ernste Weihe lag dort über den beiden folgenden Tagen. Der, den man hier noch einmal seinen Gemeinden entriss, war den Schwestern wohlbekannt und ein Bruder in Christo. – Als der Sarg am 21. Juli beim Mittagläuten freigegeben wurde, war eine kleine Gemeinde unter Gottes Wort und Gebet versammelt, und der Schwesternchor sang für den Heimgegangenen: »... Herr, habe Dank, ich bin am Ziel.«

Unser Dickenschieder Kirchlein hielt sich in der Nacht der Überführung bereit, den heimkehrenden Pfarrer zu empfangen. Feierlich war es mit weißen Lilien geschmückt worden, feierlich harrend sah die Gemeinde der Ankunft entgegen. Sobald der Sarg über die Gemarkung käme, sollten die Glocken ihn grüßen. Die Trostlieder Paul Gerhardts verkürzten die Zeit und nahmen die traurigen Menschen mit hinein in die Geborgenheit: »Gib dich zufrieden und sei stille in dem Gotte deines Lebens ... Er wird uns bringen zu den Scharen der Erwählten und Getreuen ...«[654] – Still gingen die Menschen in ihre Häuser, als ich allein zurückkehrte.

Ich bat um ein Grab für den Heimgekehrten neben dem hundertjährigen hohen Holzkreuz in der Mitte des alten Teiles des Friedhofes. Jedes Haus stellte nun eine Arbeitskraft bereit, um das überwucherte Land von Gebüsch und Hecken zu befreien, und bald lohten hohe Feuer auf dem weiten, leeren Gelände. Ich ahnte noch nicht, dass es am andern Tage von einer großen Gemeinde völlig ausgefüllt wurde! – Auch unsere Frauen rüste-

654 »Er wird uns bringen zu den Scharen / der Erwählten und Getreuen, / die hier mit Frieden abgefahren, / sich auch nun im Frieden freuen, / da sie den Grund, der nicht kann brechen, / den ewgen Mund selbst hören sprechen: / »Gib dich zufrieden!« (EG 371,15).

ten für viele Gäste: In selbstverständlicher Zugehörigkeit buken sie gemeinsam das Hunsrücker Leichengebäck und sorgten mit den herbeigeeilten Pfarrschwestern für alles Nötige.

In Womrath war am Donnerstagabend der reguläre Bittgottesdienst angesetzt. Bruder Lutze[655] von Barmen sprach über Römer 11,33-36 zu der Gemeinde:

›O welch eine Tiefe des Reichtums, beides,
der Weisheit und Erkenntnis Gottes!
Wie gar unbegreiflich sind seine Gerichte und
unerforschlich seine Wege!
Denn wer hat des Herrn Sinn erkannt,
oder wer ist sein Ratgeber gewesen?
Oder wer hat ihm etwas zuvor gegeben,
dass ihm werde wiedervergolten?
Denn von ihm und durch ihn und zu ihm sind alle Dinge.
Ihm sei Ehre in Ewigkeit! Amen.‹

Immer schon seid ihr in der Woche zusammengekommen, um fürbittende Hände zu erheben. Ihr habt Fürbitte getan für Volk und Obrigkeit, Fürbitte für die Kirche, ihre Not und ihre Bedrängnis. Vor allem habt ihr Fürbitte getan für euern Pfarrer. Zwei Jahre war er nun von euch getrennt. Es war eine schmerzliche Trennung. Ihr hingt aneinander.

In den drei Jahren, da er unter euch war, seid ihr in einer ganz seltenen Weise miteinander verbunden gewesen. Das ist auch der Grund gewesen, weshalb er sich außerstande sah, dem Ausweisungsbefehl zu folgen. Noch im Lager hat er erklärt: ›Ich kann die Ausweisung nicht annehmen, ich bin zu sehr mit meiner Gemeinde und meine Gemeinde ist zu sehr mit mir verbunden.‹ Diese Verbindung ist nicht geringer geworden in den zwei Jahren, da ihr voneinander getrennt waret – im Gegenteil, sie ist durch eure Gebete nur enger geworden. *Nichts schweißt so zusammen wie die Fürbitte.* Das wusstet ihr: Euer Pfarrer

655 Pfarrer Hermann Lutze aus Barmen, in dessen Familie zeitenweise Dieter Schneider als Schüler wohnte, um so der HJ zu entkommen.

betet. Er hat es einmal aus dem Gefängnis geschrieben: ›Ich bete die Gemeinde durch.‹ Und das wusste er: Meine Gemeinde betet für mich, und um diese Gemeinde schart sich ein großer, unübersehbarer Kreis von Betern, ein Heer von Betern, das wir nicht kennen, aber Gott kennt es, und das ist genug. So waret ihr durch tausend Fäden mit ihm verwoben. Und wofür habt ihr gebetet? Dass euer Pfarrer gesund bliebe! Dass er die Kraft bekäme, äußerlich und innerlich alles gut zu überstehen! Und vor allem, dass er wieder frei würde, dass ihr ihn wieder bei euch hättet. Dass ihr sein strahlendes Gesicht, sein leuchtendes Auge wieder sehen, seine fröhliche Stimme wieder vernehmen und besonders, dass ihr seine Predigt wieder hören könntet: das teuere Evangelium aus seinem Munde!

Nun ist euch mit einem Schlage alles zerstört worden. Ach, wie oft habt ihr es euch ausgemalt, wie es wäre, wenn er wiederkäme! Nun ist er wiedergekommen. Als ein Toter ist er wiedergekommen. Jäh wie ein Blitz ist die Todesnachricht bei euch eingetroffen. Er hatte zuletzt noch so fröhlich geschrieben. Da kam der Tod, das treue Herz hat aufgehört zu schlagen. Es konnte nicht mehr. Es war zu schwach geworden. Es zerbrach. Da sind uns die Worte des Apostels aus dem Herzen geschrieben: ›Wie unbegreiflich sind deine Gerichte und wie unerforschlich deine Wege!‹

Wir wissen nicht, warum es geschah. Wir können es nicht begreifen. Mit all unseren Gedanken können wir das Dunkel nicht durchdringen. Es steht vor uns wie eine unübersteigbare Wand, über die wir mit unseren Meinungen, Hoffnungen, Wünschen, Träumen nicht hinüber können. *Gottes Wille kennt kein Warum.* Das ist hart für uns Menschen. Wir bilden uns so viel auf unseren Verstand ein. Wir meinen, wir wüssten alles, wir könnten alles, es gäbe nichts, was wir nicht fertigbrächten. Ja, wir denken sogar, wir könnten Gott Vorschriften machen und hinterher Vorwürfe, wenn er sich nicht genau so verhalten hat, wie wir es wünschten. Aber, so sagt der Apostel, ›Wer hat des Herrn Sinn erkannt, oder wer ist sein Ratgeber gewesen?‹ Ja fürwahr, ›unbegreiflich sind seine Gerichte und unerforschlich seine Wege‹. Mit königlicher Freiheit geht Gott über alle unsere Gedanken hinweg. Gottes Wille kennt kein Warum.

Aber zugleich wollen wir uns auch das andere sagen lassen: Gott *macht keinen Fehler.* Das war das Wort, das mir gestern einer in Barmen unter Schluchzen sagte, als er die Todesnachricht empfing: Gott macht keinen Fehler. Unser Apostel spricht von ›der Tiefe des Reichtumes der Weisheit und Erkenntnis Gottes‹. Der Ratschluss Gottes ist wie ein tiefes Meer, dem wir mit dem Senkblei unseres Verstandes niemals bis auf den Grund kommen. Aber dieser Ratschluss ist ein weiser Ratschluss. Es ist mit dem Menschenleben wie mit einem Teppich: Wenn wir ihn von unten sehen, laufen die Fäden kreuz und quer durcheinander, aber von oben her schauen wir ein schönes Gebilde. So dürfen wir gewiss sein: Gott hat in seiner Weisheit auch das Leben unseres Bruders Paul Schneider gewebt, und wie er es gewebt hat, ist es recht.

Aber mehr noch – Gottes Ratschluss ist ein barmherziger Ratschluss. Sein Strafen ist nicht nur Weisheit, sondern Liebe. Er hat euern Pfarrer Paul Schneider liebgehabt, so wie er uns alle liebhat, seine Freunde und seine Feinde. Hat er doch in seiner Liebe seinen eingeborenen Sohn für uns alle in den Tod gegeben. Wie sollte er uns mit ihm nicht alles schenken? Vielleicht hat er sogar euern Pfarrer ganz besonders liebgehabt, weil er ihn auf dem Weg der Kreuzesnachfolge so viel hat leiden lassen. Um diese Liebe dürfen wir wissen – wissen mit der Gewissheit des Herzens. Und diese Gewissheit dürfen wir festhalten, unerschütterlich. So können wir Herr werden über alle Verbitterung, die immer wieder in uns aufsteigt, Herr werden über alle Anklagen, die sich uns immer wieder auf die Lippen legen, Herr über allen Trotz und über alle Verzagtheit des Herzens; denn unser Herz ist ein trotzig und verzagt Ding[656], und es wird anders nur, wenn es von der Liebe Gottes in Jesus Christus überwältigt wird.

656 Jeremia 17,9.

Von dieser Liebe legt der letzte Vers unseres Textes Zeugnis ab: ›Von ihm und zu ihm und durch ihn sind alle Dinge.‹ *Von* ihm, dem *Vater, durch* ihn, den *Sohn, zu* ihm, dem *heiligen* Geist. Ein mächtiger Akkord ist es, in den unser Text ausklingt. In ihm soll auch unser heutiger Abend ausklingen. Möge er dann auch hineinklingen in den morgigen schweren Tag und durch die kommenden Tage und Wochen hindurch!

Von ihm, dem Vater, war dies Leben, dies gesegnete Leben. Es war gesegnet für euch, seine Gemeinde. Es war – das ist mir gewiss – gesegnet auch für manchen im Gefängnis und im Lager. Von ihm war auch das Leid und die Trübsal dieses Lebens. Denn dieses Leid war um Gottes willen erlitten und wurde darum auch aus Gottes Händen genommen. Von ihm, dem Vater! Jawohl, das väterliche Angesicht Gottes, das Auge des Vaters, die Hände des Vaters waren auch über diesem Leben. Auch da, wo Gott völlig verborgen war, wo nichts von ihm zu spüren war, war er dennoch da, und wir dürfen getrost und voller Zuversicht beten: ›Unser Vater …‹.

Durch ihn, den Sohn! Wodurch wurde dies Leben ein so gesegnetes Leben? Durch Jesus Christus. ›Ein treuer Knecht‹, sagte unser Präses Humburg, als er am Telefon die Todesnachricht von mir hörte. Zinzendorf hat einmal gesagt: ›Ich habe nur eine Passion: das ist er, nur er!‹ So war auch Paul Schneiders Passion er, nur er. Dass sein Name verherrlicht werde, dass sein Reich komme, dass sein Wille geschehe, das war sein entscheidendes Anliegen. Darum konnte er, der ein so zarter Mensch war, so unbeugsam sein. Und wodurch wurde sein Leben ein so leidvolles Leben? Durch *Jesus Christus*! Weil er ein treuer Knecht war, darum musste er Verfolgung erleiden. Wer wundert sich? ›Alle, die gottselig leben wollen, müssen Verfolgung erleiden!‹ Und Jesus spricht: ›So euch die Welt hasst, so wisset, dass sie mich vor euch gehasst hat. Wäret ihr von der Welt, so hätte die Welt das Ihrige lieb; weil ihr aber nicht von der Welt seid, sondern ich habe euch von der Welt erwählt, darum hasst euch die Welt‹ (Johannes 15,18-19).

Zu ihm, dem *heiligen Geist*! Unser Bruder Schneider war ein Mensch mit Schwächen, Fehlern und Sünden. Aber eine Kraft war in ihm lebendig, die nicht von dieser Welt war: der Geist Gottes. Dass er so unerschütterlich festbleiben konnte zwei Jahre hindurch, das vermochte er nicht aus sich. Der Geist Gottes erfüllte das Gefäß seines Lebens. Und wir wissen jetzt, wie schwach er war. Schon seit Herbst hat er nach dem Urteil des Arztes am Herzen zu leiden gehabt. Dieser Geist Gottes gab ihm Mut zum Bekennen und Geduld im Leiden. Er war von einer großen, reinen, hellen Flamme erfüllt, die hat ihn verzehrt. Gott hat ihn ausgelöscht. Er war wie eine Kerze, die sich selbst verbrennt. Ihre Stunde war gekommen. ›Er ist am Ziel‹, sagte mir Paul Humburg. Ach, wären wir alle am Ziel!

Und nun lasst uns wieder in unsere Häuser gehen! Wir wollen uns still rüsten auf den morgigen Tag. Eine große Gemeinde wird zugegen sein beim Begräbnis. Eine noch größere wird sich mit euch im Geiste vereinigen. So wurde ich gestern in Barmen den ganzen Tag über nach dem Tode eures Pfarrers gefragt. Überall trat mir ergriffene Anteilnahme entgegen. Mit dieser großen Gemeinde auf Erden wird sich die Gemeinde derer vereinigen, die überwunden haben durch das Blut des Lammes. Und dahinein wird klingen der Chor der Engel, die vor dem Throne Gottes stehen: ›Ihm sei Ehre in Ewigkeit! Amen.‹«

Wie konnte die Nachricht vom Tode Paul Schneiders Verbreitung finden? Presse, Telefon und Post waren doch überwacht. Und das NS-Regime hatte ein Interesse daran, alle Nachfragen nach Einzelheiten dieses Todes zu unterbinden. Auch hatte in diesem Sommer, wenige Wochen vor Kriegsausbruch, der NS-Staat die Absicht, keine Unruhe in der Bevölkerung aufkommen zu lassen.

Es ist erstaunlich, wie viele Menschen in allen Teilen Deutschlands, aber auch im Ausland, in kürzester Zeit vom Tod Paul Schneiders erfuhren. Albrecht Aichelin hat die Wege erkundet, auf denen sich die Todesnachricht in Windeseile verbreitet hat.[657]

---

657 Aichelin: Paul Schneider, S. 288–291.

Nicht nur, dass Margarete Schneider in aller Eile die Familie informiert hat und diese die Nachricht einem großen Bekanntenkreis weitergab. Der Bruderrat der BK der Altpreußischen Union informierte telefonisch verschiedene Kirchenleitungen. Der Bruderrat der evangelischen Bekenntnissynode im Rheinland sandte eine Todesanzeige an die Verantwortlichen der BK im ganzen Reich. Vielen Kirchgängern fiel auf, dass Paul Schneiders Name auf der Fürbittliste plötzlich fehlte. Sie fragten nach. Einige Pfarrer sprachen, obgleich das strafbar war, im Rahmen der Fürbitte von seinem Tod. Die Lokalpresse druckte immerhin eine Traueranzeige der Kreissynode Simmern und eine der Presbyterien Dickenschied und Womrath ab. Letztere, die am 20. Juli 1939 in der Hunsrücker Zeitung erschien, lautete: »Am Dienstag, den 18. Juli 1939, rief Gott der Herr unsern treuen Seelsorger, Herrn Pfarrer Paul Schneider, zu sich in die Ewigkeit. In Liebe und Dankbarkeit gedenken wir seiner nach dem Worte der Hl. Schrift: Selig sind die Toten, die in dem Herrn sterben von nun an. Ja, der Geist spricht, dass sie ruhen von ihrer Arbeit; denn ihre Werke folgen ihnen nach. Offenbarung des Johannes 14,13.« Auch der rheinische »Sonntagsgruß« hat vom Tod Schneiders berichtet.

Viel Aufmerksamkeit fand P. S.s Tod in der Presse des Auslands. Die »Times« kündigte einen Gedenkgottesdienst in Erinnerung an P. S. mit Bischof Bell an. Übrigens erfuhr Dietrich Bonhoeffer in London von diesem Tod – er war auf der Rückkehr von seinem »Fluchtversuch« nach Amerika dort noch einige Tage bei seiner Zwillingsschwester Sabine Leibholz und ihrer Familie.[658] In der Schweiz erschien in den »Mitteilungen

658 Sabine Leibholz berichtet in »Vergangen, erlebt, überwunden. Schicksale der Familie Bonhoeffer«, Wuppertal-Barmen: Kiefel Verlag, 1968, S. 144: »Als Dietrich gerade am Klavier saß und mit den Kindern sang, kam Pastor Rieger höchst bestürzt und brachte ihm die Schreckensnachricht vom Tod des Pastors Paul Schneider im Konzentrationslager Buchenwald. Dietrich war sehr blass, als er uns davon erzählte. Ich entsinne mich, dass er schwer atmete, und auch daran, dass er sich später zu den Kindern wandte und sagte: ›Hört mal zu, Kinder! Den Namen dürft ihr nicht vergessen, Paul Schneider ist unser erster Märtyrer.‹ Und er erzählte ihnen von ihm.«

des Schweizerischen evang. Pressedienstes an die Mitarbeiter und die religiösen Blätter« am 10. August 1939 ein ausführlicher Bericht über P. S. Ganz offen berichtete in Basel die »Rundschau über Politik, Wirtschaft und Arbeiterbewegung« vom »Mord an Pastor Schneider«. Auch in den Niederlanden wurde sein Tod in Zeitungen gemeldet.

Sehr viele Menschen wurden durch diese Todesnachricht aufgeschreckt. Nicht wenige ahnten, dass P. S. ermordet worden war.

> Am Morgen des Begräbnistages trugen mir die Kinder viele weiße Lilien in den Garten. Wir banden davon ein großes, weißes Kreuz; es wurde oben auf den Sarg genagelt, und ich denke, es ging nicht allein mir so, dass dieses Kreuz auch noch aus des Grabes Gruft den Sieg verkündigte. Der lebendige Christus bezeugte sich an uns durch die Kraft seines Wortes als der, der des »Todes Macht zerbricht und die Hölle selbst macht stille«.[659]

»Die sechs schwarzen Bretter mit den Papierstreifen und brennend roten Siegeln, darüber das große Kreuz aus weißen Lilien waren eine solch erschütternde Predigt, dass alle anderen Worte, die gesprochen wurden, hierneben keine Bedeutung haben konnten.«[660]

> Ins Dickenschieder Pfarrhaus floss in jenen Tagen eine Fülle von Trostbriefen[661] als Zeichen der Einheit und Verbunden-

659 Vgl. »Sollt ich meinem Gott nicht singen«, von Paul Gerhardt, EG 325,4: »Seinen Geist, den edlen Führer, / gibt er mir in seinem Wort, / dass er werde mein Regierer / durch die Welt zur Himmelspfort; / dass er mir mein Herz erfülle / mit dem hellen Glaubenslicht, / das des Todes Macht zerbricht / und die Hölle selbst macht stille. / Alles Ding währt seine Zeit, / Gottes Lieb in Ewigkeit.«

660 Langensiepen: Erinnerungen, S. 249.

661 Albrecht Aichelin hat die Kondolenzpost sorgfältig ausgewertet (A. Aichelin: Die Kondolenzpost zum Tode von Paul Schneider (1897–1939). Darstellung und Auswertung, 1987, unveröffentlicht; und: A. Aichelin: Paul Schneider, S. 298–306).

heit innerhalb der Bekennenden Kirche. Menschen, die sich nie von Angesicht gesehen haben, waren durch jahrelange Fürbitte für Paul Schneider geschwisterlich verbunden. Es ist eine Gnade, wenn von der »Gemeinschaft der Heiligen« etwas sichtbar wird. Hier und dort ist das Zeugnis des treuen Hirten begriffen worden.

Darum möchte ich einige solcher Briefe bringen: Aus einem Brief eines Lehrlings aus Wuppertal, der mir ein Bild des Grabes schickte; der Hügel war mit frischen Kränzen bedeckt, von dem großen Friedhofskreuz sah man nur ein Stück des Stammes: »... Hoffentlich schmerzt es Sie nicht zu sehr, wenn Sie das frische Grab immer vor sich haben. Sehen Sie das Grab so wie ich! An dem schwarzen Pfahl auf dem Bilde hängt der Herr Jesus Christus. Darunter steht: ›Das tat ich für dich. Was tust du für mich?‹ Ja, und darunter liegt einer, der sich selbst ins Gefängnis, ja, ins Konzentrationslager stecken ließ und zum Schluss das dunkle Todestal durchwandern musste. Aber am Ende dieses Todestales steht der Herr Christus, er hat die Arme weit auseinander und nimmt seinen Boten, seinen Pastor Schneider, in Freuden an. Darüber wollen wir jubeln und wollen allen Schmerz vergessen ...«

Aus dem Brief der Freundin Anna Groth, August 1939: »... Wir alle, alle machen Kompromisse über Kompromisse, und es hat zwischen uns jemand gegeben, der nur treu sein wollte, treu seinem Herrn, treu seinem Glauben! Ich glaube, dass Ihr lieber Mann für viele eine Stärke bedeutet.«

Aus dem Brief des Amtsbruders Walter Disselnkötter[662]: »Ich kann es noch gar nicht übersehen, was er uns alles hinterlassen hat. Je länger ich mich damit vertraut zu machen suche, dass er nicht mehr unter uns Lebenden, Kämpfenden ist, umso größer und mannigfaltiger und heiliger werden mir die Verpflichtungen, die er uns hinterlassen hat. Es ist ein großes Geschenk Gottes gewesen, dass wir um seinen Einsatz wissen dürfen – wenn wir's auch oft nicht wert waren. Wenn

662 Walter Disselnkötter, Mitglied der Hunsrücker Pfarrbruderschaft.

ein Quentchen von einer Prophezeiung erlaubt ist, darf man sagen: Die Zeit wird kommen, wo die, welche sich eingesetzt haben wie er, die Herren unserer Zeit genannt werden und wo man uns glücklich preisen wird, mit ihnen zusammen gewesen zu sein. – Aber das ist wohl sehr irdisch gedacht. Und es ist auch nicht entscheidend. Entscheidend sind die Verheißungen, die der Herr selbst gegeben hat denen, die sich ganz für ihn hingaben. Die hat er nun ererbt. Verzeihen Sie, dass ich so lange von dem rede, was Ihr Mann in seinem Verhältnis zur Gemeinde Jesu Christi bedeutet, und so wenig an das denke, was Ihnen persönlich auferlegt war und ist! Aber ich meine so: Wie sollen Sie und Ihre Kinder anders getröstet werden als durch den Herrn in seiner Gemeinde? Und von dem, was Ihr Mann für die Kirche war und ist, wird auch Ihr Trost immer wieder gespeist werden. Gott helfe Ihnen, wie er bisher geholfen hat! ...«[663]

Aus dem Brief vom 19.7.1939 von Superintendent Lic. Martin Albertz[664], ref. Mitglied der »Vorläufigen Leitung« der DEK, der an Pauls Weg besonders teilnahm und dessen Frau sich in all den Jahren wahrhaft mütterlich meiner annahm: »... Der Herr kennt die Seinen. Er weiß, wen er erwählt hat und wozu er ihn erwählt hat. Er schaut allen ins Herz, und so hat er auch Deinem lieben Mann zur Seite gestanden in den letzten Stunden seines Lebens. Er hat seinen Knecht gerufen in sein Reich. Gottes Barmherzigkeit ist über ihm. Wo wir heute die Nachricht hingaben, schlug uns große Teilnahme, große Trau-

663 Vgl. »Bis hierher hat mich Gott gebracht« von Ämilie Juliane von Schwarzburg-Rudolstadt, EG 329,3: »Hilf fernerweit, mein treuster Hort, / hilf mir zu allen Stunden. / Hilf mir an all und jedem Ort, / hilf mir durch Jesu Wunden. / Damit sag ich bis in den Tod: / durch Christi Blut hilft mir mein Gott; / er hilft, wie er geholfen.«

664 Martin Albertz (1883–1956), 1921 Studiendirektor Predigerseminar Johannesstift Berlin-Spandau, 1931–1953(!) Pfarrer und Superintendent Berlin-Spandau, 1935 Amtsenthebung aus kirchenpolitischen Gründen, 1935 Leiter des theologischen Prüfungsamtes der BK Berlin-Brandenburg, 1940/41 Gefängnis, 1936–1945 Mitglied der zweiten Vorläufigen Kirchenleitung.

er entgegen. Aber Du weißt auch, dass in diesen Tagen viele deutsche Männer und Frauen für Dich und Deine Kinder von Herzen beten ... Wir können wahrlich nur von ganzem Herzen danken, dass Dein lieber Mann zu seinem und unserem Herrn heimgerufen ist und mit den Aposteln und Märtyrern den Herr preist.[665] Er ist durch Leiden zur Herrlichkeit eingegangen und betet mit uns den an, der ihn auf seinen Weg gerufen hat. – Es ist eine große Gnade, die Gott der Bekennenden Kirche durch Deinen Mann geschenkt hat. Es ist ein weithin sichtbares Zeichen aufgerichtet für uns alle. Wir beten um die Frucht solchen Sterbens ... Ich sage immer wieder: Die Fürbitte für Br. Schneider hat nun aufgehört. Aber unser Dank und Lobpreis um seinetwillen soll nicht aufhören ...«

D. Otto Dibelius[666] schrieb am 19.7.1939: »... Aber wir sind dessen gewiss, dass ein Zeuge Jesu Christi, der bis zum letzten Atemzuge im Bekenntnis gestanden hat, über den Tod hinaus, ja gerade durch seinen Tod zum Führer werden wird für viele ...«

Der englische Bischof von Chichester, Dr. George Bell[667], veröffentlicht in der »Times«, in der eine Notiz über Pauls Tod erschienen war, am 25. Juli 1939 den folgenden Nachruf:

»Der Tod von Pfarrer Schneider im Konzentrationslager von Buchenwald vermehrt die Zahl der deutschen Märtyrer. Pfarrer Schneider war ein Geistlicher der deutschen evangelischen Kirche in der Gemeinde Dickenschied, einem kleinen Dorf im Rheinland. Vor fast zwei Jahren kam er ins Konzentrationslager, weil er sich weigerte, seine Gemeinde auf den Befehl der

---

665 Vgl. Offenbarung 4,9-11; 5,8-14; 7,9-17.

666 Friedrich Karl Otto Dibelius (1880–1967), 1915 Pfarrer in Berlin-Schöneberg, 1925 Generalsuperintendent der Kurmark, 1933 Beurlaubung, ab Juli 1934 im Berlin-Brandenburgischen Bruderrat, 1945–1966 Bischof von Berlin-Brandenburg.

667 George Bell (1883–1958), 1929–1957 Bischof von Chichester, 1932 Vors. des Ökumenischen Rates für Praktisches Christentum, 1948–1955 Vors. des Zentralausschusses des Ökumenischen Rates der Kirchen; er war vor allem durch Dietrich Bonhoeffer mit den Vorgängen um die BK in Deutschland vertraut.

nationalsozialistischen Machthaber zu verlassen. Kein Gericht untersuchte die Gründe seiner Weigerung, und er wurde sogar ohne den Schein eines öffentlichen Verhörs verhaftet. Während seiner ganzen Haftzeit war er von seiner Familie und seinen Freunden getrennt. Er wäre vielleicht freigelassen worden, wenn er bereit gewesen wäre, seiner Gemeinde die Treue zu brechen. Trotz seines Leidens war sein Geist ungebrochen. Alle, die das System dieser Lager kennen, können die Art der moralischen und physischen Leiden ermessen. Er starb – wie man sagt – an einem Herzschlag. Er gab sein Leben für Deutschland und für die Kirche Deutschlands. Alle Christen und alle humanen Völker bezeugen seiner Witwe, seiner Familie von sechs kleinen Kindern und seiner Gemeinde ihre Teilnahme. Er wurde als Pfarrer von Dickenschied gefangen genommen. Im Lager von Buchenwald war er noch Pfarrer von Dickenschied; denn, obwohl er sein Amt in Dickenschied nicht länger ausüben konnte, lehnte er, solange er lebte, ab, es niederzulegen. Er starb als Pfarrer von Dickenschied, und seine Leiche wurde zur Beerdigung in seine treue Gemeinde, in die alte Dickenschieder Heimat, zurückgebracht. Aber, obwohl er von uns gegangen ist, kann keine Macht das Zeugnis seines Lebens zerstören oder die Fackel auslöschen, die sein Glaube angezündet hat.«

Ehe wir uns dem Bericht über die Beerdigung Paul Schneiders in Dickenschied zuwenden, noch einiges über die Kondolenzschreiben, die M. S. in diesen Tagen aus ganz Deutschland, z. T. auch aus der Schweiz, Großbritannien und Argentinien erhielt.[668] Etwa 1 200 Personen, von denen viele noch nie mit M. S. Kontakt gehabt hatten, bezeugten in 589 Briefen ihre Erschütterung, etwa 45 von ihnen im Auftrag von Bruderräten, Kirchengemeinderäten etc. Eine tiefe Glaubensverbundenheit kommt in diesen Briefen zum Ausdruck. Auch die Zusicherung der täglichen Fürbitte für M. S. und ihre Kinder. Ihr Leid sei das Leid aller. P. S.s Tod sei ein Verlust für die

668 Vgl. Albrecht Aichelin: Paul Schneider, S. 298–306.

ganze Kirche, ja für die ganze Christenheit. Der Glaubensgehorsam des Verstorbenen, sein konsequenter Dienst als Zeuge des Evangeliums sei »*ein* unüberhörbarer Ruf, uns vor keinem Leid zu fürchten«. Oft wird P. S. als Märtyrer gesehen. Auch Freude über den Sieg Gottes kommt zum Ausdruck.

In mehreren Briefen wird der Sinn seines Todes in dem altkirchlichen Wort »Das Blut der Märtyrer ist der Same der Kirche« gesucht. Viele betrachten seinen Tod als Aufforderung zur Nachfolge Jesu Christi. Gott habe durch diesen Tod seine »kleingläubige Kirche« wachrütteln wollen. Zutreffend wird festgestellt, es sei für P. S. »kein Platz mehr in unserer verweltlichten Kirche« gewesen. In nicht wenigen Briefen scheint durch, dass die Schreibenden recht genau über P. S.s Konflikte informiert waren. In einigen, dass die offizielle Version seiner Todesursache kritisch hinterfragt wird. Misstrauen und offene Kritik dem NS-Regime gegenüber kommen zur Sprache. Viele gehen davon aus, dass P. S. in Buchenwald schweren Folterungen ausgeliefert war. Offenbar hat mancher Schreiber realistische Vorstellungen von dem gehabt, wie es in einem KZ zugeht. Es gibt Formulierungen wie »Die äußeren Umstände seines Sterbens werden wohl unbekannt bleiben« oder »Was alles zum Ende geführt hat, kann und darf man sich nicht ausdenken.« Ein Absender, der anonym bleiben wollte, schrieb: »Wohl schweigt man seinen Namen heute tot; aber einst, wenn die falschen Götzen von heute gestürzt sind, wird auch er unter den Blutzeugen des Hitlerterrors genannt werden und als Märtyrer in die Geschichte eingehen. Gottes Mühlen mahlen langsam, aber sicher.«

Die Absender all dieser Briefe mussten damit rechnen, dass ihre Schreiben durch die Zensur gehen würden. Sie ebenso wie die Besucher der Beerdigung Paul Schneiders haben einiges riskiert.

Rückblick auf den Tag der Beerdigung

von Karl Dieterich[669]

Ein Bericht über die Trauerfeier in Dickenschied am Freitag, dem 21. Juli 1939, schließt mit den Worten: »Es war eine unvergessliche Stunde der Gemeinschaft der ganzen Bekennenden Kirche, der von nun an das Grab von Pfarrer Schneider auf dem Friedhof Dickenschied Mahnung und Vermächtnis ist: ›Hier ist Geduld und Glaube der Heiligen‹ (Offenbarung 13, Vers 10).«

Was uns auch heute nach vielen Jahren im Gedenken an diese Feier bewegt, ist nicht der Schmerz und das Vermissen der Person Paul Schneiders, der uns hätte noch so manche treue Freundschaft als ein von der Heilkraft und Schärfe des Wortes Gottes Getroffener beweisen können; es ist nicht die Verehrung für den in beispielhafter Tapferkeit und Konsequenz zurückgelegten Weg durch Abgründe und Schrecken einer dämonisierten Menschheit; es ist nicht das menschlich Rührende in der Härte dieses Weges und desjenigen seiner Familie, das uns im Bild der kleinen, verwaisten Schar entgegentrat; es ist nicht nur die seltene Versammlung der Gleichgesinnten, der Treuen, die zu diesem Dienst noch herbeieilen konnten, und der Nichtgezählten, die sich durch die Gekommenen vertreten wussten, der Wissenden und Ahnenden in jenem Juli 1939; es ist auch nicht einfach die Güte des Gebotenen und Gehörten, in dem schlicht bezeugt wurde, dass es beim Worte Gottes bleibt. Es war nicht das, was wir Menschen taten oder getan hatten, sondern es war der Friede des Herrn, der von

669 Karl Dieterich (1900–1992), Bruder von M. S., Pfarrer in Rötenberg (1925–1934), Edelfingen (1934–1951), Jesingen-Teck (1951–1965), mit P. S. seit ihrem gemeinsamen Studium in Tübingen und Marburg vertraut, Mitglied der Kirchlich-Theologischen Sozietät in Württemberg, welche die Dahlemer Linie der BK vertrat; er hielt – zusammen mit seiner Frau Luise, geb. Than – treu Verbindung mit P. S. und M. S. Karl Dieterich hat diesen Bericht unmittelbar für die Herausgabe des »Predigers von Buchenwald« geschrieben, also etwa in den Jahren 1951/1952.

diesem Sarge ausging. Es war die unaussprechliche Tröstung, die der Herr bereit hat, wenn ein Mensch seiner Verheißung mehr folgt als den Versprechungen der Welt und ihn mehr fürchtet als die, die zwar den Leib töten, aber nicht in die Hölle verderben können.[670] Es war die Freiheit, zu der die Erkenntnis der Wahrheit, das Bleiben an seiner Rede führt, die Freiheit von den Sorgen um das eigene Leben und den Sorgen, ›wie es noch alles gehen soll‹, eine Freiheit ›zu dankbarem Dienst an seinen Geschöpfen‹.[671] Es war das Heimkommen-Dürfen, wenn dieser Kampf ein Ende hat. Weil wir das mit freiem Herzen für unseren Bruder Paul Schneider glauben durften, darum wurde sein Begräbnis zu einer Feier des Dankes und der Liebe: des Dankes, dass der Herr sich an ihm zu einem immer kompromissloseren Zeugnis verherrlicht hatte, und der Liebe zu allen, die den Herrn Jesus Christus liebhaben unverrückt.«[672]

Als die Gäste am 21. und auch schon am 20. Juli eintrafen, fanden sie auf den Höhen des Hunsrück ein Dorf vor, das den Atem angehalten hatte. Es bedurfte keiner Worte, es war alles eine große Gemeinschaft, aus der Einzelne heraustraten und mit Worten ihrem Dank und ihrer Verbundenheit gegenüber ihrem toten Seelsorger Ausdruck gaben. »Er hat mir zu einem neuen Verständnis des Evangeliums geholfen«, sagte ein Mann der Gemeinde. Der Ausgang seines Pfarrerlebens stand vor dem Hintergrund einer treuen Arbeit in Predigt und Einzelbesuchen.

Um die Mittagszeit des Beerdigungstages war der in Simmern festgehaltene Sarg mit dem Toten endlich gebracht und

670 Matthäus 10,28: »Und fürchtet euch nicht vor denen, die den Leib töten, doch die Seele nicht töten können; fürchtet euch aber viel mehr vor dem, der Leib und Seele verderben kann in der Hölle.«

671 Theologische Erklärung von Barmen (Mai 1934), aus These 2: »... durch ihn widerfährt uns frohe Befreiung aus den gottlosen Bindungen dieser Welt zu freiem, dankbarem Dienst an seinen Geschöpfen.«

672 Epheser 6,24 nach der Luther-Übersetzung von 1912: »Gnade sei mit allen, die da lieb haben unsern Herrn Jesus Christus unverrückt. Amen.«

dann in der Kirche aufgestellt worden. Feierlich ernst stand der große Sarg neben der Kanzel vor dem Altar, verschlossen mit sieben großen roten Siegeln. Der Tote lag vor der Predigtstätte, von deren Dienst er sich nicht hatte entbinden lassen wollen. Frau und Kinder hatten noch eine kurze Zeit des Alleinseins mit ihm. Dann füllte sich das Kirchlein mit der Gemeinde und den Angehörigen, während die anderen Gäste draußen warteten. Bruder Langensiepen, Gödenroth, hielt eine Andacht über Paul Schneiders Konfirmationsdenkspruch (Johannes 18,37): »Ich bin dazu geboren und in die Welt gekommen, dass ich für die Wahrheit zeugen soll. Wer aus der Wahrheit ist, der höret meine Stimme.« Er sprach davon, welche Bedeutung dieses Wort des Herrn im Leben des Entschlafenen gewonnen habe, wie er sich immer wieder habe von ihm ermahnen lassen, keine faulen Kompromisse zu schließen, auf nichts anderes zu sehen als auf die Wahrheit in Christus und selbst Bote dieser Wahrheit zu sein. Der Herr habe sein Wort vor Pontius Pilatus[673], vor den Hohenpriestern[674], vor den Pharisäern und den Zöllnern[675] bezeugt, und im Bezeugen sei er selbst die Wahrheit. Auch bei seinen Dienern sei die Wahrheit zuerst oft bitter, aber es gehe auch bei der Wahrheit, die uns bitter dünkt, um das süße Wort, dass Gott uns seine Gnade schenkt. Diesem Gnadenwort habe der Entschlafene auch mit der Verhängung der christlichen Bußzucht, wie sie der Heidelberger Katechismus vorsieht, dienen wollen. Und der Gemeinde sei zu sagen: Sie habe einen Prediger des wahren Wortes in ihrer Mitte gehabt, der auch über den Tod hinaus zu ihr reden werde. Sie könne nicht zurück. Ihre Entscheidung aber möge mit Gottes Hilfe die Entscheidung einer rechten christlichen Gemeinde sein.

673 Römischer Statthalter in Idumäa, Judäa und Samarien zur Zeit Jesu.

674 Höchster jüdischer Geistlicher, Amtssitz Jerusalem; Amt wechselte zwischen den führenden Priestern am Tempel.

675 *Pharisäer:* Juden zur Zeit Jesu, die besonders fromm und gesetzestreu lebten; *Zöllner:* Zolleinnehmer, für die heidnische römische Besatzungsmacht tätig, daher von der eigenen jüdischen Bevölkerung verachtet und gemieden.

Bruder Kemper segnete darauf die Leiche aus mit dem Wort aus Daniel 12, Vers 13: »Du aber gehe hin, bis das Ende komme; und ruhe, dass du auferstehest zu deinem Erbteil am Ende der Tage!«

Wie war auch in dieser Stunde das Lied der Gemeinde die Antwort des Glaubens! »... Warum sollte mir denn grauen? ... Lässet auch ein Haupt sein Glied, welches es nicht nach sich zieht?«[676] Der von dem Entschlafenen gegründete Singkreis sang unter Leitung von Bruder Müsse sehr fein den Seifertschen Satz von »Es ist vollbracht, gottlob, es ist vollbracht, mein Heiland nimmt mich auf ...« Als die Gemeinde zum Schluss das »Gloria sei dir gesungen«[677] anstimmte, setzte sich der Gesang fort in der großen Gemeinde, die draußen die Kirche umgab. So wurde der Sarg von den Presbytern hinausgetragen. Bruder Held aus Essen hatte sich an die Spitze der 170 bis 200 Pfarrer im Talar[678] gesetzt, die in langem Zuge auf dem Wege zu dem außerhalb des Dorfes gelegenen Friedhof die Lieder sangen: »Was Gott tut, das ist wohlgetan ...«[679] und: »Wie Gott mich führt, so will ich gehn ...«[680]. Aufgerichteten Hauptes durfte die Witwe mit ihren Kindern dem Sarge folgen und mit ihr eine große Gemeinde aus Dickenschied und Womrath, aus Hochelheim bei Gießen und aus den bekennenden Gemeinden des Hunsrücks, der Nahe und Einzelnen von weit her. Unter Führung ihres Geistlichen hatte sich auch die katholische Gemeinde Dickenschied dem Zuge angeschlossen. Die Feier am Grabe war getragen vom gemeinsamen Bekenntnis in diesem gemeinsamen Leide. Der Rheinische Bruderrat hatte als Schriftwort ausgewählt Römer 14, Verse 8 u. 9: »Leben wir, so leben wir dem Herrn, sterben wir, so sterben wir dem

676 »Jesus, meine Zuversicht« (Otto von Schwerin 1644), EG 526,2.

677 »Wachet auf, ruft uns die Stimme« (Philipp Nicolai 1599), EG 147,3.

678 Langes, meist schwarzes Gewand evangelischer Pfarrer/innen bei Gottesdiensten (heute auch weiß möglich).

679 »Was Gott tut, das ist wohlgetan« (Samuel Rodigast 1675), EG 372.

680 »Wie Gott mich führt, so will ich gehen ohn alles Eigenwählen« (Lambert Gedicke), EKG 302.

Herrn ...« Anstelle des leidenden Präses D. Humburg war als Mitglied des Rates Pfarrer Schlingensiepen entsandt worden, der die Predigt hielt, die unten im Wortlaut wiedergegeben ist. Bruder Lutze aus Barmen nahm die Bestattung vor: »Es wird gesäet verweslich und wird auferstehen unverweslich. Es wird gesäet in Unehre und wird auferstehen in Herrlichkeit.«[681] Unser Wandel ist im Himmel, von dannen wir auch warten des Heilandes Jesu Christi, des Herrn ...«[682]

Nach dieser Wortverkündung, Fürbitte und Gebet trat die eine Kirche Christi noch einmal heraus in den Voten[683] der Abgesandten der einzelnen BK-Gebiete. Vertreten waren die Vorläufige Kirchenleitung (Forck, Hamburg, zugleich für Hamburg und Schleswig-Holstein), die Konferenz der Landesbruderräte (Kloppenburg, Oldenburg, zugleich für Oldenburg), der Bruderrat der altpreußischen Union (Scharf, Berlin, zugleich für Brandenburg), Hessen-Nassau (Rumpf, Wiesbaden), Evangelisch-lutherische Kirche Bayerns, Landesbischof und Pfarrerschaft (Putz, Fürth), Württembergische Kirchenleitung und Landesbruderrat (Mörike, Kirchheim/Teck), BK Westfalen (Rinneberg, Heepen bei Bielefeld), Ostpreußen (Linck, Königsberg), Berlin und Bruderschaft der Hilfsprediger und Vikare (Klapproth, Berlin), Reformierter Bund in Deutschland (D. Hesse, Elberfeld, der mit erhobener Stimme die Frage 85 des Heidelberger Katechismus von der christlichen Bußzucht vor die Gemeinde stellte), Schlesien (Seidel, Breslau), Bruderschaft rheinischer Hilfsprediger und Vikare (Müller, Hilden), Hunsrücker Pfarrbruderschaft (Petry, Wirschweiler; er hatte zusammen mit der Witwe den Sarg in Buchenwald abgeholt), Nahebruderschaft (Hoetzel, Meckenbach), Synode Wetzlar (Essen, Volpertshausen, und Heider, Dorlar), Synode Koblenz (Hammdorf, Bacharach), Kirchlich-

681 1. Korinther 15,42.

682 Philipper 3,20.

683 Kurze Bibelverse und Gedenkworte, gesprochen von BK-Pfarrern bzw. Vertretern aus BK-Gemeinden aus ganz Deutschland.

Theologische Sozietät Württembergs (Dieterich, Edelfingen), Theologisches Seminar der Herrnhuter Brüdergemeine (Hennig), Singkreis Hunsrück (Müsse, Hausen), Rheinische Mission (Lic. Weth, Barmen), Stadtmission Baden-Baden (Ippach, Baden-Baden). Zu Beginn der Voten hatte Superintendent Gillmann vom Kirchenkreis Simmern, der den Entschlafenen mit Jeremia 15,19 einst ins Dickenschieder Amt eingeführt hatte, Abschiedsworte gesprochen.[684] Für die Gemeinden Dickenschied und Womrath sprachen Kemper, Dickenschied, Kirchmeister Klos und Kirchmeister Fuchs, für die landeskirchliche Gemeinschaft des Oberrheins Stadtmissionar Hach, Simmern; Fräulein Glassmann für die Frauenhilfe und Fräulein Timme, Bremen. Dreißig »Nachrufe«, die doch keine waren, sondern Bezeugung des »einen Wortes Gottes, das wir zu hören, dem wir im Leben und Sterben zu vertrauen und zu gehorchen haben« (Erste Barmer These). Kurze Worte an Angehörige und Gemeinde, großenteils jedoch kurze Bibelworte. Als die Gemeinde die Feier am Grabe mit dem Verse schloss: »Der Grund, da ich mich gründe, ist Christus und sein Blut…«[685], *war sie gesättigt worden mit der Speise, die nur die Glieder des Leibes Christi kennen.* Und als sich draußen neben dem alten hohen Holzkreuz der Hügel wölbte und mit Kränzen und Blumen über und über bedeckt war, gingen nach kurzen Grüßen Menschen auseinander, in allem Getrenntsein verbunden und in aller Zerrissenheit wunderbar getröstet und zu eigener Treue kräftig aufgerufen.

684 Ernst Gillmann schloss seinen kurzen Nachruf mit folgenden Worten: »Und nun noch für uns als Synode ein rein weltliches Wort zum Schluss; es ist das Wort, das Goethe einst bei einer Totenfeier für Schiller gesagt hat: ›Denn er war unser, mag dies stolze Wort den lauten Schmerz gewaltig übertönen.‹ Amen.«

685 »Ist Gott für mich, so trete gleich alles wider mich« (Paul Gerhardt), EG 351,3.

Predigt am Grabe

von Johannes Schlingensiepen

»Leben wir, so leben wir dem Herrn, sterben wir, so sterben wir dem Herrn. Darum, wir leben oder sterben, so sind wir des Herrn. Denn dazu ist Christus auch gestorben und auferstanden und wieder lebendig geworden, dass er über Tote und Lebendige Herr sei.«
Römer 14,8-9

Liebe Gemeinde Dickenschied! Liebe Gemeinde Womrath!

Nun haben wir den Leib eures treuen Hirten und Seelsorgers ins Grab gesenkt. Mit euch, der lieben Frau und den Kindern des Entschlafenen und mit seinen Verwandten und Freunden trauert unsere ganze Kirche um den Verlust, den sie mit dem Heimgang unseres Bruders Paul Schneider erlitten hat. Nicht nur wir, die wir zu euch gekommen sind, um diese Stunde mit euch gemeinsam vor Gottes Angesicht zu durchleben, sondern wir sind gewiss, dass heute Tausende und Abertausende ihre Hände zu Gott emporheben. Sie treten mit uns vor Gottes Thron, wie sie es all die Monate hindurch getan haben, als wir in beständiger Fürbitte eures Predigers gedachten und Gott darum baten, dass – wenn es sein Wille wäre – euer Pfarrer noch einmal zu euch zurückkehren dürfe, ihr lieben Gemeinden.

Unser aller Herzen sind erschüttert, und niemand kann den Gedanken und Fragen Ausdruck geben, die uns bewegen. Aber in dieser Stunde, in der wir mit unseren Gedanken nicht fertig werden – und erst recht für die noch schwereren Stunden, Tage und Monate und Jahre, die nun folgen werden –, wird uns der Weg gewiesen durch das Wort Jesu, das du, liebe Schwester, uns in der Nachricht vom Heimgang deines lieben Mannes weitergabst: »Habe ich dir nicht gesagt, so du glauben würdest, du solltest die Herrlichkeit Gottes sehen?« (Johannes 11,40).

Dem Herrn sei Lob und Dank, dass wir zu ihm aufschauen dürfen, denn »so viel der Himmel höher ist denn die Erde, sind auch seine Wege höher denn unsere Wege und seine Gedanken denn unsere Gedanken« (Jesaja 55,9). Während wir noch klagend und fragend vor dem Rätsel des Todes – und gerade dieses Todes – stehen, lässt er uns seine Gedanken wissen. Er selbst kommt zu uns mit dem Evangelium, der wunderbaren Kunde, der frohen Botschaft, und sein Heiliger Geist bezeugt uns durch das Wort des Apostels dies eine als die Wahrheit: *»Für Jesu Herrschaft über die, die er erlöst hat, macht es keinen Unterschied, ob einer noch am Leben ist oder hier schon sterben musste«*, denn »leben wir, so leben wir dem Herrn, sterben wir, so sterben wir dem Herrn. Darum, wir leben oder sterben, so sind wir des Herrn«. Der Tod ändert nichts an dem Eigentumsverhältnis der Erlösten zu ihrem Herrn. Das Besitzrecht, das sich Jesus durch sein Blut an unserem Bruder Schneider erworben hat, lässt er sich von niemandem rauben, auch von dem Tode nicht. »Im Leben und im Sterben sind wir und bleiben sein.« So klingt das Lied der Seinen am offenen Grabe. Und in solchem Liede spiegelt sich die Herrlichkeit wieder, die zu sehen Jesus den Glaubenden verheißen hat.

Lasst uns allein auf ihn schauen, unseren lieben Herrn Jesus Christus! In ihm ist das Wunder geschehen, dass der Gegensatz zwischen Leben und Tod aufgehoben ist. Er hat die beiden Gebiete, die wir durchwandern müssen, für uns durchschritten: das Gebiet des Lebens und des Todes. Er ist der Auferstandene. Als lebendiger Toter, als der, der tot war, und siehe, er ist lebendig von Ewigkeit zu Ewigkeit, herrscht er nun über die Seinen, die Lebendigen und die Toten. »Denn dazu ist Christus gestorben und auferstanden und wieder lebendig worden, dass er über Tote und Lebendige Herr sei.« Dies eine trieb ihn vom Himmel in unser armes Fleisch und Blut, es trieb ihn auf den Weg zum Kreuz und ließ ihn wieder aus dem Grab hervorkommen, dass er uns sündige und verlorene Menschen aus der Gewalt der Sünde, des Todes und des Teufels erlöste und zu seinem Eigentum machte im Leben und im Sterben. Dies ist der Grund für Jesu Tod und Auferstehung, dass er an den Seinen, den Toten und den Lebendigen, die Verheißung wahr machte: »Ich gebe ihnen das ewige Leben; und sie werden nimmermehr umkommen, und niemand wird sie mir aus meiner Hand reißen« (Johannes 10,28).

Liebe Gemeinde! Siehst du die Herrlichkeit des Herrn? Da wird sie von uns geschaut, da ist der Himmel inmitten dieser sündigen Welt, wo wir mit dem Apostel sprechen dürfen: »Ich bin gewiss, dass weder Tod noch Leben ... mag uns scheiden von der Liebe Gottes, die in Christo Jesu ist, unserm Herrn« (Römer 8,38.39). Wer für ihn lebt, darf auch für ihn sterben. Wer ihm im Leben gehört, bleibt auch im Tode sein Eigentum. So hängt für uns alles an dem Herrn »Jesus Christus, wie er uns in der Heiligen Schrift bezeugt wird«. Er »ist das eine Wort Gottes, dem wir im Leben und im Sterben zu vertrauen und zu gehorchen haben« (Art. I der Theol. Erklärung der 1. Bek.-Syn. der DEK Barmen, 1934).

»Leben wir, so leben wir dem Herrn, sterben wir, so sterben wir dem Herrn. Darum, wir leben oder sterben, so sind wir des Herrn. Denn dazu ist Christus auch gestorben und auferstanden und wieder lebendig worden, dass er über Tote und Lebendige Herr sei.« Dies Wort der Heiligen Schrift, mit dem der Bruderrat der Bekennenden Kirche im Rheinland den Pfarrern und Gemeinden davon Kenntnis gab, dass euer Prediger und Hirte entschlafen ist, soll unsere Herzen bei sich festhalten. Mit diesem Wort dürfen wir alle bösen Geister, die uns von innen und außen anfechten wollen, aus unserer Mitte vertreiben und ihnen im Glauben befehlen: »Weicht, ihr Trauergeister, denn mein Freudenmeister Jesus tritt herein.«[686] Dies Wort des Apostels darf nun aber zugleich die Unterschrift sein, die wir im Glauben unter das Leben und Sterben unseres Bruders setzen. Es soll uns dazu dienen, in allem allein dem Herrn die Ehre zu geben. Denn es ist die unvergleichliche Gnade unseres Heilandes, dass er unseren Bruder gewürdigt hat, für ihn zu leben und zu sterben.

Jesus hat euren Pfarrer durch sein Wort gerufen und ihn »durch den Heiligen Geist des ewigen Lebens versichert« (Frage 1 des Heidelberger Katechismus). Von der Treue Jesu überwunden, der »mit seinem teuren Blut für alle seine Sünden vollkömm-

686 »Jesu, meine Freude« (Johannes Franck 1653), EG 396,6.

lich bezahlt hat«, wurde er »dem Herrn forthin zu leben willig und bereitgemacht«. So gewiss solches Leben für den Herrn in jedem Stande und Beruf geschehen kann und soll, so gibt es doch nichts Köstlicheres in der Gemeinde Jesu als das von ihm selbst gestiftete Predigtamt. In der Stunde, in der vor der Gemeinde dies teure Predigtamt Paul Schneider übertragen wurde – im Namen des Vaters und des Sohnes und des Heiligen Geistes –, da hat er wie alle Prediger unserer Kirche vor Gottes Angesicht gelobt, »sich mit allen Kräften Leibes und der Seele dem heiligen Amt zu widmen«. Sein Ordinationsgelübde war die dankbare Antwort auf den gehörten Ruf: »Ich habe dich bei deinem Namen gerufen, du bist mein« (Jesaja 43,1).

Es ist die Barmherzigkeit Jesu, dass er es unserem Bruder nicht auf einmal kundgetan hat, was das heißen kann: sich mit allen Kräften Leibes und der Seele dem Predigtamt zu widmen. Es ist die Barmherzigkeit Jesu, dass er nur Schritt für Schritt das Wort an ihm wahr gemacht hat: »Ich will ihm zeigen, wie viel er leiden muss um meines Namens willen« (Apostelgeschichte 9,16). Wir preisen in dieser Stunde die Treue unseres Herrn, mit der er seinen Knecht fort und fort zugerüstet hat, für seinen Wink und Willen bereitzustehen.

Versteht das nicht falsch. Nicht davon ist die Rede, dass ihr einen fehlerlosen, sündlosen Hirten gehabt hättet. Wehe uns, wollten wir uns eines Menschen rühmen! Paul Schneider war ein Mensch wie wir, der mit der Sünde und dem Teufel zu ringen hatte bis ans Ende; aber er war ein Mensch, der von der Gnade dessen lebte, den er verkündigen durfte als den Herrn, der den Sieg für uns errungen hat. Als begnadigter Sünder hat euer Hirte seines Amtes unter euch gewaltet, und wenn an jenem großen Tage das Buch des Lebens aufgeschlagen wird, dann wird offenbar werden, wie viele unter euch er durch das Wort vom Kreuz hat rufen dürfen zu einem Leben und Sterben für den Herrn.

Es war das inbrünstige Gebet eures Predigers, so wie er es Gott gelobt hatte, »ohne Menschen gefällig zu sein und ohne Menschenfurcht« euch das Wort zu verkündigen zur Zeit und zur Unzeit und in heiligem Eifer über euch, die ihm anvertraute Herde, zu wachen. Es war das heiße Gebet eures Seelsorgers, seinem Gelübde gemäß »keine Seele verloren zu geben«. Deshalb hat er auch mit dem Presbyterium die der Leitung der Gemeinde vom Herrn befohlene Bußzucht ausgeübt an denen, die – wie das Bekenntnis sagt – »unter dem christlichen Namen unchristliche Lehre und Wandel führen« (Frage 85 des Heidelberger Katechismus), damit auch sie möchten gerettet werden.

Euch allen steht der Tag vor Augen, an dem er um dieses Dienstes willen von euch getrennt wurde und wie er dann in langen Wochen der Stille im Hören auf Gottes Wort Antwort erwartete auf die Frage, ob der Herr es ihm erlaube, in die Trennung von euch einzuwilligen. Mit anhaltendem Gebet hat er darum gerungen, dass auch in dieser schwersten Entscheidung seines Lebens sein Auge allein auf den Herrn gerichtet sein möchte. Als ich in jenen Wochen im Auftrag der Leitung der Bekennenden Kirche mit ihm und dir, liebe Schwester, noch einmal alles durchsprach und wir immer wieder die Frage aufwarfen, ob es nicht doch einen Ausweg geben könnte, da wurde ihm vor Gottes Angesicht klar, dass es keinen anderen Weg gab, den er mit unverletztem Gewissen hätte gehen können. Durch den Herrn wusste er sich an euch, seine ihm vertrauten Gemeinden, gebunden. Und – das war ihm gewiss geworden – der Herr gab ihn nicht los. Die Folgen seiner Rückkehr zu euch hatte euer Pfarrer klar vor Augen. Aber das Leben für den Herrn, der von ihm so erkannte Wille Gottes, galt ihm mehr als die irdische Freiheit.

So legte er denn Leben und Freiheit in seine Hand. Uns aber wurde es zur Gewissheit, dass sich nun das Wort des Apostels an ihm erfüllen sollte: »Euch ist gegeben, um Christi willen zu tun, dass ihr nicht allein an ihn glaubt, sondern auch um seinetwillen leidet« (Philipper 1,29). Der Herr schenkte ihm die Gabe des Leidens. Es begann für unseren Bruder jetzt der Weg des Leidens und des Sterbens; der Weg, auf dem wir Stück für Stück dieses Lebens aus der Hand geben müssen. Das Wirken in deiner Mitte, du liebe Gemeinde, das Zusammenleben mit Frau und

Kindern, das Forschen in der Heiligen Schrift, die persönliche Freiheit und vieles andere mehr musste nun abgelegt werden. Und er ließ es sich abnehmen im Aufblick zum Herrn, dessen Erlöste beten dürfen: »Der Herr hat's gegeben, der Herr hat's genommen, der Name des Herrn sei gelobt« (Hiob 1,21b). Dass nur eines ihm bliebe: die Gemeinschaft mit dem Herrn und das Zeugnis für ihn! – Aus seinen kurzen Grüßen, die dich, liebe Schwester, seit jener Zeit erreichten, klang im Tiefsten immer wieder heraus, was der Apostel aus seiner Gefangenschaft an die Philipper schrieb: »Ich lasse euch aber wissen, liebe Brüder, dass, wie es um mich steht, das ist nur mehr zur Förderung des Evangeliums geraten, also, dass meine Bande offenbar worden sind in Christo in dem ganzen Richthause und bei den andern allen, und viele Brüder in dem Herrn aus meinen Banden Zuversicht gewonnen haben und desto kühner worden sind, das Wort zu reden ohne Scheu« (Philipper 1,12-14). »Leben wir, so leben wir dem Herrn, sterben wir, so sterben wir dem Herrn.« Für den Herrn! Dass das Zeugnis für ihn in seinem Herzen und auf seinen Lippen nicht verstumme, blieb sein Gebet auch auf dem Weg des Sterbens. Und der Herr hat diese Bitte erhört. – Sich »mit allen Kräften Leibes und der Seele« dem Amt der Verkündigung widmen, hatte unser Bruder gelobt. Und Gott hat ihn beim Wort genommen. Er hat ihn bei diesem Wort behaftet wie noch keinen von uns. Die letzten Kräfte der Seele und auch des Leibes wurden von ihm gefordert; gefordert durch den Herrn, dem er die Verfügungsgewalt über Leben und Tod willig überlassen wollte; gefordert durch den Herrn, von dem er bekennen durfte, dass er uns »also bewahrt, dass ohne den Willen meines Vaters im Himmel kein Haar von meinem Haupt kann fallen, ja auch mir alles zu meiner Seligkeit dienen muss« (Frage 1 des Heidelberger Katechismus). Es geschah das Wunder, das immer geschieht, wo ein Mensch die Herrschaft über Leben und Tod dem Herrn überlässt: Jesus half unserem Bruder die ihm auferlegte Last tragen, dass sie ihm nicht zu schwer wurde, und machte an ihm seine Verheißung wahr: »Mein Joch ist sanft, und meine Last ist leicht« (Matthäus 11,30).

Und nun ist der Tod gekommen. »Leben wir, so leben wir dem Herrn, sterben wir, so sterben wir dem Herrn.« Wer für ihn lebt, darf auch für ihn sterben. So viel tut Christus an den Seinen, dass sie für ihn sterben dürfen. Er macht ihr Sterben zum Gottesdienst, zu einem Opfer des Lebens, womit die Seinen ihn preisen dürfen. Was das heißt, für den Herrn sterben, darf ich euch im Anschluss an die Worte eines hochbegnadeten Lehrers unserer Kirche sagen, zu dessen Füßen auch unser Bruder gesessen hat. Dem Herrn sterben, das heißt, so sterben, dass sein Wohlgefallen über unserem Sterben liegt und Jesu freundlicher Blick auf ihm ruht. Dem Herrn sterben, heißt, ihm glauben, wo alles zerbricht und wir zerbrechen. Dem Herrn sterben, heißt, uns in seine gnädige Hand legen, jetzt, da nichts mehr uns tragen kann als er allein. Dem Herrn sterben, das heißt, ihn anbeten, wo wir alles lassen müssen, nur ihn nicht. Solches Sterben lässt er sich wohlgefallen als für ihn getan. Solches Sterben darf dann aber auch zugleich ein Zeugnis sein für ihn, das letzte – und wohl auch das größte – Zeugnis, das ein Mensch auf Erden ablegen kann für seinen Herrn. Ihm sei Lob und Dank, dass wir unter das Leben und Sterben unseres Bruders Paul Schneider im Glauben dies Wort setzen durften: »Leben wir, so leben wir dem Herrn, sterben wir, so sterben wir dem Herrn. Darum, wir leben oder sterben, so sind wir des Herrn. Denn dazu ist Christus auch gestorben und auferstanden und wieder lebendig worden, dass er über Tote und Lebendige Herr sei« (Römer 14,8.9).

Er ist und bleibt der Herr unseres Bruders in Ewigkeit. Das ist der »Trost, mit dem wir getröstet werden von Gott« (2. Korinther 1,4), um dessen Thron in Ewigkeit versammelt sind, die »überwunden haben durch das Wort ihres Zeugnisses und haben ihr Leben nicht geliebt bis an den Tod« (Offenbarung 12,11); sie, die »gekommen sind aus großer Trübsal und haben ihre Kleider gewaschen und haben ihre Kleider hell gemacht im Blut des Lammes« (Offenbarung 7,14). »Habe ich dir nicht gesagt, so du glauben würdest, du solltest die Herrlichkeit Gottes sehen?« (Johannes 11,40). Darin erkennen wir im Glauben die Herrlichkeit Gottes, dass – wie verschieden unsere Lebensführungen auch sein mögen – jeder von uns, der im Leben »unseres getreuen Heilandes Jesu Christi eigen« ist, es auch im Tode bleiben darf. Ihr lieben Gemeinden Dickenschied und Womrath, liebe Brüder und Schwestern! Gott gebe, dass das Zeugnis eures Hirten, unseres Bruders, euch erhalten bleibe und fortwirke durch Generationen hindurch und dass es darüber hinaus lebendig bleibe und Frucht bringe in der ganzen Kirche. Wir wollen uns durch sein Zeugnis rufen lassen zu dem »einigen Trost im Leben und im Sterben«, damit auch wir im Glauben bekennen können:

»Ich bin gewiss, dass weder Tod noch Leben ... mag uns scheiden von der Liebe Gottes, die in Christo Jesu ist, unserm Herrn« (Römer 8,38).

Jesu, dir leb' ich, Jesu, dir sterb' ich, Jesu, dein bin ich, tot und lebendig![687]

Amen.

Die Original-Fassung des »Predigers von Buchenwald« endet mit folgendem Hinweis von Margarete Schneider: Dieses Buch wurde aus Tagebucheintragungen und Briefen Paul Schneiders aus Freiheit und Gefangenschaft zusammengestellt. Den verbindenden Text schrieb Margarete Schneider im Jahr 1947; für die Neuausgabe von 1981 wurde er von ihr 1980 überarbeitet. Berichte aus folgenden Büchern wurden verwendet: Walter Poller: »Arztschreiber in Buchenwald«, Hamburg 1946. »Das war Buchenwald«, Leipzig (ohne Jahr). M. Zahnwetzer: »KZ Buchenwald«, 1946. Leonhard Steinwender: »Christus im KZ«, Salzburg 1946.

687 Bei Konfirmationen wurde und wird gebetet: »Herr Jesus Christus, erhalte sie [die Konfirmanden] und uns bei deinem Namen, dass wir bis in unsere Todesstunde freudig und getrost beten können: Herr Jesu, dir leb ich, dir leid ich, dir sterb ich. Dein bin ich tot und lebendig. Mach mich, o Jesu, ewig selig. Amen.«

Danach

Der Streit um Paul Schneider war mit seiner Beerdigung nicht zu Ende. Besonders für das rheinische Konsistorium und die Gestapo nicht. Wie sie sich bei und nach der Beerdigung verhielten, das wirft noch einmal ein scharfes Licht auf die damaligen Verhältnisse in Kirche und Staat.

Die Beerdigung Paul Schneiders am 21. Juli 1939, an der übrigens die katholischen Mitchristen mit ihrem Pfarrer ebenso teilnahmen wie die evangelischen und durch die Hunderte von bekennenden Christen aus fast allen Landeskirchen Deutschlands[688] nach Dickenschied kamen, fand unter strenger Beobachtung der Gestapo statt. Diese fürchtete mit gutem Grund, dass sie zu einer machtvollen Demonstration des Zusammenhalts der Bekennenden Kirche werden würde. Zwischen sechshundert und tausend Menschen waren auf dem Friedhof versammelt, um den »Staatsfeind« P. S. zu Grabe zu tragen. Unter ihnen etwa hundertfünfzig bis zweihundert Pfarrer im Talar.

Auch das rheinische Konsistorium, das – wie auch der Evangelische Oberkirchenrat – durch Abwesenheit glänzte und an M. S. kein Kondolenzschreiben richtete, konstatierte das, freilich mit unverhohlener Besorgnis, wie der Brief des Konsistorial-Präsidenten Koch vom 26. Juli 1939 an den Evangelischen Oberkirchenrat in Berlin[689] zeigt: »Die mit der Person Schneiders zusammenhängenden kirchenpolitischen Schwierigkeiten« seien durch sein Ableben ja nun »in der Hauptsache erledigt«. Doch sehe er sich durch die Art der Beisetzungsfeierlichkeiten zu einem besonderen Bericht veranlasst. Eine unübersehbare Besucherschar aus

688 Lediglich Vertreter der Hannoveranischen Landeskirche fehlten. Sie sandte auch kein Beileidsschreiben zu M. S. Aichelin nimmt als Grund dieser auffallenden Zurückhaltung an, dass P. S.s widersetzliche Haltung dem staatsloyalen Kurs dieser »intakten« Landeskirche und ihres Bischofs August Marahrens zuwider war.

689 Wentorf: Der Fall, S. 228f.

allen Richtungen sei in Dickenschied zusammengeströmt. »Von weither, sogar aus Ostpreußen, Bayern und Schleswig-Holstein, sollen Leute gekommen sein, und der imponierende Charakter dieser Kundgebung wurde durch die Anwesenheit einer Anzahl von rund 150 Geistlichen im Talar unterstrichen. Dazu waren gegen 50 Pfarrer in gewöhnlicher Kleidung erschienen, um dem Toten das letzte Geleit zu geben.« Zwar habe Pfarrer Schlingensiepen seine Grabrede »in gemäßigter Tonart« gehalten. Und die Feier sei, wie Superintendent Gillmann der Polizei vorher zugesagt habe, »ruhig und würdig verlaufen«. Aber »die Haltung der Witwe soll eine derartige gewesen sein, dass sie allgemeine Bewunderung fand«. Es erwecke doch »Verwunderung, dass eine solch machtvolle Kundgebung in heutiger Zeit, noch dazu im unmittelbaren Grenzbereich, überhaupt stattfinden« könne. Schneider habe doch als Staatsgegner gegolten. »Es bestand bis zuletzt auch keine Aussicht, dass er etwa aus dem Konzentrationslager in absehbarer Zeit hätte entlassen werden können. Wir selbst mussten uns davon überzeugen, dass sein weiteres Verbleiben im Pfarramt nicht länger tragbar sei. Bedenkt man ferner, dass diese Begräbnisfeierlichkeiten ihren tiefen Eindruck auf die Bevölkerung der kirchenpolitisch als sehr schwierig bekannten Gegend nicht verfehlt haben, so dürfte die ganze Begebenheit nicht geeignet sein, zur Beruhigung der dortigen kirchlichen Verhältnisse beizutragen, und unseren fortgesetzten Bemühungen um die Schaffung friedlicher Zustände nicht entgegenkommen. ... Die Grabstätte Schneiders in Dickenschied wird zu einer unerwünscht großen Bedeutung erhoben, und vieler Augen werden auf sie wie gewissermaßen auf einen Wallfahrtsort gerichtet sein. Nicht gering dürfte die Gefahr einer ausländischen Propagandaentfaltung zu erachten sein.« Er bittet darum, seinen Bericht dem Herrn Reichskirchenminister zuzuleiten.

Dass diese Beerdigungsfeier auf die Bevölkerung des Hunsrück großen Eindruck machte, das wurde noch durch die Tatsache verstärkt, dass zahlreiche Zeitgenossen zur selben Zeit ein starkes Erdbeben in jenem sonst von Beben selten heimgesuchten Gebiet spürten.[690] Langensiepen berichtet darüber: »Als die Feier ihrem Ende zuging, zog im Westen ein schweres Unwetter herauf, vor dessen Ausbruch wir nach dem letzten Liedvers in die benachbarten Häuser flüchteten. Wir haben später aus der Zeitung erfahren, dass dies Unwetter nur eine Begleiterscheinung des Erbebens war, das zur Stunde der Beisetzung das Rheinland in einer seit Jahrzehnten nicht erlebten Stärke erschütterte. In Dickenschied habe ich von dem Erdbeben nicht reden hören. Wahrscheinlich war unsere Erregung so groß, dass niemand darauf geachtet hatte.«[691]

Wie eindrücklich – auch ohne die Erinnerung an ein Erdbeben – das Ereignis dieser Beerdigung war, das haben viele Teilnehmende noch nach Jahrzehnten berichtet. Pfarrer Hermann Lutze bezeichnete es als »das stärkste Erlebnis«, dessen er sich in seinem Leben erinnere. Und Bernhard Heinrich Forck[692] fasst seinen Eindruck so zusammen: »Die innerste Verbundenheit der Bekennenden Kirche hat wohl nie vorher und nie nachher einen solch gewaltigen Ausdruck gefunden wie dort auf dem Dorffriedhof in Dickenschied.« Ein Gestapobeamter habe ihm gegenüber geäußert: »So werden Könige begraben.« Er habe ihm geantwortet: »Kaum, aber hier wird ein Blutzeuge Jesu Christi zu Grabe getragen.«[693]

Das rheinische Konsistorium freilich kam, was Paul Schneiders Beerdigung betraf, noch nicht zur Ruhe. Am 21. August 1939 schreibt es noch einmal an den Berliner Oberkirchenrat, in Gesprächen mit der Gestapo habe es den Eindruck gewonnen,

---

690 Vgl. Sonntagsbeilage der Hunsrücker Zeitung vom 22. Juli 1939 mit der Überschrift »Starker Erdstoß im Mittelrheingebiet«.

691 Langensiepen: Erinnerungen, S. 249.

692 Bernhard Heinrich Forck (1893–1963), 1926 Pfarrer in Hamburg-Hamm und Horn, 1936 Mitglied der 2. Vorläufigen Kirchenleitung, 1950 Superintendent in Luckenwalde, Herausgeber von »... und folget ihrem Glauben nach«.

693 »und folget ihrem Glauben nach«, S. 47.

»dass die Erlaubnis einer solchen aufsehenerregenden Beerdigungsfeier, die auch im Ausland nicht unbemerkt geblieben ist, nur zu bedauern sei und das Vorhandensein der Begräbnisstätte in Dickenschied die Erinnerung an Pfarrer Schneider immer wachhalten werde.«

Im Klartext: Das Evangelische Konsistorium beklagt – im Einklang mit der Gestapo! – wiederholt, dass Pfarrer Paul Schneider nicht gleich nach seinem Tod in Buchenwald im Krematorium verbrannt und damit spurlos »entsorgt« wurde!

Das Konsistorium berichtet dem Oberkirchenrat weiter, die Landesbruderräte der BK hätten die Anregung an die Gemeinden herausgegeben, sie möchten an P. S.s Geburtstag, dem 29. August, oder an einem Sonntag danach seiner im Gottesdienst gedenken. Ebenso mit Dank und Fürbitte am Totensonntag. Ebenso, dass eine »Schneider-Stiftung« für die Witwe und ihre sechs Kinder ins Leben gerufen werden solle. Das Konsistorium äußert außerdem die Absicht, die Pfarrstelle Dickenschied vorläufig nicht zu besetzen; es würde die Frage prüfen, ob sie nicht ganz gestrichen werden und ob nicht Dickenschied und Womrath von Kirchberg aus versorgt werden könnten.[694]

Die oben berichteten Anregungen im Blick auf das Gedächtnis Paul Schneiders und die Hilfe für seine Familie hat die Konferenz der Landesbruderräte am 2. August 1939 beschlossen. Das Protokoll dieser Konferenz wurde von der Gestapo abgefangen. Der Protokollant, Pastor Friedrich Middendorf[695], musste sein Protokoll mit vier Monaten strenger Einzelhaft im Polizei-

694 Im Auftrag der BK blieb Pfarrer Herbert Meyer bis zum Kriegsende in Dickenschied. Es gelang Superintendent Gillmann, dieses dem Konsistorium gegenüber zu decken. Das Konsistorium zeigte tatsächlich keine Neigung, die Pfarrstelle Dickenschied wieder zu besetzen.

695 Friedrich Justus Heinrich Middendorf (1883–1973), 1926–1956(!) Pfarrer in Schüttorf, 1937–1946 Mitglied des Moderamens des Reformierten Bundes, 1937–1945 Aufenthaltsverbot für Schüttorf, Anstellung in Hamburg-Altona, 1946–1953 Präses der reformierten Gesamtsynode.

gefängnis Hamburg-Fuhlsbüttel büßen. Zahlreiche Teilnehmer der Sitzung wurden polizeilich verhört. All das zeigt, wie sehr der NS-Staat drauf aus war, den Funken, den Paul Schneiders Tod in den Herzen vieler hatte entstehen lassen, so gründlich als möglich auszutreten. Sein Gedächtnis sollte, so weit als möglich, ausgelöscht werden.

In ganz anderem Geist als dem, der das Rheinische Konsistorium bestimmte, schrieb schon am 20. Juli 1939 Superintendent Albertz aus Berlin im Auftrag der Vorläufigen Leitung der Evangelischen Kirche an die Presbyter der Kirchengemeinden Dickenschied und Womrath: »Die ganze Bekennende Kirche nimmt an Ihrem großen Verlust und dem Schicksal unseres lieben Bruders Schneider von ganzem Herzen Anteil. ...« Voll bekennt sich Albertz zum Weg Paul Schneiders und schreibt, P. S. sei sich nie darüber im Zweifel gewesen, »dass er gebunden an die Heilige Schrift den Weg gehen musste, den er geführt worden ist, und ich bitte Sie als die Mitältesten unseres Bruders, es als sein Vermächtnis zu nehmen, was er Ihnen und Ihrer Gemeinde hinterlassen hat, wenn er durch sein Tun und Leiden den Weg Christi bezeugt hat und gegangen ist. ... Wir alle in der Bekennenden Kirche müssen ihm an seinem Grabe für seinen Dienst danken, den er uns allen erwiesen hat.« Er habe »ein Zeichen für alle aufgerichtet in der großen, unwandelbaren Treue des Pfarrers zu seiner Gemeinde, zu der er gewiesen war, insbesondere aber auch eine große Frage an alle Gewissen gerichtet, ob nicht im Raume der Kirche eben wirklich nur der Wille Gottes anerkannt und getan werden darf. Er war schließlich im Lager selbst ein unerschrockener Zeuge seines Herrn. So ist er – wie wir zu Gott hoffen – eingegangen in seines Herrn Freude.« Albertz bittet die Presbyter, betend und helfend Frau Schneider und ihren Kindern beizustehen und mit dem jungen Bruder zusammen, der Schneiders Dienst vertrete, »weiter in aller Festigkeit und Weisheit die Gemeinden von Dickenschied und Womrath zu leiten als nach Gottes Wort Reformierte Gemeinden.«

Eine Eingabe an den Herrn Reichsminister und Chef der Reichskanzlei, Dr. Lammers, in Berlin[696] sandte wenig später, am 29. Juli 1939, im Auftrag des Rates der altpreußischen Union der Evangelischen Kirche Lic. Wilhelm Niesel. Er schildert zunächst P. S. als einen »Mann von strahlender Herzlichkeit, eine urdeutsche Erscheinung. Gar kein Fanatiker, sondern ein gewissenhafter Seelsorger, der jedem einzelnen Gemeindeglied liebevoll nachging und volksmissionarisch zu den Menschen zu reden wusste. Er war ein Mann von letzter Wahrhaftigkeit, für den manches untragbar war, was andere noch tragen zu können glaubten.«

Niesel schildert, wie P. S. wegen seiner Ausübung der Kirchenzucht, also »aus Anlass einer rein kirchlichen Angelegenheit, verhaftet« und dann ausgewiesen worden sei. »Er hatte gemäß dem reformierten Bekenntnis in Übereinstimmung mit der Leitung seiner Gemeinde, dem Presbyterium in Dickenschied, eine Kirchenzuchtmaßnahme getroffen.« Niesel berichtet seine Verbringung in das KZ Buchenwald und seinen Tod dort. Er verweist auch auf die merkwürdigen Vorgänge um den Sarg Schneiders. Niesel stellt fest: »Sein Tod hat die evangelischen Gemeinden in ganz Deutschland aufs Tiefste erschüttert. Besonders im Rheinland ist die Bewegung weit über die Kreise der evangelischen Kirche hinaus außerordentlich groß.« Im Auftrag des Rates bittet Niesel den Reichsminister, »dahin zu wirken, dass den sich ständig mehrenden Maßnahmen gegen evangelische Pfarrer und Gemeindeglieder ein Ende gemacht wird«.

Auf diesen Brief antwortete am 27. September 1939 der »Reichsführer SS«, Heinrich Himmler, persönlich: Niesels Auf-

---

696 Gleichlautende Schreiben gingen auch an den preußischen Ministerpräsidenten Hermann Göring, an den »Reichsführer SS« Heinrich Himmler, an das Auswärtige Amt, vermutlich auch an den Oberbefehlshaber der Marine, Großadmiral Raeder. Von Göring kam keine Reaktion. Das Auswärtige Amt leitete das Schreiben weiter an das Reichskirchenministerium, an den Botschafter am Heiligen Stuhl im Vatikan und an den Chef der Sicherheitspolizei.

fassung, P. S. sei aus Anlass einer rein kirchlichen Angelegenheit verhaftet worden, treffe nicht zu. Seine Kirchenzuchtmaßnahme sei Aufruf zum Boykott gewesen und habe sich damit gegen die Volksgemeinschaft gerichtet. Bei seiner Ausweisung habe man ihn darauf hingewiesen, »dass seine Rückkehr in die Rheinprovinz staatspolizeiliche Maßnahmen nach sich ziehen würde. Trotz dieses mündlichen und schriftlichen Hinweises kehrte Pfarrer Schneider in seine Gemeinde zurück.« Seine erneute Verhaftung und auch seine Überweisung in ein KZ sei notwendig gewesen. »Auch im Konzentrationslager wurde Pfarrer Schneider mehrfach eröffnet, dass seiner Entlassung aus dem Konzentrationslager nichts entgegenstehe, wenn er sich verpflichte, dem Ausweisungsbefehl Folge zu leisten. Pfarrer Schneider hatte diese Verpflichtung immer abgelehnt und sich den weiteren Aufenthalt im Lager damit selbst zuzuschreiben.« Im Übrigen sollten sich die Pfarrer an die Gesetze halten. Dann müsse er, Himmler, keine Maßnahmen gegen sie ergreifen.

Ausgerechnet der Mann, der seine Vorstellungen von »Volksgemeinschaft« mit tausendfachem Boykott, mit willkürlicher Verhängung von KZ-Haft und millionenfachem Mord durchsetzt, erneuert gegen P. S. den Vorwurf des Boykotts und der Verletzung der Volksgemeinschaft! Auch die Erinnerung mit Bezug auf P. S., die Pfarrer sollten sich an die Gesetze halten, klingt wie Hohn und Spott. Denn nie wurde auch nur der Versuch gemacht, P. S. eine Verletzung der geltenden Gesetze gerichtlich nachzuweisen. Seine Verhaftungen, seine Ausweisung, seine Verbringung in das KZ, schließlich seine Ermordung, all das geschah in zynischer Verletzung der Gesetze. Und wer in Deutschland hat sich bedenkenloser über Gesetze hinweggesetzt als Heinrich Himmler!

Wie die von Wentorf veröffentlichten Dokumente[697] zeigen, hat die Gestapo auch lange nach P. S.s Tod ein besonderes Auge auf dessen Familie gehabt und fast noch mehr auf Menschen,

---

697 Wentorf: Der Fall, S. 237–246.

die ihr beistanden. Das betraf besonders Gremien der BK, die für den Kauf eines Wohnhauses für M. S. und ihre Kinder in Elberfeld zu Opfern aufriefen. Als die Familie Schneider schließlich nach Elberfeld zog, wurde sie am 29. April 1940 von der Gestapo Koblenz an die Gestapo Düsseldorf förmlich überwiesen; d. h., der NS-Staat war entschlossen, sie nicht aus den Augen zu verlieren.

Ganz anders als das rheinische Konsistorium und der Evangelische Oberkirchenrat in Berlin verhielten sich zahlreiche Gemeinden der BK. Sie hielten am Tag der Beerdigung von P. S. oder am Sonntag danach Trauergottesdienste. So etwa in Berlin-Dahlem, wo sechshundert Personen am Gottesdienst teilnahmen. Eine schlichte Broschüre mit dem Titel »Zum Gedächtsnis von Herrn Pfarrer Paul Schneider, Dickenschied/Hunsrück«[698], die vor allem die Worte, die bei der Beerdigung gesprochen wurden, detailliert wiedergibt, wurde bei Veranstaltungen der BK verteilt und ging von Hand zu Hand, obgleich die Gestapo ihre Verbreitung sogar durch Hausdurchsuchungen zu verhindern suchte.

Besonders die Verwirklichung einer »Schneider-Stiftung« hätte die Gestapo gern verhindert. Für das Vorhaben, für M. S. und ihre Kinder in Elberfeld ein Haus zu kaufen, wurde – auch durch Spendenaufrufe – eifrig Geld gesammelt. Etwa zehntausend Reichsmark brachten die Mitglieder der BK dafür auf. Das Reichssicherheitshauptamt versuchte diese Aktion zu verhindern, sie verstoße gegen das Sammlungsgesetz. Die Pfarrer Julius Voget und Karl Immer wurden wegen dieser Sammlung zu je zweihundert Reichsmark Geldstrafe verurteilt. Zweitausend Reichsmark von diesem für die Familie Schneider gesammelten Geld hat die Gestapo beschlagnahmt und dem Konsistorium zugeleitet. Der Plan wurde dennoch verwirklicht. Im April 1940 konnte die Familie Schneider samt Sophie Helmes und »Tante Mariele« in das Haus in Elberfeld einziehen.[699]

698 In Sammlung von P. Dieterich.
699 Aichelin: Paul Schneider, S. 317f.

Die Gestapo ging in ihrer Unterdrückung des Paul-Schneider-Gedächtnisses so weit, dass sie einzelne Pfarrer, die in Predigt oder Konfirmandenunterricht Paul Schneider erwähnten, strafrechtlich verfolgen ließ. Umso entschiedener stellten sich viele Gemeinden der Bekennenden Kirche auf die Seite des Ermordeten und seiner Familie.

Zwanzig Jahre später

Wie sah Margarete Schneider später den Weg ihres Mannes, zugleich ihren eigenen Weg mit ihren sechs Kindern? In einem Brief, der wohl zwanzig Jahre nach dem Tod ihres Mannes, im Jahr 1959 entstanden ist, schreibt sie an ein »Fräulein Frenzel«[700] Folgendes: »Sie bitten mich, von damals, vom Juli 1939, zu schreiben. So lebendig dieses ›damals‹ in mir lebt und auch heute noch meinem Leben Ausrichtung und Ziel gibt, weil es ganz zentral unters Wort ruft – wie konnte man damals und wie könnte man heute sonst auch existieren? –, so schwer ist es, darüber zu schreiben. Und es ist wohl eine berechtigte Scheu. Ich habe darum im ›Prediger‹ möglichst *viele* Stimmen zu Wort kommen lassen und hauptsächlich meinen Mann, der ja ganz unbefangen war, weil er gewiss nie gedacht hat, dass seine Briefe einmal gedruckt würden. Er hielt sich nie für einen solch bedeutenden Mann, wenn er auch in allem Widerstreit der Christen von ›damals‹ sagen konnte: ›Ihr werdet es noch merken, dass ich recht habe.‹ Dieses recht haben war keine Rechthaberei, sondern ein tiefes inneres Erkennen, das aus seinem Umgang mit der Schrift und seinem ›Gespräch des Herzens mit Gott‹ kam. Er konnte der Auseinandersetzung mit dem NS-Staat von 1933 an nicht entgehen, weil ihm alle Lüge, alle Heuchelei und aller Kompromiss von Herzen zuwider war. Gott gab ihm Kraft und Treue, sich vor das Bekenntnis unserer Kirche zu stellen und über der Gemeinde zu wachen. Er hat diesen ihm von innen her aufgenötigten Kampf schlicht und einfältig, lauter, aber auch unerbittlich geführt. Mehrfache Stapohaft, Ausweisung aus seiner Heimat, dem Rheinland, und am Ende das Konzentrationslager Buchenwald musste er darum erleiden. Ich bin sehr dankbar, dass mir von Häftlingen nicht nur von schrecklichen Martern erzählt wird, die sein Freimut ihm einbrachte, sondern dass sie es merkten, es ging

700 Die Adressatin war nicht zu ermitteln; Sammlung von P. Dieterich

ihm *allein* um Gottes Sache und deshalb um das Erbarmen mit den Gequälten und Ungetrösteten und das Einstehen für die Entrechteten. ›Er gab uns, den Ärmsten der Armen, durch seine Worte und durch seinen Tod wieder Licht in das Dunkel unserer Seele‹, schreibt ein Mithäftling.

Damals, am 18. Juli, traf mich die Nachricht vom Heimgang meines Mannes in voller hausfraulicher Tätigkeit: Im Waschkessel kochte die Wäsche, im Zimmer sollte bei einem Reisenden eine Bestellung gemacht werden – da sehe ich den Postboten mit verstörtem Gesicht an unser Haus kommen, und nachdem er umständlich sein Rad abgestellt hat, läutet er. Das Telegramm aus Buchenwald trifft mitten ins Herz. Man wundert sich, dass das Leben in einem selbst und um einen herum dann trotzdem weitergeht, täglich fordernd und geschäftig trotz der Not des Alleingelassenseins, der Not der Selbstanklage, der Not, nun die Hoffnung fahren lassen zu müssen, sich je wieder mit dem Nächsten aussprechen zu können, nachdem der spärliche Briefwechsel der letzten zwei Jahre unter Zensur gestanden hatte; trotz der Not, nun sechs Kinder allein aufziehen zu müssen und dem eingestandenen Unvermögen dazu.

Aber nun mussten sie es ja erst erfahren, dass der Vater nicht mehr zu uns heimkam. Eben kamen sie angestürmt, erfüllt vom Erleben eines sommerlichen dörflichen Tages! Die vor Auflehnung zitternde Stimme des Sechsjährigen habe ich heute noch in den Ohren: ›Nun haben wir doch immer gebetet, und jetzt kommt er doch nicht mehr‹, und später: ›Alle haben einen Vater, warum denn wir nicht?‹

Ich weiß, diesem Schrei aus einer Kinderseele waren in den Kriegsjahren viele Mütter ausgesetzt. Wie konnten wir Antwort geben, wie konnten wir trösten, wenn Gott nicht zuerst zu uns Müttern gesprochen hatte: ›Ich will euch trösten, wie einen seine Mutter tröstet‹?[701] Und haben wir denn nicht erfahren: Wer Trost spendet, vertieft sich in den Trost?

---

701 Jesaja 66,13.

Mein jüngstes Bübchen war erst zwei Jahre alt, als der Vater starb, und der Vater hat ihn nicht einmal mehr taufen dürfen, da er 14 Tage nach seiner Geburt verhaftet wurde. So können sich die vier Jüngsten ebenfalls ihres Vaters nicht entsinnen und von seinem unerschrockenen Zeugendienst und schweren Ende her wirkte er sicher oft für ihre Jugend bedrückend. Die Schneiders-Kinder wollten keine exponierten Menschen sein. Als unsere Evmarie einmal so recht fröhlich ausgelassen und ›ohne Rücksicht auf Verluste‹ in der Kinderheimat des Vaters herumtollte und sie hörte: ›Ganz wie der Vater‹, war das eine Befreiung für sie! Wie hätte er mit den fünf Buben geturnt, gewandert, gesungen! Im Geiste sah ich sie schon die höchsten Berge besteigen miteinander und ich als ängstliche ›Gluckhenne‹ am Fuße derselben. ›Wie sehne ich mich, mit meinen Kindern fröhlich zu sein‹, schrieb der Vater noch aus dem KZ. Seine Kinder waren ihm ja ein solch gnadenvolles Geschenk Gottes. Darum seine inständige Bitte für sie: ›Mach sie zu Himmelserben‹[702]. Sein Vertrauen zu Gottes Vatertreue wuchs mit jedem ihm anvertrauten Kind: ›Wer Gott fürchtet, hat eine sichere Zuflucht, und seine Kinder werden auch beschirmt‹[703]. Aber diese lebensbejahende Freude an seinen Kindern als Gottes Geschöpfen, sein Interesse am Kleinsten und Größten der Schöpfung musste sich bis zum Ende auseinandersetzen, ja immer wieder überwinden lassen von dem Anspruch: ›Lieber alle Kreaturen preisgeben als im Geringsten wider Gottes Willen tun‹[704]. Paul Schneiders letzte Briefe zeigen, wie er, in dieser Spannung lebend, auf diesen Anspruch hörend und ihm folgend, doch noch der schlichte, natürliche, uns zugewandte Mensch blieb, ein Mensch, dessen Liebe, Seelsorge und menschlicher Elan unersetzlich ist.

702 Aus dem Lied (EG 163) von Hartmann Schenk: »Unsern Ausgang segne Gott, / unsern Eingang gleichermaßen, / segne unser täglich Brot, / segne unser Tun und Lassen, / segne uns mit sel'gem Sterben / und mach uns zu Himmelserben.«

703 Sprüche 14,26.

704 Brief von P.S. vom 24. November 1937 aus Koblenz.

Irgendwo habe ich das Wort gelesen: ›Weißt du nicht, dass Gott oft spendet, dort, wo scheinbar er uns nahm?‹ Gott hat mich reich gemacht durch viele Aufgaben in Familie und Gemeinde, er lässt mir Dank und Bitte und Hoffnung für meine nun erwachsenen Kinder und Enkel. Durch unser Geschick werden wir in einer heilsamen Unruhe gehalten: Wir sind Pilger und Bürger wie alle unsere Väter.[705] Und wenn wir auch unterwegs auf dieser zwanzigjährigen Wanderschaft manche Träne vergossen haben, so überwiegt doch der Dank und die Freude, in seinem Dienst zu stehen. Weil uns denn Barmherzigkeit widerfahren, werden wir nicht müde.[706] Mit diesem Wort grüße ich Sie in herzlicher Verbundenheit und Dank für alle Treue, Ihre Gretel Schneider.«

705 Psalm 39,13.
706 2. Korinther 4,1.

Teil II

Theologische Erklärung

zur gegenwärtigen Lage der Deutschen Evangelischen Kirche

Wir bekennen uns angesichts der die Kirche verwüstenden und damit auch die Einheit der Deutschen Evangelischen Kirche sprengenden Irrtümer der Deutschen Christen und der gegenwärtigen Reichskirchenregierung zu folgenden evangelischen Wahrheiten:

1. **„Ich bin der Weg und die Wahrheit und das Leben; niemand kommt zum Vater denn durch mich."** (Joh. 14, 6.)

   „Wahrlich, wahrlich ich sage euch: Wer nicht zur Tür hineingeht in den Schafstall, sondern steigt anderswo hinein, der ist ein Dieb und ein Mörder. Ich bin die Tür; so jemand durch mich eingeht, der wird selig werden." (Joh. 10, 1. 9.)

   Jesus Christus, wie er uns in der Heiligen Schrift bezeugt wird, ist das eine Wort Gottes, das wir zu hören, dem wir im Leben und im Sterben zu vertrauen und zu gehorchen haben.

   Wir verwerfen die falsche Lehre, als könne und müsse die Kirche als Quelle ihrer Verkündigung außer und neben diesem einen Worte Gottes auch noch andere Ereignisse und Mächte, Gestalten und Wahrheiten als Gottes Offenbarung anerkennen.

2. **„Jesus Christus ist uns gemacht von Gott zur Weisheit und zur Gerechtigkeit und zur Heiligung und zur Erlösung."** (1. Kor. 1, 30.)

   Wie Jesus Christus Gottes Zuspruch der Vergebung aller unserer Sünden ist, so und mit gleichem Ernst ist er auch Gottes kräftiger Anspruch auf unser ganzes Leben; durch ihn widerfährt uns frohe Befreiung aus den gottlosen Bindungen dieser Welt zu freiem, dankbarem Dienst an seinen Geschöpfen.

   Wir verwerfen die falsche Lehre, als gebe es Bereiche unseres Lebens, in denen wir nicht Jesus Christus, sondern anderen Herren zu eigen wären, Bereiche, in denen wir nicht der Rechtfertigung und Heiligung durch ihn bedürften.

3. **„Lasset uns aber rechtschaffen sein in der Liebe und wachsen in allen Stücken an dem, der das Haupt ist, Christus, von welchem aus der ganze Leib zusammengefügt ist."** (Eph. 4, 15. 16.)

   Die christliche Kirche ist die Gemeinde von Brüdern, in der Jesus Christus in Wort und Sakrament durch den Heiligen Geist als der Herr gegenwärtig handelt. Sie hat mit ihrem Glauben wie mit ihrem Gehorsam, mit ihrer Botschaft wie mit ihrer Ordnung mitten in der Welt der Sünde als die Kirche der begnadigten Sünder zu bezeugen, daß sie allein sein Eigentum ist, allein von seinem Trost und von seiner Weisung in Erwartung seiner Erscheinung lebt und leben möchte.

Theologische Erklärung von Barmen, die bei der Ersten Synode der Bekennenden Kirche in Deutschland vom 29.–31. Mai 1934 verabschiedet worden ist.

Wir verwerfen die falsche Lehre, als dürfe die Kirche die Gestalt ihrer Botschaft und ihrer Ordnung ihrem Belieben oder dem Wechsel der jeweils herrschenden weltanschaulichen und politischen Ueberzeugungen überlassen.

4. **„Ihr wisset, daß die weltlichen Fürsten herrschen, und die Oberherren haben Gewalt. So soll es nicht sein unter euch; sondern so jemand will unter euch gewaltig sein, der sei euer Diener."** (Matth. 20, 25. 26.)

Die verschiedenen Aemter in der Kirche begründen keine Herrschaft der einen über die anderen, sondern die Ausübung des der ganzen Gemeinde anvertrauten und befohlenen Dienstes.

Wir verwerfen die falsche Lehre, als könne und dürfe sich die Kirche abseits von diesem Dienst besondere, mit Herrschaftsbefugnissen ausgestattete Führer geben oder geben lassen.

5. **„Fürchtet Gott, ehret den König!"** (1. Petr. 2, 17.)

Die Schrift sagt uns, daß der Staat nach göttlicher Anordnung die Aufgabe hat, in der noch nicht erlösten Welt, in der auch die Kirche steht, nach dem Maß menschlicher Einsicht und menschlichen Vermögens unter Androhung und Ausübung von Gewalt für Recht und Frieden zu sorgen. Die Kirche erkennt in Dank und Ehrfurcht gegen Gott die Wohltat dieser seiner Anordnung an. Sie erinnert an Gottes Reich, an Gottes Gebot und Gerechtigkeit und damit an die Verantwortung der Regierenden und Regierten. Sie vertraut und gehorcht der Kraft des Wortes, durch das Gott alle Dinge trägt.

Wir verwerfen die falsche Lehre, als solle und könne der Staat über seinen besonderen Auftrag hinaus die einzige und totale Ordnung menschlichen Lebens werden und also auch die Bestimmung der Kirche erfüllen.

Wir verwerfen die falsche Lehre, als solle und könne sich die Kirche über ihren besonderen Auftrag hinaus staatliche Art, staatliche Aufgaben und staatliche Würde aneignen und damit selbst zu einem Organ des Staates werden.

6. **„Siehe, ich bin bei euch alle Tage bis an der Welt Ende."** (Matth. 28, 20.) **„Gottes Wort ist nicht gebunden."** (2. Tim. 2, 9.)

Der Auftrag der Kirche, in welchem ihre Freiheit gründet, besteht darin, an Christi Statt und also im Dienst seines eigenen Wortes und Werkes durch Predigt und Sakrament die Botschaft von der freien Gnade Gottes auszurichten an alles Volk.

Wir verwerfen die falsche Lehre, als könne die Kirche in menschlicher Selbstherrlichkeit das Wort und Werk des Herrn in den Dienst irgendwelcher eigenmächtig gewählter Wünsche, Zwecke und Pläne stellen.

Die Bekenntnissynode der Deutschen Evangelischen Kirche erklärt, daß sie in der Anerkennung dieser Wahrheiten und in der Verwerfung dieser Irrtümer die unumgängliche theologische Grundlage der Deutschen Evangelischen Kirche als eines Bundes der Bekenntniskirchen sieht. Sie fordert alle, die sich ihrer Erklärung anschließen können, auf, bei ihren kirchenpolitischen Entscheidungen dieser theologischen Erkenntnisse eingedenk zu sein. Sie bittet alle, die es angeht, in die Einheit des Glaubens, der Liebe und der Hoffnung zurückzukehren.

Verbum Dei manet in aeternum.

Zum Thema Kirchenzucht

Paul Schneider hat sowohl in Hochelheim und Dornholzhausen als auch in Dickenschied und Womrath um das rechte Verständnis der »Kirchenzucht« gerungen und – besonders in Dickenschied und Womrath zusammen mit dem Presbyterium – Kirchenzucht geübt. Da das Wort Kirchenzucht in den Gemeinden heute großenteils zum Fremdwort mit ganz negativem Klang geworden ist, hier einige Hinweise bezüglich der Art und Entstehung evangelischer Kirchenzucht. Sowohl die lutherische als auch die unierte Kirche, in der reformierte und lutherische Kirchen vereinigt sind, betonen in ihren Lebensordnungen den seelsorgerlichen Charakter der Kirchenzucht und den Zweck, durch sie die Gemeinden zu festigen und Gemeindeglieder, die im Glauben und im Leben irren, zurückzugewinnen. In der Lebensordnung der Evangelischen Kirche der Union (EKU, heute nennt sie sich *Union Evangelischer Kirchen*, UEK) heißt es: »Wer der Gemeinde offensichtlich Ärgernis gibt und keinem seelsorgerlichen Zuspruch zugänglich ist, wird auf Beschluss des Gemeindekirchenrats noch einmal durch den Pfarrer vermahnt. Bleibt diese Vermahnung durch den Pfarrer und zwei Älteste fruchtlos, so sollen Pfarrer und Gemeindekirchenrat ernstlich prüfen, ob der Gehorsam gegen Gottes Wort es erfordert, dass dem Betroffenen das Heilige Abendmahl versagt wird.«[707] In der Lebensordnung der Vereinigung Evangelisch-Lutherischer Kirchen in Deutschland (VELKD) wird im Blick auf das Abendmahl festgestellt: »Der Ausschluss vom Altarsakrament stellt das äußerste Mittel der Kirchenzucht dar.«[708]

»Kirchenzucht« ist keine Erfindung der Kirche. Schon *Jesus* hat in Matthäus 18,15-17 zu dieser Angelegenheit eindeutige

---

707 Zitiert nach: Wilhelm Rott: »Kirchenzucht in der evangelischen Kirche«, Religion in Geschichte und Gegenwart, hg. v. Kurt Galling, Tübingen: Mohr Siebeck Verlag, ^{3}1957, Bd. III, S. 1601ff.

708 Wilhelm Rott: »Kirchenzucht«, RGG ^{3}1957, Bd. III, S 1601ff.

Weisung gegeben: »Sündigt aber dein Bruder an dir, so geh hin und weise ihn zurecht zwischen dir und ihm allein. Hört er auf dich, so hast du deinen Bruder gewonnen. Hört er nicht auf dich, so nimm noch einen oder zwei zu dir, damit jede Sache durch den Mund von zwei oder drei Zeugen bestätigt werde. Hört er auf die nicht, so sage es der Gemeinde. Hört er auch auf die Gemeinde nicht, so sei er für dich wie ein Heide und Zöllner. Wahrlich, ich sage euch: Was ihr auf Erden binden werdet, soll auch im Himmel gebunden sein, und was ihr auf Erden lösen werdet, soll auch im Himmel gelöst sein.«

Auch *Martin Luther* (1483–1546) vertrat die Notwendigkeit der Kirchenzucht beim Abendmahl. In seiner Schrift »Eine Weise, christliche Messe zu halten und zum Tisch des Herrn zu gehen« von 1524 schreibt er:[709] »Der Pfarrherr oder Bischof ... soll auch darauf achthaben, dass sie [die Abendmahlsgäste] mit ihrem Leben und Sitten solchen ihren Glauben beweisen ..., das ist, so er sieht einen Hurer, Ehebrecher, Trunkenbold, Spieler, Wucherer, Afterreder oder sonst mit andern öffentlichen Lastern berüchtigt, den soll er aller Ding vom Abendmahl ausschließen, er beweise denn mit kündlichen Anzeigen[710], dass er sein Leben geändert und gebessert hat. Den andern aber, die zuweilen fallen und wiederkehren und ihnen leid ist, dass sie gefallen sind, soll man nicht allein das Sakrament nicht versagen, sondern wissen soll man, dass es eben um derselben willen fürnehmlich eingesetzt ist, dass sie dadurch erquickt und gestärkt werden.« Zur öffentlichen Verkündigung des Evangeliums tritt nach Luthers Überzeugung als unentbehrliches Hilfsmittel die »brüderliche Zucht« in Form des Gesprächs unter vier oder sechs Augen, bei dem ein Bruder den anderen auf bestimmte Sünden anspricht, die anderen Gemeindegliedern zum schweren Ärgernis werden und mit

---

709 Martin Luther: Ausgewählte Werke, Dritter Band: Schriften zur Neuordnung der Gemeinde, des Gottesdienstes und der Lehre, München: Chr. Kaiser Verlag, S. 121.

710 Er mache denn eindeutig klar ...

denen der Betreffende seinem eigenen Christsein am meisten schadet. So entschieden es Luther ablehnt, dass die politische Obrigkeit – wie bei Ulrich Zwingli in Zürich[711] – Kirchenzucht übt, so selbstverständlich bejaht er diese seelsorgerlich ausgerichtete Kirchenzucht unter Brüdern und Schwestern.[712] Auch die Tatsache, dass Luther erwogen hat, nicht nur in Taufe und Abendmahl, sondern auch in der Buße ein Sakrament zu sehen, zeigt, wie elementar für ein Christenleben ihm eine am Evangelium orientierte Bußzucht oder Kirchenzucht war.

Besonders der Genfer Reformator *Johannes Calvin* (1509–1564) hat eine ausführliche Lehre von der Kirchenzucht entwickelt. In seinem Hauptwerk »Unterricht in der christlichen Religion« (Institutio christianae religionis) 1559 führt er im Kapitel IV/12 aus: Keine Gemeinschaft, auch keine Hausgemeinschaft kann bestehen ohne eine gewisse Zucht. Noch viel notwendiger ist sie in der Kirche. »Wie die heilbringende Lehre Christi die Seele der Kirche ist, so steht die Zucht in der Kirche an der Stelle der Sehnen: sie bewirkt, dass die Glieder des Leibes, jedes an seinem Platz, miteinander verbunden leben.«

Calvin befürwortet, getreu der Weisung Jesu in Matthäus 18,15-17, Kirchenzucht in Stufen: Wenn ein Gemeindeglied grob Tadelnswertes begangen hat, sollen es Gemeindeglieder, vor allem die Pastoren und Ältesten, unter vier Augen ermahnen. Lässt es sich nichts sagen, sollen sie zu zweit kommen und es noch einmal herzlich ermahnen. Schlägt es auch dieses in den Wind, so soll es vor die Versammlung der Ältesten geladen werden, die ihm eine »unter öffentlicher Autorität ausgesprochene Ermahnung« erteilt. Verharrt derjenige dennoch in seiner Bosheit, »so soll er nach Christi Weisung aus der Gemeinschaft der Gläubigen ausgestoßen werden«.

711 Ulrich Zwingli (1484–1531), Schweizer Reformator, seit 1519 Pfarrer am Großmünster in Zürich.

712 Wesentliches zur Kirchenzucht schreibt Martin Luther auch schon 1520 in seiner Schrift »Ein Sermon von dem Bann« (Martin Luther: Ausgewählte Werke, Erster Band: Aus der Frühzeit der Reformation, München: Chr. Kaiser Verlag, ³1962, S. 399ff).

Calvin unterscheidet freilich zwischen »Vergehen« und »Verbrechen« oder »Schandtaten«. Offenbare Verbrechen oder Schandtaten wie Hurerei, Diebstahl, Räuberei, Meineid, sollen, sofern der Schuldige sein Unrecht nicht einsieht, ohne weitere Umstände zum Ausschluss aus der Kirchengemeinschaft führen.

Einen dreifachen Zweck sieht Calvin in der Kirchenzucht: Erstens: Die Kirche als Leib Christi ist keine »Verschwörerrotte von nichtsnutzigen und ruchlosen Leuten«. Wer durch seinen Lebenswandel sie in diesen Geruch bringt, kann um der Ehre des Leibes Christi und seines Hauptes, Christus, willen nicht in der Gemeinde geduldet werden. Besonders zum Abendmahl darf ihn der Pfarrer nicht zulassen. Calvin denkt dabei besonders an einflussreiche Leute, die durch ihren Umgang mit der Macht andere Menschen schwer bedrücken. Er zitiert den Kirchenvater Chrysostomus[713]: »Wenn ihr den Menschen fürchtet, so wird er euch verlachen. Fürchtet ihr aber Gott, so werdet ihr auch für den Menschen ehrfurchtgebietend sein. Wir wollen doch vor Zepter, Purpur und Diadem keine Angst haben.« Der zweite Zweck: »Dass nicht die Guten ... durch den fortgesetzten Umgang mit den Bösen verdorben werden«. Der dritte: »... dass die Sünder selbst in Scham geraten und dadurch anfangen, über ihre Ruchlosigkeit Reue zu empfinden«. Damit Letzteres geschehen kann, mahnt Calvin die Pastoren und Ältesten, die Strenge mit der Milde zu verbinden. Solange ein in Kirchenzucht Genommener ein Zeichen seiner Bußfertigkeit gibt und so das Ärgernis ausräumt, darf er keineswegs mehr bedrängt werden. Wie der Kirchenvater Cyprian[714] betont Calvin bei der Kirchenzucht »Geduld, Gutwilligkeit und Menschlichkeit«. Ohne sie könne in der Kirche nichts Hilfreiches geschehen.

713 Johannes Chrysostomus (»Goldmund«), geb. zw. 344 und 354, gest. 407, Patriarch von Konstantinopel, einer der bedeutendsten Prediger des christlichen Altertums, hoch verehrt besonders in den orthodoxen Kirchen.

714 Thascius Caecilius Cyprianus, geb. zw. 200 und 210, enthauptet 258 in Carthago, seit 248 Bischof von Carthago während der Zeit heftiger Christenverfolgung in Nordafrika.

Auch *Dietrich Bonhoeffer* hat die Kirchenzucht voll bejaht. Besonders in seinem Buch »Nachfolge«, das er 1936/37 geschrieben hat. Und in einem Vortrag mit dem Thema »Sätze über Schlüsselgewalt und Gemeindezucht im Neuen Testament«, den er auf einer Pfarrerfreizeit in Finkenwalde im Mai 1937 über Kirchenzucht hielt. Es fällt auf, wie Bonhoeffer genau in der Zeit, in der P. Schneider in Dickenschied und Womrath Kirchenzucht geübt hat, dieses Thema zum Tagungsthema gemacht hat. Und es wäre leicht nachzuweisen, dass er, was die Kirchenzucht betrifft, gleicher Auffassung wie P. Schneider war.

Maßgeblich war für P. Schneider und die beiden Presbyterien von Dickenschied und Womrath vor allem, was in Abschnitt VI, Abs. 51 der für sie gültigen *Rheinisch-Westfälischen Kirchenordnung* stand: »Es ist beschlossen, 1. dass anstößig und lasterhaft wandelnde Glieder der Gemeinde, nachdem sie durch die Seelsorge nicht haben zur Besserung gebracht werden können, die den christlichen Glauben ausdrücklich verwerfen und verspotten, als welche der christlichen Gemeinde ein Ärgernis geben, vom Presbyterium oder Pfarrer im Namen des Presbyteriums ernstlich und freundlich vermahnt werden sollen; 2. dass solche, die ungeachtet der erfolgten Vermahnungen einen notorisch lasterhaften und ärgerlichen Lebenswandel oder den vorher bezeichneten Ausdruck ihres entschlossenen Unglaubens fortsetzen und dadurch fortwährend das christliche Gemeindegefühl sowie die Ehre der christlichen Gemeinschaft verletzen, durch das Presbyterium so lange vom Genusse des heiligen Abendmahls und dem Rechte, Taufpaten zu sein, ausgeschlossen werden sollen, bis sie das Versprechen eines bessernden und die Probe eines gebesserten Lebenswandels abgelegt haben. Der Rekurs an den Kreissynodalvorstand bleibt dem Ausgeschlossenen offen.«

Ganz wesentlich waren für die reformiert geprägten Gemeinden Dickenschied und Womrath auch die Bestimmungen des *Heidelberger Katechismus,* der dort die Verbindlichkeit hatte, die in lutherisch geprägten Gemeinden Luthers »Kleiner Katechismus« hat. Das Thema Kirchenzucht im Zusammenhang mit dem Abendmahl behandeln die Fragen 81 bis 85, die wir hier wörtlich zitieren:

Frage 81: »Wer soll zu dem Tisch des Herrn kommen?« Antwort: »Alle, die sich selbst um ihrer Sünden willen missfallen und doch vertrauen, dass diese ihnen verziehen und die übrige Schwachheit mit dem Leiden und Sterben Christi bedeckt sei, die auch begehren, mehr und mehr ihren Glauben zu stärken und ihr Leben zu bessern. Die Unbußfertigen aber und Heuchler essen und trinken sich selbst das Gericht (1. Korinther 10,19-22; 11,28-29).«

Frage 82: »Sollen aber zu diesem Abendmahl auch zugelassen werden, die sich mit ihrem Bekenntnis und Leben als Ungläubige und Gottlose erzeigen?« Antwort: »Nein: denn es wird so der Bund Gottes geschmäht und sein Zorn über die ganze Gemeinde gereizt; deshalb ist die christliche Kirche schuldig, nach der Ordnung Christi und seiner Apostel, diese bis zur Besserung ihres Lebens durch das Amt der Schlüssel auszuschließen (1. Korinther 11,20.34; Jesaja 1,11-15; 66,3; Jeremia 7,21-23; Psalm 50,16.17).«

Frage 83: »Was ist das Amt der Schlüssel?« Antwort: »Die Predigt des heiligen Evangeliums und die christliche Bußzucht; durch diese beiden Stücke wird das Himmelreich den Gläubigen aufgeschlossen und den Ungläubigen zugeschlossen (Matthäus 16,18-19; 18,18).«

Frage 84: »Wie wird das Himmelreich durch die Predigt des heiligen Evangeliums auf- und zugeschlossen?« Antwort: »So, dass nach dem Befehl Christi allen Gläubigen und jedem für sich verkündigt und öffentlich bezeugt wird, dass ihnen, sooft sie die Verheißung des Evangeliums mit wahrem Glauben annehmen, wahrhaftig alle ihre Sünden von Gott um des Verdienstes Christi willen vergeben sind; und wiederum allen Ungläubigen und Heuchlern, dass der Zorn Gottes und die ewige Verdammnis auf ihnen liegt, so lange sie sich nicht bekehren (Johannes 20,21-23; Matthäus 16,19). Nach diesem Zeugnis des Evangeliums will Gott beide in diesem und dem zukünftigen Leben beurteilen.«

Frage 85: »Wie wird das Himmelreich zu- und aufgeschlossen durch die christliche Bußzucht?« Antwort: »So, dass nach dem Befehl Christi diejenigen, die unter dem christlichen Namen unchristliche Lehre oder Wandel führen, nachdem sie etliche Mal brüderlich ermahnt sind und von ihren Irrtümern oder Lastern nicht abstehen, der Kirche oder denen, die von der Kirche dazu verordnet sind, angezeigt und, wenn sie sich an deren Ermahnung auch nicht kehren, von ihnen durch Verbieten der heiligen Sakramente aus der christlichen Gemeinde und von Gott selbst aus dem Reich Christi ausgeschlossen werden, und wiederum als Glieder Christi und der Kirche angenommen werden, wenn sie wahre Besserung verheißen und erzeigen (Matthäus 18,15-18; 1. Korinther 4,3-5.11; 2. Thessalonicher 3,14-15; 2. Johannes 10,11).«[715]

Wesentlich wurde für P. Schneider auch eine Schrift zum Thema »Die Zucht der Kirche und ihre Verheißung«, die der *Rheinisch-Westfälische Gemeindetag »Unter dem Wort«*[716] in Auftrag gegeben hatte. Er hatte ihn in der Dortmunder Westfalenhalle am 18. März 1934 mit einigen Presbytern besucht.

In dieser Schrift werden zuerst die naheliegenden Einwände gegen die Kirchenzucht zur Sprache gebracht: Verstößt die Kirche, deren Auftrag es ist, die Vergebung zu predigen, nicht gegen die Liebe, wenn sie es wagt, »eine Scheidewand aufzurichten zwischen sich und denen, die sie für offenbare Sünder hält«? »Macht sie nicht ihre eigene Verkündigung unglaubhaft, wenn sie den einen ausscheidet aus ihrer Gemeinschaft und den anderen nicht?« Und: Verfällt die Kirche nicht in einen »Pharisäismus«, »wenn sie sich ein Urteil über den Lebenswandel eines anderen anmaßt?« Heißt es nicht: »Richtet nicht, auf dass ihr nicht gerichtet werdet«?[717] Und: »Ist die Kirchenzucht nicht einfach aus dem Grund abzulehnen, weil sie irren

715 Zitiert nach: Evangelische Bekenntnisse, Bekenntnisschriften der Reformation und neuere Theologische Erklärungen, Teilband 2, Bielefeld: Luther-Verlag, ^{2}2008, S. 162–164.

716 Vgl. Günther van Norden: Kirchenkampf im Rheinland, S. 127f.

717 Matthäus 7,1.

kann? ... Wie wollen wir armen, elenden, fehlsamen Menschen wissen, welche Gedanken Gott über den Sünder hat?« Und: Ist denn in der unübersehbaren Volkskirche Kirchenzucht überhaupt noch möglich?

Auf solche Fragen antwortet diese Schrift, die P. Schneider gründlich durchgearbeitet hat:

1. »Gerade um der Wirklichkeit der Liebe Gottes zu den Menschen willen muss es deutlich werden, dass uns diese Liebe zuteil wird, wenn wir Buße tun, wenn wir unseren Sinn ändern ... Es ist keine Liebe, wenn die Kirche die Menschen darüber im Ungewissen hält, dass man wirklich nur im Gehorsam gegen die Hl. Schrift leben und selig werden kann ... Welche Liebe ist es, die einen Menschen darüber hinwegtäuschen will, dass er die Gemeinde verstört hat, dass er der Gemeinde Ärgernis gibt durch seinen Wandel?«
2. Wenn die Gemeinde Christi geschmäht wird, dann wird er selbst geschmäht.[718] »Wie kann die Kirche es dulden, wenn sie und damit die Ehre ihres Herrn geschmäht wird durch offenbare Sünden und das Ärgernis, das ihre eigenen Glieder erregen? ... Um der Wahrheit willen muss die Kirche den unbußfertigen Sünder aus ihrer Gemeinschaft ausschließen.«
3. Auf die Frage, woher denn die heutige Kirche trotz all ihrer vorhandenen Schäden und Mängel das Recht nehme, Kirchenzucht im Einzelfall zu üben, beruft sich jene Schrift entschieden auf Jesu Anweisung in Matthäus 18,15ff. Sie fragt, mit welchem Recht man den Gehorsam gegen Matthäus 18,15ff auf gelegenere Zeiten verschieben wolle. »Mit welchem Recht will man alles, was die Reformatoren über

718 Es fällt auf, wie unlösbar Jesus Christus und seine Gemeinde hier zusammen gesehen werden; man fühlt sich erinnert an Dietrich Bonhoeffers umstrittenen Begriff in seiner Dissertation »Sanctorum Communio«: ›Christus, als Gemeinde existierend‹ (Dietrich Bonhoeffer: Sanctorum Communio. Dogmatische Untersuchung zur Soziologie der Kirche, München: Kaiser Verlag, 1954, S. 138).

die Kirchenzucht gesagt haben..., einfach unter den Tisch fallen lassen? Die Kirche hat den Auftrag, das Wort Gottes ganz unverkürzt zu predigen, und dazu gehört wahrlich auch Matthäus 18. Sie hat sich in ihrem Leben und in ihrem Wandel nach diesen Worten zu richten.«[719]

Wollen wir P. Schneiders Verständnis der Kirchenzucht wirklich zur Kenntnis nehmen, dann müssen wir uns klarmachen: Er knüpft an das Kirchenzuchtverständnis Calvins an, nach welchem die Kirchenzucht vor allem dazu da ist, Menschen im Namen Jesu Christi offen zu widerstehen, die ihre Macht dazu einsetzen, die Gemeinde zu zerstören und/oder hilflose Menschen so sehr zu bedrücken, dass ihnen das Glauben und Hoffen fast unmöglich gemacht wird. Wer trotz anhaltender Ermahnung in dieser Haltung verharrt, sie »in Ordnung« findet, mit dem kann die Gemeinde jedenfalls so lang nicht mehr am Tisch des Herrn sitzen, so lange der Betreffende nicht einsieht, wie sehr er durch sein Tun Christus und seiner Gemeinde eine bleibende Schmach zufügt. Kirchenzucht ist nach guter reformierter Tradition und im Verständnis von P. Schneider kein Mittel, Menschen wegen ihrer »Schwachheitssünden« zu demütigen – leider wurde sie allzu oft dazu missbraucht! –, sondern den »Kleinen«[720] in der Gemeinde gegen gewissenlose Leute beizustehen und die Gemeinde im Gehorsam gegen den Herrn der Kirche zusammenzuhalten.

Erhellend für P. Schneiders Verständnis von und Vorgehen bei der Kirchenzucht ist auch, was Margarete Schneider in protokollierten Gesprächen[721] davon erzählte. In Hochelheim und Dornholzhausen habe P. Schneider die Kirchenzucht, wie sie sein Vater geübt hatte, gelockert. Doch habe er, wie das von Margarete Schneider aus Dornholzhausen berichtete Beispiel

719 Zitiert nach Wentorf: Der Fall, S. 134–136.

720 Man bedenke, was Jesus in Markus 9,42 und Matthäus 18,10 über die »Kleinen« sagt.

721 Sammlung von P. Dieterich.

zeigt, sie, besonders im Zusammenhang mit dem Abendmahl, gelegentlich geübt, um Menschen zum Frieden miteinander zu helfen. Ihr Mann habe, besonders in Dickenschied und Womrath, großen Wert darauf gelegt, dass Maßnahmen der Kirchenzucht nur auf einstimmigen Beschluss des Presbyteriums erfolgten und dass die Gemeinde die Kirchenzuchtmaßnahme verstehe. »Bei Hausbesuchen und von den Besuchern im Krankenhaus in Simmern[722] erfuhr er, wie wenig die Gemeindeglieder die Kirchenzuchtmaßnahmen als seelsorgerliches Handeln verstanden. Die Bußzucht war damals schon abgekündigt gewesen; sie musste aber drei Mal abgekündigt werden, einmal mit Namensnennung.« Er habe damals zu ihr, Margarete Schneider, gesagt: »›Wir müssen noch bis zum Herbst mit der dritten Abkündigung warten, bis die Leute den Sinn verstehen. Es geht bei diesen Maßnahmen ja wirklich um die Gemeinden.‹ ... Es ging ihm um den Schutz der Gemeinde vor Verführung und Entzweiung. Er hat als Hirte darauf reagiert, dass die DC Unterschriften sammelten. Auf dem Hunsrück versuchten die DC, in verschiedenen Gemeinden in Schulräumen Gottesdienste zu halten und so die BK-Gemeinden zu entzweien. Aus anderen Gemeinden des Hunsrück hörte man von Kirchenaustritten, weil die Hauersche Glaubensbewegung[723] an Boden

722 Als er wegen seines Beinbruchs dort lag.

723 Wilhelm Hauer (1881–1962), 1907–1911 Missionar in Indien, 1925 Prof. für Religionsgeschichte in Marburg, 1927 in Tübingen, gründete 1933 die »Arbeitsgemeinschaft der Deutschen Glaubensbewegung«, die seit 1934 »Deutsche Glaubensbewegung« hieß. Mit ihr versuchte Hauer, zusammen mit Graf Ernst zu Reventlow (geb. 1869), eine Plattform zu bieten für die zahlreichen »deutschgläubigen« Splittergruppen, die, mit antisemitischer Tendenz, ein entjudetes germanisches Christentum pflegten. Das gelang kurzfristig. Sie wollten aus der Deutschen Glaubensbewegung eine Massenbewegung machen und haben dazu bis 1935 ca. dreihundert Ortsgemeinden geschaffen. Aber bald zerbrach die Deutsche Glaubensbewegung wieder an inneren Zwistigkeiten und führte dann nur noch ein Schattendasein. Die NSDAP schuf sich in der sog. »Gottgläubigkeit« ein neues Sammelbecken für Leute, die sich von den Kirchen abgewandt hatten und eine »deutsche«, sich am Jahreskreislauf der

gewann. Paul wollte seine Gemeinden davor schützen, dass ein zweiter Sonntagsgottesdienst durch die DC in Dickenschied eingerichtet würde. Die Kirchenzucht war ihm das Mittel, die Gemeinde davor zu bewahren. Ganz fern lag es ihm, die Leute auszuspionieren und Menschen wegen ihrer geheimen Sünden bloßzustellen.«

Natur orientierte Religiosität pflegen wollten (siehe: Kurt Hutten, Art. »Deutschgläubige Bewegungen« in: Religion in Geschichte und Gegenwart, Bd. 2, S. 108–110).

Konzentrationslager Buchenwald (KL Buchenwald) Post Weimar/Thüringen und Pfarrer Paul Schneider

Alle Originalquellen aus dem KL Buchenwald werden originalgetreu und mit allen Fehlern wiedergegeben!

Nach der Errichtung des KL Dachau 1933 und des KL Sachsenhausen 1936 entstand als drittes großes Konzentrationslager 1937 das »KL Ettersberg« in der Nähe des »Musenhofes« der Herzogin Anna Amalia[724] auf dem Ettersberg bei Weimar. Aufgrund eines Einspruches der NS-Kulturgemeinde Weimar wurde es nach kurzer Zeit in »Konzentrationslager Buchenwald/Post Weimar« umbenannt. Am 15. Juli 1937 transportierte die SS die ersten Häftlinge auf den Nordhang in den Wald, wo das gesamte Lager mit der später bekannt gewordenen Torinschrift »Jedem das Seine« entstehen sollte.

Wie in andere »Lager« kamen auch nach Buchenwald die zu »Volksfeinden« der Hitlerdiktatur abgestempelten Menschen, die aus der »Volksgemeinschaft« ausgesondert wurden. Zu den sogenannten »Schutzhäftlingen«, die anfangs vorwiegend aus politischen Häftlingen, wie Andersdenkenden und Nichtangepassten, Oppositionellen und bewussten Widerstandskämpfern, Sozialdemokraten und Kommunisten bestanden, in der Regel aus der Gestapohaft kamen und auch im KL der Gestapo unterstanden, wurden dann auch die sogenannten »Asozialen und Arbeitsscheuen« (Aktion: Arbeitsscheu Reich, ASR), Kriminelle und Berufsverbrecher (BV), Homosexuelle und Bibelforscher (Zeugen Jehovas) nach Buchenwald transportiert. Durch die Pogrome ab 1938

724 Anna Amalia (1739–1807), Herzogin von Sachsen-Weimar-Eisenach; sie schuf die Voraussetzung für Weimar als Ort der deutschen Klassik; in dieser Zeit kamen nach Weimar: Goethe, Schiller, Wieland, Herder, Musäus u.a.

wurden Juden sowie Sinti und Roma nach Buchenwald verschleppt. 1942 erweiterte man Buchenwald wegen der vielen Gefangenen aus ganz Europa durch das sogenannte »Kleine Lager«, in dem im Grunde nur noch gestorben werden konnte (siehe Pläne S. 478 u. 479).

Von der Gründung im Juli 1937 bis Ende November (Einlieferung P. Schneiders) stieg die Zahl der Häftlinge auf 2 527; Ende November 1938 war die Zahl durch die Masseninternierung von Juden vorübergehend auf 18 105 angewachsen, Ende November 1939 betrug die Lagerstärke 12 377.

Ab Beginn des Zweiten Weltkrieges im September 1939 brachte man immer mehr Bürger annektierter Staaten und Kriegsgefangene aus ganz Europa – Menschen mit 50 Nationalitäten aus etwa 36 Ländern – nach Buchenwald.

Zusätzlich entstanden in den Jahren 1942 bis 1945 vom Rhein bis nach Sachsen vorübergehende Außenlager, insgesamt 136, die von Buchenwald aus verwaltet wurden. In ihnen mussten männliche und auch weibliche Häftlinge vorwiegend für die Rüstungsindustrie unter ganz schlimmen Bedingungen schuften. Das größte von allen war »Dora« bei Nordhausen, in dem Menschen innerhalb des Stollensystems eines Berges Tag und Nacht eingeschlossen wurden, um an der »Vergeltungswaffe«, der sogenannten ›V2‹, zu arbeiten.[725]

Zusammen mit den Außenlagern stieg die Häftlingszahl 1943 auf 37 000, im November 1944 auf 58 000 und durch die Evakuierung von Auschwitz und Groß-Rosen Ende Februar 1945 auf 112 050 Häftlinge.

Jahrelang deportierte die Buchenwalder SS ausgesonderte Häftlinge nach Auschwitz. Ab 1944 schickte man massenweise Häftlinge aus Auschwitz, Groß-Rosen und anderen östlichen Lagern als billige Arbeitskräfte zur »Vernichtung durch Arbeit« in das bereits überfüllte Lager Buchenwald.

725 Ab Oktober 1944 wurde Dora als letzte KL-Gründung des NS-Staates zum selbstständigen Lager erklärt, das wiederum eigene Außenlager betrieb.

Anfang April 1945 drang die amerikanische Front dicht bis Erfurt vor. Leider gelang es der SS noch, vom 8. bis 10. April 1945 mehr als 28 000 Buchenwaldhäftlinge auf Todesmärsche zu schicken.

Als sich Soldaten der Dritten US-Armee, von Erfurt aus kommend, Buchenwald näherten, war die SS bis auf wenige Wachposten bereits geflohen. Diese Situation am 11. April 1945 ermöglichte es der internationalen illegalen Häftlingswiderstandsorganisation, das Lager von innen her zu befreien. Deshalb wird alljährlich der 11. April als Gedenktag für die Befreiung Buchenwalds begangen.

Über 250 000 Menschen waren von 1937 bis 1945 in Buchenwald inhaftiert, darunter mehrere hunderte Kinder und Jugendliche im Alter von 4 bis 18 Jahren. Bei der Befreiung des Stammlagers Buchenwald befanden sich unter den etwa 21 000 noch lebenden Häftlingen allein 904 Kinder. Insgesamt kamen mehr als 56 000 Menschen um ihr Leben.

Während der Jahre des Bestehens der nationalsozialistischen Konzentrationslager wurden diese von der SS mit »KL« abgekürzt. Als man nach 1945 von diesen Massenmorden an Menschen erfuhr, wurde der Begriff »KZ« allgemeiner Sprachgebrauch.

Von August 1945 bis Ende Februar 1950 wurden die Baracken des ehemaligen KL Buchenwald zum Internierungslager der sowjetischen Besatzungsmacht. In diesen fünf Jahren des »Speziallagers Nr. 2« wurden etwa 28 500 Menschen interniert, von denen durch die furchtbaren Lebensbedingungen mindestens 7 100 den Tod fanden.[726]

Das nach 1950 größtenteils abgetragene Lager wurde 1958 von der damaligen Regierung der Deutschen Demokratischen Republik zur »Nationalen Mahn- und Gedenkstätte Buchen-

---

726 Nähere Informationen: Bodo Ritscher: Speziallager Nr. 2 Buchenwald. Zur Geschichte des Lagers Buchenwald 1945 bis 1950, Weimar-Buchenwald: Gedenkstätte Buchenwald, ²1995; zum Konzentrationslager selbst gibt es vielfältige Literatur, auf die hier nur verwiesen werden kann.

wald« erklärt. Mit der Neukonzeption Anfang der 1990er-Jahre entstand die »Stiftung Gedenkstätten Buchenwald und Mittelbau-Dora«; das ehemalige Lager bei Weimar wurde »Gedenkstätte Buchenwald« benannt.

Das System der Konzentrationslager war überall ähnlich: völlige Entmenschlichung und Entpersönlichung des Einzelnen, ohne Namen und privaten Besitz, bei der Einlieferung ausgezogen, geschoren und zur Nummer gemacht. Jeder wurde in eine Häftlingskategorie eingeordnet, die durch einen mehrfach an der Häftlingskleidung angebrachten farbigen Stoff-Winkel für die SS sofort erkennbar wurde. Durch mangelnde Ernährung sowie unzureichende Unterbringung und dadurch entstehende Krankheiten und Epedemie, durch Gewalt, Willkür und Terror wurden die in ständiger Angst lebenden Menschen als Arbeitstiere erbarmungslos ausgebeutet, deren man sich entledigt, wenn sie nicht mehr funktionstüchtig sind. Letztlich ging es darum, diese Menschen physisch und psychisch zu vernichten. Arbeit unter unmenschlichen Bedingungen wurde bewusst als Mittel zur Vernichtung von Menschen eingesetzt. Offiziell galt das KL Buchenwald als »Arbeitslager« und nicht, wie Auschwitz, als Vernichtungslager. Es gab keine Gaskammern in Buchenwald. Das 1940 errichtete Krematorium wurde zum Verbrennen der ständig steigenden Zahl von toten Häftlingen benötigt.

Die ausgedachten Grausamkeiten und die Abteilungen, um Häftlinge auszubeuten und zu missbrauchen, entstanden im Laufe der Jahre und des immer größer werdenden Lagers ähnlich wie in anderen KL: erschwerte, unmenschliche körperliche Arbeitsleistung bei zu geringer Ernährung; Einzelarrest, medizinische Versuche, Genickschussanlage, Krematorium; Eisenbahnbau und Bau der Gustloff-Werke II als Fabrik für die Rüstungsindustrie mit erbarmungsloser Schichtarbeit zur Waffenherstellung.

Der Zeitraum von Juli 1937 bis zum Kriegsbeginn im September 1939 gilt als Aufbauphase. Mitten im Wald musste aus dem Nichts das Lager entstehen. Die Verhältnisse waren noch sehr ungeordnet. Bis auf wenige kleine Ausnahmen hatten die Häftlinge ohne Hilfsmittel das Lager mit Gebäuden, Straßen und den SS-Bereich mit den Villen der Lagerkommandanten und den SS-Kasernen zu bauen. Allein die SS-Wachverbände/Totenkopfverbände bestanden im Laufe der Zeit aus 3 000 Mann. In den von den Häftlingen für sich selbst zu errichtenden primitiven Baracken herrschte furchtbare Enge, Schmutz und akuter Wassermangel; es gab keine sanitären Einrichtungen, sondern nur einige offene Latrinen im Gelände. Für den Häftlingsbereich selbst wurde erst nach Jahren ein Wasseranschluss fertig.

Da die gestreifte graue Einheitskleidung für die Häftlinge erst im Mai 1938 eingeführt wurde, hatten diese anfangs ausgediente Militärbekleidung zu tragen. Die farbige Häftlingskennzeichnung ihrer zugeordneten Kategorie auf der Jacke und am Hosenbein bestand zuerst mehr aus rechteckigen Stoffresten. Die auf der Spitze stehenden Winkel wurden zugleich mit der Einheitskleidung eingeführt.

Am berüchtigtsten war die Arbeit im Steinbruch; vierzehn bis sechszehn Stunden betrug für alle die Arbeitszeit. Der raue Nordhang des Ettersberges sorgte für eiskalte Winter mit viel Wind und Schneemassen, im Sommer schuftete man bei großer Hitze und Durst.

Die SS dachte sich immer wieder neue Strafen und Schikanen aus, wie Schläge und Prügel, Essensentzug, Postsperre, Auspeitschen auf dem Prügelbock, Strafstehen, Baumhängen und Pfahlbinden, Versetzung in ein Arbeitsstrafkommando, persönliche Schikane. Zu den Einzelstrafen gab es auch Kollektivstrafen, die dann eine ganze Abteilung oder das gesamte Lager betreffen konnten. Die Einlieferung in den Arrestzellenbau, genannt »Bunker«, neben dem Eingangstor, erfüllte jeden Häftling mit Angst. Oft bedeutete dies ein Todesurteil durch das Ausgeliefertsein an die Bunker-Schergen, von denen der junge SS-Mann Martin Sommer[727] eine besonders sadistisch-berüchtigte Rolle spielte.

Die innere Lagerorganisation für die Häftlinge wurde von der SS vorgegeben. Dabei spielten die Berufsverbrecher (BVer) als Blockälteste meistenteils eine negative Rolle, weil sie, häufig auf ihren eigenen Vorteil bedacht, ihre Sonderrolle den Mithäftlingen gegenüber schikanös ausnutzten und diese oft auch bei der Lagerleitung anschwärzten. Andererseits versuchten sich auch Häftlinge untereinander zu helfen, soweit es überhaupt in ihrer Macht lag. Kommunistischen Häftlingen gelang es im Laufe der Zeit, ein geheimes Netz von Verbindungen innerhalb des Lagers aufzubauen, wodurch sie nach und nach auch erreichten, kriminelle Blockälteste und den Lagerältesten aus ihrer Funktion zu verdrängen und so manchen Häftling schützen und ihm helfen zu können.

Paul Robert Schneider im KL Buchenwald[728]

Pfarrer Schneider wurde am Sonnabend früh vor dem 1. Advent, am 27. November 1937, von Koblenz aus am Vortag abtransportiert, mit sieben anderen Häftlingen, davon zwei weiteren auch aus Koblenz, *Otto Müller* und *Peter Propst,*[729]

---

727 Martin Sommer (1915–1988), SS-Hauptscharführer; Arrestaufseher und Bunkerchef; vgl. S. 349–351.

728 Im alphabetischen Gedenkbuch für alle Toten, das zum 70. Jahrestag der Errichtung des KL Buchenwald von der Gedenkstätte Buchenwald 2007 erstellt worden ist, sind durch die vollständige Nennung aller Vornamen auf S. 621/622 unterschieden worden: Paul Schneider, 11.12.1892 Berlin–19.08.1942 KL Bu; Paul Friedrich Wilhelm Schneider, 26.09.1887 Bad Lauchstedt/Sachsen–26.01.1942 KL Bu und Paul Robert Schneider, 29.08.1897 Pfersfeld, Krs. Kreuznach–18.07.1939 KL Bu.

729 Otto Müller (1889–?); vgl. S. 316, dort ohne Namensnennung beim Abtransport von Koblenz mit Frau erwähnt; in KL Bu als »rückfälliger« Zeuge Jehovas, Häftl.-Nr. 2 533, vom 27.11.1937– 25.05.1940 überführt in das KL Wewelsburg; Peter Propst (1900–?) Begegnung

als »Schutzhäftling« in das KL Buchenwald eingeliefert. Paul Schneiders Registrierung ist im Einlieferungsbuch sorgfältig eingetragen (siehe Dokument S. 480).[730] Zur Einlieferungsprozedur gehörte eine lange Wartezeit unter Schlägen und Demütigungen bis zur Registrierung der Personalien und ersten Vernehmung in der Abteilung II, der »Politischen Abteilung«. Dem schloss sich das Hineingetriebenwerden in den eigentlichen Häftlingsbereich an, der erst ab 10. März 1938 mit dem elektrischen Stacheldrahtzaun komplett umgeben war. Bis zu diesem Zeitpunkt bewachten dichte SS-Postenketten den Häftlings-Lagerbereich. Wie allen anderen Neuzugängen werden auch Paul Schneider durch Mithäftlinge die Haare geschoren worden sein und er musste seine persönliche Kleidung und die meisten der wenigen Besitzstücke gleich abgeben, sogar nach seiner Einlieferung in den »Bunker« noch seine Armbanduhr und den Trauring (siehe Dokument S. 481)![731] Unter Strammstehen erhielt die jeweils angekommene Gruppe im brüllenden Kommandoton eines SS-Mannes wenige Anweisungen für das Lagerleben; alles Weitere mussten die Häftlinge untereinander erkunden.

Paul Schneider bekam die Häftlingsnummer 2491. Diese Nummer hatte von Lagerbeginn bis zu diesem 27. November 1937 der Schutzhäftling *Wolfgang Pander*[732] getragen, der an diesem Tag in das KL Dachau überstellt wurde. Nach Schneiders Tod bekam der neu eingelieferte politische Häftling *Gustav Beckmann*[733] diese Nummer bis zu seiner Überführung in

---

Schneiders noch einmal Juli 1939 im Krankenrevier; Häftl.-Nr. 142; KL Bu 27.11.1937–19.04.1941; vgl. S. 385.

730 Landesarchiv Thüringen – Hauptstaatsarchiv Weimar (LAth – HStA Weimar), KZ Buchenwald Nr. 4, Bd.1, Blatt 94v-95r.

731 Arolsen Archives (ehem. ITS), Bad Arolsen, Akte Paul Schneider.

732 Wolfgang Pander (1917–?), Häftl.-Nr. 2491, im KL Bu von Anfang an bis 27.11.1937; überführt nach KL Dachau.

733 Gustav Beckmann, (1914 –?) Häftl.-Nr. 2491, im KL Bu nach dem 18.07.1939 bis 8.02.1940 Überführung in ein anderes KL; kam später zurück nach Bu mit der Häftl.-Nr. 346; endgültige Entlassung 11.06.1942.

ein anderes Lager am 8. Februar 1940; danach *Johann Karoly*[734], den man am 27. Juni 1941 ins KL nach Mauthausen weiterschickte. In der Folgezeit trugen noch fünf weitere Häftlinge nacheinander die Nr. 2491. Generell wurden freigewordene Nummern immer wieder neu vergeben.[735]

Als politischer »Schutzhäftling« hatte Pfarrer Schneider die rote Kennzeichnung zu tragen.[736] Bei allen neu eingelieferten Häftlingen wurde meistens noch am selben oder nächsten Tag eine ärztliche Untersuchung durchgeführt, dabei wurden Angaben von bisherigen Krankheiten in ein Buch für die »Gesundheitskartei« eingetragen. So steht am 27. November 1937 bei Paul Schneider verzeichnet: »1928 Rippenfellentzündung, 3.37 Beinbruch re., 15 Schussverletzung re. Beckengegend, Narbe r. Seite.« Dazu ist aus weiteren Zahlen zu entnehmen: Größe: 1,79 Meter und Gewicht: 71,5 Kilo.[737]

---

734 Johann Karoly, »Zigeuner« (1918–?), trug anfangs Häftl.-Nr. 33947; erhielt nach dem 8.02.1940 die Häftl.-Nr. 2491 bis zur Überführung ins KL Mauthausen am 27.06.1941.

735 ThHStW, KZ Buchenwald, Häftlingsnummernkarte 2491.

736 P. Schneider wurde als politischer Häftling angegeben bei den vierzehntägigen Schutzhaftlager-Rapporten des KL Buchenwald, ThHStAW, NS4 Buchenwald 142; siehe auch die Eintragung von P. Schneiders Tod im Häftlings-Totenbuch (vgl. S. 484), ThHStAW, KZ Bu Nr. 5, Bd. 19, Blatt 2v-3r. Anders Claude Foster in »Paul Schneider, seine Lebensgeschichte«, Holzgerlingen, SCM Hänssler, 2001, S. 603, der P. Schneider einen grünen Winkel mit einem schwarzen »S« darin zuordnet. Grün war aber die Farbe von Kriminellen; das zusätzliche »S« im grünen Winkel als »Sicherheitsverwahrter« wurde erst 1942 für Schwerstverbrecher eingeführt, da man Kriminelle aus dem aktiven Strafvollzug als Arbeitskräfte in KLs einwies.

737 ThHStAW, KZ Bu Nr. 6, Blatt 65v; obige Angabe »3.37« bedeutet: März 1937 und »15« bedeutet: 1915 Kriegsverletzung. März 1937 bezieht sich auf den Unfall, den P. Schneider erlitt. Mangels richtiger Behandlung wegen seiner Verhaftung behielt er dauerhaft ein um ca. drei cm verkürztes Bein, das schief zusammengewachsen und verknorpelt war (vgl. S. 242/3, 249). Das hat für ihn eine deutlich zusätzliche körperliche Beeinträchtigung bei allem gebracht, was er im KL erleben und erleiden musste, ebenso die Kugel aus dem

Zur gründlichen Bürokratie gehörte es auch, mitgebrachtes Geld zu erfassen, das die Neuankömmlinge natürlich abliefern mussten. In Schneiders, unter dem Datum vom 8.12.1937 angelegter »Geldkarte des Konzentrationslager Ettersberg«, ist nach Abzug von 20 Reichsmark (RM) Fahrgeld für die »Fahrt« nach Weimar die Summe von 30 RM als Anfangsbestand eingetragen.[738] Angehörige konnten kleine Beträge überweisen, für die sich Häftlinge gelegentlich in der Häftlingskantine Notwendiges kaufen konnten, wie Sanitärartikel, hauptsächlich Zahnpasta und Seife, geringe Mengen minderwertiger Lebensmittel, wenn überhaupt etwas angeboten wurde, und vor allem Zigaretten. Über Eingang und Ausgabe von Geld wurde auf der Schreibstube exakt Buch geführt.

Laut Berichten von Mithäftlingen hat »Paul« bis zum Beginn seiner Bunkerzeit sein Geld meistens an andere verschenkt, damit sie sich zusätzlich etwas zu essen kaufen konnten. Bis zu Kriegsbeginn war auch das Angebot besser. So »kaufte er für sie in der Häftlingskantine Zucker, Haferflocken, Schokolade und dergleichen nahrhafte Dinge, um sie vor völliger Entkräftung zu bewahren«.[739]

Während seiner Bunkerzeit sind viermal 165 bzw. 170 RM ohne Datum, von einer fremden Unterschrift quittiert, entnommen und vermutlich veruntreut worden. Nach Schneiders Tod hat man nicht einmal der Witwe die inzwischen noch vorhandene Summe ausgehändigt. Man zog sogar noch 1,40 RM Porto ab. Zwei Jahre später wurde das restliche Geld von 168,60 RM am 24. März 1941 »An die Reichskasse abgeführt« (Stempeleintrag).

Neben einigen Dokumenten der SS sind vorwiegend mündliche und schriftliche Zeitzeugenaussagen über den »Prediger von Buchenwald« vorhanden. In der Aufbauzeit des KL hatte

---

ersten Weltkrieg in der rechten Beckengegend, die nicht entfernt werden konnte.

738 Geldkarte Paul Schneider, ThHStAW, KZ Bu.

739 Arthur Dietzsch, zitiert nach Rudolf Wentorf: Paul Schneider, Der Zeuge von Buchenwald, Brunnen Verlag Gießen 1987, S. 127.

man noch nicht so umfangreiche Aktenvorgänge angelegt; selbst exakte Daten über die Häftlinge sind nicht immer komplett erfasst worden. Auch ist davon auszugehen, dass Unterlagen vernichtet worden sind, wie z.B. Schneiders Krankenakte laut Aussage des Häftlings *Alfred Leikam*[740] »... 1943 von Dr. Ding beiseitegeschafft« wurde.[741] Auch haben die wenigsten der unmittelbaren Mithäftlinge seines Blocks 22 oder seiner Arbeitskommandos überlebt. Dazu kommt, dass ganz detaillierte Angaben von Überlebenden nach der Befreiung durch den langen Zeitraum und die furchtbaren Erlebnisse nur schwer möglich waren. Das bedeutet, dass es in einigen Aussagen auch zu Zahlen- und Datenveränderungen und Ungenauigkeiten gekommen ist, zumal das Niederschreiben von Erinnerungen nicht sofort nach Kriegsende im Mai 1945 begonnen hatte. Auch verschoben sich unabsichtlich Angaben durch zeitweilig geänderte Lagerbedingungen und Anordnungen, die sich die Häftlinge natürlich nicht mit Daten merken konnten. Durch vielfaches mündliches Weitersagen im Lager, besonders nach Paul Schneiders Tod, und gerade weil immer wieder von diesem unbeugsamen Pfarrer gesprochen worden ist, entstanden variierende Geschichten über seinen KL-Aufenthalt.

Alle neuen Häftlinge mussten in der Regel nach der Einlieferung sechs Wochen lang Schwerstarbeit im Steinbruch verrichten. Danach konnten sie hoffen, einem anderen Arbeitskommando zugeordnet zu werden. Von den fünf Monaten bis zur Einlieferung in den »Bunker« wurde von überlebenden

740 Alfred Leikam (1915–1992), Häftlings-Nr. 162, im KL Bu 5.11.1938–9.11.1943 Entlassung; vgl. Kapitelende und vorn S. 340, 351–353.

741 Rudolf Wentorf: Der Fall des Pfarrers Paul Schneider, S. 221; Erwin Ding, nannte sich ab Sept. 1944 Schuler (1912–1945); Medizinstudium, 1936 Eintritt in die SS u.1937 in die SS-Totenkopfverbände; 1938/39 Lagerarzt im KL Buchenwald; nach SS-Akademie Graz 1940/41 von 1941–1945 Leiter der Abteilung Fleckfieber- u. Virusforschung der Waffen-SS Berlin, in Buchenwald als SS-Sturmbannführer; 14.08.1945 Selbstmord in der Haft.

Häftlingen ausgesagt, dass Schneider vorwiegend beim Aufbau der SS-Führersiedlung eingesetzt war.

Zusätzlich zu den Berichten ehemaliger Häftlinge, die bereits von *Margarete Schneider* nach 1945 in Erfahrung gebracht und in ihrem Buch (Erstauflage 1953) geschildert worden sind (siehe entsprechende Kapitel), wurden später weitere Erinnerungen an Paul Schneider dokumentiert und KL-Dokumente gefunden. Eine Vielzahl ehemaliger Häftlinge hat sich besonders übereinstimmend dahingehend geäußert, dass Schneiders Verhalten durch freundlichen Umgang und selbstverständliche Hilfsbereitschaft anderen gegenüber gekennzeichnet war; dass er ermutigte und tröstete, freitags fastete und sein karges Essen teilte und später im Arrestzellenbau trotz grausamster Bestrafungen unermüdlich versuchte, innerhalb des Bunkers laut zu singen und zu beten, und zusätzlich auch durch das Fenster hinaus zu predigen und zu rufen. Durch solche Aussagen und weitere Dokumente sind mehr Details über den Häftling 2491 im KL bekannt geworden. Wesentliche davon seien hier zusammengestellt, weil sie das Bild über ihn in Buchenwald bereichern:

Noch vor Paul Schneider, Ende Oktober 1937, wurde aus der Gestapohaft als »politisch unverbesserlich« der Kommunist *Wilhelm Schuhmann*[742] nach Buchenwald weitergeschickt. Über seinen Anfangskontakt zu P. Schneider berichtet er: »Bemessen an der Zeit zwischen Aufstehen am Morgen und Antreten zum Appell kamen besonders die Häftlinge (Intellektuelle) in Zeitschwierigkeiten beim Bau ihrer Betten nach den Lagervorschriften. Zu diesen Häftlingen zählte auch der Pfarrer Paul Schneider, der später im Zellenbau von dem Henker SS Hpt.Scharführer, Sommer, ermordet wurde. Um die betr. Kameraden vor rigerosen Lagerstrafen zu schützen, habe ich jeden Morgen ihre Betten noch einmal gebaut.«[743]

742 Wilhelm Schuhmann (1896–?), Häftl.-Nr. 997, im KL Bu Ende Oktober 1937–11.04.1945 befreit.

743 W. Schuhmann: »Wer Juden hilft, stirbt daran!«, Buchenwaldarchiv (BWA) 32 – IX-13.

Beim Bau der Villa des Lagerkommendanten Karl Koch[744] hatte Paul das Gelände mit einer großen Eisenwalze allein zu planieren. Dabei hetzte Ilse Koch[745], die Frau des Lagerkommandanten, nach Aussage des Häftlings *Adolf Pauer*[746] ihre Hunde auf diesen Häftling und zwang ihn, trotz blutender Bisswunden weiterzuarbeiten.[747]

Walter Eichhorn schrieb im Januar 2003 in einem Brief an Familie Schneider anlässlich des Todes von Margarete Schneider Ende Dezember 2002: »Mein Vater, *Franz Eichhorn*[748], ›Schutzhäftling‹ im KZ Buchenwald, kannte Paul Schneider persönlich.…Beide waren im Block 22 untergebracht, und mein Vater hatte Paul Schneider wegen seiner Furchtlosigkeit und Fähigkeit, anderen Häftlingen Mut zuzusprechen, in der ausweglosesten Situation, in der ein Mensch sich befinden kann, sehr schnell schätzen gelernt.…Paul und Franz hatten ein sehr enges, kameradschaftliches Verhältnis. Paul Schneiders Glaube und Standhaftigkeit blieben auch im KZ-Inferno unerschütterlich, und seinen Beruf verstand er als wirkliche Berufung. Auch unter den schrecklichen Lagerbedingungen

---

744 Karl Koch (1897–1945), SS-Sturmbannführer; nach Stationen in versch. KL-Lagern ab 1937 berüchtigter Lagerkommandant in Bu bis 1941; später Errichtung des KL Majdanek; wegen Korruption 1944 verurteilt, Anfang April 1945 im Buchenwalder Steinbruch I von der SS erschossen.

745 Ilse Koch, geb. Köhler (1906–1967); 1933 Bewacherin im KL Sachsenhausen, ab 1937 mit Mann in Bu; wegen ihrer Grausamkeit bekannt »als ›Bestie‹ oder ›Hexe‹ von Buchenw.«; 1947–1949 in Haft; 1951 zu lebenslänglich verurteilt; 1967 Selbstmord in Haft.

746 Adolf Pauer (1887–1958), Häftl.-Nr. 1368, vom KL Lichtenburg kommend im KL Bu Aug. 1937–19.04.1940.

747 Pierre Durand (1923–2002), Die Bestie von Buchenwald, Berlin 1985, S. 39; französ. Widerstandskämfer, nach Bu überstellt 14.05.1944, Häftl.-Nr. 49749; befreit 11.04.1945; Historiker/Publizist, Präsident d. Internat. Komitees Buchenwald-Dora und Kommandos.

748 Franz Eichhorn (1906–1993), Häftl.-Nr. 2693, im KL Bu 19.01.1938–11.04.1945 befreit.

der Aufbauperiode bereitete er seine Sonntagspredigten stets sorgfältig vor, ohne predigen zu können...«[749]

Auf einer, bezüglich des Häftlings Schneider neu entdeckten Liste der für das eigentliche Schutzhaftlager organisatorisch zuständigen Abteilung III vom 1. April 1938, ist zu lesen: »Nachstehend aufgeführte Häftlinge stehen am 3.4.38 wegen Faulheit bzw. Disziplinlosigkeit 2 Std. am Tor.«

Unter den 103 namentlich aufgeführten Häftlingen ist als viertletzter der »Polit. 2491 Schneider, Paul Bl. 22« verzeichnet.[750] Auch der Schriftsteller *Bruno Apitz*[751] erhielt dieselbe »Disziplinarstrafe«. Diese 103 Häftlinge wurden zugleich der »Strafkompanie« zugeführt, die dann zu diesem Zeitpunkt insgesamt 246 Häftlinge umfasste. Das bedeutete in der Regel eine Zeit lang Arbeit im Steinbruch oder an einem anderen besonders schikanösen Ort.

Es war durchaus üblich, Namen der durch SS-Leute oder Denunziation von Mithäftlingen wegen »Disziplinlosigkeit« gemeldeten Häftlinge zu sammeln und sie dann gemeinsam zu bestrafen. Dieses Mal traf es auch Pfarrer Schneider, der öfters seinen Arbeitsplatz verließ um anderen zu helfen – oder aus einem anderen Grund.

Der Mithäftling *Arthur Dietzsch*[752] berichtet 1966: »Wochenlang zog ich am gleichen Knüppel einer Lore im Kommando SS-Führersiedlung... Ich war noch nicht lange bei diesem Kommando, als mir ein Posten die Mütze vom Kopf riss und sie weit weg warf. Unwillkürlich wollte ich den Knüppel loslassen und meiner Mütze nacheilen. Da rief mir Paul Schnei-

749 Brief abgedruckt im Gedenkheft zum Tode Margarete Schneiders »Ich bin ein Pilgrim wie alle meine Väter«, hg. von der Pfarrer-Paul-Schneider-Gesellschaft e.V., zusammengestellt von Elsa-Ulrike Ross, 2003, S. 40.

750 Auszug aus einer Häftlingsliste (Bestrafungen) des KL Bu, Arolsen Archives (ehem. ITS), Bad Arolsen.

751 Bruno Apitz (1900–1979), Häftl.-Nr. 2417, im KL Bu 4.11.1937–11.04.1945 befreit; Schriftsteller.

752 Arthur Dietzsch (1901–?), Häftl.-Nr. 2706, im KL Bu 24.02.1938–11.04.1945 befreit.

der zwischen den Zähnen zu: ›Nicht loslassen! Hierbleiben!‹ Ich verstand.... Die Posten erhielten für jeden ›Fluchtversuch‹, der durch ihre Tatkraft gescheitert war, drei Tage Urlaub und eine Sondervergütung in Geld, außerdem wurden sie bevorzugt befördert. Der Beweis für einen Fluchtversuch lag immer dann vor, wenn der Häftling im Rücken getroffen war. Paul Schneider hat mir durch seine Warnung also buchstäblich das Leben gerettet.... Nicht allein bei der Arbeit, sondern auch beim Appell stand ich häufig in der Nähe von Paul Schneider. So auch am 1. Mai 1938 [Anm. d. Hg.: es war der 20. April 1938, Hitlers Geburtstag], wo zum ersten und letzten Mal eine Flaggenhissung stattfand, an der wir Häftlinge teilnehmen mussten. Nach dem Kommando ›Mützen ab!‹ behielt Paul Schneider zum Entsetzen aller um ihn Stehenden seine Mütze auf dem Kopf. Auf meinen leisen Zuruf: ›Paul, mach' keine Dummheiten!‹, reagierte er nicht. Nach dem Wegtreten eilte ich sofort auf Paul Schneider zu und fragte ihn, weshalb er die Mütze nicht abgenommen habe. ›Dieses Verbrechersymbol grüße ich nicht‹, antwortete er mit ungewöhnlicher Heftigkeit. Während ich ihm noch vorhielt, doch an seine Frau und an seine Kinder zu denken, ertönte aus dem Lautsprecher der Befehl: ›Derjenige Häftling, der beim Appell die Mütze nicht abgenommen hat, sofort ans Tor!‹, und anschließend nochmals: ›Wenn der Häftling sich nicht sofort meldet, wird das ganze Lager bestraft!‹ Darauf setzte sich Paul Schneider nach dem Tor zu in Trab. ...«[753]

Dieser Vorgang wurde aktenkundig, denn das »Buchenwald Arrest-Buch und Strafen« vermerkt Paul Schneider als »Zugang« im gerade fertiggestellten Arrestgebäude am 20. April 1938 mit der Strafe: »Arrest b. a. w.« mit der Begründung: »Hat bei Flaggenhissung am Geburtstag des Führers die Mütze nicht abgenommen«. Strafe verhängt von »Staf. Koch«.

753 Rudolf Wentorf: Trotz der Hölle Toben, Berlin: Lettner-Verlag, 1967, S. 195/196, Brief von A. Dietzsch an den Verfasser.

Erneut wurde Paul Schneider am 1. Mai 1938 im Arrestbuch mit der präzisierten Wiederholung des Vorfalls vom 20.4. verzeichnet: »Schneider, Paul, 2491, Sch.H., 15 St [Stockhiebe]; 10 Tg. str. Arrest, hat bei Flaggenhissung Führergeburtstag die Mütze nicht abgenommen, Gruppenführer Eicke.«

Am 18. Mai 1938 erwähnt ihn das Arrestbuch noch einmal: »Arrest b. a. w.«, ohne dass eine Begründung angegeben wurde.[754] Aufgrund dieser dreimaligen Eintragung im Arrestbuch steht die unbeantwortbare Frage im Raum, ob P. Schneider zwischendurch noch einmal einige wenige Tage in den Block 22 zurück durfte. Offensichtlich blieb er auch weiterhin trotz Prügelbock und strengem Arrest bei der Verweigerung der Ehrenbezeugung für ein Nazi-Symbol, sodass er schließlich in den Dauerarrest kam und dem grausamen Martin Sommer in die Hände gegeben wurde.

Das flache Arrestzellengebäude, von den Häftlingen »Bunker« genannt, war unmittelbar an einer Seite des Lagertors angebaut; parallel auf der anderen Seite befanden sich im Gebäudeflügel Räume der SS. Einen Zugang zum Arrest gab es nur außerhalb des eingezäunten Häftlingsbereiches. Eingangs hatte der jeweilige SS-Aufseher einen Raum mit Bett, sodass er Tag und Nacht die Häftlinge kontrollieren und schikanieren konnte. Durch eine Gittertür getrennt waren an einem langen schmalen Gang zu beiden Seiten die engen Zellen angeordnet, eine als »Sanitärraum«; alles nur aus rohem Beton. Jede Zelle, etwa 2,40 Meter lang und 1,20 Meter breit, hatte als einzige Einrichtung eine roh gezimmerte Bretter-Holzpritsche, die tagsüber an die Wand hochgeklappt und angeschlossen und je nach Willkür auch nachts nicht herunter geklappt wurde. Eine Sitzgelegenheit gab es nicht. Ein kleiner Heizkörper im Raum wurde meistens nicht im Winter, dafür aber im Sommer angestellt, um die Häftlinge zusätzlich zu strafen.

Gegenüber der mit einem Guckloch versehenen Tür lag oben unter der Decke ein schmales kleines Fenster, das zu Paul Schnei-

754 Arrestbuch, Landesarchiv Thüringen – Hauptstaatsarchiv Weimar, KZ Buchenwald, Nr. 17, Bd. 16, Blatt 27, 28, 31.

ders Zeit nur mit einem Gitter, noch nicht aber mit Glas verschlossen war. Von außen herunter klappbare Holzblenden wurden später angebracht, um es unter anderem Paul Schneider zu erschweren, zum Gitterfenster hinaus zu rufen (siehe Fotos 26, 27, 28).

Abgesehen von anderen Lagerstrafen wegen kleinster Vergehen gab es in späteren Jahren für den Arrest selbst offiziell drei Kategorien, die schon längst praktiziert wurden: Stufe I, bis zu drei Tagen bei Wasser und Brot; verschärfter Arrest als Stufe II bis zu 42 Tagen bei Wasser und Brot, jeden vierten Tag Verpflegung; strenger Arrest als Stufe III mit Wasser und Brot, keine Gelegenheit zum Sitzen und Liegen auf der Holzpritsche, dunkle Zelle.[755] Da hin und wieder der Bunker überbelegt wurde, kamen mehrere Häftlinge in eine Zelle, die ursprünglich nur für eine Person gerechnet war.

Ausdrückliche »Einzelhaft« konnte deshalb noch besonders als Strafe verhängt werden, wie monatelang bei Paul Schneider von Anfang April bis Ende Juni 1939.

Dass Martin Sommer jede Möglichkeit nutzte, sich nicht an Vorschriften zu halten, sondern zusätzliche »Strafen« von Anfang an auf seine persönlich-mörderische Weise anwendete, ist allgemein bekannt geworden. Das beweist auch die Anklageschrift[756] gegen Martin Sommer, dessen Verfahren vor einem Schwurgericht beim Landgericht Bayreuth am 11. Juni 1958 begann. Wegen Mordes in 25 Fällen wurde Sommer am 8. Juli 1959 zu lebenslanger Zuchthausstrafe verurteilt.[757]

Zusätzlich zur täglichen Stärkemeldung über die Anzahl der Häftlinge mit Zu- und Abgängen, wurden alle 14 Tage

755 Geheime Dienstvorschrift für Konzentrationslager 1941, Buchenwald Archiv (BWA) 3 12-1.

756 Veröffentlicht in: KZ-Verbrechen vor Deutschen Gerichten, hg. v. H. G. van Dam und Ralph Giordano, Frankfurt/M.: Europäische Verlagsanstalt, 1962; weiteres siehe unten und vgl. S. 349–351.

757 Sommer erhielt wegen seines Gesundheitszustandes 1971 Haftverschonung und starb 1988 im Pflegeheim der Rummelsberger Anstalten der Inneren Mission in Schwarzenbruck bei Nürnberg.

aufgeschlüsselte »Schutzhaftlager-Rapporte des KL Buchenwald« erstellt, eine Art Zähllisten über die Häftlingsstärke mit Erläuterungen zu einzelnen Häftlingsgruppen und arrestierten Häftlingen. Auf der Rückseite dieser Listen gab es namentliche Angaben über Dauer und Art von Bestrafungen innerhalb des Arrestes. Von Mitte Mai 1938 bis Mitte Juli 1939 ist Paul Schneider durchgängig namentlich immer im Arrest erwähnt mit rückseitigen »Erläuterungen« in allen Kategorien, vorwiegend aber mit: »Sch. H. Paul Schneider str. Arrest b. a. w. Staf. Koch« oder »Einzelhaft b. a. w. Staf. Koch«.[758]

Was Paul Schneider in der Bunker-Zeit zusätzlich zum Lageralltag indirekt miterlebte und wozu er nicht schweigen konnte, waren extreme Vorkommnisse wie zum Beispiel: Als etwa 12 000 jüdische Bürger anlässlich des Pogroms in der sogenannten »Reichskristallnacht« am 9. November 1938 durchs Lagertor getrieben wurden, setzte sich Pfarrer Schneider lautstark für sie ein: »Gebt die Juden frei, auch sie sind meine Brüder.« (Das eilig für die verhafteten Juden errichtete jüdische Baracken-Sonderlager innerhalb des KL wurde am 15. Februar 1939 wieder aufgelöst.)

Am 14. Dezember 1938 fehlten zwei Häftlinge beim Abendappell. Zur Strafe mussten anschließend alle Häftlinge bei minus 15 Grad 19 Stunden lang stehen bleiben, wodurch eine größere Anzahl Häftlinge entkräftet starb.

Am 21. Dezember 1938 wurde ein im Mai geflohener und wieder eingefangener Häftling beim Appell öffentlich erhängt.

An einem eiskalten Februar-Sonntag 1939 mussten alle Häftlinge während der Kleiderkontrolle drei Stunden lang nackt strammstehen.

P. Schneider wurde für sein Rufen und seine Proteste ständig gepeinigt. Vermerkt wurden besonders auf den bereits erwähnten Rapportlisten vom 15. Oktober und 28. November 1938 zwei-

758 Mit »Staf. Koch« ist der Standartenführer und Lagerkommandant Karl Koch gemeint; Schutzhaftlager-Rapporte des KL Buchenwald, ThHStAW, KZ Buchenwald, NS4 Bu 142.

maliges Auspeitschen auf dem Bock mit je 25 Stockhieben mit folgender gleicher Begründung: »Aufwiegelung zur Meuterei«.

Es ist davon auszugehen, dass, laut Häftlingsaussagen, Martin Sommer diese Bestrafungen selber öffentlich beim Abendappell durchgeführt hat. Zu den abendlichen Auspeitsch-Aktionen Sommers musste übrigens die Lagerkapelle spielen. Des Pfarrers Anklage gegen die SS-Mörder hängt im November mit den Massenverhaftungen von Juden zusammen.

Einer der vielen verhafteten Juden in der Reichspogromnacht war *Ernst Cramer*[759], der mit anderen Juden bei der Einlieferung am Abend des 11. November 1938 auf dem Appellplatz antreten musste. Jahrzehnte danach erinnert er sich in einem Film-Interview über Paul Schneider im Jahr 2000 in der Gedenkstätte Buchenwald:

»An diesem Abend haben wir, zumindest ich, zum ersten Mal eine laute Stimme gehört aus einem Gebäude, von dem wir keinerlei Ahnung hatten, was es war. Der Mann hat die Bergpredigt ganz laut gesagt und als er beim sechsten Punkt ›Selig sind die, die um Gerechtigkeit willen leiden‹ [war], da sprach hinter mir einer ganz leise: Das kann kein Jude sein. Das muss jemand sein, für den die Bergpredigt etwas ganz Besonderes bedeutet – die übrigens eine der schönsten religiösen Stellen ist, die es in der Welt gibt. Wir wussten ja nicht, wer es war. Wir haben nur die Stimme gehört, und zwar immer wieder und immer die gleiche Stimme, natürlich unterbrochen durch Schmerzensschreie und Gebrüll von den SS-Leuten, das ist klar. Ich möchte sagen, dass diese christlichen Worte auch den Juden, die damals da waren, irgendwie eine Art Stärke gegeben haben.«[760]

---

759 Ernst Cramer, (1913–2010), Redakteur, Häftl.-Nr. 27 833, im KL Bu aufgrund von Novemberpogrom, 11.11.1938–10.12.1938, entlassen zwecks Auswanderung in die USA; später Freiwilliger bei der US-Armee, er gehörte der Dritten US-Armee an, die Buchenwald im April 1945 mit befreite(!).

760 Als »Bergpredigt« werden Worte Jesu bezeichnet, die im Matthäus-Evangelium, Kapitel 5–7, stehen. Eröffnet wird die Bergpredigt mit

Außer dem aktenkundigen »Predigen« Schneiders durch das Zellenfenster am 28. August 1938 (siehe Dokument S. 482) bezeugt ein weiteres SS-Dokument[761] vom 24. November 1938 im Zusammenhang mit dem 9. November 1938 folgenden Sachverhalt und bestätigt zugleich erhaltene 25 Stockhiebe: Zahlreiche Juden wurden auch im Bunker eingesperrt. Einer davon, Karl, der aufgrund der Verhaftung wahnsinnig geworden war, und den kein anderer in seiner Zelle dulden wollte, nahm Pfarrer Schneider zu sich auf. Karl hatte ein schmerzendes eitriges Ohr. Um etwas gegen den Eiter zu tun, gab ihm Schneider eine Ohrfeige, sodass der Eiter herauslaufen konnte. Darauf bezieht sich die niedergeschriebene Aktennotiz des Ersten Schutzhaftlagerführers Arthur Rödl[762] mit folgendem Wortlaut und Rechtschreibung:

»Der Schutzhäftling Paul Sc h n e i d e r,geb.29.8.97 zu Pferdsfeld, z,Zt, im Arrest, erklärte auf die Frage:
›Sie als gottesfürchtiger Pfarrer schlagen ja auch Häftlinge,die mit Ihnen zusammen im Arrest sind.‹:

›Ja, dem dummen Karl musste ich auf sein Ohr schlagen, dass der Ei ter spritzte.Dadurch hatte er eine Erleichterung und lachte.‹
Weiter erklärte Sch.:
›Ich habe die 25 Stockhiebe erhalten, weil ich Sie, Herr Obersturmbannführer, angelogen habe und mein Wort gebrochen habe. Ich habe sie verdinnt.

den »Seligpreisungen«, die in der Luther-Übersetzung immer beginnen mit: »Selig sind, die …« Der genaue Text in der heutigen revidierten Lutherübersetzung der achten Seligpreisung lautet: »Selig sind, die um der Gerechtigkeit willen verfolgt werden; denn ihrer ist das Himmelreich.« Interview aus »Ihr Massenmörder – ich klage euch an«. Pfarrer Paul Schneider, Film von Sabine Steinwender, Medienverband (ehemals FFFZ) der Evang. Kirche im Rheinland, 2000.

761 Arolsen Archives (ehem. ITS), Bad Arolsen.

762 Arthur Rödl (1898–?) SS-Obersturmbannführer, Schutzhaftlagerführer in Buchenwald von Januar 1939 bis 1940; Kommandant 1941/42 KL Groß-Rosen, dann Waffen-SS; bei Kriegsende verschollen.

Dass ich Juden, die ja z.Zt.meine Nächsten sind, in Schutz nehme, ist meine Pflicht.
Ich bitte Sie, Herr Obersturmbannführer,entlassen Sie alle Juden und ich bin wieder beruhigt.‹

Der 1.Schutzhaftlagerführer:
(Unterschrift: Rödl)
SS-Obersturmbannführer«

Wegen seiner Fürsprache für die Juden und seinem Nicht-Schweigen zu den Vorgängen im Lager hatte Paul Schneider bereits zusätzlich vom 15. November 1938 an bis zum 30. März 1939 vollkommene Postsperre, also viereinhalb Monate lang! Er bekam auch nicht die Post seiner Frau, die an sie zurückgeschickt wurde mit einem Stempelaufdruck versehen: »Adressat hat bis auf Weiteres Postsperre.« Anfangs durfte er wie alle Häftlinge vierzehntägig einen zensierten Brief auf vorgegebenem Briefpapier schreiben und empfangen; seit der Arrestierung im Bunker höchstens einmal pro Monat oder gar nicht.

Der ehemalige Häftling *Bruno Apitz*, der mit Paul Schneider am 3. April 1938 strafstehen musste, verarbeitet als Schriftsteller in seinem Buch »Nackt unter Wölfen« (1958) seine Erfahrungen im Konzentrationslager. In einem Gedenkartikel für den »Prediger von Buchenwald« schreibt er 1958:

»Als Schneider an einem Sonntag des Jahres 1938 zum ersten Male aus dem Gitterfenster seiner Bunkerzelle über den Appellplatz rief, auf dem die Masse der Gefangenen angetreten war, als wir nur einzelne zusammenhanglose Worte vernahmen: ›... Christus ... Auferstehung ... Brüder, seid stark ...‹, da haben wohl die dem Bunker nächst stehenden Gefangenen überrascht nach dem bleichen Gesicht mit dem aufgerissenen Mund hinter dem Fenstergitter gestarrt: ›Wieder einer, der verrückt geworden ist ...‹. Plötzlich verschwand das Gesicht wie weggerissen. Klatschende Schläge, Stiefelgetrampel, Gestöhn – und die dem Bunker Zunächststehenden lauschten angespannt in das wilde Getümmel jener Zelle hinein, denkend: ›Jetzt wird der arme Kerl von Sommer fertiggemacht.‹ ... Als einige Tage später wieder jene Stimme aus dem gleichen Fenster rief, während wir zum Zählappell angetreten waren, wunderten wir uns: er lebt noch?... Und immer wieder, verteilt über Tage und Wochen, presste sich ein bleicher Menschenkopf an die Gitterstäbe jener Zelle, immer wieder ertrank die rufende Stimme im Klatschen der Schläge. Der da drinnen war kein Verrückter! Bald wussten wir, wer es war: Pfarrer Schneider! Ein Geistlicher! Ein Christ!«[763]

Ein Beispiel aus dem März 1939 benennt *Max Lehmann*[764]: Bei irgendeinem Predigen Schneiders während eines Häftlingsappells hätten sie wie immer aufgehorcht und erlebt, dass »Schneider wieder von Sommer zusammengeschlagen wurde. Ich hörte mit eigenen Ohren, wie Schneider schrie: ›Meinen Körper könnt ihr ja töten, aber meinen Geist nicht.‹«

Zu Hitlers Geburtstag, 20. April 1939, gab es eine große Häftlings-Amnestie, in die Paul Schneider nicht einbezogen wurde.

Der Wiener Alt-Sozialist *Julius Freund*[765], der von September 1938 bis Ende Juni 1939 in Buchenwald war, schrieb bereits 1943 seine Erinnerungen auf, die er gleich 1945 veröffentlichen konnte. Aus seinem Kapitel über Paul Schneider, von dem er allerdings dachte, er sein ein katholischer Priester, sei hier der Abschnitt passend zur Zeichnung s. S. 483 wiedergegeben:

»In unmittelbarer Nähe der Arrestfenster stand die Lautsprecheranlage des Lagers, durch welche bei den Appellen alle Befehle an die versammelten Häftlinge bekanntgegeben wurden. Der Zufall wollte es, dass die Zelle des Paters Schneider oberhalb des Lautsprechers war. Eines Tages standen wir, wie

763 Bruno Apitz: »Ich unterschreibe nicht!«, Gedenkartikel für den Prediger von Buchenwald in: Widerstand aus Glauben, Berlin: Unionverlag, 1985, S. 200–204 (Erstveröffentlichung : Neue Zeit 23.12.1958).

764 Max Lehmann (1897–?), Häftl.-Nr. 2058, im KL Bu 4.11.1937–18.04.1939 entlassen; BWA 8218–81.

765 Julius Freund (1890–1949), Häftl.-Nr. 126, im KL Bu 24.09.1938–30.06.1939; Zitat aus: J. Freund: O Buchenwald, Klagenfurt: Selbstverlag, 1945, S. 114.

immer zehntausend, auf dem Appellplatz und lauschten atemlos und gespannt, was es wieder Neues mitzuteilen gäbe. Eine eiserne Ruhe lag über den Massen, denn man erwartete jede Sekunde die Stimme des dienstführenden SS-Mannes durch den Lautsprecher. Da ertönten plötzlich Worte. Eine Bewegung ging durch die Massen, die Köpfe bewegten sich unruhig, die Augen, soweit es möglich war, blickten wie gebannt auf die Lautsprecheranlage. Es stand aber niemand vor dem Mikrofon und wir hörten folgende Worte, als kämen sie von einem Schwarzsender: ›Harret aus, Brüder, in diesem Kampf! Gott gibt euch die Kraft, vertraut auf ihn, nicht auf Hitler!‹ Die weiteren Worte verloren sich, denn man hatte sofort die Anlage abgestellt. Ein eigenartiger Anblick bot sich denen in der Nähe des Arrestes stehenden Häftlingen dar: sie sahen an einem vergitterten Fenster des Arrestes ein ganz blasses Gesicht. Nur zwei Augen leuchteten heraus. Ausgetrocknete, bis zum Skelett verdorrte Finger klammerten sich an das eiserne Kreuz des Arrestfensters. Es war Pater Schneider, der sich hier mit seiner letzten Kraft festhielt. Aus seinen Gesichtszügen sprach Verzweiflung. Da erfasste der Kommandant Rödl eine Schaufel aus den Händen eines in der Nähe stehenden Häftlings und schlug damit auf das Fensterkreuz nach den Händen des Priesters. Die Hände jedoch ließen nicht los, sie umklammerten das Gitter noch fester. Blutstropfen kamen aus den Fingern und rannen über die Mauer langsam zur Erde, Streifen neben Streifen. Das dauerte nur kurze Zeit, bis Rödl den herumstehenden Scharführern den Befehl gab, den Irrsinnigen zur Ruhe zu bringen. Es wurde sofort still in der Zelle. Wir blickten wie entgeistert auf das leere Fenster des Arrestes. Nur die Blutspuren an der Wand zeigten uns noch an, dass es kein Traumgebilde war.«

Der Kommunist *Fritz Männchen*[766] gab folgenden Bericht: »... 31. Januar 1939: Ich befand mich gegen 10 Uhr vormittags

766 Fritz Männchen (1901–1960), Häftl.-Nr. 2049, im KL Bu 18.01.1938–11.04.1945 befreit.

im Häftlingsblock 37. Der Gestapo-Sekretär Leclair[767] forderte mich auf, ihm zu folgen. Unser Weg führte nach dem Bunker. Im Bunker wurde ich von dem berüchtigten Kerkermeister Martin Sommer empfangen. Er schloss eine Zelle auf und stieß mich hinein. Hier gewahrte ich, an der Dampfheizung kniend, einen Häftling, der betete. Ich stieß den Kameraden leicht an der Schulter an. Da sah ich, dass es Pfarrer Schneider war. Er stand auf, und wir umarmten uns. Darauf sagte mir Pfarrer Schneider: ›Fritz, was willst du bei mir?‹ Ich gab darauf zur Antwort: ›Der liebe Gott hat mich zu dir geschickt, damit du nicht allein bist.‹ Ich bekam darauf zur Antwort: ›Glaubst du, Fritz, dass mich mein Gott zu dir geschickt hat?‹ Ich antwortete ihm darauf: ›Ja, ich glaube es!‹ – Da es an einem Freitag war, war für Pfarrer Schneider ein Fasttag. Wir unterhielten uns, und er fragte mich: ›Was machen die Kameraden im Lager? Habt ihr einmal etwas von meiner Frau und den fünf [sechs] Kindern gehört?‹ Da ich ihm das Herz nicht schwerer machen wollte, als es ohnehin schon war, erzählte ich ihm, dass es seiner Frau und seinen fünf [sechs] Kindern gut gehe. Daraufhin kniete Schneider wieder hin und betete, dass Gott ihn stark machen möge, damit er zu seinen Lieben wieder zurückkehren könne und gesund bleiben möge. Pfarrer Schneider erzählte mir dann seine Leidenszeit, die er bis jetzt im Bunker verbracht hatte. Jeden Tag hat er immer und immer wieder mit der Ochsenpeitsche Schläge bekommen. Er zeigte mir seinen Körper, und ich war so erschüttert, dass ich keine Worte fand. An beiden Seiten des Hüftgelenks waren faustgroße Löcher durch das Liegen auf der Holzpritsche entstanden. Keine Decke, kein Strohsack und nichts war in der Zelle, in der sich Pfarrer Schneider von Juni [Anm. d. Verf.: seit April/Mai 1938] bis Januar [1939, dem Tag, da F. Männchen zu P. Schneider in

767 Hubert Leclair (1906–1996), Kriminalsekretär u. SS-Sturmbannführer, Leiter der polit. Abteilung der Gestapo in Bu bis 1945; 1958 in Düsseldorf vor Gericht gestellt, erfolgte im gleichen Jahr sein Freispruch; Wiedereinstellung im Polizeidienst.

die Zelle kam] befunden hatte. – Die in der Zelle herrschende Kälte – Dampfheizung war nicht angestellt – zwang uns zu Freiübungen, damit uns etwas wärmer wurde. Plötzlich wurde die Zellentür aufgeschlossen, und der Scharführer stürzte sich mit dem Ochsenziemer auf Pfarrer Schneider und schlug ihn mit den Worten ›Du Schwein!‹ Darauf sagte Pfarrer Schneider in leisem Ton: ›Ich bin kein Schwein, Herr Scharführer!‹ Daraufhin wurde Pfarrer Schneider von dem Scharführer blutig zusammengeschlagen, sodass er in der Ecke der Zelle zusammenbrach. Ich bemühte mich um Pfarrer Schneider. Leider konnte ich ihn nicht auf die Holzpritsche legen, da dieselbe tagsüber angeschlossen war. Auf dem kalten Boden wischte ich das blutige Gesicht mit meinem Rock ab, riss das Futter heraus und verband Pfarrer Schneider notdürftig damit. – Acht Tage später wurde der Kalfaktor aus dem Bunker entlassen. Obersturmbannführer Rödl ließ mich eines Tages aus der Zelle holen und erklärte mir, dass ich vorübergehend den Kalfaktor machen sollte. Ich musste Essen austragen und war für die Sauberkeit des Zellenbaues verantwortlich. Das Essen musste ich den meisten Häftlingen selbst ausgeben, jedoch waren Kameraden in den Zellen, denen Kerkermeister Sommer selbst das Essen ausgab. Ich habe selbst beobachtet, wie Sommer vor der Essensausgabe eine Flüssigkeit in verschiedene Schüsseln schüttete, unter anderem auch in die Schüssel von Pfarrer Schneider. Die erste Zeit konnte ich nicht feststellen, was das für ein Mittel gewesen ist. Bei der Säuberung des Zimmers von Scharführer Sommer konnte ich jedoch feststellen, dass die Flüssigkeit, die sich im Schrank befand, ein Herzschwächungsmittel war.«[768]

Um Paul Schneider loszuwerden und für seine Entlassung zu sorgen, versuchte Lagerkommandant Koch immer wieder,

---

768 Bericht Fritz Männchen aus: Anneliese Feurich: »Bruder und Kamerad«, Evang. Monatsschrift Standpunkt Juli 1989, S. 189; Fritz Männchen hat zu diesem Geschehen auch ein Hörspiel geschrieben, das die Gedenkstätte Buchenwald im Jahr 2000 zusammen mit anderem Material von den Nachfahren erhalten hat.

dass der Pfarrer die Ausweisung aus dem Rheinland anerkennen und zugleich die von jedem entlassenen Häftling geforderte Schweigepflicht über alle KL-Erfahrungen unterschriebe. »Der Pfarrer unterschrieb nicht. Seine Antwort war: ›Sie können mich entlassen, aber ich sage Ihnen: Der erste Bordstein in Weimar wird die Kanzel, von der aus ich Ihre unsagbaren Verbrechen dem ganzen Volk predigen werde‹.«[769]

Eine Besonderheit hinsichtlich Paul Schneiders ist ein *Kommandanturbefehl* vom 13. Juli 1939. In diesen Kommandanturbefehlen des Lagerleiters Koch dreht es sich ausschließlich bis zu diesem Datum nur um innere Angelegenheiten der Lagerleitung für die SS: um die Rangordnungen und protokollarisches Verhalten; ihr Auftreten im Dienst und in der Freizeit, ihre Kleidung, ihren Ausgang in die Stadt Weimar und ihr Benehmen Frauen gegenüber; um die Beschaffung des persönlichen Ahnennachweises, um das Anfertigen von Häftlingsformularen in der Schreibstube und ab wann z.B. der fertiggestellte Stacheldrahtzaun elektrisch geladen wird.

Der letzte angeführte Punkt am 13. Juli 1939 betrifft eine Anordnung für die Abteilung III, für den Schutzhaftlagerführer, erstmals hinsichtlich eines einzelnen Häftlings: »Die monatliche ärztliche Untersuchung des einsitzenden Häftlings Paul S c h n e i d e r (Pfarrer) ist ständig zu dessen Akt bei Abteilung II zu nehmen. Der diensttuende Unterführer im Zellenbau hat jeweils den Lagerarzt am 1. eines jeden Monats zu benachrichtigen und ihn auf die Untersuchung des Häftlings Schneider aufmerksam zu machen. Der Lagerkommandant K.L.Bu. gez. K o c h«.[770]

Fünf Tage später ist Pfarrer Paul Schneider tot. Als absolute Ausnahme wird sein Leichnam zu einer Bestattung im

769 Hasso Grabner (1911–1976), Häftl.-Nr. 5334, im KL-Bu 1938–24.06.1940, Zitat aus: Grabner: Das war Buchenwald! Ein Tatsachenbericht, Leipzig: Verl. für Wissenschaft und Literatur, 3. Aufl., o.J., S. 91.

770 Kommandanturbefehl 106 vom 13.07.1939; ThHStAW, NS 4 Bu 33, Bl.218r.

Heimatort freigegeben. Obwohl immer im Totenbuch des KL eine – meist erfundene – Krankenursache angegeben wurde, steht bei Paul Schneider seltsamerweise nur der Vermerk: »Am 18.7.39 um 10.40 h verstorben«. Auch sonst gibt die Eintragung zu P. Schneider Rätsel auf (siehe Dokument S. 484).[771]

Die Vorgänge beschrieb der Häftling *Walter Poller*[772] in seinem Buch »Arztschreiber in Buchenwald« und sind von *Paul Grünewald*[773] bestätigt worden. Margarete Schneider hat nur einen kurzen Abschnitt aus dem Buch zitiert (vgl. S. 385). Erinnert sei hier auch daran, dass Frau Schneider ausdrücklich berichtet hat (S. 227), dass ihr Mann eine große Abneigung gegen Spritzen hatte....

Unmittelbar nach dem Eintreten des Todes passiert noch etwas Außergewöhnliches, worauf Walter Poller aufmerksam macht: »Der Lagerkommandant Koch wird sofort benachrichtigt. Das ist das erste Mal, dass so etwas geschieht. Berlin bekommt durch Fernschreiben Bescheid. Die gefälschten Krankenpapiere, in denen eine mehrfache Revierbehandlung zusammengelogen wird, werden sorgsamst zusammengestellt, um sie auf Anforderung sofort nach Berlin schicken zu können – und sie werden natürlich auch prompt angefordert.«[774]

Zusammenfassend soll noch aus der Anklageschrift gegen Martin Sommer der Abschnitt über Paul Schneider zitiert werden, der aus unzähligen Häftlingsaussagen und -protokollen erstellt worden ist: »Der aus dem Hunsrück stammende evangelische Pfarrer Paul *Schneider,* Angehöriger der Bekenntniskirche, verweigerte anlässlich einer auf dem Appellplatz vor den angetretenen Häftlingen stattfindenden Flaggenparade (entweder am 20.4.1938 oder am 1.5.1938) den durch

771 Totenbuch, ThHStAW, KZ Bu Nr. 5, Bd.19, Blatt 2v-3r.

772 Walter Poller (1900–1975), Häftl.-Nr. 996, in Bu 22.12.1938–10.05.1940 entlassen; vgl. Fußnote 595.

773 Paul Grünewald (1912–1996), Häftl.-Nr. 7288, später Nr. 1059, in Bu 18.06.1938–14.10.1940 entlassen; vgl. Fußnote 647.

774 Walter Poller: Arztschreiber in Buchenwald. Bericht des Häftlings 996 aus Block 39, Hamburg: Phönix-Verlag, 1947, S. 166.

Abnehmen der Kopfbedeckung zu erstattenden Gruß. Von den anwesenden SS-Leuten wurde er sofort schwer misshandelt – möglicherweise auch auf dem Bock geprügelt – und anschließend von dem Schutzhaftlagerführer zum Bunkerarrest dem Angeschuldigten [Anm. d. Verf: Martin Sommer] übergeben. *Schneider* war nun ein Mensch von unbeugsamer Willenskraft und darum keineswegs gesonnen, all das Unrecht, das er täglich im KL BW geschehen sah, insbesondere jetzt aber das Terrorsystem des Angeschuldigten im Arrestbau, schweigend hinzunehmen; zum anderen war er bestrebt, seinen Mithäftlingen durch Verkündung des Evangeliums Trost und gleichzeitig Mut zum Ausharren zu geben. Deshalb rief er fortlaufend aus seinem Zellenfenster den auf dem Appellplatz angetretenen Häftlingen Worte der Bibel zu und unterrichtete sie von den selbst miterlebten Untaten des Angeschuldigten. Er kam hierbei indessen nie weit. Kaum hatte er seine Stimme erhoben, als auch schon jeweils *Sommer* in seine Zelle stürzte, ihn mit tierischem Gebrüll vom Fenstergitter wegriss, mit Fäusten und Fußtritten traktierte und mit Peitsche und Ochsenziemer zusammenschlug, eine Behandlung, die er ihm im Übrigen auch ohne solchen vorbezeichneten Anlass wiederholt angedeihen ließ. Mehrmals kettete er den Pfarrer in nacktem Zustand an die Dampfheizung, einmal auch fesselte er ihn – nach dessen eigenen Angaben gegenüber dem Arztschreiber *Poller* – zwei Wochen lang ununterbrochen Tag und Nacht in Kreuzigungsstellung. Dieses Martyrium währte mehr als ein Jahr. Als man dann seine Liquidierung offensichtlich schon beschlossen hatte, wurde er mit starken Kreislaufstörungen und schweren blutigen Verletzungen im Gesicht und am ganzen Körper mehrmals von *Sommer* aus dem Bunker zum Revier[775] zur Wundbehandlung geführt, da man sich

775 Revier = Krankenrevier am Nordrand des Lagers hinter den Baracken im Wald; P. Schneider hat dort niemals stationär gelegen, wurde nur vor seiner Ermordung einige Male den weiten Weg dorthin geführt.

begreiflicherweise scheute, bei der geplanten – und später tatsächlich durchgeführten – offiziellen Leichenfeierlichkeit als einer Scheinheiligkeit par excellence die Verletzungen den geladenen Angehörigen des Opfers sichtbar werden zu lassen. Die Ermordung *Schneiders* führte der SS-Lagerarzt *Dr. Ding-Schuler* mittels Injizieren einer Überdosis Strophanthin im Revier durch; ob *Sommer* seine Hand hierbei aktiv im Spiel hatte, lässt sich nicht mehr mit Sicherheit eruieren. Indessen hatte der Angeschuldigte noch vorher von ihm im Bunker die Unterschrift unter einen Revers verlangt, dass er nie von ihm misshandelt worden sei, als *Schneider* das verweigerte, suchte *Sommer* die Erklärung durch körperliche Folterung zu erpressen, blieb jedoch auch damit erfolglos, da der Pfarrer entgegnete, er tue das nicht, denn er werde ja gerade eben wieder misshandelt.«[776]

In der täglich angefertigten abendlichen Veränderungsmeldung des KL Buchenwald vom 18. Juli 1939 ist Paul Schneider unter den sechs »Abgängen« verzeichnet. Zusätzlich findet sich ganz unten die Notiz: »Bemerkung: Der Schutzhäftling Nr. 2491 Schneider, Paul, geb. 29.8.97, ist verstorben.«[777]

Von der ungewöhnlichen und nur ein einziges Mal stattgefundenen Aufbahrung eines Häftlings schreibt *Kurt Vorberger*[778] Folgendes und bestätigt damit die von Frau Schneider geschilderten Vorgänge (vgl. S. 389f): »Ich war damals in dem Arbeitskommando ›Lagerelektriker‹. Innerhalb dieses Arbeitskommandos hatten drei Häftlinge die Aufgabe, sämtliche Feuerlöschgeräte und sonstige Brandschutzeinrichtungen in ihrer Vollständigkeit und Einsatzfähigkeit zu überprüfen

776 Veröffentlicht in: KZ-Verbrechen vor Deutschen Gerichten, Hg. H. G. van Dam und Ralph Giordano, Europäische Verlagsanstalt, Frankfurt/M. 1962; S. 57/58.

777 Veränderungsmeldungen K. L. Buchenwald, Arolsen Archives (ehem. ITS), Bad Arolsen.

778 Kurt Vorberger (1911–1991), Häftl.-Nr. 3125, in KL-Bu 21.07.1938–11.04.1945 befreit; zitiert aus einem Brief an die CDU in Berlin vom 31.05.1974; BWA 31/37.

und zu erhalten. Das unter anderem dazugehörige Feuerwehrauto mit Zubehör war in einer der Kommandanturgaragen auf dem Carachoweg untergebracht. Diese Garage war im rechten Winkel zu der Garage gelegen, in welcher Pfarrer Schneider nach seinem Tode aufgebahrt wurde. Das geschah, weil es den Angehörigen des Pfarrers Schneider gestattet worden war, den Toten noch einmal zu sehen. Woher ich das wusste, weiß ich nicht mehr, mindestens aber inoffiziell als Gerücht. Das genügte mir, mich an diesem Tage in der Garage aufzuhalten, wo das Feuerwehrauto stand, um von dort aus zu beobachten, wie sich die SS gegenüber den Angehörigen des Pfarrers Schneider verhalten würde, denn es war gewiss, dass der Tote durch die unmenschlichen Schläge Schwielen und blutunterlaufene Körperstellen haben musste. Durch wiederholtes Ein- und Ausgehen von SS-Offizieren wurde ich auf die o.g. Garage aufmerksam und konnte durch das Öffnen und nicht immer ganz Schließen des Garagentors den Toten geradezu frappierend feierlich in einem Sarg aufgebahrt sehen. Das bezieht sich allerdings nur auf die Bettung des Toten und die äußere Aufmachung des Sarges, denn ich konnte trotz der kurzen Entfernung von vielleicht 15 bis 20 Metern Einzelheiten nicht erkennen, zumal die Garagentür nicht ganz offen war. Genau gesehen habe ich jedoch, wie zwei oder drei Zivilisten in die Garage geführt wurden und diesen mit Händedruck vom Lagerkommandanten Koch das Beileid ausgesprochen wurde. Was gesprochen wurde, konnte ich ebenfalls nicht hören bzw. verstehen, dennoch war ich über soviel niederträchtige und unverfrorene Gemeinheit so empört, dass ich dieses Lagererlebnis nie vergessen werde, weil der Lagerkommandant für die systematische Ermordung des Pfarrers Schneider genauso mitschuldig ist wie der Hauptscharführer Sommer.«

Frau Schneider berichtet nicht nur vom Abholen ihres toten Mannes im KL Buchenwald, sondern auch von der Heimfahrt, dass das Auto vor der Kreisstadt Simmern von der Polizei/Gestapo gestoppt wurde. Entgegen den Versicherungen der

Lagerleitung von Buchenwald durfte der Sarg bis zur Beerdigung nicht in der Dickenschieder Kirche stehen, sondern musste in das Krankenhaus nach Simmern gebracht werden (vgl. S. 391).

Was Frau Schneider nicht erfuhr, teilte die Tochter des damaligen Pfarrers Hans-Ludwig Bote, Edelgard Bote Posern, 1997 mit: Der siebenfach versiegelte Sarg musste in der Kapelle des evangelischen Krankenhauses stehen und wurde von zwei Polizisten aus Simmern bewacht. Pfarrer Bote, der im Vorstand des Krankenhauses war, und sich über den »Zustand des Toten« orientieren wollte, gelang es zusammen mit der Oberin, Schwester Käthe, die beiden einheimischen Polizisten dazu zu bringen, »... diese Aktion zuzulassen und nichts weiterzuleiten. Das war ein ungeheuerlicher Ungehorsam und alle haben viel riskiert dabei. Deswegen gibt es darüber auch keine Aufzeichnungen.« Die beiden Posten haben nachts die Kapelle für eine Weile verlassen. Dann »... haben mein Vater und andere mit Hilfe von Schwester Käthe den Sarg geöffnet und konnten den schrecklich misshandelten Körper von Paul Schneider sehen und wussten daher genau, was mit ihm geschehen war. Es war alles entsetzlich traurig.«[779]

779 Siehe dazu S. 390/391 und FN 652, der Briefwechsel von 1997 zwischen Edelgard Bote Posern und Elsa-Ulrike Ross befindet sich im Archiv der Pfarrer-Paul-Schneider-Gesellschaft e.V. in Weimar.

Weitere evangelische und katholische Christen im KL Buchenwald

Bekannt und aktenkundig ist, dass speziell aus der **Bekennenden Kirche** außer Pfarrer Schneider noch zwei weitere aktive Männer zeitweilig in Buchenwald inhaftiert waren: der Notariatspraktikant und spätere Notar *Alfred Leikam* (1915–1992) aus Korb wurde wegen seines offenen Widerstandes und oppositioneller Flugblätter am 5. Februar 1938 verhaftet und am 5. November 1938 vom KL Welzheim aus nach Buchenwald überstellt. Nach fünf Jahren wurde er am 9. November 1943 wieder entlassen.

Wegen Verweigerung des Treueides auf Hitler und Wehrdienstverweigerung wurde der Justizbeamte Dr. jur. *Martin Gauger* (1905–1941) aus Wuppertal-Elberfeld am 12. Juni 1941 nach Buchenwald gebracht, Häftl.-Nr. 4953; von dort aus am 14. Juli 1941 in die Tötungsanstalt Pirna-Sonnenstein weitergeschickt und dort – sehr wahrscheinlich noch am selben Tag – vergast, auch wenn offiziell ein späteres Todesdatum angegeben worden ist.

In großer Zahl waren **katholische Geistliche**, Ordensmänner und Laien in Buchenwald inhaftiert. Am 26. September 1939 zusammen mit anderen Priestern vom KL Dachau nach Buchenwald überstellt, wurde am 30. Mai 1940 – ein Jahr nach Pfarrer Schneider – der österreichische Pfarrer *Otto Neururer* (1882–1940), Häftl.-Nr. 4757, von Bunkerchef Martin Sommer durch Aufhängen an den Füßen ermordet, weil er einen Mithäftling heimlich getauft hatte. Dafür wurde er 1996 von Papst Johannes Paul II. als Märtyrer seliggesprochen. Sein befreundeter Amtsbruder, Pfarrer *Matthias Spanlang* (1887–1940), Häftl.-Nr. 1667, der als Taufzeuge anwesend war, wurde genauso grausam wie Otto Neururer, am 5. Juni 1940 ums Leben gebracht.

Der vom 16. November 1938 bis zu seiner Entlassung genau nach zwei Jahren am 16. November 1940 im KL Buchenwald gefangene österreichische Priester und Redakteur *Leonhard*

Steinwender (1889–1961), Häftl.-Nr. 3194, schrieb bereits 1946 über seine Buchenwald-Erfahrungen das Buch »Christus im Konzentrationslager«, in dem er auch ein Kapitel Paul Schneider widmete (vgl. S. 356ff).

Weil das KL Dachau 1939/40 als Ausbildungslager für die Waffen-SS benötigt wurde, verlegte man vorübergehend alle Häftlinge. So kamen jeweils 1939 und 1940 größere Gruppen von Priestern nach Buchenwald, von denen die meisten Ende Dezember 1940 nach Dachau zurücktransportiert wurden.

Dazu kamen weitere Geistliche aus den von Deutschen besetzten Gebieten: so nach Kriegsbeginn 20 tschechische Priester und 56 polnische Militärgeistliche; im November 1944 wurden 57 ausländische Geistliche registriert, darunter tschechische, belgische und französische Pfarrer aus der Widerstandsbewegung, dabei auch einige evangelische Pfarrer. Man geht davon aus, dass mehrere hundert Priester im Laufe der Jahre in Buchenwald inhaftiert gewesen sind.

Eine besondere Stellung in Buchenwald nahmen die **Sonderhäftlinge** des Reichssicherhauptamtes Berlin ein, die getrennt und unter anderen Bedingungen (bessere Behandlung und Essen, ohne Arbeit und Prügel) gefangen gehalten wurden. Zu ihnen gehörten auch 20 Gestapo-Häftlinge aus dem Gefängnis in der Prinz-Albrecht-Straße in Berlin, die ab 24. Februar 1945 für zwei Monate im Keller einer Buchenwald-SS-Kaserne vorübergehend interniert wurden. In dieser Gruppe befanden sich auch der evangelische Theologe *Dietrich Bonhoeffer* (geb. 1906) und der Chef des Heeresarchives, der auch Dr. der Theologie war, General *Friedrich von Rabenau* (geb. 1884). Beide wurden in dieselbe kleine Kellerzelle eingesperrt und anschließend im KL Flossenbürg (Bayern) erhängt: Bonhoeffer am 9. April und von Rabenau vermutlich am 14. April 1945.

Dokumente aus dem Konzentrationslager über Paul Schneider

W. Wachtürme
L. Latrinen

1 Lagertor
2 Arrestbau
3 Juden-Sonderlager 1938
5 Judenrevier
6 Typhus-Kranke
7 Strumpf-stopferei
8 Effekten-kammer
9 Häftlingsküche
10 Bad
11 Effekten-kammer im Bau
12 Werkstätten
13 Kranken-revier
21 Tiergarten für SS-Leute

G. Gärtnerei

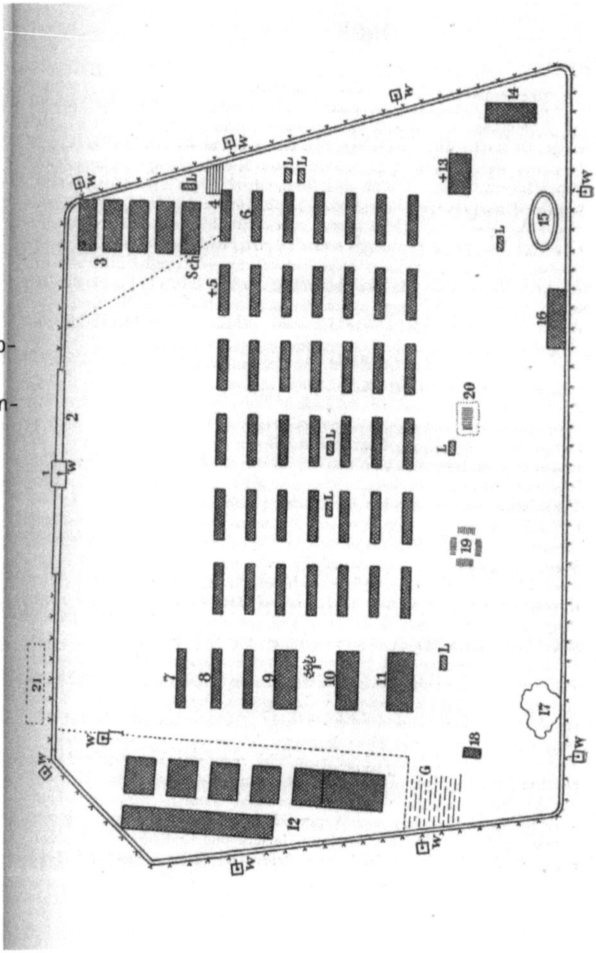

Plan des Konzentrationslagers Buchenwald: Aus der Erinnerung des Häftlings Julius Freund 1946 gezeichnete Skizze des eigentlichen Häftlingslagers ohne SS-Bereich im Zustand von 1938 mit jüdischem Sonderlager. Die Skizze entspricht nicht exakt der tatsächlichen Anlage.

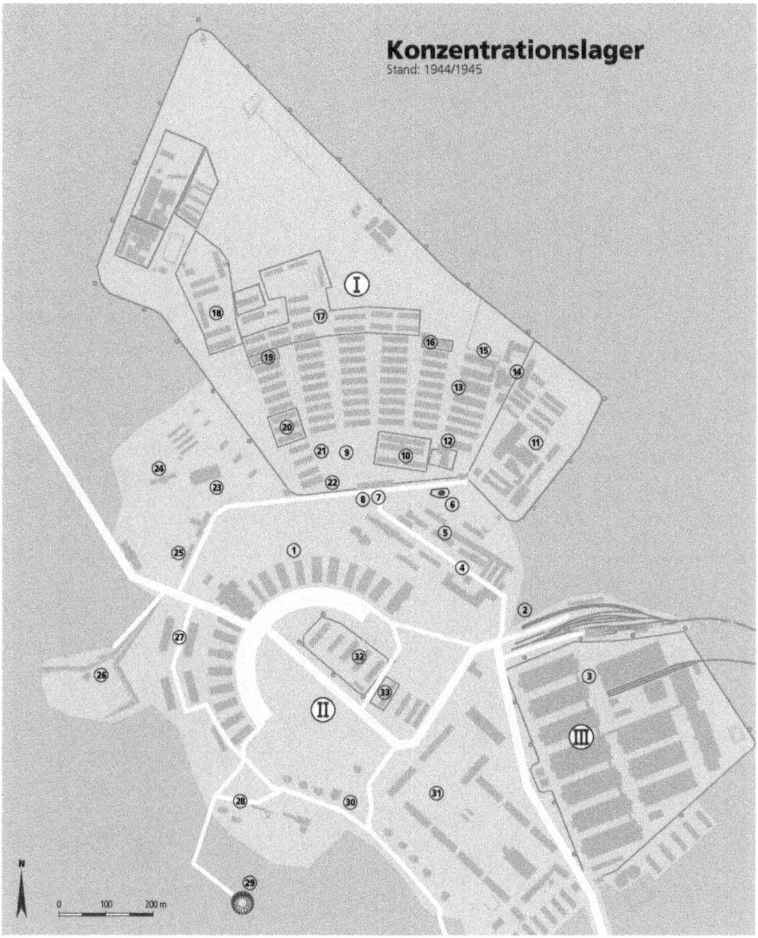

I Häftlingslager
II SS-Bereich
III Produktion

1 SS-Kasernen
2 Bahnhof Buchenwald
3 Gustloff-Werke
4 „Carachoweg"
5 Kommandanturbereich
6 Zoologischer Garten
7 Lagertor
8 Arrestzellenbau
9 Appellplatz
10 Werkstätten
11 Deutsche Ausrüstungswerke (DAW)
12 Krematorium
13 „Goethe-Eiche"
14 Desinfektionsgebäude
15 Effektenkammer
16 Block 50. Hygiene-Institut der Waffen-SS
17 „Kleines Lager"
18 Häftlingskrankenbau
19 Block 46. Fleckfieberversuchsstation
20 Sonderlager für sowjetische Kriegsgefangene
21 Werkstätten, zuvor Sonderlager Novemberpogrom 1938
22 Häftlingskantine
23 SS-Reithalle
24 Pferdestall (Erschießungsort sowjetischer Kriegsgefangener)
25 SS-Musikzug
26 Steinbruch
27 SS-Truppenkasernen
28 SS-Falkenhof
29 Aschegrab 1944/45
30 SS-Führersiedlung
31 SS-Truppengaragen
32 Sonderlager Fichtenhain
33 Isolierbaracke

Gesamtplan des Konzentrationslagers Buchenwald von 1944/1945.

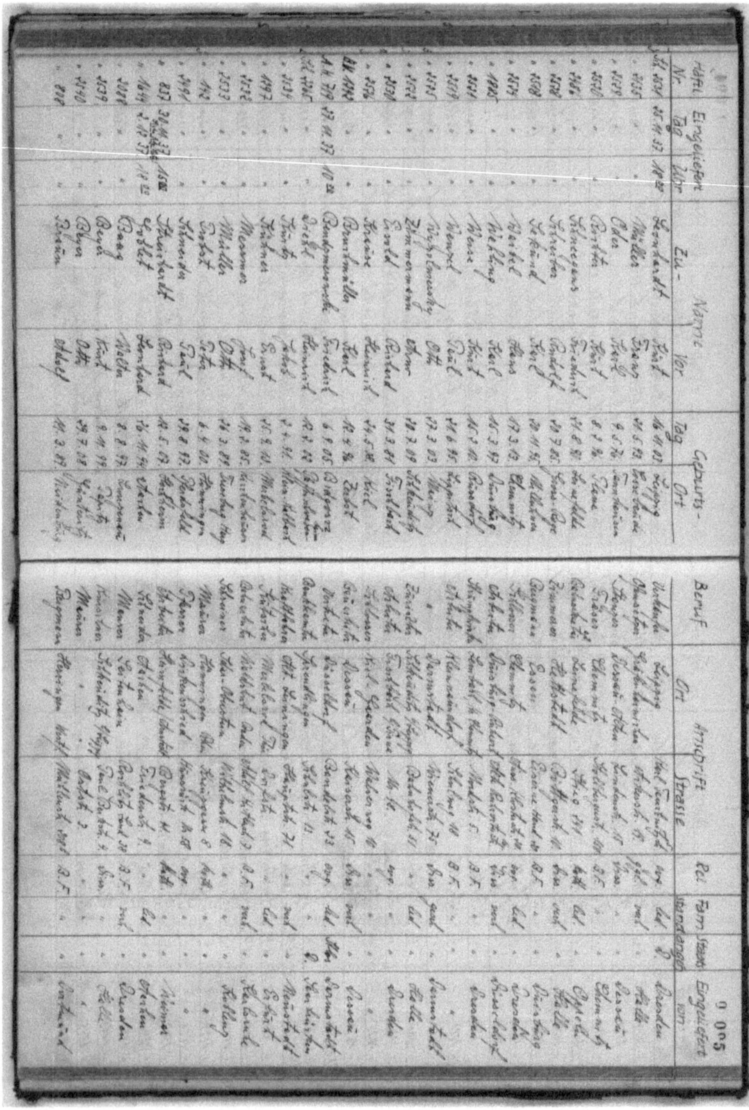

Registrierung des Schutzhäftlings Paul Schneider (siebenter von unten) im Buchenwald-Einlieferungsbuch am Sonnabend, dem 27. November 1937, am Tag vor dem 1. Advent.

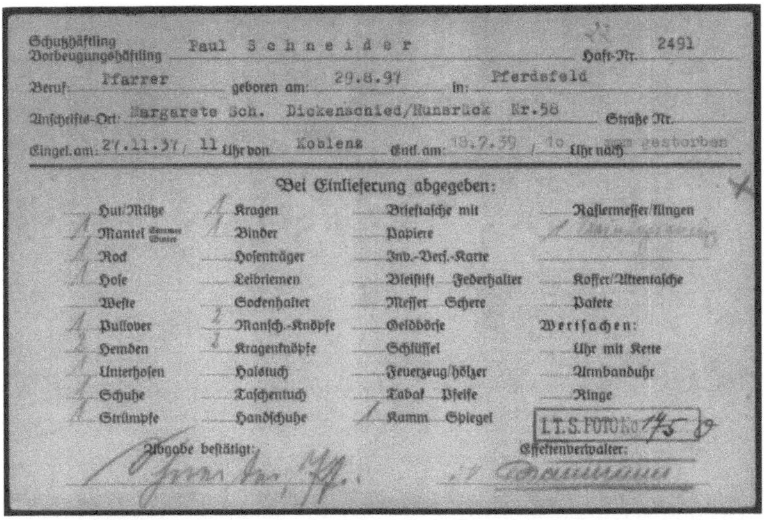

Schutzhäftling
Vorbeugungshäftling Paul Schneider Haft-Nr. 2491

Beruf: Pfarrer geboren am: 29.8.97 in: Pferdsfeld

Anschrifts-Ort: Margarete Sch. Dickenschied/Hunsrück Nr.58 Straße Nr.

Eingel. am: 27.11.37, 11 Uhr von Koblenz Entl. am: 18.7.39, 10 Uhr nach gestorben

Bei Einlieferung abgegeben:

Hut/Mütze	1 Kragen	Brieftasche mit	Rasiermesser/Klingen
1 Mantel Sommer Winter	1 Binder	Papiere	
1 Rock	Hosenträger	Inv.-Vers.-Karte	
1 Hose	Leibriemen	Bleistift Federhalter	Koffer/Aktentasche
Weste	Sockenhalter	Messer Schere	Pakete
1 Pullover	2 Mansch.-Knöpfe	Geldbörse	Wertsachen:
1 Hemden	1 Kragenknöpfe	Schlüssel	Uhr mit Kette
1 Unterhosen	Halstuch	Feuerzeug/hölzer	Armbanduhr
1 Schuhe	Taschentuch	Tabak Pfeife	Ringe
1 Strümpfe	Handschuhe	1 Kamm Spiegel	

I.T.S. FOTO No. 175

Abgabe bestätigt: Effektenverwalter:

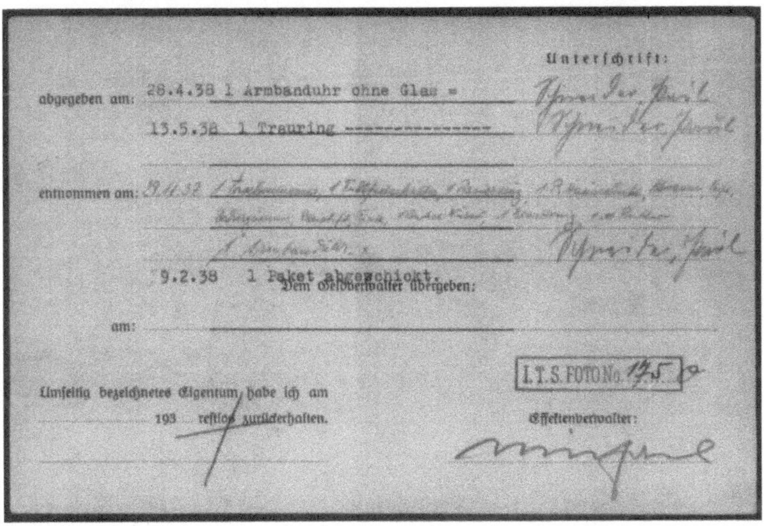

Unterschrift:

abgegeben am: 28.4.38 1 Armbanduhr ohne Glas =

13.5.38 1 Trauring

entnommen am:

9.2.38 1 Paket abgeschickt.

Dem Geldverwalter übergeben:

am:

I.T.S. FOTO No. 175

Umseitig bezeichnetes Eigentum habe ich am 193 restlos zurückerhalten.

Effektenverwalter:

Auflistung der Abgabe von persönlichem Hab und Gut Paul Schneiders an die Effektenkammer bei seiner Einlieferung in das Konzentrationslager Buchenwald auf der Vorderseite der Karteikarte und weiterer Verbleib auf der Rückseite.

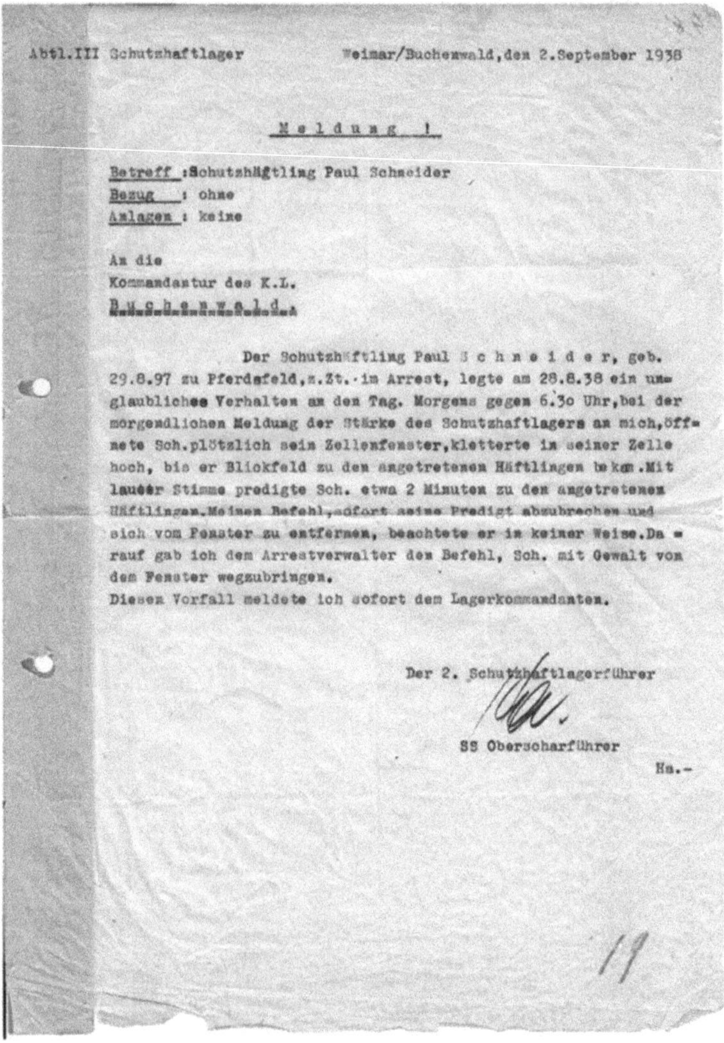

Abtl.III Schutzhaftlager Weimar/Buchenwald,den 2.September 1938

Meldung !

Betreff :Schutzhäftling Paul Schneider
Bezug : ohne
Anlagen : keine

An die
Kommandantur des K.L.
B u c h e n w a l d .

Der Schutzhäftling Paul S c h n e i d e r, geb. 29.8.97 zu Pferdsfeld,z.Zt. im Arrest, legte am 28.8.38 ein unglaubliches Verhalten an den Tag. Morgens gegen 6.3o Uhr,bei der morgendlichen Meldung der Stärke des Schutzhaftlagers an mich,öffnete Sch.plötzlich sein Zellenfenster,kletterte in seiner Zelle hoch, bis er Blickfeld zu den angetretenen Häftlingen bekam.Mit lauter Stimme predigte Sch. etwa 2 Minuten zu den angetretenen Häftlingen.Meinen Befehl,sofort seine Predigt abzubrechen und sich vom Fenster zu entfernen, beachtete er in keiner Weise.Darauf gab ich dem Arrestverwalter den Befehl, Sch. mit Gewalt von dem Fenster wegzubringen.
Diesen Vorfall meldete ich sofort dem Lagerkommandanten.

Der 2. Schutzhaftlagerführer

SS Oberscharführer

Hn.-

SS-Meldung 1938 über das allererste Predigen Paul Schneiders aus dem Zellenfenster hinaus, während die Häftlinge zur morgendlichen Zählung auf dem Appellplatz vor dem Arrestzellenbau antreten mussten. Der Sonntag, 28. August 1938, war der Tag vor seinem letzten Geburtstag.

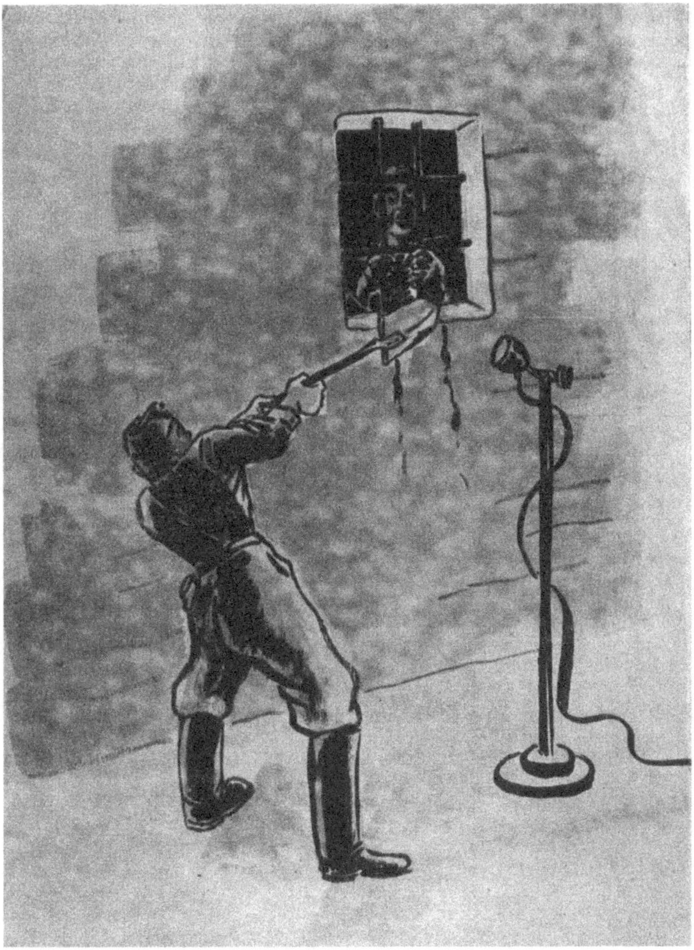

»›Harret aus, Brüder, in diesem Kampf! Gott gibt euch die Kraft, vertraut auf ihn, nicht auf Hitler!‹ ... bis zum Skelett verdorrte Finger klammerten sich an das eiserne Kreuz des Arrestfensters. Es war P. Schneider, der sich hier mit seiner letzten Kraft festhielt ... Da erfasste der Kommandant Rödl eine Schaufel ... und schlug damit auf das Fensterkreuz nach den Händen ... Blutstropfen kamen aus den Fingern und rannen über die Mauer langsam zur Erde ...«

Bericht des Häftlings Julius Freund (vgl. S. 466f)

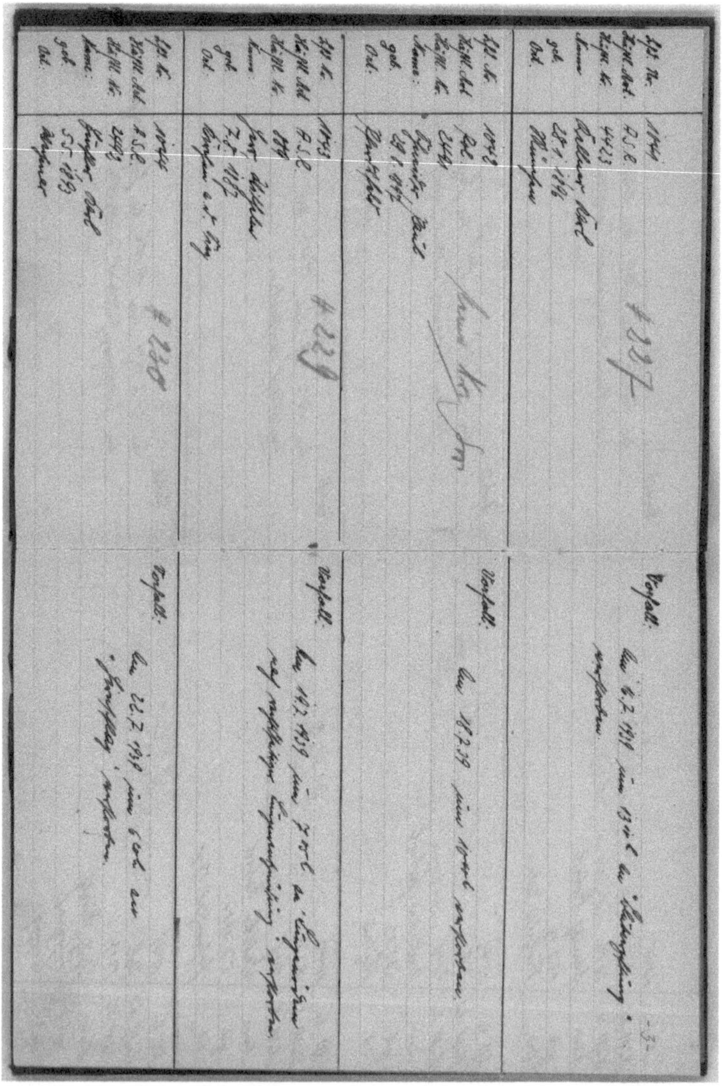

Totenbuch des Konzentrationslagers Buchenwald mit der Eintragung von Paul Schneiders Tod am 18. Juli 1937 ohne Angabe der laufenden Nummer und einer sonst üblichen – meist erfundenen – Mitteilung der Todesursache.

Erstmalig veröffentlichte Briefe von dem Ehepaar Schneider an Verwandte und Freunde 1933-1940

Einleitung von Karl Adolf Schneider

Auf den nachfolgenden Seiten werden Auszüge aus Briefen meiner Eltern Margarete und Paul Schneider aus der Zeit von 1933 bis 1940 erstmals veröffentlicht.

Die meisten Briefe sind an Martha und Erich Girolstein gerichtet. Sie stammen aus deren Nachlass. Sie starben im Alter von 92 und 94 Jahren 1984 und 1990 in ihrem Alterssitz in Konstanz. Ihre Tochter Ursula Girolstein hat mir die Briefe kurz vor ihrem Tod (2019, mit 94 Jahren) übergeben.

Die hier abgedruckten Dokumente sind eine kleine Auswahl aus über 80 Briefen, die meine Eltern in der Zeit von 1933 bis 1940 ihren Freunden geschrieben haben. Sie geben einen tiefen Einblick in die Probleme und das Leben in dieser Zeit mit ihren Sorgen. Leider sind die Briefe in umgekehrter Richtung dem Bombenangriff auf Wuppertal-Elberfeld 1943 zum Opfer gefallen, sodass wir uns die Antworten dazu denken müssen.

Die beiden Ehepaare haben sich in einem Wetzlarer Singkreis kennengelernt. Daraus entstand eine lebenslange Freundschaft. Erich Girolstein war Lehrer, zuletzt Rektor. Er hat sich im Sonderschulwesen sehr verdient gemacht und war Mitbegründer der »Lebenshilfe«. Er war stark engagiert in der Kirche und hielt während des Dritten Reichs zur Bekennenden Kirche. Er wurde hoch geehrt. Eine Schule in Wetzlar trägt seinen Namen und er erhielt das Bundesverdienstkreuz.

Ich hatte eine besondere Beziehung zu den Eltern Girolstein. Sie wurden 1935 meine Pateneltern und ich habe während meiner Ausbildung von 1951 bis 1954 bei den Optischen Werken Ernst Leitz in Wetzlar bei ihnen wohnen dürfen. Mit großer Dankbarkeit behalte ich sie, ihre Liebe und ihre Unterstützung auf meinem Werdegang in Erinnerung.

Der Brief meines Vaters vom 28. September 1937 (kurz vor seiner letzten Verhaftung) mit der Bekräftigung seines Entschlusses, trotz Verbot in seine Gemeinden zurückzukehren, geht an Hermann Walter Schneider (* 1865) und seine Frau Julie. Er war der jüngste Bruder meines Großvaters aus dritter Ehe. Von 1901 bis 1925 war er Pfarrer in Dickenschied, daher kannte mein Vater die Verhältnisse dort gut. Der Brief wurde erst kürzlich von einer Enkelin im Nachlass von Julie Schneider entdeckt.

Den Brief vom 1. November 1937 aus der letzten Haft in Koblenz vor dem Abtransport meines Vaters ins KZ Buchenwald, den er an meine damals 8-jährige Schwester schrieb, hat Evmarie (heute 90-jährig) erstmalig 2019 in der Koblenzer Hoffnungskirche bei einem Interview mit Jugendlichen öffentlich vorgelesen.

Das Lesen dieser Briefe ergänzt diese wertvolle Biografie auf schöne Art und Weise. Zeugen sie doch von dem Menschen Paul Schneider und den Freundschaften, die er pflegte.

Leider hat meine Mutter Margarete Schneider die erweiterte Auflage des »Predigers von Buchenwald« von 2009 durch Elsa-Ulrike Ross und Paul Dieterich nicht mehr erlebt. Sie war mit den beiden Autoren sehr eng verbunden und vertraut; sie hätte sich über diese akribische und von Verehrung getragene, selbstlose Arbeit der beiden Autoren sehr gefreut und für die Zusammenhänge klärenden Ergänzungen anerkennend gedankt.

An ihrer Stelle danke ich Elsa-Ulrike Ross und Paul Dieterich, auch im Namen meiner noch lebenden Geschwister, für ihren unermüdlichen Einsatz am Wachhalten des Gedächtnisses an meinen Vater und seines Vermächtnisses herzlich.

Karl Adolf Schneider
Dickenschied, im Januar 2021

Auszug aus einem Brief an Erich und Martha Girolstein, Wetzlar[780]

Dickenschied, den 14. 9. 1934

... Über die Synode Simmern sind neue Wetterwolken aufgezogen durch die Absetzung des gegen die neue Kirchenordnung für Rheinland und Westfalen und den ihre Einführung verfechtenden Dr. Forsthoff standhaft gebliebenen Superintendenten Gillmann in Simmern. Wir Bruderschaftspfarrer und der eine oder andere Pfarrer sonst noch und auch einige Presbyterien erkennen seine Absetzung nicht an. Der Assessor und auch der ... haben seine Vertretung abgelehnt. Die Folge war die Sperrung der Gehaltszuschüsse durch das Konsistorium im Einvernehmen mit dem Regierungspräsidenten. Wir sind entschlossen durchzuhalten und sind dabei, uns in den Gemeinden auf die veränderten Verhältnisse umzustellen. Vorläufig hat es noch keine Not. Eine in dieser Woche nach Simmern einberufene Zusammenkunft der Pfarrer, Presbyter und Gemeindeverordneten wurde durch die geheime Staatspolizei verboten. – So sind wir hier auf dem armen Hunsrück in die vordere Linie des Kirchenkampfes gerückt, und das ist uns eine Ehre.

Ihr in der Synode Wetzlar und in ihren Gemeinden habt offenbar noch guten Frieden – oder ist es ein fauler Friede? Manchmal ist es mir leid, dass ich nicht als Sprengpulver in Hochelheim sitzen bleiben durfte. Wäre nur die Gemeinde ein wenig standhafter gewesen! Aber Gott wird schon dafür sorgen, dass auch bei Euch eines Tages die Sache zum Klappen kommt. ... Ihr müsst etwas tun, dass die Synode Wetzlar hellwach wird gegen die mit »groß Macht und viel List« gerüsteten Methoden der Reichskirchenregierung und ihrer Beauftragten ...

---

780 Briefauszug passt zu den Erzählungen im Text auf S. 179.

Auszug aus einem Brief an Erich und Martha Girolstein[781]

Dickenschied, den 2.9.1936

... Ich kann, lieber Erich, Deinem Verzichtgedanken betreffs der Bekenntnisschule nicht zustimmen. Ja, wenn es möglich wäre, dass unterdes etwas Neutrales an deren Stelle träte. Aber das ist ja nicht möglich. Der Staat kann nicht schlechthin zu sich und für sich erziehen, er kann und wird das nur unter dem Vorzeichen völkischer Religiosität, wenn er der Grundlage mit Bibel und konfessioneller Haltung und der Zusammenarbeit von Schule und Kirche nicht mehr Raum gibt. Wer sagt auch, dass die Schule dem Staat gehört?! Der totale Staat und seine Erziehungsabsicht ist dann der antichristliche Staat und wir sind, ob wir es wollen oder nicht, gefordert zu widerstehen. Schon hat in der evangelischen Schule, die hier nach Gesetz und Recht noch besteht, der Lehrer Gebete vor und nach der Schule eingeführt, die keine Spur christlich oder evangelisch sind. Es sind Aftergebete, Missbrauch des Gebetes zu politischer und völkischer Propaganda, scharf gesagt: Gotteslästerung. So kann man nicht beten, und wir dürfen es als christliche Eltern nicht zulassen, dass unsere Kinder so beten gelehrt werden, dazu die Hände falten und fromme Haltung einnehmen. – Sowenig wir um die alte Kirche kämpfen, so wenig kämpfen wir freilich auch um eine alte Schule, sondern nur unter der Losung Bekenntnisschule für Schulen, die wirklich diesen Namen verdienen. Jetzt gilt es nicht, das bankrotte Firmenschild aufzugeben – wir haben es auch in der Kirche nicht getan –, sondern den Zwangsvergleich und das Entschuldungsverfahren einzuleiten. Lasst uns von den Kindern der Welt lernen, die klüger sind in ihrem Geschäft als die Kinder des Lichts. »Vorwärts und niemals rückwärts«, heißt die Losung des Evangeliums und der unter seinem Banner streitenden Kirche. Kein Einsatz darf uns für unsere Kinder, ihre Seelen und ihr ewiges Heil zu schade sein, sonst wären wir

781 Briefauszug passt zu den Erzählungen im Text auf S. 204.

nicht wert, dass Gott sie uns gab und wir sie im Namen des dreieinigen Gottes taufen durften und Gott sie aufgenommen hat in die Zahl der zum Leben Berufenen. Es soll nur keiner denken, auf irgendeinem Gebiet mit einem Kompromisswege mit einem Vergleich mit der Welt und den Mächten dieser Welt, die doch gerichtete Mächte sind, durchzukommen. Auch das Evangelium erhebt den Totalitätsanspruch, und nicht erst seit gestern, und wir sind gefragt, wessen Totalitätsanspruch uns mehr gilt. Ich meinerseits kann nicht glauben an das friedliche Nebeneinander von christlicher und völkischer Erziehung, und die führenden Leute auf der anderen Seite glauben auch nicht dran. Darum wollen wir uns des uns angebotenen und aufgetragenen Kampfes, den wir nicht gesucht haben, nicht verweigern und »mutig drein und nimmer bleich, denn Gott ist allenthalben«. Ihr wisst selber, wie es weiter heißt (»Die Freiheit und das Himmelreich gewinnen keine Halben.« Ernst Moritz Arndt). …

Auszug aus einem Brief an Erich und Martha Girolstein[782]

Simmern, den 12. 4. 1937

Liebe Freunde!

… dann will die Bude hier (im Krankenhaus) zu klein sein. Das ist dann ein fröhlicher Betrieb.

Natürlich gibt es auch andere, die triumphieren jetzt in der Gemeinde, gehen nur mir zum Ärger jetzt in die Kirche, wenn andere Pfarrer predigen. Was tut es, wenn sie nur auf diese Weise das Evangelium noch einmal hören. Die Lage in den Gemeinden ist sehr gespannt, weil wir gerade dabei sind, eine ernsthafte christliche Bußzucht zu erneuern in unseren Gemeinden. Nun gibt Gott uns Zeit, dass wir uns leichter und besser damit abfinden sollen.

Andere sagen, das sei ein Gottesgericht für den Pfarrer, und wünschen mir lieber noch einen Hals- als einen Beinbruch. Ein

782 Briefauszug passt zu den Erzählungen im Text auf S. 231.

Gottesgericht ist es sicher auch für mich, aber sicher auch für die ganze Gemeinde zur Warnung, und es ist Zeit, dass anfange das Gericht am Hause Gottes usw. So wie es auch mit dem Gerichtstag unserer Kirche im Großen ist, dass wir nur im Gericht Gottes Gnade preisen lernen!

Auch Gretel müsst Ihr meines Unfalls wegen nicht bedauern. Die hatte immer schon so etwas kommen sehen. Ihrer Sorge und Unruhe, die sie hatte, weil ich in letzter Zeit fast jeden Abend auswärts Gemeindeveranstaltungen hielt, von denen ich dann spät in der Nacht heimkam, sind so eine für Gretel ganz angenehme Entspannung. Jetzt war ich doch hinter der Front in Sicherheit vor dem Hass vieler Feinde. So wollen wir dankbar die Ruhepausen im Kampf annehmen als Stärkung für spätere Zeit. Die Brüder springen treulich ein. Einmal hatten wir in meinem Zimmer ein Treffen im kleinen Kreis.

Doch nun genug ...

Auszug aus einem Brief an Walter und Julie Schneider[783]

Eschbach, den 28. 9. 1937

Lieber Onkel und liebe Tante!

Noch verspätet danke ich Euch herzlich für Eure Glückwünsche zum Geburtstag und dass Ihr meiner gedacht habt, zumal das leider nicht auf Gegenseitigkeit beruht. Ich bin froh, dass unser unruhiges Leben mir in etwa einen Freibrief gibt zum Vergessen von Geburtstagen usw.

Seit 28. 8. bin ich ja schon hier in Eschbach und vertrete seit 9. 9. einen Freund, der im Urlaub ist. Sophie mit den drei Großen war einmal 8 Tage bei mir, ich ging dann zum Pfarrertag d. B. K. nach Frankfurt und machte bald anschließend meine Besuchsreise. Nun ist Gretel mit den zwei kleinen Trabanten bei mir. Ernstchen musste zu Hause bleiben. Ich bin froh, dass ich meine Lieben noch einmal in Frieden bei mir haben und schöne

---

783 Briefauszug passt zu den Erzählungen im Text auf S. 270.

Tage der Gemeinsamkeit mit Frau u. Kindern hier in Eschbach haben durfte vor der ungewissen Zukunft, die unserer wartet.

In die Ausweisung aus dem Rheinland kann und darf ich mich nicht fügen. Ich will zurückkehren in aller Bälde. Denkt bitte auch an meine Lieben und mich. Gottes Macht und Gottes Wille geht ja über allen Machtwillen der Menschen. Wir müssen heute an unserem armen schwachen Teil sichtbar machen, dass ein lebendiger Gott ist, der allein zu fürchten ist, und dass es auf dieser armen Erde alleine lohnt, nach seinem unbeweglichen ewigen Reiche (zu) trachten. Auch wird und soll ja noch deutlich werden, wo alleine die wahre Kirche Jesu Christi ist und wo nicht, wenn es auch Satan im Augenblick gelungen ist, neue Verwirrung in die Herzen vieler zu tragen und sie von dem klaren Weg d. B. K. abzuführen.

Nun Gott befohlen und herzliche Grüße
von Eurem Neffen Paul

Auszug aus einem Brief an Erich und Martha Girolstein[784]

Eschbach, den 29. 9. 1937

Liebe Freunde!

Habt Dank für Euren Kartengruß von heute Morgen. Schön, dass alles bei Euch gut gegangen war. Auch für uns war es ein Fest, dass wir mit Euch zusammen den Sonntag bei Gottesdienst und Spaziergang verleben durften. Habt vielen herzlichen Dank, dass Ihr Euren Besuch möglich gemacht habt.

Auch bei uns ging alles bisher gut. Wegen der Kollekte wurde ich noch nicht wieder behelligt. Vielleicht, dass man die Sache mit Bruder Weber gütlicher zu regeln hofft. – So haben wir am Montag ungestört einen schönen Spaziergang ans »hohe Eck« zum Waldrand gemacht und in der Nachmittagssonne gespielt und gelesen. Auf dem Rückweg fanden wir eine ganze Tasche

784 Edb.

voll Champignonpilze, die wir ja zum einen Mittag gar nicht alle essen konnten.

Gestern regnete es, da blieben wir zu Hause und schrieben und hörten die gewaltigen Reden in Berlin. Heute habe ich auch wieder geschrieben und bin gerade an der Abschrift des Briefes an die Reichskanzlei. Von Reif, Veldenz, kam ein sehr ermunternder Brief. Wenn ich nun von meiner rheinischen Kirchenleitung keine bestimmte Weisung bekomme, wird das »Unglück« wohl am Sonntag geschehen müssen. Wir wollen aber Gott vertrauen, dass das Unglück kein Unglück werde, sondern nach Gottes gnädiger und gewisser Verheißung zum Guten ausschlage …

In herzlicher Verbundenheit und Dankbarkeit grüße ich Euch und Eure Kinder

Eure Gretel und Paul

Brief an Erich und Martha Girolstein[785]

Kirchberg, den 4. 10. 1937

Liebe Freunde!

Heute habe ich nun wieder Zeit zum Schreiben. Einen halben Tag nicht ganz blieb meine Rückkehr unangefochten. Dann kamen die Polizisten gleich zu vieren, zwei nach Womrath, die mich dann auch dort vor dem Ort, leider vor dem Gottesdienst, ab D. nach 8 – unser Auto hatte sich verspätet – abfassten, zwei nach Dickenschied. Gleichwohl freue ich mich meiner Rückkehr unter dem guten Wort eines jungen Bruders für die Bruderschaft Hunsrück.

Nachher saßen wir gemütlich zusammen mit den Presbytern bei Kaffee und Kuchen, als ob es sich um eine festliche Einführung handle. Das war nicht recht. Ich hätte dann gleich weiter nach W. gemusst, wo ausgerechnet aus irgendeinem Grunde der Pfarrer ausgeblieben war.

Die neue Verhaftung war ja ziemlich sicher. Nun wollen wir halt die Zusammengehörigkeit von Pfarrer und Gemeinde wei-

785 Brief passt zu den Erzählungen im Text auf S. 283.

ter durchfechten. Am Freitag habe ich die lange Begründung meiner Rückkehr n. D. und des Ungehorsams gegen das Ausweisungsgebot an die hohen staatlichen Stellen abgeschickt und heute Morgen dem Bürgermeister als der Ortspolizeibehörde die Einschreibungsquittungen der Post übergeben mit der Bitte, womöglich einen Entscheid darüber abzuwarten.

So sitze ich wieder in Prison, aber vorläufig ganz gemütlich bei Vater Philipp Weber, wir kennen uns schon vom Frühjahr 1935. Da saß ich für 2 ½ Tage.

Nun war es schön, dass wir uns doch so reichlich sehen durften. Baden-Baden, Eschbach und die Wetzlarer Reise bedeuteten mir doch im Zusammensein oder auch kurzen Grüßen mit vielen lieben Menschen viel Stärkung. So weiß man, dass doch überall treue Herzen für Gottes Reichssache und unsere Kirche, seine werte Magd, schlagen, man weiß es, man ist nicht alleine. Neue Trübsale über die einen oder die anderen können die Gemeinschaft des Glaubens u. das Festhalten am Wort nur stärken.

Seid auch Ihr Gott befohlen auf dem Wege täglicher Anfechtung von außen und von innen, aber »es ist noch eine Ruhe vorhanden dem Volk Gottes«.

In Liebe und Dankbarkeit grüßt Euch und Eure Kinder

Euer Paul

Brief von Paul Schneider an seine Tochter Evmarie[786]

Koblenz, den 1. 11. 1937

Mein liebes Töchterchen!

Sicherlich bist Du mein gutes, munteres, einziges Mädchen. Hoffentlich bist Du neulich, wie Du am anderen Morgen wach wurdest, nicht zu sehr erschrocken, als sie den Vater wieder abgeholt hatten. Aber es war doch fein, dass wir an dem Tag wieder hatten beieinander sein können. Wir dürfen es schon

786 Brief passt zu den Erzählungen im Text auf S. 300.

vom lieben Gott erhoffen, dass er uns auch wieder viele schöne Tage miteinander schenkt, schon hier auf Erden und endlich in dem schönen Paradies, an das Du ja abends beim Beten immer denkst, das Gott allein denen bereitet hat, die ihn lieben.

Wenn wir ja zu Gott und dem lieben Heiland beten und glauben, dass wir durch sein teures Blut am Kreuz alle zu ihm in den Himmel kommen dürfen, können wir auch immer fröhlich sein, viel fröhlicher als die Leute, wo der Vater vielleicht nicht ins Gefängnis braucht, wo aber auch die Eltern und die Kinder nicht beten und nicht so recht an den lieben Heiland glauben. Wir haben es doch viel besser und schöner. Und wie schön ist es dann, wenn wir so eine Weile getrennt waren, wenn wir wieder zusammenkommen dürfen.

Ob Mutter Dir das Bildchen mit meiner Aussicht mitgebracht hat, das ich für Dich gezeichnet hatte? Ihr müsst gar nicht denken, dass der Vater es so schlimm gehabt hat, ich hatte ein so schönes friedliches Stübchen mit meinem Kastanienbaum und mit der Bibel, da kann der liebe Gott einem ganz nahe sein, und da kann man mit Gott so schön sprechen.

Auch die Menschen hier, die Polizisten, die Essensfrau, die mitgefangenen Kameraden, waren freundlich zu Eurem Vater. Denk nur, ein junger, 17-jähriger Italiener ist hier, der mag gar nicht mehr nach Italien zu seinem Vater, weil der so jähzornig ist und einen noch jüngeren Bruder von ihm totgestochen hat. Der war ohne Reisepass in Deutschland, darum haben sie ihn festgesetzt. So die meisten anderen auch. Sonst Böses haben sie nicht getan.

Nun freue ich mich, dass Ihr wieder einen Lehrer bekommen sollt. Habt ihn von vornherein recht lieb und betet, dass Ihr etwas Rechtes bei ihm lernt. Gib Dir nur rechte Mühe, mein kleines »Ichen«, dass das Lesen und Schreiben bald noch viel besser geht als bis jetzt.

Und nun leb wohl, mein liebes Kind, und lass Dich herzlich küssen von

Deinem lieben Vater

Auszug aus einem Brief von Gretel Schneider an Erich und Martha Girolstein[787]

Freitag, den 26. 11. 1937

Ihr lieben Freunde!

Verzeiht, dass Ihr lange keine Nachricht bekamt. Euer Brief, der gestern kam, zeigt mir, dass Ihr ahnt, welch schwere Tage wir hatten. Am Mittwoch bekam ich die Nachricht, dass Paul Donnerstagnachmittag ins K.lager nach Thür. käme. Ich ließ mich schnell hinfahren und konnte Paul dank Entgegenkommens noch einige Male sehen u. sprechen. Nun ist er seit gestern auf »Transport« mit anderen. Am Samstag werden sie anlangen.

Das sind dunkle Tage für ihn und für mich. Ihr wisst, um was ich mir von nun an schmerzliche Sorgen machen muss. Paul war der Abschied auch sehr schwer, doch war er zuletzt gefasst u. ich auch. Es wird schon so sein Weg sein. Betet, dass in diesem finstern Tal der gute Hirte bei ihm ist und er diesen Trost immer behält; was können ihm denn Menschen tun – er lebt und stirbt dem Herrn. Es wäre noch viel zu sagen!

In großer Betrübnis, aber doch getröstet

Eure Gretel

Nächste Woche wird wahrscheinlich Humburg hierherkommen …

Auszug aus einem Brief von Gretel Schneider an Erich und Martha Girolstein[788]

Dickenschied, den 22. 10. 1938

Ihr Lieben!

… von Adolf Bunke kam ein Brief hier an, er ist nun fest als Jurist bei der Bek. Kirche Ostpreußens angestellt. Seine Familie zieht zu ihm nach Königsberg, es hat ein Jahr gedauert, bis sie wieder in ein geregeltes Familienleben kamen, seit er aus dem KZ ist. Vor 14 Tagen war er bei der Taufe seines dritten Buben

787 Briefauszug passt zu den Erzählungen im Text auf S. 316.
788 Briefauszug passt zu den Erzählungen im Text auf S. 336.

in Glogau, wo seine Frau bis jetzt noch wohnte. – Auch von P. Scharf bekam ich eine Nachricht, die wichtig war; er ist auf meine Mitteilung hin, dass die Besuchserlaubnis nicht gewährt würde, kurz entschlossen von Berlin nach Buchenwald gefahren, und es ist ihm gelungen, den Lageradjutanten 15 Min. zu sprechen. Ein besonderes Strafverfahren läge nicht vor gegen Paul. Er hätte ihn erst kürzlich gesehen, es gehe ihm gesundheitlich gut, wegen der Annahme der Ausw. hätte er des Öfteren mit ihm gesprochen, mein Mann wäre ein »Fanatiker«. Scharf suchte ihm Pauls Beweggründe zu erklären, darauf meinte er, es lägen ja auch noch andere Vergehen (als die Kirchenzucht) vor. Darauf wies Scharf auf die Amnestie hin, da sagte der Herr: »Was ist Amnestie?« (Ich dachte beim Lesen an die Pilatusfrage.) Scharfs Eindrücke waren nicht gerade ungünstig, er hat uns nur das Objektive geschildert, alles andere möchte er Kemper mündlich sagen, wenn er nächstens nach Öhnhausen käme, wollte er sich mit K. treffen. Er ist wirklich ein treuer Mann, der sich mit Energie und Einsatz unserer Sache annimmt. Wie dankbar bin ich dafür!

Hier ist alles gesund …

Brief von Gretel Schneider an Martha Girolstein[789]

Oberstdorf, den 11. 7. 1939

Liebe Martha!

Ehe mein »Urlaub«, von dem Ihr sicher durch Tutti K. gehört habt, zu Ende geht, will ich Euch noch herzlich grüßen. Ich hoffe, dass Ihr von den zwei Juni-Briefen Pauls gehört und sie vielleicht auch bei Tutti gelesen habt. Dann wisst Ihr auch schon, dass er Euch herzlich grüßen lässt am 18. Juni. Und nun hat er am 3. Juli schon wieder geschrieben – eine ganz rasche Antwort auf meinen Brief vom 28. Juni! Er freut sich ganz herzlich, dass ich mit Evmarie in den schönen Bergen bin, und der

789 Brief passt zu den Erzählungen im Text auf S. 382.

ganze Brief ist recht frisch gehalten. Nun hat er auch unsere Wohnungspläne und Heiratspläne und denkt sich »das Zusammenwohnen recht vergnüglich und gemütlich – eine Zeit lang. Dank den beiden, dass sie dies Opfer bringen«. Auch über den Vertreter Kempers während der Militärzeit ist er im Bild, »an den ich mich wohl mit gutem Zutrauen erinnere«. »Möchten wir nur immer lernen und reifen an dem, was uns aufgegeben ist, und überwinden.« Wie dankbar wollen wir sein, dass der liebe Paul bis jetzt uns an Leib und Seele erhalten worden ist, und ich bin gewiss, seine Zeit im Lager ist nicht umsonst für den Bau des Reiches Gottes. Lernen, Reifen und Überwinden müssen auch wir alle, und Gott gebe uns durch sein heiliges Wort Kraft und Segen dazu …

Gestern war ich mit Postauto (bei Regen) in Tirol, um dort eine Frau Pastor zu besuchen, deren Mann ausgewiesen, amtsentsetzt und seit Neuestem in Innsbruck in Untersuchungshaft festsitzt, wegen der Abschrift eines Gutachtens der Wehrmachtspfarrer über die Lage usw. – Sie wohnen mit ihren vier Buben in einem ganz einfachen Bauernhaus; das Leid ist schwer, doch sind die Gefängnisbriefe sehr getrost. Dieser Mann litt sehr unter der völligen Arbeitslosigkeit (alle Versuche der B. K., ihn in einer Gemeinde unterzubringen, scheiterten), nun wird er in einem Gefängnis, vielleicht auch Lager, seine Aufgabe bekommen. Dieses Erlebnis gab mir wieder die Bestätigung, dass Pauls Weg richtig war (das soll aber kein Richten über andere sein). Deiner lieben Mutter wünsche ich von Herzen gute Besserung, Kraft und Geduld.

Euch allen herzliche Grüße von
Eurer Gretel

Auszug aus einem Brief von Gretel Schneider an Martha Girolstein

Datum des Briefumschlags: 23. 9. 1939

Liebe Martha!

... Von mir selber bin ich lieber ganz still – Du kannst Dir auch so denken, dass ein brennendes Weh in mir ist, das mühsam nach außen hin gebändigt wird. – Manchmal versündige ich mich sogar, dass mir das Leben sinnlos für mich vorkommt, nun der Mensch tot ist, für den ich seit dem 16. Lebensjahr gebangt und Leid getragen habe und den ich sehr lieb hatte. Aber ich weiß. dass ich für die Kinder da sein muss und da meine Aufgaben habe, die mir in schwachen Stunden auch zu schwer erscheinen! Das ist die menschliche Seite. Der Glaube weiß, dass der Herr Christus auch im Leid da ist und durch diese Tiefen führt. »Hernach aber die friedsame Frucht der Gerechtigkeit.« Hernach das Schauen der Herrlichkeit! – Wie mag es Euch gehen? Wie vieles kann man heute nur mündlich besprechen!

In herzlicher Freundschaft grüße ich Euch beide

Deine Gretel

Brief von Gretel Schneider, den Pastor Voget aus Wuppertal-Barmen versandt hat, an alle, die dazu mitgeholfen haben, dass sie das Haus in Wuppertal-Elberfeld, Baustraße 38, besitzen und bewohnen kann, mit herzlichem Dank

Erntedankfest 1940

Wenn ich die letzten schweren Jahre überdenke, kann ich nur demütig die Treue Gottes rühmen: »Was er zusagt, das hält er gewiss.« Wie oft tröstete mich mein Mann mit dem Wort: »Die Gott fürchten, haben eine sichere Zuflucht, und ihre Kinder werden auch beschirmt!« Nun dürfen wir schon nach so kurzer Zeit den Frieden des eigenen Heims genießen! Baut nicht der Segen des Vaters den Kindern Häuser?!

Unser Ältester geht hier schon zwei Jahre aufs Gymnasium, da lag es nahe, dass ich hierherzog. Dass sich gerade dies Haus hier fand, »in dem ein guter Geist wohnt«, wie mir neulich eine alte Frau sagte, die 20 Jahre bei dem Erbauer, einem Arzt, diente, ist uns eine besondere Freude. Vor dem Haus sind städt. Anlagen, hinten unser und der Nachbarn Garten. Also viel Grün für uns Landkinder! Es war ein fröhliches Besitzergreifen, als ich die kleine Schar Ende April in das neue »Daheim« führte. Allen, Groß und Klein, war es gleich behaglich. Und als sie erst entdeckten, dass von der Küche im ersten Stock ein Brücklein in den Garten führt! Da ging man ganz andächtig drüber und dann lustig ein Lauf durch dies Neuland! Die hohen Birnbäume standen zum Empfang in schönster Blüte, die Ernte stand aber dieser Pracht nicht zurück, die guten alten Bäume taten ihr Möglichstes – eine große Linde und eine breite Rotbuche lockten die Buben zum Klettern. Inzwischen ist auf der Linde ein Hochsitz entstanden, von dem aus die drei Ältesten über die Stadt in die Berge sehn können; Sand und Turnstange sind auch vorhanden. Der Garten ist groß und lädt uns zur Arbeit ein und zu neuer Gestaltung. Wir haben schon – echt ländlich – eigenes Gemüse ernten dürfen. Und ein Gartenhäuschen ist da – so recht gemütlich zum Kaffeetrinken mit Besuchen! – Das Haus ist ja nun wohl ein hohes und schmalen Stadthaus, drum habe ich das Erdgeschoss vermietet, und wir haben alle neun im 1. und 2. Stock Raum genug. Die drei großen Jungs haben ihr Reich in einer Mansardenstube und würden es mit keinem andern vertauschen. Ich habe ja nun des Morgens nur noch zwei Trabanten in der Kinderstube, den 5- und 3-Jährigen, aber nachmittags ist Leben da in allen Ecken und Enden! – Was vor unserer Ankunft im Frühling nicht mehr instand gesetzt werden konnte, ist vor den Ferien gemacht worden. Nun ist's geschafft: unser Haus ist innen und außen frisch und sauber. Wie dankbar bin ich für diese treue Hilfe!

In den Ferien waren wir wieder im Dickenschieder Pfarrhaus, das uns so gar nicht fremd geworden ist, weil eine liebe Freundin als Pfarrfrau und Soldatenfrau drin schaltet und waltet.

Wie wohl tat uns dies Grüßen der Höhen und Felder, der Wälder, der treuen Menschen und des stillen Grabes am Waldesrand im Schatten des Kreuzes! Es wird uns dies alles immer Heimat bleiben und unser Ferienaufenthalt sein. Aber trotz des Heimwehs, das mich an Dickenschied bindet, sind die Freude und der Dank groß, dass unsere Kinder nun solch ein Nest haben und sie im Geschwisterkreise die Schulzeit über zusammenbleiben können mit Gottes Hilfe »in rechter Lieb und Einigkeit«. Zu danken habe ich auch für zwei treue Mitversorgerinnen der Kinder, meine Schwester, die von der schwäbischen Heimat zu mir herüberzog, und unsere alte 72-jährige Sophie, die nun schon über 50 Jahre dem Hause Schneider treue Dienste leistet und nun noch den Sprung vom Landpfarrhaus in die Stadt wagte.

Heute vor drei Jahren hielt mein Mann seine letzte Predigt über Psalm 145,18-21. Ich grüße mit diesen Worten eine große Gemeinde in tiefer Dankbarkeit: »Und alles Fleisch rühme seinen heiligen Namen immer und ewiglich.«

…

Was aus der Familie von Paul Schneider geworden ist

von Karl Adolf Schneider

Immer wieder wird von den Lesern dieser oder einer anderen Paul-Schneider-Biografie gefragt: Wie hat das Frau Schneider alles verkraften können? Was ist aus ihr und den Kindern geworden? Deshalb bin ich gebeten worden, darüber einen zusammenfassenden kurzen Überblick zu geben.

Meine Mutter war eine starke Frau. Sie war im Glauben von dem rechten Weg ihres Mannes überzeugt. Darin wurde sie auch immer wieder von Freunden aus der Bekennenden Kirche bestärkt. Schon bei der Beerdigung fand sie Trost durch die große Zahl von Menschen aus der Hunsrücker Bevölkerung mit ihren Pfarrern sowie von Mitgliedern und Pfarrern der Bekennenden Kirche. Diese waren aus ganz Deutschland, trotz Gestapo-Überwachung, in nur drei Tagen angereist, um meines Vaters ehrend zu gedenken.

Sie wusste sich auch später in der Bekennenden Kirche geborgen, die sich sehr fürsorglich zeigte und unmittelbar nach dem Tod eine nicht genehmigte und für die Organisatoren gefährliche Sammlung veranstaltete. Aus deren Erlös konnte uns ein Haus in Wuppertal-Elberfeld gekauft werden, das wir im Frühjahr 1940 bezogen. »Wir«, das waren meine Mutter, ihre Schwester Marie Luise Dieterich – unsere geliebte »Tante Mariele« –, Sophie Helmes, die schon als 14-jähriges Mädchen in den Haushalt meines Großvaters Schneider kam, und wir »alle Sechse« zwischen zwei und zwölf Jahren.

Wir Kinder verbrachten dort drei unbeschwerte Jahre, waren oft im großen Garten hinter dem Haus mit herrlichen Kletterbäumen und hatten auch im Haus viel Raum. Für meine älteren Geschwister war der Wechsel von der einklassigen Dorfschule mit zwei bis drei Kindern je Jahrgang in die großen Jahrgangsklassen eine starke Herausforderung. Das humanistische Gymnasium, das Dieter schon während der Haftzeit von Vater besuchte – er wohnte damals bei der befreundeten Pfarrersfamilie von Hermann Lutze in Wuppertal-Barmen –, war in seiner Leitung und seiner Lehrerschaft dem Regime gegenüber eher kritisch eingestellt, während ich in meinen ersten beiden Grundschuljahren von der Lehrerin jeden Morgen zum Beginn des Unterrichts ein »Führerwort« mit in den Tag bekam, das die Klasse unisono »nachbeten« musste.

Mutter hatte sich bald einen Kreis von Frauen geschaffen, der regelmäßig jede Woche zu Andacht, Gespräch und Singen zusammenkam. Für uns Kinder waren diese, wohl wegen des Letzteren, die »Amseln«.

Für das tägliche Brot war durch die Witwenpension, die Mutter von der offiziellen Rheinischen Kirche erhielt, gesorgt, denn mein Vater war ja bis zu seinem Tod noch Pfarrer von Dickenschied und Womrath, weil die von der Kirchenbehörde eingeleitete Versetzung in den Ruhestand vor seiner Ermordung noch nicht rechtskräftig geworden war.

Wahrscheinlich um uns jüngere Kinder zu schützen, waren wir über die Umstände des Todes von Vater damals nur vage aufgeklärt worden, doch erinnere ich mich noch gut, und ein Schauer lief mir dabei über den Rücken, dass mein Vater einige Male im Gottesdienst beispielhaft erwähnt wurde.

In Elberfeld lernten wir »Landkinder« die neuen Gerüche in den engen Großstadtgassen kennen. Die älteren Geschwister schlossen Freundschaften, die zum Teil bis heute halten. Die Ausflüge mit Onkel Hermann (Lutze) ins herrliche Bergische Land sind für alle unauslöschliche Erinnerungen, ebenso wie der nächtliche Marsch beim Heulen der Sirenen, fröstelnd und schlaftrunken, in den Luftschutzkeller auf die Strohmatratzen der dreistöckigen Luftschutzbetten.

Ernst und ich, »die Kleinen«, waren zunächst natürlich viel im Garten, wo vom nahen Jungvolkheim das Lied »Es zittern die morschen Knochen« oder »Denn heute (ge)hört uns Deutschland und morgen die ganze Welt« schneidig herüberklang und sich nachhaltig eingeprägt hat.

Im Sommer 1943, wir Kinder waren während der großen Ferien in Hochelheim, Großenlinden und Womrath, brannte unser Haus nach einem Luftangriff ab. Das mit dem unseren zusammengebaute Nachbarhaus wurde durch Funkenflug entzündet. Das Feuer griff in rasender Eile auf unser Haus über. Es blieben nur die Grundmauern und die Fassade. Mutter und Tante Mariele hatten lange das Dach nass gehalten, darum konnten sie nur wenige Schriftstücke retten. Mutter erzählte später immer wieder, wie sie hilflos im Garten saß und sah, wie die Flammen Zimmer nach Zimmer in Besitz nahmen, mit all den äußeren Erinnerungen an das gemeinsame Eheleben: die Möbel, die sie zusammen gekauft hatten, die Bilder, die Bücher und die Spielsachen der Kinder. Viele Dokumente gingen verloren, aber Mutter hatte die ihr wichtigsten Briefe und Unterlagen aus der Haftzeit von Vater im griffbereiten Koffer retten können.

Die anderen Wuppertaler Bombengeschädigten wurden nach Thüringen evakuiert. Mutter schaffte es aber, bei den Behörden zu erreichen, dass sie mit uns Kindern und Tante Mariele in ihre Heimat nach Tübingen zur Großmutter ziehen durfte. Die nahm uns in ihren vier Zimmern liebevoll auf, und wir waren froh, in dem »heilen« und auch später fast heil gebliebenen Tübingen die letzten beiden Kriegsjahre verbringen zu können. Sophie kehrte in ihr Heimatdorf Pferdsfeld zurück.

Dieter, der Älteste, musste allerdings 17-jährig noch vor dem Abitur als »Flakhelfer« zur Flugabwehrkanone und wurde in den letzten Kriegstagen auch noch zur »Wehrmacht« eingezogen.

Natürlich waren es in der Zeit der Lebensmittelkarten Jahre der Entbehrung für alle. Aber schon im Krieg halfen uns treue Gemeindeglieder unseres Vaters aus Dickenschied, Womrath, Hochelheim und Dornholzhausen, die immer mit uns in Verbindung blieben, diese Zeit gut zu überstehen. In den Ferien wurden wir Kinder, verteilt auf verschiedene Bauernhöfe, dort gut versorgt.

Mit Kriegsende wurde Großmutters Wohnung beschlagnahmt. Nach den ersten Wirren wurde uns dann eine eigene Wohnung zugeteilt. In dieser Zeit geschah es dann auch, dass wir eines Tages ein Paket auf dem Zollamt abholen sollten. Es kam von völlig unbekannten Leuten aus den USA, die sich nach der Witwe von Paul Schneider und ihren Kindern erkundigt und die Adresse herausgefunden hatten. Es blieb nicht bei dem einen Paket. Immer wieder flatterte eine willkommene Zollbenachrichtigung ins Haus. Die Pakete, sie kamen aus allen Bevölkerungsschichten, brachten vor allem gebrauchte Schuhe und Kleidungsstücke, die Mutter mit großem Geschick für uns zurechtschneiderte. Jedes Mal aber, wenn eines jener heißbegehrten würfelförmigen Pakete mit der Kantenlänge von etwa vierzig Zentimetern und den vier aufgedruckten Buchstaben »CARE« (Cooperative for American Remittances to Europe) eintraf, war das eine besonders große Freude. Noch heute kann ich mich an den Geschmack der Blockschokolade, des Milchpulvers, des Eipulvers und vor allem des Corned Beef erinnern. Nie hat etwas besser geschmeckt! Dankbar denken wir an all diese Hilfe zurück, die das Vertrauen Vaters auf Gottes Hilfe bestätigt hat.

Etwa 1947 bat der Hamburger Pfarrer Bernhard Heinrich Forck meine Mutter, das Leben meines Vaters zu beschreiben und Daten und Fakten für einen Artikel zusammenzustellen. Er verwendete diesen in einem ersten »Gedenkbuch für die Blutzeugen der Bekennenden Kirche«, das 1949 unter dem Titel ... »und folget ihrem Glauben nach« erschien. Als Freunde ihr daraufhin zurieten, entschloss sich Mutter, aus Tagebucheintragungen, Briefen und den früheren Aufzeichnungen den »Prediger von Buchenwald« zu schreiben.

Bei einem Erholungsaufenthalt in Locarno, den die einfache, kirchlich engagierte Frau Lina Kiefer aus Zürich initiiert hatte, lernte Mutter den Berliner Verleger Alfred Hannemann vom Lettner-Verlag kennen, dessen Interesse an der Geschichte meines Vaters von der Engländerin Josefine Liebely aus London geweckt wurde. Sie kam kurz nach der Abreise von

Mutter mit der Botschaft ihres Mannes, der als getaufter Jude im November 1938 nach Buchenwald verschleppt worden war: »Vergesst Paul Schneider nicht!« Die erste Auflage erschien dann 1953 im Lettner-Verlag und machte meinen Vater in kirchlichen Kreisen in ganz Deutschland weithin bekannt, da auch in der DDR das Buch in 12 Auflagen als Lizenzausgabe erschien. Geringfügig gekürzt, erschien bereits 1956 eine Übersetzung in London, später in den USA. Vollkommen übersetzt und gedruckt wurde der Prediger inzwischen in Japan (1974) und Italien (1996).

In Tübingen kümmerte sich Mutter viel um sozial schwache und entwurzelte Menschen bis hin zur Aufnahme in unsere ohnehin engen Wohnverhältnisse. Sie war in der Frauenhilfe tätig und organisierte in den ersten Jahren für Tübingen die Sammlungen des Müttergenesungswerks, das Elly Heuss-Knapp ins Leben gerufen hatte. Mütterkreis und Pfarrwitwenkreis, der meistenteils aus jüngeren Kriegerwitwen bestand, verlangten ihr Engagement und bis in die späten 1960er-Jahre war sie in den Wintermonaten im Auftrag der Württembergischen Landeskirche viel unterwegs, um Vorträge und Bibelarbeiten auf Landfrauenfreizeiten und Rüstzeiten zu halten.

Seit 1959 besaß Mutter ein kleines Fertighäuschen in Dickenschied, das wir auf dem Grundstück bauten, welches Vater kurz vor seiner endgültigen Verhaftung als Garten gekauft hatte. Dort lebte sie vom Frühjahr bis in den späten Herbst und bekam viele Besuche von Kindern, Enkeln (10), Urenkeln (6) und Freunden. Oft wurde sie zu Vorträgen und Einweihungen (Paul Schneider-Häuser und -Straßen) eingeladen. Häufig besuchte sie auch Buchenwald und Weimar. Besonders lag ihr dort das Evangelische Gemeindezentrum »Paul Schneider« am Herzen, dessen Pastorin, Elsa-Ulrike Ross, die Vorsitzende der Pfarrer-Paul-Schneider-Gesellschaft e. V. wurde.

Während der Wintermonate lebte Mutter bei meiner Schwester Evmarie und Schwager Dr. theol. Hans Vorster in Liederbach bei Frankfurt.

Sie hat an ihrem 90. Geburtstag die Ehrenbürgerschaft von Dickenschied bekommen. Im Jahre 2000 wurden ihr die silberne Johannes-Brenz-Medaille der Württembergischen Landeskirche sowie das Große Verdienstkreuz der Bundesrepublik Deutschland verliehen. Sie ist am 27. Dezember 2002, kurz vor ihrem 99. Geburtstag, friedlich entschlafen und wurde neben meinem Vater auf dem Dickenschieder Friedhof unter großer Beteiligung der Bevölkerung, kirchlicher und anderer Würdenträger beigesetzt.

Wir Kinder fanden unseren Weg in den verschiedensten Berufen. Dieter (geboren 1927) studierte Theologie und war Pfarrer in Duisburg. Gerhard (geboren 1933) hatte sein Zweites juristisches Examen und die Promotion erfolgreich abgeschlossen, als beide 1960 durch einen unverschuldeten Verkehrsunfall tragisch ums Leben kamen. Von den beiden Witwen lebt noch Oberstudienrätin i. R. Ilse Schneider in Köln. Evmarie (geboren 1929) übte ihren Beruf als Lehrerin aus. Paul Hermann (geboren 1930) studierte Agrarwissenschaft, wanderte 1954 nach Kanada aus und wollte sich dort in der Landwirtschaft selbstständig machen. Später gelang es ihm, in Los Angeles eine kleine, gut florierende Firma für elektronische Alarmanlagen zu gründen. Ich, Karl Adolf (geboren 1935), bin Diplomingenieur und habe eine schöne, kreative Berufszeit an einem Forschungsinstitut der Universität Stuttgart hinter mir. Der jüngste Bruder, Ernst Wilhelm (geboren 1937), hatte als Diplomkaufmann bis zu seinem Ruhestand und darüber hinaus vielfältige, verantwortungsvolle Aufgaben in der Leitung eines multinationalen Konzerns der Glasindustrie. Er starb im September 2015.

Wir sind dankbar für das Vorbild, das uns unser Vater gab, und tragen die Verpflichtung in uns, aufrecht und ohne Scheu unseren Weg zu gehen, zu handeln, wie es unser Gewissen befiehlt, und in christlicher Demut zu hoffen, dass es recht ist.

Die »Pfarrer-Paul-Schneider-Gesellschaft« e.V.

Im kollektiven Gedächtnis an evangelische Persönlichkeiten aus dem Nationalsozialismus, deren Leben aufgrund ihres widerständischen Verhaltens gravierende Bedrohung erlitten hat oder deren Leben gewaltsam beendet worden ist, ist inzwischen fast nur noch Dietrich Bonhoeffer bekannt. Wenn überhaupt in neueren Schulbüchern und im Unterricht ein Christ dieser Epoche erwähnt wird, dann ausschließlich Dietrich Bonhoeffer. Er gilt inzwischen als *der* evangelische Märtyrer des 20. Jahrhunderts schlechthin, der verehrt, zitiert, übersetzt und international vermarktet wird.

Gott sei Dank gibt es viel mehr als diesen einen, der im Dritten Reich mutig geredet und gehandelt hat. Die Zahl der Frauen und Männer, die als evangelische Christen in aller Stille oder hörbarer ihre Existenz und ihr Leben riskiert haben, beträgt nach augenblicklichem Wissensstand etwa 250. Sie dürfen weder vergessen noch an dem Theologen Dietrich Bonhoeffer gemessen werden. Jeder hat seinen ganz eigenen individuellen Weg in seinem Lebensrahmen gehen, finden und riskieren müssen.

Einer von ihnen ist Paul Schneider, der als erster evangelischer Pfarrer noch vor Kriegsbeginn am 18. Juli 1939 im KZ Buchenwald bei Weimar ermordet wurde. Um ihn, den »Prediger von Buchenwald« nicht vergessen werden zu lassen, sondern ihn bekannter zu machen, ist im Jahr des hundertsten Geburtstages von Paul Schneider, am 11. Mai 1997, in Anwesenheit von Margarete Schneider die »Pfarrer-Paul-Schneider-Gesellschaft« e.V. im Evangelischen Gemeindezentrum »Paul Schneider« in Weimar gegründet worden.

Der Paragraf 2 der Satzung bringt zum Ausdruck, welchen Aufgaben sich die Gesellschaft stellt: »Sinn und Ziel der ›Pfarrer-Paul-Schneider-Gesellschaft‹ ist es, das Vermächtnis und Glaubenszeugnis Pfarrer Paul Schneiders, des ›Predigers von Buchenwald‹, wach zu halten, zu pflegen, die Auseinandersetzung mit seiner geistigen und geistlichen Lebens- und Glaubenshaltung zu fördern und sein konsequentes Christuszeugnis an Gemeinde, Kirche und Gesellschaft heute so zu vermitteln, dass es Menschen in ihrem täglichen Denken und Handeln ermutigt und zugleich hinterfragt.

Die ›Pfarrer-Paul-Schneider-Gesellschaft‹ baut ein Material- und Informationszentrum auf und führt es ständig fort. Die Gesellschaft fördert und unterstützt die Durchführung von Studien und Projekten über Paul Schneider selbst, sein Umfeld und seine Wirkung, sowie die Kommunikation aller seinem Anliegen verbundenen Menschen, Gemeinden, Schulen und Institutionen.«

Wir möchten Sie, liebe Leserin und lieber Leser, einladen, sich über die Gesellschaft zu informieren und ihr vielleicht auch beizutreten. Auch wenn Sie sich nicht aktiv mit einbringen können, unterstützen Sie durch Ihre Mitgliedschaft unsere Arbeit. Sie stärken unser Bemühen, in der heutigen Zeit andere Menschen, besonders die jüngere Generation, zu Zivilcourage und Wachsamkeit gegen Nationalismus und Radikalismus zu ermutigen. Unsere Mitglieder kommen aus ganz Deutschland und aus einigen europäischen Nachbarstaaten sowie aus den USA. Jährlich laden wir zu einem Paul-Schneider-Wochenende ein.

Im Laufe der Jahre hat unsere Arbeit eine ökumenische Dimension erhalten. Nicht nur dadurch, dass wir einige katholische Mitglieder haben, sondern auch durch die Tatsache, dass Papst Johannes Paul II. in einem großen ökumenischen Gedenken für die neuen christlichen Märtyrer des 20. Jahrhunderts am 7. Mai 2000 am Kolosseum in Rom in besonderer Weise das Martyrium Paul Schneiders namentlich würdigte und ihn als Vorbild in der Nachfolge Jesu hinstellte.

Mit dieser stark erweiterten Neuausgabe des seit Jahren vergriffenen »Standardwerkes« schlechthin, Margarete Schneiders »Der Prediger von Buchenwald«, kommen wir als Gesellschaft einer häufig geäußerten Bitte und unserem eigenen Anliegen nach, nicht nur dafür zu sorgen, dass dieses wichtige Buch durch einen Nachdruck wieder in das Angebot des Buchhandels kommt, sondern durch Kommentierungen und Ergänzungen Hilfen zu geben, das Leben Paul Schneiders vor seinem Hintergrund und in seinem geschichtlich-gesellschaftlichen Rahmen besser verstehen und manches Verhalten des Pfarrers in neuem Licht sehen zu können.

Seit 2005 hat die Gesellschaft ihren Sitz im Zentrum Weimars als Anlaufpunkt. Dort besteht die Möglichkeit zum Gespräch und zur Nutzung von Material und einer kleinen Bibliothek.

Inzwischen ist das Buch »Margarete Schneider – Die Frau des Predigers von Buchenwald« erschienen (SCM Hänssler, 2019). Die leicht lesbare Biografie hat ihr Neffe Paul Dieterich aufgrund vieler Familienkenntnisse geschrieben. Dabei hat er zahlreiche, bisher unveröffentlichte Dokumente aus dem Familienarchiv verwendet. Wie Margarete »Gretel« Schneider ihr Leben in nur 13 Ehejahren an der Seite ihres Mannes gelebt und verkraftet hat und wie sie danach in den folgenden 63 Witwenjahren bis zu ihrem Tod Ende 2002 als unermüdliche Zeitzeugin ihren Lebensinhalt fand.

Informationen über Paul und Margarete Schneider und die »Pfarrer-Paul-Schneider-Gesellschaft« e.V. erhalten Sie unter folgender Adresse:

Pfarrer-Paul-Schneider-Gesellschaft e.V.
Hoffmann-von-Fallersleben-Str. 4
99423 Weimar
Tel: 03643/900 155 (Ross)
E-Mail: paul-schneider-gesellschaft@gmx.de
www.paul-schneider-gesellschaft.de

Elsa-Ulrike Ross, Pastorin i.R.
Gründerin der »Pfarrer-Paul-Schneider-Gesellschaft« e.V.
und Vorsitzende von 1997–2018

Anhang

Zeittafel

Politische Geschichte	Lebensgeschichte Paul Schneider	Kirchengeschichte
15.6.1888: Regierungsantritt Kaiser Wilhelm II		Seit Reformationszeit (16. Jahrh.) Entwicklung in evangelisch gewordenen Gebieten Deutschlands »landesherrliches Kirchenregiment«; enge Verbindung von »Thron und Altar« bis Sturz der Monarchie Ende des 1. Weltkrieges; daher demokratische Staatsform in evangelischen Kreisen wesensfremd
20.4.1889: Geburt Adolf Hitler in Braunau		
	29.8.1897: Geburt Paul Robert Schneider in Pferdsfeld	
	Eltern: Gustav-Adolf Schneider (1858–1926) Elisabeth, geb. Schnorr (1863–1914)	
	29.9.1897: Haustaufe (da die Mutter krank war); Besuch der Volksschule in Pferdsfeld	
	ab 1908: Besuch des Gymnasiums in Bad Kreuznach für ein Schuljahr	
	Frühjahr 1910: Umzug nach Hochelheim bei Wetzlar	
	ab Mai 1910: Gymnasium in Gießen	
	31.3.1912: Konfirmation durch den Vater	
28.6.1914: Ermordung des österreichischen Thronfolgers Franz Ferdinand und Frau in Sarajewo		
1.8.1914: Ausbruch des Ersten Weltkriegs		

Politische Geschichte	Lebensgeschichte Paul Schneider	Kirchengeschichte
	12.9.1914: Tod der Mutter	
	29.6.1915: Kriegsreifeprüfung (Notabitur) in Gießen, Kriegsfreiwilliger bei den Dragonern	
	19.1.1916–5.3.1916: Soldat in Russland	
	März 1916: Verwundung in der rechten Beckengegend	
	22.3.1916: Eisernes Kreuz Zweiter Klasse	
	13.10.1916–27.9.1918: Frankreich: Stellungskämpfe vor Verdun, Stellungskämpfe bei Reims und nördlich der Ailette und in Flandern	
25./26.10.1917: Oktoberrevolution in Russland		
	28.9.1918–11.11.1918: Abwehrschlacht in Flandern	
9.11.1918: Abdankung von Kaiser Wilhelm II. und der übrigen Fürsten in Deutschland; Ausrufung der Republik durch Philipp Scheidemann (SPD)		
11.11.1918: Offizieller Waffenstillstand		
	19.11.1918: Entlassung als Leutnant der Reserve	

Politische Geschichte	Lebensgeschichte Paul Schneider	Kirchengeschichte
19.1.1919: Wahlen zur Nationalversammlung; erstmals aktives und passives Wahlrecht für Frauen	**ab Januar 1919:** Paul Schneider lernt Hebräisch fürs Theologiestudium	
6.2.1919: Wegen Unruhen in Berlin tritt die Nationalversammlung in Weimar zusammen	**ab 10.2.1919:** Zwei Studiensemester in Gießen	
28.6.1919: Versailler Friedensvertrag unterzeichnet; Demütigung für Deutschland; infolge der hohen Entschädigungszahlungen an die Siegermächte: Inflationszeit		
14.8.1919: Weimarer Reichsverfassung tritt in Kraft		**11.8.1919:** Trennung von Staat und Kirche durch Weimarer Verfassung; Förderativer Zusammenschluss der evangelischen Landeskirchen; Kirchen regeln ihre Angelegenheiten selbst
Oktober 1919: Hitler Mitglied der Deutschen Arbeiterpartei, später in NSDAP umbenannt	**ab 1.10.1919:** Studium in Marburg	
13.–17.3.1920: Kapp-Putsch; Rechtsruck in Bayern	**Frühjahr 1920:** Einsatz Marburger Studenten in Thüringen gegen linksradikale Aufstände, die infolge des rechtsradikalen Kapp-Putsches ausgebrochen waren.	
	1920: Sommersemester in Tübingen	

Politische Geschichte	Lebensgeschichte Paul Schneider	Kirchengeschichte
	Herbst 1920–Frühjahr 1922: Studium in Marburg	
Juli 1921: Hitler wird Vorsitzender der NSDAP mit diktatorischer Machtbefugnis		
3.8.1921: Gründung der »Schutztruppe« (später SA), aus der 1925 die SS hervorgeht	**3.9.1921:** Turnlehrerexamen	
	6.4.1922: Erstes Theologisches Examen in Koblenz	
	8.5.–15.8.1922: Arbeit am Hochofen in Dortmund-Hörde	**Mai 1922:** Deutscher Evangelischer Kirchenbund in Wittenberg gegründet; die 28 Landeskirchen bleiben in Verfassung und Bekenntnis selbstständig
	22.10.1922: Verlobung mit Margarete Dieterich in Weilheim	
	1.11.1922–29.10.1923: Predigerseminar Soest	
11.1.1923: Besetzung des Ruhrgebietes durch französ. Truppen; bis August 1923 passiver Widerstand im »Ruhrkampf«	**29.10.1923:** Zweites Theologisches Examen in Koblenz	
8./9.11.1923: Hitlers Putsch, Marsch auf die Feldherrnhalle München; Putsch wird niedergeschlagen; Hitler in Haft in Landsberg, dort schreibt er »Mein Kampf«; Entlassung im Dezember 1924	**1.11.1923–15.9.1924:** Tätigkeit bei Stadtmission in Berlin	

Politische Geschichte	Lebensgeschichte Paul Schneider	Kirchengeschichte
15.11.1923: Ende der Hochinflation; allmähliche Stabilisierung der Währung		
	1924: persönliche Hilfe bei seinem Vater in Hochelheim und Dornholzhausen	
22.3.1925: Hitler besucht erstmals Weimar (bis 1945 über 40-mal)	**30.1.1925:** Ordination in Hochelheim	
26.4.1925: Paul v. Hindenburg, ehem. Feldmarschall im 1. Weltkrieg, Reichspräsident	**1.2.–25.8.1925:** Hilfsprediger in Essen	
	12.1.1926: Tod des Vaters; Paul Schneider wird zu seinem Nachfolger gewählt	
3./4.7.1926: Zweiter Reichsparteitag der NSDAP in Weimar, Gründung der Hitler-Jugend in Weimar	**1.2.–1.8.1926:** Hilfsprediger in Rotthausen	
	12.8.1926: Hochzeit mit Margarete Dieterich, Hochzeitsreise: Wandern bei Oberstdorf	
	4.9.1926: Amtseinführung Hochelheim/Dornholzhausen	
	1927: Geburt Dieter	
	1929: Gründung der Frauenhilfe in Hochelheim/Dornholzhausen durch Margarete Schneider	
	1929: Geburt Eva Maria	

Politische Geschichte	Lebensgeschichte Paul Schneider	Kirchengeschichte
14.9.1930: Reichstagswahl, die NSDAP bekommt 107 Sitze (21,1 %) der Sitze von 507	**1930:** Geburt Paul Hermann	
5.1.1931: Ernst Röhm wird Stabschef der SA		
Frühjahr 1932: Wahl des Reichspräsidenten: Hitler unterliegt Hindenburg		**6.6.1932:** Gründung der Glaubensbewegung Deutsche Christen (DC)
6.11.1932: Reichstagswahl, die NSDAP bekommt 196 (33,5 %) der Sitze		
30.1.1933: Hitler wird Reichskanzler	**1933:** Geburt Gerhard	**1933:** Lutherjahr zu Luthers 450. Geburtstag (1483) mit »Deutschen Luthertag«; Instrumentalisierung Luthers und der Reformation für den Nationalsozialismus und zur Verherrlichung Hitlers
27.2.1933: Reichstagsbrand in Berlin	**Februar 1933:** Paul Schneider bekommt eine schwere Lungen- u. Rippfellentzündung	
28.2.1933: »Verordnung zum Schutz von Volk und Staat«; Grundrechte außer Kraft gesetzt		
5.3.1933: Letzte freie Reichstagswahl; die NSDAP bekommt 288 (44 %) der Sitze		
13.3.1933: Josef Goebbels wird Propagandaminister		

Politische Geschichte	Lebensgeschichte Paul Schneider	Kirchengeschichte
20.3.1933: Heinrich Himmler lässt das KZ Dachau errichten		
21.3.1933: »Tag von Potsdam« Eröffnung des Reichstages in der Garnisonskirche durch Hindenburg und Hitler; starke volkspsychologische Wirkung	**21.3.1933:** Pfarrer Schneider lehnt angeordnetes Glockengeläut ab, aber die Presbyter sind dafür	
23.3.1933: Neuer Reichstag tagt unter Hitler, »Ermächtigungsgesetz« Grundlage für Hitlers Diktatur; Lösung von der Verfassung und der parlamentarischen Kontrolle		
1.4.1933: Boykott jüdischer Geschäfte		
7.4.1933: Erstes Gesetz gegen Juden		**3.–5.4.1933:** Erste Reichstagung der DC
1.5.1933: »Tag der nationalen Arbeit« Einführung als staatl. Feiertag großartig inszeniert	**1.5.1933:** mit hoffnungsvoller Begeisterung hält Paul Schneider den angeordneten »Feldgottesdienst« und hört Hitlers Rundfunkrede	
4.5.1933: Ausbau der Gestapo		
10./11.5.1933: Bücherverbrennungen gegen den undeutschen Geist, bes. in Universitätsstädten		**23.5.1933:** Friedrich v. Bodelschwingh zum Reichsbischof gewählt (Rücktritt 24.6.1933)
		24.6.1933: August Jäger Staatskommissar für die evangelischen Kirchen in Preußen (bis 14.7.1933)

Politische Geschichte	Lebensgeschichte Paul Schneider	Kirchengeschichte
14.7.1933: NSDAP einzige erlaubte Partei, Auflösung oder Verbot aller anderen Parteien	**Mitte Juli 1933:** Teilnahme an DC-Versammlung in Wetzlar; Eintritt in die DC	**17.7.1933:** Rheinische Pfarrbruderschaft gegründet
		20.7.1933: Konkordat des Deutschen Reiches mit dem Vatikan in Rom
		23.7.1933: Evangelische Kirchenwahl unter ungleichen Bedingungen: hoher Sieg der DC
	Ende August 1933: Singfreizeit in Gödenroth: Entscheidung gegen die DC	**23./24.8.1933:** Rheinische Provinzialsynode: Ausschaltung der Opposition
		5./6.9.1933: »Braune Synode« der Altpreußischen Union: Einführung des Arierparagrafen; Auszug der kirchlichen Opposition
		11.9.1933: Rheinische Pfarrbruderschaft beschließt Widerstand gegen DC-Kirchenregiment
		13.9.1933: Martin Niemöller gründet Pfarrer-Notbund in Deutschland
		21.9.1933: Karl Immer gründet den »Coetus«, den Zusammenschluss reformierter Pfarrer Deuschlands
		27.9.1933: Nationalsynode in Wittenberg: Ludwig Müller zum Reichsbischof gewählt

Politische Geschichte	Lebensgeschichte Paul Schneider	Kirchengeschichte
	8.10.1933: öffentl. Erklärung gegen Röhm-Artikel; Erste Anzeige gegen Paul Schneider	**10.10.1933:** Rheinische Kirche erhält mit dem SA-Sturmfüher Heinrich Oberheid, DC, erstmals einen Bischof
19.10.1933: Austritt Deutschlands aus dem Völkerbund	**11.10.1933–21.10.1933** Erste Beurlaubung vom Amt auf Betreiben der NSDAP durch den erst einen Tag im Amt seienden DC-Bischof Oberheid	**20.10.1933:** Erste Sitzung des Pfarrernotbundes
12.11.1933: Reichstagswahl: 92% für die Einheitsliste der NSDAP		**13.11.1933:** »Sportpalastskandal der DC«
	Dezember 1933: Abendmahlsstreit in Hochelheim	**19.11.1933:** »Deutscher Luthertag«
		19.12.1933: Zwangseingliederung der evangelischen Jugend in die Hitler-Jugend
		4.1.1934: »Maulkorberlass« des Reichsbischofs; Kanzelerklärung der Opposition
		ab Januar 1934: Bildung Freier Synoden und Bekenntnis-Synoden
		19.1.1934: Pfarrer und 300 Presbyter vom ganzen Hunsrück- und Moselgebiet verabschieden in Büchenbeuren das »Hunsrücker Bekenntnis« gegen die neuen Irrlehren
		25.1.1934: Hitler empfängt Kirchenführer

Politische Geschichte	Lebensgeschichte Paul Schneider	Kirchengeschichte
	28.1.1934: Letzte Predigt in Hochelheim, Auseinandersetzung mit Goebbels-Aufsatz; Predigtverbot	
	19.2.1934: Zwangsversetzung nach Dickenschied und Womrath	
		12.4.1934: August Jäger »Rechtswalter« der Reichskirchenregierung
		22.4.1934: »Ulmer Erklärung«; Geburtsstunde der BK
	25.4.1934: Umzug nach Dickenschied	
	8.5.1934: Amtseinführung in Womrath; Anschluss an die Hunsrück-Bruderschaft der BK	
		29.–31.5.1934: Erste Reichsbekenntnissynode der DEK in Barmen; Theolog. Erklärung von Barmen
	12.6.1934: Zusammenstoß mit dem Kreisleiter der NSDAP Heinrich Nadig bei Beerdigungsvertretung in Gemünden	
	13.6.1934–20.6.1934 Erste Verhaftung; Haft in Simmern	
30.6.1934: »Röhm-Putsch«, Hitler schaltet konkurierende Kräfte aus der NSDAP aus		**Sommer/Herbst 1934:** Umzug des Evang. Konsistoriums der Rheinprovinz von Koblenz nach Düsseldorf

Politische Geschichte	Lebensgeschichte Paul Schneider	Kirchengeschichte
2.8.1934: Tod Hindenburgs; Hitler wird »Führer und Reichskanzler«; er lässt die Wehrmacht auf seine Person vereidigen		**2.8.1934:** Amtsenthebung von Superintendenten – u. a. Gillmann in Simmern (bis 10. Dezember1934) Gehaltssperre für Hunsrück-Pfarrer bis November 1934
		19./20.10.1934: Zweite Reichsbekenntnissynode der DEK in Dahlem; Erklärung des Notrechts
		22.11.1934: Bildung der Ersten Vorläufigen Leitung der BK in Deutschland
		22.12.1934: Entlassung von Karl Barth wegen Verweigerung des Treueids auf Hitler
13.1.1935: Abstimmung im französisch verwalteten Saargebiet; 91 % für die Rückgliederung an Deutschland	**1935:** Geburt Karl Adolf	
		4./5.3.1935: Kanzelerklärung der BK gegen Gottlosen- u. Rassen-Ideologie; Verhaftung von ca. 500–700 Pfarrern (16./17.3.1935)
	16.–19.3.1935 Zweite Verhaftung, Haft in Kirchberg wegen Kanzelwort der Bekennenden Kirche (BK)	
		4.–6.6.1935: Dritte Reichsbekenntnissynode in Augsburg
26.6.1935: Arbeitsdienst wird zur Pflicht aller jungen Deutschen		

Politische Geschichte	Lebensgeschichte Paul Schneider	Kirchengeschichte
		16.7.1935 Hanns Kerrl wird Reichsminister für kirchliche Angelegenheiten
15.9.1935: Nürnberger Rassegesetze: Eheschließung mit Juden verboten		
		17.–22.2.1936: Vierte Reichsbekenntnissynode der BK in Oeynhausen
7.3.1936: Deutsche Truppen besetzen die entmilitarisierte Zone im Rheinland		
		18.3.1936: Spaltung der BK in die »Zweite Vorläufige Leitung« und den »Luther-Rat«
29.3.1936: Reichstagswahl: 98,8 Prozent für Hitler	**29.3.1936:** Paul Schneider u. Frau gehen nicht zur Wahl; Schmierereien am Haus	
August 1936: Olympische Spiele in Berlin		**23.8.1936:** Kanzelwort der BK gegen staatliche Gottlosenpolitik
	Mitte März – Ende Mai 1937: mehrfacher Beinbruch durch Motorradunfall; Krankenhaus Simmern	
	1937: Geburt Ernst Wilhelm	

Politische Geschichte	Lebensgeschichte Paul Schneider	Kirchengeschichte
	31.5.1937–24.7.1937: Dritte Verhaftung; »Schutzhaft« im Gestapo-Gefängnis in Koblenz	**1.7.1937:** Verhaftung M. Niemöllers (ab 2.3.1938 KZ Sachsenhausen, später Dachau)
Juli 1937: Errichtung des KZ Buchenwald bei Weimar	**24.7.1937:** Ausweisung aus dem Rheinland, in Wiesbaden freigelassen	
	25.7.1937: Trotz Verbots Rückkehr zu Gottesdienst in Dickenschied und Womrath	
	27.7.–28.8.1937: Erholungszeit in Baden-Baden, um Entscheidung der BK bezüglich des Widerstandes gegen die Ausweisung abzuwarten	
	28.8.–1.10.1937: Urlaubsvertretung in Eschbach	
	2.10.1937: Rückkehr in die Gemeinden auf Bitte des Presbyteriums	
	3.10.1937: Erntedankgottesdienst in Dickenschied; Vierte Verhaftung; Polizei-Gefängnis in Koblenz	
	26./27.11.1937: Überführung ins KZ Buchenwald; Arbeit im Baukommando	
12.3.1938: Einmarsch Deutscher Truppen in Österreich; Anschluss Österreichs		

Politische Geschichte	Lebensgeschichte Paul Schneider	Kirchengeschichte
	20.4.1938: Weigerung, bei Fahnenappell zu Hitlers Geburtstag, die Mütze abzunehmen; Einweisung in den Arrestzellenbau, gen. Bunker	**20.4.1938:** Diskussion um Treueid der Pfarrer auf Hitler
	ab 28.8.1938: »Predigen« aus dem Zellenfenster an die Häftlinge trotz grausamer Strafen, Anklage gegen die SS-Schergen, Folterungen durch SS-Aufseher Martin Sommer	
1.10.1938: Deutsche Truppen marschieren im Sudetenland ein		
9.11.1938: Reichspogromnacht	**9.11.1938:** nach Massenverhaftungen Eintreten für jüdische Häftlinge trotz harter Strafen	
	15.11.1938–20.3.1939 totale Postsperre, z.T. verschärfte Einzelhaft	
15.3.1939: Einmarsch deutscher Truppen in die Tschechoslowakei		**Frühjahr 1939:** Rhein. Kirchenleitung betreibt zusammen mit der Gestapo Paul Schneiders Versetzung in den Wartestand und ersucht um Bestätigung, dass er in absehbarer Zeit nicht aus KZ entlassen wird; von Gestapo am 17.6.1939 schriftlich bestätigt

Politische Geschichte	Lebensgeschichte Paul Schneider	Kirchengeschichte
	13.7.1939: Befehl des Lagerkommandanten, dass Paul Schneider monatlich untersucht werden muss	
	18.7.1939: Ermordung durch den Lagerarzt Dr. Ding	
	21.7.1939: Beerdigung in Dickenschied unter großer Beteiligung, auch der katholischen Gemeinde, und der BK aus ganz Deutschland	Vorwürfe der rhein. Kirchenleitung, dass Staat Beerdigung von Pfarrer Schneider erlaubt hat; Gestapo bedrückt Personen, die Fam. Schneider unterstützen
1.9.1939: Deutscher Überfall auf Polen, Beginn des Zweiten Weltkriegs		

Erklärung einiger biblischer und kirchlicher Grundbegriffe

Apostel	Abgesandter; ab Pfingsten Bezeichnung für die Jünger Jesu; *vgl. Jünger*
Dogma	Religiöse Erkenntnis, die zur Glaubenslehre erhoben worden ist
Epistel	griech. *Epistel* = Brief; Bezeichnung für Briefe im NT
Evangelien	Die ersten vier Schriften im NT über Leben, Wirken und Worte Jesu: Matthäus, Markus, Lukas, Johannes
Evangelisch	Seit der Reformation durch Martin Luther (1483–1546) Bezeichnung für die Kirchen, die sich von der römisch-katholischen Kirche getrennt haben bzw. von ihr abgetrennt wurden (lutherisch und reformiert). Sie berufen sich auf das »Evangelium«
Evangelium	Gute Nachricht, frohe Botschaft = allgemein die Botschaft von Jesus Christus an die Menschen
Filial/Filialgemeinde	(oft selbstständige) Tochter- bzw. Schwestergemeinde
Fürbitte/fürbittende Hände	Bittgebete zu Gott; hier von P.S. und später auch für ihn
Generalsuperintendent	Theologischer Vorsitzender der Kirchenleitung (im Rheinland neben dem »Konsistorialpräsidenten«, der für juristische und finanzielle Angelegenheiten zuständig war); vergleichbar mit Bischof. Heute: »Präses« im Rheinland und in Westfalen; »Kirchenpräsident« in Hessen
Heidelberger Katechismus	*siehe Katechismus*
Jünger	Die zwölf engsten »Schüler« Jesu; ab Pfingsten »Apostel« genannt; *vgl. Apostel*
Katechismus	Unterrichtsbuch für den Kirchlichen Unterricht: 1. Luthers »Kleiner Katechismus«: Glaubensstücke mit Erklärungen in Frage und Antwort 2. Reformierte (Calvinistische) Kirche: Heidelberger Katechismus Große Teile eines Katechismus lernten (lernen?) die Konfirmanden auswendig

Katechumenat/ Vorkatechumenat	Vorbereitungsunterricht für die Konfirmation bzw. Erwachsenentaufe Vorkonfirmandenunterricht: Erweiterung des Konfirmandenunterrichts um ein Jahr
Katholisch	Seit der Reformation Bezeichnung für die römisch-katholische Kirche, die den Anspruch erhebt, »katholos« = »weltweit« *die* Kirche im Unterschied zur evangelischen Kirche und anderen Kirchen zu sein
Konfession	»Bekenntnis«: Art des Bekenntnisses, z. B. evangelisch, katholisch, orthodox
Konfirmation	confirmare = festigen; Gottesdienst zur Einsegnung und zur Bestätigung der Taufe als Abschluss des kirchlichen Unterrichtes nach der zweijährigen Konfirmandenzeit
Konsistorialrat/ Oberkonsistorialrat	Amtstitel eines Mitgliedes der Kirchenleitung; anderswo: Oberkirchenrat, Propst, Prälat
Konsistorium	Behörde der offiziellen Kirchenleitung der Rheinprovinz in Koblenz, 1934 nach Düsseldorf verlegt; heute: Landeskirchenamt in Düsseldorf; anderswo:auch Landeskirchenamt, Landeskirchenrat, Oberkirchenrat, Konsistorium
Küster/in	Sorgt für Ordnung in der Kirche sowie technische Vor- und Nachbereitung von Gottesdiensten und anderen Veranstaltungen; anderswo: Kirchendiener, Kirchner, Mesner
Liturgisch/Liturgie	Ordnung für den Ablauf des Gottesdienstes
Losungsworte und Tageslosung	Seit 1731 von der Herrnhuter Brüdergemeine (Sachsen) herausgegeben: für jeden Tag eines Kalenderjahres ein Bibelvers aus dem AT ausgelost und passend dazu aus dem NT ein Bibelvers ausgewählt; inzwischen in der ganzen Welt verbreitet
Martyrium/Märtyrer	Durch andere zugefügtes grausames Leiden und oft Sterben; ein christlicher Märtyrer nimmt für seinen konsequenten Glauben an Jesus Christus Leiden und meist den Tod auf sich
Mietling	Gegen Lohn angestellter Hirte, der bei Gefahr zuerst an seine eigene Sicherheit denkt

Mose	Von Gott berufen, führte er das Volk Israel aus der Sklaverei in Ägypten (um 1300 v. Chr.); Vermittler der Zehn Gebote Gottes an die Menschen (2. Mose 20)
Ordinieren/Ordination/ Ordinationsgelübde	Segnung und Amtsübertragung an Pfarrer/innen mit allen Rechten und Pflichten; bei Gelöbnis, entsprechend dem evangelischen Bekenntnis sein Amt auszuüben
Parochie	Amtsbezirk eines Pfarrers/einer Pfarrerin; in Städten innerhalb einer Großgemeinde mit mehreren Pfarrbezirken; auf dem Land evtl. aus mehreren Orten/Kirchengemeinden bestehend
Passion/Passionszeit	Leidensgeschichte Jesu; die Passionszeit geht von Aschermittwoch bis Ostern, Zeit der Besinnung und gemäßigten Lebensweise (Fastenzeit)
Passionsandacht	Kurzgottesdienst (meist werktags) zum Gedenken an Leiden und Sterben Jesu Christi
Perikope	Als Predigttext für jeden Sonn- und Feiertag ausgewählte Abschnitte aus der Bibel
Präses	Vorsitzender der Kirchenleitung im Rheinland und in Westfalen; anderswo Bischof bzw. Landesbischof
Presbyter/Presbyterium	Kirchenälteste/Kirchenvorsteher, gewählte Vertreter einer Kirchengemeinde, die ehrenamtlich mit dem Pfarrer als Leitungsgremium (Presbyterium) Gemeinde-Entscheidungen treffen; anderswo: Gemeindekirchenrat, Kirchenvorstand, Kirchengemeinderat
Prophet	Ein von Gott berufener Mensch aus dem Volk Israel, der seinen Zeitgenossen Gottes Botschaften zu verkünden hatte: Ermahnung und Warnung, aber auch Trost und Hoffnung
Psalmen	Lieder und Gebete im Alten Testament; das Buch der 150 Psalmen = Psalter

Reformierte Kirche	Die Kirchen, die sich von den Reformatoren Ulrich Zwingli und/oder Johannes Calvin herleiten. Wesentliche Lehrgrundlage ist für sie der »Heidelberger Katechismus«. Wo reformierte und lutherische Kirchen miteinander vereint sind, nennt man sie »unierte Kirche«. Zusammen bilden reformierte, lutherische und unierte Kirchen die »Evangelische Kirche«. Im weiteren Sinn zählen zu ihr auch Freikirchen wie die Methodisten und die Baptisten
Sakrament	Besonders heilige Handlung im Gottesdienst, in der den Gemeindegliedern die Zuwendung Gottes durch sichtbare und spürbare Zeichen (Wasser; Brot u. Wein) erfahrbar gemacht wird; die evangelische Kirche hat zwei Sakramente (Taufe und Abendmahl), die katholische Kirche sieben (Taufe, Beichte, Eucharistie [Abendmahl], Firmung, Trauung, Priesterweihe, Sterbesakrament)
Superintendent/ Superintendentur	Leiter eines Kirchenkreises, der Superintendentur; anderswo: Dekan, Dekanat
Synodale/Synode/ Synodalbeschlüsse	Gewählte und berufene Vertreter von Kirchengemeinden, die in der Kreissynode/Dekanatssynode/Landessynode der gesamten Landeskirche beraten und Beschlüsse fassen, die in der Regel für alle Kirchengemeinden bindend sind
Theologie	Lehre von Gott; Studienrichtung an der Universität als Wissenschaft von Bibel und Glaube
Vikar	In der evangelischen Kirche Titel für zukünftige Pfarrer zwischen dem Ersten und Zweiten theologischen Examen

Verzeichnis der Abkürzungen

AT	Altes Testament
b.a.w.	bis auf Weiteres
BdM/HJ	Jugendorganisation des Staates: für Mädchen = »Bund deutscher Mädchen« (BdM); für Jungen = 10–14 Jahre: »Deutsches Jungvolk«; ab 14 Jahren: »Hitlerjugend« (HJ); Ziel: von Jugend an in der NS-Ideologie zu erziehen
BK	Bekennende Kirche
Bu	Buchenwald
BWA	Buchenwaldarchiv, Gedenkstätte Buchenwald
CSVD	Christlich-Sozialer Volksdienst
DAP	Deutsche Arbeiterpartei (Vorläuferin der NSDAP)
DC	Deutsche Christen
DEK	Deutsche Evangelische Kirche
EKD	Evangelische Kirche in Deutschland
gen.	genannt
Gestapo	Geheime Staatspolizei
KL/KZ	Konzentrationslager
NT	Neues Testament
M.S.	Margarete Schneider
NS	Nationalsozialismus
NSDAP	Nationalsozialistische Deutsche Arbeiterpartei
P.S.	Paul Schneider
RM	Reichsmark
SA/SS	Sturmabteilung/Schutzstaffel
Stapo	siehe Gestapo
LAth – HStA Weimar	Landesarchiv Thüringen – Hauptstaatsarchiv

Personenregister

M. S. = Margarete Schneider
P. S. = Paul Schneider

Bildnachweis

Bilder im Textteil:

S. 433: Im Auftrag des Bruderrats der Bekenntnissynode herausgegeben von Karl Immer, Kommissionsverlag Emil Müller, Wuppertal-Barmen

S. 478, 483: © Julius Freund, O Buchenwald!, Selbstverlag J. Freund

S. 479: © Stiftung Gedenkstätten Buchenwald und Mittelbau Dora

S. 480, 484: © Landesarchiv Thüringen – Hauptstaatsarchiv Weimar, Konzentrationslager und Haftanstalten Buchenwald

S. 481, 482: © Arolsen Archives (ehem. ITS), Bad Arolsen, Akte Paul Schneider

Bilder im Bildteil:

Soweit nicht anders angegeben, Fotos aus dem Besitz der Familie Schneider

Abb. 6: Evang. Kirche von Westfalen, Landeskirchl. Archiv Bielefeld, 25 F 1740 Bestand 13.4, Nachtrag Predigerseminar Soest

Abb. 10: Archiv Pfarrer-Paul-Schneider-Gesellschaft e. V.

Abb. 22, 23, 25, 27: Sammlung Gedenkstätte Buchenwald

Abb. 26: Friedrich Langer, Weimar

Abb. 28: Peter Hansen, Weimar

Abb. 31: Maik Schuck, Weimar

Literaturliste

Spezielle Paul Schneider-Literatur

Schneider, Margarete: Der Prediger von Buchenwald. Das Martyrium Paul Schneiders, hg. mit einem Geleitwort von Prof. D. Heinrich Vogel, Lettner-Verlag Berlin, 1953, 12 Auflagen; Evangel. Verlagsanstalt Berlin (DDR), 12 Auflagen; SCM Hänssler, Holzgerlingen 1981

Aichelin, Albrecht: Die Kondolenzpost zum Tode von Paul Schneider (1897–1939). Darstellung und Auswertung, 1987, unveröffentlicht, Sammlung von P. Dieterich

Aichelin, Albrecht: Paul Schneider. Ein radikales Glaubenszeugnis gegen die Gewaltherrschaft des Nationalsozialismus, Chr. Kaiser, Gütersloher Verlagshaus Gütersloh 1994

Der Christuszeuge Paul Schneider, Gedenkschrift anlässlich des 50. Todestages; hg. von der Evangelischen Kirche im Rheinland, Düsseldorf 1989

Foster, Claude: Paul Schneider. Seine Lebensgeschichte. Der Prediger von Buchenwald, übers. v. Brigitte Otterpohl, SCM Hänssler, Holzgerlingen 2001

Geiger, Markus: Pfarrer Paul Schneider und seine Rezeptionsgeschichte, Schriftenreihe der Pädagogischen Hochschule Heidelberg 49, Mattes Verlag Heidelberg 2007

Goerlich, Andreas: Paul Schneider. Theologische Leitlinien. Akzessarbeit an der Universität Bern, Wintersemester 1990/1991 (unveröffentlicht), Sammlung von P. Dieterich

Lekebusch, Sigrid: Die Familie Paul Schneiders. Eine Ergänzung zur Familienbiografie des Predigers von Buchenwald, Profile des reformierten Protestantismus aus vier Jahrhunderten, hg. v. Matthias Freudenberg, Emder Beiträge zum reformierten Protestantismus, Band 1, Foedus-Verlag Wuppertal 1999

Rickers, Folkert: Widerstehen in schwerer Zeit. Erinnerung an Paul Schneider (1897–1939). Ein Arbeitsbuch für den Religionsunterricht in den Sekundarstufen und für die kirchliche Bildungsarbeit. Neukirchener Verlag Neukirchen-Vluyn 1997

Ross, Elsa-Ulrike (zusammengestellt von): Ich bin ein Pilgrim wie alle meine Väter. Gedenkheft für Margarete Schneider, hg. von der Pfarrer-Paul-Schneider-Gesellschaft e.V., 2003

Wentorf, Rudolf: Der Fall des Pfarrers Paul Schneider. Eine biografische Dokumentation. Neukirchener Verlag Neukirchen-Vluyn 1989

Wentorf, Rudolf: Paul Schneider. Der Zeuge von Buchenwald, Brunnen Verlag Gießen, [3]1987

Wentorf, Rudolf (Hg.): Trotz der Höllen Toben. Dokumente berichten aus dem Leben Paul Schneiders, der zum Prediger von Buchenwald wurde, Lettner-Verlag Berlin 1967

Wentorf, Rudolf (Hg): ... und sollst mein Prediger bleiben. Zeugnisse von Paul Schneider. Mit einem Geleitwort von Bischof D. Kurt Scharf, Brunnen Verlag Gießen und Basel 1966

Zum Gedächtnis von Herrn Pfarrer Paul Schneider, Dickenschied/Hunsrück (Bericht von seiner Beerdigung), ohne Angabe des Verfassers oder Herausgebers, ohne Datum, unveröffentlicht, Sammlung von P. Dieterich

Literatur zur deutschen Geschichte und Kirchengeschichte im 20. Jahrhundert

Besier, Gerhard: Die Kirchen und das Dritte Reich. Spaltungen und Abwehrkämpfe 1934–1937, Propyläen Verlag Berlin 2001

Beckmann, Joachim (Hg.): Kirchliches Jahrbuch für die Evangelische Kirche in Deutschland 1933–1944, 60.–71. Jahrgang, Gütersloher Verlagshaus Gerd Mohn Gütersloh [2]1976

Beckmann, Joachim (Hg.): Rheinische Bekenntnissynoden im Kirchenkampf. Eine Dokumentation aus den Jahren 1933–1945, Neukirchener Verlag Neukirchen-Vluyn 1975

Beckmann, Joachim (Hg.): Briefe zur Lage der Evangelischen Bekenntnissynode im Rheinland Dezember 1933 bis Februar 1939, Neukirchener Verlag Neukirchen-Vluyn 1977

Bethge, Eberhard: Dietrich Bonhoeffer. Theologe, Christ, Zeitgenosse, Christian Kaiser Verlag München 1967

Binder, Gerhard: Epoche der Entscheidungen. Eine Geschichte des 20. Jahrhunderts mit Dokumenten in Text und Bild, Seewald Verlag Stuttgart 1960

Bonhoeffer, Dietrich: Nachfolge, Christian Kaiser Verlag München 1952

Bonhoeffer, Dietrich: Gesammelte Schriften, hg. v. Eberhard Bethge, Bd. 3, Christian Kaiser Verlag München 1960

Conrad, Joachim; Flesch, Stefan; Kuropka, Nicole; Schneider, Thomas Martin (Hg.): Evangelisch am Rhein. Werden und Wesen einer Landeskirche, Schriften des Archivs der Evangelischen Kirche im Rheinland Nr. 35, Düsseldorf 2007

Conze, Werner; Hentschel, Volker: Ploetz Deutsche Geschichte. Epochen und Daten, Verlag Ploetz Freiburg u. Würzburg 1979

Dieterich, Marie-Luise: Aus der Geschichte der Familie Dieterich (Selbstverlag, Sammlung von P. Dieterich)

Erdmann, Karl Dietrich: Der Erste Weltkrieg, Gebhardt Handbuch der deutschen Geschichte Bd. 18, dtv wissenschaft München 1980

Erdmann, Karl Dietrich: Die Weimarer Republik, Gebhardt Handbuch der deutschen Geschichte Bd. 19, dtv wissenschaft München 1980

Erdmann, Karl Dietrich: Deutschland unter der Herrschaft des Nationalsozialismus 1933–1939, Gebhardt Handbuch der deutschen Geschichte Bd. 20, dtv wissenschaft München 1980

Faulenbach, Heiner: Ein Weg durch die Kirche. Heinrich Josef Oberheid, Schriftenreihe des Vereins für Rheinische Kirchengeschichte 105, Rheinland Verlag Köln, in Kommission bei Dr. Rudolf Habelt Bonn 1992

Forck, Bernhard Heinrich: ... und folget ihrem Glauben nach. Gedenkbuch für die Blutzeugen der Bekennenden Kirche, Evangelisches Verlagswerk Stuttgart 1949

Hermle, Siegfried; Thierfelder, Jörg: Herausgefordert. Dokumente zur Geschichte der Evangelischen Kirche in der Zeit des Nationalsozialismus, Calwer Verlag Stuttgart 2008

Hofmann, Konrad; Schneider, Reinhold; Wolf, Erik (Hg.): Sieger in Fesseln. Das christliche Deutschland 1933 bis 1945. Christuszeugnisse aus Lagern und Gefängnissen, Verlag Herder Freiburg 1947

Hummel, Karl-Josef; Strohm, Christoph: Zeugen einer besseren Welt. Christliche Märtyrer des 20. Jahrhunderts, hg. im Auftrag der Deutschen Bischofskonferenz, Ev. Verlagsanstalt Leipzig 2000

Immer, Karl: Die Briefe des Coetus reformierter Prediger 1933–1937, hg. v. Joachim Beckmann, Neukirchener Verlag Neukirchen-Vluyn 1976

Schultze, Harald; Kurschat, Andreas (Hg.): »Ihr Ende schaut an ...« Evangelische Märtyrer des 20. Jahrhunderts, Evangelische Verlagsanstalt Leipzig ²2008

Krockow, Christian Graf von: Die Deutschen in ihrem Jahrhundert 1890–1990, Rowohlt Hamburg 1990

Langensiepen, Friedrich: Erinnerungen (unveröffentlicht, Sammlung von Paul Dieterich)

Leibholz, Sabine: vergangen, erlebt, überwunden. Schicksale der Familie Bonhoeffer. Kiefel Verlag Wuppertal-Barmen 1968

Lutze, Hermann: Die Hunsrücker Pfarrbruderschaft – Geschichte einer Bruderschaft im Dritten Reich, Monatshefte der Evang. Kirche im Rheinland 2008

Mayer, Eberhard: Deutschkirche oder Bekenntniskirche. Der Ulmer Bekenntnistag 1934. Armin-Vaas-Verlag Langenau-Ulm 1984

Neuer, Werner: Adolf Schlatter. Ein Leben für Theologie und Kirche, Calwer Verlag Stuttgart 1996

Niemöller, Wilhelm: Kampf und Zeugnis der Bekennenden Kirche, Ludwig Bechauf Verlag Bielefeld 1948

Niesel, Wilhelm: Kirche unter dem Wort. Der Kampf der Bekennenden Kirche der Altpreußischen Union 1933–1945, Vandenhoeck und Ruprecht Göttingen 1978

Obendiek, Harmannus: D. Paul Humburg. Der Zeuge. Die Botschaft. Ein Wort des Gedenkens, Emil Müller Verlag Wuppertal 1947

Rauthe, Simone: »Scharfe Gegner«. Die Disziplinierung kirchlicher Mitarbeitender durch das Evangelische Konsistorium der Rheinprovinz und seine Finanzabteilung von 1933 bis 1945. Schriftenreihe des Vereins für Rheinische Kirchengeschichte, Bd. 162, Verlag Dr. Rudolf Habelt Bonn 2003

Rottschäfer, Ulrich: 100 Jahre Predigerseminar in Westfalen 1892–1992, Luther-Verlag Bielefeld 1992

Schlatter, Adolf: Das christliche Dogma, Verlag der Vereinsbuchhandlung Calw 1911

Schlingensiepen, Johannes: Widerstand und verborgene Schuld. Erinnerungen an den Kampf der Bekennenden Kirche, Jugenddienst Verlag Wuppertal [2]1977

Schnepel, Erich: Ein Leben im 20. Jahrhundert, Brockhaus Verlag Wuppertal 1971

Scholder, Klaus: Die Kirchen und das Dritte Reich, Bd.1: Vorgeschichte und Zeit der Illusionen 1918–1934, Verlag Ullstein Frankfurt/M., Berlin, Wien 1977

Scholder, Klaus: Die Kirchen und das Dritte Reich, Bd. 2: Das Jahr der Ernüchterung 1934, Siedler Verlag 1985

Steiner, Robert: Die Anfänge des Kirchenkampfes in der Synode Braunfels. Aufzeichnungen aus dem Jahr 1936, Schriftenreihe des Vereins für Rheinische Kirchengeschichte 57, Rheinland-Verlag Köln, in Kommission bei Rudolf Habelt Verlag Bonn 1979

Van Norden, Günther: Friedrich Langensiepen. Ein Leben in Deutschland zwischen Pfarrhaus und Gefängnis, Kreuz-Verlag Stuttgart 2006

Van Norden, Günther (Hg.): Kirchenkampf im Rheinland. Die Entstehung der Bekennenden Kirche und die Theologische Erklärung von Barmen 1934, Schriftenreihe des Vereins für Rheinische Kirchengeschichte Bd. 76, Rheinland-Verlag Köln, in Kommission bei Dr. Rudolf Habelt Verlag Bonn 1984

Van Norden, Günther: Politischer Kirchenkampf. Die rheinische Provinzialkirche 1934–1939, Schriftenreihe des Vereins für Rheinische Kirchengeschichte Bd. 159, Verlag Dr. Rudolf Habelt Bonn 2003

Van Norden, Günther; Schmidt, Klaus (Hg.): Sie schwammen gegen den Strom. Widersetzlichkeit und Verfolgung rheinischer Protestanten im »Dritten Reich«, Greven Verlag Köln o. D.

Bücher über das Konzentrationslager Buchenwald

Apitz, Bruno: Nackt unter Wölfen. Roman, Mitteldeutscher Verlag Halle (Saale) 1958

Bonifas, Aime: Häftling 20801. Ein Zeugnis über die faschistischen Konzentrationslager, Union Verlag Berlin 1968

Buchenwald, Mahnung und Verpflichtung. Dokumente und Berichte, hg. vom Internationalen Buchenwald-Komitee und vom Komitee der Antifaschistischen Widerstandskämpfer in der DDR, Kongress-Verlag Berlin, [3]1961

Carlebach, Emil: Buchenwald, ein Konzentrationslager. Berichte – Bilder – Dokumente, hg. von der Lagergemeinschaft Buchenwald-Dora durch E. Carlebach, W. Schmidt, U. Schneider; Pahl-Rugenstein-Verlag, Bonn 2000

Das war Buchenwald! Ein Tatsachenbericht, hg. v. d. KPD Stadt und Kreis Leipzig, o. D.

Durand, Pierre: Die Bestie von Buchenwald, Militärverlag der Deutschen Demokratischen Republik Berlin [2]1986

Freund, Julius: O Buchenwald!, Selbstverlag des Autors 1945

Hackett, David A. (Hg.): Der Buchenwald-Report. Bericht über das Konzentrationslager Buchenwald bei Weimar, Verlag C. H. Beck München 1996

Kirsten, Holm und Wulf (Hg.): Stimmen aus Buchenwald. Ein Lesebuch, Wallstein Verlag Göttingen 2002

Kogon, Eugen: Der SS-Staat. Das System der deutschen Konzentrationslager, Karl Alber-Verlag München 1946

Konzentrationslager Buchenwald. Bericht des Internationalen Lagerkomitees Buchenwald, Thüringer Volksverlag Weimar o. D.

Konzentrationslager Buchenwald, Post Weimar/Thüringen, Katalog zur Ausstellung der DDR im Martin-Gropius-Bau Berlin(West), April bis Juni 1990, hg. von der Nationalen Mahn- und Gedenkstätte Buchenwald

Konzentrationslager Buchenwald 1937–1945, Begleitband zur ständigen historischen Ausstellung, hg. von der Gedenkstätte Buchenwald, erstellt von Harry Stein, Wallstein Verlag Göttingen 1999

Poller, Walter: Arztschreiber in Buchenwald. Bericht des Häftlings 996 aus Block 39, Phönix Verlag Christen und Co Hamburg 1946

Stein, Sabine und Harry: Buchenwald. Ein Rundgang durch die Gedenkstätte; Gedenkstätte Buchenwald 1993

Steinwender, Leonhard: Christus im Konzentrationslager. Wege der Gnade und des Opfers, Otto Müller Verlag Salzburg, Nachdruck der Erstauflage von 1946, ohne Datum

Wiechert, Ernst: Der Totenwald. Eine Mauer um uns baue. Tagebuchnotizen und Briefe, Langen Müller München, Wien 1979

Zahnwetzer, Moritz: KZ Buchenwald, Verlag M. Zahnwetzer Kassel-Sondershausen o. D.

Van Dam, Hendrik George und Giordano, Ralph (Hg.): KZ-Verbrechen vor deutschen Gerichten. Dokumente aus den Prozessen gegen Sommer (KZ Buchenwald), Sorge, Schubert (KZ Sachsenhausen), Unkelbach (Ghetto in Czenstochau), Europäische Verlagsanstalt Frankfurt 1961

Sonstige Literatur

Evangelische Bekenntnisse. Bekenntnisschriften der Reformation und neuere Theologische Erklärungen, hg. v. Rudolf Mau, Luther-Verlag Bielefeld ^{2}2008

Calvin, Johannes: Unterricht in der christlichen Religion. Institutio Christianae Religionis, nach der letzten Ausgabe von 1559 übersetzt und bearbeitet von Otto Weber, Neukirchener Verlag Neukirchen-Vluyn 1955

Luther, Martin: Ausgewählte Werke, Erster Band: Aus der Frühzeit der Reformation; Dritter Band: Schriften zur Neuordnung der Gemeinde, des Gottesdienstes und der Lehre, Chr. Kaiser Verlag München [3]1962

Evangelisches Kirchengesangbuch, Stuttgart 1953

Evangelisches Gesangbuch, Stuttgart 1996

50 Psalmen nach dem Evangelisch reformierten Gesangbuch der Provinz Hannover. Der Gemeinde dargeboten, neu herausgegeben als »Kampflieder der Kirche«, von Karl Immer 1935

Archive und Sammlungen

Archiv Pfarrer-Paul-Schneider-Gesellschaft e.V., Weimar

Evangelische Kirche im Rheinland, Landeskirchliches Archiv Düsseldorf

Evangelische Kirche von Westfalen, Landeskirchliches Archiv Bielefeld, Bestand Predigerseminar Soest

Familienarchiv Schneider, Dickenschied

Arolsen Archives, Bad Arolsen (ehem. ITS): Akte Paul Schneider; Veränderungsmeldungen; Häftlingsliste/Bestrafungen

Medienverband der Evangelischen Kirche im Rheinland gGmbH Düsseldorf

Sammlung Paul Dieterich: Briefe, Aufzeichnungen und Gesprächsprotokolle; Chronik und Rundbuch der Familie Dieterich

Stiftung Gedenkstätte Buchenwald und Mittelbau-Dora, Buchenwaldarchiv (BWA): Alphabetisches Gedenkbuch aller Buchenwald-Toten von 2007; Häftlingskarteikarten; Einzelakten: 32-IX-13; 312-1; 8218-81; 31/37

Landesarchiv Thüringen – Hauptstaatsarchiv Weimar (LAth – HStA Weimar): Konzentrationslager Buchenwald, Häftlingsnummernkarte 2491; Konzentrationslager Buchenwald, Geldkarte: Paul Schneider (Häftlingsnummer 2491); Konzentrationslager Buchenwald und Haftanstalten Buchenwald Nr. 4 Bd.1; 5 Bd.19; 6 und 17 Bd.16; NS 4 Bu 33; 106; 142

Paul Dieterich

Margarete Schneider
Die Frau des Predigers von Buchenwald

Der Buchenwaldprediger Paul Schneider wurde von den Nazis ermordet, weil er sich gegen den neuen Führerkult wandte. Seine Frau Margarete überbrachte sein Erbe und seine Botschaft den nachfolgenden Generationen. Stark und bescheiden, geradlinig im Glauben. Dies ist ihre Geschichte.

Gebunden, 13,5 x 21,5 cm, 544 S.,
inkl. 16-seitigem s/w-Bildteil und Lesebändchen
Nr. 395.646 | ISBN: 978-3-7751-5646-2

SCM
Hänssler